SCRIPTORVM CLASSICORVM
BIBLIOTHECA OXONIENSIS

OXONII

E TYPOGRAPHEO CLARENDONIANO

P L O T I N I

OPERA

PAUL HENRY

ET

HANS-RUDOLF SCHWYZER

TOMVS II

ENNEADES IV-V

E TYPOGRAPHEO CLARENDONIANO

Oxford University Press, Walton Street, Oxford OX2 6DP

Oxford   New York   Toronto
Delhi Bombay Calcutta Madras Karachi
Kuala Lumpur Singapore Hong Kong Tokyo
Nairobi Dar es Salaam Cape Town
Melbourne Auckland Madrid

and associated companies in
Berlin Ibadan

Oxford is a trade mark of Oxford University Press

Published in the United States
by Oxford University Press Inc., New York

ISBN 0–19–814582–9

3 5 7 9 10 8 6 4

Printed in Great Britain
on acid-free paper by
The Ipswich Book Co. Ltd.
Suffolk

PRAEFATIO

Porphyrius Plotini discipulus, cum anno uel unde-
trecentesimo uel trecentesimo uel trecentesimo pri-
mo[1] post Christum natum scripta magistri ederet,
in sex *Enneades* id est in sexies nouenos libros ea
digessit. Ante eum Eustochius et ipse Plotini disci-
pulus scripta magistri ediderat. Quod nobis notum
est e scholio quodam in plerisque codicibus medio
in libro IV. 4 post capitulum 29 inserto. Hac edi-
tione deperdita usum esse suspicamur et Porphyri-
um ipsum ad suas *Sententias ad intellegibilia ducentes*
componendas et Eusebium, cum in *Praeparationem
Euangelicam* longa excerpta e Plotini libris IV. 7 et
V. 1 insereret. Si uera est nostra opinio, quaecum-
que exscripserat Eusebius plurimi aestimanda sunt,
nam ubi textus quam Eustochianum uocamus con-
sentit cum Porphyriano, uerba ipsius Plotini sem-
per fere audimus. Quicumque autem negant Euse-
bium alia ac Porphyriana editione nisum esse,[2] et
ipsi tamen agnoscunt excerpta ab Eusebio seruata,
si non Plotini ipsius, at *Enneadum* textum firmissime
fulcire; nam paucis tantum annis post Eusebius

1 Porphyrius, cum inter aestatem anni 262 et aestatem anni 263
triginta aetatis annos compleuisset (*Vita Plotini* 4.9; cf. J. Igal, *La crono-
logía de la Vida de Plotino de Porfirio*, 1972, p. 55), ingressus est duode-
septuagesimum annum (*Vita* 23.13–14) post aestatem 299, finiuit au-
tem ante aestatem 301.

2 Inter eos nominamus W. Theiler, *Byzantinische Zeitschrift* 41,
1941, 174–5; R. Harder, *Gnomon* 24, 1952, 185; E. R. Dodds, *Clas-
sical Review* 66, 1952, 167; H. Dörrie, *Gnomon* 36, 1964, 465–9.

opus suum composuit. Imprudentis igitur est corrigere, ubicumque recensio uel Eusebii uel Porphyrii in *Sententiis ad intellegibilia ducentibus* adhibita congruit cum *Enneadum* recensione. Ergo recte repudiasse nobis quidem uidemur illas duodeoctoginta coniecturas[1] quae contra utriusque recensionis auctoritatem usque ad hunc diem commendatae sunt. Quas Porphyrius Eusebiusque operibus suis e Plotino inseruerunt, quadringentos fere uersus in nostra editione complectuntur. Quibus in uersibus communes utriusque recensionis lectiones semper seruauimus, ubi autem differunt recensiones, *Enneadum* lectiones nobis quidem saepissime praeferendae uidebantur, undecies saltem aut Eusebii aut Porphyrii lectionem lectioni *Enneadum* praeponere ausi sumus, quos locos hic enumeramus :

I. 2. 6. 12 καὶ φρόνησις Porph. : om. *Enn.*

I. 2. 7. 1 ἀντακολουθοῦσι(ν) Porph. et *Enneadum* scholion: ἀκολουθοῦσι *Enn.*

I. 2. 7. 14 ὁ Porph. : ῇ *Enn.*

IV. 7. 3. 15 οὐδ' ἑαυτῇ Eus. : οὐδὲ αὐτὴ *Enn.*

IV. 7. 6. 16 αἱ Eus. : om. *Enn.*

IV. 7. 6. 17 εἰς Eus. : ταῖς εἰς *Enn.*

V. 1. 8. 10 νοῦν Eus. : νοῦν τὴν ἰδέαν *Enn.*

V. 1. 8. 13 πιστωσαμένου(s) Eus. : πιστωσαμένοις *Enn.*

VI. 5. 12. 18 τὸ τοσοῦτος Porph. : τοσοῦτον *Enn.*

VI. 5. 12. 20 πᾶς Porph. : πᾶν *Enn.*

VI. 7. 14. 12 ὄγκος Porph. : οἶκος *Enn.*[2]

1 In altero editionis maioris tomo, pp. xi–xiv, reperitur index harum coniecturarum, ex quo locus VI. 5. 12. 18 tollendus est, ubi uera lectio τὸ τοσοῦτος in unico Porphyrii codice legitur.

2 Locus IV. 7. 3. 15 et ultimi tres loci addendi sunt indici in altero tomo editionis maioris composito pp. xiv–xv.

Capitula aut a Porphyrio aut ab Eusebio seruata nobis cedunt pro fundamento totius operis, nam decem tantum errores inter trecentos quinquaginta *Enneadum* uersus patefacti demonstrant earum textum optime traditum esse. Raro igitur ad coniecturas confugimus, et ubi quam uel recepimus uel ipsi protulimus, mendum e palaeographia explicare pro uiribus studuimus.

Quae Eusebius e Plotino laudauit, non modo efficiunt, ut duabus recensionibus fruamur, sed medio in capitulo 8 libri IV. 7 ex Eusebio feliciter expleri potest magna lacuna qua turpatus erat archetypus codicum Plotinianorum. Illic enim defuerant IV. 7. 8. 28—8⁵. 49 ἀνδρία—ὄντος. Cuius lacunae maiorem partem, i.e. IV. 7. 8. 28—8⁴. 28 ἀνδρία—ἁρμονία, nobis supplent et Eusebius in *Praeparatione Euangelica* XV. 22. 49–67, et tres Plotini codices primarius J et secundarii M et V,[1] sed in lacuna supplenda hi codices seorsum ex Eusebii archetypo pendent[2] ideoque eorum sigla aeque atque Eusebianorum codicum sigla *inclinatis litteris* scripsimus. Reliquam partem lacunae, i.e. IV. 7. 8⁵. 1–49 τὸ δὲ—ὄντος explent soli Eusebii codices.[3] Locus exscriptus est in *Praeparatione Euangelica* XV. 10. 1–9.

1 In V textus desinit in IV. 7. 8⁴. 13 πολλαχῇ.

2 Quod demonstrauimus in altero editionis maioris tomo, pp. xviii–xix.

3 De Eusebii codicibus plura inuenies et apud K. Mras in editione *Praeparationis Euangelicae*, tom. I, pp. xix–xlix, et in altero nostrae editionis maioris tomo, pp. xx–xxii, et infra, p. xxxv.

Aliter atque in *Vita Plotini* et in *prioribus Enneadibus* edendis septem tantum integros codices primarios adhibuimus, quibus adiciendi sunt alii sex codices qui modo hic modo illic pro testibus cedunt. Duos insuper secundarios codices F et S addemus. Ita quindecim codices breuiter nobis illustrandi sunt.[1]

FAMILIA w

A Laurentianus 87. 3, saeculi XIII.
De manibus A¹, A², A³ cf. primum huius editionis tomum p. vi.

F Parisinus Graecus 1816, anno 1460 scriptus.
F codicem ex A descriptum adnotauit Marsilius Ficinus cuius manum siglo F³ significauimus.

E Parisinus Graecus 1976, saeculi XIII.

In A et E codicibus inter $\gamma\epsilon\nu\acute{\epsilon}\sigma\theta\alpha\iota$ et $\epsilon\acute{\iota}$ IV. 4. 23. 32 inserta sunt $\kappa\alpha\grave{\iota}$ $\ddot{o}\lambda\omega\varsigma$—$\mathring{\eta}\nu$ IV. 4. 31. 28–34. 2 quae tamen suo loco iterantur. Lectiones prioris loci siglo w ($= AE$) *litteris inclinatis* notauimus.

FAMILIA x

B Laurentianus 85. 15, saeculi XIV.

R Vaticanus Reginensis Graecus 97, saeculi XIV.

J Parisinus Graecus 2082, saeculi XV.

Vsque ad $\psi\upsilon\chi\mathring{\eta}\varsigma$ $\mu\iota\hat{\alpha}\varsigma$ IV. 9. 3. 6 familia x hos tres codices BRJ complectitur. Ab $\kappa\alpha\grave{\iota}$ $\lambda\acute{o}\gamma o\varsigma$ orsus alter scriba in B alterum exemplar imitatus est. Itaque dehinc duas familias B et x ($= RJ$) discernimus.

---

1 Plura inuenies in altero editionis maioris tomo, pp. xxiii–xxvi.

De correctore primo codicis J (= J¹) iam in primo
tomo huius editionis, p. vii disseruimus, nunc admo-
nemus nec R² nec J² quippe qui uiri docti uer-
sione Latina Marsilii Ficini usi sint ullius auctori-
tatis esse. Inter integros primarios codices J solus
partem lacunae in IV. 7. 8 obuiae expleuit.

Familia y

U Vaticanus Vrbinas Graecus 62, anno 1460 scriptus.

S Berolinensis Graecus 375, anno 1460 uel postea
scriptus.
In *Vita Plotini* et in *prioribus Enneadibus* sui quidem
iuris est codex S, at inde ab *Enneade quarta* e codice
U exscriptus est. Itaque in edenda *quarta et quinta
Enneade* eum non adhibuimus nisi cum coniecturam
suppeditauit.

Familia t

C Monacensis Graecus 449, anno 1465 scriptus.

M Marcianus Graecus 240, anno 1465 uel postea
scriptus.

V Vindobonensis philosophicus Graecus 226, anno
1465 uel postea scriptus.

Codices M et V e codice C exscripti sunt.[1] Sui
autem iuris sunt in sola explenda lacuna in IV. 7. 8
obuia, quam explere scriba codicis C neglexit.
Codices U et C aliter atque in *Vita Plotini* et in
prioribus Enneadibus edendis in unam familiam con-

1 Argumenta reperies in altero editionis maioris tomo, pp. xxiv–xxv.

iungere noluimus, nam perraro in *quarta et quinta Enneade* U et C contra alias familias consentiunt.

FAMILIA Z

Q Marcianus Graecus 242, saeculi XIV.

L Ambrosianus Graecus 667, saeculi XV.

G Vindobonensis philosophicus Graecus, saeculi XV.

Codices Q et L in hoc tomo solos libros V. 8 et V. 9 et *Dissertationes Villoisonianas* I et II[1] ex *Enneadibus* afferunt. Codex Q insuper IV. 7. 1. 1—8[5]. 50 et quasdam sententias e Plotini libro V. 1 praebet quas ex Eusebii *Praeparationis Euangelicae* archetypo pendere constat.[2] Hic igitur lectiones codicis *inclinata littera Q* notauimus. Codex G eadem continet scripta atque codex Q, ex quo descriptus est. Sed insuper adiecit librum IV. 2 ubi, cum in codice Q is liber desideretur, sui iuris est G.

FAMILIA D

D Marcianus Graecus 209. Saeculi probabiliter XII. In hoc tomo duos solos libros IV.2 et IV.7 continet.

De rationibus parandae huius minoris editionis iam in primo tomo, pp. viii–ix, disseruimus. Ita in hoc

---

1 Has *Dissertationes*, quarum prima continet *Enn.* IV. 4. 30–45 mutatis quibusdam, altera *Enn.* III. 8. 9. 1–11. 45; III. 9. 7. 3–6 et 9. 2–17; V. 5. 9. 1–13. 38 mutatis nonnullis, J.B. d'Ansse de Villoison edidit in *Anecdotis Graecis*, t. II, 1781, pp. 227–41.

2 Indicem excerptorum inuenies in altero editionis maioris tomo, p. xxii.

altero tomo nomina illorum auctorum qui suis operibus sententias Plotinianas inseruerunt iis tantum locis addidimus, ubi eorum lectiones ad textum restituendum utiles uidentur. Sed in libris IV. 7 et V. 1 quaecumque lectiones e codicum consensu archetypo Eusebii *Praeparationis Euangelicae* attribui possunt diligenter attulimus. Arabicos autem textus qui multos locos in *Enneadibus quarta quinta sexta* obuios imitati erant quosque in Anglicam linguam uersos Geoffrey Lewis editioni maiori adiecerat,[1] hic omisimus, nisi computas hos sedecim locos ubi coniecturas comprobare nobis quidem uidentur, quorum indicem hic addimus:

IV.4.1.18 ἄνω *Enn.* : νῷ *Theologia* II.11
IV.4.1.35 οὐ *Enn.* : οὐ non legit *Theologia* II.20
IV.4.42.16 ὅ *Enn.* : ῷ *Theologia* VI.41
IV.7.8[1].31 αὐτοὺς Eusebii codices : ἀύλους *Theologia* III.14
IV.7.8[3].6 γι(γ)νομένην Eusebii codices : γιγνομένης *Theologia* III.37
IV.7.8[5].4 ψυχικοῦ Eusebii codices : φυσικοῦ *Theologia* III.76
IV.8.4.16 ὄχλου *Enn.* : ὅλου *Sapiens Graecus* I.71
IV.8.8.10 ⟨οὐ⟩ γιγνώσκεται *Theologia* VII.44
V.1.5.3 ζητεῖ *Enn.* : ζῇ ἀεί *Theologia* VIII.129
V.1.5.19 ἄμφω τὸ ἕν *Enn.* : ἄμφω τε ἕν *Theologia* VIII.135
V.3.5.33 γε νοητὸν *Enn.* : γ' ἀνόητον *Epistola* 61
V.3.15.1–2 ἔχειν *Enn.* : ἔχειν ⟨ἢ τῷ μὴ ἔχειν⟩ *Epistola* 139
V.5.10.13 ὅ τί ⟨τε⟩ οὐσίας *Epistola* 210
V.8.1.7 ⟨δύο⟩ λίθων *Theologia* IV.4
V.8.1.38 ἔπειτα *Enn.* : ἐπεὶ καὶ *Theologia* IV.20
V.8.4.15 ἐν τῷ ⟨μὴ⟩ καλῷ *Theologia* X.140

---

1 De operibus Arabicis quorum nomina sunt *Theologia, Epistola de scientia diuina, Dicta Sapientis Graeci,* in altero editionis maioris tomo, pp. xxvi–xxxiv, locuti sumus.

Apparatum fontium sicut in primo tomo hic quoque auximus, apparatum autem lectionum seuerius amputauimus. Familiarum quidem w[1] et x uarias lectiones plerasque attulimus itemque familiae z e libris V. 8 et V. 9 haustas. Contra quae lectiones uariae in *Dissertationibus Villoisonianis* leguntur pleraeque neglegendae nobis uidebantur, nam qui composuerat haec excerpta consulto Plotini uerba interdum mutauerat. Praeterea lectiones codicum BUCD ubi nulli addicti sunt familiae semper fere praetermisimus. Denique aliter atque in primo tomo coniecturarum quae nobis displicent perraro mentionem fecimus.[2]

Indicem omnium locorum hic addimus, ubi editionem maiorem deseruimus.[3] Asterisco * eos locos distinximus qui in *Addendis* tertio tomo editionis maioris adiunctis desiderantur.

1 Negleximus tamen familiae w falsas lectiones quascumque manus A[1] in ipso codice A correxerat.

2 Quasdam tamen in apparatu protulimus quas editores B–T retinent uel commendant. Similiter quae coniecturae nobis post editionem maiorem perfectam innotuerunt interdum notauimus.

3 In primo huius editionis minoris tomo αὐτοῦ αὐτῶν etc. pro reflexiuo scribere tum solebamus, cum omnes uel plerique codices has grauioris ponderis formas archetypum praebuisse declarant. Ipsum enim Plotinum his formis persaepe usum esse demonstrant illi loci, ubi ab omnibus testibus ἀντ' αὐτ. (II. 5. 3. 7), ἀπ' αὐτ. (III. 2. 2. 14), ἐπ' αὐτ. (VI. 5. 12. 34), μετ' αὐτ. (V. 8. 13. 7), οὐκ αὐτ. (II. 3. 15. 27) et talia pro reflexiuo scripta sunt. Etiamsi has lectiones ne in hoc altero quidem tomo mutare ausi sumus, tamen omnibus ceteris locis ubi praeter spiritum nihil mutandum erat, aliter atque in primo tomo nunc αὐτοῦ αὐτῶν etc. contra archetypi auctoritatem scribimus, ut cognitionem significationis lectori faciliorem reddamus. Sed ne longior fieret index, quibus locis pro αὐτ. editionis maioris in textum huius minoris αὐτ. admisissemus, hic non indicauimus.

PRAEFATIO

<table>
<tr><td>In editione maiore
(=H.–S.[1])</td><td>In hac editione
minore</td></tr>
</table>

IV.2.1.31	πρός	*πρό
IV.3.1.11	τε	*γε
1.12	θεαμάτων	θέαμα τοῦ νοῦ
1.21	τοῦ	τῷ
2.59	ἡ δὲ	αἱ δὲ
3.10	ὅλη μία	ὅλη, μία
3.17–18	εἰσὶ—ἅπασαι	post 12 πάρεστιν transponendum
3.22	πάντα	⟨πάντα⟩ πάντα
3.30	ὅλη	⟨ἡ⟩ ὅλη
4.17	συνούσας	συνούσας ⟨ἀλλήλαις⟩
4.18–19	καὶ συνούσας ἀλλήλαις	[καὶ συνούσας ἀλλήλαις]
4.23	τὸ	τῷ
4.23	⟨πρὸς⟩ τὰ	τῶν
4.27	διοικεῖ τοῦ	διοικεῖ, τοῦ
4.31	τῶν	τῷ
5.16	κατὰ τὰ αὐτὰ[2]	* [κατὰ τὰ αὐτὰ]
5.17	μένουσα καὶ	* μένουσα, καὶ
6.3	ἑαυτῇ—τὸ	ἑαυτῇ; τὸ
6.4	εἴρηται—νῦν	εἴρηται. νῦν
6.4	λεκτέον. Τάχα	λεκτέον—τάχα
6.7	σκεπτέον. Πῶς	σκεπτέον—πῶς
6.8	διοικοῦσιν;	* διοικοῦσιν.
6.29	τὰ	τὸ
7.24	διαφόρων	διάφοροι
7.29	μητέρων	μητρῶν
8.14	γνώσει	γνώσει ⟨εἶναι⟩
8.42	εἰς τὰ σώματα	[εἰς τὰ σώματα]
9.1	πῶς	⟨καὶ⟩ πῶς
9.2	καὶ πῶς	[καὶ πῶς]
9.13	ἴσως	ἴσως ⟨εἰκὸς⟩
9.16	οὐδ' ἐνῆν	οὐδὲ ἦν
10.5	ἑστῶσαν, εἶτα	ἑστῶσαν ἢ τὰ
10.6	ἔσχατα εἰς ὕστερον,	ἔσχατα, εἰς ὕστερον

	H.–S.¹	ed. min.
IV. 3. 10. 19	εἴδωλον † φύσιν	εἴδωλον φύσεως
10. 32	ἐξ αὐτῶν	[ἐξ αὐτῶν]
10. 33	δὲ	δὲ ⟨ἐξ αὐτῶν⟩
11. 22	καὶ τῇ	καὶ μὴ
11. 23	οὐ τόποις	[οὐ τόποις]
12. 12–13	ἔχει, τὸ πᾶν ἤδη·	ἔχει τὸ πᾶν ἤδη,
12. 16	ἐκείνοις, καὶ κατ' ἐκεῖνα	ἐκείνοις καὶ κατ' ἐκεῖνα,
12. 17	λόγον πάντων	λόγον, πάντων
13. 14	φύσεις	⟨ἐκ⟩φύσεις
13. 17	πεμφθεῖσαι, οὔτε	πεμφθεῖσαι· οὔ γε
13. 19	πρὸς γάμων	⟨ὡς⟩ πρὸς γάμων
13. 20	ὡς πρὸς πράξεις	* [ὡς πρὸς] πράξεις
13. 23	πέμπειν	πέμπει
13. 26	αὐτοῖς	τοῖς
13. 30	καὶ ἰσχύσαντας	ἰσχύσαντα
16. 9	καί † τινων	καὶ ἵππων
16. 13	ἐχόντων	ἔχον
17. 25–6	ἔρρεψάν τε	ἔρρεψαν τὸ
21. 12	οἷον εἰ	[οἷον] εἰ
21. 20–21	πρόσθεν ἀλλ'	πρόσθεν· ἀλλ'
22. 9	καί φησι	[καὶ] φησὶ
23. 9	παρεῖναι	εἶναι
24. 22–3	ἀνάγκης	ἀνάγκης ⟨καὶ⟩
24. 23	καὶ	[καὶ]
24. 25	ἐν τῷ θεῷ,	—ἐν τῷ θεῷ—
25. 20	μένῃ	* μὲν ἤ
25. 31	ἤδη ταῖς	ἤδη—ταῖς
26. 22	ἐπεὶ	ἔπειτα
27. 10–11	οὖσαι	γενόμεναι
27. 11	ἅτε	ἅ γε
27. 12	τούτου	τούτου,
27. 12	τὸ συναμφότερον γενόμεναι	[τὸ συναμφότερον γενόμεναι]
27. 21–2	εἶναι, ὃ	δὲ ὃ
27. 22	ἀφῆκεν, ἐρεῖ δὲ	ἀφῆκε [ἐρεῖ δὲ]
28. 5	τοῦτο	τούτοις
31. 14–15	ἐν ἑτέρῳ, ὅτι	⟨ὅ τι⟩ ἐν ἑτέρῳ. [ὅτι]

	H.–S.[1]	ed. min.
IV. 3. 31. 15	λανθάνει. Εἰς	* λανθάνει· εἰς
31. 18	ἑτέρων	ἑταίρων
32. 6	ἐκοινώνησε	* ἐκοίνωσε
IV. 4. 1. 11	ἐπιγεγενημένων	τινι γεγενημένων
1. 18	ἄνω	* νῷ
1. 24	ὀφθαλμῷ	ὀφθαλμῶν
1. 32	εἰ τὰ	εἶτα
1. 32	ἔχει	ἔχῃ
1. 35	οὐ	[οὐ]
1. 36	ἄλλοις γινομένων	ἄλλοις † γινομένων
2. 9–10	αὐτὸς κενός	* αὐτός, κενός
3. 7	αὐτὴ	* αὐτῇ
3. 8	ὁρᾷ καὶ οἷα	ὁρᾷ, καὶ [οἷα]
4. 15	κἀκεῖ ἡ δύναμις	κἀκεῖ. ἢ δυνάμει
5. 27	χρόνος	τρόπος
7. 4	τὸ	[τὸ]
8. 9	μηδὲ	μηδὲν
8. 47	ἱσταμένη	ἱσταμένῃ
8. 49	τοιαύτη	τοιαύτῃ
8. 54	τῇδε	ταύτῃ δὲ
8. 54	ταύτῃ	[ταύτῃ]
8. 55–56	ἐλλάμψει ὥσπερ	ἐλλάμψει—ὥσπερ
8. 57	ἁρμονίᾳ. Εἰ	ἁρμονίᾳ—εἰ
9. 13	ἐν εἰδήσει καὶ μιᾷ ζωῇ	ἕν, εἰδήσει, καὶ μία ζωὴ
9. 13	οὗτος	οὕτως
10. 12	μέσης οὔσης	μενούσης
12. 6	φρονεῖν	φρόνησιν
12. 7	νοῦ	[νοῦ]
12. 30	εἰδήσει ποιῆσαι	εἰδήσει ποιήσει
12. 31	ποιήσει[1]	* [ποιήσει]
14. 2	[τὰ σώματα]	τὰ σώματα
14. 6	ὁ	οὐ
15. 1	τὰ νῦν ἅπαντα τὰ	[τὰ νῦν] ἅπαντα τὰ ⟨νῦν⟩
16. 22–3	ἀδιάστατον. Οὕτω	ἀδιάστατον· οὕτω
16. 23	ἕκαστα· εἰ	ἕκαστα. εἰ
17. 2	χρόνοις	χρόνῳ καὶ

		H.–S.[1]	ed. min.
IV. 4.	17. 7	πάρεστι. Καὶ	πάρεστι καὶ
	17. 16	κινηθεὶς καὶ	κινηθείς, καὶ
	17. 17	χρεῖαι, καὶ	χρεῖαι καὶ
	17. 17	δοξάζει	δοξάζειν
	17. 22	ἀσθενὴς	[ἀσθενὴς]
	17. 29	μέσῳ, ἐν	μέσῳ ⟨ὡς⟩ ἐν
	19. 22	καὶ	κατὰ
	21. 12	προθέσθαι μηδὲ	* προσθέσθαι, μηδὲ
	21. 13	ἐχούσης ἄγειν	ἐχούσης, ἄγειν
	21. 20	οὐδὲ κίνησις	* [οὐδὲ κίνησις]
	22. 32	οὖν	οὖν ⟨τὰ⟩
	22. 33	Ἔπειτα	ἐπεὶ
	22. 43	ζῴων	[ζῴων]
	23. 13	ταὐτόν, ἀλλὰ	ταὐτόν. ἀλλὰ
	23. 32	τοίνυν	νῦν
	25. 3	Τῇ	* ᾗ
	25. 4	εἶναι· κἂν	* εἶναι, κἂν
	25. 12	καὶ ἀκούειν	[καὶ ἀκούειν]
	26. 18	γευστῶν ἄλλοις; Ἤ	γευστῶν; ἀλλ᾽ ἤ
	26. 29	δὴ	* δεῖ
	27. 1	γεννητικήν, ἢ	γεννητικήν—ἢ
	27. 3	φυτοῖς. Καὶ	φυτοῖς—καὶ
	28. 10	θυμικοῦ	φυτικοῦ
	28. 18	θυμοῦ	θυμικοῦ
	28. 49	χολοῦσθαι, καὶ	χολοῦσθαι· καὶ
	28. 52	Καὶ ἐν τοιούτῳ	καὶ ⟨τῷ⟩ ἐν τοιούτῳ ⟨εἶναι⟩
	28. 53	τῷ ἐν τοιούτῳ εἶναι	[τῷ ἐν τοιούτῳ εἶναι]
	28. 58–9	καὶ ἀλόγῳ ἀπαθείᾳ	[καὶ ἀλόγῳ ἀπαθείᾳ]
	31. 10	μέρη· κινουμένη	μέρη—κινουμένη
	31. 11	αὐτῆς, τά	αὐτῆς—τά
	31. 12	πείσεις	πείσεις ⟨καὶ ποιήσεις⟩
	31. 13–14	καὶ ποιήσεις	[καὶ ποιήσεις]
	31. 15–16	ἄλλοις, περὶ	ἄλλοις—περὶ
	31. 45–6	αὐτῶν θησαυρῶν	* αὐτῶν, θησαυρῶν
	33. 8	πρὸς τὴν ὄρχησιν	[πρὸς τὴν ὄρχησιν]
	33. 8	κινημάτων ὡς	κινημάτων, ὡς
	33. 13	τῶν μελῶν	[τῶν μελῶν]

		H.–S.¹	ed. min.
IV. 4. 33.	14–15	πιεζομένου	⟨τῶν μελῶν⟩ πιεζο-
			μένου
	35. 18	ὥσπερ καὶ † ἔχοντες	ἅσπερ καὶ ἔχοντες
	35. 18	ἐν λόγοις	εὐλόγως
	35. 22	τῆς	[τῆς]
	35. 41	τοῦτο ψυχῆς	τοῦτο, ψυχῆς
	35. 42	φυσικῆς	φυτικῆς
	35. 44	διδόναι, καὶ πάντα	διδόναι. καὶ πάντας
		δή· ἕν	δὴ ἕν
	36. 3	ὀφθαλμὸν καὶ	[ὀφθαλμὸν καὶ]
	36. 27	αὐτῶν	αὐτῷ
	37. 20	ἐπιστραφέντος	ἐπιστραφέντων
	37. 23	αὐτὸς	ἀργὸς
	38. 1	Ἄτε	Ἄ τε
	38. 1	κινήσαντος, ἐκ	κινήσαντος ἐκ
	38. 2	γίνεται· καὶ ὅλως ὅσα	γίνεται [καὶ ὅλως ὅσα
		ἐξ αὐτοῦ	ἐξ αὐτοῦ]
	38. 6	συμβάλλεται, τῇ δόσει	συμβάλλεται τῇ δόσει,
	40. 23	ἡ ψυχή; Οὐδὲ	* ἡ ⟨ἄλογος⟩ ψυχή· οὐδὲ
	40. 24–5	ἀλλ' ἡ ἄλογος ψυχή	* [ἀλλ' ἡ ἄλογος ψυχή]
	42. 15–16	αὐτοῦ οὐκ οἶδεν ὃ	αὐτὸ οὐκ οἶδεν ᾧ
	42. 17	καὶ	καὶ ⟨ὃ⟩
	42. 18	δέον ἔπεσθαι	δέον, ἔπεσθαι
	42. 19	δίκην;	δίκην.
	42. 22–3	τὸ γενόμενον	[τὸ γενόμενον]
	42. 23	αὐτὸν	αὐτὸ
	44. 7	γάμων	γάμον
	44. 23	οἰκειώσει· δοκεῖ	οἰκειώσει—δοκεῖ
	44. 24	οἰκείωσιν, ὅτι	οἰκείωσιν—[ὅτι]
	45. 23	ἐνταῦθα, καὶ	ἐνταῦθα καὶ
	45. 34	καὶ συναισθήσεις	καὶ † συναισθήσεις
IV. 5.	1. 24	τυποῦται; Σημεῖον	τυποῦται—σημεῖον
	1. 25	ἔσται, ἢ	ἔστη
	1. 26	ὁρᾶν· πάθους	ὁρᾶν—πάθους
	1. 39	πάσχειν ἢ ἐὰν	* πάσχειν, κἂν
	2. 2	μεταξὺ φῶς	μεταξὺ [φῶς]
	3. 8	καὶ τοῦ πυρὸς	[καὶ τοῦ πυρὸς]
	3. 17	αὐτὰ	αὐτὸ

		H.–S.¹	ed. min.
IV. 5.	5. 2–3	πρώτην, τὸν παρα-κείμενον	πρώτην τοῦ παρακει-μένου
	5. 26	κάμψεις καὶ	* κάμψεις καὶ ⟨πρίσεις⟩
	5. 27	καὶ πρίσεις	* [καὶ πρίσεις]
	6. 2	ὄντος	[ὄντος]
	6. 24	αὐτοῦ τὴν	* [αὐτοῦ] τὴν
	6. 31	τὸ φωτεινὸν	[τὸ φωτεινὸν]
	6. 31	σκοτεινὸν	φωτεινὸν
	6. 32	συμμιγνύμενον	συμμιγνύμενος
	8. 5	αἰσθητὰ καὶ	αἰσθητά, καὶ
	8. 5–6	αἰσθήσεις, οὕτως	αἰσθήσεις οὕτως
	8. 33	ταῦτα	* ταὐτὰ
IV. 6.	1. 19	γιγνομένου οὐδέ τῳ	* γιγνομένου, οὐδέπω
	1. 20	λαμβανούσης, ὥσπερ	* [λαμβανούσης] ὥσπερ
	1. 20–21	βλεπούσης	* λαμβανούσης
	1. 28	τοσούτου δὲ	* τοσοῦδε
	1. 38	ὁρῶν ⟨καὶ⟩	ὁρῶν
	3. 2	θαυμαστόν, μᾶλλον	θαυμαστόν—μᾶλλον
	3. 4	ψυχῆς, εἰ	ψυχῆς—εἰ
	3. 38	τῆς	[τῆς]
	3. 70	καὶ ὅλως	[καὶ ὅλως]
	3. 71–2	πάντα	πάντ' οὐ
IV. 7.	1. 15	γενόμενον ἕν, οὐκ	γενόμενον, ἓν οὐκ
	1. 22–3	ἄνθρωπος· εἴπερ	ἄνθρωπος, εἴπερ
	3. 15	αὐτὴ	* αὐτῇ
	5. 19	μεταλήψεται; 'Αλλ'	μεταλήψεται, ἀλλ'
	5. 20	ἑτέρα.	ἑτέρα;
	7. 13	ἄλλην καὶ	* ἄλλην, καὶ
	8. 39	τῶν νοητῶν	* νοητῶν
	8¹. 4	ταῦτα	αὐτὰ
	8¹. 8	κακῶς	καλῶς
	8³. 6	γιγνομένην	γιγνομένης
	8³. 18–19	ἕξει καθ' ἑαυτό,	ἕξει, καθ' ἑαυτὸ
	8⁴. 24	ποιοῦσι, καὶ τὰ	ποιοῦσι καὶ [τὰ]
	8⁴. 25	τεταγμένα καὶ	τεταγμένα, καὶ
	8⁵. 3	ἔμψυχον	ἔμψυχον ⟨ὂν⟩
	8⁵. 30	φυτῶν, ἡ ψυχὴ δηλο-νότι	φυτῶν ἡ ψυχή, δῆλον ὅτι

	H.–S.¹	ed. min.
IV. 7. 9. 7	αὕτη	αὐτὴ
9. 8	αὕτη	αὐτὴ
10. 39	εἰς	καὶ
14. 9	† λυθήσεται	λυθήσεσθαι ⟨λέγεται⟩
IV. 8. 3. 25	ὅ, ἐὰν ᾖ, τῶν	ὃ ἐὰν ᾖ, τῶν
3. 26–7	αὐτήν, ὅ	αὐτὴν [ὅ]
4. 18	[ὅλων καὶ] πάντων	* ὅλων κατὰ πᾶν
5. 18	ἡ	⟨δίκη⟩ ἡ
8. 10	γιγνώσκεται	⟨οὐ⟩ γιγνώσκεται
8. 16	βουλεύεται τὸ	* βουλεύεται, τὸ
V. 1. 2. 21	ποιοῦσαι	διδοῦσαι
2. 36	μορίῳ ψυχῆς	* [μορίῳ ψυχῆς]
5. 8	αὕτη	* αὐτὴ
6. 18	πρὸς αὐτὸ	πρὸς αὐτὸ
7. 6	αὐτὸ	αὐτὸ
7. 20–21	ὁ μὲν πάντα	* εἰ μὲν πάντα,
7. 27	οὗτος· ἄξιον δὲ	οὗτος ἀξίας
V. 2. 1. 1	πάντων οὐ	πάντων, οὐ
2. 15	ψυχῇ οὐκ	* ψυχῇ· οὐ γὰρ
2. 15	ἐλθοῦσα· ἀλλὰ	* ἐλθοῦσα. ἀλλὰ
V. 3. 1. 21	ὁ δὲ νοῦς, ⟨εἰ⟩	* εἰ δὲ νοῦς
3. 28	διάνοιαι	διανοίᾳ
3. 33	αἰσθήσεως καὶ	* αἰσθήσεως, κἂν ⟨μὴ⟩
3. 34	διὰ νοῦ μὲν	* διὰ ⟨νοῦ⟩ νοοῦμεν
4. 5	αὐτοὺς τῷ	αὐτοὺς τῷ ⟨τῷ⟩
4. 6	καὶ	κατὰ
4. 15	εἶδε	οἶδε
5. 33	δύναμις—οὐδέ γε νοητόν—οὐδὲ	δύναμις οὐδέ γ' ἀνόητον οὐδὲ
5. 36	ἐνέργεια, καὶ	ἐνέργεια καὶ
5. 36–7	δὴ νόησις	δή, νόησις
6. 9	ἀνάγκη	ἀνάγκην
6. 23	αὐτῷ	αὐτῷ
6. 24	αὐτὸς	αὐτὸ
6. 27	ἐφαρμόττοντα	ἐφαρμόττοντι
6. 31	εἶναι· ὥστε	εἶναι—ὥστε
6. 32	ἐστιν—ἀνόητος	ἐστιν (ἀνόητος
6. 33	εἴη—ἀνάγκη	εἴη) ἀνάγκη

	H.–S.[1]	ed. min.
V. 3. 6. 34	ἑαυτοῦ, καὶ	ἑαυτοῦ—καὶ
6. 41	τὴν ἑαυτοῦ	[τὴν ἑαυτοῦ]
6. 42	τὴν	τὴν ⟨ἑαυτοῦ⟩
7. 7	καὶ	κατὰ
7. 21	πρῶτον	πρῶτον ἐν
8. 1	Ποιὸν δὲ τί	Ποῖον δέ τι
8. 1	ποιὸν τί	ποῖον τι
8. 2	νοητόν, οὔτε	νοητὸν οὐδὲ
8. 33	οὐ μᾶλλον	* [οὐ μᾶλλον]
8. 34	μᾶλλον	* ⟨οὐ⟩ μᾶλλον
8. 49	αὐτὸν	αὐτὴν
8. 53	δὲ	δὴ
8. 54	ἀμηγέπη	ἀμηγέπῃ
9. 28	τὴν πρώτην	[τὴν πρώτην]
10. 1	Οὐδὲ	* εἰ δὲ
10. 1	μόνον· οὐ γὰρ	* μόνον, οὐκ
10. 4	⟨ἄλλου⟩	* ⟨τοῦ⟩
10. 48	ὑπάρχει	* ὑπάρξει
11. 2	νοεῖν. Εἰ	νοεῖν, ἐν
11. 3–4	πληθυόμενον	πληθυνόμενον
11. 10	οὗτος ὡς	οὕτως
11. 30	τὸ	[τὸ]
12. 9	Δεῖ	δεῖται
12. 17–18	θήσονται	* ἀεὶ θήσονται
12. 19	ἀφ'	ἐφ'
12. 23	ποιήσασαι, ποιήσασαι	ποιήσασαι † ποιήσασαι
12. 25	[ἃς] †παραχωρῆσαν	ἃς † παραχωρῆσαν
12. 38	ὧδε τυχοῦσά	ὡς ἀτυχοῦσά
12. 40	τι οὖν	νοῦν
13. 3–4	αὐτοῦ ἀλλ'	* αὐτοῦ, ἀλλ'
13. 13	αὐτὸ	ταὐτὸ
13. 21	νοοῦν	νεῦον
13. 23	αὐτὸν	αὐτὸν
13. 30	λέγοι	λέγοιτ'
15. 13	"ἐστὶν ὄν"	* ἔστιν ὅ τι
15. 14	αὐτό· κἂν	* αὐτό. κἂν
15. 15	λέγει καὶ	* λέγει, καὶ
15. 15	ἔτι	* ἔστι

	H.–S.¹	ed. min.
V. 3. 15. 18	δὲ²	[δὲ]
15. 27	πάντων·	πάντων;
15. 32	διεκέκριτο, τῷ	διεκέκριτο τῷ
15. 36	ἔτυχε μηδ'	ἔτυχε· μηδ'
15. 36–7	ποιήσει· ποιήσει	ποιήσει, ποιήσει
15. 41	δεῖ	δὴ
16. 8	ἡ αὐτή	ἢ αὐτά
16. 29	ἐναργής, καὶ τελεία	* ἐναργὴς καὶ τελεία,
17. 8	τοῦ αὐτοενός	[τοῦ αὐτοῦ ἑνός]
17. 9	ἑνός	⟨τοῦ αὐτοῦ⟩ ἑνός
17. 22	εἰσφεύγει	ἐκφεύγει
17. 29	—τοῦτο τὸ φῶς—	[τοῦτο τὸ φῶς]
17. 31	ἄλλος, ὅταν	ἄλλος [ὅταν]
V. 4. 1. 5	εἶναι—ἁπλοῦν τοῦτο—	* εἶναι ἁπλοῦν, τοῦτο
1. 39–40	Δεῖ ... ἐφεξῆς	* [δεῖ ... ἐφεξῆς]
2. 5–6	ἀποτελουμένη καὶ τε-λειουμένη	* ἀποτελειουμένη [καὶ τελειουμένη]
2. 6	αὕτη	αὐτὴ
V. 5. 1. 8	τι	τιν'
1. 46	μένει	μενεῖ
2. 19–20	αὑτήν, ἀλλ' ὃ λέγει	αὑτὴν ἄλλο λέγει, ⟨ἀλλ' ὃ λέγει⟩
4. 19	ὅ τι	ἔτι
4. 27	ἐκείνη, καὶ μένουσα οὐ	ἐκείνη καὶ μένουσα οὐ
5. 4	κατὰ ταὐτό	κατ' αὐτό
5. 12–13	τὸ ἴχνος τοῦ ἑνός	[τὸ ἴχνος τοῦ ἑνός]
5. 14	ἑνός	⟨τοῦ⟩ ἑνός
6. 32	πάντων	πάντως
7. 25	πρὸ αὐτοῦ	[πρὸ αὐτοῦ]
9. 6	ἐν πρώτοις	[ἐν πρώτοις]
9. 7	ἀρχὴ ὄν	ἀρχὴν ὄν
9. 25	ἑνός	[ἑνός]
10. 9	ἐκεῖνος δὲ	ἐκεῖνός σε
10. 13	νοῦς—ὅτι	νοῦς ὅ τί ⟨τε⟩
10. 13	ὄντος, ὅτι	ὄντος—ὅτι
10. 15	πρώτη, οὐκ ἐν αὐτῷ, ἀπ'	* πρώτη—οὐ γὰρ ἐν αὐτῷ—ἀπ'
10. 19	εἶναι	[εἶναι]

		H.–S.[1]	ed. min.
V. 5.	10. 20	προσελθεῖν	προελθεῖν
	10. 22	ἤ	ᾗ
	11. 7	αἰσθητὰ	* αἰσθητὰ ⟨ἃ⟩
	11. 7–8	ὑπολαμβάνων—τὸ	* ὑπολαμβάνων τὸ
	12. 9	εἰδέναι	εἶναι
	12. 21	γενόμενον, τό τε	γενόμενόν [τό] τε
	12. 25	πρώτου, καὶ	* πρώτου καὶ
	13. 6	οὐδὲν ἔχει	"οὐδὲν ἔχει"
	13. 29	Οὐδὲν ... ἀγαθόν	[οὐδὲν ... ἀγαθόν]
V. 6.	1. 4	καὶ	ὃν
	3. 4	ἀφ'	ἐφ'
	3. 16	οὐδ'	* οὐχ
	3. 17	τὸ συγκείμενον ἐκ πολλῶν	* [τὸ συγκείμενον ἐκ πολλῶν]
	3. 18	οὐ	[οὐ]
	3. 19–20	τὸ	* τὸ ⟨συγκείμενον ἐκ πολλῶν⟩
	4. 3	αὐτῷ—ἐπεὶ	αὐτῷ, ἐπεὶ
	4. 3	αὐτῷ—οὐκ	αὐτῷ· οὐκ
	4. 4	εἰ	νοεῖ
	4. 4	ἄλλο, ἔτι	ἄλλο. ἔτι
	4. 9	ἕν, ὑπάρχον	ἐνυπάρχον
	4. 9	ἁπλοῦν καθ' αὑτό,	ἁπλοῦν, καθ' αὑτὸ
	5. 7	καὶ	καὶ ⟨τὸ⟩
	5. 17	βλέπων αὐτὸ	βλέπων αὐτὸν
	6. 7	εἶναι	ἐᾶν
	6. 25	⟨ἀνθρώπου νόησις καὶ⟩ ἄνθρωπος καὶ νόη_σις	* ἄνθρωπος καὶ νόησις ⟨ἀνθρώπου καὶ νόη_σις⟩
	6. 28	οὐθὲν	οὔθ' ἕν
V. 7.	1. 4	ἤ	ᾗ
	1. 4–5	καὶ ἐκεῖ ὡς λέγεται ἐκεῖ	καὶ ⟨ὡς λέγεται⟩ ἐκεῖ [ὡς λέγεται ἐκεῖ]
	2. 8	οὐκ—εἰ	* οὔ, κἂν εἰ
	2. 9	φαίνεσθαι—ὁτὲ	* φαίνεσθαι, ὁτὲ
V. 8.	1. 7	λίθων	⟨δύο⟩ λίθων
	1. 38	Ἔπειτα	ἐπεὶ καὶ
	2. 9	τι, οἷα ὕλη	* τι [οἷα ὕλη]

		H.—S.¹	ed. min.
V. 8.	2. 19	ἄυλος; † ἀλλ’ εἰς ἕν οὗτος † ’Αλλ’	ἄυλος [ἀλλ’ εἰς ἕν] οὗτος; ἀλλ’
	3. 10	οὔ ποτε	οὐ ποτὲ
	3. 24	οἱ	ἤ
	4. 1	ἐκεῖ—καὶ	* ἐκεῖ, καὶ
	4. 2–3	τροφή, καὶ	* τροφή—καὶ
	4. 19	καὶ	* κατὰ
	6. 7	ἐκεῖ οὐ	* ἐκείνου ⟨οὐ⟩
	6. 11	αὐτὸ	αὐτὸ
	6. 12	ἐξευρίσκον, ὡς τὸ	* ἐξεύρισκον, ὥστε
	6. 13	θαυμάσαι. Εἰ	* θαυμάσαι εἰ
	6. 14	αὕτη	αὐτὴ
	7. 18	καὶ μέμικται,	* [καὶ μέμικται]
	7. 23	εἶδος· τὸ δὲ	* εἶδος τόδε
	7. 24	ἐποίει τόδε	ἐποιεῖτο δὲ
	7. 25	καὶ οὕτως	[καὶ οὕτως]
	8. 2	ἐλλείπειν. Τίς	ἐλλείπειν, τίς
	8. 3	ἀλλ’ ὁ	ἀλλ’ ὃ
	8. 4	ἔχων (bis)	ἔχον
	9. 6	ζῷα	τὰ ζῷα
	9. 22	αὐτῷ, οὐδὲ	αὐτῷ—οὐδὲ
	9. 23	ὅλον	οἷον
	9. 25	—τὸ πᾶν—	[τὸ πᾶν]
	9. 47	οἰκεία ἡ	οὐσία ἤ
	10. 8	ἀπ’	ἄρ’
	10. 20	περιέχειν, καὶ αὗται	περιέχειν καὶ αὗται
	10. 20	τέλος καί	τέλος· καί
	10. 21	καὶ ὅσον	καθόσον
	11. 1	Εἰ	* Ἔτι
	11. 1	ὁρᾶν, ὑπ’	* ὁρᾶν ὑπ’
	11. 3–4	βλέπει, ἀφεὶς	* βλέπει· ἀφεὶς
	11. 7	θέλει, εἰ	* θέλει. εἰ
	11. 9	στρέφοι, ἐν	* στρέφοι. ἐν
	11. 18	οἷος	οἷοις
	11. 28	προΐζει	προσίζει
	11. 29	ἤ	* ἤ
	13. 5–6	ἑαυτὸν καὶ	ἑαυτόν, καὶ
V. 9.	2. 27	ἑνί.	ἑνί;

	H.—S.[1]	ed. min.
V. 9. 4. 16	μένει	μενεῖ
11. 7	ὅλων	* ὅλως
11. 10–11	περὶ ἁρμονίαν ἔχουσα καὶ ῥυθμόν—ῇ μὲν	* [περὶ ἁρμονίαν ἔχουσα καὶ ῥυθμὸν ἡ μὲν]
11. 11	ἁρμονίαν, ἔχουσα	* ἁρμονίαν ἔχουσα
11. 12	νοήματα—τὸν	* νοήματα τὸν
11. 17	ἐκεῖ· ῇ	* ἐκεῖ ῇ
12. 1	ἐκεῖ, καὶ λογικοῦ	ἐκεῖ καὶ λογικοῦ
12. 1–2	τεχνικοῦ, καὶ	τεχνικοῦ καὶ
12. 2	οὖσαι. Χρὴ	οὖσαι, χρὴ
12. 4	ὁ	ὃ
13. 14	ἐκεῖ ἡ τοιαύτη,	* ἔχει ἡ τοιαύτη

In *Addendis* tertio tomo editionis maioris adiunctis inter multas emendationes in textum huius minoris editionis iam receptas quaedam tamen proposueramus quae minori hodie adicere nolumus. En habes indicem illorum *quartae* et *quintae Enneadis* locorum ubi ad textum editionis maioris rediimus : IV.3.2.49; 4.20; 13.16–17; 26.28–9; V.3.4.7; 15.27; V.5.1.4; V.8.12.9. Et alterum indicem adicimus eorum locorum ubi quae in *Addendis* commendaueramus, hodie nobis mutanda uidentur : IV.3.13.20 ; IV.4.40.23–5 ; IV.6.1.19–21 ; IV.8.8.16 ; V.3.3.33–4 ; 4.6; 6.42; 15.15; V.6.3.16–20; V.8.2.7–9; 6.12–13.

Denique admonemus in tertio tomo editionis maioris, p. 399, ad V.3.11.2 legendum esse νοεῖν, ἐν μὲν pro νοεῖ, ἐν μὲν.

Maximas agimus gratias doctis uiris B.S. Page et J. Igal S. J. quod cum nos uariis consiliis adiuuerunt tum plagularum corrigendarum laborem ultro susceperunt.

PAUL HENRY S.J.
HANS-RUDOLF SCHWYZER

Dabamus Louaniae Belgarum et Turici Heluetiorum
Idibus Maiis MCMLXXVI

OPERA IN ALTERO TOMO ALLATA

ALBINVS. *Didascalicus*, ed. C. F. Hermann, Appendix Platonica. Leipzig, Teubner, 1853. Editio stereotypa 1920.

ALEXANDER APHRODISIENSIS. *De anima*, ed. I. Bruns, Commentaria in Aristotelem Graeca, Supplementum Aristotelicum II. 1. Berlin, Reimer, 1887.

— *In Aristotelis Metaphysica commentaria*, ed. M. Hayduck, Commentaria in Aristotelem Graeca I. Berlin, Reimer,1891.

— *Quaestiones*; *De fato*; *De mixtione*, ed. I. Bruns, Commentaria in Aristotelem Graeca, Supplementum Aristotelicum II. 2. Berlin, Reimer, 1892.

ANATOLIVS Περὶ δεκάδος καὶ τῶν ἐντὸς αὐτῆς ἀριθμῶν, ed. I. L. Heiberg. Annales internationales d'histoire, Congrès de Paris 1900, 5e Section, Histoire des sciences, pp. 27–57. Paris, Colin, 1901.

ARISTIDES QVINTILIANVS. *De musica libri tres*, ed. M. Meibom in : Antiquae musicae auctores, vol. II, pp. 1–164. Amsterdam, Elzevir, 1652.

— — ed. R. P. Winnington-Ingram. Leipzig, Teubner, 1963.

ARISTOTELES. *Qui ferebantur librorum Fragmenta*, ed. V. Rose, tertia editio. Leipzig, Teubner, 1886.

— *Dialogorum fragmenta*, ed. R. Walzer. Firenze, Sansoni, 1934.

— *Fragmenta selecta*, ed. W. D. Ross. Oxford, Clarendon Press, 1955.

— *Protrepticus*, ed. I. Düring. Studia Graeca et Latina **Gothoburgensia** 12. Acta Universitatis Gothoburgensis 1961.

— *Der Protreptikos*, ed. I. Düring. Frankfurt a.M., Klostermann, 1969.

ARMSTRONG, A. H. Ad textum nonnulla litteris nobiscum communicauit.

ARNIM. Cf. *Stoicorum Veterum Fragmenta*.

BASILIVS. *Opera omnia*, ed. Iulianus Garnier, t. I–III. Paris, Coignard, 1721–30.

— *De Spiritu*, t. I, pp. 320 c–322 d Garnier 1721 = Patrologia Graeca 29, col. 768–73. Paris, Garnier, 1886.

BEUTLER, R. Cf. Plotinus.

BLUMENTHAL, H. J. *Plotinus' Psychology*. The Hague, Nijhoff, 1971.

OPERA IN ALTERO TOMO ALLATA

Bouillet, M. N. *Les Ennéades de Plotin*. Traduction française, notes et éclaircissements, 3 tomes. Paris, Hachette, 1857–61. Editio iterata Frankfurt, Minerva, 1968.

Bréhier, É. Cf. Plotinus.

Buchwald, W. Secundum Beutler-Theiler, cf. Plotinus.

Callimachvs. I. *Fragmenta*, ed. R. Pfeiffer. Oxford, Clarendon Press, 1949; editio iterata 1965.

Chrysippvs. Cf. *Stoicorum Veterum Fragmenta*.

Cilento, V. *Plotino, Enneadi*. Versione italiana e commentario critico; bibliografia di B. Mariën, 3 volumi. Bari, Laterza, 1947–9.

— *Paideia antignostica*. Cf. Plotinus.

Creuzer, F. Cf. Plotinus.

Cypria. Cf. Epicorum *Fragmenta* et Homeri *Opera*.

Cyrillvs Alexandrinvs. *Contra Iulianum libri decem* ed. J. Aubert, t. VI, altera pars, pp. 5–362. Paris, regiis typis, 1638 = Patrologia Graeca 76, col. 509-1057. Paris, Migne, 1863.

Diogenes Laertivs. *Vitae philosophorum*, ed. H.S. Long, I–II. Oxford, Clarendon Press, 1964.

Dodds, E.R. 'Notes on the Περὶ ψυχῆς ἀπορίαι of Plotinus, *Enn*. IV 3–4.' *Classical Quarterly*, 28, 1934, 47–53.

— *Classical Review*, 66, 1952, 165–8.

— *Gnomon*, 33, 1961, 706–10.

— Cf. Plotinus.

— Ad textum **nonnulla** litteris nobiscum communicauit.

Dörrie, H. *Gnomon*, 36, 1964, 461–9.

Doxographi Graeci, ed. H. Diels, editio quarta. Berlin, De Gruyter, 1965.

Epicorvm Graecorvm Fragmenta, ed. G. Kinkel, vol. I, Leipzig, Teubner, 1877.

Epicvrvs. *Epicurea*, ed. H. Usener. Leipzig, Teubner, 1887.

— *Epistulae tres et ratae sententiae a Laertio Diogene seruatae*, ed. P. Von der Mühll. Leipzig, Teubner, 1922.

Epistola de scientia divina. Conspectus in altero tomo editionis maioris *Plotini Operum*, pp. 497-8.

Etymologicon magnvm, ed. Th. Gaisford. Oxford, Typographeum Academicum, 1848.

OPERA IN ALTERO TOMO ALLATA

Evripides. *Fragmenta.* Cf. *Tragicorum Graecorum Fragmenta.*

Evsebivs Pamphili. *Praeparatio Euangelica,* ed. R. Stephanus. Paris, 1544.

—— ed. F. Vigier. Paris, Sonnius, Cramoisy, Morelli, 1628.

—— ed. Karl Mras. Berlin, Akademie-Verlag, I–II, 1954–6.

Ficinvs, Marsilivs. *Plotini Opera.* Latina interpretatio. Florentiae, 1492.

Gollwitzer, Th. *Beiträge zur Kritik und Erklärung Plotins,* Beilage zum *Jahresbericht des Humanist. Gymnasiums Kaiserslautern,* 1909.

Hadot, P. *Revue de l'histoire des religions,* 64, 1963, 92–6.

Harder, R. *Plotins Schriften.* Deutsche Übersetzung, 1. Auflage, 5 Bände. Leipzig, Meiner, 1930–7 (= Harder[1]). 2. Auflage cf. Plotinus.

— *Gnomon,* 4, 1928, 638–52.

— 'Eine neue Schrift Plotins.' *Hermes,* 71, 1936, 1–10.

— *Gnomon,* 24, 1952, 177–88.

Heintz, W. Secundum Harder.

Henry, P. *Études Plotiniennes,* t. I. *Les États du texte de Plotin.* Museum Lessianum, Section philosophique, n. 20. Paris, Desclée de Brouwer; Bruxelles, L'Édition universelle, 1938; impressio iterata 1961.

— *Études Plotiniennes,* t. II, *Les Manuscrits des Ennéades.* Museum Lessianum, Section philosophique, n. 21. Paris, Desclée de Brouwer; Bruxelles, L'Édition universelle, 1941; altera editio, 1948.

— Cf. Plotinus.

Hermias Alexandrinvs. *In Platonis Phaedrum Scholia,* ed. P. Couvreur. Bibliothèque de l'École des Hautes Études, sciences historiques et philosophiques, fascicule 133. Paris, Bouillon, 1901. Impressio iterata Hildesheim, Olms, 1969.

Homervs. *Opera,* t. V, ed. Th. W. Allen. Oxford, Clarendon Press, 1912 (Insunt *Cypriorum Fragmenta,* pp. 116–25).

Iamblichvs. *Protrepticus,* ed. H. Pistelli. Leipzig. Teubner, 1888. Impressio iterata 1967.

— Cf. *Theologoumena arithmeticae.*

IGAL, J. 'La génesis de la inteligencia en un pasaje de las Enéadas de Plotino (V. i. 7. 4–35).' *Emerita*, 39, 1971, 129–57.

— *La cronología de la Vida de Plotino de Porfirio*. Universidad de Deusto, 1972.

— 'Observaciones al texto de Plotino.' *Emerita*, 41, 1973, 75–98.

—'Sobre Plotini Opera, III.' *Emerita*, 43, 1975, 169–96.

— Ad textum nonnulla litteris nobiscum communicauit.

JAHN, A. *Basilius magnus plotinizans*. Bern, Jenni, 1838.

KIRCHHOFF, A. Cf. Plotinus.

KLEIST, H. v. *Plotinische Studien*, erstes Heft, *Studien zur IV. Enneade*. Heidelberg, Weiss, 1883.

— *Zu Plotinos Enn. IV. 3 und 4*. Programm, Leer, 1888.

— Cf. Plotinus, ed. Müller; ed. Volkmann.

LEWIS, G. Cf. Plotinus, ed. Henry-Schwyzer.

LYDVS, IOANNES LAVRENTIVS. *Liber de mensibus*, ed. R. Wünsch. Leipzig, Teubner, 1898.

MACKENNA, ST. *Plotinus*. English Translation. Fourth edition revised by B. S. Page. London, Faber & Faber, 1969.

MACROBIVS. I. *Saturnalia*, ed. I. Willis. Altera editio Leipzig, Teubner, 1970.

MARIVS VICTORINVS AFER. *Opera theologica*, pars prior, ed. P. Henry et P. Hadot, Corpus Scriptorum Ecclesiasticorum Latinorum 83, pp. 54–277. Wien, Hoelder-Pichler-Tempsky, 1971.

MRAS, K. Cf. Eusebius.

MÜLLER, H. F. *Die Enneaden des Plotin*. Deutsche Übersetzung, Berlin, Weidmann, 1878–80.

— Cf. Plotinus.

NEMESIVS EMESENVS. *De natura hominis*, ed. C.F. Matthaei. Halle, Gebauer, 1802 (= Patrologia Graeca 40, col. 503–818. Paris, Migne, 1863). Impressio iterata Hildesheim, Olms, 1967.

NVMENIVS. *Testimonia et Fragmenta* ed. E.-A. Leemans, *Académie royale de Belgique, Classe des Lettres, Mémoires*, 37,2. Bruxelles, 1937.

—*Fragments*, ed. É. des Places. Paris, Les Belles Lettres, 1973.

OLYMPIODORVS. *In Platonis Alcibiadem priorem commentarii*, ed. F. Creuzer. Frankfurt am Main, Brönner, 1821.

OPERA IN ALTERO TOMO ALLATA

ORPHICORVM FRAGMENTA, ed. O. Kern. Berlin, Weidmann, 1922.

PAGE, B. S. Cf. MacKenna.

— Ad textum nonnulla litteris nobiscum communicauit.

PERNA. Cf. Plotinus.

PLOTINVS. *Operum philosophicorum libri LIV nunc primum Graece editi.* Basileae, ad Perneam lecythum, 1580.

— *Opera omnia.* Apparatum criticum disposuit, indices concinnauit G. H. Moser; emendauit, indices expleuit prolegomena, introductiones, annotationes adiecit F. Creuzer, uol. I–III. Oxford, Typographeum Academicum, 1835.

— *Enneades,* iterum ed. F. Creuzer et G. H. Moser. Paris, Didot, 1855.

— *Opera* (secundum ordinem chronologicum), ed. A. Kirchhoff, uol. I–II. Leipzig, Teubner, 1856.

— *Enneades.* Antecedunt Porphyrius, Eunapius, Suidas, Eudocia *De Vita Plotini,* ed. H. F. Müller, uol. I–II. Berlin, Weidmann, 1878–80.

— *Enneades* praemisso Porphyrii *De Vita Plotini* libello, ed. R. Volkmann, uol. I–II. Leipzig, Teubner, 1883–4.

— *Select Passages illustrative of Neoplatonism,* ed. E. R. Dodds. London, Society for promoting Christian Knowledge, 1924.

— *Ennéades,* ed. E. Bréhier. Texte, traduction française, notices, t. I–VI. 2. Paris, Les Belles Lettres, 1924–38.

— *Opera,* t. I–III, ed. P. Henry et H.-R. Schwyzer. Paris et Bruxelles, Desclée de Brouwer; Leiden, Brill, 1951–73 (= H.-S.¹). Tomus alter continet *Plotiniana Arabica* quae Anglice uertit G. Lewis.

— *Schriften.* Griechischer Text, deutsche Übersetzung, Anmerkungen. Neubearbeitung Bände I. Vc von R. Harder (= Harder²); Bände II.III.IV.Va–b von R. Beutler und W. Theiler (= B-T); Band VI (Indices) von W. Theiler und G. O'Daly. Hamburg, Meiner, 1956–71.

— *Opera,* t. I–II *Vita Plotini, Enneades I–V,* ed. P. Henry et H.-R. Schwyzer. Oxford, Clarendon Press, 1964–77 (= H.-S.²).

— *Paideia antignostica* (*Enn.* III. 8; V. 8; V. 5; II. 9), ed. V. Cilento. Firenze, Le Monnier, 1971 (= Cilento, *Paideia*).

Pseudo-PLVTARCHVS. *De placitis philosophorum,* ed. J. Mau. In: Plutarchi *Moralia* V. 2, 1. Leipzig, Teubner, 1971.

PORPHYRIVS. *Vita Plotini.* In huius editionis tomo I, 1964.

PRELLER, L. Cf. Ritter.

OPERA IN ALTERO TOMO ALLATA

Proclvs. *In Platonis Alcibiadem priorem commentarii*, ed. F. Creuzer. Frankfurt am Main, Brönner, 1820.

— *Opera inedita*, secundis curis ed. V. Cousin. Paris, Durand, 1864. Impressio iterata Frankfurt, Minerva, 1962.

— *Commentary on the First Alcibiades of Plato*, ed. L. G. Westerink. Amsterdam, North-Holland Publishing Company, 1954 (Paginae secundum Creuzer, 1820).

Ritter, H. et Preller, L. *Historia philosophiae Graeco-Romanae*. Hamburg, Perthes, 1838 (= Preller[1]).

— *Historia philosophiae Graecae*. Editio nona, ed. M. Wellmann. Gotha, Parthes, 1913 (= Preller[9]).

Sapiens Graecvs. *Dicta Sapientis Graeci*. Conspectus in altero tomo editionis maioris *Plotini Operum*, pp. 499–501.

Schegk, J. Coniecturae in C codice propositae.

Schwyzer, H.-R. *Gnomon*, 15, 1939, 303–11.

— 'Das Plotin-Exzerpt im Codex Rossianus Graecus 986 (= *T*).' *Rheinisches Museum*, 88, 1939, 367–79.

— 'Die pseudoaristotelische Theologie und die Plotin-Ausgabe des Porphyrios.' *Rheinisches Museum*, 90, 1941, 216–36.

— 'Plotinos.' *Paulys Realencyclopädie*, 21, 1951, Spalte 471–592.

—Cf. Plotinus.

Seidel, E. *De usu praepositionum Plotiniano quaestiones*. Dissertation Universität Breslau. Neisse, 1886.

Sextvs Empiricvs. *Opera*, vol. I–II, ed. H. Mutschmann. Leipzig, Teubner, 1912–14; vol. III, ed. J. Mau. Leipzig, Teubner, 1954.

Simplicivs, *In Aristotelis De caelo commentaria*, ed. I. L. Heiberg, Commentaria in Aristotelem Graeca VII. Berlin, Reimer, 1894.

Sleeman, J. H. 'Notes on Plotinus II.' *Classical Quarterly*, 22, 1928, 28–33.

Stark, R. 'Emendationes Plotinianae.' *Museum Helveticum*, 18, 1961, 226–8.

Steinhart, C. *Meletemata Plotiniana*, Halle, 1840.

Stephanvs. Cf. Eusebius.

Stobaevs, Ioannes. *Anthologium*, ed. C. Wachsmuth et O. Hense, uol. I–V et appendix. Berlin, Weidmann, 1884–1923.

Stoicorvm Vetervm Fragmenta, ed. I. ab Arnim, uol. I–IV. Leipzig, Teubner, 1903–24.

OPERA IN ALTERO TOMO ALLATA

STRATO LAMPSACENVS. *Fragmenta*, ed. F. Wehrli, Die Schule des Aristoteles 5. Basel, Schwabe, 1950; altera editio 1969.

TAYLOR, Th. Secundum Creuzer, cf. Plotinus.

THEILER, W. *Die Vorbereitung des Neuplatonismus*. Berlin. Weidmann, 1930; altera editio 1964.

— *Byzantinische Zeitschrift*, 41, 1941, 169–76.

— Cf. **Plotinus**.

THEOLOGIA. Conspectus in altero tomo editionis maioris *Plotini Operum*, pp. 495–7.

THEOLOGOUMENA ARITHMETICAE, ed. Fridericus Astius. Leipzig, Weidmann, 1817.

— [Iamblichus], *Theologoumena Arithmeticae*, ed. V. de Falco. Leipzig. Teubner, 1922.

TRAGICORVM GRAECORVM FRAGMENTA, ed. A. Nauck, editio secunda. Leipzig, Teubner, 1889.

VIGIER, F. Cf. Eusebius.

DE VILLOISON, J. B. C. D'ANSSE. *Anecdota Graeca*, uol. I–II. Venezia, Coleti, 1781.

VITRINGA, A. J. *Annotationes criticae in Plotini Enneadum partem priorem* (secundum ordinem chronologicum). Deventer, 1876.

— Secundum Müller et Volkmann. Cf. Plotinus.

VOLKMANN. Cf. Plotinus.

VORSOKRATIKER, DIE FRAGMENTE DER. Griechisch und Deutsch von H. Diels; 6. Auflage von W. Kranz. Berlin, Weidmann, 1951–2.

XENOCRATES. *Darstellung der Lehre und Sammlung der Fragmente*, ed. R. Heinze. Leipzig, Teubner, 1892.

ORDO ENNEADVM COMPARATVR
CVM ORDINE CHRONOLOGICO

Enn.	chron.	Enn.	chron.	Enn.	chron.
I. 1	53	II. 1	40	III. 1	3
I. 2	19	II. 2	14	III. 2	47
I. 3	20	II. 3	52	III. 3	48
I. 4	46	II. 4	12	III. 4	15
I. 5	36	II. 5	25	III. 5	50
I. 6	1	II. 6	17	III. 6	26
I. 7	54	II. 7	37	III. 7	45
I. 8	51	II. 8	35	III. 8	30
I. 9	16	II. 9	33	III. 9	13

Enn.	chron.	Enn.	chron.	Enn.	chron.
IV. 1	21	V. 1	10	VI. 1	42
IV. 2	4	V. 2	11	VI. 2	43
IV. 3	27	V. 3	49	VI. 3	44
IV. 4	28	V. 4	7	VI. 4	22
IV. 5	29	V. 5	32	VI. 5	23
IV. 6	41	V. 6	24	VI. 6	34
IV. 7	2	V. 7	18	VI. 7	38
IV. 8	6	V. 8	31	VI. 8	39
IV. 9	8	V. 9	5	VI. 9	9

ORDO CHRONOLOGICVS COMPARATVR
CVM ORDINE ENNEADVM

chron.	Enn.	chron.	Enn.	chron.	Enn.
1	I. 6	11	V. 2	21	IV. 1
2	IV. 7	12	II. 4	22	VI. 4
3	III. 1	13	III. 9	23	VI. 5
4	IV. 2	14	II. 2	24	V. 6
5	V. 9	15	III. 4	25	II. 5
6	IV. 8	16	I. 9	26	III. 6
7	V. 4	17	II. 6	27	IV. 3
8	IV. 9	18	V. 7	28	IV. 4
9	VI. 9	19	I. 2	29	IV. 5
10	V. 1	20	I. 3	30	III. 8

chron.	Enn.	chron.	Enn.	chron.	Enn.
31	V. 8	41	IV. 6	51	I. 8
32	V. 5	42	VI. 1	52	II. 3
33	II. 9	43	VI. 2	53	I. 1
34	VI. 6	44	VI. 3	54	I. 7
35	II. 8	45	III. 7		
36	I. 5	46	I. 4		
37	II. 7	47	III. 2		
38	VI. 7	48	III. 3		
39	VI. 8	49	V. 3		
40	II. 1	50	III. 5		

SIGLA

H	Scriba in scribendo
H^s	Scriba in scribendo supra lineam
H^mg	Scriba in scribendo in margine
H^γρ	Scriba in scribendo praemisso γρ(άφεται)
H^γρs	Scriba in scribendo supra lineam praemisso γρ(άφεται)
H^γρmg	Scriba in scribendo in margine praemisso γρ(άφεται)
H^ec	Ipse probabiliter scriba e correctione
H^ac	Ante correctionem
H^pc	Post correctionem
H¹	Reuisor non certo distinctus a scriba
H²	Reuisor certo distinctus a scriba
H³	Reuisor ab H, H¹, H² distinctus
H¹⁻²	H¹ uel H²
καί¹	καί prima uice in contextu
μ²	Littera μ secunda uice in uocabulo de quo agitur
w	Consensus codicum eiusdem classis qui in apparatu testium afferuntur
Enn.	Enneadum archetypus
Vita	Vitae Plotini archetypus
Pinax	Index omnium titulorum primae Enneadi praemissus
Summ.	Summarium, id est index titulorum cuique Enneadi praemissus
γρ.	γράφεται
ἴσ.	ἴσως
[σῶμα]	Interpolatio delenda
⟨ψυχή⟩	Additio
ν έ κ υ ε ς	Quae ad uerbum citat Plotinus, d i d u c t i s l i t-t e r i s scripsimus
†	Locus nondum sanatus
=	Fons ex quo Plotinus quamquam liberius citans tamen dubium non est quin hauriat
cf.	Locus ad quem alludere uidetur

EVSEBII PRAEPARATIONIS
EVANGELICAE CODICES

B   Parisinus Gr. 465
I   Marcianus Gr. 341
O   Bononiensis 3643
N   Neapolitanus II A 16
D   Parisinus Gr. 467
Q   Marcianus Gr. 242 (excerpta ex Plotino)
P   Batopedianus 180
T   Vaticanus Rossianus Gr. 986 (excerptum ex Plotino)

In IV. 7. 8. 28 — 8⁴. 28 ex Eusebio exscripti sunt *Enneadum* codices hi:

J   Parisinus Gr. 2082
M   Marcianus Gr. 240
V   Vindobonensis philosophicus Gr. 226

ENNEADVM CODICES

FAMILIA W

A   Laurentianus 87. 3
F   Parisinus Gr. 1816
E   Parisinus Gr. 1976

FAMILIA x *)

B   Laurentianus 85. 15
R   Vaticanus Reginensis Gr. 97
J   Parisinus Gr. 2082

FAMILIA y

U   Vaticanus Vrbinas Gr. 62
S   Berolinensis Gr. 375

FAMILIA t

C   Monacensis Gr. 449
M   Marcianus Gr. 240
V   Vindobonensis philosophicus Gr. 226

FAMILIA z

Q   Marcianus Gr. 242
L   Ambrosianus Gr. 667
G   Vindobonensis philosophicus Gr. 102

FAMILIA D

D   Marcianus Gr. 209

Haec sunt nomina priorum editorum: Perna, Creuzer, Kirchhoff, Müller, Volkmann, Bréhier, Harder[2], Beutler et Theiler (= B–T).

H.-S.[1]: *Plotini Opera*, ed. P. Henry et H.-R. Schwyzer, editio maior, tomus II, 1959.

---

*) In quinta *Enneade* duae familiae B et x(= RJ) discernendae sunt.

ENNEAS IV

SVMMARIVM

Πλωτίνου ἐννεάδος τετάρτης

Summarium = x(= BR)

IV 2 (4)

ΠΕΡΙ ΟΥΣΙΑΣ ΨΥΧΗΣ ΠΡΩΤΟΝ

1. Τὴν τῆς ψυχῆς οὐσίαν τίς ποτέ ἐστι ζητοῦντες σῶμα οὐδὲν αὐτὴν δείξαντες εἶναι, οὐδ' ἐν ἀσωμάτοις αὖ ἁρμονίαν, τό τε τῆς ἐντελεχείας οὔτε ἀληθὲς οὕτως, ὡς λέγεται, οὔτε δηλωτικὸν ὂν τοῦ τί ἐστιν ἀφέντες, καὶ μὴν
5 τῆς νοητῆς φύσεως εἰπόντες καὶ τῆς θείας μοίρας εἶναι τάχα μὲν ἄν τι σαφὲς εἰρηκότες εἴημεν περὶ τῆς οὐσίας αὐτῆς. ὅμως γε μὴν προσωτέρω χωρεῖν βέλτιον· τότε μὲν οὖν διῃροῦμεν αἰσθητῇ καὶ νοητῇ φύσει διαστελλόμενοι, ἐν τῷ νοητῷ τὴν ψυχὴν τιθέμενοι. νῦν δὲ κείσθω μὲν ἐν τῷ
10 νοητῷ· κατ' ἄλλην δὲ ὁδὸν τὸ προσεχὲς τῆς φύσεως αὐτῆς μεταδιώκωμεν. λέγωμεν δὴ τὰ μὲν πρώτως εἶναι μεριστὰ καὶ τῇ αὐτῶν φύσει σκεδαστά· ταῦτα δὲ εἶναι, ὧν οὐδὲν μέρος ταὐτόν ἐστιν οὔτε ἄλλῳ μέρει οὔτε τῷ ὅλῳ, τό τε μέρος αὐτῶν ἔλαττον εἶναι δεῖ τοῦ παντὸς καὶ ὅλου.

Enn. = w(= AE) x(= BRJ) UCGD

1. 2 σῶμα οὐδὲν cf. IV. 7.1–8³   2–3 οὐδ'—ἁρμονίαν cf. IV. 7.8⁴
3–4 τό τε τῆς ἐντελεχείας—ἀφέντες cf. IV. 7.8⁵   5 τῆς νοητῆς
φύσεως—εἶναι cf. IV. 7.9–12   θείας μοίρας cf. Plat. *Phaedr.* 230 a 5–6

Tit. περὶ οὐσίας ψυχῆς πρῶτον : περὶ οὐσίας τῆς ψυχῆς Vita 4. 28.
Hic liber in wxUC exorditur *Enneadem quartam*, quod et *Pinax*
et *Vita* 25. 12–13 comprobant; Ficinus autem secundum *Enneadis
quartae* locum assignauit; nos, quamquam locum debitum reddidimus,
tamen numerum IV. 2 non mutauimus   **1.** 11 λέγωμεν xUC :
λέγω μὲν D : λέγομεν wG

ταῦτα δέ ἐστι τὰ αἰσθητὰ μεγέθη καὶ ὄγκοι, ὧν ἕκαστον 15
ἴδιον τόπον ἔχει, καὶ οὐχ οἷόν τε ἅμα ταὐτὸν ἐν πλείοσι
τόποις εἶναι. ἡ δέ ἐστιν ἀντιτεταγμένη ταύτῃ οὐσία,
οὐδαμῇ μερισμὸν δεχομένη, ἀμερής τε καὶ ἀμέριστος,
διάστημά τε οὐδὲν οὐδὲ δι᾽ ἐπινοίας δεχομένη, οὐ τόπου
δεομένη οὐδ᾽ ἔν τινι τῶν ὄντων γιγνομένη οὔτε κατὰ μέρη 20
οὔτε κατὰ ὅλα, οἷον πᾶσιν ὁμοῦ τοῖς οὖσιν ἐποχουμένη,
οὐχ ἵνα ἐν αὐτοῖς ἱδρυθῇ, ἀλλ᾽ ὅτι μὴ δύναται τὰ ἄλλα
ἄνευ αὐτῆς εἶναι μηδὲ θέλει, ἀεὶ κατὰ τὰ αὐτὰ ἔχουσα
οὐσία, κοινὸν ἁπάντων τῶν ἐφεξῆς οἷον κέντρον ἐν κύκλῳ,
ἀφ᾽ οὗ πᾶσαι αἱ πρὸς τὴν περιφέρειαν γραμμαὶ ἐξημμέναι 25
οὐδὲν ἧττον ἐῶσιν αὐτὸ ἐφ᾽ ἑαυτοῦ μένειν ἔχουσαι παρ᾽
αὐτοῦ τὴν γένεσιν καὶ τὸ εἶναι, καὶ μετέχουσι μὲν τοῦ
σημείου, καὶ ἀρχὴ τὸ ἀμερὲς αὐταῖς, προῆλθόν γε μὴν
ἐξαψάμεναι αὐτὰς ἐκεῖ. τούτου δὴ τοῦ πρώτως ἀμερίστου
ὄντος ἐν τοῖς νοητοῖς καὶ τοῖς οὖσιν ἀρχηγοῦ καὶ αὖ 30
ἐκείνου τοῦ ἐν αἰσθητοῖς μεριστοῦ πάντῃ, πρὸ μὲν τοῦ
αἰσθητοῦ καὶ ἐγγύς τι τούτου καὶ ἐν τούτῳ ἄλλη ἐστὶ φύ-
σις, μεριστὴ μὲν οὐ πρώτως, ὥσπερ τὰ σώματα, μεριστή
γε μὴν γιγνομένη ἐν τοῖς σώμασιν· ὥστε διαιρουμένων τῶν
σωμάτων μερίζεσθαι μὲν καὶ τὸ ἐν αὐτοῖς εἶδος, ὅλον γε μὴν 35
ἐν ἑκάστῳ τῶν μερισθέντων εἶναι πολλὰ τὸ αὐτὸ γινόμενον,
ὧν ἕκαστον πάντῃ ἄλλου ἀπέστη, ἅτε πάντῃ μεριστὸν
γενόμενον· οἷα χροιαὶ καὶ ποιότητες πᾶσαι καὶ ἑκάστη
μορφή, ἥτις δύναται ὅλη ἐν πολλοῖς ἅμα εἶναι διεστηκόσιν
οὐδὲν μέρος ἔχουσα πάσχον τὸ αὐτὸ τῷ ἄλλο πάσχειν· 40
διὸ δὴ μεριστὸν πάντῃ καὶ τοῦτο θετέον. πρὸς δ᾽ αὖ

1. 15 ὄγκοι: οἱ ὄγκοι G   31 πρὸ wBJ: πρὸς RUCGD
36 τῶν μερισθέντων εἶναι xUCD: εἶναι τῶν μερισθέντων wG
40 τῷ eo quod et ἄλλο obiectum

ἐκείνῃ τῇ ἀμερίστῳ πάντῃ φύσει ἄλλη ἑξῆς οὐσία ἀπ'
ἐκείνης οὖσα, ἔχουσα μὲν τὸ ἀμέριστον ἀπ' ἐκείνης,
προόδῳ δὲ τῇ ἀπ' αὐτῆς ἐπὶ τὴν ἑτέραν σπεύδουσα φύσιν
45 εἰς μέσον ἀμφοῖν κατέστη, τοῦ τε ἀμερίστου καὶ πρώτου
καὶ τοῦ περὶ τὰ σώματα μεριστοῦ τοῦ ἐπὶ τοῖς σώμασιν,
οὐχ ὅντινα τρόπον χρόα καὶ ποιότης πᾶσα πολλαχοῦ μέν
ἐστιν ἡ αὐτὴ ἐν πολλοῖς σωμάτων ὄγκοις, ἀλλ' ἔστι τὸ ἐν
ἑκάστῳ ἀφεστὼς τοῦ ἑτέρου πάντῃ, καθόσον καὶ ὁ ὄγκος
50 τοῦ ὄγκου ἀπέστη· κἂν τὸ μέγεθος δὲ ἐν ᾖ, ἀλλὰ τό γε
ἐφ' ἑκάστῳ μέρει ταὐτὸν κοινωνίαν οὐδεμίαν εἰς ὁμοπά-
θειαν ἔχει, ὅτι τὸ ταὐτὸν τοῦτο ἕτερον, τὸ δ' ἕτερόν ἐστι·
πάθημα γὰρ τὸ ταὐτόν, οὐκ οὐσία ἡ αὐτή. ἣν δὲ ἐπὶ
ταύτῃ τῇ φύσει φαμὲν εἶναι τῇ ἀμερίστῳ προσχωροῦσαν
55 οὐσίᾳ, οὐσία τέ ἐστι καὶ ἐγγίγνεται σώμασιν, περὶ ἃ καὶ
μερίζεσθαι αὐτῇ συμβαίνει οὐ πρότερον τοῦτο πασχούσῃ,
πρὶν σώμασιν ἑαυτὴν δοῦναι. ἐν οἷς οὖν γίγνεται σώμασι,
κἂν ἐν τῷ μεγίστῳ γίγνηται καὶ ἐπὶ πάντα διεστηκότι,
δοῦσ' ἑαυτὴν τῷ ὅλῳ οὐκ ἀφίσταται τοῦ εἶναι μία. οὐχ
60 οὕτως, ὡς τὸ σῶμα ἕν· τῷ γὰρ συνεχεῖ τὸ σῶμα ἕν, ἕκα-
στον δὲ τῶν μερῶν ἄλλο, τὸ δ' ἄλλο καὶ ἀλλαχοῦ. οὐδ'
ὡς ποιότης μία. ἡ δ' ὁμοῦ μεριστή τε καὶ ἀμέριστος
φύσις, ἣν δὴ ψυχὴν εἶναί φαμεν, οὐχ οὕτως ὡς τὸ συνεχὲς
μία, μέρος ἄλλο, τὸ δ' ἄλλο ἔχουσα· ἀλλὰ μεριστὴ μέν,
65 ὅτι ἐν πᾶσι μέρεσι τοῦ ἐν ᾧ ἔστιν, ἀμέριστος δέ, ὅτι ὅλη
ἐν πᾶσι καὶ ἐν ὁτῳοῦν αὐτοῦ ὅλη. καὶ ὁ τοῦτο κατιδὼν
τὸ μέγεθος τῆς ψυχῆς καὶ τὴν δύναμιν αὐτῆς κατιδὼν

---

1. 42 ἄλλη ... οὐσία (i.e. ψυχή) diuersa ab 32–3 ἄλλη ... φύσις
44 ἀπ' αὐτῆς a seipsa   54 ταύτῃ τῇ φύσει = τῷ περὶ τὰ σώματα
μεριστῷ   προσχωροῦσαν APcRJUGD : προχωροῦσαν A(supra o¹
scr. σ A¹)EBC   66 αὐτοῦ : αὐτῶν Vitringa

εἴσεται, ὡς θεῖον τὸ χρῆμα αὐτῆς καὶ θαυμαστὸν καὶ τῶν
ὑπὲρ τὰ χρήματα φύσεων. μέγεθος οὐκ ἔχουσα παντὶ
μεγέθει σύνεστι καὶ ὡδὶ οὖσα ὡδὶ πάλιν αὖ ἐστιν οὐκ 70
ἄλλῳ, ἀλλὰ τῷ αὐτῷ· ὥστε μεμερίσθαι καὶ μὴ μεμερίσθαι
αὖ, μᾶλλον δὲ μὴ μεμερίσθαι αὐτὴν μηδὲ μεμερισμένην
γεγονέναι· μένει γὰρ μεθ᾽ ἑαυτῆς ὅλη, περὶ δὲ τὰ σώματά
ἐστι μεμερισμένη τῶν σωμάτων τῷ οἰκείῳ μεριστῷ οὐ
δυναμένων αὐτὴν ἀμερίστως δέξασθαι· ὥστε εἶναι τῶν 75
σωμάτων πάθημα τὸν μερισμόν, οὐκ αὐτῆς.

2. Ὅτι δὲ τοιαύτην ἔδει τὴν ψυχῆς φύσιν εἶναι, καὶ
τὸ παρὰ ταύτην οὐχ οἷόν τε εἶναι ψυχὴν οὔτε ἀμέριστον
οὖσαν μόνον οὔτε μόνον μεριστήν, ἀλλ᾽ ἀνάγκη ἄμφω τοῦ-
τον τὸν τρόπον εἶναι, ἐκ τῶνδε δῆλον. εἴτε γὰρ οὕτως
ἦν, ὡς τὰ σώματα, ἄλλο, τὸ δὲ ἄλλο ἔχουσα μέρος, οὐκ ἂν 5
τοῦ ἑτέρου παθόντος τὸ ἕτερον μέρος εἰς αἴσθησιν ἦλθε
τοῦ παθόντος, ἀλλ᾽ ἐκείνη ἂν ἡ ψυχή, οἷον ἡ περὶ τὸν
δάκτυλον, ὡς ἑτέρα καὶ ἐφ᾽ ἑαυτῆς οὖσα ᾔσθετο τοῦ
παθήματος· πολλαί γε ὅλως ἦσαν ψυχαὶ αἱ διοικοῦσαι
ἕκαστον ἡμῶν· καὶ δὴ καὶ τὸ πᾶν τόδε οὐ μία, ἀλλὰ ἄπειροι 10
χωρὶς ἀλλήλων. τὸ γὰρ τῆς συνεχείας, εἰ μὴ εἰς ἓν συντελοῖ,
μάταιον· οὐ γὰρ δὴ ὅπερ ἀπατῶντες ἑαυτοὺς λέγουσιν,
ὡς διαδόσει ἐπὶ τὸ ἡγεμονοῦν ἴασιν αἱ αἰσθήσεις, παρα-

---

2. 11 cf. Stoic. Vet. Fr. ii, n. 441 = Alex. Aphrod. De mixt. 10,
Suppl. Aristot. ii. 2, p. 223. 35   13 διαδόσει cf. Alex. Aphrod.
De an., Suppl. Aristot. ii. 1, p. 41. 5 et 63. 16; Plot. IV. 7. 7. 7;
ἐπὶ—αἰσθήσεις cf. Stoic. Vet. Fr. ii, n. 854 = Doxogr. Gr. p. 414.
25–7

---

2. 1 εἶναι G : om. wxUCD   2 τὸ παρὰ ταύτην subiectum :
παρὰ ταύτην Kirchhoff   ψυχὴν praedicatum   3 μόνον² om.
UC   4 εἴτε recipitur a 35 εἰ δ᾽   7 παθόντος : παθήματος
Heintz   9 γε : τε Kirchhoff   11 συντελοίη wGD

δεκτέον. πρῶτον μὲν γὰρ ἡγεμονοῦν ψυχῆς μέρος λέγειν
15 ἀνεξετάστως λέγεται· πῶς γὰρ καὶ μεριοῦσι καὶ τὸ μὲν
ἄλλο, τὸ δ' ἄλλο φήσουσι, τὸ δὲ ἡγεμονοῦν; πηλίκῳ ποσῷ
διαιροῦντες ἑκάτερον ἢ τίνι διαφορᾷ ποιότητος, ἑνὸς καὶ
συνεχοῦς ὄγκου ὄντος; καὶ πότερα μόνον τὸ ἡγεμονοῦν ἢ
καὶ τὰ ἄλλα μέρη αἰσθήσεται; καὶ εἰ μὲν μόνον, εἰ μὲν αὐτῷ
20 προσπέσοι τῷ ἡγεμονοῦντι, ἐν τίνι τόπῳ ἱδρυμένον τὸ αἴ-
σθημα αἰσθήσεται; εἰ δὲ ἄλλῳ μέρει τῆς ψυχῆς, αἰσθάνε-
σθαι οὐ πεφυκὸς τόδε τὸ μέρος οὐ διαδώσει τῷ ἡγεμονοῦντι
τὸ αὑτοῦ πάθημα, οὐδ' ὅλως αἴσθησις ἔσται. καὶ αὐτῷ δὲ
τῷ ἡγεμονοῦντι εἰ προσπέσοι, ἢ μέρει αὐτοῦ προσπεσεῖται
25 καὶ αἰσθομένου τοῦδε τὰ λοιπὰ οὐκέτι· μάταιον γάρ· ἢ
πολλαὶ αἰσθήσεις καὶ ἄπειροι ἔσονται καὶ οὐχ ὅμοιαι
πᾶσαι· ἀλλ' ἡ μέν, ὅτι πρώτως ἔπαθον ἐγώ, ἡ δ' ὅτι
τὸ ἄλλης πάθημα ᾐσθόμην· ποῦ τε ἐγένετο τὸ πάθημα,
ἀγνοήσει ἑκάστη πάρεξ τῆς πρώτης. ἢ καὶ ἕκαστον
30 μέρος ψυχῆς ἀπατήσεται δοξάζον, ὅπου ἔστιν, ἐκεῖ γεγο-
νέναι. εἰ δὲ μὴ μόνον τὸ ἡγεμονοῦν, ἀλλὰ καὶ ὁτιοῦν
μέρος αἰσθήσεται, διὰ τί τὸ μὲν ἡγεμονοῦν ἔσται, τὸ δὲ
οὔ; ἢ τί δεῖ ἐπ' ἐκεῖνο τὴν αἴσθησιν ἀνιέναι; πῶς δὲ καὶ
τὰ ἐκ πολλῶν αἰσθήσεων, οἷον ὤτων καὶ ὀμμάτων, ἔν τι
35 γνώσεται; εἰ δ' αὖ πάντη ἓν ἡ ψυχὴ εἴη, οἷον ἀμέριστον
πάντη καὶ ἐφ' ἑαυτοῦ ἕν, καὶ πάντη πλήθους καὶ μερισμοῦ

2. 14 πρῶτον μὲν continuatur ab 18 καὶ πότερα   16 τὸ δὲ
ἡγεμονοῦν del. Kirchhoff   19 καὶ εἰ μὲν μόνον (scil. αἰσθάνεται
τὸ ἡγεμονοῦν) recipitur ab 31 εἰ δὲ μὴ μόνον τὸ ἡγεμονοῦν   εἰ
μὲν² recipitur ab 21 εἰ δὲ   20 προσπέσοι scil. αἴσθημα   ἱδρυ-
μένον (scil. τὸ ἡγεμονοῦν subiectum) Kirchhoff: ἱδρυμένῳ Enn.
20–21 αἴσθημα accusatiuus   21 μέρει τῆς ψυχῆς scil. προσ-
πέσοι τὸ αἴσθημα   24 προσπέσοι scil. τὸ αἴσθημα   34 τὰ
accusatiuus   ἔν τι nominatiuus   35 εἰ δ' recipit
4 εἴτε

ἐκφεύγοι φύσιν, οὐδὲν ὅλου, ὅ τι ἂν ψυχὴ καταλάβοι, ἐψυ-
χωμένον ἔσται· ἀλλ᾽ οἷον περὶ κέντρον στήσασα ἑαυτὴν
ἑκάστου ἄψυχον ἂν εἴασε πάντα τὸν τοῦ ζῴου ὄγκον. δεῖ
ἄρα οὕτως ἕν τε καὶ πολλὰ καὶ μεμερισμένον καὶ ἀμέριστον   40
ψυχὴν εἶναι, καὶ μὴ ἀπιστεῖν, ὡς ἀδύνατον τὸ αὐτὸ καὶ
ἐν πολλαχοῦ εἶναι. εἰ γὰρ τοῦτο μὴ παραδεχοίμεθα, ἡ
τὰ πάντα συνέχουσα καὶ διοικοῦσα φύσις οὐκ ἔσται, ἥτις
ὁμοῦ τε πάντα περιλαβοῦσα ἔχει καὶ μετὰ φρονήσεως
ἄγει, πλῆθος μὲν οὖσα, ἐπείπερ πολλὰ τὰ ὄντα, μία δέ,   45
ἵν᾽ ᾖ ἓν τὸ συνέχον, τῷ μὲν πολλῷ αὐτῆς ἑνὶ ζωὴν χορη-
γοῦσα τοῖς μέρεσι πᾶσι, τῷ δὲ ἀμερίστῳ ἑνὶ φρονίμως
ἄγουσα. ἐν οἷς δὲ μὴ φρόνησις, τὸ ἓν τὸ ἡγούμενον
μιμεῖται τοῦτο. τοῦτ᾽ ἄρα ἐστὶ τὸ θείως ᾐνιγμένον τ ῆ ς
ἀ μ ε ρ ί σ τ ο υ κ α ὶ ἀ ε ὶ κ α τ ὰ τ ὰ α ὐ τ ὰ ἐ χ ο ύ σ η ς κ α ὶ τ ῆ ς   50
π ε ρ ὶ τ ὰ σ ώ μ α τ α γ ι γ ν ο μ έ ν η ς μ ε ρ ι σ τ ῆ ς τ ρ ί τ ο ν
ἐ ξ ἀ μ φ ο ῖ ν σ υ ν ε κ ε ρ ά σ α τ ο ο ὐ σ ί α ς ε ἶ δ ο ς. ἔστιν
οὖν ψυχὴ ἓν καὶ πολλὰ οὕτως· τὰ δὲ ἐν τοῖς σώμασιν εἴδη
πολλὰ καὶ ἕν· τὰ δὲ σώματα πολλὰ μόνον· τὸ δ᾽ ὑπέρτατον
ἓν μόνον.   55

2. 44 cf. Anaxagoras *Fr.* B 1   49–52 = Plat. *Tim.* 35 a 1–4

2. 37 καταλάβῃ wG   45 ἐπείπερ xUC : ἐπεὶ A(περ A¹ˢ)EGD
54 τὸ δ᾽ ὑπέρτατον i.e. ἡ ἀμέριστος οὐσία

IV 1 (21)

ΠΕΡΙ ΟΥΣΙΑΣ ΨΥΧΗΣ ΔΕΥΤΕΡΟΝ

Ἐν τῷ κόσμῳ τῷ νοητῷ ἡ ἀληθινὴ οὐσία· νοῦς τὸ
ἄριστον αὐτοῦ· ψυχαὶ δὲ κἀκεῖ· ἐκεῖθεν γὰρ καὶ ἐνταῦθα.
κἀκεῖνος ὁ κόσμος ψυχὰς ἄνευ σωμάτων ἔχει, οὗτος δὲ
τὰς ἐν σώμασι γινομένας καὶ μερισθείσας τοῖς σώμασιν.
5 ἐκεῖ δὲ ὁμοῦ μὲν νοῦς πᾶς καὶ οὐ διακεκριμένον οὐδὲ
μεμερισμένον, ὁμοῦ δὲ πᾶσαι ψυχαὶ ἐν αἰῶνι τῷ κόσμῳ, οὐκ
ἐν διαστάσει τοπικῇ. νοῦς μὲν οὖν ἀεὶ ἀδιάκριτος καὶ οὐ
μεριστός, ψυχὴ δὲ ἐκεῖ ἀδιάκριτος καὶ ἀμέριστος· ἔχει δὲ
φύσιν μερίζεσθαι. καὶ γὰρ ὁ μερισμὸς αὐτῆς τὸ ἀποστῆναι
10 καὶ ἐν σώματι γενέσθαι. μεριστὴ οὖν εἰκότως περὶ τὰ
σώματα λέγεται εἶναι, ὅτι οὕτως ἀφίσταται καὶ μεμέ-

Enn.ᵃ (in fine III. 9) = w (= AE) x(= BRJ) UC
Enn.ᵇ (inter IV. 2 et IV. 3) = A¹ in margine   x (= BRJ)UC

10–12 = Plat. *Tim.* 35 a 1–3

Tit. περὶ οὐσίας ψυχῆς δεύτερον : πῶς ἡ ψυχὴ τῆς ἀμερίστου καὶ
μεριστῆς οὐσίας μέση εἶναι λέγεται *Vita* 4. 63–4 : om. B*Enn.* a
1–22 ἐν—μεμέρισται in *Enn.*ᵃ scripta sunt post ποιεῖ III. 9. 9.
23, in A¹mg BRJUC iterantur inter IV. 2 et IV. 3, quem locum
et *Pinax* et *Vita* 25. 14–15 huic libro attribuunt; Ficinus autem
primum *Enneadis quartae* locum assignauit; nos, quamquam lo-
cum debitum reddidimus, tamen numerum IV. 1 non mutaui-
mus   4 σώμασι A¹BᵖᶜRJCwC: σώματι Bᵃᶜ (τ in σ
mut.) U*x*U   5 νοῦς πᾶς *Enn.*ᵇ: πᾶς νοῦς *Enn.*ᵃ   διακε-
κριμένον *Enn.*ᵇ: διακεκριμένος *Enn.*ᵃ   6 μεμερισμένον *Enn.*ᵇ:
μεμερισμένος *Enn.*ᵃ   πᾶσαι *Enn.*ᵃ: om. *Enn.*ᵇ   αἰῶνι *Enn.*ᵇ:
ἐνὶ *Enn.*ᵃ   10 σώματι BU*Enn.*ᵃ: σώμασι A¹RJC

8

ρισται. πῶς οὖν καὶ ἀμέριστος; οὐ γὰρ ὅλη ἀπέστη,
ἀλλ' ἔστι τι αὐτῆς οὐκ ἐληλυθός, ὃ οὐ πέφυκε μερίζεσθαι.
τὸ οὖν ἐκ τῆς ἀμερίστου καὶ τῆς περὶ τὰ σώματα
μεριστῆς ταὐτὸν τῷ ἐκ τῆς ἄνω καὶ κάτω ἰούσης καὶ τῆς   15
ἐκεῖθεν ἐξημμένης, ῥυείσης δὲ μέχρι τῶνδε, οἷον γραμμῆς
ἐκ κέντρου. ἐλθοῦσα δὲ ἐνθάδε τούτῳ τῷ μέρει ὁρᾷ, ᾧ καὶ
αὐτῷ τῷ μέρει σῴζει τὴν φύσιν τοῦ ὅλου. οὐδὲ γὰρ ἐνταῦ-
θα μόνον μεριστή, ἀλλὰ καὶ ἀμέριστος· τὸ γὰρ μεριζόμενον
αὐτῆς ἀμερίστως μερίζεται. εἰς ὅλον γὰρ τὸ σῶμα δοῦσα   20
αὐτὴν καὶ μὴ μερισθεῖσα τῷ ὅλῃ εἰς ὅλον τῷ ἐν παντὶ εἶναι
μεμέρισται.

14-15 = Plat. *Tim.* 35 a 1-3

---

15 ἰούσης *Enn.*b: οὔσης *Enn.*a   17 ᾧ *Enn.*a: ὡς *Enn.*b   17-18 ᾧ
—μέρει qua ipsa quoque parte, sed ὡς quoque cum σῴζει uel σῴζειν
intellegi potest   18 σῴζει *Enn.*a: σῴζειν *Enn.*b   20 ἀμερίστως
*Enn.*bJ: ἀμερίστῳ wBRUC   21 καὶ *Enn.*b: om. *Enn.*a   τῷ1—ὅλον
cum μερισθεῖσα coniungendum, τῷ2—εἶναι cum μεμέρισται   τῷ2
*Enn.*b: om. *Enn.*a

IV 3 (27)

ΠΕΡΙ ΨΥΧΗΣ ΑΠΟΡΙΩΝ ΠΡΩΤΟΝ

1. Περὶ ψυχῆς, ὅσα ἀπορήσαντας δεῖ εἰς εὐπορίαν
καταστῆναι, ἢ καὶ ἐν αὐταῖς ταῖς ἀπορίαις στάντας τοῦτο
γοῦν κέρδος ἔχειν, εἰδέναι τὸ ἐν τούτοις ἄπορον, ὀρθῶς
ἂν ἔχοι τὴν πραγματείαν ποιήσασθαι. περὶ τίνος γὰρ ἂν
5 τις μᾶλλον τὸ πολὺ λέγων καὶ σκοπούμενος εὐλόγως ἂν
διατρίβοι ἢ περὶ ταύτης; διά τε πολλὰ καὶ ἄλλα, καὶ ὅτι
ἐπ' ἄμφω τὴν γνῶσιν δίδωσιν, ὧν τε ἀρχή ἐστι καὶ ἀφ' ὧν
ἐστι. πειθοίμεθα δ' ἂν καὶ τῷ τοῦ θεοῦ παρακελεύσματι
αὐτοὺς γινώσκειν παρακελευομένῳ περὶ τούτου τὴν ἐξέ-
10 τασιν ποιούμενοι. ζητεῖν τε τὰ ἄλλα καὶ εὑρεῖν βουλόμενοι
δικαίως ἂν τὸ ζητοῦν τί ποτ' ἐστὶ τοῦτο ζητοῖμεν, τό γε
ἐραστὸν ποθοῦντες λαβεῖν θέαμα τοῦ νοῦ. ἦν γὰρ καὶ ἐν
τῷ παντὶ νῷ τὸ διττόν· ὥστε εὐλόγως ἐν τοῖς κατὰ μέρος
τὸ μὲν οὕτως μᾶλλον, τὸ δὲ οὕτω. τὰς δὲ ὑποδοχὰς τῶν
15 θεῶν ὅπως, σκεπτέον. ἀλλὰ τοῦτο μέν, ὅταν πῶς ἐν
σώματι ψυχὴ γίγνεται ζητῶμεν· νῦν δὲ πάλιν ἐπανίωμεν

Enn. = w(= AE) x(= BRJ) UC

---

1. 8–9 cf. Plat. *Protag.* 343 b; Alex. Aphrod. *De an.*, Suppl. Aristot.
ii.1, p. 1.4–6   15–16 cf. IV. 3. 9–23   16 ἐπανίωμεν cf.
IV. 9.1.10–13

Tit. περὶ ψυχῆς ἀποριῶν πρῶτον : περὶ ψυχῆς ἀποριῶν w : περὶ ψυχῆς
πρῶτον *Vita* 5.20; cf. Scholion ad IV.4.29.55   1. 3 γοῦν
om. w   11 γε Beutler : τε Enn.   12 θέαμα τοῦ νοῦ Dodds :
θεαμάτων Enn.

ἐπὶ τοὺς λέγοντας ἐκ τῆς τοῦ παντὸς ψυχῆς καὶ τὰς
ἡμετέρας εἶναι. οὐδὲ γὰρ ἴσως ἱκανὸν φήσουσιν εἶναι τὸ
φθάνειν μέχρι τῶν αὐτῶν καὶ τὰς ἡμετέρας, μέχρις ὧν
καὶ ἡ τοῦ παντὸς ψυχὴ ἔρχεται, μηδὲ τὸ ὁμοίως νοερόν,   20
καὶ εἰ συγχωροῖεν τὸ ὁμοίως, τῷ μὴ μόρια αὐτῆς εἶναι·
εἶναι γὰρ ὁμοειδῆ καὶ τὰ μέρη τοῖς ὅλοις. παραθήσονται
δὲ καὶ Πλάτωνα τοῦτο δοξάζοντα, ὅταν πιστούμενος τὸ
πᾶν ἔμψυχον εἶναι λέγῃ, ὡς σῶμα μέρος ὂν τοῦ παντὸς
τὸ ἡμέτερον, οὕτω καὶ ψυχὴν τὴν ἡμετέραν μέρος τῆς τοῦ   25
παντὸς ψυχῆς εἶναι. καὶ τὸ συνέπεσθαι δὲ ἡμᾶς τῇ τοῦ
παντὸς περιφορᾷ καὶ λεγόμενον καὶ δεικνύμενον ἐναργῶς
εἶναι, καὶ τὰ ἤθη καὶ τὰς τύχας ἐκεῖθεν λαμβάνοντας
εἴσω τε γενομένους ἐν αὐτῷ ἐκ τοῦ περιέχοντος ἡμᾶς
τὴν ψυχὴν λαμβάνειν. καὶ ὅπερ ἐπὶ ἡμῶν μέρος ἕκαστον   30
ἡμῶν παρὰ τῆς ἡμετέρας ψυχῆς λαμβάνει, οὕτω καὶ ἡμᾶς
ἀνὰ τὸν αὐτὸν λόγον μέρη πρὸς τὸ ὅλον ὄντας παρὰ τῆς
ὅλης ψυχῆς μεταλαμβάνειν ὡς μέρη. καὶ τὸ ψυχὴ δὲ
πᾶσα παντὸς ἐπιμελεῖται τοῦ ἀψύχου τὸ αὐτὸ
τοῦτο σημαίνειν καὶ οὐκ ἄλλο τι ἔξωθεν ψυχῆς κατα-   35
λείποντος μετὰ τὴν τοῦ ὅλου· αὕτη γὰρ ἡ τὸ πᾶν ἄψυχον
ἐν ἐπιμελείᾳ τιθεμένη.

2. Πρὸς δὴ ταῦτα πρῶτον ἐκεῖνο λεκτέον, ὡς ὁμοειδῆ
τιθέμενοι τῷ τῶν αὐτῶν συγχωρεῖν ἐφάπτεσθαι, τὸ αὐτὸ
γένος κοινὸν διδόντες ἔξω ποιοῦσι τοῦ μέρος εἶναι· ἀλλὰ

---

1. 17–18 cf. Stoic. Vet. Fr. i, n. 495 et ii, n. 774 = Diog. Laert.
7.156   23–4 cf. Plat. Phileb. 30 a 5–6; Tim. 30 b 8   26–7 cf.
Plat. Tim. 90 c 8–d 1   33–4 = Plat. Phaedr. 246 b 6

---

1. 21 τῷ (coniungendum cum 18 ἱκανὸν) coniecimus : τοῦ Enn.
29 γεννωμένους x   30 ὅπερ (accusatiuus): ὥσπερ Creuzer
(quemadmodum Ficinus)   32 ⟨ὡς⟩ μέρη Theiler   33 ὡς
μέρη del. Theiler, sed obiectum   35 καὶ : ὡς Kirchhoff: del. Theiler

μᾶλλον ἂν τὴν αὐτὴν καὶ μίαν ἑκάστην πᾶσαν δικαιό-
5 τερον ἂν εἴποιεν. μίαν δὲ ποιοῦντες εἰς ἄλλο ἀναρτῶσιν,
ὃ μηκέτι τοῦδε ἢ τοῦδε ἀλλὰ οὐδενὸς ὂν αὐτὸ ἢ κόσμου ἤ
τινος ἄλλου αὐτὸ ποιεῖ, ὃ καὶ κόσμου καὶ ὁτουοῦν ἐμ-
ψύχου. καὶ γὰρ ὀρθῶς ἔχει μὴ πᾶσαν τὴν ψυχήν τινος εἶ-
ναι οὐσίαν γε οὖσαν, ἀλλ᾽ εἶναι, ἢ μή τινός ἐστιν ὅλως, τὰς
10 δέ, ὅσαι τινός, γίγνεσθαί ποτε κατὰ συμβεβηκός. ἴσως δὲ
δεῖ λαβεῖν τὸ μέρος ἐν τοῖς τοιούτοις πῶς λέγεται σαφέ-
στερον. τὸ μὲν δὴ ὡς σωμάτων μέρος, εἴτε ὁμοειδὲς τὸ
σῶμα, εἴτε ἀνομοειδές, ἐατέον ἐκεῖνο μόνον ἐπισημηναμέ-
νους, ὡς ἐπὶ τῶν ὁμοιομερῶν ὅταν λέγηται μέρος, κατὰ
15 τὸν ὄγκον ἐστὶ τὸ μέρος, οὐ κατὰ τὸ εἶδος, οἷον τὴν λευ-
κότητα· οὐ γὰρ ἡ ἐν τῷ μορίῳ τοῦ γάλακτος λευκότης
μέρος ἐστὶ τῆς τοῦ παντὸς γάλακτος λευκότητος, ἀλλὰ
μορίου μέν ἐστι λευκότης, μόριον δὲ οὐκ ἔστι λευκότη-
τος· ἀμέγεθες γὰρ ὅλως καὶ οὐ ποσὸν ἡ λευκότης. ἀλλὰ
20 τοῦτο μὲν οὕτως. ὅταν δ᾽ ἐπὶ τῶν οὐ σωμάτων λέγωμεν
μέρος, ἤτοι οὕτως ὡς ἐπὶ τῶν ἀριθμῶν λέγοιμεν ἄν, ὡς τὰ
δύο τῶν δέκα· ἔστω δὲ ἐπὶ ψιλῶν μόνων τὸ λεγόμενον·
ἢ ὡς κύκλου καὶ γραμμῆς μέρος, ἢ ὡς ἐπιστήμης μέρος
τὸ θεώρημα. ἐπὶ μὲν δὴ τῶν μονάδων καὶ τῶν σχημάτων
25 ἀνάγκῃ ὥσπερ ἐπὶ τῶν σωμάτων ἐλαττοῦσθαί τε τὸ ὅλον
τῷ εἰς τὰ μέρη μερισμῷ, ἐλάττω τε τὰ μέρη ἕκαστα τῶν
ὅλων εἶναι· ποσὰ γὰρ ὄντα καὶ τὸ εἶναι ἐν τῷ ποσῷ ἔχον-
τα, οὐ τὸ αὐτοποσὸν ὄντα, μείζω καὶ ἐλάττω ἐξ ἀνάγκης
γίνεται. κατὰ δὴ ταῦτα οὐκ ἐνδέχεται ἐπὶ ψυχῆς τὸ
30 μέρος λέγεσθαι. οὔτε γὰρ ποσὸν οὕτως, ὡς δεκάδα τὴν
πᾶσαν, τὴν δὲ μονάδα εἶναι· ἄλλα τε γὰρ πολλὰ καὶ ἄτοπα

2. 6 κόσμου wRJ: κόσμον BUC   22 μόνον UC   24 τὸ θεώ-
ρημα del. Kirchhoff

συμβήσεται, καὶ οὐχ ἕν τι τὰ δέκα, καὶ ἑκάστη αὐτῶν τῶν
μονάδων ἢ ψυχὴ ἔσται, ἢ ἐξ ἀψύχων ἁπάντων ἡ ψυχή, καὶ
ὅτι καὶ τὸ μέρος τῆς ὅλης ψυχῆς συγκεχώρηται ὁμοειδὲς
εἶναι. τὸ δὲ ἐπὶ τοῦ συνεχοῦς οὐκ ἀνάγκη τὸ μέρος, οἷον 35
τὸ ὅλον ἐστίν, εἶναι, οἷον κύκλου ἢ τετραγώνου, ἢ οὐ πάν-
τα γε τὰ μόρια ὅμοια ἐφ᾽ ὧν ἔστι λαβεῖν τὸ μέρος, οἷον
ἐπὶ τῶν τριγώνων τρίγωνα, ἀλλὰ παραλλάσσοντα· τὴν δὲ
ψυχὴν ὁμοειδῆ τίθενται εἶναι. καὶ ἐπὶ γραμμῆς δὲ τὸ
μὲν μέρος ἔχει τὸ γραμμὴ εἶναι, ἀλλὰ τῷ μεγέθει διαφέρει 40
καὶ ἐνταῦθα. ἐπὶ δὲ ψυχῆς ἡ διαφορὰ τῷ μεγέθει εἰ
λέγοιτο τῆς μερικῆς πρὸς τὴν ὅλην, ποσόν τι ἔσται καὶ
σῶμα τὴν διαφορὰν λαμβάνουσα καθὸ ψυχὴ παρὰ τοῦ
ποσοῦ· ἀλλὰ ὑπέκειντο πᾶσαι ὅμοιαι καὶ ὅλαι. φαίνεται δὲ
οὐδὲ μεριζομένη οὕτως ὡς τὰ μεγέθη, οὐδ᾽ ἂν συγχωρή- 45
σαιεν δὲ οὐδὲ αὐτοὶ κατατέμνεσθαι τὴν ὅλην εἰς μέρη·
ἀναλώσουσι γὰρ τὴν ὅλην, καὶ ὄνομα μόνον ἔσται, εἰ μὴ
ἀρχή τίς ποτε ἦν πᾶσα, ὡς εἰ οἴνου μερισθέντος εἰς πολλὰ
ἕκαστον τὸ ἐν ἑκάστῳ ἀμφορεῖ λέγοι μέρος οἴνου τοῦ ὅλου.
ἆρ᾽ οὖν οὕτω μέρος ὡς θεώρημα τὸ τῆς ἐπιστήμης λέγε- 50
ται τῆς ὅλης ἐπιστήμης, αὐτῆς μὲν μενούσης οὐδὲν ἧττον,
τοῦ δὲ μερισμοῦ οἷον προφορᾶς καὶ ἐνεργείας ἑκάστου
οὔσης; ἐν δὴ τῷ τοιούτῳ ἕκαστον μὲν δυνάμει ἔχει τὴν ὅ-
λην ἐπιστήμην, ἡ δέ ἐστιν οὐδὲν ἧττον ὅλη. εἰ δὴ οὕτως
ἐπὶ ψυχῆς τῆς τε ὅλης καὶ τῶν ἄλλων, οὐκ ἂν ἡ ὅλη, 55
ἧς τὰ τοιαῦτα μέρη, ἔσται τινός, ἀλλὰ αὐτὴ ἀφ᾽ ἑαυτῆς·

2. 32 δέκα scil. ἐστίν   33 καὶ scil. τοῦτο ἄτοπον   47–8 εἰ
μὴ ἀρχή τίς ποτε A¹ᵐᵍ x Cʸᵒᵐᵍ (nisi principium aliquod fuerat uniuersa
Creuzer recte): εἰ τίς ποτε wUC   48 εἰ om. w   49 λέγοι
scil. τις   50 τὸ : τι Volkmann   53 οὔσης (pro ὄντος)
assimilatum ad ἐνεργείας   56 ἀφ᾽: ἐφ᾽ Kirchhoff (penes
Ficinus)

οὐ τοίνυν οὐδὲ τοῦ κόσμου, ἀλλά τις καὶ αὕτη τῶν
ἐν μέρει. μέρη ἄρα πᾶσαι μιᾶς ὁμοειδεῖς οὖσαι. ἀλλὰ
πῶς ἡ μὲν κόσμου, αἱ δὲ μερῶν τοῦ κόσμου;

3. Ἀλλ' ἆρα οὕτω μέρη, ὥσπερ ἂν καὶ ἐφ' ἑνὸς ζῴου
τις εἴποι τὴν ἐν τῷ δακτυλίῳ ψυχὴν μέρος τῆς ἐν τῷ παν-
τὶ ζῴῳ ὅλης; ἀλλ' οὗτός γε ὁ λόγος ἢ οὐδεμίαν ποιεῖ ψυ-
χὴν ἔξω σώματος γίγνεσθαι, ἢ πᾶσαν οὐκ ἐν σώματι, ἀλλ'
5 ἔξω τοῦ σώματος τοῦ κόσμου τὴν τοῦ παντὸς λεγομένην.
τοῦτο δὲ σκεπτέον· νῦν δὲ ὡς λέγοιτο ἂν κατὰ τὴν εἰκόνα
ἐξεταστέον. εἰ γὰρ ἡ τοῦ παντὸς παρέχει αὐτὴν πᾶσι τοῖς
ἐν μέρει ζῴοις, καὶ οὕτω μέρος ἑκάστη, διαιρεθεῖσα μὲν
οὐκ ἂν αὐτὴν ἑκάστῳ παρέχοι, ἡ αὐτὴ δὲ πανταχοῦ ἔσται
10 ἡ ὅλη, μία καὶ ἡ αὐτὴ ἐν πολλοῖς ἅμα οὖσα. τοῦτο δὲ
οὐκέτ' ἂν τὴν μὲν ὅλην, τὴν δὲ μέρος ἂν εἶναι παράσχοιτο,
καὶ μάλιστα οἷς τὸ αὐτὸ δυνάμεως πάρεστιν· ⟨εἰσὶ γὰρ
ἐν ἀμφοτέραις ἅπασαι⟩. ἐπεὶ καὶ οἷς ἄλλο ἔργον, τῷ
δὲ ἄλλο, οἷον ὀφθαλμοῖς καὶ ὠσίν, οὐ μόριον ἄλλο ψυ-
15 χῆς ὁράσει, ἄλλο δὲ ὠσὶ λεκτέον παρεῖναι—ἄλλων δὲ
τὸ μερίζειν οὕτως—ἀλλὰ τὸ αὐτό, κἂν ἄλλη δύναμις
ἐν ἑκατέροις ἐνεργῇ [εἰσὶ γὰρ ἐν ἀμφοτέραις ἅπα-
σαι]· τῷ δὲ τὰ ὄργανα διάφορα εἶναι διαφόρους τὰς
ἀντιλήψεις γίνεσθαι, πάσας μέντοι εἰδῶν εἶναι †εἰς εἶδος
20 πάντα δυνάμενον μορφοῦσθαι†. δηλοῖ δὲ καὶ τὸ εἰς ἓν

3. 6 σκεπτέον cf. IV. 3. 4. 4 sqq.   15 cf. Stoic. Vet. Fr. ii, n.
828 = Diog. Laert. 7. 110   19–20 cf. Plat. Theaet. 184 d 3–4

2. 59 αἱ Theiler : ἡ Enn.   3. 2 δακτυλίῳ (digitulo, cf.
IV. 3. 8. 43) wBJUC : δακτύλῳ R   3–4 ποιεῖ ψυχὴν transp. x
6 τοῦτο δὲ σκεπτέον : σκεπτέον δὲ τοῦτο w   9 ἡ del. Theiler
12–13 εἰσὶ—ἅπασαι ex 17–18 huc transp. Theiler : ἀμφοτέραις scil.
ταῖς ψυχαῖς, ἅπασαι scil. αἱ δυνάμεις   15 ἄλλων scil. Στωικῶν
19–20 locum corruptum suspic. Bréhier

ἀναγκαῖον εἶναι πάντα ἰέναι. τῶν δὲ ὀργάνων, δι᾽ ὧν,
μὴ ⟨πάντα⟩ πάντα δύνασθαι δέξασθαι, καὶ τὰ μὲν παθή-
ματα διάφορα γίνεσθαι τοῖς ὀργάνοις, τὴν δὲ κρίσιν
παρὰ τοῦ αὐτοῦ οἷον δικαστοῦ καὶ τοὺς λόγους τοὺς λεγο-
μένους καὶ τὰ πραχθέντα κατανενοηκότος. ἀλλ᾽ ὅτι ἕν 25
γε πανταχοῦ, εἴρηται, καὶ ἐν τοῖς διαφόροις τῶν ἔργων.
εἴ τε ὡς αἱ αἰσθήσεις, οὐκ ἔνι ἕκαστον αὐτὸν νοεῖν,
ἀλλ᾽ ἐκείνην· εἰ δ᾽ οἰκεία ἦν ἡ νόησις, ἐφ᾽ ἑαυτῆς ἑκά-
στη. ὅταν δὲ καὶ λογικὴ ᾖ ψυχή, καὶ οὕτω λογικὴ ὡς
⟨ἡ⟩ ὅλη λέγεται, τὸ λεγόμενον μέρος ταὐτόν, ἀλλ᾽ οὐ μέ- 30
ρος ἔσται τοῦ ὅλου.

4. Τί οὖν φατέον, εἰ οὕτω μία, ὅταν τις ζητῇ τὸ
ἐντεῦθεν πρῶτον μὲν ἀπορῶν, εἰ οἷόν τε οὕτως ἓν ἅμα ἐν
πᾶσιν, ἔπειτα, ὅταν ἐν σώματι ᾖ, ἡ δὲ μὴ ἐν σώματι;
ἴσως γὰρ ἀκολουθήσει ἀεὶ ἐν σώματι πᾶσαν εἶναι καὶ
μάλιστα τὴν τοῦ παντός· οὐ γὰρ ὥσπερ ἡ ἡμετέρα λέγεται 5
καταλείπειν τὸ σῶμα· καίτοι τινές φασι τόδε μὲν καταλεί-
ψειν, οὐ πάντῃ δὲ ἔξω σώματος ἔσεσθαι. ἀλλ᾽ εἰ πάντῃ
ἔξω σώματος ἔσται, πῶς ἡ μὲν καταλείψει, ἡ δὲ οὔ, ἡ αὐ-
τὴ οὖσα; ἐπὶ μὲν οὖν τοῦ νοῦ ἑτερότητι χωριζομένου ἑαυ-
τοῦ κατὰ μέρη μάλιστα ἀπ᾽ ἀλλήλων, ὄντων δὲ ὁμοῦ ἀεί— 10
ἀμέριστος γὰρ ἂν εἴη αὕτη ἡ οὐσία—οὐδεμία τοιαύτη
ἂν ἀπορία κατέχοι· ἐπὶ δὲ τῆς ψυχῆς τῆς λεγομένης
μεριστῆς εἶναι κατὰ σώματα τοῦτο τὸ ἕν τι εἶ-

---

3. 26 εἴρηται cf. IV. 3. 3. 9–10   4. 6 τινές fortasse Stoici
13 = Plat. Tim. 35 a 2–3

---

3. 21 δι᾽ ὧν scil. ἀντιλαμβανόμεθα   22 ⟨πάντα⟩ Beutler
27 αἱ αἰσθήσεις scil. ἦσαν (irrealis) αἱ ἡμέτεραι ψυχαί   27 ἕκα-
στον αὐτὸν unumquemque ipsum   28 ἦν irrealis   29 καὶ
λογικὴ scil. nec tantum αἰσθητικὴ   30 ⟨ἡ⟩ Theiler

ναι πάσας πολλὰς ἂν ἔχοι ἀπορίας· εἰ μή τις τὸ μὲν ἓν
15 στήσειεν ἐφ' ἑαυτοῦ μὴ πῖπτον εἰς σῶμα, εἶτ' ἐξ ἐκείνου
τὰς πάσας, τήν τε τοῦ ὅλου καὶ τὰς ἄλλας, μέχρι τινὸς
οἷον συνούσας ⟨ἀλλήλαις⟩ καὶ μίαν τῷ μηδενός τινος
γίνεσθαι, τοῖς δὲ πέρασιν αὐτῶν ἐξηρτημένας [καὶ συνού-
σας ἀλλήλαις] πρὸς τὸ ἄνω ὡδὶ καὶ ὡδὶ ἐπιβάλλειν, οἷον
20 φωτὸς ἤδη πρὸς τῇ γῇ μεριζομένου κατ' οἴκους καὶ οὐ
μεμερισμένου, ἀλλ' ὄντος ἑνὸς οὐδὲν ἧττον. καὶ τὴν μὲν
τοῦ παντὸς ἀεὶ ὑπερέχειν τῷ μηδὲ εἶναι αὐτῇ τὸ κατελ-
θεῖν μηδὲ τῷ κάτω μηδὲ ἐπιστροφὴν τῶν τῇδε, τὰς δ'
ἡμετέρας τῷ τε εἶναι ἀφωρισμένον αὐταῖς τὸ μέρος ἐν
25 τῷδε καὶ τῇ ἐπιστροφῇ τοῦ προσδεομένου φροντίσεως,
τῆς μὲν οὖν ἐοικυίας τῇ ἐν φυτῷ μεγάλῳ ψυχῇ, ἣ ἀπό-
νως τὸ φυτὸν καὶ ἀψόφως διοικεῖ, τοῦ κατωτάτω τῆς
ψυχῆς τοῦ παντός, τοῦ δὲ ἡμῶν κάτω, οἷον εἰ εὐλαὶ ἐν
σαπέντι μέρει τοῦ φυτοῦ γίγνοιντο· οὕτω γὰρ τὸ σῶμα
30 τὸ ἔμψυχον ἐν τῷ παντί. τῆς δὲ ἄλλης ψυχῆς τῆς ὁμο-
ειδοῦς τῷ ἄνω τῆς ὅλης, οἷον εἴ τις γεωργὸς ἐν φροντίδι
τῶν ἐν τῷ φυτῷ εὐλῶν γίνοιτο καὶ ταῖς μερίμναις πρὸς
τῷ φυτῷ γίγνοιτο, ἢ εἴ τις ὑγιαίνοντα μὲν καὶ μετὰ τῶν
ἄλλων τῶν ὑγιαινόντων ὄντα πρὸς ἐκείνοις εἶναι λέγοι,
35 πρὸς οἷς ἐστιν ἢ πράττων ἢ θεωρίαις ἑαυτὸν παρέχων,
νοσήσαντος δὲ καὶ πρὸς ταῖς τοῦ σώματος θεραπείαις
ὄντος πρὸς τῷ σώματι εἶναι καὶ τοῦ σώματος γεγονέναι.

5. Ἀλλὰ πῶς ἔτι ἡ μὲν σή, ἡ δὲ τοῦδε, ἡ δὲ ἄλλου

---

4. 17 ⟨ἀλλήλαις⟩ Harder   18–19 καὶ—ἀλλήλαις del. Harder
19 τὸ : τὰ w   20 οἴκους : an ὄγκους coniciendum?   23 τῷ
Harder : τὸ Enn.   τῶν coniecimus : τὰ Enn.   24–5 ἐν
τῷδε praedicatum   26 ἐν φυτῷ : ἐμφύτῳ w   27 τοῦ Theiler :
τῆς Enn.   30 τῆς δὲ ἄλλης ψυχῆς nostra anima superior
31 τῷ Theiler : τῶν Enn.

ἔσται; ἆρ' οὖν τοῦδε μὲν κατὰ τὸ κάτω, οὐ τοῦδε δέ, ἀλλ'
ἐκείνου κατὰ τὸ ἄνω; ἀλλ' οὕτω γε Σωκράτης μὲν ἔσται
ὅταν ἐν σώματι καὶ ἡ Σωκράτους ψυχή· ἀπολεῖται δέ, ὅταν
μάλιστα γένηται ἐν τῷ ἀρίστῳ. ἢ ἀπολεῖται οὐδὲν τῶν 5
ὄντων· ἐπεὶ κἀκεῖ οἱ νόες οὐκ ἀπολοῦνται, ὅτι μή εἰσι
σωματικῶς μεμερισμένοι, εἰς ἕν, ἀλλὰ μένει ἕκαστον ἐν
ἑτερότητι ἔχον τὸ αὐτὸ ὅ ἐστιν εἶναι. οὕτω τοίνυν καὶ
ψυχαὶ ἐφεξῆς καθ' ἕκαστον νοῦν ἐξηρτημέναι, λόγοι
νῶν οὖσαι καὶ ἐξειλιγμέναι μᾶλλον ἢ ἐκεῖνοι, οἷον πολὺ ἐξ 10
ὀλίγου γενόμεναι, συναφεῖς τῷ ὀλίγῳ οὖσαι ἀμερεστέρῳ
ἐκείνων ἑκάστῳ, μερίζεσθαι ἤδη θελήσασαι καὶ οὐ δυνά-
μεναι εἰς πᾶν μερισμοῦ ἰέναι, τὸ ταὐτὸν καὶ ἕτερον σῴ-
ζουσαι, μένει τε ἑκάστη ἕν καὶ ὁμοῦ ἓν πᾶσαι. εἴρηται
δὴ κεφάλαιον τοῦ λόγου, ὅτι ἐκ μιᾶς, καὶ αἱ ἐκ μιᾶς πολ- 15
λαὶ κατὰ τὰ αὐτὰ τῷ νῷ, [κατὰ τὰ αὐτὰ] μερισθεῖσαι καὶ
οὐ μερισθεῖσαι, καὶ λόγος εἷς τοῦ νοῦ ἡ μένουσα, καὶ ἀπ'
αὐτῆς λόγοι μερικοὶ καὶ ἄυλοι, ὥσπερ ἐκεῖ.

6. Διὰ τί δὲ ἡ μὲν τοῦ παντὸς ψυχὴ ὁμοειδὴς οὖσα
πεποίηκε κόσμον, ἡ δὲ ἑκάστου οὔ, ἔχουσα καὶ αὐτὴ πάν-
τα ἐν ἑαυτῇ; τὸ γὰρ δύνασθαι ἐν πολλοῖς γίνεσθαι ἅμα
καὶ εἶναι εἴρηται. νῦν δὲ λεκτέον—τάχα γὰρ καὶ πῶς
ταὐτὸν ἐν ἄλλῳ καὶ ἄλλῳ τὸ μὲν τοδί, τὸ δὲ τοδὶ ποιεῖ ἢ 5
πάσχει ἢ ἄμφω, γνωσθήσεται· ἢ καθ' αὑτό γε τοῦτο ἐπι-

---

5. 5–6 cf. Parmenides *Fr.* B 8. 19   14 et 6. 4 εἴρηται cf. IV.
3. 3–5

---

5. 4 καὶ : ᾗ Kirchhoff, sed intellegendum : non modo Socrates,
uerum etiam anima Socratis   7 εἰς ἕν coniungendum
cum ἀπολοῦνται   11–12 ἀμερεστέρῳ ἐκείνων ἑκάστῳ (nempe
impartiliori cuique illorum scil. νῶν) explicat τῷ ὀλίγῳ   16 κατὰ
τὰ αὐτὰ² del. Kirchhoff   6. 4 ⟨μίαν⟩ εἶναι Harder   4–8 πῶς
οὖν—διοικοῦσιν regitur a λεκτέον, τάχα—ἐπισκεπτέον parenthesis

σκεπτέον—πῶς οὖν καὶ διὰ τί κόσμον πεποίηκεν, αἱ δὲ
μέρος τι κόσμου διοικοῦσιν. ἢ θαυμαστὸν οὐδὲν τοὺς
τὴν αὐτὴν ἐπιστήμην ἔχοντας τοὺς μὲν πλειόνων, τοὺς δὲ
10 ἐλαττόνων ἄρχειν. ἀλλὰ διὰ τί, εἰπεῖν ἂν ἔχοι τις. ἀλλ᾽
ἔστιν, εἴποι τις ἄν, καὶ ψυχῶν διαφορά, ἢ μᾶλλον, καθὸ
ἡ μὲν οὐκ ἀπέστη τῆς ὅλης, ἀλλ᾽ ἔσχεν ἐκεῖ οὖσα περὶ
αὐτὴν τὸ σῶμα, αἱ δὲ ἤδη ὄντος οἷον ἀδελφῆς ψυχῆς
ἀρχούσης μοίρας διέλαχον, οἷον προπαρασκευασάσης ταύ-
15 της αὐταῖς οἰκήσεις. ἔστι δὲ καὶ τὴν μὲν πρὸς τὸν
ὅλον νοῦν ἰδεῖν, τὰς δὲ μᾶλλον πρὸς τοὺς αὐτῶν τοὺς ἐν
μέρει. τάχα δ᾽ ἂν καὶ αὗται δύναιντο ποιεῖν, τῆς δὲ ποιη-
σάσης οὐκέτι οἷόν τε καὶ αὐταῖς, πρώτης ἐκείνης ἀρξάσης.
τὸ δ᾽ αὐτὸ ἄν τις ἠπόρησε, καὶ εἰ ἡτισοῦν καὶ ἄλλη πρώτη
20 κατεῖχε. βέλτιον δὲ λέγειν τῷ ἐξηρτῆσθαι μᾶλλον τῶν
ἄνω· τῶν γὰρ ἐκεῖ νενευκότων ἡ δύναμις μείζων. σῴζουσαι
γὰρ αὐτὰς ἐπ᾽ ἀσφαλοῦς ἐκ τοῦ ῥᾴστου ποιοῦσι· δυνάμεως
γὰρ μείζονος μὴ πάσχειν ἐν οἷς ποιεῖ· ἡ δὲ δύναμις ἐκ τοῦ
ἄνω μένειν. μένουσα οὖν ἐν αὐτῇ ποιεῖ προσιόντων, αἱ
25 δὲ αὐταὶ προσῆλθον. ἀπέστησαν οὖν εἰς βάθος. ἢ πολὺ
αὐτῶν καθελκυσθὲν συνεφειλκύσατο καὶ αὐτὰς ταῖς γνώ-
μαις εἰς τὸ κάτω εἶναι. τὸ γὰρ δευτέρας καὶ τρίτας
τῷ ἐγγύθεν καὶ τῷ πορρώτερον ὑπονοητέον εἰρῆσθαι, ὥσ-
περ καὶ παρ᾽ ἡμῖν οὐχ ὁμοίως πάσαις ψυχαῖς ὑπάρχει τὸ
30 πρὸς τὰ ἐκεῖ, ἀλλ᾽ οἱ μὲν ἑνοῖντο ἄν, οἱ δὲ βάλλοιεν ἂν ἐγ-
γὺς ἐφιέμενοι, οἷς δὲ ἧττον ἂν ἔχοι τοῦτο, καθὸ ταῖς δυνά-

---

6. 26 cf. II. 9. 2. 8–10   27 = Plat. *Tim.* 41 d 7

6. 13 ὄντος scil. τοῦ σώματος   15 τὸν wRC : τὸ BJU
20 κατεῖχε praeualeret   24 μένειν Dodds : μένει wRJUC :
μέρει B   προσιόντων scil. τούτων ἃ ποιεῖ   27 τό¹ arti-
culus ad εἶναι   29 τὸ Harder : τὰ Enn.   31 οἷς δὲ de-
monstratiuum

μεσιν οὐ ταῖς αὐταῖς ἐνεργοῦσιν, ἀλλ᾽ οἱ μὲν τῇ πρώτῃ,
οἱ δὲ τῇ μετ᾽ ἐκείνην, οἱ δὲ τῇ τρίτῃ, ἁπάντων τὰς πάσας
ἐχόντων.

7. Ταῦτα μὲν οὖν ταύτῃ. ἀλλὰ τὸ ἐν Φιλήβῳ λεχθὲν
παρέχον ὑπόνοιαν μοίρας τῆς τοῦ παντὸς τὰς ἄλλας
εἶναι; βούλεται δὲ ὁ λόγος οὐ τοῦτο, ὅ τις οἴεται, ἀλλ᾽
ὅπερ ἦν χρήσιμον αὐτῷ τότε, καὶ τὸν οὐρανὸν ἔμψυχον
εἶναι. τοῦτο οὖν πιστοῦται λέγων, ὡς ἄτοπον τὸν οὐρανὸν 5
ἄψυχον λέγειν ἡμῶν, οἳ μέρος σώματος ἔχομεν τοῦ παντός,
ψυχὴν ἐχόντων. πῶς γὰρ ἂν τὸ μέρος ἔσχεν ἀψύχου τοῦ
παντὸς ὄντος; δῆλον δὲ μάλιστα τὸ τῆς γνώμης αὐτοῦ
ἐν Τιμαίῳ ποιεῖ, οὗ γενομένης τῆς ψυχῆς τοῦ παντὸς
ὕστερον τὰς ἄλλας ποιεῖ ἐκ τοῦ αὐτοῦ μιγνύων κρατῆρος, 10
ἀφ᾽ οὗ καὶ ἡ τῶν ὅλων, ὁμοειδῆ ποιῶν καὶ τὴν ἄλλην, τὴν
δὲ διαφορὰν δευτέροις καὶ τρίτοις διδούς. τὸ δὲ ἐν τῷ
Φαίδρῳ "ψυχὴ πᾶσα παντὸς ἐπιμελεῖται τοῦ ἀ-
ψύχου"; τί γὰρ ἂν εἴη, ὃ σώματος τὴν φύσιν διοικεῖ καὶ ἢ
πλάττει ἢ τάττει ἢ ποιεῖ ἢ ψυχή; καὶ οὐχ ἡ μὲν πέφυκε 15
τοῦτο δύνασθαι, ἡ δὲ οὔ. ἡ μὲν οὖν τελεία, φησίν, ἡ τοῦ
παντὸς μετεωροποροῦσα οὐ δῦσα, ἀλλ᾽ οἷον ἐποχουμέ-
νη, εἰς τὸν κόσμον ποιεῖ καὶ ἥτις ἂν τελεία ᾖ, οὕτω διοι-
κεῖ. "ἡ δὲ πτερορρυήσασα" εἰπὼν ἄλλην ταύτην παρ᾽
ἐκείνην ποιεῖ. τὸ δὲ συνέπεσθαι τῇ τοῦ παντὸς περιφορᾷ 20
καὶ ἤθη ἐκεῖθεν κομίζεσθαι καὶ πάσχειν παρ᾽ αὐτοῦ οὐδὲν
ἂν εἴη σημεῖον τοῦτο τοῦ μέρη τὰς ἡμετέρας εἶναι. ἱκανὴ
γὰρ ψυχὴ καὶ παρὰ φύσεως τόπων πολλὰ ἀπομάττεσθαι

---

7. 1–7 cf. Plat. *Phileb.* 30 a–b   9–12 cf. Plat. *Tim.* 41 d 4–7
13–14 = Plat. *Phaedr.* 246 b 6   16–19 = Plat. *Phaedr.* 246 b 7–c 2
20 cf. Plat. *Tim.* 90 c 8–d 1

7. 15 ᾖ³ (*nisi*) R² : ἡ Aᵖᶜ x UC : ᾖ ἡ Aᵃᶜ E

καὶ ὑδάτων καὶ ἀέρος· καὶ πόλεων διάφοροι οἰκήσεις καὶ
25 τῶν σωμάτων αἱ κράσεις. καί τι ἔφαμεν ἔχειν ἐν τῷ παντὶ
ὄντες τῆς τοῦ ὅλου ψυχῆς, καὶ παρὰ τῆς περιφορᾶς συν-
εχωροῦμεν τὸ πάσχειν, ἀλλ᾽ ἀντετίθεμεν ἄλλην ψυχὴν
πρὸς ταῦτα καὶ μάλιστα τῇ ἀντιστάσει δεικνυμένην ἄλ-
λην. τὸ δ᾽ ὅτι εἴσω γεννώμεθα ἐν αὐτῷ, καὶ ἐπὶ τῶν
30 μητρῶν φαμεν ἑτέραν εἶναι οὐ τὴν τῆς μητρὸς τὴν
ἐπεισιοῦσαν.

8. Ταῦτα μὲν οὖν οὕτως ἂν ἔχοι λύσεως καὶ τοῦ τῆς
συμπαθείας μὴ ἐμποδίζοντος τὸν λόγον· ἐκ γὰρ τῆς αὐτῆς
πᾶσαι οὖσαι, ἐξ ἧς καὶ ἡ τοῦ ὅλου, συμπαθεῖς. καὶ γὰρ
εἴρηται, ὅτι καὶ μία καὶ πολλαί. περὶ δὲ τοῦ μέρους πρὸς
5 τὸ ὅλον τῆς διαφορᾶς ὅπως, εἴρηται. εἴρηται δὲ καὶ ὅλως
περὶ διαφορᾶς ψυχῆς καὶ νῦν συντόμως λεγέσθω, ὅτι καὶ
παρὰ τὰ σώματα μὲν ἂν γίγνοιτο διαφέρειν καὶ ἐν τοῖς
ἤθεσι μάλιστα καὶ ἐν τοῖς τῆς διανοίας ἔργοις καὶ ἐκ τῶν
προβεβιωμένων βίων· κατὰ γὰρ τοὺς προβεβιωμένους φησὶ
10 τὰς αἱρέσεις ταῖς ψυχαῖς γίγνεσθαι. εἰ δέ τις φύσιν ψυχῆς
ὅλως λαμβάνοι, καὶ ἐν ταύταις εἴρηνται αἱ διαφοραί,
ἐν οἷς καὶ δεύτερα καὶ τρίτα ἐλέγετο, καὶ ὅτι πάντα πᾶσαι,
κατὰ δὲ τὸ ἐνεργῆσαν ἐν αὐτῇ ἑκάστῃ· τοῦτο δὲ τῷ τὴν μὲν
ἐνοῦσθαι ἐνεργείᾳ, τὴν δὲ ἐν γνώσει ⟨εἶναι⟩, τὴν δὲ ἐν ὀρέ-
15 ξει, καὶ ἐν τῷ ἄλλην ἄλλα βλέπειν καὶ ἅπερ βλέπει εἶ-

---

7. 27 ἀντετίθεμεν cf. III.1.8.4—11   8. 4–5 cf. IV. 3. 3–5
9–10 cf. Plat. Resp. 620 a 2–3   11–13 εἴρηνται cf. IV. 3. 6. 27–34

---

7. 24 ἀέρας w   διάφοροι Theiler: διαφόρων Enn.   οἰκήσεις
scil. εἰσίν   30 μητρῶν (in aluo materna Ficinus) Harder:
μητέρων Enn.   8. 7 παρὰ τὰ σώματα praeter corporeas differentias
Ficinus   γένοιτο w   11 ταύταις (scil. ταῖς ψυχαῖς): τούτοις
Vitringa   12 ἐν οἷς ubi (i.e. IV. 3. 6. 27)   14 ⟨νῷ⟩
ἐνοῦσθαι Theiler, sed subaudiendum   ⟨εἶναι⟩ Theiler

ναι καὶ γίγνεσθαι· καὶ τὸ πλῆρες δὲ ταῖς ψυχαῖς καὶ τέλειον
οὐχὶ ταὐτὸν πάσαις. ἀλλ' εἰ ποικίλον τὸ ὅλον σύνταγμα
αὐταῖς—εἷς γὰρ πᾶς λόγος πολὺς καὶ ποικίλος, ὥσπερ
ζῷον ψυχικὸν πολλὰς μορφὰς ἔχον—εἰ δὴ τοῦτο, καὶ σύν-
ταξίς ἐστι, καὶ οὐ διέσπασται τὰ ὄντα ὅλως ἀπ' ἀλλήλων,   20
οὐδὲ τὸ εἰκῇ ἐν τοῖς οὖσιν, ὅπου μηδὲ ἐν τοῖς σώμασι,
καὶ ἀριθμόν τινα ἀκόλουθόν ἐστιν εἶναι. καὶ γὰρ αὖ
ἑστάναι δεῖ τὰ ὄντα, καὶ τὰ αὐτὰ τὰ νοητὰ εἶναι, καὶ
ἕκαστον ἓν ἀριθμῷ εἶναι· οὕτω γὰρ τὸ τόδε. τοῖς μὲν
γὰρ τῶν σωμάτων τῇ φύσει τοῦ καθέκαστον ῥέοντος   25
ἅτε ἐπακτοῦ τοῦ εἴδους ὄντος τὸ εἶναι κατ' εἶδος ἀεὶ
ὑπάρχει μιμήσει τῶν ὄντων, τοῖς δὲ ἅτε οὐκ ἐκ συν-
θέσεως οὖσι τὸ εἶναί ἐστιν ἐν τῷ ὅ ἐστιν ἀριθμῷ ἕν, ὅπερ
ἐξ ἀρχῆς ὑπάρχει, καὶ οὔτε γίνεται ὃ μὴ ἦν, οὔτε ὃ
ἔστιν οὐκ ἔσται. ἐπεὶ καὶ εἰ ποιοῦν τι ἔσται αὐτά, ἐκ   30
μὲν ὕλης οὐκ ἄν· εἰ δὲ καὶ τοῦτο, δεῖ τι καὶ ἐξ αὐτοῦ
οὐσιῶδες προσθεῖναι· ὥστε μεταβολὴ περὶ αὐτὸ ἐκεῖνο
ἔσται, εἰ νῦν πλέον ποιεῖ ἢ ἔλαττον. καὶ διὰ τί νῦν, ἀλλ'
οὐκ ἀεὶ οὕτως; καὶ τὸ γενόμενον δὲ οὐκ ἀΐδιον, εἴπερ
πλέον καὶ ἔλαττον· κεῖται δὲ ἡ ψυχὴ τοιοῦτον. πῶς οὖν   35
ἄπειρον, εἰ στήσεται; ἢ τῇ δυνάμει τὸ ἄπειρον, ὅτι ἡ
δύναμις ἄπειρος, οὐχ ὡς μερισθησομένης εἰς ἄπειρον.
ἐπεὶ καὶ ὁ θεὸς οὐ πεπερασμένος. καὶ αὗται τοίνυν οὐ
πέρατι ἀλλοτρίῳ ἐστὶν ἑκάστη ὅ ἐστιν, οἷον τοσαύτη, ἀλλ'
αὐτή ἐστιν ὅσον θέλει, καὶ οὐ μή ποτε γένηται προϊοῦσα   40
ἔξω αὐτῆς, ἀλλὰ φθάνει μὲν πανταχοῦ, ὃ πέφυκεν αὐτῆς
ἐπὶ τὰ σώματα [εἰς τὰ σώματα] φθάνειν· οὐ μὴν διέσπασται

8. 22 ἀριθμόν praedicatum ad ψυχὴν subauditum (cf. V. 1. 5. 9)
30 ποιοῦν τι w : ποιοῦντα AΥρmgxUC   41 αὐτῆς : αὐτοῦ w
42 εἰς τὰ σώματα del. Theiler

ἀφ' ἑαυτῆς, ὅταν ᾖ καὶ ἐν τῷ δακτυλίῳ καὶ ἐν τῷ ποδί.
οὕτω δὴ καὶ ἐν τῷ παντί, εἰς ὃ ἂν φθάνῃ, ἐν ἄλλῳ καὶ ἄλλῳ
45 μέρει φυτοῦ καὶ ἀποτετμημένου, ὥστε εἶναι καὶ ἐν τῷ ἐξ
ἀρχῆς φυτῷ καὶ τῷ ἀπ' αὐτοῦ τετμημένῳ· ἓν γὰρ τὸ σῶμα
τοῦ παντός, καὶ ὡς ἐν ἑνί ἐστιν αὐτοῦ πανταχοῦ. καὶ
σαπέντος δὲ ζῴου εἰ πολλὰ ἐξ αὐτοῦ, ἐκείνη μὲν οὐκέτι
ἐστὶν ἡ τοῦ παντὸς ζῴου ψυχὴ ἐν τῷ σώματι· οὐ γὰρ
50 ἔχει αὖ τὸ δεκτικὸν αὐτῆς· οὐ γὰρ ἂν ἀπέθανε. τὰ δὲ ἐκ
τῆς φθορᾶς ἐπιτηδείως ἔχοντα πρὸς γενέσεις ζῴων, τὰ μὲν
τῶνδε, τὰ δὲ τῶνδε, ἴσχει ψυχὴν οὐδενὸς ὄντος ὅτου
ἀποστατεῖ, ὄντος δὲ τοῦ μὲν δέχεσθαι, τοῦ δὲ μὴ δέχεσθαι
δυναμένου. καὶ τὰ γιγνόμενα οὕτως ἔμψυχα οὐ πλείους
55 ἐποίησε ψυχάς· ἐξήρτηται γὰρ τῆς μιᾶς, ᾗ μένει μία·
ὥσπερ καὶ ἐν ἡμῖν ἀποτεμνομένων τινῶν, ἄλλων δὲ ἀντ'
αὐτῶν φυομένων, τῶν μὲν ἀπέστη ἡ ψυχή, τοῖς δὲ προσ-
εγένετο, ἕως ἡ μία μένει. ἐν δὲ τῷ παντὶ μένει ἀεὶ ἡ
μία· τὰ δὲ ἐντὸς τὰ μὲν ἴσχει, τὰ δὲ ἀποτίθεται, τῶν
60 αὐτῶν ψυχικῶν μενόντων.

9. Ἀλλὰ ⟨καὶ⟩ πῶς ἐγγίγνεται σώματι ψυχή, ζητη-
τέον. τίς ὁ τρόπος; [καὶ πῶς]. οὐχ ἧττον γὰρ καὶ τοῦτο
θαυμάσαι τε καὶ ζητῆσαι ἄξιον. ἐπεὶ τοίνυν διττὸς ὁ τρό-
πος τῆς εἰς σῶμα ψυχῆς εἰσόδου—ἡ μὲν γὰρ γίνεται ψυχῇ
5 ἐν σώματι οὔσῃ τῇ τε μετενσωματουμένῃ καὶ τῇ ἐκ σώμα-
τος ἀερίνου ἢ πυρίνου εἰς γήινον γινομένῃ, ἣν δὴ μετενσω-
μάτωσιν οὐ λέγουσιν εἶναι, ὅτι ἄδηλον τὸ ἀφ' οὗ ἡ εἴσκρι-
σις, ἡ δὲ ἐκ τοῦ ἀσωμάτου εἰς ὁτιοῦν σῶμα, ἣ δὴ καὶ πρώτη
ἂν εἴη ψυχῇ κοινωνία σώματι—ὀρθῶς ἂν ἔχοι ἐπισκέψα-

---

8. 43 δακτυλίῳ (cf. IV. 3. 3. 2): δακτύλῳ Creuzer   48 πολλὰ
UC: πολλὰ ζῷα wx   59 τὰ (ter) nominatiuus   **9.** 1 ⟨καὶ⟩
Theiler   2 καὶ πῶς del. Harder

σθαι περὶ ταύτης, τί ποτέ ἐστι τὸ γινόμενον πάθος τότε, 10
ὅτε ψυχὴ καθαρὰ οὖσα σώματος πάντη ἴσχει περὶ αὐτὴν
σώματος φύσιν. περὶ μὲν δὴ τῆς τοῦ παντός—ἐντεῦθεν
γὰρ ἴσως ⟨εἰκὸς⟩ ἄρξασθαι, μᾶλλον δὲ ἀναγκαῖον τυγχά-
νει—δεῖ δὴ τῷ λόγῳ τὴν εἴσοδον καὶ τὴν ἐμψύχωσιν δι-
δασκαλίας καὶ τοῦ σαφοῦς χάριν γίγνεσθαι νομίζειν. ἐπεὶ 15
οὐκ ἦν ὅτε οὐκ ἐψύχωτο τόδε τὸ πᾶν, οὐδὲ ἦν ὅτε σῶμα
ὑφειστήκει ψυχῆς ἀπούσης, οὐδὲ ὕλη ποτὲ ὅτε ἀκόσμητος
ἦν· ἀλλ' ἐπινοῆσαι ταῦτα χωρίζοντας αὐτὰ ἀπ' ἀλλήλων
τῷ λόγῳ οἷόν τε. ἔξεστι γὰρ ἀναλύειν τῷ λόγῳ καὶ τῇ
διανοίᾳ πᾶσαν σύνθεσιν. ἐπεὶ τό γε ἀληθὲς ὧδε ἔχει· σώ- 20
ματος μὲν μὴ ὄντος οὐδ' ἂν προέλθοι ψυχή, ἐπεὶ οὐδὲ τό-
πος ἄλλος ἐστίν, ὅπου πέφυκεν εἶναι. προϊέναι δὲ εἰ μέλλοι,
γεννήσει ἑαυτῇ τόπον, ὥστε καὶ σῶμα. τῆς δὴ στάσεως αὐ-
τῆς· ἐν αὐτῇ τῇ στάσει οἱονεὶ ῥωννυμένης οἷον πολὺ φῶς
ἐκλάμψαν ἐπ' ἄκροις τοῖς ἐσχάτοις τοῦ πυρὸς σκότος 25
ἐγίνετο, ὅπερ ἰδοῦσα ἡ ψυχή, ἐπείπερ ὑπέστη, ἐμόρφωσεν
αὐτό. οὐ γὰρ ἦν θεμιτὸν γειτονοῦν τι αὐτῇ λόγου ἄμοιρον
εἶναι, οἷον ἐδέχετο τὸ λεγόμενον "ἀμυδρὸν ἐν ἀμυδρῷ" τῷ
γενομένῳ. γενόμενος δὴ οἷον οἶκός τις καλὸς καὶ ποικίλος
οὐκ ἀπετμήθη τοῦ πεποιηκότος, οὐδ' αὖ ἐκοίνωσεν αὐτὸν 30
αὐτῇ, ἀλλὰ πανταχοῦ πᾶς ἄξιος ἐπιμελείας νομισθεὶς
ὠφελίμου μὲν ἑαυτῷ τῷ εἶναι καὶ τῷ καλῷ, ὅσον δὴ τοῦ
εἶναι δυνατὸν ἦν αὐτῷ μεταλαμβάνειν, ἀβλαβοῦς δὲ τῷ
ἐφεστηκότι· ἄνω γὰρ μένων ἐπιστατεῖ· ἔμψυχος τῷ

9. 13 ⟨εἰκὸς⟩ Theiler   16 οὐδὲ ἦν Preller : οὐδ' ἐνῆν Enn.
28 λεγόμενον : γενόμενον Harder : λογούμενον Igal   29–31 ad
γενόμενος, ἀπετμήθη, ἐκοίνωσεν, πᾶς, νομισθεὶς subiectum ὁ κόσμος
31 αὐτῇ (animae) xUC : αὐτὴ w : αὐτῷ Kirchhoff   32 τῷ¹:
τὸ w   34 ἀφεστηκότι w

35 τοιούτῳ τρόπῳ, ἔχων ψυχὴν οὐχ αὑτοῦ, ἀλλ' αὑτῷ, κρα-
τούμενος οὐ κρατῶν, καὶ ἐχόμενος ἀλλ' οὐκ ἔχων. κεῖται
γὰρ ἐν τῇ ψυχῇ ἀνεχούσῃ αὐτὸν καὶ οὐδὲν ἄμοιρόν ἐστιν
αὐτῆς, ὡς ἂν ἐν ὕδασι δίκτυον τεγγόμενον ζώῃ, οὐ δυ-
νάμενον δὲ αὑτοῦ ποιεῖσθαι ἐν ᾧ ἐστιν· ἀλλὰ τὸ μὲν
40 δίκτυον ἐκτεινομένης ἤδη τῆς θαλάσσης συνεκτέταται,
ὅσον αὐτὸ δύναται· οὐ γὰρ δύναται ἀλλαχόθι ἕκαστον τῶν
μορίων ἢ ὅπου κεῖται εἶναι. ἡ δὲ τοσαύτη ἐστὶ τὴν φύσιν,
ὅτι μὴ τοσήδε, ὥστε πᾶν τὸ σῶμα καταλαμβάνειν τῷ αὐ-
τῷ, καὶ ὅπου ἂν ἐκταθῇ ἐκεῖνο, ἐκεῖ ἐστι· καὶ εἰ μὴ εἴη δὲ
45 ἐκεῖνο, οὐδὲν ἂν αὐτῇ εἰς μέγεθος μέλοι· ἔστι γὰρ ἥτις
ἐστί· τοσοῦτον γάρ ἐστι τὸ πᾶν, ὅπου ἐστὶν αὐτή, καὶ
ὁρίζεται τῷ ὅσον, εἰς ὅσον προϊὸν σῴζουσαν αὐτὴν αὐτὸ
ἔχει. καὶ τοσαύτη ἐστὶν ἡ σκιά, ὅσος ὁ λόγος ὁ παρ'
αὐτῆς. ὁ δὲ λόγος τοιοῦτος ἦν, ὡς μέγεθος τοσοῦτον
50 ἐργάσασθαι, ὅσον τὸ εἶδος αὐτοῦ ἐβούλετο μέγεθος ἐργά-
σασθαι.

10. Οὕτω δὴ ἀκούσαντας χρὴ πάλιν ἐπὶ τὸ ἀεὶ οὕτως
ἐλθόντας ὁμοῦ λαβεῖν πάντα ὄντα· οἷον τὸν ἀέρα, τὸ φῶς,
τὸν ἥλιον, ἢ τὴν σελήνην καὶ τὸ φῶς καὶ πάλιν τὸν ἥλιον
ὁμοῦ πάντα, τάξιν δὲ πρώτων καὶ δευτέρων καὶ τρίτων
5 ἔχοντα, καὶ ἐνταῦθα ψυχὴν ἀεὶ ἑστῶσαν ἢ τὰ πρῶτα
καὶ τὰ ἐφεξῆς ὡς πυρὸς ἔσχατα, εἰς ὕστερον τοῦ πρώτου
ἐκ τοῦ ἐσχάτου νοουμένου πυρὸς σκιᾶς, εἶτα ἐπιφω-

---

9. 38 ζώῃ uix recte: ζωῇ (uix melius) legit Ficinus: del.
Theiler: an ἐρωῇ coniciendum?   42–3 ἡ δὲ—τοσήδε *anima*
uero tanta . . . quoniam non determinatur ad tantum Ficinus   47 τῷ :
τὸ U   10. 5 ψυχὴν . . . ἢ τὰ πρῶτα *animam uel prima ideoque*
tres gradus   ἢ τὰ Theiler : εἶτα Enn.   6–7 τοῦ—
σκιᾶς intellegendum: τὸ πρῶτον ἐκ τοῦ ἐσχάτου νοεῖται πυρὸς σκιά
6 πρῶτον Igal

τιζομένου ἅμα καὶ τούτου, ὥστε οἷον εἶδος ἐπιθεῖν
τῷ ἐπιβληθέντι πρώτῳ γενομένῳ παντάπασιν ἀμυδρῷ.
ἐκοσμεῖτο δὲ κατὰ λόγον ψυχῆς δυνάμει ἐχούσης ἐν   10
αὐτῇ δι᾽ ὅλης δύναμιν κατὰ λόγους κοσμεῖν· οἷα καὶ οἱ ἐν
σπέρμασι λόγοι πλάττουσι καὶ μορφοῦσι τὰ ζῷα οἷον
μικρούς τινας κόσμους. ὅ τι γὰρ ἂν ἐφάψηται ψυχῆς,
οὕτω ποιεῖται ὡς ἔχει φύσεως ψυχῆς ἡ οὐσία· ἡ δὲ ποιεῖ
οὐκ ἐπακτῷ γνώμῃ οὐδὲ βουλὴν ἢ σκέψιν ἀναμείνασα·   15
οὕτω γὰρ ἂν οὐ κατὰ φύσιν, ἀλλὰ κατ᾽ ἐπακτὸν τέχνην ἂν
ποιοῖ. τέχνη γὰρ ὑστέρα αὐτῆς καὶ μιμεῖται ἀμυδρὰ καὶ
ἀσθενῆ ποιοῦσα μιμήματα, παίγνια ἄττα καὶ οὐ πολλοῦ
ἄξια, μηχαναῖς πολλαῖς εἰς εἴδωλον φύσεως προσχρωμένη.
ἡ δὲ οὐσίας δυνάμει κυρία σωμάτων εἰς τὸ γενέσθαι τε   20
καὶ οὕτως ἔχειν ὡς αὐτὴ ἄγει, οὐ δυναμένων τῶν ἐξ
ἀρχῆς ἐναντιοῦσθαι τῇ αὐτῆς βουλήσει. ἐν γὰρ τοῖς
ὑστέροις ἄλληλα ἐμποδίζοντα πολλάκις ἀποστερεῖται τοῦ
τυχεῖν μορφῆς τῆς οἰκείας, ἣν ὁ λόγος ὁ ἐν σμικρῷ θέλει·
ἐκεῖ δὲ γιγνομένης καὶ τῆς ὅλης μορφῆς ὑπ᾽ αὐτῆς καὶ   25
τάξιν τῶν γενομένων ἅμα ἐχόντων ἀπόνως τὸ γενόμενον
καὶ ἀνεμποδίστως καλόν ἐστι. κατεσκευάσατο δὲ ἐν αὐτῷ
τὰ μὲν θεῶν ἀγάλματα, τὰ δὲ ἀνθρώπων οἰκήματα, τὰ δὲ
ἄλλα ἄλλοις. τί γὰρ ἔδει γίνεσθαι παρὰ ψυχῆς, ἢ ὧν τὴν
δύναμιν εἰς τὸ ποιεῖν ἔχει; πυρὸς μὲν γὰρ θερμὰ ποιεῖν,   30
καὶ τὸ ψύχειν ἄλλου· ψυχῆς δὲ τὸ μὲν ἐν αὐτῇ τὸ δὲ ἐξ

---

10. 17–19 cf. Plat. *Leg.* 889 a et c 6–d 2; Aristot. *Phys. B* 2. 194ᵃ21

10. 9 ἐπιβληθέντι idem atque 8 τούτου   πρώτῳ—ἀμυδρῷ quod
primo factum erat prorsus obscurum Ficinus   14 φύσεως cum
ὡς ἔχει coniungendum   19 εἰδώλων Perna   φύσεως
coniecimus : φύσιν Enn.   24 σμικρῷ scil. ζῴῳ   31 ἐν—
δὲ om. w

αὐτῆς εἰς ἄλλο. τοῖς μὲν γὰρ ἀψύχοις τὸ μὲν [ἐξ αὐτῶν]
οἷον εὕδει κείμενον ἐν αὐτοῖς, τὸ δὲ ⟨ἐξ αὐτῶν⟩ εἰς ἄλλο
ὁμοιῶσαι πρὸς αὐτὸ τὸ παθεῖν δυνάμενον· καὶ κοινὸν δὴ
35   τοῦτο παντὶ τῷ ὄντι εἰς ὁμοίωσιν ἑαυτῷ ἄγειν. ψυχῆς δὲ
ἔργον καὶ τὸ ἐν αὐτῇ ἐγρηγορός τι καὶ τὸ εἰς ἄλλο ὡσαύ-
τως. ζῆν οὖν καὶ τὰ ἄλλα ποιεῖ, ὅσα μὴ ζῇ παρ' αὐτῶν,
καὶ τοιαύτην ζωήν, καθ' ἣν αὐτὴ ζῇ. ζῶσα οὖν ἐν λόγῳ
λόγον δίδωσι τῷ σώματι, εἴδωλον οὗ ἔχει—καὶ γὰρ καὶ
40   εἴδωλον ζωῆς, ὅσον δίδωσι τῷ σώματι—καὶ μορφὰς σω-
μάτων, ὧν τοὺς λόγους ἔχει· ἔχει δὲ καὶ θεῶν καὶ πάντων.
διὸ πάντα καὶ ὁ κόσμος ἔχει.

11. Καί μοι δοκοῦσιν οἱ πάλαι σοφοί, ὅσοι ἐβουλήθη-
σαν θεοὺς αὐτοῖς παρεῖναι ἱερὰ καὶ ἀγάλματα ποιησάμενοι,
εἰς τὴν τοῦ παντὸς φύσιν ἀπιδόντες, ἐν νῷ λαβεῖν ὡς
πανταχοῦ μὲν εὐάγωγον ψυχῆς φύσις, δέξασθαί γε μὴν
5   ῥᾷστον ἂν εἴη ἁπάντων, εἴ τις προσπαθές τι τεκτήναιτο
ὑποδέξασθαι δυνάμενον μοῖράν τινα αὐτῆς. προσπαθὲς δὲ
τὸ ὁπωσοῦν μιμηθέν, ὥσπερ κάτοπτρον ἁρπάσαι εἶδός τι
δυνάμενον. καὶ γὰρ ἡ τοῦ παντὸς φύσις πάντα εὐμηχάνως
ποιησαμένη εἰς μίμησιν ὧν εἶχε τοὺς λόγους, ἐπειδὴ
10   ἕκαστον οὕτως ἐγένετο ἐν ὕλῃ λόγος, ὃς κατὰ τὸν πρὸ
ὕλης ἐμεμόρφωτο, συνήψατο τῷ θεῷ ἐκείνῳ, καθ' ὃν
ἐγίνετο καὶ εἰς ὃν εἶδεν ἡ ψυχὴ καὶ εἶχε ποιοῦσα. καὶ
δὴ οὐχ οἷόν τε ἦν ἄμοιρον αὐτοῦ γενέσθαι, οὐδὲ ἐ-
κεῖνον αὖ κατελθεῖν εἰς τοῦτον. ἦν δὴ νοῦς ἐκεῖνος ὁ
15   ἐκεῖ ἥλιος—οὗτος γὰρ ἡμῖν γινέσθω παράδειγμα τοῦ

10. 32 post ἄλλο add. τὸ δὲ ἐν αὐτῇ w   ἐξ αὐτῶν post 33
δὲ transp. Kleist   33–4 τὸ δὲ—ἄλλο subiectum, ὁμοιῶσαι πρὸς
αὐτὸ praedicatum   34 τὸ cum δυνάμενον coniungendum
11. 14 τοῦτον scil. τὸν ἐν ὕλῃ λόγον

λόγου—ἐφεξῆς δὲ τούτῳ ψυχὴ ἐξηρτημένη μένοντος
νοῦ μένουσα. δίδωσι δὴ αὕτη τὰ πέρατα αὐτῆς τὰ πρὸς
τοῦτον τὸν ἥλιον τούτῳ τῷ ἡλίῳ, καὶ ποιεῖ διὰ μέσου
αὑτῆς κἀκεῖ συνῆφθαι οἷον ἑρμηνευτικὴ γενομένη τῶν τε
ἀπ᾽ ἐκείνου εἰς τοῦτον καὶ τῶν τούτου εἰς ἐκεῖνον, ὅσον   20
διὰ ψυχῆς εἰς ἐκεῖνον φθάνει. οὐ γὰρ μακρὰν οὐδὲ πόρρω
οὐδενὸς οὐδὲν καὶ αὖ πόρρω τῇ διαφορᾷ καὶ μὴ μίξει, ἀλλ᾽
εἶναι ἐφ᾽ ἑαυτοῦ [οὐ τόποις] καὶ συνεῖναι χωρὶς ὄν. θεοὶ
δέ εἰσιν οὗτοι τῷ ἀεὶ μὴ ἀποστατεῖν ἐκείνων, καὶ τῇ μὲν
ἐξαρχῆς ψυχῇ προσηρτῆσθαι τῇ οἷον ἀπελθούσῃ ψυχῇ,   25
ταύτῃ δέ, ᾗπερ καί εἰσι καὶ ὃ λέγονται, πρὸς νοῦν βλέπειν
οὐδαμοῦ ψυχῆς αὐτοῖς ἢ ἐκεῖ βλεπούσης.

12. Ἀνθρώπων δὲ ψυχαὶ εἴδωλα αὐτῶν ἰδοῦσαι οἷον
Διονύσου ἐν κατόπτρῳ ἐκεῖ ἐγένοντο ἄνωθεν ὁρμηθεῖσαι,
οὐκ ἀποτμηθεῖσαι οὐδ᾽ αὗται τῆς ἑαυτῶν ἀρχῆς τε καὶ
νοῦ. οὐ γὰρ μετὰ τοῦ νοῦ ἦλθον, ἀλλ᾽ ἔφθασαν μὲν μέχρι
γῆς, κάρα δὲ αὐταῖς ἐστήρικται ὑπεράνω τοῦ οὐρανοῦ.   5
πλέον δὲ αὐταῖς κατελθεῖν συμβέβηκεν, ὅτι τὸ μέσον
αὐταῖς ἠναγκάσθη, φροντίδος δεομένου τοῦ εἰς ὃ ἔφθασαν,
φροντίσαι. Ζεὺς δὲ πατὴρ ἐλεήσας πονουμένας θνητὰ
αὐτῶν τὰ δεσμὰ ποιῶν, περὶ ἃ πονοῦνται, δίδωσιν
ἀναπαύλας ἐν χρόνοις ποιῶν σωμάτων ἐλευθέρας, ἵν᾽   10

12. 2 cf. Orphicorum *Fr.* 209   5 cf. Hom. *Δ* 443   8 = Plat.
Symp. 191 b 5

---

11. 17 δὴ : δὲ Creuzer   22 μὴ Theiler : τῇ *Enn.*   23 οὐ τόποις
ut glossam deleuimus   καὶ συνεῖναι del. Theiler   24 τῷ regit
et ἀποστατεῖν et προσηρτῆσθαι et βλέπειν   24–5 τῇ μὲν ἐξαρχῆς ψυ-
χῇ (*primordialis anima*) obiectum ad προσηρτῆσθαι   25 τῇ οἷον
ἀπελθούσῃ ψυχῇ datiuus instrumenti   26 ταύτῃ δέ, ᾗπερ
(*eo autem quo*) i.e. τῷ δὲ ταύτῃ, ᾗπερ   καὶ[2] del. Kirchhoff
27 οὐδαμῇ x

ἔχοιεν ἐκεῖ καὶ αὗται γίνεσθαι, οὗπερ ἡ τοῦ παντὸς ψυχὴ
ἀεὶ οὐδὲν τὰ τῇδε ἐπιστρεφομένη. ὃ γὰρ ἔχει τὸ πᾶν
ἤδη, τοῦτο αὔταρκες αὐτῷ καὶ ἔστι καὶ ἔσται, κατὰ λόγους
ἀεὶ ἑστηκότας ἐν χρόνοις περαινόμενον· καὶ κατὰ χρόνους
15 ἀεὶ εἰς τὸ αὐτὸ καθιστάμενα ἐν μέτροις βίων ὡρισμένων
εἰς συμφωνίαν ἀγόμενα ταῦτα ἐκείνοις καὶ κατ' ἐκεῖνα,
τῶνδε περαινομένων ὑφ' ἕνα λόγον, πάντων τεταγμένων
ἔν τε καθόδοις ψυχῶν καὶ ἀνόδοις καὶ εἰς τὰ ἄλλα
σύμπαντα. μαρτυρεῖ δὲ καὶ τὸ τῆς συμφωνίας τῶν ψυχῶν
20 πρὸς τὴν τοῦδε τοῦ παντὸς τάξιν οὐκ ἀπηρτημένων, ἀλλὰ
συναπτουσῶν ἐν ταῖς καθόδοις ἑαυτὰς καὶ μίαν συμφωνίαν
πρὸς τὴν περιφορὰν ποιουμένων, ὡς καὶ τὰς τύχας αὐτῶν
καὶ τοὺς βίους καὶ τὰς προαιρέσεις σημαίνεσθαι τοῖς τῶν
ἄστρων σχήμασι καὶ οἷον μίαν τινὰ φωνὴν οὐκ ἐκμελῶς
25 ἀφιέναι· καὶ τὸ μουσικῶς καὶ ἐναρμονίως μᾶλλον τοῦτο
εἶναι ᾐνιγμένως. τοῦτο δὲ οὐκ ἂν ἦν μὴ τοῦ παντὸς κατ'
ἐκεῖνα ποιοῦντος καὶ πάσχοντος ἕκαστα ἐν μέτροις περι-
όδων καὶ τάξεων καὶ βίων κατὰ γένη διεξόδων, οὓς αἱ ψυ-
χαὶ διεξοδεύουσιν ὁτὲ μὲν ἐκεῖ, ὁτὲ δὲ ἐν οὐρανῷ, ὁτὲ δὲ
30 εἰς τούσδε τοὺς τόπους ἐπιστρεφόμεναι. νοῦς δὲ πᾶς ἀεὶ
ἄνω καὶ οὐ μή ποτε ἔξω τῶν αὐτοῦ γένοιτο, ἀλλ' ἱδρυ-
μένος πᾶς ἄνω πέμπει εἰς τὰ τῇδε διὰ ψυχῆς. ψυχὴ δὲ ἐκ
τοῦ πλησίον μᾶλλον κατὰ τὸ ἐκεῖθεν διάκειται εἶδος καὶ
δίδωσι τοῖς ὑπ' αὐτήν, ἡ μὲν ὡσαύτως, ἡ δὲ ἄλλοτε ἄλλως,

---

12. 15 cf. *Stoic. Vet. Fr.* ii, n. 599 (= *Doxogr. Gr.* p. 469. 15–16) et
ii, n. 625　　　24–5 cf. Plat. *Resp.* 617 b 6

---

12. 12–13 ὃ—ἔσται *quod enim iam habet mundus hoc sibi sufficit atque*
sufficiet Ficinus　　　15 καθιστάμενα (participium modale ad
ταῦτα) A (ον A³ˢ = Ficinus) ExUC : καθιστάμενον Apᶜ　　　16 ἀγό-
μενα scil. ἐστί　　　24 ἐκμελῶς Vpᶜ : ἐμμελῶς *Enn.* Vac (in μ¹ scr.
κ V²)　　　28 οὓς (= βίους) αἱ : οὖσαι w

ἴσχουσα ἐν τάξει τὴν πλάνην. κάτεισι δὲ οὐκ ἀεὶ τὸ ἴσον, 35
ἀλλ᾽ ὁτὲ μὲν πλέον, ὁτὲ δὲ ἔλαττον, κἂν πρὸς τὸ αὐτὸ γένος
ἴῃ· κάτεισι δὲ εἰς ἕτοιμον ἑκάστη καθ᾽ ὁμοίωσιν τῆς
διαθέσεως. ἐκεῖ γάρ, ᾧ ἂν ὁμοιωθεῖσα ᾖ, φέρεται, ἡ μὲν
εἰς ἄνθρωπον, ἡ δὲ εἰς ζῷον ἄλλη ἄλλο.

13. Τὸ γὰρ ἀναπόδραστον καὶ ἡ δίκη οὕτως ἐν φύσει
κρατούσῃ ἰέναι ἕκαστον ἐν τάξει πρὸς ὅ ἐστιν ἕκαστον
γενόμενον εἴδωλον προαιρέσεως καὶ διαθέσεως ἀρχετύπου,
καὶ ἔστιν ἐκεῖνο πᾶν ψυχῆς εἶδος ἐκείνου πλησίον,
πρὸς ὃ τὴν διάθεσιν τὴν ἐν αὐτῇ ἔχει, καὶ τοῦ τότε 5
πέμποντος καὶ εἰσάγοντος οὐ δεῖ, οὔτε ἵνα ἔλθῃ εἰς σῶμα
τότε οὔτε εἰς τοδί, ἀλλὰ καὶ τοῦ ποτὲ ἐνστάντος οἷον
αὐτομάτως κάτεισι καὶ εἴσεισιν εἰς ὃ δεῖ—καὶ ἄλλος ἄλλῃ
χρόνος, οὗ παραγενομένου οἷον κήρυκος καλοῦντος κατία-
σι—καὶ εἰσέδυ εἰς τὸ πρόσφορον σῶμα, ὡς εἰκάσαι τὰ γι- 10
γνόμενα οἷον δυνάμεσι μάγων καὶ ὁλκαῖς τισιν ἰσχυραῖς
κινεῖσθαί τε καὶ φέρεσθαι· οἷον καὶ ἐφ᾽ ἑνὸς ἑκάστου
τελεῖται ἡ τοῦ ζῴου διοίκησις, ἐν χρόνῳ ἕκαστον κινούσης
καὶ γεννώσης, οἷον γενειάσεις καὶ ⟨ἐκ⟩φύσεις κεράτων καὶ
νῦν πρὸς τάδε ὁρμὰς καὶ ἐπανθήσεις πρότερον οὐκ οὔσας, 15
καὶ περὶ τὰς τῶν δένδρων διοικήσεις ἐν προθεσμίαις τακ-
ταῖς γιγνομένων. ἴασι δὲ οὔτε ἑκοῦσαι οὔτε πεμφθεῖσαι·
οὔ γε τὸ ἑκούσιον τοιοῦτον ὡς προελέσθαι, ἀλλ᾽ ὡς τὸ πη-

---

12. 36 τὸ αὐτὸ transp. x   37 ἴῃ : εἴη w   **13.** 1 ἐναπόδρα-
στον w   3 ἀρχετύπου adiectiuum   4 ἐκεῖνο : ἐκεῖ Kirchhoff
5 ἔχει post διάθεσιν transp. w   13–14 κινούσης καὶ γεννώσης scil.
τῆς ψυχῆς   14 ⟨ἐκ⟩φύσεις Theiler, cf. IV. 4. 11. 19   15 ἐπαν-
θήσεις (ἅπαξ εἰρημένον) efflorescentiae in cute   16–17 περὶ—
γιγνομένων (scil. κινεῖ ἡ ψυχὴ) circa cultus fruticum qui ordinatis regulis
procrescunt   18 οὔ γε Volkmann : οὔτε Enn.   18–19 τὸ
πηδᾶν κατὰ φύσιν saltatio naturalis

δᾶν κατὰ φύσιν, ἢ ⟨ὡς⟩ πρὸς γάμων φυσικὰς προθυμίας ἢ
20 [ὡς πρὸς] πράξεις τινὲς καλῶν οὐ λογισμῷ κινούμενοι·
ἀλλ᾽ εἱμαρμένον ἀεὶ τῷ τοιῷδε τὸ τοιόνδε, καὶ τῷ τοιῷδε
τὸ νῦν, τῷ δὲ τὸ αὖθις. καὶ ὁ μὲν πρὸ κόσμου νοῦς εἱμαρ-
μένην ἔχει τὴν τοῦ μένειν ἐκεῖ ὁπόσον καὶ πέμπει, καὶ τὸ
καθέκαστον τῷ καθόλου ὑποπῖπτον νόμῳ πέμπεται· ἔγκει-
25 ται γὰρ ἑκάστῳ τὸ καθόλου, καὶ ὁ νόμος οὐκ ἔξωθεν τὴν
ἰσχὺν εἰς τὸ τελεσθῆναι ἴσχει, ἀλλὰ δέδοται ἐν τοῖς χρησα-
μένοις εἶναι καὶ περιφέρουσιν αὐτόν· κἂν ἐνστῇ καὶ ὁ χρό-
νος, καὶ ὃ θέλει γενέσθαι, γίνεται τότε ὑπ᾽ αὐτῶν τῶν
ἐχόντων αὐτόν, ὥστε αὐτοὺς αὐτὸν τελεῖν, ἅτε περιφέροντας
30 ἰσχύσαντα ἐν τῷ ἐν αὑτοῖς αὐτὸν ἱδρῦσθαι, οἷον βρί-
θοντα εἰς αὐτοὺς καὶ προθυμίαν ἐμποιοῦντα καὶ ὠδῖνα
ἐκεῖ ἐλθεῖν, οὗ ὁ ἐν αὑτοῖς ὢν οἷον ἐλθεῖν φθέγγεται.

14. Τούτων δὴ γινομένων φῶτα πολλὰ ὁ κόσμος οὗτος
ἔχων καὶ καταυγαζόμενος ψυχαῖς ἐπικοσμεῖται ἐπὶ τοῖς
προτέροις ἄλλους κόσμους ἄλλον παρ᾽ ἄλλου κομιζόμενος,
παρά τε θεῶν ἐκείνων παρά τε νῶν τῶν ἄλλων ψυχὰς διδόν-
5 των· οἷον εἰκὸς καὶ τὸν μῦθον αἰνίττεσθαι, ὡς πλάσαντος
τοῦ Προμηθέως τὴν γυναῖκα ἐπεκόσμησαν αὐτὴν καὶ οἱ
ἄλλοι θεοί· γαῖαν ὕδει φύρειν, καὶ ἀνθρώπου ἐνθεῖναι
φωνήν, θεαῖς δ᾽ ὁμοίαν τὸ εἶδος, καὶ Ἀφροδίτην τι δοῦναι
καὶ Χάριτας καὶ ἄλλον ἄλλο δῶρον καὶ ὀνομάσαι ἐκ τοῦ

---

14. 5–13 cf. Hesiod. *Opera* 60–89   7 = Hesiod. *Opera* 61

---

13. 19–20 ⟨ὡς⟩ et [ὡς πρὸς] coniecimus   20 καλῶν neutrum,
regitur ab πράξεις   23 πέμπει Harder : πέμπειν *Enn.*   26 τοῖς
coniecimus : αὐτοῖς *Enn.*   27 περιφέρουσιν participium   29 πε-
ριφέροντας Vitringa : περιφέροντα καὶ *Enn.*   **14.** 2–3 τοὺς προ-
τέρους A (οἷς et οις A¹ˢ) E(οἷς et οις Eˢ)   7 φύρειν scil. αὐτοὺς
8 ὁμοίαν scil. τὴν γυναῖκα ποιεῖν

δώρου καὶ πάντων τῶν δεδωκότων· πάντες γὰρ τούτῳ ἔδο-   10
σαν τῷ πλάσματι παρὰ προμηθείας τινὸς γενομένῳ. ὁ δὲ
Ἐπιμηθεὺς ἀποποιούμενος τὸ δῶρον αὐτοῦ τί ἂν σημαίνοι
ἢ τὴν τοῦ ἐν νοητῷ μᾶλλον αἵρεσιν ἀμείνω εἶναι; δέδεται
δὲ καὶ αὐτὸς ὁ ποιήσας, ὅτι πως ἐφάπτεται τοῦ γενομένου
ὑπ᾽ αὐτοῦ, καὶ ὁ τοιοῦτος δεσμὸς ἔξωθεν· καὶ ἡ λύσις ἡ   15
ὑπὸ Ἡρακλέους, ὅτι δύναμίς ἐστιν αὐτῷ, ὥστε καὶ ὣς
λελύσθαι. ταῦτα μὲν οὖν ὅπῃ τις δοξάζει, ἀλλ᾽ ὅτι ἐμ-
φαίνει τὰ τῆς εἰς τὸν κόσμον δόσεως, καὶ προσᾴδει τοῖς
λεγομένοις.

15. Ἴασι δὲ ἐκκύψασαι τοῦ νοητοῦ εἰς οὐρανὸν μὲν
πρῶτον καὶ σῶμα ἐκεῖ προσλαβοῦσαι δι᾽ αὐτοῦ ἤδη χω-
ροῦσι καὶ ἐπὶ τὰ γεωδέστερα σώματα, εἰς ὅσον ἂν εἰς μῆκος
ἐκταθῶσι. καὶ αἱ μὲν ἀπ᾽ οὐρανοῦ εἰς σώματα τὰ κατωτέ-
ρω, αἱ δὲ ἀπ᾽ ἄλλων εἰς ἄλλα εἰσκρινόμεναι, αἷς ἡ δύναμις   5
οὐκ ἤρκεσεν ἆραι ἐντεῦθεν διὰ βάρυνσιν καὶ λήθην πολὺ
ἐφελκομέναις, ὃ αὐταῖς ἐβαρύνθη. γίνονται δὲ διάφοροι
ἢ σωμάτων εἰς ἃ ἐνεκρίθησαν παραλλαγαῖς ἢ καὶ τύχαις ἢ
καὶ τροφαῖς, ἢ αὐταὶ παρ᾽ αὐτῶν τὸ διάφορον κομίζουσιν
ἢ πᾶσι τούτοις ἤ τισιν αὐτῶν. καὶ αἱ μὲν τὰ πάντα   10
ὑποπεπτώκασιν εἱμαρμένῃ τῇ ἐνταῦθα, αἱ δὲ ὁτὲ μὲν
οὕτως, ὁτὲ δὲ αὐτῶν, αἱ δὲ ὅσα μὲν ἀναγκαῖα ὑπομεῖναι
συγχωροῦσι, δύνανται δὲ ὅσα ἐστὶν αὐτῶν ἔργα αὐτῶν
εἶναι, ζῶσαι κατ᾽ ἄλλην τὴν τῶν συμπάντων τῶν ὄντων
νομοθεσίαν ἄλλῳ ἑαυτὰς θεσμῷ δοῦσαι. πέπλεκται δὲ   15
αὕτη ἔκ τε τῶν τῇδε λόγων τε καὶ αἰτίων πάντων καὶ
ψυχικῶν κινήσεων καὶ νόμων τῶν ἐκεῖθεν, συμφωνοῦσα

---

14. 13–17 cf. Hesiod. *Theog.* 521–8

14. 12 ἐπιμηθεὺς EmgxUC: προμηθεὺς A (ἐπι Aˢ)E   αὐτοῦ scil.
τοῦ πλάσματος

ἐκείνοις καὶ ἀρχὰς ἐκεῖθεν παραλαβοῦσα καὶ συνυφαίνου-
σα τὰ ἑξῆς ἐκείνοις, ἀσάλευτα μὲν τηροῦσα, ὅσα δύναται
20 σῴζειν ἑαυτὰ πρὸς τὴν ἐκείνων ἕξιν, τὰ δὲ ἄλλα ᾗ
πέφυκε περιάγουσα, ὡς τὴν αἰτίαν ἐν τοῖς κατελθοῦ-
σιν εἶναι, ὅτι οὕτως, ὡς τὰ μὲν ὡδὶ τεθῆναι, τὰ δὲ ὡδὶ
κεῖσθαι.

16. Τὰ μὲν οὖν γινόμενα τιμωρήματα εἰς τοὺς πονη-
ροὺς μετὰ δίκης τῇ τάξει ἀποδιδόναι προσήκει ὡς κατὰ τὸ
δέον ἀγούσῃ· ὅσα δὲ τοῖς ἀγαθοῖς συμβαίνει ἔξω δίκης,
οἷον κολάσεις ἢ πενίαι ἢ νόσοι, ἆρα διὰ προτέρας ἁμαρτίας
5 λεκτέον γίνεσθαι; συμπέπλεκται γὰρ ταῦτα καὶ προση-
μαίνεται, ὡς καὶ αὐτὰ κατὰ λόγον γίγνεσθαι. ἢ οὐ κατὰ
λόγους φυσικοὺς ταῦτα, οὐδ' ἦν ἐν τοῖς προηγουμένοις,
ἀλλ' ἑπόμενα ἐκείνοις· οἷον πιπτούσης τινὸς οἰκοδομίας
τὸν ὑποπεσόντα ἀποθανεῖν ὁποῖός ποτ' ἂν ᾖ, ἢ καὶ ἵππων
10 δύο κατὰ τάξιν φερομένων ἢ καὶ ἑνὸς τὸ ἐμπεσὸν τρωθῆ-
ναι ἢ πατηθῆναι. ἢ καὶ τὸ ἄδικον τοῦτο οὐ κακὸν ὂν τῷ
παθόντι πρὸς τὴν τοῦ ὅλου χρήσιμον πλοκήν. ἢ οὐδὲ
ἄδικον ἐκ τῶν πρόσθεν ἔχον τὴν δικαίωσιν. οὐ γὰρ τὰ
μὲν δεῖ νομίζειν συντετάχθαι, τὰ δὲ κεχαλάσθαι εἰς τὸ
15 αὐτεξούσιον. εἰ γὰρ κατ' αἰτίας γίγνεσθαι δεῖ καὶ φυσικὰς
ἀκολουθίας καὶ κατὰ λόγον ἕνα καὶ τάξιν μίαν, καὶ τὰ
σμικρότερα δεῖ συντετάχθαι καὶ συνυφάνθαι νομίζειν. καὶ
τὸ ἄδικον δὴ τὸ παρ' ἄλλου εἰς ἄλλον αὐτῷ μὲν τῷ
ποιήσαντι ἄδικον, καὶ οὐκ ἀφείθη αἰτίας ὁ δράσας, συντε-
20 ταγμένον δ' ἐν τῷ παντὶ οὐκ ἄδικον ἐν ἐκείνῳ οὐδ' εἰς
τὸν παθόντα, ἀλλ' οὕτως ἐχρῆν. εἰ δ' ἀγαθὸς ὁ παθών, εἰς
ἀγαθὸν ἡ τελευτὴ τούτων. δεῖ γὰρ τήνδε τὴν σύνταξιν

15. 21–2 ὡς (bis) = ὥστε   22 ὅτι οὕτως scil. ἐστίν •   **16.** 9 ἵπ-
πων Theiler : τινων Enn.   13 ἔχον Vitringa : ἐχόντων Enn.

οὐκ ἀθεεὶ οὐδὲ ἄδικον, ἀλλ᾽ ἀκριβῆ εἰς τὴν τοῦ προσή-
κοντος ἀπόδοσιν νομίζειν, ἀδήλους δὲ ἔχειν τὰς αἰτίας
καὶ τοῖς οὐκ εἰδόσι παρέχειν μέμψεως αἰτίας.   25

17. Ὅτι δὲ ἐκ τοῦ νοητοῦ εἰς τὴν οὐρανοῦ ἴασιν αἱ
ψυχαὶ τὸ πρῶτον χώραν, λογίσαιτο ἄν τις ἐκ τῶν τοιούτων.
εἰ γὰρ οὐρανὸς ἐν τῷ αἰσθητῷ τόπῳ ἀμείνων, εἴη ἂν
προσεχὴς τῶν νοητῶν τοῖς ἐσχάτοις. ἐκεῖθεν τοίνυν
ψυχοῦται ταῦτα πρῶτα καὶ μεταλαμβάνει ὡς ἐπιτηδειότε-   5
ρα μεταλαμβάνειν. τὸ δὲ γεηρὸν ὕστατόν τε καὶ ψυχῆς ἧτ-
τονος πεφυκὸς μεταλαμβάνειν καὶ τῆς ἀσωμάτου φύσεως
πόρρω. πᾶσαι μὲν δὴ καταλάμπουσι τὸν οὐρανὸν καὶ δι-
δόασιν οἷον τὸ πολὺ αὐτῶν καὶ τὸ πρῶτον ἐκείνῳ, τὰ δὲ
ἄλλα τοῖς ὑστέροις ἐναυγάζονται, αἱ δ᾽ ἐπιπλέον κατιοῦ-   10
σαι ἐναυγάζουσι μᾶλλον κάτω, αὐταῖς δὲ οὐκ ἄμεινον εἰς
πολὺ προϊούσαις. ἔστι γάρ τι οἷον κέντρον, ἐπὶ δὲ τούτῳ
κύκλος ἀπ᾽ αὐτοῦ ἐκλάμπων, ἐπὶ δὲ τούτοις ἄλλος, φῶς ἐκ
φωτός· ἔξωθεν δὲ τούτων οὐκέτι φωτὸς κύκλος ἄλλος,
ἀλλὰ δεόμενος οὗτος οἰκείου φωτὸς ἀπορίᾳ αὐγῆς ἀλλο-   15
τρίας. ἔστω δὲ ῥόμβος οὗτος, μᾶλλον δὲ σφαῖρα τοιαύτη,
ἣ δὴ κομίζεται ἀπὸ τῆς τρίτης—προσεχὴς γὰρ αὐτῇ—ὅσον
ἐκείνη ἐναυγάζεται. τὸ μὲν οὖν μέγα φῶς μένον ἐλλάμπει,
καὶ διήκει κατὰ λόγον ἐξ αὐτοῦ αὐγή, τὰ δ᾽ ἄλλα συν-
επιλάμπει, τὰ μὲν μένοντα, τὰ δ᾽ ἐπιπλέον ἐπισπᾶται τῇ   20
τοῦ ἐλλαμπομένου ἀγλαΐᾳ. εἶτα δεομένων τῶν ἐλλαμπο-
μένων πλείονος φροντίδος, ὥσπερ χειμαζομένων πλοίων
κυβερνῆται ἐναπερείδονται πρὸς τὸ πλέον τῇ τῶν νεῶν

---

16. 23 = Hom. σ 353   17.22 cf. Plat. *Io* 540 b 6–7

17. 6–7 ἥττονος Ap^cxUC : ἧττον A(ος A^{1s})E   11 μᾶλλον: ἄλ-
λον w   16 ῥόμβος *rota*

φροντίδι καὶ ἀμελήσαντες αὐτῶν ἔλαθον, ὡς κινδυνεύειν
25 συνεπισπασθῆναι πολλάκις τῷ τῶν νεῶν ναυαγίῳ, ἔρρεψαν
τὸ πλέον καὶ αὗται καὶ τοῖς ἑαυτῶν· ἔπειτα δὲ κατεσχέθη-
σαν πεδηθεῖσαι γοητείας δεσμοῖς, σχεθεῖσαι φύσεως
κηδεμονίᾳ. εἰ δ' ἦν τοιοῦτον ἕκαστον ζῷον οἷον καὶ
τὸ πᾶν, τέλεον καὶ ἱκανὸν σῶμα καὶ ἀκίνδυνον παθεῖν,
30 καὶ παρεῖναι λεγομένη ψυχὴ οὐκ ἂν παρῆν αὐτῷ, καὶ
παρεῖχεν αὐτῷ ζωὴν μένουσα πάντη ἐν τῷ ἄνω.

18. Πότερα δὲ λογισμῷ ψυχὴ χρῆται πρὶν ἐλθεῖν καὶ
πάλιν αὖ ἐξελθοῦσα; ἢ ἐνταῦθα ὁ λογισμὸς ἐγγίγνεται ἐν
ἀπόρῳ ἤδη οὔσης καὶ φροντίδος πληρουμένης καὶ μᾶλλον
ἀσθενούσης· ἐλάττωσις γὰρ νοῦ εἰς αὐτάρκειαν τὸ λογι-
5 σμοῦ δεῖσθαι· ὥσπερ καὶ ἐν ταῖς τέχναις ὁ λογισμὸς ἀπο-
ροῦσι τοῖς τεχνίταις, ὅταν δὲ μὴ χαλεπὸν ᾖ, κρατεῖ καὶ
ἐργάζεται ἡ τέχνη. ἀλλ' εἰ ἐκεῖ ἄνευ λογισμῶν, πῶς
ἂν ἔτι λογικαὶ εἶεν; ἢ ὅτι δύνανται, εἴποι τις ἄν, ὅταν
περίστασις, εὐπορῆσαι διασκοπούσαι. δεῖ δὲ τὸν λογι-
10 σμὸν λαβεῖν τὸν τοιοῦτον· ἐπεὶ εἴ τις λογισμὸν λαμβάνει
τὴν ἐκ νοῦ ἀεὶ γινομένην καὶ οὖσαν ἐν αὐταῖς διάθεσιν, καὶ
ἐνέργειαν ἑστῶσαν καὶ οἷον ἔμφασιν οὖσαν, εἶεν ἂν κἀκεῖ
λογισμῷ χρώμεναι. οὐδὲ δὴ φωναῖς, οἶμαι, χρῆσθαι νομι-
στέον ἐν μὲν τῷ νοητῷ οὔσας, καὶ πάμπαν σώματα δ'
15 ἐχούσας ἐν οὐρανῷ. ὅσα μὲν διὰ χρείας ἢ δι' ἀμφισβητή-
σεις διαλέγοντα ἐνταῦθα, ἐκεῖ οὐκ ἂν εἴη· ποιοῦσαι δὲ ἐν
τάξει καὶ κατὰ φύσιν ἕκαστα οὐδ' ἂν ἐπιτάττοιεν οὐδ'

---

17. 24 ἀμελήσαντας w   26 τὸ Theiler : τε Enn.   et hae ipsae et
cum suis   18. 4–5 τὸ λογισμοῦ RJUC : τὸ δὲ λογισμοῦ B : τῷ λογι-
σμῷ A(ὁ et οὖ Aˢ)E(ὁ et οὖ Eˢ)   8–9 ὅταν περίστασις scil. ᾖ
si occasio adest   9 εὐπορῆσαι διασκοπούσαι A(ου et η Aˢ)
EᵖᶜUC : εὐποροῦσαι διασκοπῆσαι AᵖᶜE(η et ου Eˢ)   11 καὶ² del.
Harder, sed cum 12 καὶ coniungendum   13 οἶμαι χρῆσθαι transp. x

ἂν συμβουλεύοιεν, γινώσκοιεν δ' ἂν καὶ τὰ παρ' ἀλλήλων
ἐν συνέσει. ἐπεὶ καὶ ἐνταῦθα πολλὰ σιωπώντων γινώ-
σκοιμεν δι' ὀμμάτων· ἐκεῖ δὲ καθαρὸν πᾶν τὸ σῶμα καὶ   20
οἷον ὀφθαλμὸς ἕκαστος καὶ οὐδὲν δὲ κρυπτὸν οὐδὲ πεπλα-
σμένον, ἀλλὰ πρὶν εἰπεῖν ἄλλῳ ἰδὼν ἐκεῖνος ἔγνω. περὶ
δὲ δαιμόνων καὶ ψυχῶν ἐν ἀέρι φωνῇ χρῆσθαι οὐκ ἄτοπον·
ζῷα γὰρ τοιάδε.

19. Πότερα δὲ ἐπὶ τοῦ αὐτοῦ τὸ ἀμέριστον καὶ
μεριστὸν ὥσπερ κραθέντων, ἢ ἄλλη μὲν καὶ κατ' ἄλλο
τὸ ἀμέριστον, τὸ δὲ μεριστὸν οἷον ἐφεξῆς καὶ ἕτερον
μέρος αὐτῆς, ὥσπερ τὸ μὲν λογιζόμενόν φαμεν ἄλλο,
τὸ δὲ ἄλογον; γνωσθείη δ' ἂν ληφθέντος τί λέγομεν   5
ἑκάτερον. ἀμέριστον μὲν οὖν ἁπλῶς εἴρηται αὐτῷ,
μεριστὸν δὲ οὐχ ἁπλῶς, ἀλλὰ περὶ τὰ σώματά φησι
γινομένην μεριστὴν καὶ ταύτην οὐ γεγενημένην. τὴν
δὴ σώματος φύσιν ὁρᾶν δεῖ πρὸς τὸ ζῆν οἵας ψυχῆς
προσδεῖται, καὶ ὅ τι δεῖ τῆς ψυχῆς πανταχοῦ τῷ σώματι   10
καὶ ὅλῳ παρεῖναι. πᾶν μὲν δὴ τὸ αἰσθητικόν, εἴπερ διὰ
παντὸς αἰσθήσεται, ἀφικνεῖσθαι πρὸς τὸ μερίζεσθαι·
πανταχοῦ μὲν γὰρ ὂν μεμερίσθαι ἂν λέγοιτο· ὅλον δὲ
πανταχοῦ φαινόμενον οὐ μεμερίσθαι ἂν παντελῶς λέγοιτο,
περὶ δὲ τὰ σώματα γίγνεσθαι μεριστόν. εἰ δέ τις λέγοι ἐν   15
ταῖς ἄλλαις αἰσθήσεσι μηδὲ μεμερίσθαι, ἀλλ' ἢ μόνον ἐν
τῇ ἁφῇ, λεκτέον ὅτι καὶ ἐν ταῖς ἄλλαις, εἴπερ σῶμά

---

19. 1–8 = Plat. *Tim.* 35 a 1–3

18. 19–20 γινώσκοιμεν (potentialis) : γινώσκομεν Kirchhoff
20 πᾶν τὸ σῶμα i.e. ὁ οὐρανός   **19.** 5 ἄλογον ⟨ἄλλο⟩ Kirchhoff
9 δεῖ : δὴ w   οἷα w   10 δεῖ : δὴ w   12 ἀφικνεῖ-
σθαι (infinitiuus pro uerbo finito) : ἀφικνεῖται Kirchhoff   17 ὅτι
regit ἀνάγκη

ἐστι τὸ μεταλαμβάνον, ἀνάγκη οὕτω μερίζεσθαι, ἔλαττον
δὲ ἢ ἐν τῇ ἀφῇ. καὶ δὴ καὶ τὸ φυτικὸν αὐτῆς καὶ τὸ
20 αὐξητικὸν ὡσαύτως· καὶ εἰ περὶ τὸ ἧπαρ ἡ ἐπιθυμία, τὸ
δὲ περὶ τὴν καρδίαν ὁ θυμός, ὁ αὐτὸς λόγος καὶ ἐπὶ
τούτων. ἀλλ᾽ ἴσως ταῦτα οὐ παραλαμβάνει ἐν ἐκείνῳ τῷ
μίγματι, ἴσως δὲ ἄλλον τρόπον καὶ ἔκ τινος τῶν παρα-
ληφθέντων ταῦτα. λογισμὸς δὲ καὶ νοῦς; οὐκέτι ταῦτα
25 σώματι δίδωσιν αὐτά· καὶ γὰρ τὸ ἔργον αὐτῶν οὐ δι᾽
ὀργάνου τελεῖται τοῦ σώματος· ἐμπόδιον γὰρ τοῦτο, εἴ τις
αὐτῷ ἐν ταῖς σκέψεσι προσχρῷτο. ἄλλο ἄρα ἑκάτερον τὸ
ἀμέριστον καὶ μεριστόν, καὶ οὐχ ὡς ἓν κραθέντα,
ἀλλ᾽ ὡς ὅλον ἐκ μερῶν ἑκατέρου καθαροῦ καὶ χωρὶς τῇ δυ-
30 νάμει. εἰ μέντοι καὶ τὸ περὶ τὰ σώματα γιγνόμενον
μεριστὸν παρὰ τῆς ἐπάνω δυνάμεως ἔχει τὸ ἀμέρι-
στον, δύναται τὸ αὐτὸ τοῦτο ἀμέριστον καὶ μεριστὸν εἶναι,
οἷον κραθὲν ἐξ αὐτοῦ τε καὶ τῆς εἰς αὐτὸ ἐλθούσης
ἄνωθεν δυνάμεως.

20. Εἰ δὲ καὶ ἐν τόπῳ ταῦτά τε καὶ τὰ ἄλλα τῆς ψυ-
χῆς λεγόμενα μέρη, ἢ ταῦτα μὲν ὅλως οὐκ ἐν τόπῳ, τὰ δὲ
ἄλλα ἐν τόπῳ καὶ ποῦ, ἢ ὅλως οὐδέν, ἐπιστῆσαι προσήκει.
εἴτε γὰρ μὴ ἀφοριοῦμεν ἑκάστοις τῶν τῆς ψυχῆς, τόπον
5 τινὰ οὐδαμοῦ οὐδὲν θέντες, οὐ μᾶλλον εἴσω τοῦ σώματος
ἢ ἔξω ποιοῦντες, ἄψυχον αὐτὸ ποιήσομεν, τά τε δι᾽ ὀργά-
νων σωματικῶν ἔργα ὅπῃ γίγνεσθαι προσήκει εἰπεῖν ἀπο-

19. 20–21 cf. Plat. *Tim.* 70 a 7–b 2 et 71 a 7   26–7 cf. Plat.
Phaed. 65 a 10–b 1   28–31 = Plat. *Tim.* 35 a 1–3

19. 22 παραλαμβάνει subiectum τὸ σῶμα   23–4 παραλειφθέν-
των w   24 νοῦς; interpungimus   ταῦτα² i.e. λογισμὸς
καὶ νοῦς   29 χωρὶς τῇ A(στῇ A¹ˢ)E : χωριστῇ AᵖᶜBRUC : χωρι-
στοῦ J   20. 4 τόπων w

ρήσομεν, εἴτε τοῖς μέν, τοῖς δ᾽ οὔ, οἷς μὴ δίδομεν, οὐκ
ἐν ἡμῖν αὐτὰ ποιεῖν δόξομεν, ὥστε μὴ πᾶσαν ἡμῶν τὴν
ψυχὴν ἐν ἡμῖν εἶναι. ὅλως μὲν οὖν οὐδὲν τῶν τῆς ψυχῆς 10
μερῶν οὐδὲ πᾶσαν φατέον ὡς ἐν τόπῳ εἶναι τῷ σώματι·
περιεκτικὸν μὲν γὰρ ὁ τόπος καὶ περιεκτικὸν σώματος, καὶ
οὗ ἕκαστον μερισθέν ἐστιν, ἔστιν ἐκεῖ, ὡς μὴ ὅλον ἐν
ὁτῳοῦν εἶναι· ἡ δὲ ψυχὴ οὐ σῶμα, καὶ οὐ περιεχόμενον
μᾶλλον ἢ περιέχον. οὐ μὴν οὐδ᾽ ὡς ἐν ἀγγείῳ· ἄψυχον γὰρ 15
ἂν γένοιτο τὸ σῶμα, εἴτε ὡς ἀγγεῖον, εἴτε ὡς τόπος
περιέχει· εἰ μὴ ἄρα διαδόσει τινὶ αὐτῆς οὔσης πρὸς αὐτὴν
συνηθροισμένης, καὶ ἔσται, ὅσον μετέλαβε τὸ ἀγγεῖον,
τοῦτο ἀπολωλὸς αὐτῇ. ὁ δὲ τόπος ὁ κυρίως ἀσώματος καὶ
οὐ σῶμα· ὥστε τί ἂν δέοιτο ψυχῆς; καὶ τὸ σῶμα τῷ 20
πέρατι αὐτοῦ πλησιάσει τῇ ψυχῇ, οὐχ αὑτῷ. πολλὰ δὲ καὶ
ἄλλα ἐναντιοῖτο πρὸς τὸ ὡς ἐν τόπῳ εἶναι. καὶ γὰρ
συμφέροιτο ἂν ἀεὶ ὁ τόπος, καὶ αὐτό τι ἔσται τὸν τόπον
αὐτὸν περιφέρον. ἀλλ᾽ οὐδ᾽ εἰ ὁ τόπος διάστημα εἴη, πολὺ
μᾶλλον οὐκ ἂν εἴη ὡς ἐν τόπῳ τῷ σώματι. τὸ γὰρ 25
διάστημα κενὸν εἶναι δεῖ· τὸ δὲ σῶμα οὐ κενόν, ἀλλ᾽ ἴσως
ἐν ᾧ τὸ σῶμα ἔσται, ὥστε ἐν τῷ κενῷ τὸ σῶμα. ἀλλὰ μὴν
οὐδ᾽ ὡς ἐν ὑποκειμένῳ ἔσται τῷ σώματι· τὸ γὰρ ἐν

20. 11 cf. Alex. Aphrod. De an., Suppl. Aristot. ii. 1, p. 14. 17
et Nemesius 3, p. 135 = PG 40. 600A   12 cf. Aristot.
Phys. Δ 2. 209b1–2   15 ἐν ἀγγείῳ cf. Aristot. Phys.
Δ 3. 210a24; Alex. Aphrod. De an., Suppl. Aristot. ii. 1, p. 14. 23
et Nemesius 3, p. 135 = PG 40. 600A   17 διαδόσει cf. IV. 2.
2. 13, IV. 7. 7. 7   24 διάστημα cf. Aristot. Phys. Δ 2,
209b6; Stoic. Vet. Fr. ii, n. 506   28 cf. Alex. Aphrod. De an.,
Suppl. Aristot. ii. 1, p. 14. 24–5

20. 21 αὑτῷ instrumentalis   22 ὡς RJUC : καὶ w : τοὺς B
24 αὐτὸν : αὑτοῦ Harder

ὑποκειμένῳ πάθος τοῦ ἐν ᾧ, ὡς χρῶμα καὶ σχῆμα, καὶ
30 χωριστὸν ἡ ψυχή. οὐ μὴν οὐδ' ὡς μέρος ἐν ὅλῳ· οὐ
γὰρ μέρος ἡ ψυχὴ τοῦ σώματος. εἰ δέ τις λέγοι, ὡς ἐν
ὅλῳ μέρος τῷ ζῴῳ, πρῶτον μὲν ἡ αὐτὴ ἂν μένοι ἀπορία,
πῶς ἐν ὅλῳ· οὐ γὰρ δὴ ὡς ἐν τῷ ἀμφορεῖ τοῦ οἴνου ὁ
οἶνος, ἢ ὡς ὁ ἀμφορεύς, οὐδ' ᾗ καὶ αὐτό τι ἐν αὐτῷ ἔσται.
35 ἀλλ' οὐδ' ὡς ὅλον ἐν τοῖς μέρεσι· γελοῖον γὰρ τὴν μὲν
ψυχὴν ὅλον λέγειν, τὸ δὲ σῶμα μέρη. ἀλλ' οὐδὲ ὡς εἶδος
ἐν ὕλῃ· ἀχώριστον γὰρ τὸ ἐν ὕλῃ εἶδος, καὶ ἤδη ὕλης
οὔσης ὕστερον τὸ εἶδος. ἡ δὲ ψυχὴ τὸ εἶδος ποιεῖ ἐν τῇ
ὕλῃ ἄλλη τοῦ εἴδους οὖσα. εἰ δὲ οὐ τὸ γενόμενον εἶδος,
40 ἀλλὰ τὸ χωριζόμενον φήσουσι, πῶς τοῦτο τὸ εἶδος ἐν τῷ
σώματι, οὔπω φανερὸν [καὶ χωριστὸν ἡ ψυχή]. πῶς οὖν
ἐν τῷ σώματι ἡ ψυχὴ λέγεται πρὸς πάντων; ἢ ἐπειδὴ
οὐχ ὁρατὸν ἡ ψυχή, ἀλλὰ τὸ σῶμα. σῶμα οὖν ὁρῶντες,
ἔμψυχον δὲ συνιέντες, ὅτι κινεῖται καὶ αἰσθάνεται, ἔχειν·
45 φαμὲν ψυχὴν αὐτό. ἐν αὐτῷ ἄρα τῷ σώματι τὴν ψυχὴν
εἶναι ἀκολούθως ἂν λέγοιμεν. εἰ δέ γε ὁρατὸν ἡ ψυχὴ καὶ
αἰσθητὸν ἦν περιειλημμένον πάντη τῇ ζωῇ καὶ μέχρις
ἐσχάτων οὖσα εἰς ἴσον, οὐκ ἂν ἔφαμεν τὴν ψυχὴν ἐν τῷ
σώματι εἶναι, ἀλλ' ἐν τῷ κυριωτέρῳ τὸ μὴ τοιοῦτον, καὶ
50 ἐν τῷ συνέχοντι τὸ συνεχόμενον, καὶ ἐν τῷ μὴ ῥέοντι
τὸ ῥέον.

21. Τί οὖν; πῶς πάρεστιν, εἴ τις ἐρωτῴη μηδὲν αὐτὸς
λέγων ὅπως, τί ἐροῦμεν; καὶ εἰ ὁμοίως πᾶσα, ἢ ἄλλο

---

20. 30 cf. Alex. Aphrod. *De an.*, Suppl. Aristot. ii 1, p. 14. 5
33–4 cf. Aristot. *Phys. Δ* 3. 210ᵃ30–33   35 cf. Alex. Aphrod. *De
an.*, Suppl. Aristot. ii. 1, p. 14. 10   36–7 cf. ibid. p. 13. 24
50 cf. Aristot. *De an. A* 5. 411ᵇ8

20. 41 καὶ—ψυχὴ ut iteratum e lin. 29–30 del. Volkmann

μέρος ἄλλως, τὸ δ' ἄλλως; ἐπεὶ τοίνυν τῶν νῦν λεγομένων
τρόπων τοῦ ἔν τινι οὐδεὶς φαίνεται ἐπὶ τῆς ψυχῆς πρὸς
τὸ σῶμα ἁρμόττων, λέγεται δὲ οὕτως ἐν τῷ σώματι εἶναι   5
ἡ ψυχή, ὡς ὁ κυβερνήτης ἐν τῇ νηί, πρὸς μὲν τὸ χωριστὴν
δύνασθαι εἶναι τὴν ψυχὴν καλῶς εἴρηται, τὸν μέντοι τρό-
πον, ὡς νῦν ἡμεῖς ζητοῦμεν, οὐκ ἂν πάνυ παραστήσειεν.
ὡς μὲν γὰρ πλωτὴρ κατὰ συμβεβηκὸς ἂν εἴη ἐν αὐτῇ ὁ
κυβερνήτης, ὡς δὲ κυβερνήτης πῶς; οὐδὲ γὰρ ἐν πάσῃ τῇ   10
νηί, ὥσπερ ἡ ψυχὴ ἐν τῷ σώματι. ἀλλὰ ἆρα οὕτω φατέον,
ὡς ἡ τέχνη ἐν τοῖς ὀργάνοις, οἷον ἐν τῷ οἴακι, [οἷον] εἰ
ἔμψυχος ὁ οἴαξ ἦν, ὥστε κυβερνητικὴν εἶναι ἔνδον τὴν κι-
νοῦσαν τεχνικῶς; νῦν δὲ τοῦτο διαλλάττειν, ὅτι ἔξωθεν ἡ
τέχνη. εἰ οὖν κατὰ τὸ παράδειγμα τὸ τοῦ κυβερνήτου   15
τοῦ ἐνδύντος πρὸς τὸν οἴακα θείμεθα τὴν ψυχὴν ἐν τῷ
σώματι εἶναι ὡς ἐν ὀργάνῳ φυσικῷ—κινεῖ γὰρ οὕτως αὐ-
τὸ ἐν οἷς ἂν ἐθέλῃ ποιεῖν—ἆρ' ἄν τι πλέον ἡμῖν πρὸς
τὸ ζητούμενον γένοιτο; ἢ πάλιν ἀπορήσομεν πῶς ἐστιν
ἐν τῷ ὀργάνῳ, καίτοι τρόπος οὗτος ἕτερος τῶν πρόσθεν·   20
ἀλλ' ὅμως ἔτι ποθοῦμεν ἐξευρεῖν καὶ ἐγγυτέρω προσελθεῖν.

22. Ἆρ' οὖν οὕτω φατέον, ὅταν ψυχὴ σώματι παρῇ,
παρεῖναι αὐτὴν ὡς τὸ πῦρ πάρεστι τῷ ἀέρι; καὶ γὰρ αὖ καὶ
τοῦτο παρὸν οὐ πάρεστι καὶ δι' ὅλου παρὸν οὐδενὶ μίγνυται
καὶ ἕστηκε μὲν αὐτό, τὸ δὲ παραρρεῖ· καὶ ὅταν ἔξω γένηται

---

21. 9 cf. Aristot. De an. B 1. 413ᵃ9   10 cf. Alex. Aphrod.
De an., Suppl. Aristot. ii. 1, p. 15. 9   17 cf. Aristot. De an. B
1. 412ᵇ12

---

21. 5 τῷ om. w   9 αὐτῇ scil. τῇ νηί   10 γὰρ om. x
12 οἷον² del. Volkmann   14 τούτῳ Kirchhoff   διαλλάτ-
τει w   15 τὸ² om. w   20 οὗτος : αὐτὸς w   21 προσελθεῖν w :
προελθεῖν xUC   22. 4 τὸ (alterum elementum, nempe aër):
ὁ Müller   παραρρεῖ RJUC : παρέρρει wB

5 τοῦ ἐν ᾧ τὸ φῶς, ἀπῆλθεν οὐδὲν ἔχων, ἕως δέ ἐστιν
ὑπὸ τὸ φῶς, πεφώτισται, ὥστ' ὀρθῶς ἔχειν καὶ ἐνταῦθα
λέγειν, ὡς ὁ ἀὴρ ἐν τῷ φωτί, ἤπερ τὸ φῶς ἐν τῷ ἀέρι. διὸ
καὶ Πλάτων καλῶς τὴν ψυχὴν οὐ θεὶς ἐν τῷ σώματι ἐπὶ
τοῦ παντός, ἀλλὰ τὸ σῶμα ἐν τῇ ψυχῇ, [καὶ] φησὶ τὸ μέν
10 τι εἶναι τῆς ψυχῆς ἐν ᾧ τὸ σῶμα, τὸ δὲ ἐν ᾧ σῶμα μηδέν,
ὧν δηλονότι δυνάμεων οὐ δεῖται τῆς ψυχῆς τὸ σῶμα. καὶ
δὴ καὶ ἐπὶ τῶν ἄλλων ψυχῶν ὁ αὐτὸς λόγος. τῶν μὲν
ἄλλων δυνάμεων οὐδὲ παρουσίαν τῷ σώματι λεκτέον τῆς
ψυχῆς εἶναι, ὧν δὲ δεῖται, ταῦτα παρεῖναι, καὶ παρεῖναι
15 οὐκ ἐνιδρυθέντα τοῖς μέρεσιν αὐτοῦ οὐδ' αὖ τῷ ὅλῳ, καὶ
πρὸς μὲν αἴσθησιν παρεῖναι παντὶ τῷ αἰσθανομένῳ τὸ
αἰσθητικόν, πρὸς δὲ ἐνεργείας ἤδη ἄλλο ἄλλῳ.

23. Λέγω δὲ ὧδε· τοῦ σώματος πεφωτισμένου τοῦ ἐμ-
ψύχου ὑπὸ τῆς ψυχῆς ἄλλο ἄλλως μεταλαμβάνειν αὐτοῦ
μέρος· καὶ κατὰ τὴν τοῦ ὀργάνου πρὸς τὸ ἔργον ἐπιτηδειό-
τητα, δύναμιν τὴν προσήκουσαν εἰς τὸ ἔργον ἀποδιδοῦσαν,
5 οὕτω τοι λέγεσθαι τὴν μὲν ἐν ὀφθαλμοῖς δύναμιν τὴν ὁρα-
τικὴν εἶναι, τὴν δ' ἐν ὠσὶ τὴν ἀκουστικήν, καὶ γευστικὴν
ἐν γλώσσῃ, ὄσφρησιν ἐν ῥισί, τὴν δὲ ἁπτικὴν ἐν παντὶ
παρεῖναι· πρὸς γὰρ ταύτην τὴν ἀντίληψιν πᾶν τὸ σῶμα
ὄργανον τῇ ψυχῇ εἶναι. τῶν δὲ ἁπτικῶν ὀργάνων ἐν
10 πρώτοις τοῖς νεύροις ὄντων, ἃ δὴ καὶ πρὸς τὴν κίνησιν
τοῦ ζῴου τὴν δύναμιν ἔχει, ἐνταῦθα τῆς τοιαύτης δούσης
ἑαυτήν, ἀρχομένων δὲ ἀπὸ ἐγκεφάλου τῶν νεύρων, τὴν
τῆς αἰσθήσεως καὶ ὁρμῆς ἀρχὴν καὶ ὅλως παντὸς τοῦ

---

22. 8–9 cf. Plat. *Tim.* 36 d 9–e 3

---

22. 8 οὐ θεὶς : ἐνθεὶς w   9 τοῦ om. w   καὶ del. Vitringa
9 φησὶ putat   17 ἐνεργείας oppositum αἴσθησιν quae est δύναμις
23. 7 ὄσφρησιν : καὶ ὄσφρησιν x   9 εἶναι Beutler : παρεῖναι Enn.

ζῴου ἐνταῦθα ἔθεσαν φέροντες, οὗ δηλονότι αἱ ἀρχαὶ τῶν
ὀργάνων, ἐκεῖ παρεῖναι τὸ χρησόμενον τιθέμενοι—βέλτιον 15
δὲ λέγειν τὴν ἀρχὴν τῆς ἐνεργείας τῆς δυνάμεως ἐκεῖ—
ὅθεν γὰρ ἔμελλε κινεῖσθαι τὸ ὄργανον, ἐκεῖ ἔδει οἷον
ἐναπερείδεσθαι τὴν δύναμιν τοῦ τεχνίτου ἐκείνην τὴν τῷ
ὀργάνῳ πρόσφορον, μᾶλλον δὲ οὐ τὴν δύναμιν—πανταχοῦ
γὰρ ἡ δύναμις—ἐκεῖ δὲ τῆς ἐνεργείας ἡ ἀρχή, οὗ ἡ ἀρχὴ 20
τοῦ ὀργάνου. ἐπεὶ οὖν ἡ τοῦ αἰσθάνεσθαι δύναμις καὶ ἡ
τοῦ ὁρμᾶν ψυχῆς οὔσης αἰσθητικῆς καὶ φανταστικῆς
[φύσις] ἐπάνω ἑαυτῆς εἶχε τὸν λόγον, ὡς ἂν γειτονοῦσα
πρὸς τὸ κάτω οὗ αὐτὴ ἐπάνω, ταύτῃ ἐτέθη τοῖς παλαιοῖς
ἐν τοῖς ἄκροις τοῦ ζῴου παντὸς ἐπὶ τῆς κεφαλῆς, ὡς οὖσα 25
οὐκ ἐν τῷ ἐγκεφάλῳ, ἀλλ᾽ ὡς ἐν τούτῳ τῷ αἰσθητικῷ,
ὃ ἐν τῷ ἐγκεφάλῳ ἐκείνως ἵδρυτο. τὸ μὲν γὰρ ἔδει σώματι
διδόναι, καὶ τῷ σώματος μάλιστα τῆς ἐνεργείας δεκτικῷ,
τὸ δὲ σώματι οὐδαμοῦ κοινωνοῦν πάντως ἐκείνῳ κοινωνεῖν
ἔδει, ὃ ψυχῆς εἶδος ἦν καὶ ψυχῆς δυναμένης τὰς παρὰ 30
τοῦ λόγου ἀντιλήψεις ποιεῖσθαι. αἰσθητικὸν γὰρ κριτικόν
πως, καὶ φανταστικὸν οἷον νοερόν, καὶ ὁρμὴ καὶ ὄρεξις,
φαντασίᾳ καὶ λόγῳ ἑπόμενα. ἐκεῖ οὖν τὸ λογιζόμενον οὐχ
ὡς ἐν τόπῳ, ἀλλ᾽ ὅτι τὸ ἐκεῖ ἀπολαύει αὐτοῦ. πῶς δὲ τὸ
"ἐκεῖ" ἐπὶ τοῦ αἰσθητικοῦ, εἴρηται. τοῦ δὲ φυτικοῦ αὖ καὶ 35

23. 14 ἔθεσαν cf. Plat. Phaed. 96 b 5–6   24 ἐτέθη cf. Plat.
Phaed. 96 b 5–6   35 εἴρηται cf. lin. 15–21

23. 22 οὖσα Theiler   23 φύσις Ap cxUC: φύσεως A(ιs Aιs)E
ut falsum supplementum ad ἡ τοῦ ὁρμᾶν falso loco insertum
del. Kleist   23–4 γειτονοῦσα et αὐτὴ et ἐτέθη subiectum
ἡ τοῦ αἰσθάνεσθαι δύναμις   26 ἐν² —αἰσθητικῷ in eo elemento
sentiendi capaci   27 ὃ : ῷ w   ἐκείνως illo modo supra
descripto, lin. 12–15   29 τὸ δὲ—κοινωνοῦν i.e. τὸ λογιζόμενον
cf. lin. 23 et 33   33 ἐκεῖ = ἐν τῷ ἐγκεφάλῳ   34 τὸ
ἐκεῖ = ἡ τοῦ αἰσθάνεσθαι δύναμις

αὐξητικοῦ καὶ θρεπτικοῦ μηδενὸς ἀπολειπομένου, τρέ-
φοντος δὲ τῷ αἵματι, τοῦ δὲ αἵματος τοῦ τρέφοντος ἐν
φλεψὶν ὄντος, ἀρχῆς δὲ καὶ φλεβῶν καὶ αἵματος ἐν ἥπατι,
οἷον ἐναπερειδομένης ταύτης τῆς δυνάμεως ἐνταῦθα ἡ τοῦ
40 ἐπιθυμητικοῦ μοῖρα τῆς ψυχῆς οἰκεῖν ἀπεδόθη. ὃ γάρ
τοι καὶ γεννᾷ καὶ τρέφει καὶ αὔξει, τοῦτο καὶ τούτων
ἐπιθυμεῖν ἀνάγκη. τοῦ δὲ λεπτοῦ καὶ κούφου καὶ ὀξέος καὶ
καθαροῦ αἵματος, θυμῷ προσφόρου ὀργάνου, ἡ τούτου πη-
γή—ἐνταῦθα γὰρ τὸ τοιοῦτον αἷμα ἀποκρίνεται τῇ τοῦ
45 θυμοῦ ζέσει—καρδία πεποίηται οἴκησις πρέπουσα. [ἔ-
χουσαι δὲ τὸ σῶμα καὶ τὸ ἀντιλαμβάνεσθαι τῶν σωματι-
κῶν κολάσεων ἔχουσιν].

24. Ἀλλὰ ποῦ ἐξελθοῦσα τοῦ σώματος γενήσεται; ἢ
ἐνταῦθα μὲν οὐκ ἔσται, οὗ οὐκ ἔστι τὸ δεχόμενον ὁπωσοῦν,
οὐδὲ δύναται παραμένειν τῷ μὴ πεφυκότι αὐτὴν δέχεσθαι,
εἰ μή τι ἔχοι αὐτοῦ ὃ ἕλκει πρὸς αὐτὸ ἄφρονα οὖσαν.
5 ἔστι δὲ ἐν ἐκείνῳ, εἰ ἄλλο ἔχει, κἀκεῖ ἀκολουθεῖ, οὗ
πέφυκε τοῦτο εἶναι καὶ γίνεσθαι. ὄντος δὲ πολλοῦ καὶ
ἑκάστου τόπου, καὶ παρὰ τῆς διαθέσεως ἥκειν δεῖ τὸ
διάφορον, ἥκειν δὲ καὶ παρὰ τῆς ἐν τοῖς οὖσι δίκης. οὐ
γὰρ μή ποτέ τις ἐκφύγοι, ὃ ποθεῖν ἐπ᾽ ἀδίκοις ἔργοις
10 προσήκει· ἀναπόδραστος γὰρ ὁ θεῖος νόμος ὁμοῦ ἔχων ἐν
ἑαυτῷ τὸ ποιῆσαι τὸ κριθὲν ἤδη. φέρεται δὲ καὶ αὐτὸς ὁ
πάσχων ἀγνοῶν ἐφ᾽ ἃ παθεῖν προσήκει, ἀστάτῳ μὲν τῇ

---

23. 43–5 cf. Plat. *Tim.* 70 a 7–b 3   **24.** 10–26 cf. Plat. *Leg.* 904 a–e

23. 36 μηδενὸς regitur ab ἀπολειπομένου   39 οἷον (cf. lin.
17) Harder : ὅθεν Enn.   ταύτης τῆς δυνάμεως i.e. 35 τοῦ φυτι-
κοῦ   45–7 ἔχουσαι—ἔχουσιν iterata ex IV. 3. 24. 20–21 del. Fici-
nus   **24.** 4 αὐτὸ i.e. τὸ σῶμα   6–7 ὄντος—τόπου cum
etiam (praeter corpus multiplex) omnis locus (eligendus animae)
multiplex sit

φορᾷ πανταχοῦ αἰωρούμενος ταῖς πλάναις, τελευτῶν δὲ
ὥσπερ πολλὰ καμὼν οἷς ἀντέτεινεν εἰς τὸν προσήκοντα
αὐτῷ τόπον ἐνέπεσεν, ἑκουσίῳ τῇ φορᾷ τὸ ἀκούσιον εἰς τὸ   15
παθεῖν ἔχων. εἴρηται δὲ ἐν τῷ νόμῳ καὶ ὅσον καὶ ἐφ᾽
ὅσον δεῖ παθεῖν, καὶ πάλιν αὖ ὁμοῦ συνέδραμεν ἡ ἄνεσις
τῆς κολάσεως καὶ ἡ δύναμις τοῦ ἀναφυγεῖν ἐξ ἐκείνων
τῶν τόπων, ἁρμονίας δυνάμει κατεχούσης τὰ πάντα.
ἔχουσαι δὲ σῶμα καὶ τὸ ἀντιλαμβάνεσθαι τῶν σωματι-   20
κῶν κολάσεων ἔχουσι· ταῖς δὲ τῶν ψυχῶν καθαραῖς οὔσαις
καὶ μηδὲν μηδαμῇ ἐφελκομέναις τοῦ σώματος ἐξ ἀνάγκης
⟨καὶ⟩ οὐδαμοῦ σώματος ὑπάρξει εἶναι. εἰ οὖν εἰσι [καὶ]
μηδαμοῦ σώματος—οὐδὲ γὰρ ἔχουσι σῶμα—οὗ ἐστιν
ἡ οὐσία καὶ τὸ ὂν καὶ τὸ θεῖον—ἐν τῷ θεῷ—ἐνταῦθα καὶ   25
μετὰ τούτων καὶ ἐν τούτῳ ἡ τοιαύτη ψυχὴ ἔσται. εἰ δ᾽
ἔτι ζητεῖς ποῦ, ζητητέον σοι ποῦ ἐκεῖνα· ζητῶν δὲ ζήτει
μὴ τοῖς ὄμμασι μηδ᾽ ὡς ζητῶν σώματα.

25. Περὶ δὲ μνήμης, εἰ αὐταῖς ταῖς ψυχαῖς τῶνδε
τῶν τόπων ἐξελθούσαις μνημονεύειν ὑπάρχει, ἢ ταῖς μέν,
ταῖς δ᾽ οὔ, καὶ πάντων ἢ τινων, καὶ εἰ μνημονεύουσιν ἀεί,
ἢ ἐπί τινα χρόνον τὸν ἐγγὺς τῆς ἀφόδου, ζητεῖν ὁμοίως
ἄξιον. ἀλλ᾽ εἰ μέλλομεν ὀρθῶς περὶ τούτων τὴν ζήτησιν   5
ποιεῖσθαι, ληπτέον τί ποτε τὸ μνημονεῦόν ἐστι. λέγω δὲ
οὐ τί μνήμη ἐστίν, ἀλλ᾽ ἐν τίνι συνίστασθαι πέφυκε τῶν
ὄντων. τί μὲν γάρ ἐστι μνήμη, εἴρηται ἐν ἄλλοις καὶ
πολλάκις τεθρύλληται, τὸ δὲ μνημονεύειν πεφυκὸς ὅ τί
ποτέ ἐστιν ἀκριβέστερον ληπτέον. εἰ δέ ἐστι τὸ τῆς μνή-   10
μης ἐπικτήτου τινὸς ἢ μαθήματος ἢ παθήματος, οὔτε τοῖς

---

24. 14 = Callim. *Fr.* 23. 20   **25.** 8 ἐν ἄλλοις cf. III. 6. 2. 42 sqq.

24. 23 καὶ transp. Beutler   25 ἐν τῷ θεῷ del. Harder

ἀπαθέσι τῶν ὄντων οὔτε τοῖς ⟨μὴ⟩ ἐν χρόνῳ ἐγγίνοιτο
ἂν τὸ μνημονεύειν. μνήμην δὴ περὶ θεὸν οὐδὲ περὶ τὸ ὂν
καὶ νοῦν θετέον· οὐδὲν γὰρ εἰς αὐτοὺς οὐδὲ χρόνος,
15 ἀλλ' αἰὼν περὶ τὸ ὄν, καὶ οὔτε τὸ πρότερον οὔτε τὸ
ἐφεξῆς, ἀλλ' ἔστιν ἀεὶ ὡς ἔχει ἐν τῷ αὐτῷ οὐ δεχόμενον
παράλλαξιν. τὸ δὲ ἐν τῷ αὐτῷ καὶ ὁμοίῳ πῶς ἂν ἐν
μνήμῃ γένοιτο, οὐκ ἔχον οὐδ' ἴσχον ἄλλην κατάστασιν μεθ'
ἣν εἶχε πρότερον, ἢ νόησιν ἄλλην μετ' ἄλλην, ἵνα ἐν ἄλλῃ
20 μὲν ᾖ, ἄλλης δὲ μνημονεύῃ ἣν εἶχε πρότερον; ἀλλὰ τί κω-
λύει τὰς ἄλλων μεταβολὰς εἰδέναι οὐ μεταβάλλοντα αὐτόν,
οἷον κόσμου τὰς περιόδους; ἢ ὅτι ἄλλο μὲν πρότερον,
ἄλλο δὲ ὕστερον νοήσει ἐπακολουθοῦν ταῖς τοῦ τρεπομέ-
νου μεταβολαῖς, τό τε μνημονεύειν παρὰ τὸ νοεῖν ἄλλο.
25 τὰς δὲ αὐτοῦ νοήσεις οὐ μνημονεύειν λεκτέον· οὐ γὰρ ἦλ-
θον, ἵνα κατέχῃ μὴ ἀπέλθοιεν· ἢ οὕτω γε τὴν οὐσίαν αὐτοῦ
φοβοῖτο μὴ ἀπέλθοι ἀπ' αὐτοῦ. οὐ τοίνυν οὐδὲ ψυχὴν
φατέον μνημονεύειν τὸν αὐτὸν τρόπον οἷον λέγομεν τὸ
μνημονεύειν εἶναι ὧν ἔχει συμφύτων, ἀλλ' ἐπειδὴ ἐνταῦθά
30 ἐστιν, ἔχειν καὶ μὴ ἐνεργεῖν κατ' αὐτά, καὶ μάλιστα
ἐνταῦθα ἡκούσῃ. τὸ δὲ ἐνεργεῖν ἤδη—ταῖς ἐνεργούσαις
ἃ εἶχον μνήμην καὶ ἀνάμνησιν προστιθέναι ἐοίκασιν οἱ
παλαιοί. ὥσθ' ἕτερον εἶδος μνήμης τοῦτο· διὸ καὶ χρόνος
οὐ πρόσεστι τῇ οὕτω λεγομένῃ μνήμῃ. ἀλλ' ἴσως εὐχερῶς
35 περὶ τούτων ἔχομεν καὶ οὐκ ἐξεταστικῶς. ἴσως γὰρ ἂν
τις ἀπορήσειε, μήποτε οὐ τῆς ψυχῆς ᾖ ἐκείνης ἡ λεγομένη

---

25. 32 cf. Plat. *Phaed.* 72 e 5–7   35–7 cf. Aristot. *De an. A*
4. 408ᵇ13–18

---

25. 12 ⟨μὴ⟩ Kirchhoff, nisi aliter sanandum   13 δὴ ⟨οὐ⟩
Müller, sed cf. III. 2. 7. 19 et IV. 7. 3. 6   17 τὸ δὲ : τῷ δ' w
20 μὲν ᾖ A(ένῃ A¹ˢ)E : μένῃ ApᶜxUC   31 ἡκούσῃ datiuus commodi
31 τὸ: τῷ Kirchhoff   τὸ—ἐνεργεῖν accusatiuus respectus

τοιαύτη ἀνάμνησις καὶ μνήμη, ἀλλὰ ἄλλης ἀμυδροτέ-
ρας, ἢ τοῦ συναμφοτέρου τοῦ ζῴου. εἴτε γὰρ ἄλλης, πότε
ἢ πῶς λαμβανούσης; εἴτε τοῦ ζῴου, πότε ἢ πῶς; διὸ ζη-
τητέον τί ἐστι τῶν ἐν ἡμῖν τὸ τὴν μνήμην ἴσχον, ὅπερ καὶ   40
ἐξ ἀρχῆς ἐζητοῦμεν· καὶ εἰ μὲν ἡ ψυχὴ ἡ μνημονεύουσα,
τίς δύναμις ἢ τί μέρος, εἰ δὲ τὸ ζῷον, ὥσπερ καὶ τὸ αἰ-
σθανόμενον ἔδοξέ τισι, τίς ὁ τρόπος, καὶ τί ποτε δεῖ φάναι
τὸ ζῷον, καὶ ἔτι εἰ τὸ αὐτὸ τῶν αἰσθημάτων δεῖ τίθεσθαι
ἀντιλαμβάνεσθαι καὶ τῶν νοημάτων, ἢ ἄλλο τοῦ ἑτέρου.   45

26. Εἰ μὲν οὖν τὸ ζῷον τὸ συναμφότερόν ἐστιν ἐν ταῖς
αἰσθήσεσι ταῖς κατ' ἐνέργειαν, δεῖ τὸ αἰσθάνεσθαι τοιοῦτον
εἶναι—διὸ καὶ κοινὸν λέγεται—οἷον τὸ τρυπᾶν καὶ τὸ
ὑφαίνειν, ἵνα κατὰ μὲν τὸν τεχνίτην ἡ ψυχὴ ᾖ ἐν τῷ αἰ-
σθάνεσθαι, κατὰ δὲ τὸ ὄργανον τὸ σῶμα, τοῦ μὲν σώματος   5
πάσχοντος καὶ ὑπηρετοῦντος, τῆς δὲ ψυχῆς παραδεχομέ-
νης τὴν τύπωσιν τὴν τοῦ σώματος, ἢ τὴν διὰ τοῦ σώματος,
ἢ τὴν κρίσιν, ἣν ἐποιήσατο ἐκ τοῦ παθήματος τοῦ σώμα-
τος· οὗ δὴ ἡ μὲν αἴσθησις οὕτω κοινὸν ἔργον λέγοιτο ἄν, ἡ
δὲ μνήμη οὐκ ἀναγκάζοιτο τοῦ κοινοῦ εἶναι τῆς ψυχῆς ἤδη   10
παραδεξαμένης τὸν τύπον καὶ ἢ φυλαξάσης ἢ ἀποβαλούσης
αὐτήν· εἰ μή τις τεκμαίροιτο κοινὸν καὶ τὸ μνημονεύειν
εἶναι ἐκ τοῦ ταῖς κράσεσι τῶν σωμάτων καὶ μνημονικοὺς
καὶ ἐπιλήσμονας ἡμᾶς γίγνεσθαι. ἀλλὰ καὶ ὡς κωλυτικὸν
ἂν ἢ οὐ κωλυτικὸν λέγοιτο τὸ σῶμα γίνεσθαι, τῆς δὲ   15

25.́38 et 26.1 cf. Plat. Tim. 87 e 5–6   25. 43 τισι fortasse
Aristot. De somno 1.454ᵃ7–11   26. 4 ὑφαίνειν cf. Aristot. De an.
A 4. 408ᵇ13

25. 38 τοῦ² : τούτου w   42–3 τὸ αἰσθανόμενον praedicatiuum
43 ἔδοξέ subiectum τὸ ζῷον   τισι ApcUC : τι ὄν A(σι A¹ˢ)Ex
45 ἄλλου w   26. 4 ᾖ om. w   9 οὖ aduerbium potius
quam genetiuus obiectiuus   12 αὐτήν (scil. τὴν τύπωσιν) Enn. :
αὐτόν Creuzer   15 λέγοιτο wU : λέγοι xC

ψυχῆς τὸ μνημονεύειν οὐχ ἧττον εἴη. τῶν δὲ δὴ μαθή-
σεων πῶς τὸ κοινόν, ἀλλ' οὐχ ἡ ψυχὴ ἡ μνημονεύουσα
ἔσται; εἰ δὲ τὸ ζῷον τὸ συναμφότερον οὕτως, ὡς ἕτερον
ἐξ ἀμφοῖν εἶναι, πρῶτον μὲν ἄτοπον μήτε σῶμα μήτε ψυ-
20 χὴν τὸ ζῷον λέγειν· οὐ γὰρ δὴ μεταβαλόντων ἀμφοτέρων
ἕτερόν τι ἔσται τὸ ζῷον οὐδ' αὖ κραθέντων, ὡς δυνάμει
τὴν ψυχὴν ἐν τῷ ζῴῳ εἶναι· ἔπειτα καὶ οὕτως οὐδὲν ἧττον
τῆς ψυχῆς τὸ μνημονεύειν ἔσται, ὥσπερ ἐν οἰνομέλιτος
κράσει εἴ τι γλυκάζει, παρὰ τοῦ μέλιτος τοῦτο ἔσται.
25 τί οὖν, εἰ αὐτὴ μὲν μνημονεύοι, τῷ δὲ ἐν σώματι εἶναι τῷ
μὴ καθαρὰ εἶναι, ἀλλ' ὥσπερ ποιωθεῖσα, ἀναμάττεσθαι
δύναται τοὺς τῶν αἰσθητῶν τύπους καὶ τῷ οἷον ἕδραν ἐν
τῷ σώματι πρὸς τὸ παραδέχεσθαι καὶ μὴ ὥσπερ παραρ-
ρεῖν; ἀλλὰ πρῶτον μὲν οἱ τύποι οὐ μεγέθη, οὐδ' ὥσπερ
30 αἱ ἐνσφραγίσεις οὐδ' ἀντερείσεις ἢ τυπώσεις, ὅτι μηδ'
ὠθισμός, μηδ' ὥσπερ ἐν κηρῷ, ἀλλ' ὁ τρόπος οἷον νόησις
καὶ ἐπὶ τῶν αἰσθητῶν. ἐπὶ δὲ τῶν νοήσεων τίς ἡ ἀντέ-
ρεισις λέγοιτο ἄν; ἢ τί δεῖ σώματος ἢ ποιότητος
σωματικῆς μεθ' ἧς; ἀλλὰ μὴν καὶ τῶν αὑτῆς κινημάτων
35 ἀνάγκη μνήμην αὐτῇ γίγνεσθαι, οἷον ὧν ἐπεθύμησε
καὶ ὧν οὐκ ἀπέλαυσεν οὐδὲ ἦλθεν εἰς σῶμα τὸ ἐπιθυμητόν.
πῶς γὰρ ἂν εἴποι τὸ σῶμα περὶ ὧν οὐκ ἦλθεν εἰς αὐτό;
ἢ πῶς μετὰ σώματος μνημονεύσει, ὃ μὴ πέφυκε γι-
νώσκειν ὅλως τὸ σῶμα; ἀλλὰ τὰ μὲν λεκτέον εἰς ψυχὴν

---

26. 18 cf. Plat. *Tim.* 87 e 5–6   30–31 cf. *Stoic. Vet. Fr.* i,
n. 484 (= Sext. Emp. *Adu. math.* 7. 228) et ii, n. 343

---

26. 22 ἔπειτα Beutler: ἐπεὶ *Enn.*   23 οἴνῳ μέλιτος w   27 τύ-
πους RpcUC: τόπους wx   τῷ BRJpcUC: τὸ wJ (ᾧ Js)   ἕδραν
(scil. εἶναι): ἑδραία Igal   28–9 παραρρεῖν (subiectum τὴν ψυχήν,
cf. lin. 44): παραρρεῖν ⟨ἐᾶν⟩ Theiler

λήγειν, ὅσα διὰ σώματος, τὰ δὲ ψυχῆς εἶναι μόνης, εἰ 40
δεῖ τὴν ψυχὴν εἶναί τι καὶ φύσιν τινὰ καὶ ἔργον τι
αὐτῆς. εἰ δὲ τοῦτο, καὶ ἔφεσιν καὶ μνήμην τῆς ἐφέσεως
ἄρα καὶ τῆς τεύξεως καὶ τῆς οὐ τεύξεως, ἐπείπερ καὶ
ἡ φύσις αὐτῆς οὐ τῶν ῥεόντων. εἰ γὰρ μὴ τοῦτο, οὐδὲ
συναίσθησιν οὐδὲ παρακολούθησιν δώσομεν οὐδέ τινα 45
σύνθεσιν καὶ οἷον σύνεσιν. οὐ γὰρ δὴ οὐδὲν ἔχουσα τούτων
ἐν τῇ φύσει αὐτῆς ταῦτα κομίζεται ἐν σώματι, ἀλλ᾽
ἐνεργείας μέν τινας ἴσχει ὧν ἔργων δεῖται ἡ ἐπιτέλεσις
ὀργάνων, τῶν δὲ τὰς δυνάμεις ἥκει φέρουσα, τῶν δὲ καὶ
τὰς ἐνεργείας. τὸ δὲ τῆς μνήμης καὶ τὸ σῶμα ἐμπόδιον 50
ἔχει· ἐπεὶ καὶ νῦν προστιθεμένων τινῶν λήθη, ἐν δ᾽ ἀφαι-
ρέσει καὶ καθάρσει ἀνακύπτει πολλάκις ἡ μνήμη. μονῆς
δὲ οὔσης αὐτῆς ἀνάγκη τὴν τοῦ σώματος φύσιν κινουμέ-
νην καὶ ῥέουσαν λήθης αἰτίαν, ἀλλ᾽ οὐ μνήμης εἶναι· διὸ
καὶ ὁ τῆς Λήθης ποταμὸς οὗτος ἂν ὑπονοοῖτο. ψυχῆς 55
μὲν δὴ ἔστω τὸ πάθημα τοῦτο.

27. Ἀλλὰ τίνος ψυχῆς, τῆς μὲν λεγομένης ὑφ᾽ ἡμῶν
θειοτέρας, καθ᾽ ἣν ἡμεῖς, τῆς δὲ ἄλλης τῆς παρὰ τοῦ
ὅλου; ἢ λεκτέον εἶναι μνήμας ἑκατέρας, τὰς μὲν ἰδίας,
τὰς δὲ κοινάς· καὶ ὅταν μὲν συνῶσιν, ὁμοῦ πάσας,
χωρὶς δὲ γενομένων, εἰ ἄμφω εἶεν καὶ μένοιεν, ἑκατέραν 5
ἐπιπλέον τὰ ἑαυτῆς, ἐπ᾽ ὀλίγον δὲ χρόνον τὰ τῆς ἑτέρας.
τὸ γοῦν εἴδωλον ἐν Ἅιδου Ἡρακλέους—τοῦτο γὰρ καὶ

26. 55 = Plat. *Resp.* 621 c 1–2   **27.** 7 et 13 cf. Hom. λ 601–2

26. 41 τι² om. w   50 τὸ σῶμα accusatiuus   53 αὐτῆς potius
μνήμης quam ψυχῆς   55 οὗτος i.e. τὸ σῶμα   **27.** 2–3 τῆς¹—
ὅλου de anima nostra quatenus mundo sensibili afficitur   5 ἑκα-
τέραν scil. μνημονεύειν   7–8 τοῦτο—ἡμᾶς hoc enim significat : imaginem
quoque (neque tantum ψυχὴν θειοτέραν lin. 2) putari oportet 'nos'

τὸ εἴδωλον, οἶμαι, χρὴ νομίζειν ἡμᾶς—μνημονεύειν τῶν
πεπραγμένων πάντων κατὰ τὸν βίον, αὐτοῦ γὰρ μάλιστα
10 καὶ ὁ βίος ἦν. αἱ δὲ ἄλλαι τὸ συναμφότερον ⟨γενόμεναι⟩
[οὖσαι] οὐδὲν πλέον ὅμως εἶχον λέγειν· ἢ ἅ γε τοῦ βίου
τούτου, καὶ αὐταὶ [τὸ συναμφότερον γενόμεναι] ταῦτα ᾔ-
δεσαν· ἢ εἴ τι δικαιοσύνης ἐχόμενον. ὁ δὲ Ἡρακλῆς αὐτὸς
ὁ ἄνευ τοῦ εἰδώλου τί ἔλεγεν, οὐκ εἴρηται. τί οὖν ἂν εἴποι
15 ἡ ἑτέρα ψυχὴ ἀπαλλαγεῖσα μόνη; ἡ γὰρ ἐφελκομένη ὅ τι
κἂν, πάντα, ὅσα ἔπραξεν ἢ ἔπαθεν ὁ ἄνθρωπος· χρόνου δὲ
προϊόντος ἐπὶ τῷ θανάτῳ καὶ ἄλλων μνῆμαι ἂν φανεῖεν ἐκ
τῶν πρόσθεν βίων, ὥστε τινὰ τούτων καὶ ἀτιμάσασαν
ἀφεῖναι. σώματος γὰρ καθαρωτέρα γενομένη καὶ ἃ ἐνταῦ-
20 θα οὐκ εἶχεν ἐν μνήμῃ ἀναπολήσει· εἰ δ' ἐν σώματι γενο-
μένη ἄλλῳ ἐξέλθοι, ἐρεῖ μὲν τὰ τοῦ ἔξω βίου καὶ ἐρεῖ ⟨δὲ⟩
[εἶναι] ὃ ἄρτι ἀφῆκε [ἐρεῖ δὲ] καὶ πολλὰ τῶν πρόσθεν.
χρόνοις δὲ πολλῶν τῶν ἐπακτῶν ἀεὶ ἔσται ἐν λήθῃ. ἡ δὲ
δὴ μόνη γενομένη τί μνημονεύσει; ἢ πρότερον σκεπτέον
25 τίνι δυνάμει ψυχῆς τὸ μνημονεύειν παραγίνεται.

28. Ἆρά γε ᾧ αἰσθανόμεθα καὶ ᾧ μανθάνομεν; ἢ καὶ
ᾧ ἐπιθυμοῦμεν τῶν ἐπιθυμητῶν, καὶ τῶν ὀργιστῶν τῷ

---

27. 20 cf. Plat. *Phileb.* 34 b 11

27. 8 μνημονεύειν subiectum τὸ γοῦν εἴδωλον   9 αὐτοῦ scil. τοῦ
εἰδώλου   10 τὸ συναμφότερον i.e. et superior anima et imago
10 γενόμεναι (e lin. 12 huc transposuimus) : οὖσαι *Enn.*   11 πλέον
... εἶχον scil. ἢ ὁ Ἡρακλῆς   ἢ sane   ἅ γε conieci-
mus : ἅτε *Enn.*   12 τὸ συναμφότερον γενόμεναι ut correctionem
ad lin. 10 falso loco insertam deleuimus   14 ἂν om. w
15–6 ὅ τι κἂν scil. ᾖ, obiectum ad ἐφελκομένη medium   16 πάντα
scil. ἂν εἴποι   18 τούτων ad praesentem uitam spectat
20 εἰ δ' ἐν : ἐν δὲ w   20–21 εἰ—ἐξέλθοι cum quae fuerat in
alio corpore exierit   21 ἔξω scil. σώματος   21–22 δὲ (e lin. 22
huc transposuimus) : εἶναι *Enn.*   22 ἐρεῖ δὲ ut correctionem
ad lin. 21 falso loco insertam deleuimus   28. 2 ἐπιθυμητῶν et
ὀργιστῶν scil. μνημονεύομεν

θυμοειδεῖ; οὐ γὰρ ἄλλο μὲν ἀπολαύσει, φήσει τις, ἄλλο
δὲ μνημονεύσει τῶν ἐκείνου. τὸ γοῦν ἐπιθυμητικὸν ὧν
ἀπέλαυσε τούτοις κινεῖται πάλιν ὀφθέντος τοῦ ἐπιθυμητοῦ   5
δηλονότι τῇ μνήμῃ. ἐπεὶ διὰ τί οὐκ ἄλλου, ἢ οὐχ οὕτως;
τί οὖν κωλύει καὶ αἴσθησιν τῶν τοιούτων διδόναι αὐτῷ καὶ
τῷ αἰσθητικῷ τοίνυν ἐπιθυμίαν καὶ πάντα πᾶσιν ὥστε
κατὰ τὸ ἐπικρατοῦν ἕκαστον λέγεσθαι; ἢ αἴσθησιν ἄλ-
λως ἑκάστῳ· οἷον εἶδε μὲν ἡ ὅρασις, οὐ τὸ ἐπιθυμοῦν, ἐκι-   10
νήθη δὲ παρὰ τῆς αἰσθήσεως τὸ ἐπιθυμοῦν οἷον διαδόσει,
οὐχ ὥστε εἰπεῖν τὴν αἴσθησιν οἷα, ἀλλ' ὥστε ἀπαρακολου-
θήτως παθεῖν. καὶ ἐπὶ τοῦ θυμοῦ εἶδε τὸν ἀδικήσαντα, ὁ
δὲ θυμὸς ἀνέστη, οἷον εἰ ποιμένος ἰδόντος ἐπὶ ποίμνῃ
λύκον ὁ σκύλαξ τῇ ὀδμῇ ἢ τῷ κτύπῳ αὐτὸς οὐκ ἰδὼν ὄμ-   15
μασιν ὀρίνοιτο. καὶ τοίνυν ἀπέλαυσε μὲν τὸ ἐπιθυμοῦν, καὶ
ἔχει ἴχνος τοῦ γενομένου ἐντεθὲν οὐχ ὡς μνήμην, ἀλλ' ὡς
διάθεσιν καὶ πάθος· ἄλλο δὲ τὸ ἑωρακὸς τὴν ἀπόλαυσιν καὶ
παρ' αὐτοῦ ἔχον τὴν μνήμην τοῦ γεγενημένου. τεκμήριον
δὲ τὸ μὴ ἡδεῖαν εἶναι τὴν μνήμην πολλάκις ὧν μετέσχε τὸ   20
ἐπιθυμοῦν, καίτοι, εἰ ἐν αὐτῷ, ἦν ἄν.

29. Ἆρ' οὖν τῷ αἰσθητικῷ φέροντες ἀναθήσομεν τὴν
μνήμην, καὶ τὸ αὐτὸ ἡμῖν μνημονευτικὸν καὶ αἰσθητικὸν
ἔσται; ἀλλ' εἰ καὶ τὸ εἴδωλον μνημονεύσει, ὡς ἐλέγετο,

29. 3 ἐλέγετο cf. IV. 3. 27. 7–8

28. 3 φήσει τις transp. x   5 τούτοις Volkmann : τοῦτο Enn.
6 οὐκ ἄλλου i.e. οὐ κινεῖται ἄλλου ὀφθέντος   7 αὐτῷ scil. τῷ
ἐπιθυμητικῷ   8 πάντα πᾶσιν RHarder : παντάπασιν wBJUC
12–13 ad εἰπεῖν et ad παθεῖν subiectum τὸ ἐπιθυμοῦν   15 ὀδμῇ :
ὁρμῇ w   17 ἐντεθὲν APᶜxC ἐντεῦθεν A(ε et' Aⁱˢ)EU   19 παρ'
αὐτοῦ e se ipso neque e concupiscente   τεκμήριον scil. diuersi-
tatis inter memoriam et concupiscens   20 ἡδεῖαν Enn. (recte,
nam tametsi cupiditatis cuiusdam expletio iucunda est, eius me-
moria iniucunda esse potest): εἰδυῖαν Ficinus

διττὸν τὸ αἰσθητικὸν ἔσται, καὶ εἰ μὴ τὸ αἰσθητικὸν δὲ τὸ
5 μνημονευτικόν, ἀλλ' ὁτιοῦν ἄλλο, διττὸν τὸ μνημονεῦον
ἔσται. ἔτι εἰ τὸ αἰσθητικόν, καὶ τῶν μαθημάτων ἔσται
καὶ τῶν διανοημάτων τὸ αἰσθητικόν. ἢ ἄλλο γε δεῖ ἑκα-
τέρων. ἆρ' οὖν κοινὸν θέμενοι τὸ ἀντιληπτικὸν τούτῳ
δώσομεν ἀμφοῖν τὴν μνήμην; ἀλλ' εἰ μὲν ἓν καὶ ταὐτὸ
10 τὸ ἀντιλαμβανόμενον αἰσθητῶν τε καὶ νοητῶν, τάχα
ἄν τι λέγοιτο· εἰ δὲ διαιρεῖται διχῇ, οὐδὲν ἧττον δύο ἂν
εἴη. εἰ δὲ καὶ ἑκατέρᾳ τῇ ψυχῇ δώσομεν ἄμφω, τέτ-
ταρα ἂν γένοιτο. ὅλως δὲ τίς ἀνάγκη, ᾧ αἰσθανόμεθα,
τούτῳ καὶ μνημονεύειν, καὶ τῇ αὐτῇ δυνάμει γίνεσθαι
15 ἄμφω, καὶ ᾧ διανοούμεθα, τούτῳ τῶν διανοημάτων μνη-
μονεύειν; ἐπεὶ οὐδ' οἱ αὐτοὶ διανοεῖσθαι κράτιστοι καὶ
μνημονεύειν, καὶ ἐπίσης αἰσθήσει χρησάμενοι οὐκ ἐπίσης
μνημονεύουσι, καὶ εὐαισθήτως ἔχουσιν ἄλλοι, μνημονεύου-
σι δὲ ἄλλοι οὐκ ὀξέως ἐν αἰσθήσει γεγενημένοι. ἀλλὰ πά-
20 λιν αὖ, εἰ ἄλλο ἑκάτερον δεήσει εἶναι, καὶ ἄλλο μνημονεύ-
σει ὧν ἡ αἴσθησις ᾔσθετο πρότερον, κἀκεῖνο δεῖ αἰσθέσθαι
οὗπερ μελλήσει μνημονεύσειν; ἢ οὐδὲν κωλύσει τῷ μνη-
μονεύσοντι τὸ αἴσθημα φάντασμα εἶναι, καὶ τῷ φανταστι-
κῷ ἄλλῳ ὄντι τὴν μνήμην καὶ κατοχὴν ὑπάρχειν· τοῦτο
25 γάρ ἐστιν, εἰς ὃ λήγει ἡ αἴσθησις, καὶ μηκέτι οὔσης τούτῳ
πάρεστι τὸ ὅραμα. εἰ οὖν παρὰ τούτῳ τοῦ ἀπόντος ἤδη ἡ
φαντασία, μνημονεύει ἤδη, κἂν ἐπ' ὀλίγον παρῇ. ᾧ δὴ εἰ
μὲν ἐπ' ὀλίγον παραμένοι, ὀλίγη ἡ μνήμη, ἐπὶ πολὺ δέ,
μᾶλλον μνημονικοὶ τῆς δυνάμεως ταύτης οὔσης ἰσχυρο-

---

29. 6 τὸ αἰσθητικόν scil. ἐστι τὸ μνημονευτικόν　　7 δεῖ : δὴ w
7–8 ἑκατέρων i.e. αἰσθητῶν τε καὶ νοητῶν　　14 τούτῳ wJC :
τοῦτο BRUᵃᶜ(' et ω Uˢ)　　20 αὖ εἰ xU : εἰ αὖ εἰ w : αὖ εἰς C
21 αἰσθέσθαι : αἰσθήσεσθαι w　　25 οὔσης scil. τῆς αἰσθήσεως
26 τοῦτο w　　27 ἐπ'—εἰ om. w

τέρας, ὡς μὴ ῥᾳδίως τρεπομένης ἐφεῖσθαι ἀποσεισθεῖσαν 30
τὴν μνήμην. τοῦ φανταστικοῦ ἄρα ἡ μνήμη, καὶ τὸ
μνημονεύειν τῶν τοιούτων ἔσται. διαφόρως δ᾽ ἔχειν πρὸς
μνήμας φήσομεν ἢ ταῖς δυνάμεσιν αὐτῆς διαφόρως ἐχού-
σαις ἢ ταῖς προσέξεσιν ἢ μή, ἢ καὶ σωματικαῖς κράσεσιν
ἐνούσαις καὶ μή, καὶ ἀλλοιούσαις καὶ μή, καὶ οἷον θορυ- 35
βούσαις. ἀλλὰ ταῦτα μὲν ἑτέρωθι.

30. Τὸ δὲ τῶν διανοήσεων τί; ἀρά γε καὶ τούτων τὸ
φανταστικόν; ἀλλ᾽ εἰ μὲν πάσῃ νοήσει παρακολουθεῖ
φαντασία, τάχα ἂν ταύτης τῆς φαντασίας, οἷον εἰκόνος
οὔσης τοῦ διανοήματος, μενούσης οὕτως ἂν εἴη τοῦ
γνωσθέντος ἡ μνήμη· εἰ δὲ μή, ἄλλο τι ζητητέον. ἴσως δ᾽ 5
ἂν εἴη τοῦ λόγου τοῦ τῷ νοήματι παρακολουθοῦντος ἡ
παραδοχὴ εἰς τὸ φανταστικόν. τὸ μὲν γὰρ νόημα ἀμερὲς
καὶ οὔπω οἷον προεληλυθὸς εἰς τὸ ἔξω ἔνδον ὂν λανθάνει,
ὁ δὲ λόγος ἀναπτύξας καὶ ἐπάγων ἐκ τοῦ νοήματος εἰς τὸ
φανταστικὸν ἔδειξε τὸ νόημα οἷον ἐν κατόπτρῳ, καὶ ἡ 10
ἀντίληψις αὐτοῦ οὕτω καὶ ἡ μονὴ καὶ ἡ μνήμη. διὸ καὶ
ἀεὶ κινουμένης πρὸς νόησιν τῆς ψυχῆς, ὅταν ἐν τούτῳ
γένηται, ἡμῖν ἡ ἀντίληψις. ἄλλο γὰρ ἡ νόησις, καὶ ἄλλο
ἡ τῆς νοήσεως ἀντίληψις, καὶ νοοῦμεν μὲν ἀεί, ἀντιλαμ-
βανόμεθα δὲ οὐκ ἀεί· τοῦτο δέ, ὅτι τὸ δεχόμενον οὐ μόνον 15
δέχεται νοήσεις, ἀλλὰ καὶ αἰσθήσεις κατὰ θάτερα.

31. Ἀλλ᾽ εἰ τοῦ φανταστικοῦ ἡ μνήμη, ἑκατέρα δὲ ἡ

---

29. 36 cf. IV. 6. 3   **30.** 2–3 cf. Aristot. *De mem.* 1. 449ᵇ31

29. 30–31 ὡς—μνήμην ita ut non facile commutata ui laxetur ex-
cussa memoria   30 τρεπομένης scil. τῆς δυνάμεως   ἐφεῖσθαι
(passiuum): ἀφεῖσθαι Creuzer   33 αὐτῆς scil. τῆς φαντασίας
34 προσέξεσιν RJU : πράξεσιν wBC   **30.** 12 τούτῳ scil. τῷ φαν-
ταστικῷ   **31.** 1 ἑκατέρα Creuzer : ἑκάτερα Enn. fortasse recte,
scil. αἰσθητά τε καὶ νοητά (cf. IV. 3. 29. 10)

ψυχὴ μνημονεύειν εἴρηται, δύο τὰ φανταστικά. χωρὶς μὲν
οὖν οὖσαι ἐχέτωσαν ἑκάτερα, ἐν δὲ τῷ αὐτῷ παρ' ἡμῖν
πῶς τὰ δύο καὶ τίνι αὐτῶν ἐγγίνεται; εἰ μὲν γὰρ ἀμφο-
5 τέροις, διτταὶ ἀεὶ αἱ φαντασίαι· οὐ γὰρ δὴ τὸ μὲν τῆς
ἑτέρας τῶν νοητῶν, τὸ δὲ τῶν αἰσθητῶν· οὕτω γὰρ ἂν
παντάπασι δύο ζῷα οὐδὲν ἔχοντα κοινὸν πρὸς ἄλληλα
ἔσται. εἰ οὖν ἀμφοτέραις, τίς ἡ διαφορά; εἶτα πῶς οὐ
γινώσκομεν; ἢ ὅταν μὲν συμφωνῇ ἡ ἑτέρα τῇ ἑτέρᾳ, οὐκ
10 ὄντων οὐδὲ χωρὶς τῶν φανταστικῶν, κρατοῦντός τε τοῦ
τῆς κρείττονος, ἓν τὸ φάντασμα γίνεται, οἷον παρακο-
λουθούσης σκιᾶς τῷ ἑτέρῳ, καὶ ὑποτρέχοντος οἷον σμικροῦ
φωτὸς μείζονι· ὅταν δὲ μάχη ᾖ καὶ διαφωνία, ἐκφανὴς ἐφ'
αὑτῆς καὶ ἡ ἑτέρα γίνεται, λανθάνει δὲ ⟨ὅ τι⟩ ἐν ἑτέρῳ.
15 [ὅτι] καὶ ὅλως τὸ διττὸν τῶν ψυχῶν λανθάνει· εἰς ἓν γὰρ
ἦλθον ἄμφω καὶ ἐποχεῖται ἡ ἑτέρα. ἑώρα οὖν ἡ ἑτέρα
πάντα καὶ τὰ μὲν ἔχει ἐξελθοῦσα, τὰ δ' ἀφίησι τῶν τῆς
ἑτέρας· οἷον ἑταίρων ὁμιλίας φαυλοτέρων λαβόντες ποτὲ
ἄλλους ἀλλαξάμενοι ὀλίγα τῶν ἐκείνων μεμνήμεθα, χρη-
20 στοτέρων δὲ γεγενημένων πλείω.

32. Τί δὲ δὴ φίλων καὶ παίδων καὶ γυναικός; πατρίδος
δὲ καὶ τῶν ὧν ἂν καὶ ἀστεῖος οὐκ ἄτοπος μνημονεύων;
ἢ τὸ μὲν μετὰ πάθους ἑκάστου, ὁ δὲ ἀπαθῶς ἂν τὰς
μνήμας τούτων ἔχοι· τὸ γὰρ πάθος ἴσως καὶ ἐξ ἀρχῆς ἐν

---

31. 2 εἴρηται cf. IV. 3. 27. 3

31. 3 ἑκάτερα scil. τὰ φανταστικά   4 αὐτῶν i.e. τῶν φαντα-
στικῶν   ἐγγίνεται subiectum ἡ μνήμη   4–5 ἀμφοτέροις scil.
τοῖς φανταστικοῖς   5–6 τῆς ἑτέρας scil. ψυχῆς   8 ἀμφοτέραις
scil. ταῖς ψυχαῖς   10 τε : δὲ w   14–15 ὅ τι e lin. 15 huc
transposuimus   14 ἑτέρῳ neutrum pro feminino   16 ἀποχεῖ-
ται w   18 ἑταίρων CpcCreuzer (sodalibus Ficinus): ἑτέρων
wxCac : ἑκατέρων U   32. 1 δὴ RJUC : δεῖ wB   3 τὸ μὲν i.e.
pars deterior   ἑκάστου (secernendum a πάθους) scil. μνημονεύει

ἐκείνῳ καὶ τὰ ἀστεῖα τῶν παθῶν τῇ σπουδαίᾳ, καθόσον 5
τῇ ἑτέρᾳ τι ἐκοίνωσε. πρέπει δὲ τὴν μὲν χείρονα καὶ τῶν
τῆς ἑτέρας ἐνεργημάτων ἐφίεσθαι τῆς μνήμης καὶ μάλιστα,
ὅταν ἀστεία ᾖ καὶ αὐτή· γένοιτο γὰρ ἄν τις καὶ ἐξ ἀρχῆς
ἀμείνων καὶ τῇ παιδεύσει τῇ παρὰ τῆς κρείττονος. τὴν
δὲ δεῖ ἀσμένως λήθην ἔχειν τῶν παρὰ τῆς χείρονος. εἴη 10
γὰρ ἂν καὶ σπουδαίας οὔσης τῆς ἑτέρας τὴν ἑτέραν τὴν
φύσιν χείρονα εἶναι κατεχομένην ὑπὸ τῆς ἑτέρας βίᾳ. ὅσῳ
δὴ σπεύδει πρὸς τὸ ἄνω, πλειόνων αὐτῇ ἡ λήθη, εἰ μή που
πᾶς ὁ βίος αὐτῇ καὶ ἐνταῦθα τοιοῦτος οἷος μόνων τῶν
κρειττόνων εἶναι τὰς μνήμας· ἐπεὶ καὶ ἐνταῦθα καλῶς τὸ 15
ἐξιστάμενον τῶν ἀνθρωπείων σπουδασμάτων.
ἀνάγκη οὖν καὶ τῶν μνημονευμάτων· ὥστε ἐπιλήσμονα
ἄν τις λέγων τὴν ἀγαθὴν ὀρθῶς ἂν λέγοι τρόπῳ τοιούτῳ.
ἐπεὶ καὶ φεύγει ἐκ τῶν πολλῶν, καὶ τὰ πολλὰ εἰς ἓν
συνάγει τὸ ἄπειρον ἀφιείς. οὕτω γὰρ καὶ οὐ μετὰ πολλῶν, 20
ἀλλὰ ἐλαφρὰ καὶ δι' αὑτῆς· ἐπεὶ καὶ ἐνταῦθα, ὅταν ἐκεῖ
ἐθέλῃ εἶναι, ἔτι οὖσα ἐνταῦθα ἀφίησι πάντα ὅσα ἄλλα·
ὀλίγα τοίνυν κἀκεῖ. τὰ ἐντεῦθεν· καὶ ἐν οὐρανῷ οὖσα
πλείω. καὶ εἴποι ἂν ὁ Ἡρακλῆς ἐκεῖνος ἀνδραγαθίας
ἑαυτοῦ, ὁ δὲ καὶ ταῦτα σμικρὰ ἡγούμενος καὶ μετατεθεὶς 25
εἰς ἁγιώτερον τόπον καὶ ἐν τῷ νοητῷ γεγενημένος καὶ ὑπὲρ
τὸν Ἡρακλέα ἰσχύσας τοῖς ἄθλοις, οἷα ἀθλεύουσι σοφοί,

32. 16 = Plat. *Phaedr.* 249 c 8–d1   24 cf. IV. 3. 27. 7

---

32. 5 ἐκείνῳ idem atque 3 ὁ δὲ   6 ἐκοίνωσε ApcRJUC: ἐκοινώ-
νησε Aac(νη exp.)EB   10 δεῖ: δὴ w   ἔχειν C: ἔχειν ἐθέλειν
(alterum alterius correctio in archetypo) BRU: ἐθέλειν ἔχειν J:
ἔχειν ἐλθεῖν w   16 ἀνθρωπίνων w   20 ἀφιείς (scil. ὁ
ἄνθρωπος): ἀφιεῖσα Kirchhoff   24 πλείω scil. ἀφίησιν   25 με-
τατεθεὶς RJUC: μετατιθεὶς w: μεταθεὶς B   27 continuatur
sententia in IV. 4. 1. 1

IV 4 (28)

ΠΕΡΙ ΨΥΧΗΣ ΑΠΟΡΙΩΝ ΔΕΥΤΕΡΟΝ

1. τί οὖν ἐρεῖ; καὶ τίνων τὴν μνήμην ἕξει ψυχὴ ἐν τῷ
νοητῷ καὶ ἐπὶ τῆς οὐσίας ἐκείνης γενομένη; ἢ ἀκόλουθον
εἰπεῖν ἐκεῖνα θεωρεῖν καὶ περὶ ἐκεῖνα ἐνεργεῖν, ἐν οἷς
ἔστιν, ἢ μηδὲ ἐκεῖ εἶναι. τῶν οὖν ἐνταῦθα οὐδέν, οἷον ὅτι
5 ἐφιλοσόφησε, καὶ δὴ καὶ ὅτι ἐνταῦθα οὖσα ἐθεᾶτο τὰ
ἐκεῖ; ἀλλ' εἰ μὴ ἔστιν, ὅτε τις ἐπιβάλλει τινὶ τῇ νοήσει,
ἄλλο τι ποιεῖν ἢ νοεῖν κἀκεῖνο θεωρεῖν—καὶ ἐν τῇ νοήσει
οὐκ ἔστιν ἐμπεριεχόμενον τὸ "ἐνενοήκειν", ἀλλ' ὕστερον ἄν
τις τοῦτ', εἰ ἔτυχεν, εἴποι, τοῦτο δὲ ἤδη μεταβάλλοντος—
10 οὐκ ἂν εἴη ἐν τῷ νοητῷ καθαρῶς ὄντα μνήμην ἔχειν
τῶν τῇδέ ποτε αὐτῷ τινι γεγενημένων. εἰ δὲ καί, ὥσπερ
δοκεῖ, ἄχρονος πᾶσα νόησις, ἐν αἰῶνι, ἀλλ' οὐκ ἐν χρό-
νῳ ὄντων τῶν ἐκεῖ, ἀδύνατον μνήμην εἶναι ἐκεῖ οὐχ
ὅτι τῶν ἐνταῦθα, ἀλλὰ καὶ ὅλως ὁτουοῦν. ἀλλὰ ἔστιν
15 ἕκαστον παρόν· ἐπεὶ οὐδὲ διέξοδος οὐδὲ μετάβασις ἀφ'
ἑτέρου ἐπ' ἄλλο. τί οὖν; οὐκ ἔσται διαίρεσις ἄνωθεν εἰς
εἴδη, ἢ κάτωθεν ἐπὶ τὸ καθόλου καὶ τὸ ἄνω; τῷ μὲν γὰρ
νῷ μὴ ἔστω ἐνεργείᾳ ὁμοῦ ὄντι, τῇ δὲ ψυχῇ ἐκεῖ οὖ-

Enn. = w(= AE) x(= BRJ) UC; accedunt z(= QL) inde ab **30.** 5
et *w*(= *AE*) **31.** 28–**34.** 2

Tit. περὶ ψυχῆς ἀποριῶν δεύτερον: περὶ ψυχῆς ἀποριῶν w : περὶ ψυχῆς
δεύτερον Vita 5. 22; cf. Scholion ad IV. 4. 29. 55   **1.** 1 initium
sententiae in IV. 3. 32. 24   4 οὐδέν scil. μνημονεύει   8–9 ἄν
τις : τις ἂν w   12 νόησις xC : ἡ νόησις A^{ac}(ἡ exp.)EU   13 εἶ-
ναι : εἶναι τῶν x   17 τῷ: τὸ w   18 νῷ Kleist, testatur
Theologia : ἄνω Enn.

ση διὰ τί οὐκ ἔσται; τί οὖν κωλύει καὶ ταύτην τὴν
ἐπιβολὴν ἀθρόαν ἀθρόων γίγνεσθαι; ἆρ' οὖν ὡς τινος ὁ- 20
μοῦ; ἢ ὡς πολλῶν ὁμοῦ πάσας νοήσεις. τοῦ γὰρ θεάμα-
τος ὄντος ποικίλου ποικίλην καὶ πολλὴν τὴν νόησιν ἅμα
γίγνεσθαι καὶ πολλὰς τὰς νοήσεις, οἷον αἰσθήσεις πολλὰς
προσώπου ὀφθαλμῶν ἅμα ὁρωμένων καὶ ῥινὸς καὶ τῶν
ἄλλων. ἀλλ' ὅταν ἕν τι διαιρῇ καὶ ἀναπτύσσῃ; ἢ ἐν τῷ 25
νῷ διῄρηται· καὶ τὸ τοιοῦτον οἷον ἐναπέρεισις μᾶλλον. τὸ
δὲ πρότερον καὶ τὸ ὕστερον ἐν τοῖς εἴδεσιν οὐ χρόνῳ ὂν
οὐδὲ τὴν νόησιν τοῦ προτέρου καὶ ὑστέρου χρόνῳ ποιήσει·
ἔστι γὰρ καὶ τάξει, οἱονεὶ φυτοῦ ἡ τάξις ἐκ ῥιζῶν ἀρξα-
μένη ἕως εἰς τὸ ἄνω τῷ θεωμένῳ οὐκ ἔχει ἄλλως ἢ τάξει 30
τὸ πρότερον καὶ τὸ ὕστερον ἅμα τὸ πᾶν θεωμένῳ. ἀλλ'
ὅταν εἰς ἓν βλέπῃ, εἶτα πολλὰ καὶ πάντα ἔχῃ, πῶς τὸ μὲν
πρῶτον ἔσχε, τὸ δὲ ἐφεξῆς; ἢ ἡ δύναμις ἡ μία οὕτως ἦν
μία, ὡς πολλὰ ἐν ἄλλῳ, καὶ οὐ κατὰ μίαν νόησιν πάντα. αἱ
γὰρ ἐνέργειαι [οὐ] καθ' ἕνα, ἀλλ' ἀεὶ πᾶσαι δυνάμει ἑστώ- 35
σῃ· ἐν δὲ τοῖς ἄλλοις † γινομένων. ἤδη γὰρ ἐκεῖνο ὡς μὴ
ἓν ὂν δυνηθῆναι τὴν τῶν πολλῶν ἐν αὑτῷ φύσιν δέξασθαι
πρότερον οὐκ ὄντων.

2. Ἀλλὰ ταῦτα μὲν ταύτῃ. ἑαυτοῦ δὲ πῶς; ἢ οὐδὲ
ἑαυτοῦ ἕξει τὴν μνήμην, οὐδ' ὅτι αὐτὸς ὁ θεωρῶν, οἷον
Σωκράτης, ἢ ὅτι νοῦς ἢ ψυχή. πρὸς δὴ ταῦτά τις
ἀναμνησθήτω, ὡς ὅταν καὶ ἐνταῦθα θεωρῇ καὶ μάλιστα
ἐναργῶς, οὐκ ἐπιστρέφει πρὸς ἑαυτὸν τότε τῇ νοήσει, 5
ἀλλ' ἔχει μὲν ἑαυτόν, ἡ δὲ ἐνέργεια πρὸς ἐκεῖνο, κἀκεῖνο

---

1. 19 διὰ τί : διότι w   24 ὀφθαλμῶν Cᵖᶜ (oculos Ficinus):
ὀφθαλμῷ wxUC (ν infra lin. C²)   31 τὸ³ : τῷ w   32 ἔχῃ
xUC : ἔχει w   33 τὸ xUC : τὰ w   35 οὐ del. Theiler, testatur
Theologia   ἕνα pluralis, cf. VI.6.16.19   πάσῃ w
35-36 ἑστῶσαι x   36 locus nondum sanatus

γίνεται οἷον ὕλην ἑαυτὸν παρασχών, εἰδοποιούμενος δὲ
κατὰ τὸ ὁρώμενον καὶ δυνάμει ὢν τότε αὐτός. τότε οὖν
αὐτός τί ἐστιν ἐνεργείᾳ, ὅταν μηδὲν νοῇ; ἤ, εἰ μὲν αὐτός,
10 κενός ἐστι παντός, ὅταν μηδὲν νοῇ. εἰ δέ ἐστιν αὐτὸς τοιοῦ-
τος οἷος πάντα εἶναι, ὅταν αὐτὸν νοῇ, πάντα ὁμοῦ νοεῖ·
ὥστε τῇ μὲν εἰς ἑαυτὸν ὁ τοιοῦτος ἐπιβολῇ καὶ ἐνεργείᾳ
ἑαυτὸν ὁρῶν τὰ πάντα ἐμπεριεχόμενα ἔχει, τῇ δὲ πρὸς τὰ
πάντα ἐμπεριεχόμενον ἑαυτόν. ἀλλ' εἰ οὕτω ποιεῖ, μετα-
15 βάλλει τὰς νοήσεις, ὃ πρότερον αὐτοὶ οὐκ ἠξιοῦμεν. ἢ λεκ-
τέον ἐπὶ μὲν τοῦ νοῦ τὸ ὡσαύτως ἔχειν, ἐπὶ δὲ τῆς ψυχῆς
ἐν οἷον ἐσχάτοις τοῦ νοητοῦ κειμένης γίνεσθαι τοῦτο δυνα-
τὸν εἶναι, ἐπεὶ καὶ προσχωρεῖν εἴσω; εἰ γάρ τι περὶ τὸ
μένον γίνεται, δεῖ αὐτὸ παραλλαγὴν πρὸς τὸ μένον ἔχειν
20 μὴ ὁμοίως μένον. ἢ οὐδὲ μεταβολὴν λεκτέον γίνεσθαι, ὅ-
ταν ἀπὸ τῶν ἑαυτοῦ ἐφ' ἑαυτόν, καὶ ὅταν ἀφ' ἑαυτοῦ ἐπὶ
τὰ ἄλλα· πάντα γὰρ αὐτός ἐστι καὶ ἄμφω ἕν. ἀλλ' ἡ ψυχὴ
ἐν τῷ νοητῷ οὖσα τοῦτο πάσχει τὸ ἄλλο καὶ ἄλλο πρὸς αὐ-
τὴν καὶ τὰ ἐν αὐτῇ; ἢ καθαρῶς ἐν τῷ νοητῷ οὖσα ἔχει τὸ
25 ἀμετάβλητον καὶ αὐτή. καὶ γὰρ αὐτή ἐστιν ἅ ἐστιν· ἐπεὶ
καὶ ὅταν ἐν ἐκείνῳ ᾖ τῷ τόπῳ, εἰς ἕνωσιν ἐλθεῖν τῷ νῷ
ἀνάγκη, εἴπερ ἐπεστράφη· στραφεῖσα γὰρ οὐδὲν μεταξὺ
ἔχει, εἴς τε νοῦν ἐλθοῦσα ἥρμοσται, καὶ ἁρμοσθεῖσα
ἥνωται οὐκ ἀπολλυμένη, ἀλλ' ἕν ἐστιν ἄμφω καὶ δύο.
30 οὕτως οὖν ἔχουσα οὐκ ἂν μεταβάλλοι, ἀλλὰ ἔχοι ἂν
ἀτρέπτως πρὸς νόησιν ὁμοῦ ἔχουσα τὴν συναίσθησιν αὐτῆς,
ὡς ἓν ἅμα τῷ νοητῷ ταὐτὸν γενομένη.

3. Ἐξελθοῦσα δὲ ἐκεῖθεν καὶ οὐκ ἀνασχομένη τὸ ἕν,

2. 15 πρότερον cf. IV. 4. 1. 15–16

2. 9 τί (aliquo modo) xUC : τε τί w : del. Kirchhoff　　ἤ sane
9–10 ἤ—νοῇ om. BUC　　10 ὅταν—νοῇ del. Müller

τὸ δὲ αὐτῆς ἀσπασαμένη καὶ ἕτερον ἐθελήσασα εἶναι καὶ
οἷον προκύψασα, μνήμην, ὡς ἔοικεν, ἐφεξῆς λαμβάνει.
μνήμη δὲ ἡ μὲν τῶν ἐκεῖ ἔτι κατέχει μὴ πεσεῖν, ἡ δὲ τῶν
ἐνταῦθα ὡδὶ φέρει, ἡ δὲ τῶν ἐν οὐρανῷ ἐκεῖ κατέχει, καὶ   5
ὅλως, οὗ μνημονεύει, ἐκεῖνό ἐστι καὶ γίνεται. ἦν γὰρ τὸ
μνημονεύειν ἢ νοεῖν ἢ φαντάζεσθαι, ἡ δὲ φαντασία αὐτῇ
οὐ τῷ ἔχειν, ἀλλ' οἷα ὁρᾷ, καὶ [οἷα] διάκειται· κἂν τὰ
αἰσθητὰ ἴδῃ, ὁπόσον αὐτῶν ἂν ἴδῃ, τοσοῦτον ἔχει τὸ βά-
θος. ὅτι γὰρ ἔχει πάντα δευτέρως καὶ οὐχ οὕτω τελείως,   10
πάντα γίνεται, καὶ μεθόριον οὖσα καὶ ἐν τοιούτῳ κειμένη
ἐπ' ἄμφω φέρεται.

4. Ἐκεῖ μὲν οὖν καὶ τἀγαθὸν διὰ νοῦ ὁρᾷ, οὐ γὰρ
στέγεται ἐκεῖνο, ὥστε μὴ διελθεῖν εἰς αὐτήν· ἐπεὶ μὴ
σῶμα τὸ μεταξὺ ὥστε ἐμποδίζειν· καίτοι καὶ σωμάτων
μεταξὺ πολλαχῇ εἰς τὰ τρίτα ἀπὸ τῶν πρώτων ἡ
ἄφιξις. εἰ δὲ πρὸς τὰ κάτω δοίη αὐτήν, ἀναλόγως τῇ   5
μνήμῃ καὶ τῇ φαντασίᾳ ἔχει ὃ ἠθέλησε. διὸ ἡ μνήμη, καὶ
ὅταν τῶν ἀρίστων ᾖ, οὐκ ἄριστον. δεῖ δὲ τὴν μνήμην
λαμβάνειν οὐ μόνον ἐν τῷ οἷον αἰσθάνεσθαι ὅτι μνημονεύει,
ἀλλὰ καὶ ὅταν διακέηται κατὰ τὰ πρόσθεν παθήματα ἢ
θεάματα. γένοιτο γὰρ ἄν, καὶ μὴ παρακολουθοῦντα ὅτι   10
ἔχει, ἔχειν παρ' αὐτῷ ἰσχυροτέρως ἢ εἰ εἰδείη. εἰδὼς μὲν
γὰρ τάχα ἂν ὡς ἄλλο ἔχοι ἄλλος αὐτὸς ὤν, ἀγνοῶν δὲ ὅτι
ἔχει κινδυνεύει εἶναι ὃ ἔχει· ὃ δὴ πάθημα μᾶλλον πεσεῖν

3. 6–7 cf. IV. 3. 29. 31

---

3. 3 ἐφεξῆς xUC : ἑαυτῆς w   4 κατέχειν w   7 αὐτῇ (scil.
τῇ ψυχῇ) Kirchhoff : αὐτὴ xUC : αὕτη w   8 οἷα² del. Beutler
10 καὶ del. Kirchhoff   **4.** 3–4 σωμάτων μεταξὺ inter corpora
interposita   4 τρίτα Creuzer : τρία Enn.   11 αὐτὸ w
11 εἰ A¹ˢRJUC : om. wB   12 ὡς Kirchhoff (tamquam Ficinus) :
εἰς wxC : ἐν U   13 πεσεῖν A¹ˢxUC : παθεῖν w

ποιεῖ τὴν ψυχήν. ἀλλ' εἰ ἀφισταμένη τοῦ ἐκεῖ τόπου
15 ἀναφέρει τὰς μνήμας ὁπωσοῦν, εἶχε κἀκεῖ. ἢ δυνάμει· ἡ
δὲ ἐνέργεια ἐκείνων ἠφάνιζε τὴν μνήμην. οὐ γὰρ ὡς
κείμενοι ἦσαν τύποι, ἵνα ἂν ᾖ ἴσως ἄτοπον τὸ συμβαῖνον,
ἀλλ' ἡ δύναμις ἦν ἡ ἀφεθεῖσα ὕστερον εἰς ἐνέργειαν.
παυσαμένης οὖν τῆς ἐν τῷ νοητῷ ἐνεργείας, εἶδεν ἃ
20 πρότερον ἡ ψυχή, πρὶν ἐκεῖ γενέσθαι, ἰδοῦσα ἦν.

5. Τί οὖν; κἀκεῖνα νῦν αὐτὴ ἡ δύναμις, καθ' ἣν τὸ
μνημονεύειν, εἰς ἐνέργειαν ἄγει; ἢ εἰ μὲν μὴ αὐτὰ ἑω-
ρῶμεν, μνήμῃ, εἰ δ' αὐτά, ᾧ κἀκεῖ ἑωρῶμεν. ἐγείρεται
γὰρ τοῦτο οἷς ἐγείρεται, καὶ τοῦτό ἐστι τὸ ὁρῶν περὶ τῶν
5 εἰρημένων. οὐ γὰρ εἰκασίᾳ δεῖ χρώμενον ἀποφαίνεσθαι
οὐδὲ συλλογισμῷ τὰς ἀρχὰς ἄλλοθεν εἰληφότι, ἀλλ' ἔστι
περὶ τῶν νοητῶν, ὡς λέγεται, καὶ ἐνθάδε οὖσι τῷ αὐτῷ
λέγειν, ὃ δύναμιν ἔχει τἀκεῖ θεωρεῖν. ταὐτὸ γὰρ οἷον
ἐγείραντας δεῖ ὁρᾶν τἀκεῖ, ὥστε καὶ ἐγεῖραι ἐκεῖ· οἷον εἴ
10 τις ἀνάγων αὐτοῦ τὸν ὀφθαλμὸν ἐπί τινος ὑψηλῆς σκοπιᾶς
ὁρῴη ἃ μηδεὶς τῶν οὐ σὺν αὐτῷ ἀναβεβηκότων. ἡ τοίνυν
μνήμη ἐκ τοῦ λόγου φαίνεται ἄρχεσθαι ἀπ' οὐρανοῦ, ἤδη
τῆς ψυχῆς τοὺς ἐκεῖ τόπους καταλειπούσης. ἐντεῦθεν μὲν
οὖν ἐν οὐρανῷ γενομένη καὶ στᾶσα θαυμαστὸν οὐδέν, εἰ
15 τῶν ἐνθάδε μνήμην πολλῶν ἔχοι οἵων εἴρηται, καὶ
ἐπιγινώσκειν πολλὰς τῶν πρότερον ἐγνωσμένων, εἴπερ καὶ
σώματα ἔχειν περὶ αὐτὰς ἀνάγκη ἐν σχήμασιν ὁμοίοις.
καὶ εἰ τὰ σχήματα δὲ ἀλλάξαιντο σφαιροειδῆ ποιησάμε-
ναι, ἆρα διὰ τῶν ἠθῶν καὶ τῆς τῶν τρόπων ἰδιότητος

5. 15 εἴρηται cf. IV. 3. 27. 15–18   18 cf. Aristides Quint. De
musica 2. 17, p. 104 Meibom = p. 87. 21–3 Winnington - Ingram

4. 15 ἢ δυνάμει Gollwitzer : ἡ δύναμις Enn.   5. 7 οὖσι τῷ
αὐτῷ : οὔσῃ τὸ αὐτὸ w   8 λέγειν Creuzer (dicere Ficinus): λέγε-
ται Enn.   11 μηδεὶς : μὴ οὐδεὶς w   ἡ : εἰ w

γνωρίζοιεν; οὐ γὰρ ἄτοπον. τὰ μὲν γὰρ πάθη ἔστωσαν 20
ἀποθέμεναι, τὰ δ᾽ ἤθη οὐ κωλύεται μένειν. εἰ δὲ καὶ
διαλέγεσθαι δύναιντο, καὶ οὕτως ἂν γνωρίζοιεν. ἀλλ᾽ ὅταν
ἐκ τοῦ νοητοῦ κατέλθωσι, πῶς; ἢ ἀνακινήσουσι τὴν
μνήμην, ἐλαττόνως μέντοι ἢ ἐκεῖναι, τῶν αὐτῶν· ἄλλα τε
γὰρ ἕξουσι μνημονεύειν, καὶ χρόνος πλείων λήθην παντελῆ 25
πολλῶν πεποιηκὼς ἔσται. ἀλλ᾽ εἰ τραπεῖσαι εἰς τὸν αἰ-
σθητὸν κόσμον εἰς γένεσιν τῇδε πεσοῦνται, ποῖος τρόπος
ἔσται τοῦ μνημονεύειν; ἢ οὐκ ἀνάγκη εἰς πᾶν βάθος
πεσεῖν. ἔστι γὰρ κινηθείσας καὶ στῆναι ἐπί τι προελ-
θούσας καὶ οὐδὲν δὲ κωλύει πάλιν ἐκδῦναι, πρὶν γενέσεως 30
ἐλθεῖν ἐπ᾽ ἔσχατον τόπον.

6. Τὰς μὲν οὖν μετιούσας καὶ μεταβαλλούσας [τὰς ψυ-
χὰς] ἔχοι ἄν τις εἰπεῖν ὅτι καὶ μνημονεύσουσι· τῶν γὰρ γε-
γενημένων καὶ παρεληλυθότων ἡ μνήμη· αἷς δὲ ἐν τῷ αὐτῷ
ὑπάρχει μένειν, τίνων ἂν αὗται μνημονεύοιεν; ἄστρων δὲ
περὶ ψυχῆς τῶν γε ἄλλων ἁπάντων καὶ δὴ καὶ περὶ ἡλίου 5
καὶ σελήνης ἐπιζητεῖ ὁ λόγος τὰς μνήμας, καὶ τελευτῶν
εἰσι καὶ ἐπὶ τὴν τοῦ παντὸς ψυχήν, καὶ ἐπιτολμήσει καὶ
τοῦ Διὸς αὐτοῦ τὰς μνήμας πολυπραγμονεῖν. ταῦτα δὲ
ζητῶν καὶ τὰς διανοίας αὐτῶν καὶ τοὺς λογισμοὺς τίνες
εἰσὶ θεωρήσει, εἴπερ εἰσίν. εἰ οὖν μήτε ζητοῦσι μήτε 10
ἀποροῦσιν—οὐδενὸς γὰρ δέονται, οὐδὲ μανθάνουσιν, ἃ
πρότερον οὐκ ἦν αὐτοῖς ἐν γνώσει—τίνες ἂν λογισμοὶ ἢ
τίνες συλλογισμοὶ αὐτοῖς γίγνοιντο ἢ διανοήσεις; ἀλλ᾽ οὐ-
δὲ περὶ τῶν ἀνθρωπίνων αὐτοῖς ἐπίνοιαι καὶ μηχαναί, ἐξ
ὧν διοικήσουσι τὰ ἡμέτερα ἢ ὅλως τὰ τῆς γῆς· ἄλλος γὰρ 15

---

5. 23 ἀνακινήσωσι w   27 τρόπος Kleist : χρόνος Enn.   6. 1 τὰς
ψυχὰς del. Kirchhoff   2 μνημονεύσουσι ApcU : μνημονεύουσι
A (σ A¹ˢ)ExC

τρόπος τῆς εἰς τὸ πᾶν παρ' αὐτῶν εὐθημοσύνης.

7. Τί οὖν; ὅτι τὸ θεὸν εἶδον οὐ μνημονεύουσιν; ἢ
ἀεὶ ὁρῶσιν. ἕως δ' ἂν ὁρῶσιν, οὐκ ἔνι δήπου φάναι αὐτοῖς
ἑωρακέναι· παυσαμένων γὰρ τοῦτο ἂν πάθος εἴη. τί δέ;
οὐδ' ὅτι περιῆλθον χθὲς τὴν γῆν καὶ [τὸ] πέρυσιν, οὐδ'
5 ὅτι ἔζων χθὲς καὶ πάλαι καὶ ἐξ οὗ ζῶσιν; ἢ ζῶσιν ἀεί·
τὸ δὲ ἀεὶ ταὐτὸν ἔν. τὸ δὲ χθὲς τῆς φορᾶς καὶ τὸ πέρυσι
τοιοῦτον ἂν εἴη, οἷον ἂν εἴ τις τὴν ὁρμὴν τὴν κατὰ πόδα
ἕνα γενομένην μερίζοι εἰς πολλά, καὶ ἄλλην καὶ ἄλλην καὶ
πολλὰς ποιοῖ τὴν μίαν. καὶ γὰρ ἐνταῦθα μία φορά, παρὰ
10 δὲ ἡμῖν μετροῦνται πολλαὶ καὶ ἡμέραι ἄλλαι, ὅτι καὶ
νύκτες διαλαμβάνουσιν. ἐκεῖ δὲ μιᾶς οὔσης ἡμέρας πῶς
πολλαί; ὥστε οὐδὲ τὸ πέρυσιν. ἀλλὰ τὸ διάστημα οὐ
ταὐτόν, ἀλλ' ἄλλο, καὶ τὸ ζῳδίου τμῆμα ἄλλο. διὰ τί οὖν
οὐκ ἐρεῖ "παρῆλθον τόδε, νῦν δὲ ἐν ἄλλῳ εἰμί"; εἰ δὲ
15 καὶ ἐφορᾷ τὰ ἀνθρώπων, πῶς οὐ καὶ τὰς μεταβολὰς τὰς
περὶ αὐτούς, καὶ ὅτι νῦν ἄλλοι; εἰ δὲ τοῦτο, καὶ ὅτι πρό-
τερον ἕτεροι καὶ ἕτερα· ὥστε καὶ μνήμη.

8. Ἢ οὐκ ἀνάγκη οὔτε ὅσα τις θεωρεῖ ἐν μνήμῃ
τίθεσθαι, οὔτε τῶν πάντῃ κατὰ συμβεβηκὸς ἐπακολου-
θούντων ἐν φαντασίᾳ γίγνεσθαι, ὧν τε ἡ νόησις καὶ ἡ
γνῶσις ἐνεργεστέρα, εἰ ταῦτα αἰσθητῶς γίγνοιτο, οὐκ
5 ἀνάγκη παρέντα τὴν γνῶσιν αὐτῶν τῷ κατὰ μέρος αἰσθη-
τῷ τὴν ἐπιβολὴν ποιεῖσθαι, εἰ μή τις ἔργῳ οἰκονομοῖτό τι,
τῶν ἐν μέρει τῇ γνώσει τοῦ ὅλου ἐμπεριεχομένων. λέγω

6. 16 εὐθημοσύνη cf. Hesiod. Opera 471

---

6. 16 εὐθημοσύνης AR(ν Rs)JU : εὐθυμοσύνης EBC   7. 4 τὸ
del. Buchwald   8 ἕνα : ἐν Theiler   15 τὰ BJUC : τῶν A
(ἀ As) ER   8. 4 ἐνεργεστέρα (cf. V. 8. 8. 8) wx : ἐναργεστέρα
UCreuzer

δὲ ἕκαστον ὧδε· πρῶτον μὲν τὸ μὴ ἀναγκαῖον εἶναι, ἅ τις
ὁρᾷ, παρατίθεσθαι παρ' αὑτῷ. ὅταν γὰρ μηδὲν διαφέρῃ,
ἢ μὴ πρὸς αὐτὸν ᾖ ὅλως ἡ αἴσθησις ἀπροαιρέτως τῇ διαφο- 10
ρᾷ τῶν ὁρωμένων κινηθεῖσα, τοῦτο αὐτὴ ἔπαθε μόνη τῆς
ψυχῆς οὐ δεξαμένης εἰς τὸ εἴσω, ἅτε μήτε πρὸς χρείαν
μήτε πρὸς ἄλλην ὠφέλειαν αὐτῆς τῆς διαφορᾶς μέλον.
ὅταν δὲ ἡ ἐνέργεια αὐτὴ πρὸς ἄλλοις ᾖ καὶ παντελῶς,
οὐκ ἂν ἀνάσχοιτο τῶν τοιούτων παρελθόντων τὴν μνήμην, 15
ὅπου μηδὲ παρόντων γινώσκει τὴν αἴσθησιν. καὶ μὴν ὅτι
τῶν πάντῃ κατὰ συμβεβηκὸς γινομένων οὐκ ἀνάγκη ἐν
φαντασίᾳ γίνεσθαι, εἰ δὲ καὶ γίνοιτο, οὐχ ὥστε καὶ φυλά-
ξαι καὶ παρατηρῆσαι, ἀλλὰ καὶ ὁ τύπος τοῦ τοιούτου οὐ
δίδωσι συναίσθησιν, μάθοι ἄν τις, εἰ τὸ λεγόμενον οὕτω 20
λάβοι. λέγω δὲ ὧδε· εἰ μηδέποτε προηγούμενον γίνεται
τὸν ἀέρα τόνδε εἶτα τόνδε τεμεῖν ἐν τῷ κατὰ τόπον κινεῖ-
σθαι, ἢ καὶ ἔτι μᾶλλον διελθεῖν, οὔτ' ἂν τήρησις αὐτοῦ οὔτ'
ἂν ἔννοια βαδίζουσι γένοιτο. ἐπεὶ καὶ τῆς ὁδοῦ εἰ μὴ ἐγί-
νετο τὸ τόδε διανῦσαι προηγούμενον, δι' ἀέρος δὲ ἦν τὴν 25
διέξοδον ποιήσασθαι, οὐκ ἂν ἐγένετο ἡμῖν μέλειν τὸ ἐν
ὅτῳ σταδίῳ γῆς ἐσμεν, ἢ ὅσον ἠνύσαμεν· καὶ εἰ κινεῖσθαι
δὲ ἔδει μὴ τοσόνδε χρόνον, ἀλλὰ μόνον κινεῖσθαι, μηδ'
ἄλλην τινὰ πρᾶξιν εἰς χρόνον ἀνήγομεν, οὐκ ἂν ἐν μνήμῃ
ἄλλον ἂν καὶ ἄλλον χρόνον ἐποιησάμεθα. γνώριμον δέ, ὅτι 30
τῆς διανοίας ἐχούσης τὸ πραττόμενον ὅλον καὶ πιστευού-
σης οὕτω πάντως πραχθήσεσθαι οὐκ ἂν ἔτι προσέχοι

8. 9 μηδὲν Beutler : μηδὲ *Enn.* : μὴ Kirchhoff   13 αὐτῆς
(scil. τῆς ψυχῆς): αὐτῇ Kirchhoff   μέλλον w   14 αὐ-
τὴ : αὐτὴ ᾖ w : αὐτῷ ᾖ A¹ʳᵖmg   21 et 25 προηγούμενον neu-
trum   21 γένηται w   23 ᾖ—διελθεῖν del. Vitringa   26 τὸ
xUC : τῷ w : τοῦ Kirchhoff   31 τῆς—ὅλον post 32 πραχθή-
σεσθαι transp. x   καὶ om. x

γιγνομένοις ἑκάστοις. καὶ μὴν καὶ ὅταν τις· ταὐτὸν ἀεὶ
ποιῇ, μάτην ἂν ἔτι παρατηροῖ ἕκαστα τοῦ ταὐτοῦ. εἰ οὖν
35 τὰ ἄστρα φερόμενα τὰ αὐτῶν πράττοντα φέρεται καὶ οὐχ
ἵνα παρέλθῃ ταῦτα ὅσα παρέρχεται, καὶ τὸ ἔργον αὐτοῖς
οὔτε ἡ θέα ὧν πάρεισιν, οὔτε τὸ παρελθεῖν, κατὰ συμβε-
βηκός τε ἡ πάροδος, πρὸς ἄλλοις τε ἡ γνώμη μείζοσι, τά
τε αὐτὰ ἀεὶ δι' ὧν διέρχονται ταῦτα, ὅ τε χρόνος οὐκ
40 ἐν λογισμῷ ὁ ἐν τοσῷδε, εἰ καὶ διῃρεῖτο, οὐκ ἀνάγκη
οὔτε τόπων ὧν παρίασιν οὔτε χρόνων εἶναι μνήμην· ζωήν
τε τὴν αὐτὴν ἔχοντα, ὅπου καὶ τὸ τοπικὸν αὐτοῖς περὶ
ταὐτόν, ὡς μὴ τοπικόν, ἀλλὰ ζωτικὸν τὸ κίνημα εἶναι
ζῴου ἑνὸς εἰς αὑτὸ ἐνεργοῦντος ἐν στάσει μὲν ὡς πρὸς τὸ
45 ἔξω, κινήσει δὲ τῇ ἐν αὑτῷ ζωῇ ἀιδίῳ οὔσῃ—καὶ μὴν
εἰ καὶ χορείᾳ ἀπεικάσειέ τις τὴν κίνησιν αὐτῶν, εἰ μὲν
ἱσταμένη ποτέ, ἡ πᾶσα ἂν εἴη τελεία ἡ συντελεσθεῖσα ἐξ
ἀρχῆς εἰς τέλος, ἀτελὴς δὲ ἡ ἐν μέρει ἑκάστη· εἰ δὲ
τοιαύτῃ οἷα ἀεί, τελεία ἀεί. εἰ δὲ ἀεὶ τελεία, οὐκ ἔχει
50 χρόνον ἐν ᾧ τελεσθήσεται οὐδὲ τόπον· ὥστε οὐδὲ ἔφεσιν
ἂν ἔχοι οὕτως· ὥστε οὔτε χρονικῶς οὔτε τοπικῶς μετρή-
σει· ὥστε οὐδὲ μνήμη τούτων. εἰ μέντοι αὐτοὶ μὲν ζωὴν
ζῶσι μακαρίαν ταῖς αὐτῶν ψυχαῖς τὸ ζῆν προσεμβλέπον-
τες, ταύτῃ δὲ τῶν ψυχῶν αὐτῶν πρὸς ἓν [ταύτῃ] τῇ νεύσει
55 καὶ τῇ ἐξ αὐτῶν εἰς τὸν σύμπαντα οὐρανὸν ἐλλάμψει—
ὥσπερ χορδαὶ ἐν λύρᾳ συμπαθῶς κινηθεῖσαι μέλος ἂν
ᾄσειαν ἐν φυσικῇ τινι ἁρμονίᾳ—εἰ οὕτω κινοῖτο ὁ σύμπας
οὐρανὸς καὶ τὰ μέρη αὐτοῦ, πρὸς αὑτὸν φερόμενος καὶ αὐ-
τός, καὶ ἄλλα ἄλλως πρὸς τὸ αὐτὸ ἄλλης αὐτοῖς καὶ τῆς

8. 41 post μνήμην Plotinus anacoluthice prosequitur protasin
lin. 34–40   ζωήν Aᵖᶜ(= Ficinus): ζῴων Enn.   48 ἡ: εἰ x
54 ταύτῃ¹ Volkmann: τῇ Enn.   ταύτῃ² del. Volkmann

θέσεως οὔσης, ἔτι ἂν μᾶλλον ὁ λόγος ἡμῖν ὀρθοῖτο μιᾶς 60
ζωῆς καὶ ὁμοίας τῆς πάντων ἔτι μᾶλλον οὔσης.

9. Ὁ δὲ δὴ πάντα κοσμῶν Ζεὺς καὶ ἐπιτροπεύων καὶ
διατιθεὶς εἰσαεί, ψυχὴν βασιλικὴν καὶ βασιλικὸν
νοῦν ἔχων καὶ πρόνοιαν, ὅπως γίνοιτο, καὶ γινομένων
ἐπιστασίαν καὶ τάξει διοικῶν καὶ περιόδους ἐλίττων πολ-
λὰς ἤδη καὶ τελέσας, πῶς ἂν ἐν τούτοις ἅπασι μνήμην οὐκ 5
ἔχοι; ὁπόσαι τε ἐγένοντο καὶ οἷαι αἱ περίοδοι, καὶ ὡς
ἂν καὶ ἔπειτα γένοιτο, μηχανώμενος καὶ συμβάλλων καὶ
λογιζόμενος μνημονικώτατος ἂν εἴη πάντων, ὅσῳ καὶ
δημιουργὸς σοφώτατος. τὸ μὲν οὖν τῶν περιόδων τῆς
μνήμης καὶ καθ' αὑτὸ ἂν ἔχοι πολλὴν ἀπορίαν, ὁπόσος 10
ἀριθμὸς εἴη καὶ εἰ εἰδείη. πεπερασμένος γὰρ ὢν ἀρχὴν τῷ
παντὶ χρονικὴν δώσει· εἰ δ' ἄπειρος, οὐκ εἰδήσει, ὁπόσα τὰ
αὑτοῦ ἔργα. ἢ ὅτι ἕν, εἰδήσει, καὶ μία ζωὴ ἀεί—οὕτως
γὰρ ἄπειρος—καὶ τὸ ἓν οὐ γνώσει ἔξωθεν, ἀλλ' ἔργῳ,
συνόντος ἀεὶ τοῦ οὕτως ἀπείρου, μᾶλλον δὲ παρεπομένου 15
καὶ θεωρουμένου οὐκ ἐπακτῷ γνώσει. ὡς γὰρ τὸ αὑτοῦ
ἄπειρον τῆς ζωῆς οἶδεν, οὕτω καὶ τὴν ἐνέργειαν τὴν εἰς
τὸ πᾶν οὖσαν μίαν, οὐχ ὅτι εἰς τὸ πᾶν.

10. Ἀλλ' ἐπεὶ τὸ κοσμοῦν διττόν, τὸ μὲν ὡς τὸν δη-
μιουργὸν λέγομεν, τὸ δὲ ὡς τὴν τοῦ παντὸς ψυχήν, καὶ τὸν
Δία λέγοντες ὁτὲ μὲν ὡς ἐπὶ τὸν δημιουργὸν φερόμεθα,
ὁτὲ δὲ ἐπὶ τὸ ἡγεμονοῦν τοῦ παντός. ἐπὶ μὲν τοῦ δημιουρ-

9. 1 cf. Plat. *Phaedr.* 246 e 4–5   2–3 = Plat. *Phileb.*30 d 1–2

8. 60 ὁ λόγος ἡμῖν : ἡμῖν ὁ λόγος w   9. 7 γένοιτο (scil. τοῦτο τὸ
πρᾶγμα) A1mgExU : γένοιντο C : om. A   11–12 πεπερασμένος et ἄ-
πειρος scil. numerus   13 ἕν Kirchhoff : ἐν *Enn.*   μία ζωὴ
Theiler : μιᾷ ζωῇ *Enn.*   οὕτως Kirchhoff : οὗτος *Enn.*   14 ἄπει-
ρος scil. ζωή, cf. lin. 17   17–18 οὕτω—πᾶν² sic actionem quoque in
universum directam quae est una nouit, neque tamen nouit eam in universum
directam esse

63

5 γοῦ ἀφαιρετέον πάντη τὸ πρόσω καὶ ὀπίσω μίαν αὐτῷ
ἄτρεπτον καὶ ἄχρονον ζωὴν διδόντας. ἡ δὲ τοῦ κόσμου
ζωὴ τὸ ἡγούμενον ἐν αὐτῇ ἔχουσα ἔτι ἐπιζητεῖ λόγον, εἰ
οὖν καὶ αὕτη μὴ ἐν τῷ λογίζεσθαι ἔχει τὸ ζῆν, μηδ' ἐν
τῷ ζητεῖν ὅ τι δεῖ ποιεῖν. ἤδη γὰρ ἐξεύρηται καὶ τέτακ-
10 ται ἃ δεῖ, οὐ ταχθέντα· τὰ γὰρ ταχθέντα ἦν τὰ γινόμενα,
τὸ δὲ ποιοῦν αὐτὰ ἡ τάξις· τοῦτο δὲ ψυχῆς ἐνέργεια
ἐξηρτημένης μενούσης φρονήσεως, ἧς εἰκὼν ἡ ἐν αὐτῇ
τάξις. οὐ τρεπομένης δὲ ἐκείνης ἀνάγκη μηδὲ ταύτην τρέ-
πεσθαι· οὐ γὰρ ὀτὲ μὲν βλέπει ἐκεῖ, ὀτὲ δὲ οὐ βλέπει·
15 ἀπολειπομένη γὰρ ἂν ἀποροῖ· μία γὰρ ψυχὴ καὶ ἓν ἔργον.
τὸ γὰρ ἡγεμονοῦν ἓν κρατοῦν ἀεί, καὶ οὐχ ὀτὲ μὲν κρατοῦν,
ὀτὲ δὲ κρατούμενον· πόθεν γὰρ τὰ πλείω, ὥστε καὶ γε-
νέσθαι μάχην ἢ ἀπορίαν; καὶ τὸ διοικοῦν ἓν τὸ αὐτὸ ἀεὶ
ἐθέλει· διὰ τί γὰρ ἂν καὶ ἄλλο καὶ ἄλλο, ἵνα εἰς πλείω
20 ἀπορῇ; καίτοι, εἰ καὶ ἓν οὖσα μεταβάλλοι, οὐκ ἂν ἀποροῖ·
οὐ γὰρ ὅτι ἤδη πολλὰ τὸ πᾶν καὶ μέρη ἔχει καὶ ἐναντιώσεις
πρὸς τὰ μέρη, διὰ τοῦτο ἂν ἀποροῖ, ὅπως διαθεῖτο· οὐ γὰρ
ἀπὸ τῶν ἐσχάτων οὐδ' ἀπὸ τῶν μερῶν ἄρχεται, ἀλλ' ἀπὸ
τῶν πρώτων, καὶ ἀπὸ πρώτου ἀρξαμένη ὁδῷ ἀνεμποδίστῳ
25 ἐπὶ πάντα εἶσι καὶ κοσμεῖ καὶ διὰ τοῦτο κρατεῖ, ὅτι ἐφ'
ἑνὸς ἔργου μένει τοῦ αὐτοῦ καὶ ταὐτόν. εἰ δ' ἄλλο καὶ ἄλλο
βούλοιτο, πόθεν τὸ ἄλλο; εἶθ' ὅ τι χρὴ ποιεῖν ἀπορήσει,
καὶ ἀσθενήσει τὸ ἔργον αὐτῇ εἰς ἀμφίβολον τοῦ πράττειν
ἐν λογισμοῖς ἰούσῃ.

11. Ἔστι γὰρ ὥσπερ ἐφ' ἑνὸς ζῴου ἡ διοίκησις, ἡ μέν
τις ἀπὸ τῶν ἔξωθεν καὶ μερῶν, ἡ δέ τις ἀπὸ τῶν ἔνδον
καὶ τῆς ἀρχῆς, καθάπερ ἰατρὸς μὲν ἔξωθεν ἀρχόμενος καὶ
κατὰ μέρος ἄπορος πολλαχῇ καὶ βουλεύεται, ἡ δὲ φύσις

---

10. 12 μενούσης A(ἐσης et ᵛ A¹ˢ) E Creuzer : μέσης οὔσης AᴾᶜxUC
18 τὸ αὐτό : τῷ αὐτῷ w

ἀπὸ τῆς ἀρχῆς ἀπροσδεὴς βουλεύσεως. καὶ δεῖ τοῦ 5
παντὸς τὴν διοίκησιν καὶ τὸν διοικοῦντα ἐν τῷ ἡγεῖσθαι οὐ
κατ᾽ ἰατροῦ ἕξιν εἶναι, ἀλλ᾽ ὡς ἡ φύσις. πολὺ δὲ μᾶλλον
ἐκεῖ τὸ ἁπλοῦν, ὅσῳ κατὰ πάντων ἐμπεριειλημμένων ὡς
μερῶν ζῴου ἑνός. πάσας γὰρ τὰς φύσεις κρατεῖ μία, αἱ
δὲ ἕπονται ἀνηρτημέναι καὶ ἐξηρτημέναι καὶ οἷον ἐκφῦσαι, 10
ὡς αἱ ἐν κλάδοις τῇ τοῦ ὅλου φυτοῦ. τίς οὖν ὁ λογισμὸς ἢ
τίς ἀρίθμησις ἢ τίς ἡ μνήμη παρούσης ἀεὶ φρονήσεως καὶ
ἐνεργούσης καὶ κρατούσης καὶ κατὰ τὰ αὐτὰ διοικούσης;
οὐ γὰρ δὴ ὅτι ποικίλα καὶ διάφορα τὰ γινόμενα, δεῖ
συνεπόμενον ταῖς τοῦ γινομένου μεταβολαῖς καὶ τὸ ποιοῦν 15
ἡγεῖσθαι. ὅσῳ γὰρ ποικίλα τὰ γινόμενα, τοσούτῳ τὸ
ποιοῦν ὡσαύτως μένον. πολλὰ γὰρ καὶ ἐφ᾽ ἑνὸς ἑκάστου
ζῴου τὰ γινόμενα κατὰ φύσιν καὶ οὐχ ὁμοῦ πάντα, αἱ
ἡλικίαι, αἱ ἐκφύσεις ἐν χρόνοις, οἷον κεράτων, γενείων,
μαζῶν αὐξήσεις, ἀκμαί, γενέσεις ἄλλων, οὐ τῶν πρόσθεν 20
λόγων ἀπολλυμένων, ἐπιγιγνομένων δὲ ἄλλων· δῆλον δὲ
ἐκ τοῦ καὶ ἐν τῷ γεννωμένῳ αὖ ζῴῳ τὸν αὐτὸν καὶ
σύμπαντα λόγον εἶναι. καὶ δὴ τὴν αὐτὴν φρόνησιν ἄξιον
περιθεῖναι καὶ ταύτην καθόλου εἶναι οἷον κόσμου φρόνησιν
ἑστῶσαν, πολλὴν μὲν καὶ ποικίλην καὶ αὖ ἁπλῆν ζῴου 25
ἑνὸς μεγίστου, οὐ τῷ πολλῷ ἀλλοιουμένην, ἀλλὰ ἕνα
λόγον καὶ ὁμοῦ πάντα· εἰ γὰρ μὴ πάντα, οὐκ ἐκείνη,
ἀλλὰ τῶν ὑστέρων καὶ μερῶν ἡ φρόνησις.

12. Ἀλλ᾽ ἴσως τὸ μὲν τοιοῦτον ἔργον φύσεως ἄν τις
εἴποι, φρονήσεως δὲ ἐν τῷ παντὶ οὔσης καὶ λογισμοὺς

11. 6 ἡγεῖσθαι *regere*   8 ἐμπεριειλημμένων w : περιειλημμένων
xUC   23 δὴ : δεῖ BR(η Rˢ)J   27 ἐκείνη (scil. φρόνησις illa
modo descripta): ἐκείνου Kirchhoff

ἀνάγκη καὶ μνήμας εἶναι. ἔστι δὲ τοῦτο ἀνθρώπων τὸ
φρονεῖν ἐν τῷ μὴ φρονεῖν τιθεμένων, καὶ τὸ ζητεῖν φρο-
5 νεῖν τὸ αὐτὸ τῷ φρονεῖν νενομικότων. τὸ γὰρ λογίζεσθαι
τί ἄλλο ἂν εἴη ἢ τὸ ἐφίεσθαι εὑρεῖν φρόνησιν καὶ λόγον
ἀληθῆ καὶ τυγχάνοντα [νοῦ] τοῦ ὄντος; ὅμοιος γὰρ ὁ
λογιζόμενος κιθαρίζοντι εἰς κιθάρισιν καὶ μελετῶντι εἰς
ἕξιν καὶ ὅλως τῷ μανθάνοντι εἰς γνῶσιν. ζητεῖ γὰρ μαθεῖν
10 ὁ λογιζόμενος ὅπερ ὁ ἤδη ἔχων φρόνιμος· ὥστε ἐν τῷ
στάντι τὸ φρονεῖν. μαρτυρεῖ δὲ καὶ αὐτὸς ὁ λογισάμενος·
ὅταν γὰρ εὕρῃ ὃ δεῖ, πέπαυται λογιζόμενος· καὶ ἀνεπαύ-
σατο ἐν τῷ φρονῆσαι γενόμενος. εἰ μὲν οὖν κατὰ τοὺς
μανθάνοντας τὸ ἡγούμενον τοῦ παντὸς τάξομεν, λογισμοὺς
15 ἀποδοτέον καὶ ἀπορίας καὶ μνήμας συμβάλλοντος τὰ
παρεληλυθότα τοῖς παροῦσι καὶ τοῖς μέλλουσιν. εἰ δὲ κατὰ
τὸν εἰδότα, ἐν στάσει ὅρον ἐχούσῃ νομιστέον αὐτοῦ εἶναι
τὴν φρόνησιν. εἶτα εἰ μὲν οἶδε τὰ μέλλοντα—τὸ γὰρ μὴ
εἰδέναι λέγειν ἄτοπον—διὰ τί οὐχὶ καὶ ὅπως ἔσται οὐκ
20 εἰδήσει; εἰ δὲ εἰδήσει καὶ ὅπως ἔσται, τί ἔτι δεῖ τοῦ
λογίζεσθαι καὶ τοῦ τὰ παρεληλυθότα πρὸς τὰ παρόντα
συμβάλλειν; καὶ ἡ γνῶσις δὲ τῶν μελλόντων, εἴπερ αὐτῷ
συγχωρεῖται παρεῖναι, οὐ τοιαύτη ἂν εἴη, οἵα τοῖς μάντεσι
πάρεστιν, ἀλλ' οἵα αὐτοῖς τοῖς ποιοῦσι τοῖς πεπιστευκόσιν
25 ὅτι ἔσται, τοῦτο δὲ ταὐτὸν τοῖς πάντα κυρίοις, οἷς οὐδὲν
ἀμφίβολον οὐδὲ ἀμφιγνοούμενον. οἷς ἄρα ἄραρεν ἡ δόξα,
τούτοις παραμένει. ἡ αὐτὴ ἄρα καὶ περὶ μελλόντων φρό-
νησις, οἵα καὶ ἡ περὶ παρόντων, κατὰ τὸ ἑστάναι· τοῦ-

---

12. 6 φρόνησιν A(εἶν A¹ˢ)E : φρονεῖν AᵖᶜxUC   7 νοῦ del.
Vitringa   10 ὁ² om. w   φρόνιμος scil. ἐστίν   16 προ-
εληλυθότα w   18 εἶτα εἰ μὲν οἶδε τὰ xUC : εἶτα εἰ μὲν εἶδε τὰ
A¹ʸᵖmg : εἰ δὲ κατὰ τὸν εἰδότα w   19 οὐκ (negatio iterata) del.
Kirchhoff

το δὲ λογισμοῦ ἔξω. ἀλλ᾽ εἰ μὴ οἶδε τὰ μέλλοντα, ἃ
αὐτὸς ποιήσει, οὐδὲ εἰδήσει ποιήσει οὐδὲ πρός τι βλέ-   30
πων [ποιήσει], ἀλλὰ τὸ ἐπελθὸν ποιήσει· τοῦτο δὲ ταὐτὸν
τῷ εἰκῇ. μένει ἄρα καθὸ ποιήσει. ἀλλ᾽ εἰ μένει καθὸ
ποιήσει, οὐκ ἄλλως ποιήσει, ἢ ὡς οἷον τὸ ἐν αὐτῷ
παράδειγμα ἔχει. μοναχῶς ἄρα ποιήσει καὶ ὡσαύτως· οὐ
γὰρ νῦν μὲν ἄλλως, ὕστερον δὲ ἄλλως, ἢ τί κωλύει ἀπο-   35
τυχεῖν; εἰ δὲ τὸ ποιούμενον διαφόρως ἕξει, ἀλλ᾽ ἔσχε γε
διαφόρως οὐ παρ᾽ ἑαυτοῦ, ἀλλὰ δουλεῦον λόγοις· οὗτοι δὲ
παρὰ τοῦ ποιοῦντος· ὥστε ἠκολούθησε τοῖς ἐφεξῆς λόγοις.
ὥστε οὐδαμῇ τὸ ποιοῦν ἀναγκάζεσθαι πλανᾶσθαι οὐδ᾽᾽
ἀπορεῖν οὐδ᾽ ἔχειν πράγματα, ὥσπερ τινὲς ᾠήθησαν δύσ-   40
κολον εἶναι τὴν τῶν ὅλων διοίκησιν. τὸ γὰρ ἔχειν πράγ-
ματα ἦν, ὡς ἔοικε, τὸ ἐπιχειρεῖν ἔργοις ἀλλοτρίοις· τοῦτο
δὲ ὧν μὴ κρατεῖ. ὧν δέ τις κρατεῖ καὶ μόνος, τίνος
ἂν οὗτος δέοιτο ἢ αὐτοῦ καὶ τῆς αὐτοῦ βουλήσεως;
τοῦτο δὲ ταὐτὸν τῆς αὐτοῦ φρονήσεως· τῷ γὰρ τοιούτῳ   45
ἡ βούλησις φρόνησις. οὐδενὸς ἄρα δεῖ τῷ τοιούτῳ εἰς τὸ
ποιεῖν, ἐπειδὴ οὐδ᾽ ἡ φρόνησις ἀλλοτρία, ἀλλ᾽ αὐτὸς οὐδενὶ
ἐπακτῷ χρώμενος. οὐδὲ λογισμῷ τοίνυν οὐδὲ μνήμῃ·
ἐπακτὰ γὰρ ταῦτα.

13. Ἀλλὰ τί διοίσει τῆς λεγομένης φύσεως ἡ τοιαύτη
φρόνησις; ἢ ὅτι ἡ μὲν φρόνησις πρῶτον, ἡ δὲ φύσις
ἔσχατον· ἴνδαλμα γὰρ φρονήσεως ἡ φύσις καὶ ψυχῆς
ἔσχατον ὂν ἔσχατον καὶ τὸν ἐν αὐτῇ ἐλλαμπόμενον λόγον
ἔχει, οἷον εἰ ἐν κηρῷ βαθεῖ διικνοῖτο εἰς ἔσχατον ἐπὶ   5

12. 40 τινὲς = Stoici secundum Epicureorum opinionem, cf. Epi-
curea Fr. 352 Usener = Cic. De natura deorum 1. 52

12. 30 εἰδήσει substantiuum   ποιήσει[2] Kirchhoff: ποιῆσαι wxU:
om. C   οὐδὲ[2]: οὐδέ τι x   31 ποιήσει[1] deleuimus   37 δουλεύων w

θάτερα ἐν τῇ ἐπιφανείᾳ τύπος, ἐναργοῦς μὲν ὄντος τοῦ
ἄνω, ἴχνους δὲ ἀσθενοῦς ὄντος τοῦ κάτω. ὅθεν οὐδὲ οἶδε,
μόνον δὲ ποιεῖ· ὃ γὰρ ἔχει τῷ ἐφεξῆς διδοῦσα ἀπροαιρέ-
τως, τὴν δόσιν τῷ σωματικῷ καὶ ὑλικῷ ποίησιν ἔχειν, οἷον
10 καὶ τὸ θερμανθὲν τῷ ἐφεξῆς ἁψαμένῳ δέδωκε τὸ αὐτοῦ
εἶδος, θερμὸν ἐλλαττόνως ποιῆσαν. διὰ τοῦτό τοι ἡ φύσις
οὐδὲ φαντασίαν ἔχει· ἡ δὲ νόησις φαντασίας κρεῖττον·
φαντασία δὲ μεταξὺ φύσεως τύπου καὶ νοήσεως. ἡ μέν
γε οὐθενὸς ἀντίληψιν οὐδὲ σύνεσιν ἔχει, ἡ δὲ φαντασία
15 σύνεσιν ἐπακτοῦ· δίδωσι γὰρ τῷ φαντασθέντι εἰδέναι ἃ
ἔπαθεν· ἡ δὲ γέννα αὐτὴ καὶ ἐνέργεια ἐξ αὐτοῦ τοῦ
ἐνεργήσαντος. νοῦς μὲν οὖν ἔχει, ψυχὴ δὲ ἡ τοῦ παντὸς
ἐκομίσατο εἰς ἀεὶ καὶ ἐκεκόμιστο, καὶ τοῦτό ἐστιν αὐτῇ
τὸ ζῆν, καὶ τὸ φαινόμενον ἀεὶ σύνεσις νοούσης· τὸ δὲ ἐξ
20 αὐτῆς ἐμφαντασθὲν εἰς ὕλην φύσις, ἐν ᾗ ἵσταται τὰ ὄντα, ἢ
καὶ πρὸ τούτου, καὶ ἔστιν ἔσχατα ταῦτα τοῦ νοητοῦ· ἤδη
γὰρ τὸ ἐντεῦθεν τὰ μιμήματα. ἀλλ' ἡ φύσις εἰς αὐτὴν
ποιοῦσα καὶ πάσχουσα, ἐκείνη δὲ ἡ πρὸ αὐτῆς καὶ πλη-
σίον αὐτῆς ποιοῦσα οὐ πάσχει, ἡ δ' ἔτι ἄνωθεν εἰς σώματα
25 ἢ εἰς ὕλην οὐ ποιεῖ.

　　14. Τὰ δὲ σώματα ὑπὸ φύσεως λεγόμενα γίγνεσθαι τὰ
μὲν στοιχεῖα αὐτὸ τοῦτο τὰ σώματα, τὰ δὲ ζῷα καὶ τὰ
φυτὰ ἆρα οὕτως, ὥστε τὴν φύσιν οἷον παρακειμένην ἐν
αὐτοῖς ἔχειν; οἷον ἐπὶ φωτὸς ἔχει· ἀπελθόντος οὐδὲν ὁ ἀὴρ

---

13. 22 μιμήματα cf. Plat. *Tim.* 50 c 5

13. 8 τῷ RJUC : τὸ w : om. B　　　12 κρείττων w　　　13 τόπου
Kirchhoff　　ἡ μέν scil. φύσις　　16 ἡ δὲ scil. νόησις　　　γέννα
(praedicatum): γεννᾷ Kirchhoff　　　　　**14.** 1 σώματα i.e. corpora
omnia　　　2 τὰ σώματα del. Kirchhoff, sed intellegendum:
elementa sunt *id ipsum* nempe mera *corpora*　　　4 ἔχει (intransi-
tiuum) del. Kirchhoff

αὐτοῦ ἔχει, ἀλλ' ἔστιν οἷον χωρὶς τὸ φῶς, χωρὶς δὲ ὁ ἀὴρ 5
οἷον οὐ κιρνάμενος· ἢ οἷον ἐπὶ τοῦ πυρὸς καὶ τοῦ θερμανθέν-
τος, οὗ ἀπελθόντος μένει τις θερμότης ἑτέρα οὖσα παρὰ
τὴν οὖσαν ἐν τῷ πυρί, πάθος τι τοῦ θερμανθέντος. τὴν μὲν
γὰρ μορφήν, ἣν δίδωσι τῷ πλασθέντι, ἕτερον εἶδος θετέον
παρ' αὐτὴν τὴν φύσιν. εἰ δέ τι ἄλλο παρὰ τοῦτο ἔχει, ὃ 10
ἐστιν οἷον μεταξὺ τούτου καὶ αὐτῆς τῆς φύσεως, ζητητέον.
καὶ ἥτις μὲν διαφορὰ φύσεως καὶ τῆς εἰρημένης ἐν τῷ
παντὶ φρονήσεως, εἴρηται.

15. Ἐκεῖνο δὲ ἄπορον πρὸς [τὰ νῦν] ἅπαντα τὰ ⟨νῦν⟩
εἰρημένα· εἰ γὰρ αἰὼν μὲν περὶ νοῦν, χρόνος δὲ περὶ ψυχήν
—ἔχειν γάρ φαμεν τῇ ὑποστάσει τὸν χρόνον περὶ τὴν τῆς
ψυχῆς ἐνέργειαν καὶ ἐξ ἐκείνης—πῶς οὐ, μεριζομένου τοῦ
χρόνου καὶ τὸ παρεληλυθὸς ἔχοντος, μερίζοιτο ἂν καὶ ἡ 5
ἐνέργεια, καὶ πρὸς τὸ παρεληλυθὸς ἐπιστρέφουσα ποιήσει
καὶ ἐν τῇ τοῦ παντὸς ψυχῇ τὴν μνήμην; καὶ γὰρ αὖ ἐν
μὲν τῷ αἰῶνι τὴν ταυτότητα, ἐν δὲ τῷ χρόνῳ τὴν ἑτερό-
τητα τίθεσθαι, ἢ ταὐτὸν αἰὼν ἔσται καὶ χρόνος, εἰ καὶ ταῖς
τῆς ψυχῆς ἐνεργείαις τὸ μεταβάλλειν οὐ δώσομεν. ἆρ' οὖν 10
τὰς μὲν ἡμετέρας ψυχὰς μεταβολὴν δεχομένας τήν τε ἄλ-
λην καὶ τὴν ἔνδειαν οἷα ἐν χρόνῳ φήσομεν εἶναι, τὴν δὲ τοῦ
ὅλου γεννᾶν μὲν χρόνον, οὐ μὴν ἐν χρόνῳ εἶναι; ἀλλ'
ἔστω μὴ ἐν χρόνῳ· τί ἐστιν, ὃ ποιεῖ γεννᾶν αὐτὴν χρόνον,
ἀλλὰ μὴ αἰῶνα; ἢ ὅτι, ἃ γεννᾷ, οὐκ ἀίδια, ἀλλὰ περιεχό- 15
μενα χρόνῳ· ἐπεὶ οὐδ' αἱ ψυχαὶ ἐν χρόνῳ, ἀλλὰ τὰ πάθη
αὐτῶν ἄττα ἐστὶ καὶ τὰ ποιήματα. ἀίδιοι γὰρ αἱ ψυχαί,

---

14. 11 ζητητέον cf. IV. 4. 18. 1 sqq.   13 εἴρηται cf. IV. 4. 12-14

14. 6 οὐ Creuzer (non Ficinus): ὁ Enn.: del. Kirchhoff   **15.** 1 τὰ
νῦν[1] del. et νῦν[2] add. Theiler   3 ἔχειν ... περὶ intransitiuum,
subiectum χρόνον   τὴν ὑπόστασιν Kirchhoff

καὶ ὁ χρόνος ὕστερος, καὶ τὸ ἐν χρόνῳ ἔλαττον χρόνου·
περιέχειν γὰρ δεῖ τὸν χρόνον τὸ ἐν χρόνῳ, ὥσπερ, φησί,
20 τὸ ἐν τόπῳ καὶ ἐν ἀριθμῷ.

16. Ἀλλ᾽ εἰ ἐν αὐτῇ τόδε μετὰ τόδε καὶ τὸ πρότερον
καὶ τὸ ὕστερον τῶν ποιουμένων, κἂν εἰ ἐν χρόνῳ, αὐτὴ
ποιεῖ, καὶ νεύει καὶ πρὸς τὸ μέλλον· εἰ δὲ τοῦτο, καὶ πρὸς
τὸ παρεληλυθός. ἢ ἐν τοῖς ποιουμένοις τὸ πρότερον καὶ
5   παρεληλυθός, ἐν αὐτῇ δὲ οὐδὲν παρεληλυθός, ἀλλὰ πάντες
οἱ λόγοι ἅμα, ὥσπερ εἴρηται. ἐν δὲ τοῖς ποιουμένοις τὸ
οὐχ ἅμα, ἐπεὶ οὐδὲ τὸ ὁμοῦ, καίτοι ἐν τοῖς λόγοις τὸ
ὁμοῦ, οἷον χεῖρες καὶ πόδες οἱ ἐν λόγῳ· ἐν δὲ τοῖς αἰσθη-
τοῖς χωρίς. καίτοι κἀκεῖ ἄλλον τρόπον τὸ χωρίς· ὥστε
10 καὶ τὸ πρότερον ἄλλον τρόπον. ἢ τὸ μὲν χωρὶς εἴποι
ἄν τις ἑτερότητι· τὸ δὲ πρότερον πῶς, εἰ μὴ ἐπιστατοῖ τὸ
τάττον; ἐπιστατοῦν δὲ ἐρεῖ τὸ τόδε μετὰ τόδε· διὰ τί
γὰρ οὐχ ἅμα πάντα ἔσται; ἢ εἰ μὲν ἄλλο τὸ τάττον καὶ
ἡ τάξις, οὕτως ὡς οἷον λέγειν· εἰ δὲ τὸ ἐπιστατοῦν ἡ
15 πρώτη τάξις, οὐκέτι λέγει, ἀλλὰ ποιεῖ μόνον τόδε μετὰ
τόδε. εἰ γὰρ λέγει, εἰς τάξιν βλέπων λέγει· ὥστε ἕτερον
τῆς τάξεως ἔσται. πῶς οὖν ταὐτόν; ὅτι μὴ ὕλη καὶ
εἶδος τὸ τάττον, ἀλλ᾽ εἶδος μόνον καὶ δύναμις, καὶ ἐνέρ-
γεια δευτέρα μετὰ νοῦν ἐστι ψυχή· τὸ δὲ τόδε μετὰ τόδε ἐν
20 τοῖς πράγμασιν οὐ δυναμένοις ἅμα πάντα. σεμνὸν γάρ τι
καὶ ἡ ψυχὴ ἡ τοιαύτη, οἷον κύκλος προσαρμόττων κέν-
τρῳ εὐθὺς μετὰ κέντρον αὐξηθείς, διάστημα ἀδιάστατον·

---

15. 19–20 cf. Aristot. *Phys.* Δ 12. 221ᵃ18 et 28–30   **16.**6 εἴρηται
cf. IV.4.11.26–7

---

15. 19 φησί scil. Aristoteles   **16.** 1–2 τὸ πρότερον καὶ τὸ ὕστε-
ρον obiectum ad 3 ποιεῖ   2 κἂν—χρόνῳ subiectum τὰ ποιούμενα
3 νεύει AᵞᴾᵐᵍEᵞᴾᵐᵍxUC : μαιεύη w   16 βλέπον Volkmann
19 ἔσται w   τόδε² : τὸ τόδε w

οὕτω γὰρ ἔχει ἕκαστα. εἰ δὲ τἀγαθόν τις κατὰ κέντρον
τάξειε, τὸν νοῦν κατὰ κύκλον ἀκίνητον, ψυχὴν δὲ κατὰ
κύκλον κινούμενον ἂν τάξειε, κινούμενον δὲ τῇ ἐφέσει. 25
νοῦς γὰρ εὐθὺς καὶ ἔχει καὶ περιείληφεν, ἡ δὲ ψυχὴ τοῦ
ἐπέκεινα ὄντος ἐφίεται. ἡ δὲ τοῦ παντὸς σφαῖρα τὴν
ψυχὴν ἐκείνως ἐφιεμένην ἔχουσα ᾗ πέφυκεν ἐφίεσθαι
κινεῖται. πέφυκε δὲ ᾗ σῶμα τοῦ οὗ ἔστιν ἔξω ἐφίεσθαι·
τοῦτο δὲ περιπτύξασθαι καὶ περιελθεῖν πάντῃ ἑαυτῷ. 30
καὶ κύκλῳ ἄρα.

17. Ἀλλὰ πῶς οὐ καὶ ἐν ἡμῖν οὕτως αἱ νοήσεις αἱ τῆς
ψυχῆς καὶ οἱ λόγοι, ἀλλ' ἐνταῦθα ἐν χρόνῳ καὶ τὸ ὕστερον
καὶ αἱ ζητήσεις ὡδί; ἆρ' ὅτι πολλὰ ἃ ἄρχει καὶ κινεῖται,
καὶ οὐχ ἓν κρατεῖ; ἢ καὶ ὅτι ἄλλο καὶ ἄλλο πρὸς τὴν
χρείαν καὶ πρὸς τὸ παρὸν οὐχ ὡρισμένον ἐν αὐτῷ, ἀλλὰ 5
πρὸς τὸ ἄλλο ἀεὶ καὶ ἄλλο ἔξω· ὅθεν ἄλλο τὸ βούλευμα καὶ
πρὸς καιρόν, ὅτε ἡ χρεία πάρεστι καὶ συμβέβηκεν ἔξωθεν
τουτί, εἶτα τουτί. καὶ γὰρ τῷ πολλὰ ἄρχειν ἀνάγκη πολ-
λὰς καὶ τὰς φαντασίας εἶναι καὶ ἐπικτήτους καὶ καινὰς ἄλ-
λου ἄλλῳ καὶ ἐμποδίους τοῖς αὐτοῦ ἑκάστου κινήμασι καὶ 10
ἐνεργήμασιν. ὅταν γὰρ τὸ ἐπιθυμητικὸν κινηθῇ, ἦλθεν ἡ
φαντασία τούτου οἷον αἴσθησις ἀπαγγελτικὴ καὶ μηνυ-
τικὴ τοῦ πάθους ἀπαιτοῦσα συνέπεσθαι καὶ ἐκπορίζειν τὸ
ἐπιθυμούμενον· τὸ δὲ ἐξ ἀνάγκης ἐν ἀπόρῳ συνεπόμενον
καὶ πορίζον ἢ καὶ ἀντιτεῖνον γίνεται. καὶ ὁ θυμὸς δὲ εἰς 15
ἄμυναν παρακαλῶν τὰ αὐτὰ ποιεῖ κινηθείς, καὶ αἱ τοῦ
σώματος χρεῖαι καὶ τὰ πάθη ἄλλα ποιεῖ καὶ ἄλλα δοξάζειν·

16. 27 cf. Plat. Resp. 509 b 9

16. 23 δὲ del. Kirchhoff   κατὰ : καὶ τὸ w   17. 1 οὐ καὶ :
οὐκ w   2 χρόνῳ καὶ Theiler : χρόνοις Enn.   17 δοξάζειν
Kleist : δοξάζει Enn.

καὶ ἡ ἄγνοια δὲ τῶν ἀγαθῶν, καὶ τὸ μὴ ἔχειν ὅ τι εἴπῃ
πάντῃ ἀγομένη, καὶ ἐκ τοῦ μίγματος τούτων ἄλλα. ἀλλ' εἰ
20 καὶ τὸ βέλτιστον αὐτὸ ἄλλα δοξάζει; ἢ τοῦ κοινοῦ ἡ ἀπο-
ρία καὶ ἡ ἀλλοδοξία· ἐκ δὲ τοῦ βελτίστου ὁ λόγος ὁ ὀρθὸς
εἰς τὸ κοινὸν δοθεὶς τῷ [ἀσθενὴς] εἶναι ἐν τῷ μίγματι,
οὐ τῇ αὑτοῦ φύσει ἀσθενής, ἀλλ' οἷον ἐν πολλῷ θορύβῳ
ἐκκλησίας ὁ ἄριστος τῶν συμβούλων εἰπὼν οὐ κρατεῖ, ἀλλ'
25 οἱ χείρονες τῶν θορυβούντων καὶ βοώντων, ὁ δὲ κάθηται
ἡσυχῇ οὐδὲν δυνηθείς, ἡττηθεὶς δὲ τῷ θορύβῳ τῶν χειρό-
νων. καὶ ἔστιν ἐν μὲν τῷ φαυλοτάτῳ ἀνδρὶ τὸ κοινὸν καὶ
ἐκ πάντων ὁ ἄνθρωπος κατὰ πολιτείαν τινὰ φαύλην· ἐν δὲ
τῷ μέσῳ ⟨ὡς⟩ ἐν ᾗ πόλει κἂν χρηστόν τι κρατήσειε δημο-
30 τικῆς πολιτείας οὐκ ἀκράτου οὔσης· ἐν δὲ τῷ βελτίονι ἀρι-
στοκρατικὸν τὸ τῆς ζωῆς φεύγοντος ἤδη τὸ κοινὸν τοῦ ἀν-
θρώπου καὶ τοῖς ἀμείνοσι διδόντος· ἐν δὲ τῷ ἀρίστῳ, τῷ
χωρίζοντι, ἓν τὸ ἄρχον, καὶ παρὰ τούτου εἰς τὰ ἄλλα ἡ
τάξις· οἷον διττῆς πόλεως οὔσης, τῆς μὲν ἄνω, τῆς δὲ
35 τῶν κάτω, κατὰ τὰ ἄνω κοσμουμένης. ἀλλ' ὅτι γε ἐν τῇ
τοῦ παντὸς ψυχῇ τὸ ἓν καὶ ταὐτὸν καὶ ὁμοίως, ἐν δὲ
τοῖς ἄλλοις ἄλλως, καὶ δι' ἅ, εἴρηται. ταῦτα μὲν οὖν
ταύτῃ.

18. Περὶ δὲ τοῦ εἰ ἐφ' ἑαυτοῦ τι ἔχει τὸ σῶμα καὶ
παρούσης ζῇ τῆς ψυχῆς ἔχον ἤδη τι ἴδιον, ἢ ὃ ἔχει ἡ
φύσις ἐστί, καὶ τοῦτό ἐστι τὸ προσομιλοῦν τῷ σώματι ἡ
φύσις. ἢ καὶ αὐτὸ τὸ σῶμα, ἐν ᾧ καὶ ψυχὴ καὶ φύσις,
5 οὐ τοιοῦτον εἶναι δεῖ, οἷον τὸ ἄψυχον καὶ οἷον ὁ ἀὴρ ὁ

---

17. 30 ἀκράτου cf. Plat. Resp. 562 d 2   37 εἴρηται cf. IV. 4.15–17

17. 22 ἀσθενὴς del. Kirchhoff   27–8 τὸ—ἄνθρωπος subiectum
29 ⟨ὡς⟩ Theiler   32 διδόντος scil. ἑαυτόν   18. 3–4 ἡ φύσις
del. Kirchhoff

πεφωτισμένος, ἀλλ' οἷον ὁ τεθερμασμένος, καὶ ἔστι τὸ σῶ-
μα τοῦ ζῴου καὶ τοῦ φυτοῦ δὲ οἷον σκιὰν ψυχῆς ἔχοντα,
καὶ τὸ ἀλγεῖν καὶ τὸ ἥδεσθαι δὲ τὰς τοῦ σώματος ἡδονὰς
περὶ τὸ τοιόνδε σῶμά ἐστιν· ἡμῖν δὲ ἡ τούτου ἀλγηδὼν
καὶ ἡ τοιαύτη ἡδονὴ εἰς γνῶσιν ἀπαθῆ ἔρχεται. λέγω δὲ 10
ἡμῖν τῇ ἄλλῃ ψυχῇ, ἅτε καὶ τοῦ τοιοῦδε σώματος οὐκ
ἀλλοτρίου, ἀλλ' ἡμῶν ὄντος· διὸ καὶ μέλει ἡμῖν αὐτοῦ ὡς
ἡμῶν ὄντος. οὔτε γὰρ τοῦτό ἐσμεν ἡμεῖς, οὔτε καθαροὶ
τούτου ἡμεῖς, ἀλλὰ ἐξήρτηται καὶ ἐκκρέμαται ἡμῶν, ἡμεῖς
δὲ κατὰ τὸ κύριον, ἡμῶν δὲ ἄλλως ὅμως τοῦτο. διὸ καὶ 15
ἡδομένου καὶ ἀλγοῦντος μέλει, καὶ ὅσῳ ἀσθενέστεροι
μᾶλλον, καὶ ὅσῳ ἑαυτοὺς μὴ χωρίζομεν, ἀλλὰ τοῦτο ἡμῶν
τὸ τιμιώτατον καὶ τὸν ἄνθρωπον τιθέμεθα καὶ οἷον εἰσδυό-
μεθα εἰς αὐτό. χρὴ γὰρ τὰ πάθη τὰ τοιαῦτα μὴ ψυχῆς
ὅλως εἶναι λέγειν, ἀλλὰ σώματος τοιοῦδε καί τινος κοινοῦ 20
καὶ συναμφοτέρου. ὅταν γὰρ ἕν τι ᾖ, αὐτῷ οἷον αὔταρκές
ἐστιν. οἷον σῶμα μόνον τί ἂν πάθοι ἄψυχον ὄν; διαιρού-
μενόν τε γὰρ οὐκ αὐτό, ἀλλ' ἡ ἐν αὐτῷ ἕνωσις. ψυχή τε
μόνη οὐδὲ τοῦτο [οὐδὲ τὸ διαιρεῖσθαι], καὶ οὕτως ἔχουσα
ἐκφεύγει πᾶν. ὅταν δὲ δύο ἐθέλῃ ἓν εἶναι, ἐπακτῷ χρη- 25
σάμενα τῷ ἓν ἐν τῷ οὐκ ἐᾶσθαι εἶναι ἓν τὴν γένεσιν εἰκό-
τως τοῦ ἀλγεῖν ἔχει. λέγω δὲ δύο οὐκ, εἰ δύο σώματα· μία
γὰρ φύσις· ἀλλ' ὅταν ἄλλη φύσις ἄλλῃ ἐθέλῃ κοινωνεῖν καὶ
γένει ἄλλῳ, καί τι τὸ χεῖρον λάβῃ παρὰ τοῦ κρείττονος,
καὶ ἐκεῖνο μὲν μὴ δυνηθῇ λαβεῖν, ἐκείνου δέ τι ἴχνος, καὶ 30
οὕτω γένηται δύο καὶ ἓν μεταξὺ γενόμενον τοῦ τε ὃ ἦν

18. 7 ἔχοντα (de animalis et plantae corporibus agitur) Enn.: ἔχον
Volkmann   14 ἐγκρέμαται w   23 αὐτό scil. πάθοι ἄν
24 τοῦτο scil. τὸ διαιρεῖσθαι πάθοι ἄν   οὐδὲ τὸ διαιρεῖσθαι (glossa
ad οὐδὲ τοῦτο) del. Kirchhoff   26 τῷ¹: τὸ w   29 τι accusatiuus,
χεῖρον nominatiuus   31 μεταξὺ: μεταξὺ γὰρ x   γινόμενον w

καὶ τοῦ ὃ μὴ ἐδυνήθη ἔχειν, ἀπορίαν ἐγέννησεν αὐτῷ ἐπί-
κηρον κοινωνίαν καὶ οὐ βεβαίαν εἰληχός, ἀλλ' εἰς τὰ ἐναν-
τία ἀεὶ φερομένην. κάτω τε οὖν καὶ ἄνω αἰωρούμενον φε-
35 ρόμενον μὲν κάτω ἀπήγγειλε τὴν αὐτοῦ ἀλγηδόνα, πρὸς
δὲ τὸν ἄνω τὴν ἔφεσιν τῆς κοινωνίας.

19. Τοῦτο δὴ τὸ λεγόμενον ἡδονήν τε εἶναι καὶ ἀλγη-
δόνα, εἶναι μὲν ἀλγηδόνα γνῶσιν ἀπαγωγῆς σώματος
ἰνδάλματος ψυχῆς στερισκομένου, ἡδονὴν δὲ γνῶσιν ζῴου
ἰνδάλματος ψυχῆς ἐν σώματι ἐναρμοζομένου πάλιν αὖ. ἐκεῖ
5 μὲν οὖν τὸ πάθος, ἡ δὲ γνῶσις τῆς αἰσθητικῆς ψυχῆς ἐν
τῇ γειτονίᾳ αἰσθανομένης καὶ ἀπαγγειλάσης τῷ εἰς ὃ λή-
γουσιν αἱ αἰσθήσεις. καὶ ἠλγύνθη μὲν ἐκεῖνο· λέγω δὲ τὸ
"ἠλγύνθη" τὸ "πέπονθεν ἐκεῖνο"· οἷον ἐν τῇ τομῇ τεμνο-
μένου τοῦ σώματος ἡ μὲν διαίρεσις κατὰ τὸν ὄγκον, ἡ δ'
10 ἀγανάκτησις κατὰ τὸν ὄγκον τῷ μὴ μόνον ὄγκον, ἀλλὰ καὶ
τοιόνδε ὄγκον εἶναι· ἐκεῖ δὲ καὶ ἡ φλεγμονή· ᾔσθετο δὲ ἡ
ψυχὴ παραλαβοῦσα τῷ ἐφεξῆς οἷον κεῖσθαι. πᾶσα δὲ
ᾔσθετο τὸ ἐκεῖ πάθος οὐκ αὐτὴ παθοῦσα. αἰσθανομένη
γὰρ πᾶσα ἐκεῖ λέγει τὸ πάθος εἶναι, οὗ ἡ πληγὴ καὶ ἡ ὀδύ-
15 νη. εἰ δ' ἦν αὐτὴ παθοῦσα ἐν παντὶ ὅλη τῷ σώματι οὖσα,
οὐκ ἂν εἶπεν οὐδ' ἂν ἐμήνυσεν ὅτι ἐκεῖ, ἀλλ' ἔπαθεν ἂν
τὴν ὀδύνην πᾶσα καὶ ὠδυνήθη ὅλη, καὶ οὐκ ἂν εἶπεν οὐδὲ
ἐδήλωσεν ὅτι ἐκεῖ, ἀλλὰ ὅπου ἐστὶν εἶπεν ἂν ἐκεῖ· ἔστι δὲ
πανταχοῦ. νῦν δὲ ὁ δάκτυλος ἀλγεῖ, καὶ ὁ ἄνθρωπος
20 ἀλγεῖ, ὅτι ὁ δάκτυλος ὁ τοῦ ἀνθρώπου. τὸν δὲ δάκτυλον ὁ
ἄνθρωπος λέγεται ἀλγεῖν, ὥσπερ καὶ ὁ γλαυκὸς ἄνθρωπος

---

18. 36 τὸν ἄνω (= τὸν νοῦν): τὸ ἄνω BJCreuzer   **19.** 6 τῷ :
τὸ w   10 ἀγανάκτησις CCreuzer : ἀνάκτησις wxU   καὶ
RJUC : καὶ τὸ w : om. B   11 φλεγμονή : φλεγομένη καὶ Aᵃᶜ
(καὶ expunctum)E   12 τῷ : τὸ w   18 ὅπου A¹γρmgJmgC :
ὃ ποῦ U : ποῦ Aᵃᶜ(expunctum)Ex

κατὰ τὸ ἐν ὀφθαλμῷ γλαυκόν. ἐκεῖνο μὲν οὖν τὸ πεπονθὸς
ἀλγεῖ, εἰ μή τις τὸ "ἀλγεῖ" μετὰ τὸ ἐφεξῆς αἰσθήσεως
περιλαμβάνοι· περιλαμβάνων δὲ δηλονότι τοῦτο σημαίνει,
ὡς ὀδύνη μετὰ τοῦ μὴ λαθεῖν τὴν ὀδύνην τὴν αἴσθησιν. 25
ἀλλ᾽ οὖν τὴν αἴσθησιν αὐτὴν οὐκ ὀδύνην λεκτέον, ἀλλὰ
γνῶσιν ὀδύνης· γνῶσιν δὲ οὖσαν ἀπαθῆ εἶναι, ἵνα γνῷ καὶ
ὑγιῶς ἀπαγγείλῃ. πεπονθὼς γὰρ ἄγγελος σχολάζων τῷ
πάθει ἢ οὐκ ἀπαγγέλλει, ἢ οὐχ ὑγιὴς ἄγγελος.

20. Καὶ τῶν σωματικῶν δὲ ἐπιθυμιῶν τὴν ἀρχὴν ἐκ
τοῦ οὕτω κοινοῦ καὶ τῆς τοιαύτης σωματικῆς φύσεως ἀκό-
λουθον τίθεσθαι γίνεσθαι. οὔτε γὰρ τῷ ὁπωσοῦν ἔχοντι
σώματι δοτέον τὴν ἀρχὴν τῆς ὀρέξεως καὶ προθυμίας, οὔτε
τῇ ψυχῇ αὐτῇ ἁλμυρῶν ἢ γλυκέων ζήτησιν, ἀλλὰ ὃ σῶμα 5
μέν ἐστιν, ἐθέλει δὲ μὴ μόνον σῶμα εἶναι, ἀλλὰ καὶ κι-
νήσεις ἐκτήσατο πλέον ἢ αὐτή, καὶ ἐπὶ πολλὰ διὰ τὴν ἐπί-
κτησιν ἠνάγκασται τρέπεσθαι· διὸ οὕτωσὶ μὲν ἔχον ἁλμυ-
ρῶν, οὕτωσὶ δὲ γλυκέων, καὶ ὑγραίνεσθαι καὶ θερμαίνεσθαι
οὐδὲν αὐτῷ μελῆσαν, εἰ μόνον ἦν. ὥσπερ δὲ ἐκεῖ ἐκ τῆς ὀ- 10
δύνης ἐγίνετο ἡ γνῶσις, καὶ ἀπάγειν ἐκ τοῦ ποιοῦντος τὸ
πάθος ἡ ψυχὴ βουλομένη ἐποίει τὴν φυγήν, καὶ τοῦ πρώ-
του παθόντος διδάσκοντος τοῦτο φεύγοντός πως καὶ αὐτοῦ
ἐν τῇ συστολῇ, οὕτω καὶ ἐνταῦθα ἡ μὲν αἴσθησις μαθοῦσα
καὶ ἡ ψυχὴ ἡ ἐγγύς, ἣν δὴ φύσιν φαμὲν τὴν δοῦσαν τὸ 15
ἴχνος, ἡ μὲν φύσις τὴν τρανὴν ἐπιθυμίαν τέλος οὖσαν τῆς
ἀρξαμένης ἐν ἐκείνῳ, ἡ δ᾽ αἴσθησις τὴν φαντασίαν, ἀφ᾽
ἧς ἤδη ἢ πορίζει ἡ ψυχή, ἧς τὸ πορίζειν, ἢ ἀντιτείνει καὶ
καρτερεῖ καὶ οὐ προσέχει οὔτε τῷ ἄρξαντι τῆς ἐπιθυμίας,

19. 22 κατὰ Creuzer : καὶ Enn.   23 ἀλγεῖ[2] xUC : ἀλγεῖν w
20. 7–8 ἐπίκτητον x   8 ἠνάγκαστο w   8–9 ἁλμυρῶν scil.
μέλει αὐτῷ   14 μαθοῦσα praedicatum   19 προσέχει A :
προέχει ExUC

20 οὔτε τῷ μετὰ ταῦτα ἐπιτεθυμηκότι. ἀλλὰ διὰ τί δύο ἐπι-
θυμίας, ἀλλ᾽ οὐκ ἐκεῖνο εἶναι τὸ ἐπιθυμοῦν μόνον τὸ σῶμα
τὸ τοιόνδε; ἢ εἰ ἔστιν ἕτερον ἡ φύσις, ἕτερον δὲ τὸ σῶμα
τὸ τοιόνδε παρὰ τῆς φύσεως γενόμενον—ἔστι γὰρ ἡ φύσις
πρὸ τοῦ τὸ τοιόνδε σῶμα γενέσθαι, αὕτη γὰρ ποιεῖ τὸ τοι-
25 όνδε σῶμα πλάττουσα καὶ μορφοῦσα—ἀνάγκη μήτε ἄρ-
χειν αὐτὴν τῆς ἐπιθυμίας, ἀλλὰ τὸ τοιόνδε σῶμα τὸ πεπον-
θὸς ταδὶ καὶ ἀλγυνόμενον τ ῶ ν ἐ ν α ν τ ί ω ν ἢ π ά σ χ ε ι ἐφιέ-
μενον, ἡδονῆς ἐκ τοῦ πονεῖν καὶ πληρώσεως ἐκ τῆς ἐνδείας·
τὴν δὲ φύσιν ὡς μητέρα, ὥσπερ στοχαζομένην τῶν τοῦ
30 πεπονθότος βουλημάτων, διορθοῦν τε πειρᾶσθαι καὶ ἐπαν-
άγειν εἰς αὐτὴν καὶ ζήτησιν τοῦ ἀκεσομένου ποιουμένην
συνάψασθαι τῇ ζητήσει τῇ τοῦ πεπονθότος ἐπιθυμίᾳ καὶ
τὴν περάτωσιν ἀπ᾽ ἐκείνου πρὸς αὐτὴν ἥκειν. ὥστε τὸ μὲν
ἐπιθυμεῖν ἐξ αὐτοῦ—εἴποι ἄν τις προεπιθυμίαν ἴσως καὶ
35 προθυμίαν—τὴν δὲ ἐξ ἄλλου καὶ δι᾽ ἄλλου ἐπιθυμεῖν,
τὴν δὲ ποριζομένην ἢ μὴ ἄλλην εἶναι.

21. Ὅτι δὲ τοῦτό ἐστι, περὶ ὃ ἡ ἀρχὴ τῆς ἐπιθυμίας,
καὶ αἱ ἡλικίαι μαρτυροῦσιν αἱ διάφοροι. ἄλλαι γὰρ παίδων
καὶ μειρακίων καὶ ἀνδρῶν αἱ σωματικαὶ ὑγιαινόντων τε
καὶ νοσούντων τοῦ ἐπιθυμητικοῦ τοῦ αὐτοῦ ὄντος· δῆλον
5 γὰρ ὅτι τῷ σωματικὸν καὶ σῶμα τοιόνδε εἶναι τρεπόμενον
παντοίας τροπὰς παντοδαπὰς καὶ τὰς ἐπιθυμίας ἴσχει.

---

20. 27 = Plat. *Phileb.* 35 a 2–4

20. 25 μήτε : μηδὲ Harder, sed μήτε recipitur ab 29 δὲ   33 τὸ
μὲν scil. σῶμα subiectum, ἐπιθυμεῖν praedicatum   34 προεπι-
θυμίαν (ἅπαξ εἰρημένον) Kleist: πρὸς ἐπιθυμίαν ADᶜxUC: πρὸς ἐπιθυ-
μίας (αν Aˡˢ)w   35 τὴν δὲ scil. φύσιν   36 τὴν δὲ scil. ψυχήν
21. 5 τῷ xUC: τὸ w   σωματικὸν praedicatum   καὶ etiam
5 σῶμα τοιόνδε subiectum   6 παντοδαπὰς cum ἐπιθυμίας con-
iungendum   ἴσχει Kirchhoff: ἴσχειν AxUC: ἴσχνειν E

καὶ τὸ μὴ συνεγείρεσθαι δὲ πανταχοῦ ταῖς λεγομέναις
προθυμίαις τὴν πᾶσαν ἐπιθυμίαν, εἰς τέλος τῆς σωματικῆς
μενούσης, καὶ πρὸ τοῦ τὸν λογισμὸν εἶναι μὴ βούλεσθαι ἢ
φαγεῖν ἢ πιεῖν ἐπί τι προελθοῦσαν τὴν ἐπιθυμίαν λέγει, ὅ- 10
σον ἦν ἐν τῷ τοιῷδε σώματι, τὴν δὲ φύσιν μὴ συνάψασθαι
αὐτὴν μηδὲ προσθέσθαι, μηδὲ βούλεσθαι, ὥσπερ οὐδὲ κατὰ
φύσιν ἐχούσης, ἄγειν εἰς φύσιν, ὡς ἂν αὐτὴν τῷ παρὰ φύ-
σιν καὶ κατὰ φύσιν ἐπιστατοῦσαν. εἰ δέ τις πρὸς τὸ πρότε-
ρον λέγοι ἀρκεῖν τὸ σῶμα διάφορον γινόμενον διαφόρους 15
τῷ ἐπιθυμητικῷ τὰς ἐπιθυμίας ποιεῖν, οὐκ αὔταρκες λέ-
γει πρὸς τὸ ἄλλου παθόντος ἄλλως αὐτὸ ὑπὲρ ἄλλου διαφό-
ρους ἐπιθυμίας ἔχειν, ὁπότε οὐδ᾽ αὐτῷ γίνεται τὸ ποριζό-
μενον. οὐ γὰρ δὴ τῷ ἐπιθυμητικῷ ἡ τροφὴ ἢ θερμότης καὶ
ὑγρότης [οὐδὲ κίνησις] οὐδὲ κούφισις κενουμένου οὐδὲ 20
πλήρωσις μεστουμένου, ἀλλ᾽ ἐκείνου πάντα.

22. Ἐπὶ δὲ τῶν φυτῶν ἆρα ἄλλο μὲν τὸ οἷον ἐναπηχη-
θὲν τοῖς σώμασιν αὐτῶν, ἄλλο δὲ τὸ χορηγῆσαν, ὃ δὴ ἐπι-
θυμητικὸν μὲν ἐν ἡμῖν, ἐν ἐκείνοις δὲ φυτικόν, ἢ ἐν μὲν τῇ
γῇ τοῦτο ψυχῆς ἐν αὐτῇ οὔσης, ἐν δὲ τοῖς φυτοῖς τὸ ἀπὸ
τούτου; ζητήσειε δ᾽ ἄν τις πρότερον, τίς ψυχὴ ἐν τῇ γῇ, 5
πότερα ἐκ τῆς σφαίρας τοῦ παντός, ἣν καὶ μόνην δοκεῖ

21. 7 λεγομέναις cf. IV. 4. 20. 34

21. 7–9 τὸ μὴ συνεγείρεσθαι...καὶ...μὴ βούλεσθαι infinitiui subiecta
ad λέγει quorum subiectum τὴν πᾶσαν ἐπιθυμίαν   8–9 εἰς—
μενούσης cum tamen corporea incitatio saepe ad finem usque perduret Ficinus
10 ἐπί—ἐπιθυμίαν et 11–12 τὴν—βούλεσθαι obiecta ad λέγει   10 λέ-
γειν w   11 συνάψασθαι scil. τῇ ἐπιθυμίᾳ   12 αὐτὴν ipsam
12 προσθέσθαι Apc (σ¹ expunctum) Kirchhoff: προθέσθαι ApcExUC
12 βούλεσθαι regit ἄγειν εἰς φύσιν   13 ἐχούσης (scil. τῆς ἐπιθυμίας)
intransitiuum   αὐτὴν scil. τὴν φύσιν   τῷ: τὸ w   18 αὐ-
τὸ w   20 οὐδὲ κίνησις del. Igal   κενουμένου Creuzer:
κινουμένου Enn.   22. 3 ἐν μὲν RJUC: ἐν μὴ w: ἐν B   6 ἦν
i.e. τὴν σφαῖραν obiectum ad ψυχοῦν

ψυχοῦν πρώτως Πλάτων οἷον ἔλλαμψιν εἰς τὴν γῆν, ἢ πάλιν
αὖ λέγων πρώτην καὶ πρεσβυτάτην θεῶν τῶν ἐντὸς
οὐρανοῦ καὶ αὐτῇ δίδωσι ψυχὴν οἵαν καὶ τοῖς ἄστροις·
10 πῶς γὰρ ἂν θεὸς εἴη, εἰ μὴ ἐκείνην ἔχοι; ὥστε συμβαίνει
καὶ τὸ πρᾶγμα ὅπως ἔχει ἐξευρεῖν δύσκολον, καὶ μείζω
ἀπορίαν ἢ οὐκ ἐλάττω ἐξ ὧν εἴρηκεν ὁ Πλάτων γίνεσθαι.
ἀλλὰ πρότερον, πῶς ἂν εὐλόγως ἔχειν τὸ πρᾶγμα δόξειε.
τὴν μὲν οὖν φυτικὴν ψυχὴν ὡς ἔχει ἡ γῆ, ἐκ τῶν φυομένων
15 ἐξ αὐτῆς ἄν τις τεκμαίροιτο· εἰ δὲ καὶ ζῷα πολλὰ ἐκ γῆς
γινόμενα ὁρᾶται, διὰ τί οὐ καὶ ζῷον ἄν τις εἴποι αὐτὴν εἶ-
ναι; ζῷον δὲ τοσοῦτον οὖσαν καὶ οὐ σμικρὰν μοῖραν τοῦ
παντὸς διὰ τί οὐ καὶ νοῦν ἔχειν φήσειε καὶ οὕτω θεὸν εἶναι;
εἴπερ δὲ καὶ τῶν ἄστρων ἕκαστον, διὰ τί οὐ καὶ τὴν γῆν
20 ζῷον μέρος τοῦ παντὸς ζῴου οὖσαν; οὐ γὰρ δὴ ἔξωθεν μὲν
συνέχεσθαι ὑπὸ ψυχῆς ἀλλοτρίας φατέον, ἔνδον δὲ μὴ ἔχειν
ὡς οὐ δυναμένης καὶ αὐτῆς ἔχειν οἰκείαν. διὰ τί γὰρ τὰ μὲν
πύρινα δύναται, τὸ δὲ γήινον οὔ; σῶμα γὰρ ἑκάτερον καὶ
οὐκ ἶνες οὐδὲ ἐκεῖ οὐδὲ σάρκες οὐδ' αἷμα οὐδὲ ὑγρόν· καί-
25 τοι ἡ γῆ ποικιλώτερον καὶ ἐκ πάντων τῶν σωμάτων. εἰ δ'
ὅτι δυσκίνητον, τοῦτο πρὸς τὸ μὴ κινεῖσθαι ἐκ τόπου λέγοι
τις ἄν. ἀλλὰ τὸ αἰσθάνεσθαι πῶς; πῶς γὰρ καὶ τὰ ἄ-
στρα; οὐ γὰρ δὴ οὐδὲ σαρκῶν τὸ αἰσθάνεσθαι, οὐδ' ὅλως
σῶμα δοτέον τῇ ψυχῇ, ἵνα αἰσθάνοιτο, ἀλλὰ τῷ σώματι
30 δοτέον ψυχήν, ἵνα ᾖ καὶ σῴζοιτο τὸ σῶμα· κριτικῇ δὲ οὔ-
σῃ τῇ ψυχῇ ὑπάρχει βλεπούσῃ εἰς σῶμα καὶ τῶν τούτου

---

22. 7 cf. Plat. *Tim.* 36 e   8–9 cf. Plat. *Tim.* 40 c 2–3   30 cf.
Plat. *Crat.* 400 c 7 = Orphicorum *Fr.* 8

---

22. 7 ἔλλαμψιν (nam sphaera animata sicut illuminatio): ἔλλαμψις
Kirchhoff   24 οὐδὲ[1] om. w   ἐκεῖ in terra   31 καὶ
insuper

παθημάτων τὴν κρίσιν ποιεῖσθαι. τίνα οὖν ⟨τὰ⟩ παθήματα
γῆς, καὶ τίνων αἱ κρίσεις; ἐπεὶ καὶ τὰ φυτά, καθόσον γῆς,
οὐκ αἰσθάνεται. τίνων οὖν αἰσθήσεις καὶ διά τίνων; ἢ οὐ
τολμητέον καὶ ἄνευ ὀργάνων γίνεσθαι αἰσθήσεις; καὶ εἰς 35
τίνα δὲ χρείαν τὸ αἰσθάνεσθαι αὐτῇ; οὐ γὰρ δὴ διὰ τὸ γι-
νώσκειν· ἀρκεῖ γὰρ ἡ τοῦ φρονεῖν ἴσως † γνῶσις, οἷς μὴ
ἐκ τοῦ αἰσθάνεσθαι γίνεταί τις χρεία. ἢ τοῦτο μὲν οὐκ ἄν
τις συγχωρήσειεν. ἔστι γὰρ καὶ παρὰ τὴν χρείαν ἐν τοῖς
αἰσθητοῖς εἴδησίς τις οὐκ ἄμουσος, οἷον ἡλίου καὶ τῶν ἄλ- 40
λων καὶ οὐρανοῦ καὶ γῆς· αἱ γὰρ τούτων αἰσθήσεις καὶ παρ᾽
αὐτῶν ἡδεῖαι. τοῦτο μὲν οὖν σκεπτέον ὕστερον· νῦν δὲ πά-
λιν, εἰ αἱ αἰσθήσεις τῇ γῇ, καὶ [ζῴων] τίνων αἱ αἰσθήσεις,
καὶ πῶς. ἢ ἀναγκαῖον πρότερον ἀναλαβεῖν τὰ ἀπορηθέν-
τα καὶ καθόλου λαβεῖν, εἰ ἄνευ ὀργάνων ἔστιν αἰσθάνεσθαι, 45
καὶ εἰ πρὸς χρείαν αἱ αἰσθήσεις, κἂν εἰ ἄλλο τι παρὰ τὴν
χρείαν γίγνοιτο.

23. Δεῖ δὴ θέσθαι, ὡς τὸ αἰσθάνεσθαι τῶν αἰσθητῶν
ἐστι τῇ ψυχῇ ἢ τῷ ζῴῳ ἀντίληψις τὴν προσοῦσαν τοῖς σώ-
μασι ποιότητα συνιείσης καὶ τὰ εἴδη αὐτῶν ἀποματτομέ-
νης. ἢ τοίνυν μόνη ἐφ᾽ ἑαυτῆς ἀντιλήψεται, ἢ μετ᾽ ἄλλου.
μόνη μὲν οὖν καὶ ἐφ᾽ ἑαυτῆς πῶς; ἐφ᾽ ἑαυτῆς γὰρ τῶν 5
ἐν αὐτῇ, καὶ μόνον νόησις· εἰ δὲ καὶ ἄλλων, δεῖ πρότερον
καὶ ταῦτα ἐσχηκέναι ἤτοι ὁμοιωθεῖσαν ἢ τῷ ὁμοιωθέντι

22. 33 cf. Aristot. De an. Γ 13. 435ᵇ1   42 ὕστερον cf.
IV. 4. 24. 1–14   42–3 cf. IV. 4. 26. 5–29   45 εἰ ἄνευ ὀργάνων cf.
IV. 4. 23. 1–49   46 εἰ πρὸς χρείαν cf. IV. 4. 24. 1–9

22. 32 ⟨τὰ⟩ Theiler   33 ἐπεὶ Müller : ἔπειτα Enn.   34 οὖν :
οὖν αἱ CKirchhoff   37 ἴσως γνῶσις fortasse glossa ad uocabulum
nunc interitum   43 εἰ num   43 ζῴων del. Theiler
23. 3 συνιείσης scil. τῆς ψυχῆς   5–6 τῶν ἐν αὐτῇ scil. ἀντιλήψεται
6 νόησις scil. ἐστίν

συνοῦσαν. ὁμοιωθῆναι μὲν οὖν ἐφ᾽ ἑαυτῆς μένουσαν οὐχ
οἷόν τε. πῶς γὰρ ἂν ὁμοιωθείη σημεῖον γραμμῇ; ἐπεὶ
10 οὐδ᾽ ἡ νοητὴ τῇ αἰσθητῇ ἂν γραμμῇ ἐφαρμόσειεν, οὐδὲ
τὸ νοητὸν πῦρ ἢ ἄνθρωπος τῷ αἰσθητῷ πυρὶ ἢ ἀνθρώπῳ.
ἐπεὶ οὐδ᾽ ἡ φύσις ἡ ποιοῦσα τὸν ἄνθρωπον τῷ γενομένῳ
ἀνθρώπῳ εἰς ταὐτόν. ἀλλὰ μόνη, κἂν εἰ οἷόν τε τῷ αἰσθητῷ
ἐπιβάλλειν, τελευτήσει εἰς νοητοῦ σύνεσιν, ἐκφυγόντος τοῦ
15 αἰσθητοῦ αὐτήν, οὐκ ἐχούσης ὅτῳ αὐτοῦ λάβοιτο. ἐπεὶ
καὶ τὸ ὁρατὸν ὅταν ψυχὴ πόρρωθεν ὁρᾷ, κἂν ὅτι μάλιστα
εἶδος εἰς αὐτὴν ἥκῃ, ἀρχόμενον τὸ πρὸς αὐτὴν οἷον ἀμερὲς
ὂν λήγει εἰς τὸ ὑποκείμενον χρῶμα καὶ σχῆμα, ὅσον ἐστὶν
ἐκεῖ ὁρώσης. οὐ τοίνυν δεῖ μόνα ταῦτα εἶναι, τὸ ἔξω καὶ
20 τὴν ψυχήν· ἐπεὶ οὐδ᾽ ἂν πάθοι· ἀλλὰ δεῖ τὸ πεισόμενον
τρίτον εἶναι, τοῦτο δέ ἐστι τὸ τὴν μορφὴν δεξόμενον. συμ-
παθὲς ἄρα καὶ ὁμοιοπαθὲς δεῖ εἶναι καὶ ὕλης μιᾶς καὶ τὸ
μὲν παθεῖν, τὸ δὲ γνῶναι, καὶ τοιοῦτον γενέσθαι τὸ πάθος,
οἷον σῴζειν μέν τι τοῦ πεποιηκότος, μὴ μέντοι ταὐτὸν εἶ-
25 ναι, ἀλλὰ ἅτε μεταξὺ τοῦ πεποιηκότος καὶ ψυχῆς ὄν, τὸ
πάθος ἔχειν μεταξὺ αἰσθητοῦ καὶ νοητοῦ κείμενον μέσον
ἀνάλογον, συνάπτον πως τὰ ἄκρα ἀλλήλοις, δεκτικὸν ἅμα
καὶ ἀπαγγελτικὸν ὑπάρχον, ἐπιτήδειον ὁμοιωθῆναι ἑκα-
τέρῳ. ὄργανον γὰρ ὂν γνώσεώς τινος οὔτε ταὐτὸν δεῖ τῷ
30 γινώσκοντι εἶναι οὔτε τῷ γνωσθησομένῳ, ἐπιτήδειον δὲ
ἑκατέρῳ ὁμοιωθῆναι, τῷ μὲν ἔξω διὰ τοῦ παθεῖν, τῷ δὲ
εἴσω διὰ τοῦ τὸ πάθος αὐτοῦ εἶδος γενέσθαι. εἰ δή τι νῦν
ὑγιὲς λέγομεν, δι᾽ ὀργάνων δεῖ σωματικῶν τὰς αἰσθήσεις

23. 13 μόνη scil. ἡ ψυχή   17 τὸ πρὸς αὐτὴν del. Theiler
18-9 ὅσον—ἐκεῖ obiectum ad ὁρώσης scil. τῆς ψυχῆς   22-3 τὸ
μὲν scil. τὸ τρίτον   23 τὸ δὲ scil. ἡ ψυχή   31 τῷ (bis): τὸ w
32 inter γενέσθαι et εἰ ins. IV. 4. 31. 28-34. 2 καὶ ὅλως—ἦν w   τι
xUC: τοι A¹ˢ: om. w   νῦν Theiler: τοίνυν Enn.

γίνεσθαι. καὶ γὰρ τοῦτο ἀκόλουθον τῷ τὴν ψυχὴν πάντη
σώματος ἔξω γενομένην μηδενὸς ἀντιλαμβάνεσθαι αἰσθη- 35
τοῦ. τὸ δὲ ὄργανον δεῖ ἢ πᾶν τὸ σῶμα, ἢ μέρος τι πρὸς
ἔργον τι ἀφωρισμένον εἶναι, οἷον ἐπὶ ἀφῆς καὶ ὄψεως. καὶ
τὰ τεχνητὰ δὲ τῶν ὀργάνων ἴδοι τις ἂν μεταξὺ τῶν κρι-
νόντων καὶ τῶν κρινομένων γινόμενα καὶ ἀπαγγέλλοντα
τῷ κρίνοντι τὴν τῶν ὑποκειμένων ἰδιότητα· ὁ γὰρ κανὼν 40
τῷ εὐθεῖ τῷ ἐν τῇ ψυχῇ καὶ τῷ ἐν τῷ ξύλῳ συναψάμενος
ἐν τῷ μεταξὺ τεθεὶς τὸ κρίνειν τῷ τεχνίτῃ τὸ τεχνητὸν
ἔδωκεν. εἰ δὲ συνάπτειν δεῖ τὸ κριθησόμενον τῷ ὀργάνῳ,
ἢ καὶ διά τινος μεταξὺ διεστηκότος πόρρω τοῦ αἰσθητοῦ,
οἷον εἰ πόρρω τὸ πῦρ τῆς σαρκὸς τοῦ μεταξὺ μηδὲν παθόν- 45
τος, ἢ οἷον εἰ κενόν τι εἴη μεταξὺ ὄψεως καὶ χρώματος,
δυνατὸν ὁρᾶν τοῦ ὀργάνου τῇ δυνάμει παρόντος, ἑτέρου
λόγου. ἀλλ᾽ ὅτι ψυχῆς ἐν σώματι καὶ διὰ σώματος ἡ
αἴσθησις, δῆλον.

24. Τὸ δὲ εἰ τῆς χρείας μόνον ἡ αἴσθησις, ὧδε σκεπτέ-
ον. εἰ δὴ ψυχῇ μὲν μόνῃ οὐκ ἂν αἴσθησις γίνοιτο, μετὰ δὲ
σώματος αἱ αἰσθήσεις, διὰ σῶμα ἂν εἴη, ἐξ οὗπερ καὶ αἱ
αἰσθήσεις, καὶ διὰ τὴν σώματος κοινωνίαν δοθεῖσα, καὶ
ἤτοι ἐξ ἀνάγκης ἐπακολουθοῦσα—ὅ τι γὰρ πάσχει τὸ 5
σῶμα, καὶ φθάνει τὸ πάθος μεῖζον ὂν μέχρι ψυχῆς—ἢ καὶ
μεμηχάνηται, ὅπως καὶ πρὶν μεῖζον γενέσθαι τὸ ποιοῦν,
ὥστε καὶ φθεῖραι, ἢ καὶ πρὶν πλησίον γενέσθαι, φυλάξασθαι.

---

23. 47–8 ἑτέρου λόγου = IV. 5

23. 34 τῷ : τὸ w   43–7 coniunge : εἰ...δεῖ (utrum oporteat)... ἢ
καὶ...δυνατὸν ὁρᾶν (an uisus esse possit)   44 διεστηκότος ... αἰσθη-
τοῦ genetiuus absolutus   46 ἢ uel   24. 4 δοθεῖσα scil. ἐστὶν
ἡ αἴσθησις   5 ἐπακολουθοῦσα x : ἐπακολουθούσης wUC   7 με-
μηχάνηται medium, subiectum ἡ αἴσθησις   8 φυλάξασθαι infi-
nitiuus pro uerbo finito

εἰ δὴ τοῦτο, πρὸς χρείαν ἂν εἶεν αἱ αἰσθήσεις. καὶ γὰρ εἰ
10 καὶ πρὸς γνῶσιν, τῷ μὴ ἐν γνώσει ὄντι ἀλλ' ἀμαθαίνοντι
διὰ συμφοράν, καὶ ἵνα ἀναμνησθῇ διὰ λήθην, οὐ τῷ μήτε
ἐν χρείᾳ μήτε ἐν λήθῃ. ἀλλ' εἰ τοῦτο, οὐ περὶ τῆς γῆς ἂν
μόνον εἴη σκοπεῖσθαι, ἀλλὰ καὶ περὶ ἄστρων ἁπάντων καὶ
μάλιστα περὶ παντὸς τοῦ οὐρανοῦ καὶ τοῦ κόσμου. μέρεσι
15 μὲν γὰρ πρὸς μέρη, οἷς καὶ τὸ παθεῖν ὑπάρχει, γένοιτο ἂν
αἴσθησις κατὰ τὸν παρόντα λόγον, ὅλῳ δὲ πρὸς αὐτὸ τίς
ἂν εἴη ἀπαθῶς ἔχοντι πανταχῇ ἑαυτοῦ πρὸς ἑαυτόν; καὶ
γὰρ εἰ δεῖ τὸ μὲν ὄργανον τοῦ αἰσθανομένου εἶναι, ἕτερον
δὲ παρὰ τὸ ὄργανον τὸ οὗ αἰσθάνεται ὑπάρχειν, τὸ δὲ πᾶν
20 ὅλον ἐστίν, οὐκ ἂν εἴη αὐτῷ τὸ μὲν δι' οὗ, τὸ δὲ οὗ ἡ
αἴσθησις· ἀλλὰ συναίσθησιν μὲν αὐτοῦ, ὥσπερ καὶ ἡμεῖς
ἡμῶν συναισθανόμεθα, δοτέον, αἴσθησιν δὲ ἀεὶ ἑτέρου οὖ-
σαν οὐ δοτέον· ἐπεὶ καὶ ὅταν ἡμεῖς παρὰ τὸ καθεστὼς ἀεί
τινος τῶν ἐν τῷ σώματι ἀντιλαμβανώμεθα, ἔξωθεν προσ-
25 ελθόντος ἀντιλαμβανόμεθα. ἀλλ' ὥσπερ ἐφ' ἡμῶν οὐ
μόνον τῶν ἔξωθεν ἡ ἀντίληψις, ἀλλὰ καὶ μέρει μέρους, τί
κωλύει καὶ τὸ πᾶν τῇ ἀπλανεῖ τὴν πλανωμένην ὁρᾶν,
καὶ ταύτῃ τὴν γῆν καὶ τὰ ἐν αὐτῇ βλέπειν; καὶ εἰ μὴ ἀπαθῆ
ταῦτα τῶν ἄλλων παθῶν, καὶ ἄλλας αἰσθήσεις ἔχειν καὶ
30 τὴν ὅρασιν μὴ μόνον ὡς καθ' αὑτὴν τῆς ἀπλανοῦς εἶναι,
ἀλλ' ὡς ὀφθαλμοῦ ἀπαγγέλλοντος τῇ τοῦ παντὸς ψυχῇ ἃ
εἶδε; καὶ γὰρ εἰ τῶν ἄλλων ἀπαθής, διὰ τί ὡς ὄμμα οὐκ
ὄψεται φωτοειδὲς ἔμψυχον ὄν; ἀλλ' ὀμμάτων, φησίν,
οὐκ ἐπεδεῖτο. ἀλλ' εἰ ὅτι μηδὲν ἔξωθεν ὑπελέλειπτο

---

24. 33–4 = Plat. Tim. 33 c 1–2

24. 10 τῷ—ὄντι scil. αἱ αἰσθήσεις εἰσίν　　11 οὐ τῷ Kirchhoff: οὕτω
wUC: οὔτε x　　17 ἑαυτόν ⟨τὸν κόσμον⟩ Enn.: ἑαυτό Kirchhoff
29 ante καὶ¹ tacite supplendum τί κωλύει　　ἄλλας: ἄλλως w

ὁρατόν, ἀλλ' ἔνδον γε ἦν καὶ ἑαυτὸν ὁρᾶν οὐδὲν ἐκώλυσεν· 35
εἰ δ' ὅτι μάτην ἂν ἦν αὐτὸν ὁρᾶν, ἔστω μὴ προηγουμένως
μὲν οὕτως ἕνεκα τοῦ ὁρᾶν γεγονέναι, ἀκολουθεῖν δὲ τῷ
οὕτως ἔχειν ἐξ ἀνάγκης. διὰ τί οὐκ ἂν εἴη τοιούτῳ ὄντι
σώματι διαφανεῖ τὸ ὁρᾶν;

25. Ἦ οὐκ ἀρκεῖ εἶναι τὸ δι' οὗ, ἵνα ὁρᾷ καὶ ὅλως
αἰσθάνηται, ἀλλὰ δεῖ τὴν ψυχὴν οὕτως ἔχειν, ὡς νεύειν
πρὸς τὰ αἰσθητά. ᾗ δὲ ψυχῇ ὑπάρχει ἀεὶ πρὸς τοῖς
νοητοῖς εἶναι, κἂν οἷόν τε ᾖ αὐτῇ αἰσθάνεσθαι, οὐκ ἂν
γένοιτο τοῦτο τῷ πρὸς κρείττοσιν εἶναι, ὁπότε καὶ ἡμῖν 5
σφόδρα πρὸς τοῖς νοητοῖς οὖσιν, ὅτε ἐσμέν, λανθάνουσι καὶ
ὄψεις καὶ αἰσθήσει ἄλλαι· κἂν πρὸς ἑτέρῳ δὲ ὅλως, τὰ
ἕτερα λανθάνει. ἐπεὶ καὶ τὸ μέρει τινὶ μέρους ἀντιλαμβά-
νεσθαι θέλειν, οἷον ἑαυτὸν εἰ καταβλέποι, περίεργον καὶ ἐφ'
ἡμῶν, καὶ εἰ μὴ ἕνεκά τινος, μάτην. ἄλλου τε ὄψιν ὡς 10
καλοῦ ὁρᾶν, πεπονθότος καὶ ἐνδεοῦς. ὀσφραίνεσθαι δὲ
[καὶ ἀκούειν] καὶ γεύεσθαι χυμῶν περιστάσεις ἄν τις καὶ
περιελκυσμοὺς τῆς ψυχῆς θεῖτο· ἥλιον δὲ καὶ τὰ ἄλλα
ἄστρα κατὰ συμβεβηκὸς ὁρᾶν καὶ ἀκούειν δέ. εἰ δὲ δὴ καὶ
ἐπιστρέφεσθαι δι' ἄμφω, οὐκ ἄλογος ἡ θέσις. ἀλλ' εἰ ἐπι- 15
στρέφοιτο, καὶ μνημονεύσει· ἢ ἄτοπον, ὧν εὐεργετεῖ, μὴ
μνημονεύειν. πῶς οὖν εὐεργετεῖ, εἰ μὴ μνημονεύει;

26. Γίνονται δὲ εὐχῶν γνώσεις κατὰ οἷον σύναψιν καὶ
κατὰ τοιάνδε σχέσιν ἐναρμοζομένων, καὶ αἱ ποιήσεις οὔ-

---

24. 36 μάτην = Plat. *Tim.* 33 d 4

24. 35 ὁρᾶν οὐδὲν transp. w   ἐκώλυεν x   38 τί ⟨οὖν⟩ Theiler
25. 3 ᾖ Theiler : τῇ Enn.   5 γένοιτο xUC : εἴη w   ὁπότε
causale   5–6 ἡμῖν et οὖσιν (datiuus ethicus) : ἡμᾶς et ὄντας
Kirchhoff   8 τό : τῷ wC   10 ἄλλου τε Kirchhoff (*aliud*
Ficinus) : ἀλλ' οὔτε Enn.   12 καὶ ἀκούειν del. Kleist
15 θέσις : θέωσις w   16 μὴ A¹ˢBJC : om. wR

τως· καὶ ἐν ταῖς μάγων τέχναις εἰς τὸ συναφὲς πᾶν· ταῦτα
δὲ δυνάμεσιν ἑπομέναις συμπαθῶς.

5 Εἰ δὲ τοῦτο, διὰ τί οὐ καὶ τὴν γῆν αἰσθάνεσθαι δώσο-
μεν; ἀλλὰ ποίας αἰσθήσεις; ἢ διὰ τί οὐ πρῶτον ἁφὴν καὶ
μέρει μέρους ἀναπεμπομένης ἐπὶ τὸ ἡγούμενον τῆς αἰσθή-
σεως καὶ τῷ ὅλῳ πυρὸς καὶ τῶν ἄλλων; καὶ γὰρ εἰ τὸ
σῶμα δυσκίνητον, οὔτι γε ἀκίνητον. ἀλλ' ἔσονται αἱ αἰ-
10 σθήσεις οὐ τῶν μικρῶν, ἀλλὰ τῶν μεγάλων. ἀλλὰ διὰ τί;
ἢ ὅτι ἀνάγκη ψυχῆς ἐνούσης τὰς κινήσεις τὰς μεγίστας
μὴ λανθάνειν. κωλύει δ' οὐδὲν καὶ διὰ τοῦτο τὸ αἰσθά-
νεσθαι γίνεσθαι, ἵνα εὖ τίθοιτο τὰ πρὸς ἀνθρώπους, ὅσον
εἰς αὐτὴν τὰ ἀνθρώπων ἀνάκειται—εὖ τίθοιτο δὲ οἷον συμ-
15 παθῶς—καὶ ἀκούειν δὲ εὐχομένων καὶ ἐπινεύειν εὐχαῖς
οὐχ ὃν ἡμεῖς τρόπον, καὶ ταῖς ἄλλαις αἰσθήσεσι παθητὴν
εἶναι πρὸς αὐτήν. καὶ τἆλλα, οἷον ὀσμῶν πέρι καὶ τῶν
γευστῶν; ἀλλ' ἤ, ὅσα ὀσφραντὰ κατὰ τὰς τῶν χυλῶν
ὀσμάς, πρὸς ζῴων πρόνοιαν καὶ κατασκευὴν καὶ ἐπισκευὴν
20 τοῦ σωματικοῦ αὐτῆς. καὶ οὐκ ἀπαιτητέον ἃ ἐφ' ἡμῶν ὄρ-
γανα· οὐδὲ γὰρ πᾶσι ζῴοις ταὐτά· οἷον ὦτα οὐ πᾶσι, καὶ
οἷς μὴ ἔστιν, ἀντίληψίς ἐστι ψόφων. περὶ δὲ ὄψεως, εἰ φω-
τὸς δεῖ, πῶς; οὐ γὰρ δὴ ἀπαιτητέον ὄμματα. εἰ οὖν τοῦ
φυτικοῦ συγχωρουμένου ἦν συγχωρεῖν, ἢ ἐν πνεύματι ὄν-
25 τος τοῦ φυτικοῦ πρώτως, οὕτως ἔχειν, ⟨ἢ⟩ ὄντος πνεύμα-
τος, τί χρὴ ἀπιστεῖν καὶ διαφανὲς εἶναι; μᾶλλον δ' εἴπερ

26. 23 cf. IV. 4. 24. 33-4   24 cf. IV. 4. 22. 14

26. 8 τῷ ὅλῳ : τὸ ὅλον w   18 ἀλλ' coniecimus : ἄλλοις Enn.
20 αὐτῆς scil. τῆς γῆς   24 ἦν συγχωρεῖν concedendum erat
25-6 ad οὕτως ἔχειν (i.e. εἶναι ἐν πνεύματι) et διαφανὲς εἶναι
subiectum τὴν γῆν   25 ⟨ἢ⟩ Cilento   ὄντος ARJ: ὄντως
EBUac (ω in o mut.) Cac (ω in o mut.)   25-6 ὄντος πνεύματος
scil. τοῦ φυτικοῦ

πνεῦμα, καὶ διαφανὲς καί, ἐλλαμπόμενον παρὰ τοῦ κύ-
κλου, ἐνεργείᾳ διαφανές· ὥστε οὐδὲν ἄτοπον οὐδ' ἀδύνα-
τον ὁρᾶν τὴν ἐν τῇ γῇ ψυχήν. καὶ δεῖ καὶ νοεῖν ψυχὴν οὐ
φαύλου σώματος εἶναι, ὥστε καὶ θεὸν εἶναι· πάντως γὰρ   30
καὶ ἀγαθὴν δεῖ ἀεὶ τὴν ψυχὴν εἶναι.

27. Εἰ οὖν τοῖς φυτοῖς δίδωσι τὴν γεννητικήν—ἢ αὐ-
τὴν τὴν γεννητικήν, ἢ ἐν αὐτῇ μὲν ἡ γεννητική, ταύτης δὲ
ἴχνος ἡ ἐν τοῖς φυτοῖς—καὶ οὕτως ἂν εἴη ὡς ἡ σὰρξ
ἔμψυχος ἤδη καὶ ἐκομίσατο, εἰ ἔχει, καὶ τὴν γεννητικὴν ἐν
αὐτοῖς τὰ φυτά. ἐνοῦσα δὲ δίδωσι τῷ σώματι τοῦ φυτοῦ   5
ὅπερ βέλτιον, ᾧ διαφέρει τοῦ κοπέντος καὶ οὐκέτι φυτοῦ,
ἀλλὰ μόνον ξύλου. ἀλλ' αὐτῷ γε τῷ σώματι τῆς γῆς τί
δίδωσιν ἡ ψυχή; οὐ ταὐτὸν δεῖ νομίζειν σῶμα εἶναι γήινον
ἀποτμηθέν τε τῆς γῆς καὶ μένον συνεχές, οἷα λίθοι δει-
κνύουσιν αὐξόμενοι μέν, ἕως εἰσὶ συνηρτημένοι, μένοντες δὲ   10
ὅσον ἐτμήθησαν ἀφῃρημένοι. ἕκαστον μὲν οὖν μέρος ἴχνος
ἔχειν δεῖ νομίζειν, ἐπιθεῖν δὲ ἐπὶ τούτῳ τὸ πᾶν φυτικόν,
ὃ οὐκέτι τοῦδέ ἐστιν ἢ τοῦδε, ἀλλὰ τῆς ὅλης· εἶτα τὴν τοῦ
αἰσθητικοῦ φύσιν οὐκέτι τῷ σώματι συμπεφυρμένην,
ἐποχουμένην δέ· εἶτα τὴν ἄλλην ψυχὴν καὶ νοῦν, ἣν δὴ   15
Ἑστίαν καὶ Δήμητραν ἐπονομάζουσιν ἄνθρωποι θείᾳ
φήμῃ καὶ φύσει ἀπομαντευομένῃ τὰ τοιαῦτα χρώμενοι.

28. Καὶ ταῦτα μὲν ταύτῃ. ἐπανιτέον δὲ πάλιν καὶ
περὶ τοῦ θυμοειδοῦς ζητητέον, εἰ, ὥσπερ τῶν ἐπιθυμιῶν

---

27. 14 = Plat. *Phaed.* 66 b 5   16 cf. IV. 4. 30. 19   28. 1
ἐπανιτέον cf. IV. 4. 21. 21

---

26. 27 πνεῦμα subiectum τὸ φυτικόν   διαφανὲς et ἐλλαμπόμενον
terra, cf. IV. 4. 22. 7   29–30 καὶ¹—εἶναι¹ meminissse uero oportet hanc
ipsam non esse uilis cuiusdam corporis animam Ficinus   29 δεῖ w : δὴ
xUC   27. 2 γεννητικήν scil. δίδωσιν   3–4 ad εἴη et ἐκομίσατο sub-
iectum τὰ φυτά   9 τε : δὲ w   12 τοῦτο w   17 ἀπομαντευόμενοι Α

τὴν ἀρχὴν καὶ ἀλγηδόνας καὶ ἡδονάς—τὰ πάθη, οὐ τὰς
αἰσθήσεις—ἐν τῷ οὕτως ἔχοντι σώματι ἐτίθεμεν τῷ οἷον
5 ζωωθέντι, οὕτω καὶ τοῦ θυμοῦ τὴν ἀρχὴν ἢ καὶ πάντα τὸν
θυμὸν τοῦ οὕτως ἔχοντος σώματος θησόμεθα ἢ μέρους τι-
νὸς σώματος, οἷον καρδίας οὕτως ἐχούσης ἢ χολῆς οὐ νε-
κροῦ σώματος· καὶ εἰ, ἄλλου ὄντος τοῦ διδόντος, τὸ ἴχνος
τὸ ψυχικόν, ἢ ἐνταῦθα ἔν τι τοῦτο ὁ θυμός, οὐκέτι παρὰ
10 φυτικοῦ ἢ αἰσθητικοῦ. ἐκεῖ μὲν οὖν καθ᾽ ὅλον τὸ σῶμα τὸ
φυτικὸν ὂν παντὶ ἐδίδου τῷ σώματι τὸ ἴχνος, καὶ τὸ
ἀλγεῖν ἦν ἐν παντὶ καὶ τὸ ἥδεσθαι, καὶ ἡ ἀρχὴ τῆς
ἐπιθυμίας ἐν παντὶ τοῦ πληροῦσθαι· ἡ δὲ τῶν ἀφροδισίων
οὐκ εἴρητο, ἀλλ᾽ ἔστω περὶ τὰ μόρια τῶν τοιούτων τελε-
15 στικά. ἔστω δὲ ὁ περὶ τὸ ἧπαρ τόπος τῆς ἐπιθυμίας ἀρχή,
ὅτι τὸ φυτικὸν ἐκεῖ ἐνεργεῖ μάλιστα, ὃ τὸ ἴχνος τὸ ψυχι-
κὸν τῷ ἥπατι καὶ τῷ σώματι παρέχει· ἐκεῖ δέ, ὅτι ἐκεῖ
ἄρχεται ἡ ἐνέργεια. ἀλλὰ περὶ τοῦ θυμικοῦ τί τε αὐτὸ καὶ
τίς ψυχή, καὶ εἰ ἀπ᾽ αὐτοῦ ἴχνος περὶ τὴν καρδίαν ἢ ἄλλο
20 τι τὴν κίνησιν εἰς συναμφότερον τελοῦν παρέχεται, ἢ ἐν-
ταῦθα οὐκ ἴχνος, ἀλλ᾽ αὐτὸ τὸ ὀργίζεσθαι παρέχεται. πρῶ-
τον οὖν σκεπτέον, τί αὐτό. ὅτι μὲν οὖν οὐχ ὑπὲρ ὧν ἂν
πάσχῃ τὸ σῶμα μόνον, ἀλλὰ καὶ ὑπὲρ ὧν ἂν καὶ ἕτερός τις
τῶν προσηκόντων, καὶ ὅλως ὑπὲρ ὧν ἄν τις παρὰ τὸ προσ-
25 ῆκον ποιῇ, ὀργιζόμεθα, δῆλόν που· ὅθεν καὶ αἰσθήσεως
δεῖ καὶ συνέσεώς τινος ἐν τῷ ὀργίζεσθαι. διὸ καὶ εἰς ταῦτά

28. 4 ἐτίθεμεν cf. IV. 4. 20. 1–3

28. 8 εἰ (scil. οὕτως ἐστίν, regitur ab 2 ζητητέον) *utrum* recipitur
ab 9 ἢ *an*   ἄλλου scil. ἢ τὸ οὕτως ἔχον σῶμα, cf. lin. 4   8–9 τὸ
ἴχνος τὸ ψυχικόν praedicatum, pro subiecto τὸ θυμοειδὲς (lin. 2)
subaudiendum   9 ἔν τι *simplex quiddam* scil. corporei   10 φυ-
τικοῦ Sleeman : θυμικοῦ wRJUC : μυθικοῦ B   18 θυμικοῦ Theiler :
θυμοῦ *Enn.*   19–20 ἄλλο τι e.g. χολή, cf. lin. 7   21 αὐτὸ
nominatiuus   τὸ ὀργίζεσθαι accusatiuus

τις ὁρῶν οὐκ ἐκ τοῦ φυτικοῦ ὡρμῆσθαι, ἀλλ' ἐξ ἄλλου ἂν
ζητοῖ τὸν θυμὸν τὴν γένεσιν ἴσχειν. ἀλλ' ὅταν ταῖς σω-
ματικαῖς διαθέσεσιν ἕπηται τὸ τῆς ὀργῆς πρόχειρον, καὶ
ὅταν οἱ μὲν ζέοντες αἵματι καὶ χολῇ ἕτοιμοι εἰς τὸ ὀργίζε-   30
σθαι ὦσιν, ἀνειμένοι δὲ πρὸς ὀργὰς οἱ ἄχολοι λεγόμενοι καὶ
κατεψυγμένοι, τά τε θηρία· πρὸς τὰς βράσεις οὐδενὸς ἄλ-
λου, ἀλλὰ πρὸς τὸ δοκηθὲν λυμήνασθαι τὰς ὀργὰς ἔχωσι,
πρὸς τὸ σωματικώτερον πάλιν αὖ καὶ πρὸς τὸ συνέχον τὴν
τοῦ ζῴου σύστασιν τὰς ὀργὰς ἄν τις ἀνοίσειε. καὶ ὅταν οἱ   35
αὐτοὶ νοσοῦντες μὲν ὀργιλώτεροι ἢ ὑγιαίνοντες, ἄγευστοι
δὲ σιτίων ἢ λαβόντες, σώματος τοιοῦδε μηνύουσι τὰς ὀρ-
γὰς ἢ τὰς ἀρχὰς τῆς ὀργῆς εἶναι, καὶ τὴν χολὴν ἢ τὸ αἷμα
οἷον ψυχοῦντα παρέχεσθαι τὰς τοιάσδε κινήσεις, ὥστε πα-
θόντος τοῦ τοιοῦδε σώματος εὐθέως κινεῖσθαι τὸ αἷμα ἢ   40
τὴν χολήν, αἰσθήσεως δὲ γενομένης τὴν φαντασίαν κοινώ-
σασαν τὴν ψυχὴν τῇ τοιοῦδε σώματος διαθέσει ἤδη πρὸς τὸ
ποιοῦν τὴν ἀλγηδόνα ἵεσθαι· ἄνωθεν δὲ αὖ τὴν ψυχὴν τὴν
λογισμῷ χρωμένην φανέντος ἀδικήματος—καὶ μὴ περὶ
τὸ σῶμα—ἔχουσαν ἕτοιμον τὸ ἐκείνως θυμούμενον ἅτε πε-   45
φυκὸς τῷ ἀποδειχθέντι ἐναντίῳ μάχεσθαι σύμμαχον τοῦτο
ποιεῖσθαι. καὶ εἶναι τὸ μὲν ἐγειρόμενον ἀλόγως καὶ ἐφέλ-
κεσθαι τῇ φαντασίᾳ τὸν λόγον, τὸ δὲ ἀρχόμενον ἀπὸ λόγου
καὶ λῆγον εἰς τὸ πεφυκὸς χολοῦσθαι· καὶ παρὰ τοῦ φυτικοῦ
καὶ γεννητικοῦ ἄμφω γίγνεσθαι κατασκευάζοντος τὸ σῶμα   50
οἷον ἀντιληπτικὸν ἡδέων καὶ λυπηρῶν, τὸ δὲ πεποιηκέναι
χολῶδες καὶ πικρόν. καὶ ⟨τῷ⟩ ἐν τοιούτῳ ⟨εἶναι⟩ ψυχῆς
ἴχνος [τῷ ἐν τοιούτῳ εἶναι] τοιάδε κινεῖσθαι δυσχεραντικὰ

---

28. 32 βράσεις (feruores animi) coniecimus: κράσεις *Enn.*: ὁράσεις
Igal   41–3 τὴν φαντασίαν subiectum ad κοινώσασαν et ἵεσθαι
51 τὸ δὲ (scil. φυτικὸν καὶ γεννητικόν): τῷ δὲ A   52–3 ⟨τῷ⟩ et
⟨εἶναι⟩ coniecimus ex deleto [τῷ ἐν τοιούτῳ εἶναι]

καὶ ὀργίλα καὶ τῷ κεκακῶσθαι πρῶτον αὐτὸ κακοῦν
55 πως ζητεῖν καὶ τὰ ἄλλα καὶ οἷον ὁμοιοῦν ἑαυτῷ. μαρτύ-
ριον δὲ τοῦ ὁμοούσιον εἶναι τοῦτο τῷ ἑτέρῳ ἴχνει ψυχῆς τὸ
τοὺς ἧττον τῶν σωματικῶν ἡδέων ἐφιεμένους καὶ ὅλως
σώματος καταφρονοῦντας ἧττον κινεῖσθαι πρὸς ὀργὰς [καὶ
ἀλόγῳ ἀπαθείᾳ]. τὸ δὲ τὰ δένδρα μὴ ἔχειν θυμὸν καίπερ
60 τὸ φυτικὸν ἔχοντα οὐ δεῖ θαυμάζειν· ἐπεὶ οὐδ' αἵματος
οὐδὲ χολῆς αὐτοῖς μέτεστιν. ἐγγενομένων μὲν γὰρ τούτων
ἄνευ αἰσθήσεως ζέσις ἂν ἐγένετο μόνον καὶ οἷον ἀγανά-
κτησις, αἰσθήσεως δὲ ἐγγενομένης καὶ πρὸς τὸ ἀδικοῦν
ἂν ἤδη, ὥστε καὶ ἀμύνεσθαι, ὁρμή. ἀλλ' εἰ τὸ ἄλογον τῆς
65 ψυχῆς διαιροῖτο εἰς τὸ ἐπιθυμητικὸν καὶ θυμοειδὲς καὶ τὸ
μὲν εἴη τὸ φυτικόν, τὸ δὲ θυμοειδὲς ἐξ αὐτοῦ ἴχνος περὶ
αἷμα ἢ χολὴν ἢ τὸ συναμφότερον, οὐκ ἂν ὀρθὴ ἡ ἀντιδιαί-
ρεσις γίνοιτο, τοῦ μὲν προτέρου, τοῦ δὲ ὑστέρου ὄντος. ἢ
οὐδὲν κωλύει ἄμφω ὕστερα καὶ τῶν ἐπιγενομένων ἐκ τοῦ
70 αὐτοῦ τὴν διαίρεσιν εἶναι· ὀρεκτικῶν γὰρ ἡ διαίρεσις,
ᾗ ὀρεκτικά, οὐ τῆς οὐσίας, ὅθεν ἐλήλυθεν. ἐκείνη δὲ
ἡ οὐσία καθ' αὑτὴν οὐκ ὄρεξις, ἀλλ' ἴσως τελειοῦσα τὴν
ὄρεξιν συνάψασα αὐτῇ τὴν παρ' αὑτῆς ἐνέργειαν. καὶ τὸ
ἐκπεσὸν δὲ εἰς θυμὸν ἴχνος περὶ τὴν καρδίαν λέγειν οὐκ
75 ἄτοπον· οὐ γὰρ τὴν ψυχὴν ἐνταῦθα, ἀλλὰ τὴν τοῦ αἵματος
ἀρχὴν τοῦ τοιοῦδε ἐνταῦθα λεγέσθω εἶναι.

29. Πῶς οὖν, εἴπερ τῷ θερμανθέντι τὸ σῶμα ἔοικεν
ἀλλ' οὐ τῷ φωτισθέντι, ἐξελθούσης τῆς ἄλλης ψυχῆς οὐδέν

---

28. 62–3 ζέσις ... καὶ ... ἀγανάκτησις cf. Plat. *Phaedr.* 251 c 4–5
64–5 cf. Plat. *Resp.* 439 d–e et Aristot. *De an.* Γ 9. 432ᵃ25–6

28. 58 πρὸς : πρὸς τὰς w   58–9 καὶ ἀλόγῳ ἀπαθείᾳ : καὶ ἀλό-
γῳ ἀπάθεια Bréhier (sic legendum, attamen pro glossa deleuimus)
67 ἢ² del. Theiler   73 αὐτῇ scil. τῇ ὀρέξει

τι ζωτικὸν ἔχει; ἢ ἔχει ἐπ' ὀλίγον, ἀπομαραίνεται δὲ θᾶτ-
τον, ὥσπερ καὶ ἐπὶ τῶν θερμανθέντων ἀποστάντων τοῦ
πυρός. μαρτυροῦσι δὲ καὶ τρίχες φυόμεναι ἐπὶ τῶν νεκρῶν 5
σωμάτων καὶ ὄνυχες αὐξόμενοι καὶ ζῷα διαιρούμενα ἐπὶ
πολὺ κινούμενα· τοῦτο γὰρ τὸ ἔτι ἐγκείμενον ἴσως. καὶ εἰ
συναπέρχεται δὲ τῇ ἄλλῃ ψυχῇ, οὐ τεκμήριον τοῦτο τοῦ μὴ
ἕτερον εἶναι. καὶ γὰρ ἀπελθόντος ἡλίου οὐ μόνον τὸ ἐφεξῆς
φῶς καὶ κατ' αὐτὸν καὶ ἐξηρτημένον ἀπέρχεται, ἀλλὰ καὶ 10
τὸ ἀπὸ τούτου εἰς τὸ ἔξω τούτου ὁρώμενον ἐν τοῖς παρα-
κειμένοις ἕτερον ὂν ἐκείνου συναπέρχεται. ἆρ' οὖν συν-
απέρχεται, ἢ φθείρεται; τοῦτο δὲ καὶ ἐπὶ τοῦ φωτὸς τοῦ
τοιούτου ζητητέον καὶ ἐπὶ τῆς ζωῆς τῆς ἐν τῷ σώματι,
ἣν δή φαμεν οἰκείαν τοῦ σώματος εἶναι. ὅτι μὲν γὰρ 15
οὐδέν ἐστιν τοῦ φωτὸς λειπόμενον ἐν τοῖς πεφωτισμένοις,
δῆλον· ἀλλ' εἰ μεταπίπτει εἰς τὸ πεποιηκὸς ἢ οὐκ ἔστιν
ἁπλῶς, ζητεῖ ὁ λόγος. πῶς οὖν οὐκ ἔστιν ἁπλῶς ὄν γέ
τι πρότερον; ἀλλὰ τί ἦν ὅλως, ὅτι μὲν αὐτῶν τῶν σω-
μάτων, ἀφ' ὧν τὸ φῶς, ἡ λεγομένη χρόα, καί, ὅταν φθαρτὰ 20
ᾖ τὰ σώματα, μεταβαλλόντων οὐκ ἔστι, καὶ οὐδεὶς ζητεῖ,
ὅπου τὸ χρῶμα τοῦ πυρὸς φθαρέντος, ὥσπερ οὐδ' ὅπου τὸ
σχῆμα; ἢ τὸ μὲν σχῆμα σχέσις τις, ὥσπερ συστολὴ τῆς
χειρὸς καὶ ἡ ἔκτασις, χρῶμα δὲ οὐχ οὕτως, ἀλλ' ὥσπερ
γλυκύτης. τί γὰρ κωλύει φθαρέντος τοῦ σώματος τοῦ γλυ- 25
κέος τὴν γλυκύτητα μὴ ἀπολωλέναι καὶ τοῦ εὐώδους τὴν
εὐωδίαν, ἐν ἄλλῳ δὲ σώματι γίνεσθαι, οὐκ αἰσθητὰ δὲ
εἶναι διὰ τὸ μὴ τοιαῦτα εἶναι τὰ σώματα τὰ μετειληφότα,

---

29. 6–7 cf. Aristot. *De an. A* 4. 409ª9

29. 19 ἀλλά—ὅτι sed unde omnino euenit, quod   20 χρόα scil.
ἐστί   21 μεταβαλλόντων scil. τῶν σωμάτων   καὶ del. Kleist
24 ἡ del. Volkmann

ὥστε ἀντερείδειν τὰς ἐπ' αὐτῶν γενομένας ποιότητας τῇ
30 αἰσθήσει; οὕτως οὖν καὶ τὸ φῶς τῶν φθαρέντων σωμάτων
μένειν, τὴν δὲ ἀντιτυπίαν τὸ ἐκ πάντων οὖσαν μὴ μένειν.
εἰ μή τις λέγοι νόμῳ ὁρᾶν, καὶ τὰς λεγομένας ποιότητας
μὴ ἐν τοῖς ὑποκειμένοις εἶναι. ἀλλ' εἰ τοῦτο, ἀφθάρτους
ποιήσομεν καὶ οὐ γινομένας ἐν ταῖς τῶν σωμάτων συστά-
35 σεσι τὰς ποιότητας, καὶ οὐδὲ τοὺς λόγους τοὺς ἐν τοῖς
σπέρμασι ποιεῖν τὰς χρόας, οἷον καὶ ἐπὶ τῶν ποικίλων ὀρ-
νίθων, ἀλλ' οὔσας συνάγειν ἢ ποιεῖν μέν, προσχρῆσθαι δὲ
καὶ ταῖς ἐν τῷ ἀέρι πλήρει ὄντι τῶν τοιούτων· καὶ γὰρ καὶ
εἶναι ἐν τῷ ἀέρι οὐ τοιαῦτα, οἷα, ὅταν γένηται, ἐν τοῖς σώ-
40 μασι φαίνεται. ἀλλ' αὕτη μὲν ἔστω ἡ ἀπορία ἐνθαδὶ κειμένη·
μενόντων δὲ τῶν σωμάτων εἰ συνήρτηται καὶ οὐκ ἀποτέ-
τμηται, τί κωλύει τὸ φῶς μετακινουμένου τοῦ σώματος
συμμετακινεῖσθαι τό τε προσεχὲς καὶ εἴ τι τῷ προσεχεῖ
συνήρτηται, κἂν μὴ ὁρᾶται ἀπιόν, ὥσπερ οὐδὲ προσιὸν
45 φαίνεται; ἀλλ' ἐπὶ τῆς ψυχῆς, εἰ συνέπεται τὰ δεύτερα
τοῖς προτέροις καὶ τὰ ἐφεξῆς ἀεὶ τοῖς πρὸ αὐτῶν, ἢ ἐφ'
ἑαυτῶν ἕκαστα καὶ ἐστερημένα τῶν πρὸ αὐτῶν καὶ δυνά-
μενα ἐφ' ἑαυτῶν μένειν ἢ ὅλως οὐδὲν ἀποτέτμηται τῆς ψυ-
χῆς μέρος, ἀλλὰ πᾶσαι μία καὶ πολλαί, καὶ ὅστις ὁ τρόπος,
50 ἐν ἄλλοις. ἀλλὰ τί τὸ ἤδη σώματος γενόμενον ἴχνος τῆς
ψυχῆς ὄν; ἢ εἰ μὲν ψυχή, συνέψεται, εἴπερ μὴ ἀποτέτμη-
ται, τῷ ψυχῆς λόγῳ· εἰ δὲ οἷον ζωὴ τοῦ σώματος, ὁ αὐτὸς
λόγος ἐκεῖ, ὃς περὶ φωτὸς ἰνδάλματος ἠπορεῖτο, καὶ εἰ δυ-
νατὸν ζωὴν ἄνευ ψυχῆς εἶναι, εἰ μὴ ἄρα τῷ παρακεῖσθαι

---

29. 32 cf. Democrit. *Fr.* B 125   50 ἐν ἄλλοις cf. IV. 9

---

29. 37 ἀλλ' οὔσας : ἀλούσας w   46 ἐφεξῆς : ἐξῆς w   47 καὶ²
del. Harder   51 εἰ : ἡ w   52 τῷ : τῷ τῆς x

τὴν ψυχὴν ἐνεργοῦσαν εἰς ἄλλο, ταῦτα σκεπτέον.   55

30. Νῦν δ᾽ ἐπειδὴ μνήμας μὲν ἐν τοῖς ἄστροις περιττὰς
εἶναι ἐθέμεθα, αἰσθήσεις δὲ ἔδομεν καὶ ἀκούσεις πρὸς ταῖς
ὁράσεσι καὶ εὐχῶν δὴ κλύοντας ἔφαμεν, ἃς πρὸς ἥλιον
ποιούμεθα καὶ δὴ καὶ πρὸς ἄστρα ἄλλοι τινὲς ἄνθρωποι,
καὶ πεπίστευται, ὡς δι᾽ αὐτῶν αὐτοῖς πολλὰ καὶ τελεῖται   5
καὶ δὴ καὶ οὕτω ῥᾷστα, ὡς μὴ μόνον πρὸς τὰ δίκαια τῶν
ἔργων συλλήπτορας εἶναι, ἀλλὰ καὶ πρὸς τὰ πολλὰ τῶν
ἀδίκων, τούτων τε πέρι παραπεπτωκότων ζητητέον—ἔχει
γὰρ καὶ καθ᾽ ἑαυτὰ μεγίστας καὶ πολυθρυλλήτους παρὰ
τοῖς δυσχεραίνουσιν ἀπορίας, θεοὺς συνεργοὺς καὶ αἰτίους   10
γίγνεσθαι ἀτόπων ἔργων, τῶν τε ἄλλων καὶ δὴ καὶ πρὸς
ἔρωτας καὶ ἀκολάστους συλλήψεις—τούτων τε οὖν εἵνεκα
καὶ μάλιστα περὶ οὗ ἐξ ἀρχῆς ὁ λόγος, τῆς μνήμης αὐτῶν.
δῆλον γὰρ ὅτι, εἰ εὐξαμένων ποιοῦσι καὶ οὐ παραχρῆμα
δρῶσιν αὐτά, ἀλλ᾽ εἰς ὕστερον καὶ πάνυ πολλάκις εἰς χρό-   15
νους, μνήμην ὧν εὔχονται ἄνθρωποι πρὸς αὐτοὺς ἔχουσιν.
ὁ δὲ πρόσθεν λόγος ὁ παρ᾽ ἡμῶν λεγόμενος οὐκ ἐδίδου
τοῦτο. ἀλλὰ καὶ πρὸς τὰς εἰς ἀνθρώπους εὐεργεσίας ἦν
ἂν τοιοῦτον, οἷον Δήμητρος καὶ Ἑστίας γῆς γε οὔσης εἰ

Accedit z (=QL) inde ab 30.5 πεπίστευται

---

30. 1 cf. IV. 4. 6–8   2–3 cf. IV. 4. 25. 13–26.4   17 ὁ
πρόσθεν λόγος cf. IV. 4. 6–8   19 cf. Eur. *Fr.* 944 (= Macrob. *Saturn.*
i. 23. 8; cf. etiam Anaxagoras *Fr.* A 20 b)

29. 55 post σκεπτέον additum : ἕως τούτου ἐν τοῖς Εὐστοχίου
τὸ δεύτερον περὶ ψυχῆς καὶ ἤρχετο τὸ τρίτον· ἐν δὲ τοῖς Πορφυρίου
συνάπτεται τὰ ἑξῆς τῷ δευτέρῳ wRJC   **30.** 5 πεπίστευται:
ἐπειδὴ πεπίστευται incipit z praemisso Πλωτίνου περὶ τοῦ πῶς δρᾷ
ἡ οὐρανία διάθεσις εἰς τὸν περίγειον κόσμον   8 πέρι ⟨τῶν⟩
Volkmann   9 καί[1] om. w   12–32 τούτων—λαμβάνοι
om. z   14 εὐξαμένων genetiuus absolutus   ποιοῦσι :
κλύουσι Harder   19 τοιοῦτον scil. ἡ μνήμη   γε coniecimus :
τε wxUC : νοῦ Theiler

20 μή τις τῇ γῇ μόνον τὸ εὖ ποιεῖν τὰ ἀνθρώπεια λέγοι.
ἀμφότερα οὖν πειρατέον δεικνύναι, πῶς τε τὰ τῆς μνήμης
θησόμεθα ἐν τούτοις—ὃ δὴ πρὸς ἡμᾶς ἔχει, οὐ πρὸς τὰ δο-
κοῦντα τοῖς ἄλλοις, οἳ οὐ κωλύονται μνήμας διδόναι—καὶ
περὶ τῶν ἀλλοκότως δοκούντων γίγνεσθαι, ὃ φιλοσοφίας
25 ἔργον ἐπισκέψασθαι, εἴ πη ἔστιν ἀπολογήσασθαι πρὸς
τὰ κατὰ θεῶν τῶν ἐν οὐρανῷ· καὶ δὴ καὶ περὶ αὐτοῦ
παντὸς τοῦ κόσμου—ὡς καὶ εἰς τοῦτον εἰσιν ἡ αἰτία ἡ
τοιαύτη—εἰ πιστοὶ οἱ λέγοντες, οἳ καὶ αὐτόν φασι τὸν
σύμπαντα οὐρανὸν γοητεύεσθαι ὑπὸ ἀνθρώπων τόλμης καὶ
30 τέχνης. καὶ περὶ δαιμόνων δὲ ἐπιζητήσει ὁ λόγος, ὅπως
τὰ τοιαῦτα ὑπουργεῖν λέγονται, εἰ μὴ διὰ τῶν προτέρων
λύσιν καὶ τὰ τούτων λαμβάνοι.

31. Καθόλου τοίνυν τὰς ποιήσεις ληπτέον ἁπάσας καὶ
τὰς πείσεις, ὅσαι γίγνονται ἐν τῷ παντὶ κόσμῳ, τάς τε
λεγομένας φύσει, καὶ ὅσαι τέχνῃ γίνονται· καὶ τῶν φύσει
τὰς μὲν φατέον ἐκ τοῦ παντὸς γίνεσθαι εἰς τὰ μέρη καὶ
5 ἐκ τῶν μερῶν εἰς τὸ πᾶν ἢ μερῶν εἰς μέρη, τὰς δὲ τέχνῃ
γινομένας ἢ τῆς τέχνης, ὥσπερ ἤρξατο, ἐν τοῖς τεχνη-
τοῖς τελευτώσης, ἢ προσχρωμένης δυνάμεσι φυσικαῖς εἰς
ἔργων φυσικῶν ποιήσεις τε καὶ πείσεις. τὰς μὲν οὖν τοῦ
ὅλου λέγω, ὅσα τε ἡ φορὰ ἡ πᾶσα ποιεῖ εἰς αὑτὴν καὶ εἰς
10 τὰ μέρη—κινουμένη γὰρ καὶ αὑτὴν διατίθησί πως καὶ τὰ
μέρη αὐτῆς—τά τε ἐν αὐτῇ τῇ φορᾷ καὶ ὅσα δίδωσι τοῖς
ἐπὶ γῆς· μερῶν δὲ πρὸς μέρη πείσεις ⟨καὶ ποιήσεις⟩ εὔδη-
λοί που παντί, ἡλίου τε πρός τε τὰ ἄλλα σχέσεις [καὶ ποι-

---

31. 7–8 cf. Plat. *Leg.* 889 d 3–6

30. 20 τῇ γῇ μόνον scil. γίγνεσθαι *ex terra tantum fieri*   26 τὰ
coniecimus : τὰς wxUC   32 λύσιν obiectum, τὰ subiectum ad
λαμβάνοι   31. 12 καὶ ποιήσεις e lin. 13–14 huc transp. Theiler

ἥσεις] καὶ πρὸς τὰ ἐπὶ γῆς καὶ τὰ ἐν τοῖς ἄλλοις στοιχείοις
αὐτοῦ τε καὶ τῶν ἄλλων καὶ τῶν ἐπὶ γῆς καὶ ἐν τοῖς ἄλ-   15
λοις—περὶ ὧν ἑκάστου ἐξεταστέον. τέχναι δὲ αἱ μὲν οἰ-
κίαν ποιοῦσαι καὶ τὰ ἄλλα τεχνητὰ εἰς τοιοῦτον ἔληξαν·
ἰατρικὴ δὲ καὶ γεωργία καὶ αἱ τοιαῦται ὑπηρετικαὶ καὶ
βοήθειαν εἰς τὰ φύσει εἰσφερόμεναι, ὡς κατὰ φύσιν ἔχειν·
ῥητορείαν δὲ καὶ μουσικὴν καὶ πᾶσαν ψυχαγωγίαν ἢ πρὸς   20
τὸ βέλτιον ἢ πρὸς τὸ χεῖρον ἄγειν ἀλλοιούσας, ἐν αἷς ζη-
τητέον, ὅσαι αἱ τέχναι καὶ τίνα τὴν δύναμιν ἔχουσι· καί,
εἴπερ οἷόν τε, ἐν τούτοις ἅπασι τοῖς πρὸς τὴν παροῦσαν
χρείαν ἡμῖν καὶ τὸ διατί ἐφ᾽ ὅσον δυνατὸν πραγματευτέον.
ὅτι μὲν οὖν ἡ φορὰ ποιεῖ, αὐτὴν μὲν πρῶτον διαφόρως   25
διατιθεῖσα καὶ τὰ ἐντὸς αὐτῆς, ἀναμφισβητήτως μὲν τὰ
ἐπίγεια οὐ μόνον τοῖς σώμασιν, ἀλλὰ καὶ ταῖς τῆς ψυχῆς
διαθέσεσι, καὶ τῶν μερῶν ἕκαστον εἰς τὰ ἐπίγεια καὶ ὅλως
τὰ κάτω ποιεῖ, πολλαχῇ δῆλον. εἰ δὲ καὶ ταῦτα εἰς ἐκεῖ-
να, ὕστερον· νῦν δὲ τὰ πᾶσιν ἢ τοῖς πλείστοις συγχωρού-   30
μενα ἐάσαντες οὕτως ἔχειν, ὅσα διὰ λόγου φανεῖται, πει-
ρατέον λέγειν τὸν τρόπον ἐξ ἀρχῆς τῆς ποιήσεως λαβόν-
τας. οὐ γὰρ μόνον θερμὰ καὶ ψυχρὰ καὶ τὰ τοιαῦτα, ἃ δὴ
ποιότητες πρῶται τῶν στοιχείων λέγονται, οὐδ᾽ ὅσαι ἐκ τῆς
τούτων μίξεως ποιεῖν λεκτέον οὐδὲ πάντα τὸν ἥλιον θερ-   35
μότητι, ψύξει δὲ ἄλλον τινά—τί γὰρ ἂν ψυχρὸν εἴη ἐν

Accedit w (= AE) 31. 28–34. 2

---

31. 17–19 cf. Plat. *Leg.* 889 d 3–6   30 ὕστερον cf. IV. 4. 40–42
34 λέγονται cf. Aristot. *Meteor. Δ* 1. 378ᵇ11–13; *De gen. et corr. B* 3.
330ᵇ3 sqq.

---

31. 16 ἑκάστου xUC : ἕκαστον wz   28–34. 2 καὶ²—ἦν iterantur
in AE inter γενέσθαι et εἰ IV. 4. 23. 32; lectiones primae uicis siglo
w (= AE) notauimus   35 πάντα neutrum

οὐρανίῳ καὶ πυρίνῳ σώματι;—οὐδ' ἄλλον ὑγρῷ πυρί. οὕτω
τε γὰρ οὐδὲ τὴν διαφορὰν αὐτῶν λαβεῖν οἷόν τε. πολλὰ
δὲ καὶ τῶν γινομένων εἰς τούτων τι οὐχ οἷόν τε ἀναγα-
40 γεῖν. οὐδὲ γὰρ εἴ τις τὰς τῶν ἠθῶν διαφορὰς δοίη αὐτοῖς
κατὰ τὰς τῶν σωμάτων κράσεις διὰ ψυχρότητα ἐπικρα-
τοῦσαν ἢ διὰ θερμότητα τοιαύτας—πῶς ἂν φθόνους ἢ
ζηλοτυπίας ἢ πανουργίας εἰς ταῦτα ἀνάγοι; ἀλλ' εἰ καὶ
ταῦτα, τύχας γοῦν πῶς, χείρους τε καὶ βελτίους, πλου-
45 σίους καὶ πένητας, καὶ πατέρων εὐγενείας ἢ αὐτῶν, θη-
σαυρῶν τε εὑρέσεις; μυρία ἄν τις ἔχοι λέγειν πόρρω
ἄγων σωματικῆς ποιότητος τῆς ἐκ τῶν στοιχείων εἰς τὰ
τῶν ζῴων σώματα καὶ ψυχὰς ἰούσης. οὐ μὴν οὐδὲ προαι-
ρέσει ἀναθετέον τῶν ἄστρων καὶ τῇ τοῦ παντὸς γνώμῃ
50 καὶ τοῖς τούτων λογισμοῖς τὰ συμπίπτοντα περὶ ἕκαστα
τῶν ὑπ' αὐτά. ἄτοπον γὰρ ἐκείνους μηχανᾶσθαι περὶ τὰ
τῶν ἀνθρώπων, ὅπως οἱ μὲν γένοιντο κλέπται, οἱ δὲ
ἀνδραποδισταὶ τοιχωρύχοι τε καὶ ἱερόσυλοι,
ἄνανδροί τε ἄλλοι καὶ θήλεις τὰ ἔργα καὶ τὰ πάθη καὶ τὰ
55 αἰσχρὰ δρῶντες. οὐ γὰρ ὅτι θεῶν, ἀλλ' οὐδὲ ἀνθρώπων
μετρίων, τάχα δὲ οὐδὲ ὡντινωνοῦν τὰ τοιαῦτα ἐργάζεσθαι
καὶ καταμηχανᾶσθαι, ἐξ ὧν αὐτοῖς οὐδ' ἡτισοῦν ὠφέλεια
ἂν γίγνοιτο.

32. Εἰ οὖν μήτε σωματικαῖς αἰτίαις ἀναθήσομεν μήτε
προαιρέσεσιν, ὅσα ἔξωθεν εἰς ἡμᾶς τε καὶ τὰ ἄλλα ζῷα καὶ
ὅλως ἐπὶ γῆς ἀφικνεῖται ἐξ οὐρανοῦ, τίς ἂν εἴη λοιπὴ καὶ
εὔλογος αἰτία; πρῶτον τοίνυν θετέον ζῷον ἓν πάντα

31. 52–3 = Plat. *Resp.* 344 b 3–4   32. 4–5 = Plat. *Tim.* 30 d 3–
31 a 1

31. 37 οὐρανίῳ Harder : οὐρανῷ *Enn.*   41 κατὰ : καὶ κατὰ w
41 σωμάτων scil. hominum   42 τοιαύτας cum διαφορὰς coniungendum,
πῶς excipit 40 οὐδὲ anacoluthice   45 ἢ αὐτῶν (scil. εὐγενείας) :
ἢ ταῦτα w : om. z   58 γίγνοιτο xUCw : γένοιτο A (γίγνοι Aᴵˢ) Ez

τὰ ζῷα τὰ ἐντὸς αὐτοῦ περιέχον τόδε τὸ πᾶν εἶναι, 5
ψυχὴν μίαν ἔχον εἰς πάντα αὐτοῦ μέρη, καθόσον ἐστὶν
ἕκαστον αὐτοῦ μέρος· μέρος δὲ ἕκαστόν ἐστι τὸ ἐν τῷ
παντὶ αἰσθητῷ, κατὰ μὲν τὸ σῶμα καὶ πάντη, ὅσον δὲ καὶ
ψυχῆς τοῦ παντὸς μετέχει, κατὰ τοσοῦτον καὶ ταύτῃ·
καὶ τὰ μὲν μόνης ταύτης μετέχοντα κατὰ πᾶν ἐστι μέρη, 10
ὅσα δὲ καὶ ἄλλης, ταύτῃ ἔχει τὸ μὴ μέρη πάντη εἶναι,
πάσχει δὲ οὐδὲν ἧττον παρὰ τῶν ἄλλων, καθόσον αὐτοῦ
τι ἔχει, καὶ κατ' ἐκεῖνα, ἃ ἔχει. συμπαθὲς δὴ πᾶν τοῦτο
τὸ ἕν, καὶ ὡς ζῷον ἕν, καὶ τὸ πόρρω δὴ ἐγγύς, ὥσπερ
ἐφ' ἑνὸς τῶν καθέκαστα ὄνυξ καὶ κέρας καὶ δάκτυλος καὶ 15
ἄλλο τι τῶν οὐκ ἐφεξῆς· ἀλλὰ διαλείποντος τοῦ μεταξὺ
καὶ παθόντος οὐδὲν ἔπαθε τὸ οὐκ ἐγγύς. οὐ γὰρ ἐφεξῆς
τῶν ὁμοίων κειμένων, διειλημμένων δὲ ἑτέροις μεταξύ, τῇ
δὲ ὁμοιότητι συμπασχόντων, καὶ εἰς τὸ πόρρω ἀφικνεῖσθαι
ἀνάγκη τὸ παρὰ τοῦ μὴ παρακειμένου δρώμενον· ζῴου τε 20
ὄντος καὶ εἰς ἓν τελοῦντος οὐδὲν οὕτω πόρρω τόπῳ, ὡς
μὴ ἐγγὺς εἶναι τῇ τοῦ ἑνὸς ζῴου πρὸς τὸ συμπαθεῖν φύσει.
τὸ μὲν οὖν ὁμοιότητα πρὸς τὸ ποιοῦν ἔχον πεῖσιν ἔχει οὐκ
ἀλλοτρίαν, ἀνομοίου δὲ ὄντος τοῦ ποιοῦντος ἀλλότριον
τὸ πάθημα καὶ οὐ προσηνὲς τὸ πάσχον ἴσχει. βλαβερὰν δὲ 25
ποίησιν ἄλλου πρὸς ἄλλου ἑνὸς ὄντος ζῴου οὐ δεῖ τεθαυ-
μακέναι· ἐπεὶ καὶ ἐφ' ἡμῶν ἐν ταῖς ἐνεργείαις ταῖς ἡμε-
τέραις βλάπτοι ἂν ἄλλο πρὸς ἄλλου μέρος, ἐπεὶ καὶ χολὴ

32. 6 εἰς πάντα : ἅπαντα τὰ w   7 μέρος² praedicatum, ἕκαστον...
τὸ subiectum   τὸ : τῷ w   10 πᾶν : μὲν πᾶν w   14 τὸ²
τῷ w : om. U   17 οὐδὲν cum παθόντος coniungendum   19 καὶ
etiam   21 τόπῳ : τόπου w : om. z   25 προσηνὲς accusatiuus,
τὸ πάσχον nominatiuus   26 πρὸς ἄλλου respectu alterius, similiter
lin. 28   ἄλλου² ApcEBRUCw : ἄλλο A(ου A¹ˢ)Jz   28 βλάπτοι
Enn.: βλάπτοιτ' Creuzer (laeditur Ficinus), sed actiuum desideratur
propter πιέζει et κεντεῖ   χολὴ : σχολὴ w

καὶ ὁ θυμὸς ἄλλο, ὡς δοκεῖ, πιέζει καὶ κεντεῖ. καὶ δὴ καὶ ἐν
30 τῷ παντὶ ἔστι τι θυμῷ καὶ χολῇ ἀνάλογον καὶ ἄλλο ἄλλῳ·
καὶ ἐν τοῖς φυτοῖς δὲ ἐμπόδιον ἔσται ἄλλο ἄλλῳ, ὥστε καὶ
ἀφαυᾶναι. τοῦτο δὲ οὐ μόνον ἓν ζῷον, ἀλλὰ καὶ πολλὰ ὂν
ὁρᾶται· ὥστε καθόσον μὲν ἕν, ἕκαστον τῷ ὅλῳ σῴζεται,
καὶ καθόσον δὲ καὶ πολλά, πρὸς ἄλληλα συνιόντα πολλαχῇ
35 τῷ διαφόρῳ ἔβλαψε· καὶ πρὸς τὴν αὐτοῦ χρείαν ἄλλο ἕτε-
ρον ἔβλαψε, καὶ δὴ καὶ τροφὴν ἐποιήσατο συγγενὲς ἅμα
καὶ διάφορον ὑπάρχον· καὶ σπεῦδον ἕκαστον ἑαυτῷ κατὰ
φύσιν, ὅσον τε οἰκεῖον τοῦ ἑτέρου, λαμβάνει εἰς αὐτό, καὶ
ὅσον ἀλλότριον ἐγίνετο, ἀφανίζει εὐνοίᾳ τῇ ἑαυτοῦ. ἔρ-
40 γον τε τὸ αὐτοῦ ποιοῦν ἕκαστον τὸ μὲν δυνηθὲν ἀπολαῦσαί
τι τῶν αὐτοῦ ἔργων ὠφέλησεν, ὃ δ' ἀδύνατον ἦν ὑπομεῖναι
τὴν ὁρμὴν τοῦ ἔργου, ἠφάνισεν ἢ ἔβλαψεν, ὥσπερ ὅσα αὐ-
ανθείη ἂν παριόντος πυρός, ἢ ζῷα ἐλάττω ὑπὸ μειζόνων
δρόμου παρασυρείη ἢ καί που πατηθείη. πάντων δὲ τού-
45 των ἡ γένεσις ἥ τε φθορὰ ἀλλοίωσίς τε πρὸς τὸ χεῖρον ἢ
βέλτιον τὴν τοῦ ἑνὸς ζῴου ἐκείνου ἀνεμπόδιστον καὶ κατὰ
φύσιν ἔχουσαν ζωὴν ἀποτελεῖ, ἐπείπερ οὐχ οἷόν τε ἦν ἕκα-
στα οὕτως ἔχειν, ὡς μόνα ὄντα, οὐδὲ πρὸς αὐτὰ τὸ τέλος
εἶναι καὶ βλέπειν μέρη ὄντα, ἀλλὰ πρὸς ἐκεῖνο, οὗπερ καὶ
50 μέρη, διάφορά τε ὄντα μὴ πάντα τὸ αὐτῶν ἐν μιᾷ ζωῇ ὄν-
τα ἀεὶ ἔχειν· οὐκ ἦν τε μένειν οὐδὲν πάντῃ ὡσαύτως, εἴπερ
ἔμελλε τὸ πᾶν μένειν ἐν τῷ κινεῖσθαι τὸ μένειν ἔχον.

33. Τῆς δὴ φορᾶς τὸ εἰκῇ οὐκ ἐχούσης, ἀλλὰ λόγῳ τῷ

---

32. 39 = Plat. Gorg. 485 a 2

32. 29 ὁ θυμός : ὠθισμὸς w   31 καὶ¹—ἄλλῳ om. w   34 καὶ¹
om. z   35–6 καὶ—ἔβλαψε om. x   37 ἀδιάφορον x   42–3 αὐ-
ανθείη wxCz : ἀναθείη U : ἂν αὖ θείη w   50 πάντα subiectum,
τὸ αὐτῶν obiectum   51 οὐδὲν : οὐδὲ w   52 ἔμελλε : μέλλειν w
52 ἐν : οὐ w

κατὰ τὸ ζῷον φερομένης, ἔδει καὶ συμφωνίαν τοῦ ποιοῦν-
τος πρὸς τὸ πάσχον εἶναι καί τινα τάξιν εἰς ἄλληλα καὶ
πρὸς ἄλληλα συντάσσουσαν, ὥστε καθ' ἑκάστην σχέσιν
τῆς φορᾶς καὶ τῶν αὖ ὑπὸ τὴν φορὰν ἄλλην καὶ ἄλλην 5
τὴν διάθεσιν εἶναι, οἷον μίαν ὄρχησιν ἐν ποικίλῃ χορείᾳ
ποιούντων· ἐπεὶ καὶ ἐν ταῖς παρ' ἡμῖν ὀρχήσεσι τὰ μὲν
ἔξω [πρὸς τὴν ὄρχησιν] καθ' ἕκαστον τῶν κινημάτων, ὡς
ἑτέρως μεταβαλλόντων τῶν συντελούντων πρὸς τὴν ὄρχη-
σιν, αὐλῶν τε καὶ ᾠδῶν καὶ τῶν ἄλλων τῶν συνηρτημένων, 10
τί ἄν τις λέγοι φανερῶν ὄντων; ἀλλὰ τὰ μέρη τοῦ τὴν ὄρ-
χησιν παρεχομένου καθ' ἕκαστον σχῆμα ἐξ ἀνάγκης οὐκ
ἂν ὡσαύτως δύναιτο ἔχειν, [τῶν μελῶν] τοῦ σώματος ταύτῃ
συνεπομένου καὶ καμπτομένου καὶ ⟨τῶν μελῶν⟩ πιεζο-
μένου μὲν ἑτέρου, ἀνιεμένου δὲ ἄλλου, καὶ τοῦ μὲν πονοῦν- 15
τος, τοῦ δὲ ἀναπνοήν τινα ἐν τῷ διαφόρῳ σχηματισμῷ δε-
χομένου. καὶ ἡ μὲν προαίρεσις τοῦ ὀρχουμένου πρὸς ἄλλο
βλέπει, τὰ δὲ πάσχει τῇ ὀρχήσει ἑπομένως καὶ ὑπουργεῖ ·
τῇ ὀρχήσει καὶ συναποτελεῖ τὴν πᾶσαν, ὥστε τὸν ἔμπειρον
ὀρχήσεως εἰπεῖν ἄν, ὡς τῷ τοιούτῳ σχηματισμῷ αἴρεται 20
μὲν ὑψοῦ τοδὶ μέλος τοῦ σώματος, συγκάμπτεται δὲ τοδί,
τοδὶ δὲ ἀποκρύπτεται, ταπεινὸν δὲ ἄλλο γίνεται, οὐκ ἄλλως
τοῦ ὀρχηστοῦ προελομένου τοῦτο ποιεῖν, ἀλλ' ἐν τῇ τοῦ
ὅλου σώματος ὀρχήσει θέσιν ταύτην ἀναγκαίαν ἴσχοντος
τοῦδε τοῦ μέρους τοῦ τὴν ὄρχησιν διαπεραίνοντος. τοῦτον 25
τοίνυν τὸν τρόπον καὶ τὰ ἐν οὐρανῷ φατέον ποιεῖν, ὅσα

33. 7 ἡμῶν *w*   7–8 τὰ μὲν ἔξω obiectum ad 11 λέ-
γοι   8 πρὸς τὴν ὄρχησιν del. Theiler ut iteratum e lin. 9–10
8–10 ὡς—ὄρχησιν aliter se permutantibus his *quae conducunt ad choream*
Ficinus   13 τῶν μελῶν post 14 καὶ² transp. Theiler   ταύτῃ
scil. τῇ ὀρχήσει   21 μέλος: μέρος *w*   22 οὐκ ἄλλως
haud incassum

ποιεῖ, τὰ δὲ καὶ σημαίνειν, μᾶλλον δὲ τὸν μὲν ὅλον κόσμον
τὴν ὅλην αὐτοῦ ζωὴν ἐνεργεῖν κινοῦντα ἐν αὑτῷ τὰ μέρη
τὰ μεγάλα καὶ μετασχηματίζοντα ἀεί, τὰς δὲ σχέσεις τῶν
30 μερῶν πρὸς ἄλληλα καὶ πρὸς τὸ ὅλον καὶ τὰς διαφόρους
αὐτῶν θέσεις ἑπόμενα καὶ τὰ ἄλλα, ὡς ζῴου ἑνὸς κινου-
μένου, παρέχεσθαι, ὡδὶ μὲν ἴσχοντα κατὰ τὰς ὡδὶ σχέσεις
καὶ θέσεις καὶ σχηματισμούς, ὡδὶ δὲ κατὰ τὰς ὡδί, ὡς
μὴ τοὺς σχηματιζομένους τοὺς ποιοῦντας εἶναι, ἀλλὰ τὸν
35 σχηματίζοντα, μηδ' αὖ τὸν σχηματίζοντα ἄλλο ποιοῦντα
ἄλλο ποιεῖν—οὐ γὰρ εἰς ἄλλο—ἀλλὰ αὐτὸν πάντα τὰ
γινόμενα εἶναι, ἐκεῖ μὲν τὰ σχήματα, ἐνθαδὶ δὲ τὰ συνε-
πόμενα τοῖς σχήμασιν ἀναγκαῖα παθήματα περὶ τὸ οὑτωσὶ
κινούμενον ζῷον εἶναι, καὶ αὖ περὶ τὸ οὑτωσὶ συγκεί-
40 μενον καὶ συνεστὼς φύσει καὶ πάσχον καὶ δρῶν εἰς αὑτὸ
ἀνάγκαις.

34. Ἡμᾶς δὲ διδόντας τὸ μέρος αὐτῶν εἰς τὸ πάσχειν,
ὅσον ἦν ἡμέτερον ἐκείνου τοῦ σώματος, μὴ τὸ πᾶν ἐκείνου
νομίζοντας, μέτρια παρ' αὐτοῦ πάσχειν· ὥσπερ οἱ ἔμφρονες
τῶν θητευόντων τὸ μέν τι τοῖς δεσπόζουσιν ὑπηρετοῦντες,
5 τὸ δ' αὐτῶν ὄντες, μετριωτέρων τῶν παρὰ τοῦ δεσπότου
ἐπιταγμάτων διὰ τοῦτο τυγχάνοντες, ἅτε μὴ ἀνδράποδα
ὄντες μηδὲ τὸ πᾶν ἄλλου. τὸ δὲ τῶν σχηματισμῶν διά-
φορον τῶν θεόντων μὴ ἰσοταχῶν ὄντων ἀναγκαῖον ἦν γίνε-
σθαι, ὡς νῦν γίνεται. λόγῳ δὲ φερομένων καὶ διαφόρων
10 τῶν σχέσεων τοῦ ζῴου γινομένων, εἶτα καὶ ἐνταῦθα τού-
των τῶν παρ' ἡμῖν συμπαθῶν πρὸς τὰ ἐκεῖ γινομένων,
εὔλογον ζητεῖν, πότερα συνέπεσθαι φατέον ταῦτα συμ-

---

33. 31 cf. Plat. Tim. 30 d 3

33. 35 ἄλλο : ἀλλὰ w   40 πάσχων w   34. 1 αὐτῶν =
ἡμῶν αὐτῶν   2 ἦν ultimum uocabulum in w

φωνοῦντα ἐκείνοις, ἢ τὰ σχήματα τὰς δυνάμεις τῶν ποιου-
μένων ἔχειν, καὶ τὰ σχήματα ἁπλῶς ἢ τὰ τούτων. οὐ γὰρ
ὁ αὐτὸς σχηματισμὸς ταὐτοῦ ἐπ' ἄλλου καὶ αὖ ἄλλων τὴν   15
αὐτὴν σημασίαν ἢ ποίησιν ἐργάζεται· ἐπεὶ καὶ καθ' αὑτὸν
ἕκαστος διάφορον ἔχειν τὴν φύσιν δοκεῖ. ἢ ὀρθῶς ἔχει
λέγειν τὴν τούτων σχημάτισιν ταδὶ καὶ τοιάνδε διάθεσιν
εἶναι, τὴν δὲ ἄλλων τὴν αὐτὴν οὖσαν ἐν σχηματισμῷ
ἄλλην; ἀλλ' εἰ τοῦτο, οὐκέτι τοῖς σχήμασιν, ἀλλ' αὐτοῖς   20
τοῖς σχηματιζομένοις δώσομεν. ἢ συναμφοτέροις; τοῖς
γον αὐτοῖς διάφορον σχέσιν λαβοῦσιν, ἀλλὰ καὶ τῷ αὐτῷ
μόνῳ διάφορον τόπον ἄλλα. ἀλλὰ τί; ποιήσεις ἢ σημα-
σίας; ἢ τῷ συναμφοτέρῳ τῷ σχηματισμῷ τῷ τούτων
ἄμφω καὶ ποιήσεις καὶ σημασίας ἐν πολλοῖς, ἀλλαχοῦ δὲ   25
σημασίας μόνον. οὗτος τοίνυν ὁ λόγος δυνάμεις μὲν δίδωσι
τοῖς σχήμασι, δυνάμεις δὲ καὶ τοῖς σχηματιζομένοις·
ἐπεὶ καὶ τῶν ὀρχουμένων ἔχει μὲν δύναμίν τινα καὶ χεὶρ
ἑκατέρα καὶ τὰ ἄλλα μέλη, ἔχει δὲ καὶ τὰ σχήματα
πολλήν, τρίτα δέ ἐστι τὰ συνεπόμενα, αὐτῶν τε τῶν   30
εἰς τὴν ὄρχησιν παραλαμβανομένων τὰ μέρη καὶ ἐξ ὧν
ταῦτα, οἷον χειρὸς τὰ συνθλιβόμενα καὶ νεῦρα καὶ φλέβες
συμπαθοῦντα.

35. Πῶς δὴ οὖν αὗται αἱ δυνάμεις; σαφέστερον γὰρ
πάλιν λεκτέον, τί τὸ τρίγωνον παρὰ τὸ τρίγωνον διάφορον
ἔχει, τί δὲ ὁδὶ πρὸς τονδί, καὶ κατὰ τί τοδὶ ἐργάζεται καὶ
μέχρι τίνος. ἐπειδὴ οὔτε τοῖς σώμασιν αὐτῶν οὔτε ταῖς
προαιρέσεσιν ἀπέδομεν τὰς ποιήσεις· τοῖς μὲν σώμασιν,   5
ὅτι μὴ μόνον σώματος ἦν ποιήματα τὰ γινόμενα, ταῖς δὲ

---

34. 17 ἕκαστος scil. ἀστήρ   18 καὶ : κατὰ Igal   διάθεσιν : θέ-
σιν x   23 ἄλλα coniungendum et cum τοῖς αὐτοῖς et cum τῷ
αὐτῷ   24 συναμφοτέρῳ i.e. coniunctio figurae cum astris (τού-
των) in configuratione   35. 3 ἔχειν w

προαιρέσεσιν, ὅτι ἄτοπον ἦν προαιρέσεσι θεοὺς ποιεῖν ἄτο-
πα. εἰ δὲ μνημονεύοιμεν, ὅτι ζῷον ἓν ὑπεθέμεθα εἶναι, καὶ
ὅτι οὕτως ἔχον συμπαθὲς αὐτὸ ἑαυτῷ, ἐξανάγκης ἔδει εἶναι,
10 καὶ δὴ καὶ ὅτι κατὰ λόγον ἡ διέξοδος τῆς ζωῆς σύμφωνος
ἑαυτῇ ἅπασα, καὶ ὅτι τὸ εἰκῆ οὐκ ἔστιν ἐν τῇ ζωῇ, ἀλλὰ
μία ἁρμονία καὶ τάξις, καὶ οἱ σχηματισμοὶ κατὰ λόγον, καὶ
κατ' ἀριθμοὺς δὲ ἕκαστα καὶ τὰ χορεύοντα ζῴου μέρη,
ἄμφω ἀνάγκη ὁμολογεῖν τὴν ἐνέργειαν τοῦ παντὸς εἶναι,
15 τά τε ἐν αὐτῷ γινόμενα σχήματα καὶ τὰ σχηματιζόμενα
μέρη αὐτοῦ, καὶ τὰ τούτοις ἑπόμενα καὶ οὕτω, καὶ τοῦτον
τὸν τρόπον ζῆν τὸ πᾶν, καὶ τὰς δυνάμεις εἰς τοῦτο συμβάλ-
λειν, ἅσπερ καὶ ἔχοντες ἐγένοντο ὑπὸ τοῦ εὐλόγως πεποιη-
κότος. καὶ τὰ μὲν σχήματα οἷον λόγους εἶναι ἢ διαστάσεις
20 ζῴου καὶ ῥυθμοὺς καὶ σχέσεις ζῴου κατὰ λόγον, τὰ δὲ
διεστηκότα καὶ ἐσχηματισμένα μέλη ἄλλα· καὶ εἶναι τοῦ
ζῴου δυνάμεις χωρὶς [τῆς] προαιρέσεως ἄλλας τὰς ὡς ζῴου
μέρη, ἐπεὶ τὸ τῆς προαιρέσεως αὐτοῖς ἔξω καὶ οὐ συν-
τελοῦν πρὸς τοῦ ζῴου τοῦδε τὴν φύσιν. μία γὰρ ἡ προαί-
25 ρεσις ἑνὸς ζῴου, αἱ δὲ δυνάμεις αἱ ἄλλαι αὐτοῦ πρὸς αὐτὸ
πολλαί. ὅσαι δ' ἐν αὐτῷ προαιρέσεις, πρὸς τὸ αὐτό, πρὸς
ὃ καὶ ἡ τοῦ παντὸς ἡ μία. ἐπιθυμία μὲν γὰρ ἄλλου πρὸς
ἄλλο τῶν ἐν αὐτῷ· λαβεῖν γάρ τι τῶν ἑτέρων ἐθέλει μέρος
τὸ ἄλλο μέρος ἐνδεὲς ὂν αὐτό· καὶ θυμὸς πρὸς ἕτερον, ὅταν
30 τι παραλυπῇ, καὶ ἡ αὔξησις παρ' ἄλλου καὶ ἡ γένεσις

35. 8 ὑπεθέμεθα cf. IV. 4. 32. 4

35. 18 ἅσπερ Theiler : ὥσπερ Enn. ἔχοντες scil. οἱ σχηματισμοί
18 εὐλόγως coniecimus : ἐν λόγοις Enn. 20–21 τὰ—μέλη subiectum,
ἄλλα (alia ac σχήματα, λόγοι, κτλ.) praedicatum 22 τῆς del.
Theiler 23 αὐτοῖς (spectat ad 21 μέλη) RJUz: αὐτῆς A(οις Aˢ)
E(οις Eˢ)BCᵃᶜ(in η scr. οι) 28 τι et μέρος nominatiui
29 τὸ—αὐτό accusatiui αὐτό ExUC : αὐτοῦ Az

εἰς ἄλλο τῶν μερῶν. Τὸ δ' ὅλον καὶ ἐν τούτοις μὲν ταῦτα
ποιεῖ, αὐτὸ δὲ τὸ ἀγαθὸν ζητεῖ, μᾶλλον δὲ βλέπει. τοῦτο
τοίνυν καὶ ἡ ὀρθὴ προαίρεσις ἡ ὑπὲρ τὰ πάθη ζητεῖ καὶ
εἰς τὸ αὐτὸ ταύτῃ συμβάλλει· ἐπεὶ καὶ τῶν παρ' ἄλλῳ
θητευόντων πολλὰ μὲν τῶν ἔργων αὐτοῖς βλέπει πρὸς τὰ 35
ἐπιταχθέντα ὑπὸ τοῦ δεσπότου, ἡ δὲ τοῦ ἀγαθοῦ ὄρεξις
πρὸς τὸ αὐτό, πρὸς ὃ καὶ ὁ δεσπότης. εἰ δὴ δρᾷ τι ἥλιος
καὶ τὰ ἄλλα ἄστρα εἰς τὰ τῇδε, χρὴ νομίζειν αὐτὸν μὲν
ἄνω βλέποντα εἶναι—ἐφ' ἑνὸς γὰρ τὸν λόγον ποιητέον
—ποιεῖσθαι δὲ παρ' αὐτοῦ, ὥσπερ τὸ θερμαίνεσθαι τοῖς 40
ἐπὶ γῆς, οὕτω καὶ εἴ τι μετὰ τοῦτο, ψυχῆς διαδόσει,
ὅσον ἐν αὐτῷ, φυτικῆς ψυχῆς πολλῆς οὔσης. καὶ ἄλλο
δὲ ὁμοίως οἷον ἐλλάμπον δύναμιν παρ' αὐτοῦ ἀπροαί-
ρετον διδόναι. καὶ πάντας δὴ ἕν τι οὕτως ἐσχηματισμένον
γενομένους τὴν διάθεσιν ἄλλην καὶ ἄλλην αὖ διδόναι· ὥστε 45
καὶ τὰ σχήματα δυνάμεις ἔχει—παρὰ γὰρ τὸ οὕτως ἢ
οὕτως ἄλλως καὶ ἄλλως—καὶ δι' αὐτῶν τῶν ἐσχημα-
τισμένων γίνεσθαί τι—παρὰ γὰρ [τὸ] τούτους ἄλλο καὶ
ἄλλο αὖ παρ' ἄλλους. ἐπεὶ καὶ καθ' αὑτὰ τὰ σχήματα,
ὡς δυνάμεις ἔχει, καὶ ἐπὶ τῶν τῇδε ἄν τις ἴδοι. διατί γὰρ 50
τὰ μὲν φοβερὰ τοῖς ὁρῶσι τῶν σχημάτων μηδέν τι προ-
πεπονθότων τῶν φοβουμένων, τὰ δὲ οὐ φοβεῖ ὀφθέντα;
καὶ ἄλλους μὲν ταδί, ἄλλους δὲ ταδί; ἢ ὅτι εἰς μὲν τὸ
τοιόνδε ταδὶ ἐργάζεται, εἰς δὲ τοῦτον ἄλλα, οὐκ ἂν μὴ
δυναμένων εἰς τὸ πεφυκὸς ποιεῖν. καὶ οὑτωσὶ μὲν σχημα- 55

---

35. 34 ἄλλῳ : ἄλλων w : ἄλλο Q   41 τοῦτο scil. τὸ θερμαί-
νεσθαι, ψυχῆς διαδόσει coniungendum cum 40 ποιεῖσθαι δὲ παρ'
αὐτοῦ   42 φυτικῆς Kirchhoff : φυσικῆς Enn.   44 πάντας (scil.
ἀστέρας, masculinum sicut 47–8 ἐσχηματισμένων et τούτους) conieci-
mus : πάντα Enn.   ἕν—ἐσχηματισμένον praedicatum   48 τὸ
del. Creuzer   50 ὡς = ὅτι   53 τὸ : τὸν Kirchhoff

τισθὲν ἐκίνησε τὴν ὄψιν, οὑτωσὶ δὲ οὐ τὸν αὐτόν. καὶ
γὰρ εἴ τις λέγοι τὸ κάλλος εἶναι τὸ κινοῦν, διατί τὸν
μὲν τοῦτο, τὸν δὲ ἄλλο ἐκίνησε, μὴ τῆς κατὰ τὸ σχῆμα
διαφορᾶς τὴν δύναμιν ἐχούσης; διατί γὰρ τὰς μὲν χρόας
60 φήσομεν δύναμιν ἔχειν καὶ ποιεῖν, τὰ δὲ σχήματα οὐ
φήσομεν; ἐπεὶ καὶ ὅλως ἄτοπον εἶναι μέν τι ἐν τοῖς οὖσι,
μὴ μέντοι ἔχειν τι ὃ δύναται. τὸ γὰρ ὂν τοιοῦτον, οἷον
ἢ ποιεῖν ἢ πάσχειν· καὶ ἐν μὲν τοῖς δοτέον τὸ ποιεῖν,
ἐπὶ δὲ τῶν ἄλλων ἄμφω. καὶ ἐν τοῖς ὑποκειμένοις δὲ
65 δυνάμεις καὶ παρὰ τὰ σχήματα· καὶ ἐν τοῖς παρ' ἡμῖν εἰσι
πολλαί, ἃς οὐ θερμὰ ἢ ψυχρὰ παρέχεται, ἀλλὰ γενόμενα
ποιότησι διαφόροις καὶ λόγοις εἰδοποιηθέντα καὶ φύσεως
δυνάμεως μεταλαβόντα, οἷον καὶ λίθων φύσεις καὶ βοτα-
νῶν ἐνέργειαι θαυμαστὰ πολλὰ παρέχονται.

36. Ποικιλώτατον γὰρ τὸ πᾶν καὶ λόγοι πάντες ἐν
αὐτῷ καὶ δυνάμεις ἄπειροι καὶ ποικίλαι· οἷον δέ φασι
καὶ ἐπ' ἀνθρώπου ἄλλην μὲν δύναμιν ἔχειν [ὀφθαλμὸν καὶ]
ὀστοῦν τόδε, τοδὶ δ' ἄλλην, χειρὸς μὲν τοδὶ καὶ δακτύλου
5 τοῦ ποδός, καὶ οὐδὲν μέρος εἶναι ὃ μὴ ἔχει καὶ οὐ τὴν
αὐτὴν δὲ ἔχει—ἀγνοοῦμεν δὲ ἡμεῖς, εἰ μή τις τὰ τοιαῦτα
μεμάθηκεν—οὕτω καὶ πολὺ μᾶλλον· μᾶλλον δὲ ἴχνος
ταῦτα ἐκείνων· ἐν τῷ παντὶ ἀδιήγητον δὲ καὶ θαυμαστὴν
ποικιλίαν εἶναι δυνάμεων, καὶ δὴ καὶ ἐν τοῖς κατ' οὐρανὸν
10 φερομένοις. οὐ γὰρ δή, ὥσπερ ἄψυχον οἰκίαν μεγάλην
ἄλλως καὶ πολλὴν ἔκ τινων εὐαριθμήτων κατ' εἶδος, οἷον
λίθων καὶ ξύλων, εἰ δὲ βούλει, καὶ ἄλλων τινῶν, εἰς

---

35. 61–2 cf. Plat. Soph. 248 c 4–5

35. 56 τὸ αὐτό Theiler   36. 3 ὀφθαλμὸν καὶ del. Theiler;
si tenetur, post 4 ὀστοῦν cum Igal inserendum ⟨ἄλλην, καὶ ἄλλην μὲν
ὀστοῦν⟩   7 πολὺ μᾶλλον scil. ἐν τῷ παντί   μᾶλλον δὲ immo
uero Ficinus   8 δὲ : δὴ Kirchhoff

κόσμον ἔδει αὐτὸ γεγονέναι, ἀλλ' εἶναι αὐτὸ ἐγρηγορὸς
πανταχῇ καὶ ζῶν ἄλλο ἄλλως καὶ μηδὲν δύνασθαι εἶναι,
ὃ μὴ ἔστιν αὐτῷ. διὸ καὶ ἐνταῦθα λύοιτο ἂν ἡ ἀπορία   15
ἡ πῶς ἐν ζῴῳ ἐμψύχῳ ἄψυχον· οὕτως γὰρ ὁ λόγος φησὶν
ἄλλο ἄλλως ζῆν ἐν τῷ ὅλῳ, ἡμᾶς δὲ τὸ μὴ αἰσθητῶς
παρ' αὐτοῦ κινούμενον ζῆν μὴ λέγειν· τὸ δέ ἐστιν ἕκαστον
ζῶν λανθάνον, καὶ τὸ αἰσθητῶς ζῶν συγκείμενον ἐκ τῶν
μὴ αἰσθητῶς μὲν ζώντων, θαυμαστὰς δὲ δυνάμεις εἰς τὸ   20
ζῆν τῷ τοιούτῳ ζῴῳ παρεχομένων. μὴ γὰρ ἂν κινηθῆναι
ἐπὶ τοσαῦτα ἄνθρωπον ἐκ πάντη ἀψύχων τῶν ἐν αὐτῷ
δυνάμεων κινούμενον, μηδ' αὖ τὸ πᾶν οὕτω ζῆν μὴ ἑκά-
στου τῶν ἐν αὐτῷ ζώντων τὴν οἰκείαν ζωήν, κἂν προαί-
ρεσις αὐτῷ μὴ παρῇ· ποιεῖ γὰρ καὶ προαιρέσεως οὐδεηθέν,   25
ἅτε προαιρέσεως ὂν προγενέστερον· διὸ καὶ πολλὰ δου-
λεύει αὐτῷ ταῖς δυνάμεσιν.

37. Οὐδὲν οὖν τῷ παντὶ ἀπόβλητον αὐτοῦ· ἐπεὶ καὶ
πῦρ καὶ ὅσα τῶν τοιούτων λέγομεν ποιεῖν, εἴ τις τὸ ποιεῖν
αὐτῶν ζητήσειε τί ποτ' ἐστὶ τῶν νῦν δοκούντων εἰδέναι,
ἀπορήσειεν ἄν, εἰ μὴ δύναμιν ταύτην ἀποδοίη αὐτῷ ⟨τῷ⟩
ἐν τῷ παντὶ εἶναι, καὶ τοῖς ἄλλοις δὲ τὸ τοιοῦτον τοῖς ἐν   5
χρήσει λέγοι. ἀλλ' ἡμεῖς τὰ μὲν συνήθη οὔτ' ἀξιοῦμεν
ζητεῖν οὔτ' ἀπιστοῦμεν, περὶ δὲ τῶν ἄλλων τῶν ἔξω τοῦ
συνήθους δυνάμεων ἀπιστοῦμέν τε ὡς ἔχει ἕκαστον, καὶ
τῷ ἀσυνήθει τὸ θαυμάζειν προστίθεμεν θαυμάσαντες ἂν
καὶ ταῦτα, εἰ ἀπείροις αὐτῶν οὖσιν ἕκαστόν τις προσφέρων   10
ἐξηγεῖτο αὐτῶν τὰς δυνάμεις. ἔχειν μὲν οὖν ἕκαστον

36. 15 αὐτῷ : ἐν αὐτῷ Kirchhoff : αὐτό Theiler   17 τὸ ApcxUC :
τῷ Aac(ᾧ eras., ὁ A¹)Ez   18 αὐτῶν w   κινουμένους z   24 ζών-
των (attractio ad τῶν) Enn. : ζῶντος Kirchhoff   27 αὐτῷ
(scil. τῷ παντὶ) Theiler : αὐτῶν wxUC : αὐτοῦ z   **37.** 4 ἀπο-
δοίη αὐτῷ x : αὐτῷ ἀποδοίη wUCz   ⟨τῷ⟩ Bréhier

δύναμίν τινα ἄλογον φατέον ἐν τῷ παντὶ πλασθὲν καὶ
μορφωθὲν καὶ μετειληφός πως ψυχῆς παρὰ τοῦ ὅλου ὄντος
ἐμψύχου καὶ περιειλημμένον ὑπὸ τοιούτου καὶ μόριον ὂν
15 ἐμψύχου—οὐδὲν γὰρ ἐν αὐτῷ ὅ τι μὴ μέρος—ἄλλα δὲ
ἄλλων πρὸς τὸ δρᾶν δυνατώτερα καὶ τῶν ἐπὶ γῆς καὶ τῶν
οὐρανίων μᾶλλον, ἅτε ἐναργεστέρᾳ φύσει χρώμενα· καὶ
γίνεσθαι πολλὰ κατὰ τὰς δυνάμεις ταύτας, οὐ τῇ προαι-
ρέσει ἀφ᾽ ὧν δοκεῖ ἰέναι τὸ δρώμενον—ἔστι γὰρ καὶ ἐν
20 τοῖς προαίρεσιν οὐκ ἔχουσιν—οὐδὲ ἐπιστραφέντων τῇ δό-
σει τῆς δυνάμεως, κἂν ψυχῆς τι ἀπ᾽ αὐτῶν ἴῃ. γένοιτο γὰρ
ἂν καὶ ζῷα ἐκ ζῴου οὐ τῆς προαιρέσεως ποιούσης οὐδ᾽
αὖ ἐλαττουμένου οὐδ᾽ αὖ παρακολουθοῦντος· ἀργὸς γὰρ
ἦν ἡ προαίρεσις, εἰ ἔχοι, ἢ οὐκ ἦν ἡ ποιοῦσα. εἰ δὲ μὴ
25 ἔχοι τι προαίρεσιν ζῷον, ἔτι μᾶλλον τὸ μὴ παρακολουθεῖν.

38. Ἅ τε οὖν ἐξ αὐτοῦ μηδενὸς κινήσαντος ἐκ τῆς ἄλ-
λης αὐτοῦ ζωῆς γίνεται [καὶ ὅλως ὅσα ἐξ αὐτοῦ], ὅσα τε
κινήσαντος ἄλλου, οἷον εὐχαῖς ἢ ἁπλαῖς ἢ τέχνῃ ᾀδο-
μέναις, ταῦτα οὐκ εἰς ἐκεῖνον ἕκαστον, ἀλλ᾽ εἰς τὴν τοῦ
5 δρωμένου φύσιν ἀνενεκτέον. καὶ ὅσα μὲν χρηστὰ πρὸς ζωὴν
ἤ τινα ἄλλην χρείαν συμβάλλεται τῇ δόσει, ἀνενεκτέον,
ἐξ ἄλλου μέρους μείζονος εἰς ἄλλο ἔλαττον ἰόν· ὅ τι δ᾽ ἂν
δυσχερὲς ἐξ αὐτῶν λέγηται εἰς τὰς γενέσεις τῶν ζῴων
ἰέναι, ἢ τῷ μὴ δύνασθαι τὸ εὔχρηστον δέξασθαι τὸ ὑποκεί-

---

37. 14 περιειλημμένου w   16 τῶν (bis) genetiui partitiui   καὶ² :
τὰ Volkmann   20 ἐπιστραφέντων (scil. πρὸς τὸ κάτω) Müller :
ἐπιστραφέντος Enn.   20–21 τῇ δόσει datiuus finalis   23 ἀρ-
γὸς Theiler : αὐτὸς Enn.   38. 1 αὐτοῦ et 2 αὐτοῦ¹ animalis
2 καὶ—ἐξ αὐτοῦ del. Bouillet   4 ἐκεῖνον (τὸν οὐρανόν) wBR(ω
R²ˢ) JUCz : ἐκείνων Rᴾᶜ (superorum Ficinus)   ἕκαστον nominatiuus
5 ἀνενεκτέον A¹ʸᵖᵐᵍˣC : ἀνενεγκτέον U : ἂν ἀνακτέον w : ἀνακτέον z
5 χρηστὰ Kirchhoff (utilia Ficinus) : χρὴ τὰ Enn.   6 ἀνενεκτέον
scil. εἰς τὸν οὐρανόν   7 ἰόντα Theiler   8 ἐξ αὐτῶν scil. ἐκ τῶν
ἄστρων   9 τῷ xUCQ : τὸ wL

μενον—οὐ γὰρ ἁπλῶς γίνεται τὸ γινόμενον, ἀλλ᾽ εἰς τοδὶ   10
καὶ ὡδί· καὶ δὴ καὶ τὸ πάσχον καὶ τὸ πεισόμενον ὑποκει-
μένην τινὰ καὶ τοιάνδε φύσιν ἔχειν—πολλὰ δὲ καὶ αἱ
μίξεις ποιοῦσιν, ἑκάστου τι εὔχρηστον εἰς τὸ ζῆν διδόντος.
γίνοιτο δ᾽ ἄν τῳ καὶ μὴ συμφερόντων τῶν λυσιτελῶν τὴν
φύσιν, καὶ ἡ σύνταξις ἡ τῶν ὅλων οὐ δίδωσιν ἑκάστῳ ἀεὶ   15
ὃ βούλεται· πολλὰ δὲ καὶ προστίθεμεν αὐτοὶ τοῖς δοθεῖσι.
πάντα δ᾽ ὅμως εἰς ἓν συμπλέκεται καὶ θαυμαστὴν τὴν
συμφωνίαν ἔχει καὶ ἀπ᾽ ἄλλων ἄλλα, κἂν ἀπ᾽ ἐναντίων ἴῃ·
πάντα γὰρ ἑνός. καὶ εἴ τι δὲ ἐλλεῖπον πρὸς τὸ βέλτιον τῶν
γινομένων μὴ εἰδοποιηθὲν εἰς τέλος μὴ κρατηθείσης τῆς   20
ὕλης, οἷον ἐλλεῖπον τῷ γενναίῳ, οὗ στερηθὲν πίπτει εἰς αἰ-
σχρότητα. ὥστε τὰ μὲν ποιεῖσθαι ὑπ᾽ ἐκείνων, τὰ δὲ τὴν ὑπο-
κειμένην φύσιν εἰσφέρεσθαι, τὰ δὲ παρ᾽ αὐτῶν προστιθέναι.

39. Συνταττομένων δὲ ἀεὶ πάντων καὶ εἰς ἓν συντελούν-
των πάντων, σημαίνεσθαι πάντα. ἀρετὴ δὲ ἀδέσποτον·
συνυφαίνεσθαι δὲ καὶ τὰ αὐτῆς ἔργα τῇ συντάξει, ἅτε καὶ
τῶν τῇδε ἐκεῖθεν ἐξηρτημένων, τῶν ἐν τῷδε τῷ παντὶ τοῖς
θειοτέροις, καὶ μετέχοντος καὶ τοῦδε ἐκείνων. γίνεται τοί-   5
νυν τὰ ἐν τῷ παντὶ οὐ κατὰ σπερματικούς, ἀλλὰ κατὰ λό-
γους περιληπτικοὺς καὶ τῶν προτέρων ἢ κατὰ τοὺς τῶν
σπερμάτων λόγους· οὐ γὰρ ἐν σπερματικοῖς λόγοις ἔνι τι
τῶν γινομένων παρὰ τοὺς σπερματικοὺς αὐτοὺς λόγους οὐδὲ
τῶν παρὰ τῆς ὕλης εἰς τὸ ὅλον συντελούντων οὐδὲ τῶν   10

---

39. 2 = Plat. *Resp.* 617 e 3

38. 11 δή: δεῖ z   καὶ τὸ πάσχον del. Harder   12 πολλὰ δὲ
καὶ continuat 9 ἢ   21 οἷον incipit apodosis   23 φύσιν
F³ᵐᵍ (*natura* Ficinus,   cf. lin. 12 et IV. 4. 39. 30): πίστιν *Enn.*
39. 4–5 τοῖς θειοτέροις regitur ab ἐξηρτημένων   8 τι Müller
(*quicquam* Ficinus): καὶ *Enn.*

δρωμένων εἰς ἄλληλα παρὰ τῶν γενομένων. ἀλλὰ μᾶλλον
ἂν ἐοίκοι ὁ λόγος τοῦ παντὸς κατὰ λόγον τιθέντα κόσμον
πόλεως καὶ νόμον, ἤδη εἰδότα ἃ πράξουσιν οἱ πολῖται καὶ
δι’ ἃ πράξουσι, καὶ πρὸς ταῦτα πάντα νομοθετοῦντος καὶ
15 συνυφαίνοντος τοῖς νόμοις τὰ πάθη πάντα αὐτῶν καὶ τὰ
ἔργα καὶ τὰς ἐπὶ τοῖς ἔργοις τιμὰς καὶ ἀτιμίας, πάντων
ὁδῷ οἷον αὐτομάτῃ εἰς συμφωνίαν χωρούντων. ἡ δὲ ση-
μασία οὐ τούτου χάριν, ἵνα σημαίνῃ προηγουμένως, ἀλλ’
οὕτω γιγνομένων σημαίνεται ἐξ ἄλλων ἄλλα· ὅτι γὰρ ἓν
20 καὶ ἑνός, καὶ ἀπ’ ἄλλου ἄλλο γινώσκοιτ’ ἄν, καὶ ἀπὸ αἰτια-
τοῦ δὲ τὸ αἴτιον, καὶ τὸ ἑπόμενον ἐκ τοῦ προηγησαμένου,
καὶ τὸ σύνθετον ἀπὸ θατέρου, ὅτι θάτερον καὶ θάτερον
ὁμοῦ ποιῶν. εἰ δὴ ταῦτα ὀρθῶς λέγεται, λύοιντο ἂν ἤδη αἱ
ἀπορίαι, ἥ τε πρὸς τὸ κακῶν δόσιν παρὰ θεῶν γίνεσθαι τῷ
25 μήτε προαιρέσεις εἶναι τὰς ποιούσας, φυσικαῖς δὲ ἀνάγ-
καις γίνεσθαι, ὅσα ἐκεῖθεν, ὡς μερῶν πρὸς μέρη, καὶ ἑπό-
μενα ἑνὸς ζωῇ, καὶ τῷ πολλὰ παρ’ αὑτῶν τοῖς γινομένοις
προστιθέναι, καὶ τῷ τῶν διδομένων παρ’ ἑκάστων οὐ κα-
κῶν ὄντων ἐν τῇ μίξει γίγνεσθαι ἄλλο τι, καὶ τῷ μὴ ἕνεκα
30 ἑκάστου ἀλλ’ ἕνεκα τοῦ ὅλου τὴν ζωήν, καὶ τὴν ὑποκει-
μένην δὲ φύσιν ἄλλο λαβοῦσαν ἄλλο πάσχειν καὶ μηδὲ
δύνασθαι κρατῆσαι τοῦ δοθέντος.

40. Τὰς δὲ γοητείας πῶς; ἢ τῇ συμπαθείᾳ, καὶ
τῷ πεφυκέναι συμφωνίαν εἶναι ὁμοίων καὶ ἐναντίωσιν
ἀνομοίων, καὶ τῇ τῶν δυνάμεων τῶν πολλῶν ποικιλίᾳ εἰς
ἓν ζῷον συντελούντων. καὶ γὰρ μηδενὸς μηχανωμένου
5 ἄλλου πολλὰ ἕλκεται καὶ γοητεύεται· καὶ ἡ ἀληθινὴ μαγεία

---

39. 11–17 cf. Plat. *Polit.* 305 e

39. 14 καὶ¹ del. Theiler   23 ποιῶν (scil. ὁ κόσμος) del. Kirchhoff
30 ζωὴν ⟨εἶναι⟩ Müller

ἡ ἐν τῷ παντὶ φιλία καὶ τὸ νεῖκος αὖ. καὶ ὁ γόης ὁ
πρῶτος καὶ φαρμακεὺς οὗτός ἐστιν, ὃν κατανοήσαντες
ἄνθρωποι ἐπ᾽ ἀλλήλοις χρῶνται αὐτοῦ τοῖς φαρμάκοις
καὶ τοῖς γοητεύμασι. καὶ γάρ, ὅτι ἐρᾶν πεφύκασι καὶ τὰ
ἐρᾶν ποιοῦντα ἕλκει πρὸς ἄλληλα, ἀλκῇ ἐρωτικῆς διὰ γοη-   10
τείας τέχνης γεγένηται, προστιθέντων ἐπαφαῖς φύσεις ἄλ-
λας ἄλλοις συναγωγοὺς καὶ ἐγκείμενον ἐχούσας ἔρωτα· καὶ
συνάπτουσι δὲ ἄλλην ψυχὴν ἄλλῃ, ὥσπερ ἂν εἰ φυτὰ διεστη-
κότα ἐξαψάμενοι πρὸς ἄλληλα. καὶ τοῖς σχήμασι δὲ προσ-
χρῶνται δυνάμεις ἔχουσι, καὶ αὐτοὺς σχηματίζοντες ὡδὶ   15
ἐπάγουσιν ἐπ᾽ αὐτοὺς ἀψοφητὶ δυνάμεις ἐν ἑνὶ ὄντες εἰς
ἕν. ἐπεὶ ἔξω γε τοῦ παντὸς εἴ τις ὑποθοῖτο τὸν τοιοῦ-
τον, οὔτ᾽ ἂν ἕλξειεν οὔτ᾽ ἂν καταγάγοι ἐπαγωγαῖς ἢ κατα-
δέσμοις· ἀλλὰ νῦν, ὅτι μὴ οἷον ἀλλαχοῦ ἄγει, ἔχει ἄγειν
εἰδὼς ὅπῃ τι ἐν τῷ ζῴῳ πρὸς ἄλλο ἄγεται. πέφυκε δὲ   20
καὶ ἐπῳδαῖς τῷ μέλει καὶ τῇ τοιᾷδε ἠχῇ καὶ τῷ σχήματι
τοῦ δρῶντος· ἕλκει γὰρ τὰ τοιαῦτα, οἷον τὰ ἐλεεινὰ σχήμα-
τα καὶ φθέγματα. ἀλλ᾽ ἡ ⟨ἄλογος⟩ ψυχή· οὐδὲ γὰρ ἡ προ-
αίρεσις οὐδ᾽ ὁ λόγος ὑπὸ μουσικῆς θέλγεται [ἀλλ᾽ ἡ ἄλο-
γος ψυχή], καὶ οὐ θαυμάζεται ἡ γοητεία ἡ τοιαύτη· καίτοι   25
φιλοῦσι κηλούμενοι, κἂν μὴ τοῦτο αἰτῶνται παρὰ τῶν τῇ

---

40. 6 = Empedocl. *Fr.* B 17. 7–8 = B 26. 5–6   6–7 γόης . . .
φαρμακεύς = Plat. *Symp.* 203 d 8

40. 9–10 ὅτι–ἄλληλα subiectum ad 11 γεγένηται   10 ἕλκει : ἐκεῖ w
10 ἀλκῇ ARJUCz : ἀλκὴ E : ἀλκῆς B : ὀλκῆς Kirchhoff   ἐρωτικῆς
coniungendum cum τέχνης   11 τέχνη Kirchhoff   προστι-
θέντων scil. τῶν ἀνθρώπων   ἐπαφαῖς obiectum ad προστιθέντων
11 φύσεις quae immiscentur amatorio   19 ἄγει A1sxUC : ἀλγεῖ wz
20 πέφυκε subiectum τὸ ἄγειν   20–21 πέφυκε–ἐπῳδαῖς *insita*
enim traducendi uis est carminibus Ficinus   21 ἐπῳδῆς Kirchhoff
21 μέλει et ἠχῇ instrumentales   22–3 σχήματα καὶ φθέγματα xUC :
φθέγματα καὶ σχήματα Aac(β . . . a A1s)Ez   23 ⟨ἄλογος⟩ Vitringa
23 οὐδὲ : οὐ Volkmann   24–5 ἀλλ᾽–ψυχή del. Vitringa

μουσικῇ χρωμένων. καὶ τὰς ἄλλας δὲ εὐχὰς οὐ τῆς προ-
αιρέσεως ἀκουούσης οἰητέον· οὐδὲ γὰρ οἱ θελγόμενοι ταῖς
ἐπῳδαῖς οὕτως, οὐδ' ὅταν γοητεύῃ ὄφις ἀνθρώπους, σύνεσιν
30 ὁ γοητευόμενος ἔχει, οὐδ' αἰσθάνεται, ἀλλὰ γινώσκει, ἤδη
παθών, ὅτι πέπονθεν, ἀπαθὲς δ' αὐτῷ τὸ ἡγούμενόν ἐστιν.
ᾧ δ' ηὔξατο, ἦλθέ τι πρὸς αὐτὸν ἐξ ἐκείνου ἢ πρὸς ἄλλον.

41. Ὁ δὲ ἥλιος ἢ ἄλλο ἄστρον οὐκ ἐπαΐει. καὶ γίνεται
τὸ κατὰ τὴν εὐχὴν συμπαθοῦς μέρους μέρει γενομένου,
ὥσπερ ἐν μιᾷ νευρᾷ τεταμένῃ· κινηθεῖσα γὰρ ἐκ τοῦ κάτω
καὶ ἄνω ἔχει τὴν κίνησιν. πολλάκις δὲ καὶ ἄλλης κινηθεί-
5 σης ἄλλη οἷον αἴσθησιν ἔχει κατὰ συμφωνίαν καὶ τῷ ὑπὸ
μιᾷ ἡρμόσθαι ἁρμονίᾳ. εἰ δὲ καὶ ἐν ἄλλῃ λύρᾳ ἡ κίνησις ἀπ'
ἄλλης ἔρχεται, ὅσον τὸ συμπαθές, καὶ ἐν τῷ παντὶ τοίνυν
μία ἁρμονία, κἂν ἐξ ἐναντίων ᾖ· καὶ ἐξ ὁμοίων δέ ἐστι καὶ
πάντων συγγενῶν καὶ τῶν ἐναντίων. καὶ ὅσα λωβᾶται
10 ἀνθρώπους, οἷον τὸ θυμοειδὲς ἑλχθὲν μετὰ χολῆς εἰς ἥπα-
τος φύσιν ἦλθεν, οὐχ ὡς λωβησόμενα· οἷον εἰ πῦρ τις ἐκ
πυρὸς λαβὼν ἔβλαψεν ἄλλον † ὁ μηχανησάμενος ἢ ἐλθεῖν
ἢ ὁ λαβὼν† ἐκεῖνος ποιεῖ τῷ δεδωκέναι γοῦν τι οἷον
μετατιθέν τι ἐξ ἄλλου εἰς ἄλλο· καὶ τὸ ἐληλυθὸς δέ, εἰ μὴ
15 οἷός τε ἐγένετο δέξασθαι εἰς ὃν μετηνέχθη.

42. Ὥστε οὔτε μνήμης διὰ τοῦτο δεήσει τοῖς ἄστροις,
οὗπερ χάριν καὶ ταῦτα πεπραγμάτευται, οὔτε αἰσθήσεων

---

40. 28 οὐδὲ xUC: οὐ wz   29 ὄφις ἀνθρώπους ΑρcxUC: ἄν-
θρωπος ὄφιν Αac(ους et ς et β...α Α1s)L: ἄνθρωπος ὄφις Ε: ἄνθρω-
πος ὄφεις Q   31 αὐτῷ xUC: αὐτὸ wz   32 ἄλλον xUC:
ἄλλο wz   **41.** 7 ὅσον relatiuum   12 ἄλλο w   ὁ: οὐ
R2s (*nequaquam* Ficinus) Creuzer   12–13 ὁ–ὁ λαβὼν locus
nondum sanatus   13 τῷ wUz: τὸ xC   13–4 τῷ—μετατιθέν
τι *quoniam aliquid* (scil. ignem) *praebuit quod quasi traderet quiddam*
(scil. alterum ignem)   13 γοῦν τι: ἀγνοοῦντι Theiler
14 μετατιθέν τι: μετατεθὲν Creuzer (*translatum* Ficinus): μετατεθέν
τι Theiler   τὸ ἐληλυθὸς (i.e. τὸ πῦρ) scil. λωβᾶται

ἀναπεμπομένων· οὔτε ἐπινεύσεις τοῦτον τὸν τρόπον εὐ-
χαῖς, ὡς οἴονταί τινες, προαιρετικάς τινας, ἀλλὰ καὶ μετ'
εὐχῆς γίνεσθαί τι δοτέον καὶ εὐχῆς ἄνευ παρ' αὐτῶν, ᾗ   5
μέρη καὶ ἑνός· καὶ ὅτι δυνάμεις καὶ χωρὶς προαιρέσεως
πολλαὶ καὶ αὗται καὶ ἄνευ μηχανῆς καὶ μετὰ τέχνης, ὡς ἐν
ζῴῳ ἑνί· καὶ ἀπολαύει ἄλλο ἄλλου καὶ βλάπτεται τῷ οὕτω
πεφυκέναι, καὶ τέχναις ἰατρῶν καὶ ἐπαοιδῶν ἄλλο ἄλλῳ
ἠναγκάσθη παρασχεῖν τι τῆς δυνάμεως τῆς αὐτοῦ. καὶ τὸ   10
πᾶν δὲ ὡσαύτως εἰς τὰ μέρη δίδωσι καὶ παρ' αὐτοῦ καὶ
ἑλκύσαντος ἄλλου εἰς μέρος τι αὐτοῦ, κείμενον τοῖς αὐτοῦ
μέρεσι τῷ αὐτοῦ φυσικῷ, ὡς μηδενὸς ἀλλοτρίου τοῦ αἰ-
τοῦντος ὄντος. εἰ δὲ κακὸς ὁ αἰτῶν, θαυμάζειν οὐ δεῖ· καὶ
γὰρ ἐκ ποταμῶν ἀρύονται οἱ κακοί, καὶ τὸ διδὸν αὐτὸ οὐκ   15
οἶδεν ᾧ δίδωσιν, ἀλλὰ δίδωσι μόνον· ἀλλ' ὅμως συντέτακ-
ται καὶ ⟨ὃ⟩ δέδοται τῇ φύσει τοῦ παντός· ὥστε, εἴ τις
ἔλαβεν ἐκ τῶν πᾶσι κειμένων, οὐ δέον, ἕπεσθαι αὐτῷ ἀναγ-
καίῳ νόμῳ τὴν δίκην. οὔκουν δοτέον τὸ πᾶν πάσχειν· ἢ τὸ
μὲν ἡγεμονοῦν αὐτοῦ ἀπαθὲς δοτέον πάντῃ εἶναι, γιγνο-   20
μένων δὲ παθῶν ἐν μέρεσιν αὐτοῦ ἐκείνοις μὲν ἥκειν τὸ
πάθος, παρὰ φύσιν δὲ μηδενὸς αὐτῷ ὄντος ἀπαθὲς [τὸ γενό-
μενον] ὡς πρὸς αὐτὸ εἶναι. ἐπεὶ καὶ τοῖς ἄστροις, καθόσον
μὲν μέρη, τὰ πάθη, ἀπαθῆ μέντοι αὐτὰ εἶναι τῷ τε τὰς
προαιρέσεις καὶ αὐτοῖς ἀπαθεῖς εἶναι καὶ τὰ σώματα αὐ-   25
τῶν καὶ τὰς φύσεις ἀβλαβεῖς ὑπάρχειν καὶ τῷ, καὶ εἰ διὰ

42. 15 prouerbium esse uidetur

42. 8 τῷ : τὸ w   9 τέχναις coniecimus : τέχναι καὶ Enn.
12 κείμενον nominatiuus   13 αὐτοῦ : αὐτῷ A   15 αὐτὸ z :
αὐτοῦ wxC : αὐτοῦ U   16 ᾧ Harder, testatur Theologia :
ὃ Enn.   17 ⟨ὃ⟩ Theiler   22 ἀπαθὲς subiectum τὸν
κόσμον   22–3 τὸ γενόμενον deleuimus : ⟨εἰς⟩ τὸ γενόμενον
Seidel : τὸ ἡγεμονοῦν Igal   23 ὡς—εἶναι quatenus ad seipsum
conuersus   αὐτὸ Theiler : αὐτὸ z : αὐτὸν ExUC : αὐτὴν A(ὃν A¹ˢ)

τῆς ψυχῆς τι διδόασι, μὴ ἐλαττοῦσθαι αὐτοῖς τὴν ψυχὴν
καὶ τὰ σώματα αὐτοῖς τὰ αὐτὰ μένειν καί, εἴ τι ὑπεκρεῖ,
ἀναισθήτως ἀπιόντος καὶ τοῦ προσιόντος, εἰ πρόσεισι,
30   λανθάνοντος.

43. Ὁ δὲ σπουδαῖος πῶς ὑπὸ γοητείας καὶ φαρμάκων;
ἢ τῇ μὲν ψυχῇ ἀπαθὴς εἰς γοήτευσιν, καὶ οὐκ ἂν τὸ λογι-
κὸν αὐτοῦ πάθοι, οὐδ᾽ ἂν μεταδοξάσειε· τὸ δὲ ὅσον τοῦ
παντὸς ἐν αὐτῷ ἄλογον, κατὰ τοῦτο πάθοι ἄν, μᾶλλον δὲ
5   τοῦτο πάθοι ἄν· ἀλλ᾽ οὐκ ἔρωτας ἐκ φαρμάκων, εἴπερ τὸ
ἐρᾶν ἐπινευούσης καὶ τῆς ψυχῆς τῆς ἄλλης τῷ τῆς ἄλλης
παθήματι. ὥσπερ δὲ ἐπῳδαῖς τὸ ἄλογον πάσχει, οὕτω καὶ
αὐτὸς ἀντᾴδων καὶ ἀντεπᾴδων τὰς ἐκεῖ δυνάμεις ἀναλύσει.
θάνατον δὲ ἐκ τοιούτων ἢ νόσους ἢ ὅσα σωματικὰ πάθοι
10   ἄν· τὸ γὰρ μέρος τοῦ παντὸς ὑπὸ μέρους ἄλλου ἢ τοῦ παν-
τὸς πάθοι ἄν, αὐτὸς δὲ ἀβλαβής. τὸ δὲ μὴ εὐθύς, ἀλλ᾽
ὕστερον, οὐκ ἀποστατεῖ φύσεως. δαίμονες δὲ οὐκ ἀπαθεῖς
οὐδ᾽ αὐτοὶ τῷ ἀλόγῳ· μνήμας δὲ καὶ αἰσθήσεις τούτοις οὐκ
ἄτοπον διδόναι καὶ θέλγεσθαι φυσικῶς ἀγομένους καὶ κατ-
15   ακούειν καλούντων τοὺς αὐτῶν ἐγγυτέρω τῶν τῇδε καὶ
ὅσῳ πρὸς τὰ τῇδε. πᾶν γὰρ τὸ πρὸς ἄλλο γοητεύεται ὑπ᾽
ἄλλου· πρὸς ὃ γάρ ἐστιν, ἐκεῖνο γοητεύει καὶ ἄγει αὐτό·
μόνον δὲ τὸ πρὸς αὐτὸ ἀγοήτευτον. διὸ καὶ πᾶσα πρᾶξις
γεγοήτευται καὶ πᾶς ὁ τοῦ πρακτικοῦ βίος· κινεῖται γὰρ
20   πρὸς ταῦτα, ἃ θέλγει αὐτόν. ὅθεν καὶ τὸ εὐπρόσωπος
γὰρ ὁ τοῦ μεγαλήτορος Ἐρεχθέως δῆμος. τί γὰρ
μαθών τις πρὸς ἄλλο ἔχει; ἢ ἑλκόμενος οὐ μάγων τέχναις,
ἀλλὰ τῆς φύσεως, τῆς ἀπάτης δούσης καὶ συναψάσης

---

43. 20–21 = Plat. *Alc.* 132 a 5, cf. Hom. *B* 547

42. 29 προσεισιόντος w   43. 3–4 τοῦ παντὸς i.e. τοῦ κόσμου
23 τῆς φύσεως scil. τέχναις   τὴν ἀπάτην Kirchhoff

ἄλλο πρὸς ἄλλο οὐ τοῖς τόποις, ἀλλ' οἷς ἔδωκε φίλτροις.

44. Μόνη δὲ λείπεται ἡ θεωρία ἀγοήτευτος εἶναι, ὅτι
μηδεὶς πρὸς αὐτὸν γεγοήτευται· εἷς γάρ ἐστι, καὶ τὸ
θεωρούμενον αὐτός ἐστι, καὶ ὁ λόγος οὐκ ἠπατημένος,
ἀλλ' ὃ δεῖ ποιεῖ, καὶ τὴν αὐτοῦ ζωὴν καὶ τὸ ἔργον ποιεῖ.
ἐκεῖ δὲ οὐ τὸ αὐτοῦ, καὶ οὐχ ὁ λόγος τὴν ὁρμήν, ἀλλ'   5
ἀρχὴ καὶ τοῦ ἀλόγου αἱ τοῦ πάθους προτάσεις. τέκνων
μὲν γὰρ ἐπιμέλειαι καὶ πρὸς γάμον σπουδαὶ φανερὰν τὴν
ὁλκὴν ἔχουσιν, ὅσα τε ἀνθρώπους δελεάζει ἡδέα γινόμενα
ταῖς ἐπιθυμίαις. πράξεις δὲ αἱ μὲν διὰ θυμὸν ἀλόγως κι-
νοῦνται, αἱ δὲ δι' ἐπιθυμίας ὡσαύτως, πολιτεῖαι δὲ καὶ   10
ἀρχῶν ὀρέξεις τὸ φίλαρχον τὸ ἐν ἡμῖν ἔχουσι προκαλού-
μενον. καὶ αἱ μὲν γινόμεναι ὑπὲρ τοῦ μὴ παθεῖν ἀρχὴν
ἔχουσι τὸν φόβον, αἱ δ' ὑπὲρ τοῦ πλείονος τὴν ἐπιθυμίαν.
αἱ δὲ τῶν χρειωδῶν χάριν τὴν τῆς φύσεως ἔνδειαν ζη-
τοῦσαι ἀποπληροῦν φανερῶς ἔχουσι τὴν τῆς φύσεως βίαν   15
πρὸς τὸ ζῆν οἰκειώσασαν. εἰ δέ τις λέγοι τὰς πράξεις
τῶν καλῶν ἀγοητεύτους εἶναι ἢ καὶ τὴν θεωρίαν καλῶν
οὖσαν γοητεύεσθαι λεκτέον, εἰ μὲν ὡς ἀναγκαίας καὶ τὰς
καλὰς λεγομένας πράξεις πράττοι ἄλλο τὸ ὄντως καλὸν
ἔχων, οὐ γεγοήτευται—οἶδε γὰρ τὴν ἀνάγκην καὶ οὐ   20
πρὸς τὸ τῇδε βλέπει, οὐδὲ πρὸς ἄλλα ὁ βίος—ἀλλὰ τῇ
τῆς φύσεως τῆς ἀνθρωπίνης βίᾳ καὶ τῇ πρὸς τὸ ζῆν τῶν
ἄλλων ἢ καὶ αὐτοῦ οἰκειώσει—δοκεῖ γὰρ εὔλογον ἴσως μὴ
ἐξάγειν ἑαυτὸν διὰ τὴν οἰκείωσιν—[ὅτι] οὕτως ἐγοητεύθη.
εἰ δὲ τὸ ἐν ταῖς πράξεσιν ἀγαπήσας καλὸν τὰς πράξεις   25
αἱρεῖται ἀπατηθεὶς τοῖς ἴχνεσι τοῦ καλοῦ, γεγοήτευται τὸ

---

44. 6 ἀρχὴ et τοῦ ἀλόγου (genetiuus possessoris) praedicatiua
6 ἀλόγου : λόγου LHeintz   7 γάμον wz : γάμων xUC   24 ὅτι
del. Theiler   οὗτος wz

περὶ τὰ κάτω καλὸν διώκων· ὅλως γὰρ ἡ περὶ τὸ ἐοικὸς τῷ
ἀληθεῖ πραγματεία καὶ ὁλκὴ εἰς αὐτὸ πᾶσα ἠπατημένου
ἐξ ἐκείνων τῶν ἐπ᾽ αὐτὰ ἑλκόντων· τοῦτο δὲ ἡ τῆς φύσεως
30 γοητεία ποιεῖ· τὸ γὰρ οὐκ ἀγαθὸν ὡς ἀγαθὸν διώκειν
ἐλχθέντα τῷ ἐκείνου εἴδει ἀλόγοις ὁρμαῖς, τοῦτό ἐστιν
ἀγομένου ὅπου μὴ ἤθελεν οὐκ εἰδότος. τοῦτο δὲ τί ἄν τις
ἄλλο ἢ γοητείαν εἴποι; μόνος οὖν ἀγοήτευτος, ὃς ἑλκό-
μενος τοῖς ἄλλοις αὐτοῦ μέρεσι τούτων οὐδὲν ἀγαθὸν λέγει
35 εἶναι ὧν ἐκεῖνα λέγει, ἀλλὰ μόνον ὃ οἶδεν αὐτὸς οὐκ
ἠπατημένος οὐδὲ διώκων, ἀλλ᾽ ἔχων. οὐκ ἂν οὖν ἕλκοιτο
οὐδαμοῦ.

45. Ἐκ δὴ τῶν εἰρημένων ἁπάντων ἐκεῖνο φανερόν,
ὅτι, ὡς ἕκαστον τῶν ἐν τῷ παντὶ ἔχει φύσεως καὶ
διαθέσεως, οὕτω τοι συντελεῖ εἰς τὸ πᾶν καὶ πάσχει καὶ
ποιεῖ, καθάπερ ἐφ᾽ ἑκάστου ζῴου ἕκαστον τῶν μερῶν, ὡς
5 ἔχει φύσεως καὶ κατασκευῆς, οὕτω πρὸς τὸ ὅλον συντελεῖ
καὶ ὑπουργεῖ καὶ τάξεως καὶ χρείας ἠξίωται· δίδωσί τε τὸ
παρ᾽ αὐτοῦ καὶ δέχεται τὰ παρὰ τῶν ἄλλων, ὅσων αὐτῷ
δεκτικὴ ἡ φύσις· καὶ οἷον συναίσθησις παντὸς πρὸς πᾶν·
καὶ εἰ ἕκαστον δὲ τῶν μερῶν καὶ ζῷον ἦν, εἶχεν ἂν καὶ
10 ζῴου ἔργα ἕτερα ὄντα τῶν τοῦ μέρους. καὶ δὴ κἀκεῖνο
ἀναφαίνεται, ὅπως τὸ καθ᾽ ἡμᾶς ἔχει, ὡς ποιοῦντές τι καὶ
ἡμεῖς ἐν τῷ παντί, οὐ μόνον ὅσα σῶμα πρὸς σῶμα καὶ
πάσχον αὖ τὰ τοιαῦτα, ἔτι καὶ τὴν ἄλλην αὐτῶν φύσιν
εἰσφερόμεθα συναφθέντες τοῖς συγγενέσιν οἷς ἔχομεν πρὸς
15 τὰ συγγενῆ τῶν ἔξω· καὶ δὴ καὶ ψυχαῖς ἡμῶν καὶ διαθέσεσι
συναφεῖς γινόμενοι, μᾶλλον δὲ ὄντες, πρός τε τὰ ἐφεξῆς

45. 6 τε: δὲ w   12–13 ὅσα—τοιαῦτα *quae contra corpus (agit)*
corpus, quod et patitur rursus talia   13 πάσχον⟨τες⟩ Theiler   αὐτῶν
φύσιν *nostram ipsorum naturam*

ἐν τῷ δαιμονίῳ τόπῳ καὶ τὰ ἐπέκεινα αὐτῶν οὐκ ἔστιν
ὅπως λανθάνομεν ὁποῖοί τινες ἐσμέν. οὐ τοίνυν οὐδὲ τὰ
αὐτὰ πάντες δίδομεν οὐδὲ ταὐτὸν δεχόμεθα· ὃ γὰρ μὴ
ἔχομεν πῶς ἂν μεταδοίημεν ἄλλῳ, οἷον ἀγαθόν; οὐδ᾽ αὖ   20
τῷ μὴ δεκτικῷ ἀγαθοῦ ἀγαθόν τι κομιούμεθα. τὴν οὖν
αὑτοῦ τις κακίαν συνάψας ἐγνώσθη τε ὅς ἐστι καὶ κατὰ
τὴν αὑτοῦ φύσιν ὥσθη εἰς ὃ ἔχει καὶ ἐνταῦθα καὶ ἐντεῦθεν
ἀπαλλαγεὶς εἰς ἄλλον τοιοῦτον τόπον φύσεως ὁλκαῖς. τῷ
δὲ ἀγαθῷ αἵ τε λήψεις αἵ τε δόσεις καὶ αἱ μεταθέσεις ἄλλαι,   25
ὥσπερ ἐκ μηρίνθων ὁλκαῖς τισι φύσεως μετατιθεμένων.
οὕτω θαυμαστῶς ἔχει δυνάμεως καὶ τάξεως τόδε τὸ πᾶν
γινομένων ἁπάντων ἀψόφῳ κελεύθῳ κατὰ δίκην,
ἣν οὐκ ἔστι φυγεῖν οὐδενί, ἧς ἐπαΐει μὲν ὁ φαῦλος οὐδέν,
ἄγεται δὲ οὐκ εἰδὼς οἷ δεῖ ἐν τῷ παντὶ φέρεσθαι· ὁ δ᾽ ἀγα-   30
θὸς καὶ οἶδε, καὶ οὗ δεῖ ἄπεισι, καὶ γινώσκει πρὶν ἀπιέναι
οὗ ἀνάγκη αὐτῷ ἐλθόντι οἰκεῖν, καὶ εὔελπίς ἐστιν, ὡς μετὰ
θεῶν ἔσοιτο. ἐν μὲν γὰρ ὀλίγῳ ζῴῳ σμικραὶ τῶν μερῶν
αἱ μεταβολαὶ καὶ † συναισθήσεις καὶ οὐκ ἔστιν ἐν αὐτῷ τὰ
μέρη ζῷα εἶναι, εἰ μή που ἐπὶ βραχὺ ἔν τισιν· ἐν δὲ τῷ ἐν ᾧ   35
διαστάσεις τε τοσαῦται καὶ ἕκαστον τῶν ἐν αὐτῷ χάλασιν
ἔχει καὶ ζῷά ἐστι πολλά, τὰς κινήσεις δεῖ καὶ τὰς μετα-
στάσεις μείζους εἶναι. ὁρῶμεν δὲ καὶ ἥλιον καὶ σελήνην
καὶ τὰ ἄλλα ἄστρα ἐν τάξει μετατιθέμενα καὶ μετακινού-
μενα. οὐ τοίνυν ἄλογον οὐδὲ τὰς ψυχὰς μετατίθεσθαι μὴ   40
τὸ αὐτὸ ἀεὶ ἦθος σῳζομένας, ταττομένας δὲ ἀνάλογον ὧν

45. 26 cf. Plat. Leg. 644 e 2–3   28 = Eur. Troad. 887–8
32–3 cf. Plat. Phaed. 63 b–c

45. 23 καὶ¹—ἐντεῦθεν tum apud nos tum hinc Ficinus   καὶ ἐν-
ταῦθα del. Vitringa   34 καὶ συναισθήσεις : καὶ συνθέσεις z : del.
Kleist : an καὶ συνολισθήσεις coniciendum?

ἔπαθον καὶ ποιοῦσι, τάξιν οἷον κεφαλῆς, τὰς δὲ οἷον ποδῶν
λαβούσας, πρὸς τὸ πᾶν σύμφωνον· ἔχει γὰρ καὶ αὐτὸ δια-
φορὰς πρὸς τὸ ἄμεινόν τε καὶ χεῖρον. ἢ δ' ἂν μήτε τὸ
45 ἄμεινον τὸ ἐνταῦθα αἱρῆται μήτε τοῦ χείρονος μετέχουσα
ᾖ, ἄλλον τόπον καὶ καθαρὸν ἠλλάξατο τοῦτον, ὃν εἵλετο,
λαβοῦσα. αἱ δὲ κολάσεις ὥσπερ νενοσηκότων μερῶν, τῶν
μὲν ἐπιστύψεις φαρμάκοις, τῶν δὲ ἐξαιρέσεις ἢ καὶ ἀλ-
λοιώσεις, ἵνα ὑγιαίνοι τὸ πᾶν ἑκάστου διατιθεμένου οὗ δεῖ·
50 τὸ δ' ὑγιεινὸν τοῦ παντὸς ἀλλοιουμένου, τοῦ δὲ ἐξαιρουμέ-
νου ἐντεῦθεν, ὡς ἐνθαδὶ νοσοῦντος, οὗ δὲ μὴ νοσήσει,
τιθεμένου.

ΠΕΡΙ ΨΥΧΗΣ ΑΠΟΡΙΩΝ ΤΡΙΤΟΝ
Η ΠΕΡΙ ΟΨΕΩΣ

1. Ἐπεὶ δὲ ὑπερεθέμεθα σκέψασθαι, εἰ μηδενὸς ὄντος μεταξὺ ἔστιν ὁρᾶν οἷον ἀέρος ἢ ἄλλου τινὸς τοῦ λεγομένου διαφανοῦς σώματος, νῦν σκεπτέον. ὅτι μὲν οὖν διὰ σώματός τινος δεῖ τὸ ὁρᾶν καὶ ὅλως τὸ αἰσθάνεσθαι γίνεσθαι, εἴρηται· ἄνευ μὲν γὰρ σώματος πάντη ἐν τῷ 5 νοητῷ τὴν ψυχὴν εἶναι. τοῦ δὲ αἰσθάνεσθαι ὄντος ἀντιλήψεως οὐ νοητῶν, ἀλλὰ αἰσθητῶν μόνον, δεῖ πως τὴν ψυχὴν συναφῆ γενομένην τοῖς αἰσθητοῖς διὰ τῶν προσομοίων κοινωνίαν τινὰ πρὸς αὐτὰ γνώσεως ἢ παθήματος ποιεῖσθαι. διὸ καὶ δι᾽ ὀργάνων σωματικῶν ἡ γνῶσις· διὰ 10 γὰρ τούτων οἷον συμφυῶν ἢ συνεχῶν ὄντων οἷον εἰς ἕν πως πρὸς αὐτὰ τὰ αἰσθητὰ ἰέναι, ὁμοπαθείας τινὸς οὕτω πρὸς αὐτὰ γινομένης. εἰ οὖν δεῖ συναφήν τινα πρὸς τὰ γινωσκόμενα γίνεσθαι, περὶ μὲν τῶν ὅσα ἁφῇ τινι γινώσκεται, τί ἄν τις ζητοῖ; περὶ δὲ τῆς ὁράσεως—εἰ δὲ καὶ 15 περὶ τῆς ἀκοῆς, ὕστερον—ἀλλὰ περὶ τοῦ ὁρᾶν, εἰ δεῖ τι μεταξὺ εἶναι σῶμα τῆς ὄψεως καὶ τοῦ χρώματος. ἢ

Enn. = w(= AE) x(= BRJ)UC; inde ab **2.** 8 Enn. = A¹x(= BRJ) UC

---

1. 1 ὑπερεθέμεθα cf. IV. 4. 23. 43–8   2–3 λεγομένου διαφανοῦς cf. Aristot. De an. B 7. 418ᵇ4   5 εἴρηται cf. IV. 4. 23 10–13 cf. Plat. Tim. 45 b–c   16 ὕστερον cf. cap. 5

Tit. περὶ ψυχῆς ἀποριῶν τρίτον ἢ περὶ ὄψεως : περὶ ψυχῆς τρίτον ἢ περὶ τοῦ πῶς ὁρῶμεν Vita 5. 24   **1.** 16 ὁρᾶν scil. ζητητέον

νύττοι κατὰ συμβεβηκὸς ἂν τὸ μεταξὺ σῶμα, συμβάλλεται
δὲ οὐδὲν πρὸς ὅρασιν τοῖς ὁρῶσιν; ἀλλ' εἰ πυκνὰ μὲν
20 ὄντα τὰ σώματα, ὥσπερ τὰ γεηρά, κωλύει ὁρᾶν, ὅσῳ δὲ
λεπτότερα ἀεὶ τὰ μεταξύ, μᾶλλον ὁρῶμεν, συνεργὰ ἄν τις
τοῦ ὁρᾶν τὰ μεταξὺ θείη. ἤ, εἰ οὐ συνεργά, οὐ κωλυτικά·
ταῦτα δὲ κωλυτικὰ ἄν τις εἴποι. ἀλλ' εἰ τὸ πάθος πρό-
τερον τὸ μεταξὺ παραδέχεται καὶ οἷον τυποῦται—σημεῖον
25 δὲ τό, εἰ καὶ ἔμπροσθέν τις ἡμῶν ἔστη πρὸς τὸ χρῶμα
βλέπων, κἀκεῖνον ὁρᾶν—πάθους ἐν τῷ μεταξὺ μὴ γενο-
μένου οὐδ' ἂν εἰς ἡμᾶς τοῦτο ἀφικνοῖτο. ἢ οὐκ ἀνάγκη
τὸ μεταξὺ πάσχειν, εἰ τὸ πεφυκὸς πάσχειν—ὁ ὀφθαλ-
μός—πάσχει· ἤ, εἰ πάσχοι, ἄλλο πάσχει· ἐπεὶ οὐδ' ὁ
30 κάλαμος ὁ μεταξὺ τῆς νάρκης καὶ τῆς χειρός, ὃ πάσχει
ἡ χείρ· καὶ μὴν κἀκεῖ, εἰ μὴ μεταξὺ ὁ κάλαμος εἴη καὶ
ἡ θρίξ, οὐκ ἂν πάθοι ἡ χείρ. ἢ τοῦτο μὲν καὶ αὐτὸ
ἀμφισβητοῖτο ἄν· καὶ γάρ, εἰ ἐντὸς δικτύου γένοιτο, ὁ
θηρευτὴς πάσχειν λέγεται τὸ ναρκᾶν. ἀλλὰ γὰρ κινδυνεύει
35 ὁ λόγος ἐπὶ τὰς λεγομένας συμπαθείας ἰέναι. εἰ δὲ τοδὶ
ὑπὸ τουδὶ πέφυκε πάσχειν συμπαθῶς τῷ τινα ὁμοιότητα
ἔχειν πρὸς αὐτό, οὐκ ἂν τὸ μεταξὺ ἀνόμοιον ὂν πάθοι, ἢ
τὸ αὐτὸ οὐκ ἂν πάθοι. εἰ τοῦτο, πολλῷ μᾶλλον μηδενὸς
ὄντος μεταξὺ πάθοι ἂν τὸ πεφυκὸς πάσχειν, κἂν τὸ μεταξὺ
40 τοιοῦτον ᾖ, οἷον αὐτὸ καὶ παθεῖν τι.

2. Εἰ μὲν οὖν τοιοῦτόν ἐστι τὸ ὁρᾶν, οἷον τὸ τῆς ὄψεως

---

1. 18 νύττοι cf. Alex. Aphrod. De an., Suppl. Aristot. ii.1, p. 130.
15 = Stoic. Vet. Fr. ii, n. 864; Chrysippus apud Ps.–Plut. De plac.
philos. IV. 15. 901 d–e = Doxogr. Gr. p. 406. 4–6 = Stoic. Vet. Fr. ii,
n. 866

---

1. 22 οὐ¹ del. Theiler   24 τὸ : τοῦ w   25 ἔστη Beutler : ἔσται
ἢ Enn.   27 ἢ immo   28–9 ὁ ὀφθαλμός del. Kirchhoff   39 κἂν
Enn. : ἢ ἐὰν Heintz H–S¹   40 αὐτὸ καὶ transp. Kirchhoff·

φῶς συνάπτειν πρὸς τὸ μεταξὺ [φῶς] μέχρι τοῦ αἰσθητοῦ,
δεῖ μεταξὺ τοῦτο εἶναι τὸ φῶς, καὶ ἡ ὑπόθεσις αὕτη τὸ
μεταξὺ τοῦτο ζητεῖ· εἰ δὲ τροπὴν ἐργάζεται τὸ ὑποκεί-
μενον σῶμα κεχρωσμένον, τί κωλύει τὴν τροπὴν εὐθὺς 5
πρὸς τὸ ὄμμα ἰέναι μηδενὸς ὄντος μεταξύ; εἰ καὶ νῦν ἐξ
ἀνάγκης, ὅτε ἐστί, τρέπεταί πως τὸ τῶν ὀμμάτων πρόσθεν
κείμενον. καὶ οἱ ἐκχέοντες δὲ τὰς ὄψεις οὐκ ἂν ἔχοιεν
ἀκολουθοῦν τὸ πάντως μεταξύ τι εἶναι, εἰ μὴ φοβοῖντο,
μὴ πέσῃ ἡ ἀκτίς· ἀλλὰ φωτός ἐστι, καὶ τὸ φῶς εὐθυπο- 10
ροῦν. οἱ δὲ τὴν ἔνστασιν αἰτιώμενοι δέοιντο ἂν πάντως
τοῦ μεταξύ. οἱ δὲ τῶν εἰδώλων προστάται διὰ τοῦ κενοῦ
λέγοντες διέναι χώραν ζητοῦσιν, ἵνα μὴ κωλυθῇ· ὥστε,
εἰ ἔτι μᾶλλον οὐ κωλύσει τὸ μηδὲν εἶναι μεταξύ, οὐκ
ἀμφισβητοῦσι τῇ ὑποθέσει. ὅσοι δὲ συμπαθείᾳ τὸ ὁρᾶν 15
λέγουσιν, ἧττον μὲν ὁρᾶν φήσουσιν, εἴ τι μεταξὺ εἴη, ᾗ
κωλύοι καὶ ἐμποδίζοι καὶ ἀμυδρὰν ποιοῖ τὴν συμπάθειαν·
μᾶλλον δὲ ἀκόλουθον λέγειν ποιεῖν πάντως ἀμυδρὰν καὶ τὸ
συγγενές, ᾗ καὶ αὐτὸ πάσχον. καὶ γὰρ εἰ σῶμα συνεχὲς ἐν
βάθει ἐκ προσβολῆς πυρὸς καίοιτο, ἀλλὰ τὸ ἐν βάθει 20

Inde ab **2. 8** *Enn.* = A¹x(= BRJ)UC

2. 2 συνάπτειν cf. Alex. Aphrod. *De an.*, Suppl. Aristot. ii. 1,
p. 130.15 = *Stoic. Vet. Fr.* ii, n. 864   4 τροπὴν cf. Alex. Aphrod.
De an., Suppl. Aristot. ii. 1, p. 142.19   5 σῶμα κεχρωσμένον cf.
Strato *Fr.* 113 = Stob. *Anth.* i. 52. 3, p. 483. 16–17 = *Doxogr. Gr.* p.
403. 26–8   8 ἐκχέοντες cf. Plat. *Tim.* 45 b–c; Alex. Aphrod. *De
an.*, Suppl. Aristot. ii. 1, p. 127. 28   11 ἔνστασιν cf. Ps.–Plut.
De plac. philos. IV.13. 901 b = *Doxogr. Gr.*.p. 403. 6   12 εἰ-
δώλων cf. Alex. Aphrod. *De an.*, Suppl. Aristot. ii. 1, p. 134. 30 et
Ps.–Plut. *De plac. philos.* IV. 13. 901 a = *Doxogr. Gr.* p. 403. 2

2. 2 μεταξὺ del. Volkmann   φῶς² deleuimus   3 μεταξὺ τοῦτο
praedicatum, τὸ φῶς subiectum   8—IV. 6. 3. 62 ἔχοιεν—ἑτοιμα-
ζομένων A¹ in fine codicis : om. w   15 ἀμφισβητήσουσι Harder

αὐτοῦ τῇ προσβολῇ τοῦ πρόσθεν ἧττον ἂν πάσχοι. ἀλλ'
εἰ ζῴου ἑνὸς μόρια εἴη συμπαθῆ, ἆρ' ἂν ἧττον πάθοι, ὅτι
μεταξύ τί ἐστιν; ἢ ἧττον μὲν ἂν πάθοι, σύμμετρον δ' ἂν
εἴη τὸ πάθος, ὅσον ἐβούλετο ἡ φύσις, κωλύοντος τὸ ἄγαν
25 τοῦ μεταξύ· εἰ μή που τοιοῦτον εἴη τὸ διδόμενον, ὥστε
ὅλως τὸ μεταξὺ μὴ πάσχειν. ἀλλ' εἰ συμπαθὲς τῷ ἓν
ζῷον εἶναι, καὶ ἡμεῖς πάσχομεν ὅτι ἐν ἑνὶ καὶ ἑνός, πῶς
οὐ δεῖ, ὅταν τοῦ πόρρω αἴσθησις ᾖ, συνέχειαν εἶναι; ἢ
τὴν συνέχειαν καὶ τὸ μεταξὺ διὰ τὸ τὸ ζῷον δεῖν συνεχὲς
30 εἶναι, τὸ δὲ πάθος κατὰ συμβεβηκὸς συνεχοῦς, ἢ πᾶν ὑπὸ
παντὸς φήσομεν πάσχειν. εἰ δὲ τόδε μὲν ὑπὸ τοῦδε, ἄλλο
δὲ ὑπ' ἄλλου οὐ τὸ αὐτό, οὐκ ἂν δέοιτό τις τοῦ μεταξὺ
πανταχοῦ. εἰ οὖν ἐπὶ ὄψεως λέγοι τις δεῖσθαι, διὰ τί
φατέον· ἐπεὶ οὐδὲ πανταχοῦ φαίνεται τὸ δι' ἀέρος ἰὸν
35 πάσχειν ποιοῦν τὸν ἀέρα, ἀλλ' ἢ μόνον διαιρεῖν· οἷον λίθος
εἰ ἄνωθεν πίπτοι, τί ἄλλο ἢ οὐχ ὑπομένει ὁ ἀήρ; ἐπεὶ
οὐδὲ τῇ ἀντιπεριστάσει εὔλογον κατὰ φύσιν οὔσης τῆς
φορᾶς· ἐπεὶ οὕτω καὶ τὸ πῦρ ἄνω τῇ ἀντιπεριστάσει· ἀλλ'
ἄτοπον· φθάνει γὰρ τὸ πῦρ τῇ αὑτοῦ κινήσει ταχείᾳ οὔσῃ
40 τὴν ἀντιπερίστασιν τοῦ ἀέρος. εἰ δ' ὑπὸ τοῦ τάχους
ταχύνεσθαί τις τὴν ἀντιπερίστασίν φησιν, ἀλλὰ κατὰ συμ-
βεβηκὸς ἂν γίνοιτο, οὐκ εἰς τὸ ἄνωθεν· ἐπεὶ καὶ ἀπὸ τῶν
ξύλων ἡ ὁρμὴ πρὸς τὸ ἄνω οὐκ ὠθούντων· καὶ ἡμεῖς δὲ
κινούμενοι τέμνομεν τὸν ἀέρα, καὶ οὐχ ἡ ἀντιπερίστασις
45 ὠθεῖ, πληροῖ δὲ μόνον ἐφεπόμενος τὸ παρ' ἡμῶν κενού-

---

2. 37 ἀντιπεριστάσει cf. Aristot. *Phys.* Θ 10. 267ᵃ16–17; Alex. Aphrod.
De an., Suppl. Aristot. ii. 1, p. 129. 1

2. 25 τὸ διδόμενον *quod conceditur*   26 εἰ regit etiam καὶ—πά-
σχομεν   συμπαθὲς scil. τὸ ζῷον   38 φορᾶς Aᴾᶜ (*descensus*
Ficinus): φθορᾶς A1ᵃᶜ (θ eras. prob. A³)xJUC   45–6 κενούμενον
A1JC : κινούμενον BRU

μενον. εἰ οὖν τοῖς σώμασι διίσταται τοῖς τοιούτοις μηδὲν
παθών, τί κωλύει καὶ ἄνευ διαστάσεως συγχωρεῖν παριέ-
ναι τοῖς εἰς ὄψιν εἴδεσιν; εἰ δὲ μηδὲ πάρεισιν ὡς ἐν ῥοῇ τὰ
εἴδη, τίς πάσχειν ἀνάγκη καὶ δι' αὐτοῦ τὸ πάθος πρὸς
ἡμᾶς τῷ προπαθεῖν ἰέναι; εἰ γὰρ τῷ προπαθεῖν τὸν ἀέρα   50
ἡ αἴσθησις ἡμῖν, οὐκ ἂν πρὸς αὐτὸ βλέποντες τὸ ὁρώ-
μενον εἴδομεν, ἀλλ' ἐκ τοῦ παρακειμένου ἔσχομεν ἂν τὴν
αἴσθησιν, ὥσπερ ἐπὶ τοῦ θερμαίνεσθαι. ἐκεῖ γὰρ οὐ τὸ
πόρρωθεν πῦρ, ἀλλὰ ὁ ἀὴρ ὁ παρακείμενος θερμανθεὶς
θερμαίνειν δοκεῖ· ἀφῇ γὰρ τοῦτο, ἐν δὲ τοῖς ὁράμασιν οὐχ   55
ἀφή· ὅθεν οὐδ' ἐπιτεθὲν τῷ ὄμματι τὸ αἰσθητὸν ὁρᾶν ποιεῖ,
ἀλλὰ φωτισθῆναι δεῖ τὸ μεταξύ· ἢ ὅτι σκοτεινὸν ὁ ἀήρ.
μὴ ὄντος δὲ τούτου σκοτεινοῦ οὐδ' ἂν ἐδέησε φωτὸς ἴσως.
τὸ γὰρ σκοτεινὸν ἐμπόδιον ὂν τοῦ ὁρᾶν δεῖ κρατηθῆναι τῷ
φωτί. τάχα δὲ ἂν καὶ προσαχθὲν τῇ ὄψει οὐχ ὁρᾶται, ὅτι   60
σκιὰν φέρει τὴν τοῦ ἀέρος καὶ τὴν αὐτοῦ.

3. Μέγιστον δὲ μαρτύριον τοῦ μὴ διὰ τοῦ ἀέρος παθόν-
τος τὸ εἶδος τοῦ αἰσθητοῦ ὁρᾶν [καὶ τὰς τούτων μορφὰς]
ὥσπερ διαδόσει τὸ νύκτωρ ἐν σκότῳ πῦρ τε καὶ τὰ ἄστρα
ὁρᾶσθαι καὶ τὰς τούτων μορφάς. οὐ γὰρ δὴ φήσει τις ἐν
τῷ σκοτεινῷ τὰ εἴδη γενόμενα οὕτω συνάψασθαι· ἢ οὐκ   5
ἂν ἦν σκότος τοῦ πυρὸς ἐλλάμψαντος τὸ αὐτοῦ εἶδος. ἐπεὶ
καὶ πάνυ πολλοῦ σκότου ὄντος καὶ κεκρυμμένων καὶ τῶν
ἄστρων [καὶ τοῦ πυρὸς] καὶ τοῦ φωτὸς τοῦ παρ' αὐτῶν μὴ

---

2. 56 cf. Aristot. De an. B 7. 419ᵃ12–13   3. 3 διαδόσει cf.
Alex. Aphrod. De an., Suppl. Aristot. ii. 1, p. 41.5

2. 48 πάρεισιν (παριέναι)   49 πάσχειν scil. τὸν ἀέρα   51 αὐτὸ
i.e. τὸν ἀέρα, cf. IV. 5. 4. 28   57 ἢ nempe   60 ἂν coniungendum
cum προσαχθὲν   3. 2 καὶ—μορφὰς ut iteratum ex lin. 4 del.
Kirchhoff   6 τοῦ—εἶδος ubi ignis illuminando suam speciem traderet
Ficinus   8 καὶ τοῦ πυρὸς del. Volkmann

ἐλλάμποντος ἐκ τῶν φρυκτωριῶν ὁρᾶται τὸ πῦρ, καὶ ἐκ
10 τῶν πύργων τῶν ταῖς ναυσὶ σημαινόντων. εἰ δὲ καὶ διέναι
τις λέγοι καὶ ἐν τούτοις τὸ πῦρ ἐναντιούμενος τῇ αἰσθήσει,
ἐχρῆν τὴν ὄψιν τοῦ ἀμυδροῦ τοῦ ἐν τῷ ἀέρι ποιεῖσθαι τὴν
ἀντίληψιν, οὐκ ἐκείνου αὐτοῦ, οἷόν ἐστιν ἐναργές. εἰ δὲ
μεταξὺ σκότου ὄντος ὁρᾶται τὸ ἐπέκεινα, πολλῷ μᾶλλον
15 μηδενός. ἀλλ' ἐκείνῳ ἄν τις ἐπιστήσειε, μὴ τῷ μεταξὺ
μηδενὶ οὐκ ἔσται ὁρᾶν, οὐχ ὅτι μηδέν ἐστι μεταξύ, ἀλλ'
ὅτι ἡ συμπάθεια τοῦ ζῴου ἀναιρεῖται πρὸς αὐτὸ καὶ ἡ πρὸς
ἄλληλα τῶν μερῶν τῷ ἓν εἶναι. τούτῳ γὰρ ἔοικε καὶ τὸ
αἰσθάνεσθαι ὁπωσοῦν εἶναι, ὅτι συμπαθὲς τὸ ζῷον—τόδε
20 τὸ πᾶν—ἑαυτῷ. εἰ γὰρ μὴ τοῦτο, πῶς ἂν ἄλλο ἄλλου τῆς
δυνάμεως μετελάμβανε καὶ μάλιστα τῆς πόρρω; τοῦτο
δὴ ἐπισκεπτέον, εἰ ἄλλος κόσμος ἦν καὶ ἄλλο ζῷον μὴ
συντελοῦν πρὸς τοῦτο καὶ ὄψις ἦν ἐπὶ τοῖς νώτοις τοῦ
οὐρανοῦ, εἰ ἐθεάσατο ἐκεῖνον ἐκ διαστήματος συμμέτρου·
25 ἢ οὐδὲν ἂν εἴη πρὸς ἐκεῖνον τούτῳ. ἀλλὰ τοῦτο μὲν ὕστε-
ρον. νῦν δὲ κἀκεῖνο ἄν τις μαρτύραιτο εἰς τὸ μὴ τῷ πά-
σχειν τὸ μεταξὺ τούτῳ τὸ ὁρᾶν γίνεσθαι. εἰ γὰρ δὴ πάσχοι
τὸ τοῦ ἀέρος, σωματικῶς δήπουθεν ἀνάγκη πάσχειν· τοῦτο
δέ ἐστιν οἷον ἐν κηρῷ τύπον γενέσθαι. μέρος δὴ δεῖ τοῦ
30 ὁρατοῦ καθ' ἕκαστον μόριον τυποῦσθαι· ὥστε καὶ τὸ συν-
αφὲς τῇ ὄψει μόριον τοσοῦτον, ὅσον καὶ ἡ κόρη τὸ καθ'
αὑτὸ μόριον τοῦ ὁρατοῦ δέχοιτο ἄν. νῦν δὲ πᾶν τε ὁρᾶται,
καὶ ὅσοι ἐν τῷ ἀέρι κατά γε τὸ καταντικρὺ ἔκ τε πλαγίων
ἐπὶ πολὺ ὁρῶσιν ἐγγύς τε καὶ κατόπιν οὐκ ἐπιπροσθού-

---

3. 23–4 = Plat. *Phaedr.* 247 b 7–c 1   25–6 ὕστερον cf.
cap. 8

3. 17 αὐτὸ Sleeman : αὐτὰ *Enn.*   19 τὸ del. Kirchhoff
22 εἰ *si*   24 εἰ *num*   33 γε : τε Kirchhoff

μενοι· ὥστε ἕκαστον μόριον τοῦ ἀέρος ὅλον οἷον τὸ 35
πρόσωπον τὸ ὁρώμενον ἔχειν· τοῦτο δὲ οὐ κατὰ σώματος
πάθημα, ἀλλὰ κατὰ μείζους καὶ ψυχικὰς καὶ ζῴου ἑνὸς
συμπαθοῦς ἀνάγκας.

4. Ἀλλὰ τὸ συναφὲς τῆς ὄψεως φῶς πρὸς τὸ περὶ τὴν
ὄψιν καὶ μέχρι τοῦ αἰσθητοῦ πῶς; ἢ πρῶτον μὲν τοῦ
μεταξὺ ἀέρος οὐ δεῖται, εἰ μὴ ἄρα τὸ φῶς οὐκ ἂν ἀέρος
ἄνευ λέγοιτο. οὕτω δὲ τοῦτο μεταξὺ κατὰ συμβεβηκός,
αὐτὸ δὲ φῶς ἂν εἴη μεταξὺ οὐ πάσχον· οὐδ᾽ ὅλως πάθους 5
ἐνταῦθα δεῖ, ἀλλ᾽ ὅμως τοῦ μεταξύ· εἰ δὲ τὸ φῶς οὐ σῶμα,
οὐ σώματος. καὶ δὴ οὐ πρὸς τὸ ὁρᾶν ἁπλῶς δέοιτο ἂν τοῦ
φωτὸς τοῦ ἀλλοτρίου καὶ μεταξὺ ἡ ὄψις, ἀλλὰ πρὸς τὸ
πόρρω ὁρᾶν. τὸ μὲν οὖν εἰ τὸ φῶς γένοιτο ἄνευ τοῦ
ἀέρος, ὕστερον· νῦν δὲ ἐκεῖνο σκεπτέον. εἰ μὲν γὰρ τὸ 10
φῶς τοῦτο τὸ συναφὲς ἔμψυχον γίνεται, καὶ ἡ ψυχὴ δι᾽
αὐτοῦ φερομένη καὶ ἐν αὐτῷ γιγνομένη, ὥσπερ καὶ ἐπὶ
τοῦ ἔνδον, ἐν τῷ ἀντιλαμβάνεσθαι δήπουθεν, ὅπερ ἐστὶν
ὁρᾶν, οὐδὲν ἂν δέοιτο τοῦ μεταξὺ φωτός, ἀλλ᾽ ἀφῇ ἔσται
ἐοικὸς τὸ ὁρᾶν τῆς ὁρατικῆς δυνάμεως ἐν φωτὶ ἀντιλαμ- 15
βανομένης πάσχοντος οὐδὲν τοῦ μεταξύ, ἀλλὰ γίνεται τῆς
ὄψεως φορὰ ἐκεῖ. οὗ δὴ ζητητέον, πότερα τῷ διάστημά τι
εἶναι ἐκεῖ δεῖ πορευθῆναι τὴν ὄψιν ἢ τῷ σῶμά τι εἶναι ἐν
τῷ διαστήματι. καὶ εἰ μὲν τῷ σῶμα ἐν τῷ διαστήματι
εἶναι τὸ διεῖργον, εἰ ἀφαιρεθείη τοῦτο, ὄψεται· εἰ δ᾽ ὅτι 20
διάστημα ἁπλῶς, ἀργὴν δεῖ ὑποθέσθαι τὴν τοῦ ὁρατοῦ
φύσιν καὶ οὐδὲν δρῶσαν ὅλως. ἀλλ᾽ οὐχ οἷόν τε· οὐ γὰρ

4. 1–4 cf. Stob. *Anth.* i, 52. 7, p. 484. 7–12 = *Doxogr. Gr.* p.
404. 14–21   10 ὕστερον cf. cap. 6

4. 4 τοῦτο i.e. ὁ ἀὴρ   5 φῶς del. Kirchhoff   7 σώματος
scil. δεῖ   8 ἡ ὄψις del. Theiler   20 ὄψεται scil. ὁ
ὀφθαλμός

μόνον ἡ ἁφὴ ὅτι ἐγγύς τι λέγει καὶ ἅπτεται, ἀλλὰ τὰς τοῦ
ἁπτοῦ πάσχουσα ἀπαγγέλλει διαφοράς, καὶ εἰ μὴ διείργοι
25 τι, κἂν τοῦτο πόρρω, ᾔσθετο. ἅμα γὰρ ὁ ἀὴρ ὁ μεταξὺ καὶ
ἡμεῖς πυρὸς αἰσθανόμεθα οὐκ ἀναμείναντες θερμανθῆναι
ἐκεῖνον. μᾶλλον γοῦν τὸ σῶμα θερμαίνεται τὸ στερεὸν ἢ ὁ
ἀήρ· ὥστε δι' αὐτοῦ μᾶλλον, ἀλλ' οὐ δι' αὐτό. εἰ οὖν ἔχει
δύναμιν εἰς τὸ δρᾶν, τὸ δὲ εἰς τὸ πάσχειν, ἢ καὶ ὁπωσοῦν
30 ἡ ὄψις, διὰ τί ἄλλου δεῖται μέσου εἰς ὃ δύναται πρὸς τὸ
ποιῆσαι; τοῦτο γὰρ ἐμποδίου ἐστὶ δεῖσθαι. ἐπεὶ καὶ ὅταν
τὸ φῶς προσίῃ τὸ τοῦ ἡλίου, οὐ πρότερον δεῖ τὸν ἀέρα εἶτα
καὶ ἡμᾶς, ἀλλ' ἅμα, καὶ πρὶν ἐγγὺς τῆς ὄψεως γενέσθαι
πολλάκις ὄντος ἀλλαχοῦ, ὡς μὴ παθόντος τοῦ ἀέρος ἡμᾶς
35 ὁρᾶν, μεταξὺ ὄντος τοῦ μὴ πεπονθότος καὶ τοῦ φωτὸς
μήπω ἐληλυθότος, πρὸς ὃ δεῖ τὴν ὄψιν συνάψαι. ἐπεὶ καὶ
τὸ τῆς νυκτὸς ὁρᾶν τὰ ἄστρα ἢ ὅλως πῦρ χαλεπὸν ταύτῃ
τῇ ὑποθέσει ἀπευθῦναι. εἰ δὲ μένει μὲν ἡ ψυχὴ ἐφ'
ἑαυτῆς, φωτὸς δὲ δεῖται ὥσπερ βακτηρίας πρὸς τὸ φθά-
40 σαι, ἔδει τὴν ἀντίληψιν βίαιον καὶ ἀντερείδοντος εἶναι
καὶ τεταμένου τοῦ φωτός, καὶ τὸ αἰσθητόν, τὸ χρῶμα, ᾗ
χρῶμα, ἀντιτυποῦν καὶ αὐτὸ εἶναι· οὕτω γὰρ διὰ μέσου αἱ
ἁφαί. εἶτα καὶ πρότερον ἐγγὺς γέγονε μηδενὸς μεταξὺ ὄν-
τος τότε· οὕτω γὰρ ὕστερον τὸ διὰ μέσου ἅπτεσθαι ποιεῖ
45 τὴν γνῶσιν, οἷον τῇ μνήμῃ καὶ ἔτι μᾶλλον συλλογισμῷ·
νῦν δὲ οὐχ οὕτως. ἀλλ' εἰ παθεῖν δεῖ τὸ πρὸς τὸ αἰσθητὸν

---

4. 39 βακτηρίας cf. Alex. Aphrod. *De an.*, Suppl. Aristot. ii. 1, p.
130. 17 = *Stoic. Vet. Fr.* ii, n. 864; Diog. Laert. 7.157 = *Stoic. Vet.
Fr.* ii, n. 867

4. 25 τοῦτο (i.e. τὸ ἁπτόν): τοῦ Kirchhoff   ᾔσθετο scil. ἂν ἡ
ἀφή   28 αὐτό (i.e. τὸν ἀέρα): αὐτόν Kirchhoff   ἔχει sub-
iectum τὸ ἁπτόν   29 τὸ δὲ i.e. ἡ ὄψις   29–30 ἢ et ἡ
ὄψις del. Kirchhoff   33 ἡμᾶς scil. πάσχειν   34 ὄντος scil.
τοῦ φωτός   46–7 τό[1] coniungendum cum φῶς

φῶς, εἶτα διαδοῦναι μέχρι ὄψεως, ἡ αὐτὴ γίνεται ὑπό-
θεσις τῇ ἀπὸ τοῦ αἰσθητοῦ τὸ μεταξὺ πρότερον τρε-
πούσῃ, πρὸς ἣν ἤδη καὶ ἐν ἄλλοις ἠπόρηται.

5. Περὶ δὲ τοῦ ἀκούειν ἆρα ἐνταῦθα συγχωρητέον,
πάσχοντος τοῦ ἀέρος τὴν κίνησιν τὴν πρώτην τοῦ παρα-
κειμένου ὑπὸ τοῦ τὸν ψόφον ποιοῦντος, τῷ τὸν μέχρι ἀκοῆς
ἀέρα πάσχειν τὸ αὐτό, οὕτως εἰς αἴσθησιν ἀφικνεῖσθαι;
ἢ κατὰ συμβεβηκὸς μὲν τὸ μεταξὺ τῷ παρεῖναι ἐν 5
μέσῳ ἀναιρεθέντος δὲ τοῦ μεταξύ, ἅπαξ δὲ γενομένου
τοῦ ψόφου, οἷον συμβαλλόντων δύο σωμάτων, εὐθέως
ἀπαντᾶν πρὸς ἡμᾶς τὴν αἴσθησιν; ἢ καὶ δεῖ μὲν ἀέρος
τὴν πρώτην τοῦ πληττομένου, τὸ δὲ ἐντεῦθεν ἤδη ἄλλως
τὸ μεταξύ; ἐνταῦθα μὲν γὰρ δοκεῖ κύριος εἶναι ὁ ἀὴρ 10
τοῦ ψόφου· μὴ γὰρ ἂν μηδὲ τὴν ἀρχὴν γενέσθαι ψόφον
δύο σωμάτων συρραγέντων, εἰ μὴ ὁ ἀὴρ πληγεὶς ἐν τῇ
ταχείᾳ συνόδῳ αὐτῶν καὶ ἐξωσθεὶς πλήξας ἔδωκε τῷ
ἐφεξῆς μέχρις ὤτων καὶ ἀκοῆς. ἀλλ' εἰ ὁ ἀὴρ κύριος τοῦ
ψόφου καὶ τούτου κινηθέντος ἡ πληγή, παρὰ τί ἂν εἶεν 15
αἱ διαφοραὶ τῶν φωνῶν καὶ τῶν ψόφων; ἄλλο γὰρ ἠχεῖ
χαλκὸς πρὸς χαλκὸν ἢ πρὸς ἄλλο, ἄλλο δὲ ἄλλο· ὁ δὲ ἀὴρ
εἷς καὶ ἡ ἐν αὐτῷ πληγή· οὐ γὰρ μόνον τῷ μεγάλῳ καὶ
τῷ μικρῷ διαφοραί. εἰ δ' ὅτι πρὸς ἀέρα γενομένη πληγὴ
ψόφον ἐποίησεν, οὐχ ᾗ ἀὴρ φατέον· τότε γὰρ φωνεῖ, ὅταν 20

---

4. 49 ἐν ἄλλοις cf. IV. 4. 23. 20 sqq.   5. 8–9 ἀέρος πληττο-
μένου cf. Diog. Laert. 7. 158 = Stoic. Vet. Fr. ii, n. 872   10–11 cf.
Aristot. De an. B 8. 419ᵇ19

---

5. 2–3 τοῦ παρακειμένου Harder : τὸν παρακείμενον Enn. : del. Beut-
ler   3 τοῦ τὸν ψόφον ποιοῦντος idem atque τοῦ ἀέρος πάσχοντος
τὴν πρώτην κίνησιν, cf. lin. 8–15   13 πλήξας : πληγὰς Sleeman
13 ἔδωκε τῷ : ἔωσε τὸ Theiler

στάσιν λάβῃ στερεοῦ σώματος, πρὶν χυθῆναι μένων ὥσπερ
στερεόν τι· ὥστε ἀρκεῖ τὰ συγκρούοντα, καὶ τὴν σύρρηξιν
καὶ ταύτην τὴν πληγὴν εἶναι τὸν ψόφον εἰς αἴσθησιν
ἐλθοῦσαν· μαρτυρεῖν δὲ καὶ τοὺς ἔνδον ἤχους τῶν ζῴων
25 οὐκ ἐν ἀέρι, ἀλλὰ συγκρούσαντος καὶ πλήξαντος ἄλλο
ἄλλου· οἷον καὶ ὀστῶν κάμψεις καὶ ⟨πρίσεις⟩ πρὸς ἄλληλα
παρατριβομένων ἀέρος μὴ ὄντος μεταξύ. [καὶ πρίσεις]
ἀλλὰ περὶ μὲν τούτου ἠπορήσθω ὁμοίου ἤδη καὶ ἐνταῦθα
τοῦ ζητήματος γενομένου, ὅπερ ἐλέγετο ἐπὶ τῆς ὄψεως
30 εἶναι, συναισθήσεώς τινος ὡς ἐν ζῴῳ καὶ τοῦ κατὰ τὴν
ἀκοὴν πάθους ὄντος.

6. Εἰ δὲ καὶ τὸ φῶς γένοιτο ἂν μὴ ὄντος ἀέρος, οἷον
ἡλίου [ὄντος] ἐν ἐπιφανείᾳ τῶν σωμάτων ἐπιλάμποντος,
τοῦ μεταξὺ ὄντος κενοῦ καὶ νῦν κατὰ συμβεβηκός, ὅτι
πάρεστι, φωτιζομένου; ἀλλ' εἰ δι' αὐτὸν παθόντα καὶ τὰ
5 ἄλλα, καὶ τὴν ὑπόστασιν εἶναι τῷ φωτὶ διὰ τὸν ἀέρα—πά-
θημα γὰρ αὐτοῦ εἶναι—μὴ ἂν οὖν ἔσεσθαι τὸ πάθημα μὴ
ὄντος τοῦ πεισομένου. ἢ πρῶτον μὲν οὐκ αὐτοῦ πρώτως
οὐδ' ᾗ αὐτός. ἔστι γὰρ καὶ αὐτοῦ ἑκάστου σώματος πυ-
ρίνου καὶ λαμπροῦ· καὶ δὴ καὶ λίθων τοιούτων φωτεινὴ
10 χρόα. ἀλλὰ τὸ εἰς ἄλλο ἀπὸ τοῦ ἔχοντος χρόαν τοιαύτην
ἰὸν ἆρα ἂν εἴη μὴ ὄντος ἐκείνου; ἀλλ' εἰ μὲν ποιότης μόνον
καὶ τινος ποιότης, ἐν ὑποκειμένῳ οὔσης πάσης ποιότητος,
ἀνάγκη καὶ τὸ φῶς ζητεῖν ἐν ᾧ ἔσται σώματι. εἰ δὲ
ἐνέργεια ἀπ' ἄλλου, διὰ τί οὐκ ὄντος ἐφεξῆς σώματος,
15 ἀλλὰ οἷον κενοῦ μεταξύ, εἴπερ οἷόν τε, οὐκ ἔσται καὶ

5. 21 cf. Aristot. *De an.* B 8. 419ᵇ21–2   6. 12 cf. Albin.
Didasc. 11, p. 166. 17

5. 22 ἀρκεῖν Kirchhoff   26 ⟨πρίσεις⟩ Igal   27 καὶ πρί-
σεις del. Igal   6. 2 ὄντος del. Müller   7 αὐτοῦ i.e. τοῦ
ἀέρος   πρώτως scil. τὸ φῶς ἐστιν

ἐπιβαλεῖ καὶ εἰς τὸ ἐπέκεινα; ἀτενὲς γὰρ ὂν διὰ τί οὐ
περάσει οὐκ ἐποχούμενον; εἰ δὲ δὴ καὶ τοιοῦτον οἷον
πεσεῖν, καταφερόμενον ἔσται. οὐ γὰρ δὴ ὁ ἀὴρ οὐδ' ὅλως
τὸ φωτιζόμενον ἔσται τόδε ἕλκον ἀπὸ τοῦ φωτίζοντος καὶ
βιαζόμενον προελθεῖν· ἐπεὶ οὐδὲ συμβεβηκός, ὥστε πάντως   20
ἐπ' ἄλλῳ, ἢ πάθημα ἄλλου, ὥστε δεῖ εἶναι τὸ πεισόμενον·
ἢ ἔδει μένειν ἐληλυθότος· νῦν δὲ ἄπεισιν· ὥστε καὶ ἔλθοι ἄν·
ποῦ οὖν; ἢ τόπον δεῖ μόνον εἶναι. ἢ οὕτω γε ἀπολεῖ
τὴν ἐνέργειαν [αὐτοῦ] τὴν ἐξ αὐτοῦ τὸ τοῦ ἡλίου σῶμα·
τοῦτο δὲ ἦν τὸ φῶς. εἰ δὲ τοῦτο, οὐδὲ τὸ φῶς τινος ἔσται.   25
ἔστι δὲ ἡ ἐνέργεια ἔκ τινος ὑποκειμένου, οὐκ εἰς ὑποκεί-
μενον δέ· πάθοι δ' ἄν τι τὸ ὑποκείμενον, εἰ παρείη. ἀλλ'
ὥσπερ ζωὴ ἐνέργεια οὖσα ψυχῆς ἐστιν ἐνέργεια παθόντος
ἄν τινος, οἷον τοῦ σώματος, εἰ παρείη, καὶ μὴ παρόντος
δέ ἐστι, τί ἂν κωλύοι καὶ ἐπὶ φωτὸς οὕτως, εἴπερ ἐνέργειά   30
τις [τὸ φωτεινὸν] εἴη; οὐδὲ γὰρ νῦν τὸ φωτεινὸν τοῦ ἀέρος
γεννᾷ τὸ φῶς, ἀλλὰ γῇ συμμιγνύμενος σκοτεινὸν ποιεῖ
καὶ οὐ καθαρὸν ὄντως· ὥστε ὅμοιον εἶναι λέγειν τὸ γλυ-
κὺ εἶναι, εἰ πικρῷ μιγείη. εἰ δέ τις τροπὴν λέγοι τοῦ
ἀέρος τὸ φῶς, λεκτέον ὡς ἐχρῆν αὐτὸν τρέπεσθαι τὸν   35
ἀέρα τῇ τροπῇ, καὶ τὸ σκοτεινὸν αὐτοῦ μὴ σκοτεινὸν
γεγονέναι ἠλλοιωμένον. νῦν δὲ ὁ ἀὴρ οἷός ἐστι μένει, ὡς
ἂν οὐδὲν παθών. τὸ δὲ πάθημα ἐκείνου δεῖ εἶναι, οὗ πά-
θημα· οὐ τοίνυν οὐδὲ χρῶμα αὐτοῦ, ἀλλ' αὐτὸ ἐφ' αὑτοῦ·
πάρεστι δὲ ὁ ἀήρ. καὶ τοῦτο μὲν οὑτωσὶ ἐπεσκέφθω.   40

6. 30 cf. Aristot. De an. B 7. 418ᵇ9

6. 19 τόδε accusatiuus   21 δεῖν Kirchhoff   22 ἐληλυθό-
τος (scil. τοῦ φωτός genetiuus absolutus pro accusatiuo): ἐληλυθός
Heintz   24 αὐτοῦ del. Volkmann   31 τὸ φωτεινὸν¹ del.
Theiler   φωτεινὸν² Kleist : σκοτεινὸν Enn.   32 συμμιγνύμενος
Kleist : συμμιγνύμενον Enn.   38 οὗ Rᵃˢ (cuius Ficinus) : οὐ Enn.

7. Πότερα δὲ ἀπόλλυται ἢ ἀνατρέχει; τάχα γὰρ ἄν τι
καὶ ἐκ τούτου λάβοιμεν εἰς τὸ πρόσθεν. ἢ εἰ μὲν ἦν
ἔνδοθεν, ὥστε τὸ μετειληφὸς ἔχειν οἰκεῖον ἤδη, τάχα ἄν
τις εἶπεν ἀπόλλυσθαι· εἰ δέ ἐστιν ἐνέργεια οὐ ῥέουσα—
5 περιέρρεε γὰρ ἂν καὶ ἐχεῖτο εἴσω πλέον ἢ ὅσον τὸ παρὰ
τοῦ ἐνεργοῦντος ἐπεβάλλετο—οὐκ ἂν ἀπολλύοιτο μένον-
τος ἐν ὑποστάσει τοῦ φωτίζοντος. μετακινουμένου δὲ ἐν
ἄλλῳ ἐστὶ τόπῳ οὐχ ὡς παλιρροίας ἢ μεταρροίας γενο-
μένης, ἀλλ᾽ ὡς τῆς ἐνεργείας ἐκείνου οὔσης καὶ παραγινο-
10 μένης, εἰς ὅσον κωλύει οὐδέν. ἐπεὶ καὶ εἰ πολλαπλασία ἡ
ἀπόστασις ἦν ἢ νῦν ἐστι πρὸς ἡμᾶς τοῦ ἡλίου, ἦν ἂν καὶ
μέχρι ἐκεῖ φῶς μηδενὸς κωλύοντος μηδὲ ἐμποδὼν ἐν τῷ
μεταξὺ ἱσταμένου. ἔστι δὲ ἡ μὲν ἐν αὐτῷ ἐνέργεια καὶ
οἷον ζωὴ τοῦ σώματος τοῦ φωτεινοῦ πλείων καὶ οἷον ἀρχὴ
15 τῆς ἐνεργείας καὶ πηγή· ἡ δὲ μετὰ τὸ πέρας τοῦ σώματος,
εἴδωλον τοῦ ἐντός, ἐνέργεια δευτέρα οὐκ ἀφισταμένη τῆς
προτέρας. ἔχει γὰρ ἕκαστον τῶν ὄντων ἐνέργειαν, ἥ ἐστιν
ὁμοίωμα αὐτοῦ, ὥστε αὐτοῦ ὄντος κἀκεῖνο εἶναι καὶ
μένοντος φθάνειν εἰς τὸ πόρρω, τὸ μὲν ἐπιπλέον, τὸ δὲ
20 εἰς ἔλαττον· καὶ αἱ μὲν ἀσθενεῖς καὶ ἀμυδραί, αἱ δὲ
καὶ λανθάνουσαι, τῶν δ᾽ εἰσὶ μείζους καὶ εἰς τὸ πόρρω·
καὶ ὅταν εἰς τὸ πόρρω, ἐκεῖ δεῖ νομίζειν εἶναι, ὅπου τὸ
ἐνεργοῦν καὶ δυνάμενον, καὶ αὖ οὗ φθάνει. ἔστι δὲ καὶ
ἐπὶ ὀφθαλμῶν ἰδεῖν ζῴων λαμπόντων τοῖς ὄμμασι, γινο-
25 μένου αὐτοῖς φωτὸς καὶ ἔξω τῶν ὀμμάτων· καὶ δὴ καὶ
ἐπὶ ζῴων, ἃ ἔνδον συνεστραμμένον πῦρ ἔχοντα ταῖς ἀνοι-
δάνσεσιν ἐν σκότῳ ἐκλάμπει εἰς τὸ ἔξω, καὶ ἐν ταῖς
συστολαῖς αὐτῶν οὐδέν ἐστι φῶς ἔξω, οὐδ᾽ αὖ ἐφθάρη,
ἀλλ᾽ ἢ ἔστιν ἢ οὐκ ἔστιν ἔξω. τί οὖν; εἰσελήλυθεν; ἢ

οὐκ ἔστιν ἔξω, ὅτι μηδὲ τὸ πῦρ πρὸς τὸ ἔξω, ἀλλ' ἔδυ εἰς 30
τὸ εἴσω. τὸ οὖν φῶς ἔδυ καὶ αὐτό; ἢ οὔ, ἀλλ' ἐκεῖνο
μόνον· δύντος δὲ ἐπίπροσθέν ἐστι τὸ ἄλλο σῶμα, ὡς μὴ
ἐνεργεῖν ἐκεῖνο πρὸς τὸ ἔξω. ἔστιν οὖν τὸ ἀπὸ τῶν
σωμάτων φῶς ἐνέργεια φωτεινοῦ σώματος πρὸς τὸ ἔξω·
αὐτὸ δὲ ὅλως [φῶς] τὸ ἐν τοῖς τοιούτοις σώμασιν, ἃ δὴ 35
πρώτως ἐστὶ τοιαῦτα, οὐσία ἡ κατὰ τὸ εἶδος τοῦ φωτεινοῦ
πρώτως σώματος. ὅταν δὲ μετὰ τῆς ὕλης τὸ τοιοῦτον
σῶμα ἀναμιχθῇ, χρόαν ἔδωκε· μόνη δὲ ἡ ἐνέργεια οὐ
δίδωσιν, ἀλλ' οἷον ἐπιχρώννυσιν, ἅτε οὖσα ἄλλου κἀκείνου
οἷον ἐξηρτημένη, οὗ τὸ ἀποστὰν κἀκείνου τῆς ἐνεργείας 40
ἄπεστιν. ἀσώματον δὲ πάντως δεῖ τιθέναι, κἂν σώματος
ᾖ. διὸ οὐδὲ τὸ "ἀπελήλυθε" κυρίως οὐδὲ τὸ "πάρεστιν",
ἀλλὰ τρόπον ἕτερον ταῦτα, καὶ ἔστιν ὑπόστασις αὐτοῦ ὡς
ἐνέργεια. ἐπεὶ καὶ τὸ ἐν τῷ κατόπτρῳ εἴδωλον ἐνέργειαν
λεκτέον τοῦ ἐνορωμένου ποιοῦντος εἰς τὸ πάσχειν δυνά- 45
μενον οὐ ῥέοντος· ἀλλ' εἰ πάρεστι, κἀκεῖνο ἐκεῖ φαίνεται
καὶ ἔστιν οὕτως ὡς εἴδωλον χρόας ἐσχηματισμένης ὡδί·
κἂν ἀπέλθῃ, οὐκέτι τὸ διαφανὲς ἔχει, ὃ ἔσχε πρότερον,
ὅτε παρεῖχεν εἰς αὐτὸ ἐνεργεῖν τὸ ὁρώμενον. ἀλλὰ καὶ
ἐπὶ τῆς ψυχῆς, ὅσον ἐνέργεια ἄλλης προτέρας, μενούσης 50
τῆς προτέρας μένει καὶ ἡ ἐφεξῆς ἐνέργεια. εἴ τις δὲ
μὴ ἐνέργεια, ἀλλ' ἐξ ἐνεργείας, οἵαν ἐλέγομεν τὴν τοῦ
σώματος οἰκείαν ἤδη ζωήν, ὥσπερ τὸ φῶς τὸ ἀναμεμιγ-
μένον ἤδη τοῖς σώμασιν; ἢ ἐνταῦθα τῷ καὶ συμμεμίχθαι
τὸ ποιοῦν τὸ χρῶμα. ἐπὶ δὲ τῆς ζωῆς τῆς τοῦ σώματος 55
τί; ἢ παρακειμένης ψυχῆς ἄλλης ἔχει. ὅταν οὖν τὸ

---

7. 52 ἐλέγομεν cf. IV. 4. 29. 15

7. 31 ἐκεῖνο i.e. τὸ πῦρ   35 φῶς del. Kirchhoff   54 συμ-
μεμίχθαι subiectum τὸ ποιοῦν   55 τὸ χρῶμα scil. γίγνεται

σῶμα φθαρῇ—οὐ γὰρ δὴ ψυχῆς τι ἄμοιρον δύναται
εἶναι—φθειρομένου οὖν τοῦ σώματος καὶ οὐκ ἐπαρ-
κούσης αὐτῷ οὔτε τῆς δούσης οὔτ' εἴ τις παράκειται,
60 πῶς ἂν ἔτι ζωὴ μένοι; τί οὖν; ἐφθάρη αὕτη; ἢ οὐδὲ
αὕτη· εἴδωλον γὰρ ἐκλάμψεως καὶ τοῦτο· οὐκέτι δέ ἐστιν
ἐκεῖ μόνον.

8. Εἰ δ' εἴη σῶμα ἔξω τοῦ οὐρανοῦ, καὶ ὄψις τις
ἐντεῦθεν μηδενὸς κωλύοντος εἰς τὸ ἰδεῖν, ἆρ' ἂν θεάσαιτο
ὅ τι μὴ συμπαθὲς πρὸς ἐκεῖνο, εἰ τὸ συμπαθὲς νῦν διὰ
τὴν ζῴου ἑνὸς φύσιν; ἢ εἰ τὸ συμπαθὲς διὰ τὸ ἑνὸς
5 ζῴου τὰ αἰσθανόμενα καὶ τὰ αἰσθητά, καὶ αἱ αἰσθήσεις
οὕτως οὐκ ἄν, εἰ μὴ τὸ σῶμα τοῦτο τὸ ἔξω μέρος τοῦδε
τοῦ ζῴου· εἰ γὰρ εἴη, τάχα ἄν. εἰ μέντοι μὴ μέρος εἴη,
σῶμα δὲ κεχρωσμένον καὶ τὰς ἄλλας ποιότητας ἔχον, οἷον
τὸ ἐνταῦθα, ὁμοειδὲς ὂν τῷ ὀργάνῳ; ἢ οὐδ' οὕτως, εἰ ὀρθὴ
10 ἡ ὑπόθεσις· εἰ μή τις τούτῳ γε αὐτῷ τὴν ὑπόθεσιν ἀνελεῖν
πειρῷτο ἄτοπον εἶναι λέγων, εἰ μὴ χρῶμα ὄψεται ἡ ὄψις
παρόν, καὶ αἱ ἄλλαι αἰσθήσεις τῶν αἰσθητῶν παρόντων
αὐταῖς οὐκ ἐνεργήσουσι πρὸς αὐτά. ἀλλὰ τὸ ἄτοπον
τοῦτο, πόθεν δὴ φαίνεται, φήσομεν. ἢ ὅτι ἐνταῦθα ἐν ἑνὶ
15 ὄντες καὶ ἑνὸς ταῦτα ποιοῦμεν καὶ πάσχομεν. τοῦτο οὖν
σκεπτέον, εἰ παρὰ τοῦτο. καὶ εἰ μὲν αὐτάρκως δέδεικται·
εἰ δὲ μή, καὶ δι' ἄλλων δεικτέον. τὸ μὲν οὖν ζῷον ὅτι
συμπαθὲς αὐτῷ, δῆλον· καὶ εἰ εἴη ζῷον, ἀρκεῖ· ὥστε καὶ
τὰ μέρη, ᾗ ἑνὸς ζῴου. ἀλλ' εἰ δι' ὁμοιότητά τις λέγοι;

8. 1–4 cf. IV. 5. 3. 21–5

---

7. 59 τις scil. ψυχή   60 ζωὴ μένοι transp. x   αὕτη
scil. ζωή   62 ἐκεῖ scil. ἐν σώματι   8. 1 εἰ: οὐ BRac
(ου eras., εἰ R²)J   3 ὅ τι subiectum ad θεάσαιτο   16 παρὰ
τοῦτο ob hoc   δέδεικται scil. bene est

ἀλλ' ἡ ἀντίληψις κατὰ τὸ ζῷον καὶ ἡ αἴσθησις, ὅτι 20
τοῦ ὁμοίου μετέχει τὸ αὐτό· τὸ γὰρ ὄργανον ὅμοιον αὐ-
τοῦ· ὥστε ἡ αἴσθησις ψυχῆς ἀντίληψις ἔσται δι' ὀργάνων
ὁμοίων τοῖς ἀντιληπτοῖς. ἐὰν οὖν ζῷον ὂν αἰσθάνηται
μὲν μὴ τῶν ἐν αὐτῷ, τῶν δὲ ὁμοίων τοῖς ἐν αὐτῷ, ᾗ
μὲν ζῷον, ἀντιλήψεται; ἢ μέντοι τὰ ἀντιληπτὰ ἔσται, 25
οὐχ ᾗ αὐτοῦ, ἀλλ' ᾗ ὅμοια τοῖς ἐν αὐτῷ. ἢ καὶ τὰ
ἀντιληπτὰ οὕτως ἀντιληπτὰ ὅμοια ὄντα, ὅτι αὕτη αὐτὰ
ὅμοια πεποίηκεν, ὥστε μὴ οὐ προσήκοντα εἶναι· ὥστε
εἰ τὸ ποιοῦν ἐκεῖ ἡ ψυχὴ πάντη ἑτέρα, καὶ τὰ ἐκεῖ ὑπο-
τεθέντα ὅμοια οὐδὲν πρὸς αὐτήν. ἀλλὰ γὰρ ἡ ἀτοπία 30
τὸ μαχόμενον ἐν τῇ ὑποθέσει δείκνυσιν ὡς αἴτιόν ἐστιν
αὐτῆς· ἅμα γὰρ ψυχὴν λέγει καὶ οὐ ψυχήν, καὶ συγγενῆ
καὶ οὐ συγγενῆ, καὶ ὅμοια ταῦτα καὶ ἀνόμοια· ὥστε ἔχουσα
τὰ ἀντικείμενα ἐν αὐτῇ οὐδ' ἂν ὑπόθεσις εἴη. καὶ γάρ,
ὡς ἡ ψυχὴ ἐν τούτῳ· ὥστε πᾶν καὶ οὐ πᾶν τίθησι, καὶ 35
ἄλλο καὶ οὐκ ἄλλο, καὶ τὸ μηδὲν καὶ οὐ τὸ μηδέν, καὶ
τέλεον καὶ οὐ τέλεον. ὥστε ἀφετέον τὴν ὑπόθεσιν, ὡς
οὐκ ὂν ζητεῖν τὸ ἀκόλουθον τῷ αὐτὸ τὸ ὑποτεθὲν ἐν αὐτῷ
ἀναιρεῖν.

8. 23 αἰσθάνηται scil. ὁ κόσμος   25 ⟨οὐκ⟩ ἀντιλήψεται
Heintz, sed ἀντιλήψεται; .interpungendum   ἢ BR : ᾗ A¹JUC
27 αὕτη (i.e. τοῦ κόσμου ψυχή): αὐτὴ ⟨ἡ ψυχὴ⟩ Theiler   29 ἡ
ψυχὴ (appositio ad τὸ ποιοῦν) del. Theiler   ἑτέρα Theiler
33 ταὐτὰ Kirchhoff : ταῦτα Enn.   38 τῷ αὐτὸ A¹UC : τὸ αὐτῷ x

IV 6 (41)

ΠΕΡΙ ΑΙΣΘΗΣΕΩΣ ΚΑΙ ΜΝΗΜΗΣ

1. Τὰς αἰσθήσεις οὐ τυπώσεις οὐδ' ἐνσφραγίσεις λέ-
γοντες ἐν ψυχῇ γίγνεσθαι, οὐδὲ τὰς μνήμας πάντως τε καὶ
ἀκολούθως ἐροῦμεν κατοχὰς μαθημάτων καὶ αἰσθήσεων
εἶναι τοῦ τύπου μείναντος ἐν τῇ ψυχῇ, ὃς μηδὲ τὸ πρῶτον
5 ἐγένετο. διὸ τοῦ αὐτοῦ λόγου ἂν εἴη ἄμφω, ἢ ἐγγίγνε-
σθαί τε ἐν τῇ ψυχῇ καὶ μένειν, εἰ μνημονεύοιτο, ἢ τὸ
ἕτερον ὁποτερονοῦν μὴ διδόντα μὴ διδόναι μηδὲ θάτερον.
ὅσοι δὴ λέγομεν μηδέτερον, ἀναγκαίως ζητήσομεν, τίς
τρόπος ἑκατέρου, ἐπειδὴ οὔτε τὸν τύπον τοῦ αἰσθητοῦ
10 ἐγγίγνεσθαί φαμεν τῇ ψυχῇ καὶ τυποῦν αὐτήν, οὔτε τὴν
μνήμην λέγομεν εἶναι τοῦ τύπου ἐμμείναντος. εἰ δ' ἐπὶ
τῆς ἐναργεστάτης αἰσθήσεως θεωροῖμεν τὸ συμ-
βαῖνον, τάχ' ἂν καὶ ἐπὶ τῶν ἄλλων αἰσθήσεων μεταφέροντες
τὸ αὐτὸ ἐξεύροιμεν ἂν τὸ ζητούμενον. δῆλον δὲ δήπου ἐν
15 παντί, ὡς αἴσθησιν ὁτουοῦν λαμβάνοντες δι' ὁράσεως ἐκεῖ
ὁρῶμεν καὶ τῇ ὄψει προσβάλλομεν, οὗ τὸ ὁρατόν ἐστιν ἐπ'
εὐθείας κείμενον, ὡς ἐκεῖ δηλονότι τῆς ἀντιλήψεως γινο-
μένης καὶ πρὸς τὸ ἔξω τῆς ψυχῆς βλεπούσης, ἅτε μηδενός,
οἶμαι, τύπου ἐν αὐτῇ γενομένου ἢ γιγνομένου, οὐδέπω

Enn. = A¹x(= BRJ)UC; inde ab 3. 62 *Enn.* = w(= AE) A¹ x
(= BRJ)UC

---

1. cf. Aristot. *De mem.* 1. 450ᵃ30–32   12 = Plat. *Phaedr.* 250 d 2

---

1. 19 γενομένου ἢ del. Volkmann   οὐδέπω Igal : οὐδὲ τῷ
A¹BJUC : οὐδὲ τὴν R

130

σφραγῖδα [λαμβανούσης] ὥσπερ ἐν κηρῷ δακτυλίου λαμ- 20
βανούσης. οὐδὲν γὰρ ἂν ἐδεήθη τοῦ ἔξω βλέπειν, ἤδη ἔ-
χουσα παρ᾽ ἑαυτῆς εἶδος τοῦ ὁρωμένου τούτῳ τῷ ἐκεῖ εἰσ-
ελθεῖν τὸν τύπον βλέπουσα. τὸ δὲ δὴ διάστημα προστιθεῖ-
σα τῷ ὁράματι καὶ ἐξ ὅσου ἡ θέα ἡ ψυχὴ λέγουσα οὕτως ἂν
τὸ ἐν αὐτῇ οὐδὲν ἀφεστηκὸς ἀφ᾽ αὑτῆς ὡς πόρρω ὂν βλέ- 25
ποι; τό τε μέγεθος αὐτοῦ, ὅσον ἐστὶν ἔξω, πῶς ἂν ὅσον
ἐστὶ λέγοι, ἢ ὅτι μέγα, οἷον τὸ τοῦ οὐρανοῦ, τοῦ ἐν αὐτῇ
τύπου τοσοῦδε εἶναι οὐ δυναμένου; τὸ δὲ μέγιστον
ἁπάντων· εἰ γὰρ τύπους λαμβάνοιμεν ὧν ὁρῶμεν, οὐκ
ἔσται βλέπειν αὐτὰ ἃ ὁρῶμεν, ἰνδάλματα δὲ ὁραμάτων καὶ 30
σκιάς, ὥστε ἄλλα μὲν εἶναι αὐτὰ τὰ πράγματα, ἄλλα δὲ
τὰ ἡμῖν ὁρώμενα. ὅλως δέ, ὥσπερ λέγεται, ὡς οὐκ ἔστιν
ἐπιθέντα τῇ κόρῃ τὸ ὁρατὸν θεάσασθαι, ἀποστήσαντα δὲ
δεῖ οὕτως ὁρᾶν, τοῦτο χρὴ καὶ πολὺ μᾶλλον ἐπὶ τὴν ψυχὴν
μεταφέρειν. εἰ γὰρ τὸν τύπον τοῦ ὁρατοῦ θείμεθα ἐν αὐτῇ, 35
ἐκεῖνο μέν, ᾧ ἐνεσφράγισται, οὐκ ἂν ὅραμα ἴδοι· δεῖ γὰρ
[καὶ] δύο γενέσθαι τό τε ὁρῶν καὶ τὸ ὁρώμενον. ἄλλο
ἄρα δεῖ εἶναι τὸ ὁρῶν ἀλλαχοῦ κείμενον τὸν τύπον, ἀλλ᾽
οὐκ ἐν ᾧ ἐστι κείμενον. δεῖ ἄρα τὴν ὅρασιν οὐ κειμένου
εἶναι, ἀλλὰ μὴ κειμένου εἶναι, ἵνα ᾖ ὅρασις. 40

2. Εἰ οὖν μὴ οὕτως, τίς ὁ τρόπος; ἢ λέγει περὶ ὧν
οὐκ ἔχει· τοῦτο γὰρ δυνάμεως, οὐ τὸ παθεῖν τι, ἀλλὰ τὸ
δυνηθῆναι καὶ ἐφ᾽ ᾧ τέτακται ἐργάσασθαι. οὕτως γὰρ ἄν,
οἶμαι, καὶ διακριθείη τῇ ψυχῇ καὶ τὸ ὁρατὸν καὶ τὸ

1. 32–3 cf. Aristot. De an. B 7. 419ᵃ13

1. 20 λαμβανούσης del. Igal   20–21 λαμβανούσης Igal : βλε-
πούσης Enn.   24 οὕτως : πῶς A³ᵐᵍ = Ficinus   28 τοσοῦδε
Theiler : τοσούτου δὲ A¹xC : τοσοῦτον δὲ U   37 καὶ¹ del.
Kirchhoff   38 τὸν τύπον obiectum ad τὸ ὁρῶν   39 ad
ἐστι subiectum τὸ ὁρῶν

5 ἀκουστόν, οὐκ εἰ τύποι ἄμφω, ἀλλ' εἰ μὴ τύποι μηδὲ
πείσεις, ἀλλ' ἐνέργειαι περὶ ὃ ἔπεισι πεφύκασιν. ἡμεῖς
δὲ ἀπιστοῦντες, μὴ οὐ δύνηται, ἐὰν μὴ πληγῇ, τὸ αὐτῆς
γινώσκειν δύναμις ἑκάστη, πάσχειν, ἀλλ' οὐ γινώσκειν τὸ
ἐγγὺς ποιοῦμεν, οὗ κρατεῖν δέδοται, ἀλλ' οὐ κρατεῖσθαι.
10 τὸν αὐτὸν δὴ τρόπον καὶ ἐπὶ ἀκοῆς δεῖ νομίζειν γίνε-
σθαι· τὸν μὲν τύπον εἶναι ἐν τῷ ἀέρι πληγήν τινα οὖσαν
διηρθρωμένην, οἷον γραμμάτων ἐγγεγραμμένων ὑπὸ τοῦ
τὴν φωνὴν πεποιηκότος, τὴν μέντοι δύναμιν καὶ τὴν τῆς
ψυχῆς οὐσίαν οἷον ἀναγνῶναι τοὺς τύπους ἐν τῷ ἀέρι
15 γεγραμμένους ἐλθόντας πλησίον, εἰς ὃ ἐλθόντες πεφύ-
κασιν ὁρᾶσθαι. γεύσεως δὲ καὶ ὀσφρήσεως τὰ μὲν πάθη,
τὰ δ' ὅσα αἰσθήσεις αὐτῶν καὶ κρίσεις, τῶν παθῶν εἰσι
γνώσεις ἄλλαι τῶν παθῶν οὖσαι. τῶν δὲ νοητῶν ἡ
γνῶσις ἀπαθὴς καὶ ἀτύπωτός ἐστι μᾶλλον· ἀνάπαλιν γὰρ
20 ἔσωθεν οἷον προπίπτει, τὰ δὲ ἔξωθεν θεωρεῖται· καὶ
ἔστιν ἐκεῖνα μᾶλλον ἐνέργειαι καὶ κυριώτεραι· αὐτῆς γάρ,
καὶ ἔστιν αὐτὴ ἐνεργοῦσα ἕκαστον. πότερα δὲ αὐτὴν μὲν
ἡ ψυχὴ δύο καὶ ὡς ἕτερον ὁρᾷ, νοῦν δὲ ἓν καὶ ἄμφω
τὰ δύο ἕν, ἐν ἄλλοις.

3. Νῦν δὲ τούτων εἰρημένων περὶ μνήμης ἐφεξῆς
λεκτέον εἰποῦσι πρότερον, ὡς οὐ θαυμαστόν—μᾶλλον δὲ
θαυμαστὸν μέν, ἀπιστεῖν δὲ οὐ δεῖ τῇ τοιαύτῃ δυνάμει
τῆς ψυχῆς—εἰ μηδὲν λαβοῦσα εἰς αὐτὴν ἀντίληψιν ὧν οὐκ

---

2. 22 cf. Aristot. *De an.* Γ 7. 431ᵃ1–2   24 ἐν ἄλλοις cf. V. 6.
1–2 potius quam V. 3. 1–6   3. 4–5 cf. Aristot. *De mem.* 1. 450ᵃ25–7

---

2. 5 ἄμφω scil. τὸ ὁρᾶν καὶ τὸ ἀκούειν   6 περὶ ὃ = περὶ τοῦτο
ὃ (nominatiuus)   ἔπεισι (singularis) Sleeman : ἔνεισι A¹RJUC :
ἔνιοι B   20 προπίπτει subiectum τὰ νοητά   τὰ δὲ scil.
αἰσθητά   21 αὐτῆς γάρ *sui enim est cognitio*   22 ἕκαστον (scil.
τῶν νοητῶν) nominatiuus

ἔσχε ποιεῖται. λόγος γάρ ἐστι πάντων, καὶ λόγος ἔσχατος 5
μὲν τῶν νοητῶν καὶ τῶν ἐν τῷ νοητῷ ἡ ψυχῆς φύσις,
πρῶτος δὲ τῶν ἐν τῷ αἰσθητῷ παντί. διὸ δὴ καὶ πρὸς
ἄμφω ἔχει, ὑπὸ μὲν τῶν εὐπαθοῦσα καὶ ἀναβιωσκομένη,
ὑπὸ δὲ τῶν τῇ ὁμοιότητι ἀπατωμένη καὶ κατιοῦσα ὥσπερ
θελγομένη. ἐν μέσῳ δὲ οὖσα αἰσθάνεται ἀμφοῖν, καὶ τὰ 10
μὲν νοεῖν λέγεται εἰς μνήμην ἐλθοῦσα, εἰ πρὸς αὐτοῖς
γίγνοιτο· γινώσκει γὰρ τῷ αὐτά πως εἶναι· γινώσκει γὰρ
οὐ τῷ ἐνιζάνειν αὐτά, ἀλλὰ τῷ πως ἔχειν αὐτὰ καὶ ὁρᾶν
αὐτὰ καὶ εἶναι αὐτὰ ἀμυδρότερον καὶ γίνεσθαι ἐκ τοῦ
ἀμυδροῦ τῷ οἷον ἐγείρεσθαι ἐναργεστέρα καὶ ἐκ δυνάμεως 15
εἰς ἐνέργειαν ἰέναι. τὰ δ' αἰσθητὰ τὸν αὐτὸν τρόπον οἷον
συναψάμενα καὶ ταῦτα παρ' αὐτῆς οἷον ἐκλάμπειν ποιεῖ
καὶ πρὸ ὀμμάτων εἶναι ἐργάζεται ἑτοίμης οὔσης καὶ πρὸ
οἷον ὠδινούσης πρὸς αὐτὰ τῆς δυνάμεως. ὅταν τοίνυν ῥωσθῇ
πρὸς ὁτιοῦν τῶν φανέντων, ὥσπερ πρὸς παρὸν διάκειται 20
ἐπὶ πολὺν χρόνον καὶ ὅσῳ μᾶλλον, τόσῳ ἀεί. διὸ καὶ τὰ
παιδία μνημονεύειν λέγεται μᾶλλον, ὅτι μὴ ἀφίστανται,
ἀλλὰ κεῖται αὐτοῖς πρὸ ὀμμάτων ὡς ἂν ὁρῶσιν οὔπω εἰς
πλῆθος, ἀλλὰ πρὸς ὀλίγα· οἷς δὲ ἐπὶ πολλὰ ἡ διάνοια καὶ
ἡ δύναμις, ὥσπερ παραθέουσι καὶ οὐ μένουσιν. εἰ δέ γε 25
ἔμενον οἱ τύποι, οὐκ ἂν ἐποίησε τὸ πλῆθος ἧττον μνή-
μας. ἔτι, εἰ τύποι μένοντες, οὐδὲν ἔδει σκοπεῖν, ἵνα
ἀναμνησθῶμεν, οὐδὲ πρότερον ἐπιλαθομένους ὕστερον

3. 13 ἐνιζάνειν transitiuum (ut ἰζάνειν Hom. Ψ 258) et ψυχή
subiectum   τῷ² regit et ἔχειν et ὁρᾶν et εἶναι et γίνεσθαι et
ἰέναι   14 ἀμυδρότερον aduerbium   15 ἐναργεστέρα Creu-
zer: ἐναργέστερα U: ἐνεργεστέρα xC: ἐνεργέστερα A¹   17 συν-
αψάμενα καὶ ταῦτα (ea quoque se applicantia ad superius): συναψαμένη
καὶ ταῦτα Creuzer coaptans haec ipsa Ficinus   18 καὶ πρὸ² etiam
prius Ficinus   26–7 μνήμας: μνήμονας Creuzer

ἀναμιμνήσκεσθαι κειμένων. καὶ αἱ εἰς ἀνάληψιν δὲ μελέται
30 δηλοῦσι δυνάμωσιν ψυχῆς τὸ γινόμενον ὑπάρχον, ὥσπερ
χειρῶν ἢ ποδῶν τὰ γυμνάσια εἰς τὸ ποιεῖν ῥαδίως, ἃ μὴ
ἐν ταῖς χερσὶν ἢ ποσὶ κεῖται, ἀλλὰ πρὸς ἃ τῇ συνεχείᾳ
ἡτοίμασται. διὰ τί γὰρ ἅπαξ μὲν ἀκούσας ἢ δεύτερον οὐ
μέμνηται, ὅταν δὲ πολλάκις, καὶ ὃ πρότερον ἀκούσας οὐκ
35 ἔσχε, πολλῷ ὕστερον χρόνῳ μέμνηται ἤδη; οὐ γὰρ δὴ τῷ
μέρη ἐσχηκέναι πρότερον τοῦ τύπου· ἔδει γὰρ τούτων
μεμνῆσθαι· ἀλλ' οἷον ἐξαίφνης γίγνεται τοῦτο ἔκ τινος
[τῆς] ὑστέρας ἀκροάσεως ἢ μελέτης. ταῦτα γὰρ μαρτυρεῖ
πρόκλησιν τῆς δυνάμεως καθ' ἣν μνημονεύομεν τῆς ψυχῆς
40 ὡς ῥωσθεῖσαν ἢ ἁπλῶς ἢ πρὸς τοῦτο. ὅταν δὲ μὴ
μόνον πρὸς ἃ ἐμελετήσαμεν τὸ τῆς μνήμης ἡμῖν παρῇ,
ἀλλ' οἵπερ πολλὰ ἀνειλήφασιν ἐκ τοῦ εἰθίσθαι ἀπαγγε-
λίαις χρῆσθαι, ῥαδίας ἤδη καὶ τῶν ἄλλων τὰς λεγομένας
ἀναλήψεις ποιῶνται, τί ἄν τις ἐπαιτιῷτο τῆς μνήμης ἢ
45 τὴν δύναμιν τὴν ῥωσθεῖσαν εἶναι; οἱ μὲν γὰρ τύποι
μένοντες ἀσθένειαν μᾶλλον ἢ δύναμιν κατηγοροῖεν· τὸ
γὰρ ἐντυπώτατον τῷ εἴκειν ἐστὶ τοιοῦτον, καὶ πάθους
ὄντος τοῦ τύπου τὸ μᾶλλον πεπονθὸς τοῦτό ἐστι τὸ
μνημονεῦον μᾶλλον. τούτου δὲ τοὐναντίον φαίνεται συμ-
50 βαῖνον· οὐδαμοῦ γὰρ ἡ πρὸς ὁτιοῦν γυμνασία εὐπαθὲς τὸ
γυμνασάμενον ποιεῖ· ἐπεὶ καὶ ἐπὶ τῶν αἰσθήσεων οὐ τὸ
ἀσθενὲς ὁρᾷ οἷον ὀφθαλμός, ἀλλ' ὅτῳ δύναμίς ἐστιν εἰς

---

3. 44 ἀναλήψεις cf. Aristot. De mem. 2.451ᵃ20

---

3. 38 τῆς om. RJ : del. Theiler   39 ψυχῆς regitur a δυνάμεως
40 ῥωσθεῖσαν (assimilatum ad 39 ἥν) : ῥωσθείσης Kirchhoff   μὴ
Rpc(μ in ras. R²) : δὴ Enn.   41 ante μόνον add. οὐ A3mg (non
Ficinus)   51 ἐπὶ A1sxC : om. A1U   52 οἷον : οἷον ὁ
Volkmann

ἐνέργειαν πλείων. διὸ καὶ οἱ γεγηρακότες καὶ πρὸς τὰς
αἰσθήσεις ἀσθενέστεροι καὶ πρὸς τὰς μνήμας ὡσαύτως.
ἰσχὺς ἄρα τις καὶ ἡ αἴσθησις καὶ ἡ μνήμη. ἔτι τῶν 55
αἰσθήσεων τυπώσεων οὐκ οὐσῶν, πῶς οἷόν τε τὰς μνήμας
κατοχὰς τῶν οὐκ ἐντεθέντων οὐδὲ τὴν ἀρχὴν εἶναι; ἀλλ᾽
εἰ δύναμίς τις καὶ παρασκευὴ πρὸς τὸ ἕτοιμον, πῶς οὐχ
ἅμα, ἀλλ᾽ ὕστερον εἰς ἀνάπλησιν τῶν αὐτῶν ἐρχόμεθα;
ἢ ὅτι τὴν δύναμιν δεῖ οἷον ἐπιστῆσαι καὶ ἑτοιμάσασθαι. 60
τοῦτο γὰρ καὶ ἐπὶ τῶν ἄλλων δυνάμεων ὁρῶμεν εἰς τὸ
ποιῆσαι ὃ δύνανται ἑτοιμαζομένων καὶ τὰ μὲν εὐθύς, τὰ
δέ, εἰ συλλέξαιντο ἑαυτάς, ἐργαζομένων. γίγνονται δὲ ὡς
ἐπὶ τὸ πολὺ οὐχ οἱ αὐτοὶ μνήμονες καὶ ἀγχίνοι [πολλάκις],
ὅτι οὐχ ἡ αὐτὴ δύναμις ἑκατέρου, ὥσπερ οὐδ᾽ ὁ αὐτὸς 65
πυκτικὸς καὶ δρομικός· ἐπικρατοῦσι γὰρ ἄλλαι ἐν ἄλλῳ
ἰδέαι. καίτοι οὐκ ἐκώλυε τὸν ἀστινασοῦν ἔχοντα πλεονε-
ξίας ψυχῆς ἀναγινώσκειν τὰ κείμενα, οὐδὲ τὸν ταύτῃ
ῥυέντα τὴν τοῦ πάσχειν καὶ ἔχειν τὸ πάθος ἀδυναμίαν
κεκτῆσθαι. καὶ τὸ τῆς ψυχῆς δὲ ἀμέγεθες [καὶ ὅλως] ψυχὴν 70
μαρτυρεῖ δύναμιν εἶναι. καὶ ὅλως τὰ περὶ ψυχὴν πάντ᾽
οὐ θαυμαστὸν ἄλλον τρόπον ἔχειν, ἢ ὡς ὑπειλήφασιν ὑπὸ
τοῦ μὴ ἐξετάζειν ἄνθρωποι, ἢ ὡς πρόχειροι αὐτοῖς ἐπιβο-
λαὶ ἐξ αἰσθητῶν ἐγγίνονται δι᾽ ὁμοιοτήτων ἀπατῶσαι.
οἷον γὰρ ἐν πίναξιν ἢ δέλτοις γεγραμμένων γραμμάτων, 75

Inde ab 3. 62 *Enn.* = w(= AE) A¹ x(= BRJ)UC

---

3. 64 cf. Aristot. *De mem.* 1. 449ᵇ7–8

3, 60 τὴν δύναμιν subiectum   62 καὶ incipiunt AE post
IV. 5. 2. 8   62–79 καὶ—ἀσώματον A et A¹ (in fine codicis)
64 πολλάκις glossa ad ἐπὶ τὸ πολὺ del. Müller   68 ταύτῃ A¹RJUC:
αὐτῇ w : ταύτης B   70 καὶ ὅλως del. Müller   71–2 πάντ᾽
οὐ Theiler : πάντα *Enn.*   72 ἢ quam   73 ἢ uel

οὕτως περὶ τῶν αἰσθήσεων καὶ τοῦ μνημονεύειν διάκειν-
ται, καὶ οὔτε οἱ σῶμα αὐτὴν τιθέμενοι ὁρῶσιν, ὅσα
ἀδύνατα τῇ ὑποθέσει αὐτῶν συμβαίνει, οὔτε οἱ ἀ-
σώματον.

3. 77 τιθέμενοι : θεωρούμενοι w

ΠΕΡΙ ΑΘΑΝΑΣΙΑΣ ΨΥΧΗΣ

1. Εἰ δέ ἐστιν ἀθάνατος ἕκαστος ἡμῶν, ἢ φθείρεται
πᾶς, ἢ τὰ μὲν αὐτοῦ ἄπεισιν εἰς σκέδασιν καὶ φθοράν, τὰ
δὲ μένει εἰς ἀεί, ἅπερ ἐστὶν αὐτός, ὧδ' ἄν τις μάθοι κατὰ
φύσιν ἐπισκοπούμενος. ἁπλοῦν μὲν δή τι οὐκ ἂν εἴη
ἄνθρωπος, ἀλλ' ἔστιν ἐν αὐτῷ ψυχή, ἔχει δὲ καὶ σῶμα   5
εἴτ' οὖν ὄργανον ὂν ἡμῖν, εἴτ' οὖν ἕτερον τρόπον προσ-
ηρτημένον. ἀλλ' οὖν διῃρήσθω τε ταύτῃ καὶ ἑκατέρου
τὴν φύσιν τε καὶ οὐσίαν καταθεατέον. τὸ μὲν δὴ σῶμα
καὶ αὐτὸ συγκείμενον οὔτε παρὰ τοῦ λόγου δύναται
μένειν, ἥ τε αἴσθησις ὁρᾷ λυόμενόν τε καὶ τηκόμενον   10
καὶ παντοίους ὀλέθρους δεχόμενον, ἑκάστου τε τῶν
ἐνόντων πρὸς τὸ αὐτοῦ φερομένου, φθείροντός τε ἄλλου
ἕτερον καὶ μεταβάλλοντος εἰς ἄλλο καὶ ἀπολλύντος,
καὶ μάλιστα ὅταν ψυχὴ ἡ φίλα ποιοῦσα μὴ παρῇ τοῖς

1. 1–**8.** 28 et **8**⁵. 50–**15.** 12 = *Enn.* = w(= AE) x(= BRJ)UCD;
1. 1–**8**⁴. 28 = Eusebius *Praep. Euang.* XV. 22. 1–67, p. 287. 14–399.
18 Mras = p. 824a - 835 c Vigier = *ONDQPT*; accedunt **8.** 28–**8**⁴.
28 *JMV*; **8**⁵. 1–50 = Eusebius *Praep. Euang.* XV. 10. 1–9, p. 372. 4–
373. 22 Mras = p. 811 b–812 c Vigier = *IONDQP*

Tit. περὶ ἀθανασίας ψυχῆς wRJUD *Pinax Summarium Vita* 25. 25,
cf. Eusebius *Praep. Euang.* XV. 10, p. 372. 1 Mras = p. 811 b Vigier
(= IV. 7. 8⁵. 1) : περὶ ψυχῆς ἀθανασίας *Vita* 4. 24 : περὶ ἀθανασίας ψυ-
χῆς καὶ ὅτι οὐ δύναται σωματικὴ εἶναι ἡ ψυχή C : πρὸς τοὺς Στωικοὺς
ὅτι οὐ δύναται σωματικὴ εἶναι ἡ ψυχὴ ἀπὸ τοῦ πρώτου περὶ ψυχῆς Πλω-
τίνου ONDQ : Πλωτίνου περὶ ψυχῆς T : om. B   **1.** 4 τι : ὅτι Eus.
6 ὂν om. Eus.   εἴτ' οὖν² : εἴτε Eus.

15 ὄγκοις. κἂν μονωθῇ δὲ ἕκαστον γενόμενον, ἓν οὐκ ἔστι,
λύσιν δεχόμενον εἴς τε μορφὴν καὶ ὕλην, ἐξ ὧν ἀνάγκη
καὶ τὰ ἁπλᾶ τῶν σωμάτων τὰς συστάσεις ἔχειν. καὶ μὴν
καὶ μέγεθος ἔχοντα, ἅτε σώματα ὄντα, τεμνόμενά τε
καὶ εἰς μικρὰ θραυόμενα καὶ ταύτῃ φθορὰν ἂν ὑπομένοι.
20 ὥστ᾽ εἰ μὲν μέρος ἡμῶν τοῦτο, οὐ τὸ πᾶν ἀθάνατοι, εἰ
δὲ ὄργανον, ἔδει γε αὐτὸ εἰς χρόνον τινὰ δοθὲν τοιοῦτον
τὴν φύσιν εἶναι. τὸ δὲ κυριώτατον καὶ αὐτὸς ὁ ἄνθρω-
πος, εἴπερ τοῦτο, κατὰ τὸ εἶδος ὡς πρὸς ὕλην τὸ σῶμα ἢ
κατὰ τὸ χρώμενον ὡς πρὸς ὄργανον· ἑκατέρως δὲ ἡ ψυχὴ
25 αὐτός.

2. Τοῦτο οὖν τίνα φύσιν ἔχει; ἢ σῶμα μὲν ὂν πάντως
ἀναλυτέον· σύνθετον γὰρ πᾶν γε σῶμα. εἰ δὲ μὴ σῶμα εἴη,
ἀλλὰ φύσεως ἄλλης, κἀκείνην ἢ τὸν αὐτὸν τρόπον ἢ κατ᾽
ἄλλον σκεπτέον. πρῶτον δὲ σκεπτέον, εἰ ὅ τι δεῖ τοῦτο
5 τὸ σῶμα, ὃ λέγουσι ψυχήν, ἀναλύειν. ἐπεὶ γὰρ ζωὴ ψυχῇ
πάρεστιν ἐξανάγκης, ἀνάγκη τοῦτο τὸ σῶμα, τὴν ψυχήν,
εἰ μὲν ἐκ δύο σωμάτων ἢ πλειόνων εἴη, ἤτοι ἑκάτερον αὐ-
τῶν ἢ ἕκαστον ζωὴν σύμφυτον ἔχειν, ἢ τὸ μὲν ἔχειν, τὸ
δὲ μή, ἢ μηδέτερον ἢ μηδὲν ἔχειν. εἰ μὲν δὴ ἑνὶ αὐτῶν
10 προσείη τὸ ζῆν, αὐτὸ τοῦτο ἂν εἴη ψυχή. τί ἂν οὖν εἴη σῶμα

---

1. 22–5 cf. Alex. Aphrod. *De an.*, Suppl. Aristot. ii. 1, p. 2. 1–2
24–5 cf. Plat. *Alcib.* 129 e 5 et 130 c 3; Aristot. *Metaph.* Z 10. 1035ᵇ
14–16 et H 3. 1043ᵇ3–4   2. 5 cf. *Stoic. Vet. Fr.* i, n. 142 et
518; ii, n. 780 et 790

---

1. 15 γινόμενον wD   20 τοῦτο scil. τὸ σῶμα   21 τοι-
οῦτον i.e. χρονικόν   22–3 τὸ—ἄνθρωπος subiectum, εἴπερ τοῦτο
si quidem hoc (nempe τὸ κυριώτατον) *est*   23 κατὰ—σῶμα *erit*
secundum speciem pro materia nempe corpore   24 ἑκατέρως : seu εἶδος
est seu χρώμενον   25 αὐτό Eus.   2. 3 ἢ¹ *Enn.*: ἢ κατὰ
Eus.   4 πρῶτον δὲ σκεπτέον om. Eus.   9 ἢ μηδέτερον ἢ
Enn.: μηδὲ ἕτερον Eus.

ζωὴν παρ' αὐτοῦ ἔχον; πῦρ γὰρ καὶ ἀὴρ καὶ ὕδωρ καὶ γῆ
ἄψυχα παρ' αὐτῶν· καὶ ὅτῳ πάρεστι τούτων ψυχή, τοῦτο
ἐπακτῷ κέχρηται τῇ ζωῇ, ἄλλα δὲ παρὰ ταῦτα σώματα
οὐκ ἔστι. καὶ οἷς γε δοκεῖ εἶναι καὶ στοιχεῖα τούτων ἕτερα,
σώματα, οὐ ψυχαί, ἐλέχθησαν εἶναι οὐδὲ ζωὴν ἔχοντα.   15
εἰ δὲ μηδενὸς αὐτῶν ζωὴν ἔχοντος ἡ σύνοδος πεποίηκε
ζωήν, ἄτοπον· εἰ δὲ ἕκαστον ζωὴν ἔχοι, καὶ ἓν ἀρκεῖ·
μᾶλλον δὲ ἀδύνατον συμφόρησιν σωμάτων ζωὴν ἐργάζε-
σθαι καὶ νοῦν γεννᾶν τὰ ἀνόητα. καὶ δὴ καὶ οὐχ ὁπωσοῦν
κραθέντα ταῦτα φήσουσι γίγνεσθαι. δεῖ ἄρα εἶναι τὸ τάξον   20
καὶ τὸ τῆς κράσεως αἴτιον· ὥστε τοῦτο τάξιν ἂν ἔχοι
ψυχῆς.. οὐ γὰρ ὅ τι σύνθετον, ἀλλ' οὐδὲ ἁπλοῦν ἂν εἴη
σῶμα ἐν τοῖς οὖσιν ἄνευ ψυχῆς οὔσης ἐν τῷ παντί, εἴπερ
λόγος προσελθὼν τῇ ὕλῃ σῶμα ποιεῖ, οὐδαμόθεν δ' ἂν
προσέλθοι λόγος ἢ παρὰ ψυχῆς.   25

3. Εἰ δέ τις μὴ οὕτως, ἀλλὰ ἀτόμους ἢ ἀμερῆ συνελ-
θόντα ψυχὴν ποιεῖν τῇ ἑνώσει λέγοι καὶ ὁμοπαθείᾳ, ἐλέγ-
χοιτ' ἂν καὶ τῇ παραθέσει μὴ δι' ὅλου δέ, οὐ γιγνομένου
ἑνὸς οὐδὲ συμπαθοῦς ἐξ ἀπαθῶν καὶ μὴ ἑνοῦσθαι δυνα-
μένων σωμάτων· ψυχὴ δὲ αὐτῇ συμπαθής. ἐκ δὲ ἀμερῶν   5
σῶμα οὐδὲ μέγεθος ἂν γένοιτο. καὶ μὴν εἰ ἁπλοῦ ὄντος

---

3. 1–2 cf. Democrit. apud Aristot. *De an. A* 2. 403ᵇ31–404ᵃ3 et
Democrit. *Fr.* A 105 (= Philop. *De an.*, p. 35. 12) et Epicurus *Epist.*
i = Diog. Laert. 10. 65   3 τῇ παραθέσει μὴ δι' ὅλου δέ cf.
Stoic. Vet. Fr. ii, n. 479 (= Diog. Laert. 7. 151) et Alex. Aphrod.
De an., Suppl. Aristot. ii. 1, p. 12. 2–3

---

2. 14 γε : δὲ Eus.   καὶ² om. Eus.   19–20 ὁπωσοῦν κρα-
θέντα : ὅπως συγκραθέντα Eus.   20 γενέσθαι Eus.   21 ἂν ἔχοι
transp. w   22 ὅ τι : ἔτι x   ἀλλ' om. x   24 τῇ : ἐν τῇ
Eus.   **3.** 2 τῇ ἑνώσει λέγοι : λέγοι τῇ ἑνώσει Eus.   et ἑνώσει
et ὁμοπαθείᾳ protasi tribuimus   3 καὶ—δέ etiam appositione
(atomorum) neque ea plena   δέ om. Eus.

τοῦ σώματος τὸ μὲν ὅσον ὑλικὸν παρ' αὐτοῦ ζωὴν ἔχειν
οὐ φήσουσιν—ὕλην γὰρ ἄποιον—τὸ δὲ κατὰ τὸ εἶδος
τεταγμένον ἐπιφέρειν τὴν ζωήν, εἰ μὲν οὐσίαν φήσουσι τὸ
10 εἶδος τοῦτο εἶναι, οὐ τὸ συναμφότερον, θάτερον δὲ τούτων
ἔσται ἡ ψυχή· ὃ οὐκέτ' ἂν σῶμα· οὐ γὰρ ἐξ ὕλης καὶ τοῦτο,
ἢ πάλιν τὸν αὐτὸν τρόπον ἀναλύσομεν. εἰ δὲ πάθημα τῆς
ὕλης, ἀλλ' οὐκ οὐσίαν φήσουσιν εἶναι, ἀφ' οὗ τὸ πάθημα
καὶ ἡ ζωὴ εἰς τὴν ὕλην ἐλήλυθε, λεκτέον αὐτοῖς. οὐ γὰρ
15 δὴ ἡ ὕλη αὑτὴν μορφοῖ οὐδὲ αὑτῇ ψυχὴν ἐντίθησι. δεῖ ἄρα
τι εἶναι τὸ χορηγὸν τῆς ζωῆς, εἴτε τῇ ὕλῃ ἡ χορηγία, εἴθ'
ὁτῳοῦν τῶν σωμάτων, ἔξω ὂν καὶ ἐπέκεινα σωματικῆς
φύσεως ἁπάσης. ἐπεὶ οὐδ' ἂν εἴη σῶμα οὐδὲν ψυχικῆς
δυνάμεως οὐκ οὔσης. ῥεῖ γάρ, καὶ ἐν φορᾷ αὐτοῦ ἡ φύσις,
20 καὶ ἀπόλοιτο ἂν ὡς τάχιστα, εἰ πάντα σώματα εἴη, κἂν
εἰ ὄνομα ἑνὶ αὐτῶν ψυχὴν τις θεῖτο. ταὐτὰ γὰρ ἂν πάθοι
τοῖς ἄλλοις σώμασιν ὕλης μιᾶς οὔσης αὐτοῖς. μᾶλλον δὲ
οὐδ' ἂν γένοιτο, ἀλλὰ στήσεται ἐν ὕλῃ τὰ πάντα, μὴ ὄντος
τοῦ μορφοῦντος αὐτήν. τάχα δ' ἂν οὐδ' ἂν ἡ ὕλη τὸ παράπαν
25 εἴη. λυθήσεταί τε καὶ τόδε τὸ ξύμπαν, εἴ τις αὐτὸ πιστεύ-
σειε σώματος συνέρξει, διδοὺς αὐτῷ ψυχῆς τάξιν μέχρι
τῶν ὀνομάτων, ἀέρι καὶ πνεύματι σκεδαστοτάτῳ καὶ
τὸ ἑνὶ εἶναι ἔχοντι οὐ παρ' αὐτοῦ. πῶς γὰρ τεμνομένων

3. 8 cf. *Stoic. Vet. Fr.* i, n. 85 (= Diog. Laert. 7. 134) et ii, n. 309
(= Sext. Emp. *Adu. math.* 10. 312) 3. 27 ἀέρι καὶ πνεύματι
cf. *Stoic. Vet. Fr.* ii, n. 786 (= Alex. Aphrod. *De an.*, Suppl. Ari-
stot. ii. 1, p. 26. 13–17) et n. 787

3. 9 τῇ ζωῇ x 11 ὃ οὐκέτ': ἢ οὐκ ἔστ' Eus. τοῦτο: αὐτό
Eus. 15 οὐδὲ αὐτῇ J^{pc}: οὐδὲ αὐτῇ R: οὐδ' ἑαυτῇ Eus.: οὐδὲ
αὐτὴ wBUCD: οὐδὲ αὐτῇ J^{ac} 16 τῆς om. Eus. τῇ ὕλῃ *pro*
materia 18 ἁπάσης om. Eus. 24 τάχα δ': τάχ' xDQ
25 τε: δὲ Eus. 25 αὐτὸ: αὐτῷ w: αὐτῇ DQ 28 τὸ xUCD:
τῷ wEus.

τῶν πάντων σωμάτων ὡτινιοῦν τις ἀναθεὶς τόδε τὸ πᾶν οὐκ
ἀνόητόν τε καὶ φερόμενον εἰκῇ ποιήσει; τίς γὰρ τάξις ἐν   30
πνεύματι δεομένῳ παρὰ ψυχῆς τάξεως ἢ λόγος ἢ νοῦς;
ἀλλὰ ψυχῆς μὲν οὔσης ὑπουργὰ ταῦτα πάντα αὐτῇ εἰς
σύστασιν κόσμου καὶ ζῴου ἑκάστου, ἄλλης παρ' ἄλλου
δυνάμεως εἰς τὸ ὅλον συντελούσης· ταύτης δὲ μὴ παρούσης
ἐν τοῖς ὅλοις οὐδὲν ἂν εἴη ταῦτα, οὐχ ὅτι ἐν τάξει.   35

4. Μαρτυροῦσι δὲ καὶ αὐτοὶ ὑπὸ τῆς ἀληθείας ἀγό-
μενοι, ὡς δεῖ τι πρὸ τῶν σωμάτων εἶναι κρεῖττον αὐτῶν
ψυχῆς εἶδος, ἔννουν τὸ πνεῦμα καὶ πῦρ νοερὸν τιθέ-
μενοι, ὥσπερ ἄνευ πυρὸς καὶ πνεύματος οὐ δυναμένης τῆς
κρείττονος μοίρας ἐν τοῖς οὖσιν εἶναι, τόπον δὲ ζητού-   5
σης εἰς τὸ ἱδρυθῆναι, δέον ζητεῖν, ὅπου τὰ σώματα ἱδρύ-
σουσιν, ὡς ἄρα δεῖ ταῦτα ἐν ψυχῆς δυνάμεσιν ἱδρῦσθαι.
εἰ δὲ μηδὲν παρὰ τὸ πνεῦμα τὴν ζωὴν καὶ τὴν ψυχὴν
τίθενται, τί τὸ πολυθρύλλητον αὐτοῖς "πὼς ἔχον" εἰς ὃ
καταφεύγουσιν ἀναγκαζόμενοι τίθεσθαι ἄλλην παρὰ τὰ   10
σώματα φύσιν δραστήριον; εἰ οὖν οὐ πᾶν μὲν πνεῦμα
ψυχή, ὅτι μυρία πνεύματα ἄψυχα, τὸ δέ πως ἔχον
πνεῦμα φήσουσι, τό πως ἔχον τοῦτο καὶ ταύτην τὴν
σχέσιν ἢ τῶν ὄντων τι φήσουσιν ἢ μηδέν. ἀλλ' εἰ μὲν
μηδέν, πνεῦμα ἂν εἴη μόνον, τὸ δέ πως ἔχον ὄνομα. καὶ   15
οὕτω συμβήσεται αὐτοῖς οὐδὲ ἄλλο οὐδὲν εἶναι λέγειν ἢ

---

4. 1–2 cf. Aristot. *De part. an. A* 1.642ᵃ19   3 cf. *Stoic. Vet.*
Fr. ii, n. 779 et 806, p. 223. 2   12–13 cf. *Stoic. Vet. Fr.* ii,
n. 806, p. 223. 1   16–17 cf. *Stoic. Vet. Fr.* ii, n. 1047 (= Alex.
Aphrod. *De mixt.* 11, Suppl. Aristot. ii. 2, p. 226. 10–19)

---

3. 29 ἀνατιθεὶς Eus.   32 ταῦτα πάντα transp. xUCD   **4.** 3 τὸ
om. Eus.   4 καὶ : ἢ Eus.   9 τί τὸ : τὸ δὲ Eus.   ἔχει
Eus.   12–13 τὸ—φήσουσι protasi attribuimus   12 τὸ δέ i.e.
τὴν ψυχήν   12–13 πως ἔχον πνεῦμα coniungendum   14 ἢ¹
om. Eus.

τὴν ὕλην καὶ ψυχὴν καὶ θεόν, καὶ ὀνόματα πάντα, ἐκεῖνο
δὲ μόνον. εἰ δὲ τῶν ὄντων ἡ σχέσις καὶ ἄλλο παρὰ τὸ
ὑποκείμενον καὶ τὴν ὕλην, ἐν ὕλῃ μέν, ἄυλον δὲ αὐτὸ τῷ
20 μὴ πάλιν αὖ συγκεῖσθαι ἐξ ὕλης, λόγος ἂν εἴη τις καὶ οὐ
σῶμα καὶ φύσις ἑτέρα. ἔτι δὲ καὶ ἐκ τῶνδε οὐχ ἧττον
φαίνεται ἀδύνατον ὂν, τὴν ψυχὴν εἶναι σῶμα ὁτιοῦν. ἢ
γὰρ θερμόν ἐστιν ἢ ψυχρόν, ἢ σκληρὸν ἢ μαλακόν, ὑγρόν
τε ἢ πεπηγός, μέλαν τε ἢ λευκόν, καὶ πάντα ὅσα ποιότητες
25 σωμάτων ἄλλαι ἐν ἄλλοις. καὶ εἰ μὲν θερμὸν μόνον,
θερμαίνει, ψυχρὸν δὲ μόνον, ψύξει· καὶ κοῦφα ποιήσει τὸ
κοῦφον προσγενόμενον καὶ παρόν, καὶ βαρυνεῖ τὸ βαρύ·
καὶ μελανεῖ τὸ μέλαν, καὶ τὸ λευκὸν λευκὸν ποιήσει. οὐ
γὰρ πυρὸς τὸ ψύχειν, οὐδὲ τοῦ ψυχροῦ θερμὰ ποιεῖν. ἀλλ᾽
30 ἤ γε ψυχὴ καὶ ἐν ἄλλοις μὲν ζῴοις ἄλλα, τὰ δ᾽ ἄλλα ποιεῖ,
καὶ ἐν τῷ δὲ αὐτῷ τὰ ἐναντία, τὰ μὲν πηγνῦσα, τὰ δὲ
χέουσα, καὶ τὰ μὲν πυκνά, τὰ δὲ ἀραιά, μέλανα λευκά,
κοῦφα βαρέα. καίτοι ἓν δεῖ ποιεῖν κατὰ τὴν τοῦ σώματος
ποιότητά τε τὴν ἄλλην καὶ δὴ καὶ χρόαν· νῦν δὲ πολλά.

5. Τὰς δὲ δὴ κινήσεις πῶς διαφόρους, ἀλλ᾽ οὐ μίαν,
μιᾶς οὔσης παντὸς σώματος κινήσεως; εἰ δὲ τῶν μὲν
προαιρέσεις, τῶν δὲ λόγους αἰτιάσονται, ὀρθῶς μὲν τοῦτο·
ἀλλ᾽ οὐ σώματος ἡ προαίρεσις οὐδὲ οἱ λόγοι διάφοροί γε
5 ὄντες, ἑνὸς ὄντος καὶ ἁπλοῦ τοῦ σώματος, καὶ οὐ μετὸν
αὐτῷ τοιούτου γε λόγου, ἢ ὅσος δέδοται αὐτῷ παρὰ τοῦ
ποιήσαντος θερμὸν αὐτὸ ἢ ψυχρὸν εἶναι. τὸ δὲ καὶ ἐν
χρόνοις αὔξειν, καὶ μέχρι τοσούτου μέτρου, πόθεν ἂν τῷ
σώματι αὐτῷ γένοιτο, ᾧ προσήκει ἐναύξεσθαι, αὐτῷ δὲ

---

4. 17 ψυχὴν et θεόν subiecta　　　καὶ ὀνόματα πάντα scil. εἶναι
17 ἐκεῖνο i.e. τὴν ὕλην　　27 βαρυνεῖ Jᵖᶜ: βαρύνει wBRJᵃᶜ('eras.,
⌐add.)UCDEus.　　28 μελαίνει Eus.　　33 ἔδει Eus.　　ποιεῖν
om. x　　34 δὴ καὶ om. Eus.　　5. 9 ἐναύξεσθαι : μὲν αὔξεσθαι Eus.

ἀμοίρῳ τοῦ αὔξειν εἶναι, ἢ ὅσον παραληφθείη ἂν ἐν ὕλης   10
ὄγκῳ ὑπηρετοῦν τῷ δι' αὐτοῦ τὴν αὔξην ἐργαζομένῳ;
καὶ γὰρ εἰ ἡ ψυχὴ σῶμα οὖσα αὔξοι, ἀνάγκη καὶ αὐτὴν
αὔξεσθαι, προσθήκῃ δηλονότι ὁμοίου σώματος, εἰ μέλλει
εἰς ἴσον ἰέναι τῷ αὐξομένῳ ὑπ' αὐτῆς. καὶ ἢ ψυχὴ ἔσται
τὸ προστιθέμενον ἢ ἄψυχον σῶμα. καὶ εἰ μὲν ψυχή, πόθεν   15
καὶ πῶς εἰσιούσης, καὶ πῶς προστιθεμένης; εἰ δὲ ἄψυχον
τὸ προστιθέμενον, πῶς τοῦτο ψυχώσεται καὶ τῷ πρόσθεν
ὁμογνωμονήσει καὶ ἓν ἔσται καὶ τῶν αὐτῶν δοξῶν τῇ
πρόσθεν μεταλήψεται, ἀλλ' οὐχ ὥσπερ ξένη ψυχὴ αὕτη ἐν
ἀγνοίᾳ ἔσται ὧν ἡ ἑτέρα; εἰ δὲ καί, ὥσπερ ὁ ἄλλος ὄγκος   20
ἡμῶν, τὸ μέν τι ἀπορρεύσεται αὐτοῦ, τὸ δέ τι προσελεύ-
σεται, οὐδὲν δὲ ἔσται τὸ αὐτό, πῶς οὖν ἡμῖν αἱ μνῆμαι,
πῶς δὲ ἡ γνώρισις οἰκείων οὐδέποτε τῇ αὐτῇ ψυχῇ χρω-
μένων; καὶ μὴν εἰ σῶμά ἐστι, φύσις δὲ σώματος μεριζό-
μενον εἰς πλείω ἕκαστον μὴ τὸ αὐτὸ εἶναι τῶν μερῶν τῷ   25
ὅλῳ, εἰ τὸ τοσόνδε μέγεθος ψυχή, ὃ ἐὰν ἔλαττον ᾖ ψυχὴ οὐκ
ἔσται, ὥσπερ πᾶν ποσὸν ἀφαιρέσει τὸ εἶναι τὸ πρόσθεν
ἠλλάξατο—εἰ δέ τι τῶν μέγεθος ἐχόντων τὸν ὄγκον ἐλατ-
τωθὲν τῇ ποιότητι ταὐτὸν μένοι, ᾗ μὲν σῶμα ἕτερόν ἐστι,
καὶ ᾗ ποσόν, τῇ δὲ ποιότητι ἑτέρᾳ τῆς ποσότητος οὔσῃ τὸ   30
ταὐτὸν ἀποσῴζειν δύναται—τί τοίνυν φήσουσιν οἱ τὴν
ψυχὴν σῶμα εἶναι λέγοντες; πρῶτον μὲν περὶ ἑκάστου

5. 15 προτιθέμενον Eus.   17 τοῦτο   ψυχώσεται (medium pro
passiuo): τοῦτ' ἐψυχῶσθαι Eus.   τῷ: τὸ wD   19 πρόσθεν:
πρώτῃ Eus.   αὕτη: αὐτὴ Eus.   20 ἑτέρα scil. μετα-
λαμβάνει   ὁ om. Eus.   22 πῶς οὖν incipit apodosis
ad 20 εἰ   23 γνώρισις: γνῶσις Eus.   23–4 χρωμένων
scil. ἡμῶν   24 σῶμά ἐστι scil. ἡ ψυχή   φύσις δὲ σώματος scil.
ἐστί   24–5 μεριζόμενον (congruit cum ἕκαστον) xUCDEus.:
μεριζομένη w   25 τὸ αὐτό: τῷ αὐτῷ Eus.   26 τὸ (illud
lin. 24–5 descriptum) om. Eus.   27 τὸ[1]: τοῦ Eus.   31 τί
incipit apodosis ad 24–8 εἰ—ἠλλάξατο

μέρους τῆς ψυχῆς τῆς ἐν τῷ αὐτῷ σώματι πότερον ἕκα-
στον ψυχήν, οἷα ἐστὶ καὶ ἡ ὅλη; καὶ πάλιν τοῦ μέρους
35 τὸ μέρος; οὐδὲν ἄρα τὸ μέγεθος συνεβάλλετο τῇ οὐσίᾳ
αὐτῆς· καίτοι ἔδει γε ποσοῦ τινος ὄντος· καὶ ὅλον πολλαχῇ
ὅπερ σώματι παρεῖναι ἀδύνατον ἐν πλείοσι τὸ αὐτὸ ὅλον
εἶναι καὶ τὸ μέρος ὅπερ τὸ ὅλον ὑπάρχειν. εἰ δὲ ἕκαστον
τῶν μερῶν οὐ ψυχὴν φήσουσιν, ἐξ ἀψύχων ψυχὴ αὐτοῖς
40 ὑπάρξει. καὶ προσέτι ψυχῆς ἑκάστης τὸ μέγεθος ὡρισμέ-
νον ἔσται, οὐδὲ ἀφ' ἑκάτερα ἢ ἐπὶ τὸ ἔλαττόν γε ἢ ἐπὶ τὸ
μεῖζον ψυχὴ οὐκ ἔσται. ὅταν τοίνυν ἐκ συνόδου μιᾶς καὶ
ἑνὸς σπέρματος δίδυμα γένηται γεννήματα, ἢ καί, ὥσπερ
καὶ ἐν τοῖς ἄλλοις ζῴοις, πλεῖστα τοῦ σπέρματος εἰς πολ-
45 λοὺς τόπους μεριζομένου, οὗ δὴ ἕκαστον ὅλον ἐστί, πῶς οὐ
διδάσκει τοῦτο τοὺς βουλομένους μανθάνειν, ὡς, ὅπου τὸ
μέρος τὸ αὐτό ἐστι τῷ ὅλῳ, τοῦτο ἐν τῇ αὐτοῦ οὐσίᾳ τὸ ποσὸν
εἶναι ὑπερβέβηκεν, ἄποσον δὲ αὐτὸ εἶναι δεῖ ἐξ ἀνάγκης;
οὕτω γὰρ ἂν μένοι τὸ αὐτὸ τοῦ ποσοῦ κλεπτομένου, ἅτε
50 μὴ μέλον αὐτῷ ποσότητος καὶ ὄγκου, ὡς ἂν τῆς οὐσίας
αὐτοῦ ἕτερόν τι οὔσης. ἄποσον ἄρα· ἡ ψυχὴ καὶ οἱ
λόγοι.

6. Ὅτι δέ, εἰ σῶμα εἴη ἡ ψυχή, οὔτε τὸ αἰσθάνεσθαι
οὔτε τὸ νοεῖν οὔτε τὸ ἐπίστασθαι οὔτε ἀρετὴ οὔτε τι

---

5. 42–5 cf. Ps.–Plut. De plac. philos. V. 10. 906 c = Doxogr. Gr.
p. 422. 8–12 = Stoic. Vet. Fr. ii, n. 750

---

5. 34 ψυχήν (scil. φήσουσιν): ψυχή Eus.   35 συνεβάλλετο wBJC:
συνεβάλετο RDEus.: συμβάλλεται U   40 ante ψυχῆς add. εἰ Eus.
41 οὐδὲ (auget tiim negationis οὐκ) om. Eus.   ἢ²—μεῖζον om.
Eus.   44 καὶ om. Eus.   45 ἕκαστον ὅλον transp. Eus.
46 τοῖς βουλομένοις x   ὅπου: ὅτου Harder   48 αὐτὸ εἶναι
transp. w   49 κλεπτομένου wUDEus.: βλαπτομένου x: βλεπο-
μένου C   6. 2 ἀρεταὶ Eus.

τῶν καλῶν ἔσται, ἐκ τῶνδε δῆλον. εἴ τι μέλλει αἰσθά-
νεσθαί τινος, ἓν αὐτὸ δεῖ εἶναι καὶ τῷ αὐτῷ παντὸς
ἀντιλαμβάνεσθαι, καὶ εἰ διὰ πολλῶν αἰσθητηρίων πλείω 5
τὰ εἰσιόντα εἴη ἢ πολλαὶ περὶ ἓν ποιότητες, κἂν δι' ἑνὸς
ποικίλον οἷον πρόσωπον. οὐ γὰρ ἄλλο μὲν ῥινός, ἄλ-
λο δὲ ὀφθαλμῶν, ἀλλὰ ταὐτὸν ὁμοῦ πάντων. καὶ εἰ τὸ
μὲν δι' ὀμμάτων, τὸ δὲ δι' ἀκοῆς, ἕν τι δεῖ εἶναι, εἰς
ὃ ἄμφω. ἢ πῶς ἂν εἴποι, ὅτι ἕτερα ταῦτα, μὴ εἰ τὸ 10
αὐτὸ ὁμοῦ τῶν αἰσθημάτων ἐλθόντων; δεῖ τοίνυν τοῦτο
ὥσπερ κέντρον εἶναι, γραμμὰς δὲ συμβαλλούσας ἐκ
περιφερείας κύκλου τὰς πανταχόθεν αἰσθήσεις πρὸς τοῦτο
περαίνειν, καὶ τοιοῦτον τὸ ἀντιλαμβανόμενον εἶναι, ἓν ὂν
ὄντως. εἰ δὲ διεστὼς τοῦτο γένοιτο, καὶ οἷον γραμμῆς 15
ἐπ' ἄμφω τὰ πέρατα αἱ αἰσθήσεις προσβάλλοιεν, ἢ συν-
δραμεῖται εἰς ἓν καὶ τὸ αὐτὸ πάλιν, οἷον τὸ μέσον, ἢ
ἄλλο, τὸ δὲ ἄλλο, ἑκάτερον ἑκατέρου αἴσθησιν ἕξει· ὥσπερ
ἂν εἰ ἐγὼ μὲν ἄλλου, σὺ δὲ ἄλλου αἴσθοιο. καὶ εἰ ἓν
εἴη τὸ αἴσθημα, οἷον πρόσωπον, ἢ εἰς ἓν συναιρεθήσεται 20
—ὅπερ καὶ φαίνεται· συναιρεῖται γὰρ καὶ ἐν αὐταῖς ταῖς
κόραις· ἢ πῶς ἂν τὰ μέγιστα διὰ ταύτης ὁρῷτο; ὥστε
ἔτι μᾶλλον εἰς τὸ ἡγεμονοῦν ἰόντα οἷον ἀμερῆ νοήματα
γίγνεσθαι—καὶ ἔσται ἀμερὲς τοῦτο· ἢ μεγέθει ὄντι τούτῳ

---

6. 11–15 cf. Alex. Aphrod. *De an.*, Suppl. Aristot. ii. 1, p. 63.
8–13   19 cf. Aristot. *De an.* Γ 2. 426ᵇ19 et Alex. Aphrod. *De
an.*, Suppl. Aristot. ii. 1, p. 61. 1

6. 6 εἰσιόντα scil. αἰσθήματα   ἐν scil. αἴσθημα   ἑνὸς
scil. αἰσθητηρίου   7 ποικίλον scil. αἴσθημα   8 ὀφθαλμοῦ Eus.
10 ὃ: τὸ Eus.   εἴποι subiectum τὸ αἰσθανόμενον   14 ὂν om.
AEus.   16 αἱ Eus.: om. *Enn.*   17 εἰς Eus.Aᵖᶜ: ταῖς εἰς
Aᵃᶜ(ταῖς eras.)ExUCD   τὸ¹ om. w   19 ἄλλου (bis)
Enn. Q: ἄλλους *ONDPT*   20 ἢ om. Eus.   24 ἢ respondet
ad 20 ἢ   τούτῳ AᵖᶜUCᵉᶜDEus.: τοῦτο A (' et ω Aⁱˢ)ExCᵃᶜ

25 συμμερίζοιτο ἄν, ὥστε ἄλλο ἄλλου μέρος καὶ μηδένα
ἡμῶν ὅλου τοῦ αἰσθητοῦ τὴν ἀντίληψιν ἴσχειν. ἀλλὰ γὰρ
ἕν ἐστι τὸ πᾶν· πῶς γὰρ ἂν καὶ διαιροῖτο; οὐ γὰρ δὴ τὸ
ἴσον τῷ ἴσῳ ἐφαρμόσει, ὅτι οὐκ ἴσον τὸ ἡγεμονοῦν παντὶ
αἰσθητῷ. κατὰ πηλίκα οὖν ἡ διαίρεσις; ἢ εἰς τοσαῦτα
30 διαιρεθήσεται, καθόσον ἂν ἀριθμοῦ ἔχοι εἰς ποικιλίαν τὸ
εἰσιὸν αἴσθημα; καὶ ἕκαστον δὴ ἐκείνων τῶν μερῶν τῆς
ψυχῆς ἄρα καὶ τοῖς μορίοις αὐτοῦ αἰσθήσεται. ἢ ἀναί-
σθητα τὰ μέρη τῶν μορίων ἔσται; ἀλλὰ ἀδύνατον. εἰ
δὲ ὁτιοῦν παντὸς αἰσθήσεται, εἰς ἄπειρα διαιρεῖσθαι τοῦ
35 μεγέθους πεφυκότος ἀπείρους καὶ αἰσθήσεις καθ' ἕκαστον
αἰσθητὸν συμβήσεται γίγνεσθαι ἑκάστῳ οἷον τοῦ αὐτοῦ
ἀπείρους ἐν τῷ ἡγεμονοῦντι ἡμῶν εἰκόνας. καὶ μὴν σώμα-
τος ὄντος τοῦ αἰσθανομένου οὐκ ἂν ἄλλον τρόπον γένοιτο
τὸ αἰσθάνεσθαι ἢ οἷον ἐν κηρῷ ἐνσημανθεῖσαι ἀπὸ δακτυ-
40 λίων σφραγῖδες, εἴτ' οὖν εἰς αἷμα, εἴτ' οὖν εἰς ἀέρα τῶν
αἰσθητῶν ἐνσημαινομένων. καὶ εἰ μὲν ὡς ἐν σώμασιν
ὑγροῖς, ὅπερ καὶ εὔλογον, ὥσπερ εἰς ὕδωρ συγχυθήσεται,
καὶ οὐκ ἔσται μνήμη· εἰ δὲ μένουσιν οἱ τύποι, ἢ οὐκ ἔστιν
ἄλλους ἐνσημαίνεσθαι ἐκείνων κατεχόντων, ὥστε ἄλλαι
45 αἰσθήσεις οὐκ ἔσονται, ἢ γινομένων ἄλλων ἐκεῖνοι οἱ πρό-
τεροι ἀπολοῦνται· ὥστε οὐδὲν ἔσται μνημονεύειν. εἰ δὲ
ἔστι τὸ μνημονεύειν καὶ ἄλλων αἰσθάνεσθαι ἐπ' ἄλλοις

6. 39–40 cf. Plat. *Theaet.* 191 d 7 et Aristot. *De mem.* 1. 450ᵃ32

---

6. 25 μέρος : μέρους μέρος Eus.   30 ἔχοι wRJUDQT : ἔχῃ
BᵖᶜCᵖᶜ(η in alia litt. BC) ONPD   33 τῶν μορίων genetiuus
ad τὰ μέρη   38 ἄλλῳ τρόπῳ Eus.   41 αἰσθητῶν *Enn.* :
αἰσθημάτων Eus.   καὶ om. Eus.   42 καὶ om.
Eus.   43 δὲ μένουσιν *Enn.* : δ' ἐμμένουσιν Eus.   46–7 μνη-
μονεύειν—ἔστι om. Eus.

οὐκ ἐμποδιζόντων τῶν πρόσθεν, ἀδύνατον τὴν ψυχὴν
σῶμα εἶναι.

7. Ἴδοι δ' ἄν τις καὶ ἐκ τοῦ ἀλγεῖν καὶ ἐκ τῆς τοῦ
ἀλγεῖν αἰσθήσεως τὸ αὐτὸ τοῦτο. ὅταν δάκτυλον λέγηται
ἀλγεῖν ἄνθρωπος, ἡ μὲν ὀδύνη περὶ τὸν δάκτυλον δήπουθεν,
ἡ δ' αἴσθησις τοῦ ἀλγεῖν δῆλον ὅτι ὁμολογήσουσιν, ὡς
περὶ τὸ ἡγεμονοῦν γίγνεται. ἄλλου δὴ ὄντος τοῦ πονοῦντος   5
μέρους τοῦ πνεύματος τὸ ἡγεμονοῦν αἰσθάνεται, καὶ ὅλη ἡ
ψυχὴ τὸ αὐτὸ πάσχει. πῶς οὖν τοῦτο συμβαίνει; διαδόσει,
φήσουσι, παθόντος μὲν πρώτως τοῦ περὶ τὸν δάκτυλον
ψυχικοῦ πνεύματος, μεταδόντος δὲ τῷ ἐφεξῆς καὶ τού-
του ἄλλῳ, ἕως πρὸς τὸ ἡγεμονοῦν ἀφίκοιτο. ἀνάγκη   10
τοίνυν, εἰ τὸ πρῶτον πονοῦν ᾔσθετο, ἄλλην τὴν αἴσθησιν
τοῦ δευτέρου εἶναι, εἰ κατὰ διάδοσιν ἡ αἴσθησις, καὶ τοῦ
τρίτου ἄλλην, καὶ πολλὰς αἰσθήσεις καὶ ἀπείρους περὶ
ἑνὸς ἀλγήματος γίγνεσθαι, καὶ τούτων ἁπασῶν ὕστερον
τὸ ἡγεμονοῦν αἰσθέσθαι καὶ τῆς ἑαυτοῦ παρὰ ταύτας.   15
τὸ δὲ ἀληθὲς ἑκάστην ἐκείνων μὴ τοῦ ἐν τῷ δακτύλῳ
ἀλγήματος, ἀλλὰ τὴν μὲν ἐφεξῆς τῷ δακτύλῳ, ὅτι ὁ
ταρσὸς ἀλγεῖ, τὴν δὲ τρίτην, ὅτι ἄλλο τὸ πρὸς τῷ ἄνω-
θεν, καὶ πολλὰς εἶναι ἀλγηδόνας, τό τε ἡγεμονοῦν μὴ τοῦ

---

7. 3–5 cf. *Stoic. Vet. Fr.* ii, n. 854   7 cf. IV. 2. 2. 13 et
Alex. Aphrod. *De an.*, Suppl. Aristot. ii. 1, p. 41. 5 et 63. 16

7. 1 καὶ¹—ἀλγεῖν om. Eus.   4 ὁμολογήσουσιν ὡς : ὁμολογή-
σουσι Eus.   5 γίγνεσθαι Eus.   6 τοῦ πνεύματος (obiectum
ad αἰσθάνεται potius quam appositio ad μέρους) *Enn.* Eus. : τοῦ
παθήματος Vitringa : τοῦ πονήματος suspic. Volkmann : del. Mül-
ler   9 τῷ : τοῦ w : τὸ *D*   11 πόνου Eus.   12 εἰ : καὶ
εἰ Eus.   13 τρίτου : τρίτου γε Eus.   περὶ : τὴν περὶ Eus.
14–15 ὕστερον τὸ ἡγ. *Enn.* : εἴπερ τὸ ἡγ. ἦν Eus.   15 αἰσθέ-
σθαι (praesens) Eus. : αἰσθέσθαι ΑPcxUCD : αἰσθάνεσθαι Α(θέσ Α¹ˢ)E
17–20 ἀλλὰ—ἀλγήματος om. Eus.   18 τῷ : τὸ w

20 πρὸς τῷ δακτύλῳ ἀλγήματος αἰσθάνεσθαι, ἀλλὰ τοῦ πρὸς
αὑτῷ, καὶ τοῦτο γινώσκειν μόνον, τὰ δ' ἄλλα χαίρειν ἐᾶν
μὴ ἐπιστάμενον, ὅτι ἀλγεῖ ὁ δάκτυλος. εἰ τοίνυν κατὰ
διάδοσιν οὐχ οἷόν τε τὴν αἴσθησιν τοῦ τοιούτου γίγνεσθαι
μηδὲ σώματος, ὄγκου ὄντος, ἄλλου παθόντος ἄλλου γνῶσιν
25 εἶναι—παντὸς γὰρ μεγέθους τὸ μὲν ἄλλο, τὸ δὲ ἄλλο
ἐστί—δεῖ τοιοῦτον τίθεσθαι τὸ αἰσθανόμενον, οἷον παν-
ταχοῦ αὐτὸ ἑαυτῷ τὸ αὐτὸ εἶναι. τοῦτο δὲ ἄλλῳ τινὶ
τῶν ὄντων ἢ σώματι ποιεῖν προσήκει.

8. Ὅτι δὲ οὐδὲ νοεῖν οἷόν τε, εἰ σῶμα ἡ ψυχὴ ὁτιοῦν
εἴη, δεικτέον ἐκ τῶνδε. εἰ γὰρ τὸ αἰσθάνεσθαί ἐστι τὸ
σώματι προσχρωμένην τὴν ψυχὴν ἀντιλαμβάνεσθαι τῶν
αἰσθητῶν, οὐκ ἂν εἴη καὶ τὸ νοεῖν τὸ διὰ σώματος
5 καταλαμβάνειν, ἢ ταὐτὸν ἔσται τῷ αἰσθάνεσθαι. εἰ οὖν
τὸ νοεῖν ἐστι τὸ ἄνευ σώματος ἀντιλαμβάνεσθαι, πολὺ
πρότερον δεῖ μὴ σῶμα αὐτὸ τὸ νοῆσον εἶναι. ἔτι εἰ
αἰσθητῶν μὲν ἡ αἴσθησις, νοητῶν δὲ ἡ νόησις—εἰ δὲ μὴ
βούλονται, ἀλλ' οὖν ἔσονταί γε καὶ νοητῶν τινων νοήσεις
10 καὶ ἀμεγέθων ἀντιλήψεις—πῶς οὖν μέγεθος ὂν τὸ μὴ
μέγεθος νοήσει καὶ τῷ μεριστῷ τὸ μὴ μεριστὸν νοήσει;
ἢ μέρει τινὶ ἀμερεῖ αὑτοῦ. εἰ δὲ τοῦτο, οὐ σῶμα ἔσται τὸ
νοῆσον· οὐ γὰρ δὴ τοῦ ὅλου χρεία πρὸς τὸ θίγειν· ἀρκεῖ
γὰρ καθ' ἕν τι. εἰ μὲν οὖν συγχωρήσονται τὰς πρώτας
15 νοήσεις, ὅπερ ἀληθές ἐστιν, εἶναι τῶν πάντη σώματος
καθαρωτάτων αὐτοεκάστου, ἀνάγκη καὶ τὸ νοοῦν σώμα-

8. 8 cf. Sext. Emp. *Adu. math.* 7. 217   11 cf. Aristot. *De an.* A 3. 407ᵃ18–19

7. 23 οὐχ—αἴσθησιν : τὴν αἴσθησιν οὐχ οἷόν τε Eus.   **8.** 7 αὐτὸ : αὖ Eus.   ἔτι εἰ : ἐπὶ Eus.   12 μέρει : μέρη Eus.   14 καθ' : καὶ Eus.   16 αὐτοεκάστου (appositio ad τῶν καθαρωτάτων) C²mg(= Schegk), cf. IV. 7. 12. 9 : αὐτὸ ἑκάστου Enn. Eus.

τος καθαρὸν ὂν ἢ γιγνόμενον γινώσκειν. εἰ δὲ τῶν ἐν
ὕλῃ εἰδῶν τὰς νοήσεις φήσουσιν εἶναι, ἀλλὰ χωριζομέ-
νων γε τῶν σωμάτων γίγνονται τοῦ νοῦ χωρίζοντος. οὐ
γὰρ δὴ μετὰ σαρκῶν ἢ ὅλως ὕλης ὁ χωρισμὸς κύκλου καὶ   20
τριγώνου καὶ γραμμῆς καὶ σημείου. δεῖ ἄρα καὶ τὴν ψυχὴν
σώματος αὐτὴν ἐν τῷ τοιούτῳ χωρίσαι. δεῖ ἄρα μηδὲ
αὐτὴν σῶμα εἶναι.

Ἀμέγεθες δέ, οἶμαι, καὶ τὸ καλὸν καὶ τὸ δίκαιον· καὶ
ἡ τούτων ἄρα νόησις. ὥστε καὶ προσιόντα ἀμερεῖ αὐτῆς   25
ὑποδέξεται καὶ ἐν αὐτῇ ἐν ἀμερεῖ κείσεται. πῶς δ᾽ ἂν καὶ
σώματος ὄντος τῆς ψυχῆς ἀρεταὶ αὐτῆς, σωφροσύνη καὶ
δικαιοσύνη ἀνδρία τε καὶ αἱ ἄλλαι; πνεῦμά τι γὰρ ἢ αἷμά
τι ἂν τὸ σωφρονεῖν εἴη ἢ δικαιότης ἢ ἀνδρία, εἰ μὴ ἄρα ἡ
ἀνδρία τὸ δυσπαθὲς τοῦ πνεύματος εἴη, καὶ ἡ σωφροσύνη   30
ἡ εὐκρασία, τὸ δὲ κάλλος εὐμορφία τις ἐν τύποις, καθ᾽ ἣν
λέγομεν ἰδόντες ὡραίους καὶ καλοὺς τὰ σώματα. ἰσχυρῷ
μὲν οὖν καὶ καλῷ ἐν τύποις πνεύματι εἶναι προσήκοι ἄν·
σωφρονεῖν δὲ τί δεῖ πνεύματι; ἀλλ᾽ οὐ τοὐναντίον ἐν

---

8. 28–8⁵. 49 *Enn.* deficiunt; 8. 28–8⁴. 28 Eusebius = *ONDQP TJMV*

---

8. 27–8 cf. *Stoic. Vet. Fr.* iii, n. 305   28 αἷμα cf. *Stoic. Vet. Fr.*
i, n. 140

---

8. 17 ἢ : εἰ Eus.   25 ἀμερεῖ xUCD (*impartibili quodam* Fici-
nus): ἀμερῆ A (supra ῆ scr. εἰ et ante ἀμερῆ ins. τῷ A²) E : τὰ μέρη
Eus.   26 ὑποδέξεται subiectum ἡ ψυχή   ἐν ἀμερεῖ wxUD :
ἀμερεῖ C : ἀμερῆ Eus.   κείσεται subiectum τὸ καλὸν καὶ τὸ
δίκαιον   28–8⁵. 49 ἀνδρία—ὄντος om. wBRUCD, in J et M
sicuti in *ONDQPT* leguntur 8. 28–8⁴.28 ἀνδρία—ἁρμονία, in V le-
guntur 8.28–8⁴. 13 ἀνδρία—πολλαχῇ. Quae in JMV addita sunt, ex
Eusebii quodam deperdito codice codicis *T* affini supremam originem
ducunt ideoque obliquis litteris sigla *JMV* scripsimus   28 αἱ
TJMV : om. *ONDQP*   34 οὐ : οὖν DQ

35 περιπτύξεσι καὶ ἁφαῖς εὐπαθεῖν, ὅπου ἢ θερμανθήσεται
ἢ συμμέτρως ψύχεος ἱμείροι ἢ μαλακοῖς τισι καὶ ἀπα-
λοῖς καὶ λείοις πελάσει; τὸ δὲ κατ' ἀξίαν νεῖμαι τί ἂν
αὐτῷ μέλοι; πότερον δὲ ἀιδίων ὄντων τῶν τῆς ἀρετῆς
θεωρημάτων καὶ τῶν ἄλλων νοητῶν ἡ ψυχὴ ἐφάπτε-
40 ται, ἢ γίνεταί τῳ ἡ ἀρετή, ὠφελεῖ καὶ πάλιν φθείρεται;
ἀλλὰ τίς ὁ ποιῶν καὶ πόθεν; οὕτω γὰρ ἂν ἐκεῖνο πάλιν
μένοι. δεῖ ἄρα ἀιδίων εἶναι καὶ μενόντων, οἷα καὶ τὰ ἐν
γεωμετρίᾳ. εἰ δὲ ἀιδίων καὶ μενόντων, οὐ σωμάτων.
δεῖ ἄρα καὶ ἐν ᾧ ἔσται τοιοῦτον εἶναι· δεῖ ἄρα μὴ σῶμα
45 εἶναι. οὐ γὰρ μένει, ἀλλὰ ῥεῖ ἡ σώματος φύσις πᾶσα.

8¹. Εἰ δὲ τὰς τῶν σωμάτων ποιήσεις ὁρῶντες θερ-
μαινούσας καὶ ψυχούσας καὶ ὠθούσας καὶ βαρυνούσας
ἐνταῦθα τάττουσι τὴν ψυχὴν οἷον ἐν δραστηρίῳ τόπῳ
ἱδρύοντες αὐτήν, πρῶτον μὲν ἀγνοοῦσιν, ὡς καὶ αὐτὰ
5 τὰ σώματα δυνάμεσι ταῖς ἐν αὐτοῖς ἀσωμάτοις ταῦτα
ἐργάζεται· ἔπειτα, ὅτι οὐ ταύτας τὰς δυνάμεις περὶ ψυχὴν
εἶναι ἀξιοῦμεν, ἀλλὰ τὸ νοεῖν, τὸ αἰσθάνεσθαι, λογίζεσθαι,
ἐπιθυμεῖν, ἐπιμελεῖσθαι ἐμφρόνως καλῶς, ἃ πάντα ἄλλην
οὐσίαν ζητεῖ. τὰς οὖν δυνάμεις τῶν ἀσωμάτων μετα-
10 βιβάσαντες εἰς τὰ σώματα οὐδεμίαν ἐκείνοις καταλείπου-
σιν. ὅτι δὲ καὶ τὰ σώματα ἀσωμάτοις δυνάμεσι δύνα-
ται ἃ δύναται, ἐκ τῶνδε δῆλον. ὁμολογήσουσι γὰρ ἕτερον
ποιότητα καὶ ποσότητα εἶναι, καὶ πᾶν σῶμα ποσὸν εἶναι,
καὶ ἔτι οὐ πᾶν σῶμα ποιὸν εἶναι, ὥσπερ τὴν ὕλην.

---

8. 36 = Hom. κ 555   **8¹.** 7–8 cf. Plat. *Leg.* 897 a 1–2

8. 36 ἱμείροι potentialis pro futuro, ob ironiam   39 ⟨οἵων⟩
καὶ Harder   νοητῶνQ^{ac}TJMV : τῶν (Q^s) νοητῶν ONDQ^{pc}P
40 τῳ TJMV : τὸ ONDQP   **8¹.** 4 αὐτὰ Kirchhoff : ταῦτα
Eus.   14 ποιὸν Vigier : ποσὸν Eus.

ταῦτα δὲ ὁμολογοῦντες τὴν ποιότητα ὁμολογήσουσιν ἕτε- 15
ρον οὖσαν ποσοῦ ἕτερον σώματος εἶναι. πῶς γὰρ μὴ
ποσὸν οὖσα σῶμα ἔσται, εἴπερ πᾶν σῶμα ποσόν; καὶ μήν,
ὅπερ καὶ ἄνω που ἐλέγετο, εἰ πᾶν σῶμα μεριζόμενον
καὶ ὄγκος πᾶς ἀφαιρεῖται ὅπερ ἦν, κερματιζομένου δὲ τοῦ
σώματος ἐφ᾽ ἑκάστῳ μέρει ἡ αὐτὴ ὅλη ποιότης μένει, 20
οἷον γλυκύτης ἡ τοῦ μέλιτος οὐδὲν ἔλαττον γλυκύτης ἐστὶν
ἡ ἐφ᾽ ἑκάστῳ, οὐκ ἂν εἴη σῶμα ἡ γλυκύτης. ὁμοίως
καὶ αἱ ἄλλαι. ἔπειτα, εἰ σώματα ἦσαν αἱ δυνάμεις,
ἀναγκαῖον ἦν τὰς μὲν ἰσχυρὰς τῶν δυνάμεων μεγάλους
ὄγκους, τὰς δὲ ὀλίγον δρᾶν δυναμένας ὄγκους μικροὺς 25
εἶναι. εἰ δὲ μεγάλων μὲν ὄγκων μικραί, ὀλίγοι δὲ καὶ
μικρότατοι τῶν ὄγκων μεγίστας ἔχουσι τὰς δυνάμεις, ἄλ-
λῳ τινὶ ἢ μεγέθει τὸ ποιεῖν ἀναθετέον· ἀμεγέθει ἄρα. τὸ δὲ
ὕλην μὲν τὴν αὐτὴν εἶναι σῶμα, ὥς φασιν, οὖσαν, διάφορα
δὲ ποιεῖν ποιότητας προσλαβοῦσαν, πῶς οὐ δῆλον ποιεῖ 30
τὰ προσγενόμενα λόγους ἀΰλους καὶ ἀσωμάτους εἶναι;
μή, διότι πνεύματος ἢ αἵματος ἀποστάντων ἀποθνήσκει
τὰ ζῷα, λεγόντων. οὐ γὰρ ἔστιν ἄνευ τούτων εἶναι,
οὐδ᾽ ἄνευ πολλῶν ἄλλων, ὧν οὐδὲν ἂν ἡ ψυχὴ εἴη. καὶ
μὴν οὔτε πνεῦμα διὰ πάντων οὔτε αἷμα, ψυχὴ δέ. 35

8². Ἔτι εἰ σῶμα οὖσα ἡ ψυχὴ διῆλθε διὰ παντός, κἂν
κραθεῖσα εἴη, ὃν τρόπον τοῖς ἄλλοις σώμασιν ἡ κρᾶσις. εἰ

8¹. 18 ἄνω που cf. IV.7.5.24—52   29 cf. Stoic. Vet. Fr. ii,
n. 325

8¹. 16 οὖσαν ONDQP: εἶναι TJMV   22 ἡ¹ om. D   ἡ γλυ-
κύτης notio specialis pro generali "ποιότης"   26 ὄγκων TJMV:
τῶν ὄγκων ONDQP   30 προσλαβοῦσαν TJ: προσλαμβάνουσαν
MV: προσβαλοῦσαν ONDQP   31 ἀΰλους Arnim, testatur
Theologia: αὐτοὺς Eus.   32 μὴ διότι ONDQPTJ: μὴ δὴ ὅτι
MV: μηδ᾽ ὅτι Stephanus, sed διότι ... ἀποθνήσκει = ὅτι ... ἀποθνήσκει

δὲ ἡ τῶν σωμάτων κρᾶσις οὐδὲν ἐνεργείᾳ ἐᾷ εἶναι τῶν
κραθέντων, οὐδ' ἂν ἡ ψυχὴ ἔτι ἐνεργείᾳ ἐνείη τοῖς σώ-
5 μασιν, ἀλλὰ δυνάμει μόνον ἀπολέσασα τὸ εἶναι ψυχή·
ὥσπερ, εἰ γλυκὺ καὶ πικρὸν κραθείη, τὸ γλυκὺ οὐκ ἔστιν·
οὐκ ἄρα ἔχομεν ψυχήν. τὸ δὲ δὴ σῶμα ὂν σώματι κεκρᾶ-
σθαι ὅλον δι' ὅλων, ὡς ὅπου ἂν ᾖ θάτερον, καὶ θάτερον
εἶναι, ἴσον ὄγκων ἀμφοτέρων καὶ τόπον κατεχόντων, καὶ
10 μηδεμίαν αὔξην γεγονέναι ἐπεμβληθέντος τοῦ ἑτέρου, οὐδὲν
ἀπολείψει ὃ μὴ τέμῃ. οὐ γὰρ κατὰ μεγάλα μέρη παραλ-
λὰξ ἡ κρᾶσις—οὕτω γάρ φησι παράθεσιν ἔσεσθαι—
διεληλυθὸς δὲ διὰ παντὸς τὸ ἐπεμβληθέν, ἔτι εἰ σμικρό-
τερον—ὅπερ ἀδύνατον, τὸ ἔλαττον ἴσον γενέσθαι τῷ
15 μείζονι—ἀλλ' οὖν διεληλυθὸς πᾶν τέμοι κατὰ πᾶν·
ἀνάγκη τοίνυν, εἰ καθ' ὁτιοῦν σημεῖον καὶ μὴ μεταξὺ
σῶμα ἔσται ὃ μὴ τέτμηται, εἰς σημεῖα τὴν διαίρεσιν τοῦ
σώματος γεγονέναι, ὅπερ ἀδύνατον. εἰ δέ, ἀπείρου τῆς
τομῆς οὔσης—ὃ γὰρ ἂν λάβῃς σῶμα, διαιρετόν ἐστιν—
20 οὐ δυνάμει μόνον, ἐνεργείᾳ δὲ τὰ ἄπειρα ἔσται. οὐ τοίνυν
ὅλον δι' ὅλου χωρεῖν δυνατὸν τὸ σῶμα· ἡ δὲ ψυχὴ δι'
ὅλων· ἀσώματος ἄρα.

8³. Τὸ δὲ καὶ φύσιν μὲν προτέραν τὸ αὐτὸ πνεῦμα

8². 7–8 Stoic. Vet. Fr. i, n. 102, p. 28. 20–21   12 cf. Stoic. Vet.
Fr. ii, n. 471 et Enn. IV. 7. 3. 3   **8³.** 1–6 cf. Stoic. Vet. Fr.
ii, n. 806

8². 9 ἴσον—κατεχόντων intellegendum : anima non modo corpori
par est, sed etiam par spatium utraque moles (anima et corpus)
amplectitur   ἴσον ΟΝΔQΡ : ἴσων ΤℑΜΥ   ὄγκον D
9 τόπον Schwyzer : τὸ πᾶν Eus.   12 φησι (scil. aduersarius Stoi-
cus): φασι Μ   13 ἔτι εἰ (etiam si) Schwyzer : ἐπεὶ ΤℑΜΥ: ἐπὶ
ΟΝΔQΡ : εἰ καὶ Harder : ἐπ' ἀεὶ Igal : del. Arnim   15 τέμοι
(concessiuus) Henry : τέμῃ ΟΝΡΤℑΜ : τέμει DQΥ: τεμεῖ Harder :
τέμνει Stephanus   18 εἰ δέ scil. εἰς σημεῖα ἡ διαίρεσις γένοιτο

λέγειν, ἐν δὲ ψυχρῷ γενομένην καὶ στομωθεῖσαν ψυχὴν
γίνεσθαι λεπτοτέραν ἐν ψυχρῷ γιγνομένην—ὃ δὴ καὶ αὐ-
τὸ ἄτοπον· πολλὰ γὰρ ζῷα ἐν θερμῷ γίγνεται καὶ ψυχὴν
ἔχει οὐ ψυχθεῖσαν—ἀλλ' οὖν φασί γε προτέραν φύσιν   5
ψυχῆς εἶναι κατὰ συντυχίας τὰς ἔξω γιγνομένης. συμβαίνει
οὖν αὐτοῖς τὸ χεῖρον ποιεῖν καὶ πρὸ τούτου ἄλλο ἔλατ-
τον, ἣν λέγουσιν ἕξιν, ὁ δὲ νοῦς ὕστατος ἀπὸ τῆς ψυχῆς
δηλονότι γενόμενος. ἢ εἰ πρὸ πάντων νοῦς, ἐφεξῆς ἔδει
ψυχὴν ποιεῖν, εἶτα φύσιν, καὶ αἰεὶ τὸ ὕστερον χεῖρον, ᾗπερ   10
πέφυκεν. εἰ οὖν καὶ ὁ θεὸς αὐτοῖς κατὰ τὸν νοῦν ὕστερος
καὶ γεννητὸς καὶ ἐπακτὸν τὸ νοεῖν ἔχων, ἐνδέχοιτο ἂν μηδὲ
ψυχὴν μηδὲ νοῦν μηδὲ θεὸν εἶναι. εἰ τὸ δυνάμει, μὴ ὄντος
πρότερον τοῦ ἐνεργείᾳ καὶ νοῦ, γένοιτο, οὐδὲ ἥξει εἰς ἐνέρ-
γειαν. τί γὰρ ἔσται τὸ ἄγον μὴ ὄντος ἑτέρου παρ' αὐτὸ   15
προτέρου; εἰ δ' αὐτὸ ἄξει εἰς ἐνέργειαν, ὅπερ ἄτοπον, ἀλλὰ
βλέπον γε πρός τι ἄξει, ὃ οὐ δυνάμει, ἐνεργείᾳ δὲ ἔσται.
καίτοι τὸ ἀεὶ μένειν τὸ αὐτὸ εἴπερ τὸ δυνάμει ἕξει, καθ'
ἑαυτὸ εἰς ἐνέργειαν ἄξει, καὶ τοῦτο κρεῖττον ἔσται τοῦ
δυναμένου οἷον ὀρεκτὸν ὂν ἐκείνου. πρότερον ἄρα τὸ   20
κρεῖττον καὶ ἑτέραν φύσιν ἔχον σώματος καὶ ἐνεργείᾳ ὂν
ἀεί· πρότερον ἄρα καὶ νοῦς καὶ ψυχὴ φύσεως. οὐκ ἄρα

8³. 8 ἕξιν cf. Stoic. Vet. Fr. ii, n. 1013, p. 302. 36   8–9 cf.
V. 9. 4. 4 et Stoic. Vet. Fr. i, n. 374; 377; ii, n. 835; 836; 837;
839

8³. 3 γιγνομένην : γενομένην DMV   ὃ δὴ om. TJMV
6 ψυχῆς genetiuus comparationis   γιγνομένης Kirchhoff, testa-
tur Theologia : γιγνομένην Eus.   10 ᾗπερ JMV : εἴπερ ONDQPT
13–14 εἰ—γένοιτο protasis   13 ὄντος ONDQP : ὃν TJMV
14 καὶ νοῦ : οὐκ ἂν Kirchhoff   18 τὸ ἀεὶ μένειν accusatiuus, τὸ
δυνάμει nominatiuus   19–20 τοῦ δυναμένου idem fere ac τοῦ
δυνάμει ὄντος

οὕτως ψυχὴ ὡς πνεῦμα οὐδ' ὡς σῶμα. ἀλλ' ὅτι μὲν μὴ
σῶμα λέγοιτ' ἄν, καὶ εἴρηται καὶ ἄλλοις ἕτερα, ἱκανὰ δὲ
25 καὶ ταῦτα.

8⁴. Ἐπεὶ δὲ ἄλλης φύσεως, δεῖ ζητεῖν, τίς αὕτη. ἆρ'
οὖν ἕτερον μὲν σώματος, σώματος δέ τι, οἷον ἁρμονία;
τοῦτο γὰρ ἁρμονίαν τῶν ἀμφὶ Πυθαγόραν λεγόντων ἕτε-
ρον τρόπον ᾠήθησαν αὐτὸ τοιοῦτόν τι εἶναι οἷον καὶ ἡ
5 περὶ χορδὰς ἁρμονία. ὡς γὰρ ἐνταῦθα ἐντεταμένων τῶν
χορδῶν ἐπιγίνεταί τι οἷον πάθημα ἐπ' αὐταῖς, ὃ λέγεται
ἁρμονία, τὸν αὐτὸν τρόπον καὶ τοῦ ἡμετέρου σώματος ἐν
κράσει ἀνομοίων γινομένου τὴν ποιὰν κρᾶσιν ζωήν τε
ἐργάζεσθαι καὶ ψυχὴν οὖσαν τὸ ἐπὶ τῇ κράσει πάθημα. ὅτι
10 δὲ ἀδύνατον, πολλὰ ἤδη πρὸς ταύτην τὴν δόξαν εἴρηται·
καὶ γάρ, ὅτι τὸ μὲν πρότερον ἡ ψυχή, ἡ δ' ἁρμονία ὕστε-
ρον, καὶ ὡς τὸ μὲν ἄρχει τε καὶ ἐπιστατεῖ τῷ σώματι καὶ
μάχεται πολλαχῇ, ἁρμονία δὲ οὐκ ἂν οὖσα ταῦτα ποιοῖ,
καὶ ὡς τὸ μὲν οὐσία, ἡ δ' ἁρμονία οὐκ οὐσία, καὶ ὅτι ἡ
15 κρᾶσις τῶν σωμάτων, ἐξ ὧν συνέσταμεν, ἐν λόγῳ οὖσα
ὑγεία ἂν εἴη, καὶ ὅτι καθ' ἕκαστον μέρος ἄλλως κραθὲν εἴη
ἂν ψυχὴ ἑτέρα, ὥστε πολλὰς εἶναι, καὶ τὸ δὴ μέγιστον,
ὡς ἀνάγκη πρὸ τῆς ψυχῆς ταύτης ἄλλην ψυχὴν εἶναι τὴν
ποιοῦσαν τὴν ἁρμονίαν ταύτην, οἷον ἐπὶ τῶν ὀργάνων τὸν
20 μουσικὸν τὸν ἐντιθέντα ταῖς χορδαῖς τὴν ἁρμονίαν λόγον

8³. 23–4 μὴ σῶμα cf. IV. 2. 1. 2   8⁴. 3–5 cf. Plat. Phaed. 86 b
9–c 1; Aristot. De an. A 4.407ᵇ30   11–12 cf. Plat. Phaed. 92
b 7–c 2   12 cf. Plat. Leg. 896 c 2–3; Polit. 311 c 6   16 cf.
Aristot. De an. A 4.408ᵃ2

8³. 23 μὴ PˢTJMV : om. ONDQP   8⁴. 3 ἁρμονίαν del.
Kirchhoff   8 γινομένου PTJMV : γινομένων ONDQ   11 γάρ
ONDQP : om. TJMV   12 τε om. ONDQP   13–28 ἁρμο-
νία—ἁρμονία perierunt in V   17 τὸ δὴ PTJM : τόδε ONDQ

ἔχοντα παρ' αὐτῷ, καθ' ὃν ἁρμόσει. οὔτε γὰρ ἐκεῖ αἱ
χορδαὶ παρ' αὐτῶν οὔτ' ἐνταῦθα τὰ σώματα ἑαυτὰ εἰς
ἁρμονίαν ἄγειν δυνήσεται. ὅλως δὲ καὶ οὗτοι ἐξ ἀψύχου
ἔμψυχα ποιοῦσι καὶ [τὰ] ἐξ ἀτάκτων κατὰ συντυχίαν
τεταγμένα, καὶ τὴν τάξιν οὐκ ἐκ τῆς ψυχῆς, ἀλλ' αὐτὴν ἐκ   25
τῆς αὐτομάτου τάξεως τὴν ὑπόστασιν εἰληφέναι. τοῦτο δὲ
οὔτε ἐν τοῖς κατὰ μέρος οὔτε ἐν τοῖς ἄλλοις δυνατὸν γενέ-
σθαι. οὐκ ἄρα ἡ ψυχὴ ἁρμονία.

8⁵. Τὸ δὲ τῆς ἐντελεχείας ὧδ' ἄν τις ἐπισκέψαιτο, πῶς
περὶ ψυχῆς λέγεται· τὴν ψυχὴν φασιν ἐν τῷ συνθέτῳ
εἴδους τάξιν ὡς πρὸς ὕλην τὸ σῶμα ἔμψυχον⟨ὂν⟩ ἔχειν, σώ-
ματος δὲ οὐ παντὸς εἶδος οὐδὲ ᾗ σῶμα, ἀλλὰ φυσικοῦ
ὀργανικοῦ δυνάμει ζωὴν ἔχοντος. εἰ μὲν οὖν ᾗ πα-   5
ραβέβληται ὡμοίωται, ὡς μορφὴ ἀνδριάντος πρὸς χαλκόν,
καὶ διαιρουμένου τοῦ σώματος συμμερίζεσθαι τὴν ψυχήν,
καὶ ἀποκοπτομένου τινὸς μέρους μετὰ τοῦ ἀποκοπέντος
ψυχῆς μόριον εἶναι, τήν τε ἐν τοῖς ὕπνοις ἀναχώρησιν
μὴ γίνεσθαι, εἴπερ δεῖ προσφυᾶ τὴν ἐντελέχειαν οὗ ἐστιν   10
εἶναι, τὸ δ' ἀληθές, μηδὲ ὕπνον γίνεσθαι· καὶ μὴν ἐντε-
λεχείας οὔσης οὐδὲ ἐναντίωσιν λόγου πρὸς ἐπιθυμίας,

8⁵. 1–50 = Eusebius *Praep. Euang.* XV. 10. 1–9, p. 372. 4–373. 23
Mras = p. 811 b–812 c Vigier = *IONDQP*

8⁴. 28 οὐκ–ἁρμονία cf. IV. 2. 1. 2–3   8⁵. 4–5 = Aristot.
De an. Β 1. 412ᵃ27–b 1

8⁴. 24 τὰ del. Stephanus   27 ἄλλοις : ὅλοις Vigier   28 post
ἁρμονία desinit Eusebii excerptum primum   8⁵. 1–50 Eusebii
excerptum alterum inscribitur : Πλωτίνου ἐκ τοῦ περὶ ἀθανασίας ψυ-
χῆς δευτέρου πρὸς 'Αριστοτέλην ἐντελέχειαν τὴν ψυχὴν εἶναι φήσαντα
1 πῶς *I* : ὅπως *ONDQP*   3 ἔμψυχον : εὔψυχον *I*   ⟨ὂν⟩
Dodds   ἔχειν : εἶναι *I*   4 φυσικοῦ Stephanus, testatur *Theo-
logia* : ψυχικοῦ Eus.

ἓν δὲ καὶ ταὐτὸν δι' ὅλου πεπονθέναι τὸ πᾶν οὐ δια-
φωνοῦν ἑαυτῷ. αἰσθήσεις δὲ μόνον δυνατὸν ἴσως γί-
15 νεσθαι, τὰς δὲ νοήσεις ἀδύνατον. διὸ καὶ αὐτοὶ ἄλλην
ψυχὴν ἢ νοῦν εἰσάγουσιν, ὃν ἀθάνατον τίθενται. τὴν
οὖν λογιζομένην ψυχὴν ἄλλως ἐντελέχειαν ἢ τοῦτον τὸν
τρόπον ἀνάγκη εἶναι, εἰ δεῖ τῷ ὀνόματι τούτῳ χρῆσθαι.
οὐδ' ἡ αἰσθητική, εἴπερ καὶ αὕτη τῶν αἰσθητῶν ἀπόντων
20 τοὺς τύπους ἔχει, αὐτοὺς οὐ μετὰ τοῦ σώματος ἄρα ἕξει·
εἰ δὲ μὴ οὕτως, ἐνέσονται ὡς μορφαὶ καὶ εἰκόνες· ἀλλ'
ἀδύνατον ἄλλους δέχεσθαι, εἰ οὕτως ἐνεῖεν. οὐκ ἄρα ὡς
ἀχώριστος ἐντελέχεια. καὶ μὴν οὐδὲ τὸ ἐπιθυμοῦν, μὴ
σιτίων μηδὲ ποτῶν ἀλλ' ἄλλων παρὰ τὰ τοῦ σώματος, οὐδ'
25 αὐτὸ ἀχώριστος ἐντελέχεια. λοιπὸν δὲ τὸ φυτικὸν ἂν εἴη,
ὃ ἀμφισβήτησιν ἂν δόξειεν ἔχειν, μὴ τοῦτον τὸν τρόπον
ἐντελέχεια ἀχώριστος ᾖ. ἀλλ' οὐδὲ τοῦτο φαίνεται οὕτως
ἔχον. εἰ γὰρ ἡ ἀρχὴ παντὸς φυτοῦ περὶ τὴν ῥίζαν καὶ
αὐαινομένου τοῦ ἄλλου σώματος περὶ τὴν ῥίζαν καὶ τὰ
30 κάτω ἐν πολλοῖς τῶν φυτῶν ἡ ψυχή, δῆλον ὅτι ἀπολιποῦ-
σα τὰ ἄλλα μέρη εἰς ἕν τι συνεστάλη· οὐκ ἄρα ἦν ἐν τῷ
ὅλῳ ὡς ἀχώριστος ἐντελέχεια. καὶ γὰρ αὖ ἐστι πρὶν αὐξη-
θῆναι τὸ φυτὸν ἐν τῷ ὀλίγῳ ὄγκῳ. εἰ οὖν καὶ εἰς ὀλίγον
ἔρχεται ἐκ μείζονος φυτοῦ καὶ ἐξ ὀλίγου ἐπὶ πᾶν, τί

8⁵. 31–2 οὐκ–ἐντελέχεια cf. IV. 2. 1. 3–4   3ℚ ἀχώριστος
cf. Aristot. De an. A 1. 403ᵃ15

8⁵. 14 δὲ : τε Harder   16 ἢ (uel) νοῦν ONQP : ἦν νοῦν I : om.
D : τὸν νοῦν Stephanus   19 αὕτη I : αὐτὴ ONDQP   21 ἐνέ-
σονται Stephanus : ἐν ἔσονται Eus.   22 ἄλλως I   ἐνεῖεν
Stephanus : ἐν εἶεν ONDQP : ἔνι ἐν I   ὡς ONDQP : οὖσ' I
24 μηδὲ I : οὐδὲ ONDQP   25 φυσικὸν I   26 ἂν
δόξειεν I : transp. ONDQP   μὴ ONDQP : μήτε I   29 αὐαι-
νομένου I : αὐξανομένου ONDQP   31 ἦν : ἡ I   32 ὅλῳ :
λόγῳ I

κωλύει καὶ ὅλως χωρίζεσθαι; πῶς δ' ἂν καὶ ἀμερὴς οὖσα 35
μεριστοῦ τοῦ σώματος ἐντελέχεια γένοιτο; ἤ τε αὐτὴ
ψυχὴ ἐξ ἄλλου ζῴου ἄλλου γίνεται· πῶς οὖν ἡ τοῦ προ-
τέρου τοῦ ἐφεξῆς ἂν γένοιτο, εἰ ἦν ἐντελέχεια ἑνός; φαί-
νεται δὲ τοῦτο ἐκ τῶν μεταβαλλόντων ζῴων εἰς ἄλλα ζῷα.
οὐκ ἄρα τῷ εἶδος εἶναί τινος τὸ εἶναι ἔχει, ἀλλ' ἔστιν οὐ- 40
σία οὐ παρὰ τὸ ἐν σώματι ἱδρῦσθαι τὸ εἶναι λαμβάνουσα,
ἀλλ' οὖσα πρὶν καὶ τοῦδε γενέσθαι, οἷον ζῴου οὐ τὸ σῶμα
τὴν ψυχὴν γεννήσει. τίς οὖν οὐσία αὐτῆς; εἰ δὲ μήτε σῶμα,
μήτε πάθος σώματος, πρᾶξις δὲ καὶ ποίησις, καὶ πολλὰ
καὶ ἐν αὐτῇ καὶ ἐξ αὐτῆς, οὐσία παρὰ τὰ σώματα οὖσα 45
ποία τίς ἐστιν; ἢ δῆλον ὅτι ἦν φαμεν ὄντως οὐσίαν εἶναι.
τὸ μὲν γὰρ γένεσις, ἀλλ' οὐκ οὐσία, πᾶν τὸ σωματικὸν
εἶναι λέγοιτ' ἄν, γινόμενον καὶ ἀπολλύμενον,
ὄντως δὲ οὐδέποτε ὄν, μεταλήψει δὲ τοῦ ὄντος
σῳζόμενον, καθόσον ἂν αὐτοῦ μεταλαμβάνῃ. 50

9. Ἡ δὲ ἑτέρα φύσις, ἡ παρ' αὐτῆς ἔχουσα τὸ εἶναι,
πᾶν τὸ ὄντως ὄν, ὃ οὔτε γίνεται οὔτε ἀπόλλυται· ἢ τὰ
ἄλλα πάντα οἰχήσεται, καὶ οὐκ ἂν ὕστερον γένοιτο τούτου
ἀπολωλότος, ὃ παρέχει αὐτοῖς σωτηρίαν, τοῖς τε ἄλλοις

8⁵. 50–15. 12 = Enn. = w(= AE) x(= BRJ) UCD

8⁵.46 cf. Plat. Soph. 248 a 11   48–9 = Plat. Tim. 28 a 3–4

8⁵. 37 ἄλλου² Kirchhoff : ἄλλο I : ἄλλη ONDQP   38 ἦν
om. I   41 παρὰ ob   42–3 οἷον—γεννήσει sicut animalis corpus
non generabit animam   42 οὐ :'οὖ Vigier   42–3 οὐ—γεννήσει
corruptum censet Harder   43 δὲ : γὰρ Vigier : δὴ Harder
44 πρᾶξις δὲ καὶ ποίησις I : πράξεις δὲ καὶ ποιήσεις. NDQP : in O
uix legendum   50 σῳζόμενον incipiunt Ἐnn. post IV.
7. 8. 28 δικαιοσύνη   ἂν om. I   post μεταλαμβάνῃ desinit
Eusebii excerptum alterum   9. 2 πᾶν —ὄν praedicatiuum

5 καὶ τῷδε τῷ παντὶ διὰ ψυχῆς σῳζομένῳ καὶ κεκοσμημένῳ.
ἀρχὴ γὰρ κινήσεως ἥδε χορηγοῦσα τοῖς ἄλλοις κινή-
σιν, αὐτὴ δὲ ἐξ ἑαυτῆς κινουμένη, καὶ ζωὴν τῷ ἐμψύχῳ
σώματι διδοῦσα, αὐτὴ δὲ παρ' ἑαυτῆς ἔχουσα, ἣν οὔποτε
ἀπόλλυσιν, ἅτε παρ' ἑαυτῆς ἔχουσα. οὐ γὰρ δὴ πάντα
10 ἐπακτῷ ζωῇ χρῆται· ἢ εἰς ἄπειρον εἰσιν· ἀλλὰ δεῖ τινα
φύσιν πρώτως ζῶσαν εἶναι, ἣν ἀνώλεθρον καὶ ἀθάνα-
τον εἶναι δεῖ ἐξ ἀνάγκης, ἅτε ἀρχὴν ζωῆς καὶ τοῖς ἄλλοις
οὖσαν. ἔνθα δὴ καὶ τὸ θεῖον ἅπαν καὶ τὸ μακάριον
ἱδρῦσθαι δεῖ ζῶν παρ' αὑτοῦ καὶ ὂν παρ' αὑτοῦ, πρώτως
15 ὂν καὶ ζῶν πρώτως, μεταβολῆς κατ' οὐσίαν ἄμοιρον, οὔτε
γινόμενον οὔτε ἀπολλύμενον. πόθεν γὰρ ἂν καὶ γένοιτο, ἢ
εἰς τί ἀπόλοιτο; καὶ εἰ δεῖ ἐπαληθεύειν τὴν τοῦ ὄντος
προσηγορίαν, αὐτὸ οὐ ποτὲ μὲν εἶναι, ποτὲ δὲ οὐκ εἶναι
δεήσει. ὡς καὶ τὸ λευκόν, αὐτὸ τὸ χρῶμα, οὐ ποτὲ μὲν
20 λευκόν, ποτὲ δὲ οὐ λευκόν· εἰ δὲ καὶ ὂν ἦν τὸ λευκὸν μετὰ
τοῦ λευκὸν εἶναι, ἦν ἂν ἀεί· ἀλλὰ μόνον ἔχει τὸ λευκόν.
ᾧ δ' ἂν τὸ ὂν ᾖ παρὸν παρ' αὑτοῦ καὶ πρώτως, ὂν
ἀεὶ ἔσται. τοῦτο τοίνυν τὸ ὂν πρώτως καὶ ἀεὶ ὂν οὐχὶ
νεκρόν, ὥσπερ λίθον ἢ ξύλον, ἀλλὰ ζῶν εἶναι δεῖ, καὶ
25 ζωῇ καθαρᾷ κεχρῆσθαι, ὅσον ἂν αὐτοῦ μένῃ μόνον·
ὃ δ' ἂν συμμιχθῇ χείρονι, ἐμπόδιον μὲν ἔχειν πρὸς τὰ
ἄριστα—οὔτι γε μὴν τὴν αὐτοῦ φύσιν ἀπολωλέναι—ἀναλα-
βεῖν δὲ τὴν ἀρχαίαν κατάστασιν ἐπὶ τὰ αὑτοῦ
ἀναδραμόν.

9. 6 = Plat. *Phaedr.* 245 c 9   11–12 = Plat. *Phaed.* 88 b 5–6; cf.
Parm. *Fr.* B 8. 3   15–16 cf. Plat. *Symp.* 211 a 1   16–17 cf.
Parm. *Fr.* B 8. 19   26 cf. Plat. *Phaed.* 65 a 10   28 = Plat.
Resp. 547 b 6–7

9. 7–8 αὐτὴ (bis) Jahn : αὕτη Enn.   15–16 οὔτε γινόμενον
om. x   24 ζῷον x   27 ἀπολωλεκέναι Kirchhoff

10. Ὅτι δὲ τῇ θειοτέρᾳ φύσει συγγενὴς ἡ ψυχὴ καὶ τῇ
ἀιδίῳ, δῆλον μὲν ποιεῖ καὶ τὸ μὴ σῶμα αὐτὴν δεδεῖχθαι.
καὶ μὴν οὐδὲ σχῆμα ἔχει οὐδὲ χρῶμα ἀναφής τε. οὐ μὴν
ἀλλὰ καὶ ἐκ τῶνδε ἔστι δεικνύναι. ὁμολογουμένου δὴ
ἡμῖν παντὸς τοῦ θείου καὶ τοῦ ὄντως ὄντος ζωῇ ἀγαθῇ 5
κεχρῆσθαι καὶ ἔμφρονι, σκοπεῖν δεῖ τὸ μετὰ τοῦτο ἀπὸ τῆς
ἡμετέρας ψυχῆς, οἷόν ἐστι τὴν φύσιν. λάβωμεν δὲ ψυχὴν
μὴ τὴν ἐν σώματι ἐπιθυμίας ἀλόγους καὶ θυμοὺς προσ-
λαβοῦσαν καὶ πάθη ἄλλα ἀναδεξαμένην, ἀλλὰ τὴν ταῦτα
ἀποτριψαμένην καὶ καθόσον οἷόν τε μὴ κοινωνοῦσαν τῷ 10
σώματι. ἥτις καὶ δῆλον ποιεῖ, ὡς προσθῆκαι τὰ κακὰ τῇ
ψυχῇ καὶ ἄλλοθεν, καθηραμένη δὲ αὐτῇ ἐνυπάρχει τὰ
ἄριστα, φρόνησις καὶ ἡ ἄλλη ἀρετή, οἰκεῖα ὄντα. εἰ οὖν
τοιοῦτον ἡ ψυχή, ὅταν ἐφ' ἑαυτὴν ἀνέλθῃ, πῶς οὐ τῆς
φύσεως ἐκείνης, οἵαν φαμὲν τὴν τοῦ θείου καὶ ἀιδίου 15
παντὸς εἶναι; φρόνησις γὰρ καὶ ἀρετὴ ἀληθὴς θεῖα ὄντα
οὐκ ἂν ἐγγένοιτο φαύλῳ τινὶ καὶ θνητῷ πράγματι, ἀλλ'
ἀνάγκη θεῖον τὸ τοιοῦτον εἶναι, ἅτε θείων μετὸν αὐτῷ
διὰ συγγένειαν καὶ τὸ ὁμοούσιον. διὸ καὶ ὅστις τοιοῦτος
ἡμῶν ὀλίγον ἂν παραλλάττοι τῶν ἄνω τῇ ψυχῇ αὐτῇ 20
μόνον τοῦτο, ὅσον ἐστὶν ἐν σώματι, ἐλαττούμενος. διὸ
καί, εἰ πᾶς ἄνθρωπος τοιοῦτος ἦν, ἢ πλῆθός τι τοιαύταις
ψυχαῖς κεχρημένον, οὐδεὶς οὕτως ἦν ἄπιστος, ὡς μὴ πι-
στεύειν τὸ τῆς ψυχῆς αὐτοῖς πάντη ἀθάνατον εἶναι. νῦν
δὲ πολλαχοῦ λελωβημένην τὴν ἐν τοῖς πλείστοις ψυχὴν 25

10. 1–2 cf. Plat. *Resp.* 611 e 2–3   3 cf. Plat. *Phaedr.* 247 c 6–7
5–6 = Plat. *Resp.* 521 a 4   10–11 cf. Plat. *Phaed.* 80 e 3–4
13 = Plat. *Symp.* 209 a 3–4   25 λελωβημένην cf. Plat. *Resp.*
611 b 10–c 1

10. 1 τῇ²: τῷ Harder   21 τοῦτο (accusatiuus respectus):
τούτῳ Heintz

ὁρῶντες οὔτε ὡς περὶ θείου οὔτε ὡς περὶ ἀθανάτου
χρήματος διανοοῦνται. δεῖ δὲ τὴν φύσιν ἑκάστου σκοπεῖ-
σθαι εἰς τὸ καθαρὸν αὐτοῦ ἀφορῶντα, ἐπείπερ τὸ προσ-
τεθὲν ἐμπόδιον ἀεὶ πρὸς γνῶσιν τοῦ ᾧ προσετέθη γίγνε-
30 ται. σκόπει δὴ ἀφελών, μᾶλλον δὲ ὁ ἀφελὼν ἑαυτὸν ἰδέτω
καὶ πιστεύσει ἀθάνατος εἶναι, ὅταν ἑαυτὸν θεάσηται ἐν
τῷ νοητῷ καὶ ἐν τῷ καθαρῷ γεγενημένον. ὄψεται γὰρ
νοῦν ὁρῶντα οὐκ αἰσθητόν τι οὐδὲ τῶν θνητῶν τούτων,
ἀλλὰ ἀιδίῳ τὸ ἀίδιον κατανοοῦντα, πάντα τὰ ἐν τῷ
35 νοητῷ, κόσμον καὶ αὐτὸν νοητὸν καὶ φωτεινὸν γεγενη-
μένον, ἀληθείᾳ καταλαμπόμενον τῇ παρὰ τοῦ ἀγαθοῦ, ὃ
πᾶσιν ἐπιλάμπει τοῖς νοητοῖς ἀλήθειαν· ὡς πολλάκις
αὐτῷ δόξαι τοῦτο δὴ καλῶς εἰρῆσθαι· χαίρετ', ἐγὼ
δ' ὑμῖν θεὸς ἄμβροτος πρὸς τὸ θεῖον ἀναβὰς καὶ τὴν
40 πρὸς αὐτὸ ὁμοιότητα ἀτενίσας. εἰ δ' ἡ κάθαρσις ποιεῖ ἐν
γνώσει τῶν ἀρίστων εἶναι, καὶ αἱ ἐπιστῆμαι ἔνδον οὖσαι
ἀναφαίνονται, αἳ δὴ καὶ ὄντως ἐπιστῆμαί εἰσιν. οὐ γὰρ
δὴ ἔξω που δραμοῦσα ἡ ψυχὴ σωφροσύνην καθορᾷ καὶ
δικαιοσύνην, ἀλλ' αὐτὴ παρ' αὑτῇ ἐν τῇ κατανοήσει
45 ἑαυτῆς καὶ τοῦ ὃ πρότερον ἦν ὥσπερ ἀγάλματα ἐν αὑτῇ
ἱδρυμένα ὁρῶσα οἷα ὑπὸ χρόνου ἰοῦ πεπληρωμένα καθαρὰ
ποιησαμένη· οἷον εἰ χρυσὸς ἔμψυχος εἴη, εἶτα ἀποκρουσά-

---

10. 29 ἐμπόδιον cf. Plat. *Phaed.* 65 a 10   30 ἀφελών cf. Plat.
Resp. 534 b 9   36 cf. Plat. *Resp.* 508 d 5   38–9 = Empe-
docles *Fr.* B 112. 4   43–4 = Plat. *Phaedr.* 247 d 6   45 ἀγάλ-
ματα cf. Plat. *Symp.* 216 e 6

---

10. 30 ἑαυτὸν obiectum ad ἰδέτω   35 κόσμον ApcRJUᵖᶜ:
κόσμῳ A(ον Aˢ)ECD : κόσμων B : κόσμος Uᵃᶜ (in 5 scr. ν) : ⟨κόσμῳ⟩
κόσμον Harder   37 ἐπιλάμπει transitiuum   39 πρὸς regit
etiam τὴν ... ὁμοιότητα   40 ἀτενίσας instrumentale ad ἀναβὰς
46 οἷα : οἷον Vitringa

μενος ὅσον γεηρὸν ἐν αὐτῷ, ἐν ἀγνοίᾳ πρότερον ἑαυτοῦ ὤν,
ὅτι μὴ χρυσὸν ἑώρα, τότε δὴ αὐτὸν ἤδη τοῦ χρήματος
θαυμάσειεν ὁρῶν μεμονωμένον, καὶ ὡς οὐδὲν ἄρα ἔδει 50
αὐτῷ κάλλους ἐπακτοῦ ἐνθυμοῖτο, αὐτὸς κρατιστεύων, εἴ
τις αὐτὸν ἐφ' ἑαυτοῦ ἐῴη εἶναι.

11. Περὶ τοιούτου χρήματος τίς ἂν ἀμφισβητοίη νοῦν
ἔχων, ὡς οὐκ ἀθάνατον; ᾧ πάρεστι μὲν ἐξ ἑαυτοῦ ζωή,
ἣν οὐχ οἷόν τε ἀπολέσθαι· πῶς γὰρ οὐκ ἐπίκτητόν γε
οὖσαν οὐδ' αὖ οὕτως ἔχουσαν, ὡς τῷ πυρὶ ἡ θερμότης
πάρεστι; λέγω δὲ οὐχ ὡς ἐπακτὸν ἡ θερμότης τῷ πυρί, 5
ἀλλ' ὅτι, εἰ καὶ μὴ τῷ πυρί, ἀλλὰ τῇ ὑποκειμένῃ τῷ πυρὶ
ὕλῃ. ταύτῃ γὰρ καὶ διαλύεται τὸ πῦρ. ἡ δὲ ψυχὴ οὐχ
οὕτω τὴν ζωὴν ἔχει, ὡς ὕλην μὲν οὖσαν ὑποκεῖσθαι,
ζωὴν δὲ ἐπ' αὐτῇ γενομένην τὴν ψυχὴν ἀποδεῖξαι. ἢ γὰρ
οὐσία ἐστὶν ἡ ζωή, καὶ ἔστιν οὐσία ἡ τοιαύτη παρ' αὐτῆς 10
ζῶσα—ὅπερ ἐστίν, ὃ ζητοῦμεν, ἡ ψυχή—καὶ τοῦτο ἀθά-
νατον ὁμολογοῦσιν, ἢ ἀναλύσουσιν ὡς σύνθετον καὶ τοῦτο
πάλιν, ἕως ἂν εἰς ἀθάνατον ἔλθωσι παρ' αὐτοῦ κινούμενον,
ᾧ μὴ θέμις θανάτου μοῖραν δέχεσθαι. ἢ πάθος ἐπακτὸν
τῇ ὕλῃ λέγοντες τὴν ζωήν, παρ' ὅτου τοῦτο τὸ πάθος ἐλή- 15
λυθεν εἰς τὴν ὕλην, αὐτὸ ἐκεῖνο ἀναγκασθήσονται ὁμολο-
γεῖν ἀθάνατον εἶναι, ἄδεκτον ὂν τοῦ ἐναντίου ᾧ ἐπιφέρει.
ἀλλὰ γάρ ἐστι μία φύσις ἐνεργείᾳ ζῶσα.

12. Ἔτι εἰ πᾶσαν φήσουσι φθαρτήν, πάλαι ἂν ἔδει

10. 48 γεηρὸν cf. Plat. *Resp.* 612 a 1, ἀγνοίᾳ cf. Plat. *Symp.* 228 d 10
11. 14 cf. Plat. *Tim.* 41 b 4   17 cf. Plat. *Phaed.* 105 d 10–11
12. 1 cf. *Stoic. Vat. Fr.* ii, n. 809   1–2 cf. Plat. *Phaed.* 72 d 2–3

10. 48 ὤν : ὄν w   49 ὅτι : ὅτε Harder   αὐτὸν obiectum
ad ὁρῶν   τοῦ χρήματος (i.e. anima) regitur a θαυμάσειεν
11. 4 οὐδ'—ἔχουσαν om. x   9 αὐτὴν x   10 αὐτῇ x
12 ὁμολογήσουσιν Kirchhoff   17 ᾧ = τούτῳ ὃ

πάντα ἀπολωλέναι· εἰ δὲ τὴν μέν, τὴν δ' οὔ, οἷον τὴν
τοῦ παντὸς ἀθάνατον εἶναι, τὴν δ' ἡμετέραν μή, λεκτέον
αὐτοῖς τὴν αἰτίαν. ἀρχή τε γὰρ κινήσεως ἑκατέρα, καὶ ζῇ
5 παρ' αὑτῆς ἑκατέρα, καὶ τῶν αὐτῶν τῷ αὐτῷ ἐφάπτεται
νοοῦσα τά τε ἐν τῷ οὐρανῷ τά τε οὐρανοῦ ἐπέκεινα καὶ
πᾶν ὅ ἐστι κατ' οὐσίαν ζητοῦσα καὶ μέχρι τῆς πρώτης
ἀρχῆς ἀναβαίνουσα. ἥ τε δὲ παρ' αὑτῆς ἐκ τῶν ἐν αὑτῇ
θεαμάτων κατανόησις αὐτοεκάστου καὶ ἐξ ἀναμνήσεως
10 γιγνομένη πρὸ σώματός τε αὐτῇ δίδωσι τὸ εἶναι καὶ
ἀιδίοις ἐπιστήμαις κεχρημένην ἀίδιον καὶ αὐτὴν εἶναι.
πᾶν τε τὸ λυόμενον σύνθεσιν εἰς τὸ εἶναι εἰληφὸς ταύτῃ
διαλύεσθαι πέφυκεν, ᾗ συνετέθη. ψυχὴ δὲ μία καὶ ἁπλῆ
ἐνεργείᾳ οὖσα ἐν τῷ ζῆν φύσις· οὐ τοίνυν ταύτῃ φθαρή-
15 σεται. ἀλλ' ἄρα μερισθεῖσα κερματιζομένη ἀπόλοιτο ἄν.
ἀλλ' οὐκ ὄγκος τις οὐδὲ ποσόν, ὡς ἐδείχθη, ἡ ψυχή.
ἀλλ' ἀλλοιωθεῖσα ἥξει εἰς φθοράν. ἀλλ' ἡ ἀλλοίωσις
φθείρουσα τὸ εἶδος ἀφαιρεῖ, τὴν δὲ ὕλην ἐᾷ· τοῦτο δὲ
συνθέτου πάθος. εἰ οὖν κατὰ μηδὲν τούτων οἷόν τε φθεί-
20 ρεσθαι, ἄφθαρτον εἶναι ἀνάγκη.

13. Πῶς οὖν τοῦ νοητοῦ χωριστοῦ ὄντος ἥδε εἰς σῶμα
ἔρχεται; ὅτι, ὅσος μὲν νοῦς μόνος, ἀπαθὴς ἐν τοῖς νοη-
τοῖς ζωὴν μόνον νοερὰν ἔχων ἐκεῖ ἀεὶ μένει—οὐ γὰρ ἔνι
ὁρμὴ οὐδ' ὄρεξις—ὃ δ' ἂν ὄρεξιν προσλάβῃ ἐφεξῆς ἐκείνῳ
5 τῷ νῷ ὄν, τῇ προσθήκῃ τῆς ὀρέξεως οἷον πρόεισιν ἤδη
ἐπιπλέον καὶ κοσμεῖν ὀρεγόμενον καθὰ ἐν νῷ εἶδεν, ὥσπερ

---

12. 8–11 cf. Plat. _Phaed._ 72 e–73 a   16 ἐδείχθη cf. IV. 7. 5.
24–51   13. 6–7 cf. Plat. _Symp._ 206 c–e

12. 4–5 καί—ἑκατέρα om. x   9 αὐτοεκάστου scripsimus, cf.
IV. 7. 8. 16: αὐτὸ ἑκάστου _Enn._   14 ἐνεργείᾳ Kirchhoff : ἐνέργεια
Enn.   15 μερισθεῖσα ⟨καὶ⟩ Volkmann

κυοῦν ἀπ' αὐτῶν καὶ ὠδῖνον γεννῆσαι, ποιεῖν σπεύδει
καὶ δημιουργεῖ. καὶ τῇ σπουδῇ ταύτῃ περὶ τὸ αἰσθητὸν
τεταμένη, μετὰ μὲν πάσης τῆς τῶν ὅλων ψυχῆς ὑπερ-
έχουσα τοῦ διοικουμένου εἰς τὸ ἔξω καὶ τοῦ παντὸς   10
συνεπιμελουμένη, μέρος δὲ διοικεῖν βουληθεῖσα μονουμένη
καὶ ἐν ἐκείνῳ γιγνομένη, ἐν ᾧ ἐστιν, οὐχ ὅλη οὐδὲ πᾶσα
τοῦ σώματος γενομένη, ἀλλά τι καὶ ἔξω σώματος ἔχουσα.
οὔκουν οὐδὲ ὁ ταύτης νοῦς ἐμπαθής· αὕτη δὲ ὁτὲ μὲν ἐν
σώματι, ὁτὲ δὲ σώματος ἔξω, ὁρμηθεῖσα μὲν ἀπὸ τῶν   15
πρώτων, εἰς δὲ τὰ τρίτα προελθοῦσα εἰς τὰ ἐπίταδε νοῦ,
ἐνέργεια νοῦ μένοντος ἐν τῷ αὐτῷ καὶ διὰ ψυχῆς πάντα
καλῶν πληροῦντος καὶ διακοσμοῦντος, ἀθανάτου δι' ἀθα-
νάτου, εἴπερ ἀεὶ καὶ αὐτὸς ὢν ἔσται δι' ἐνεργείας
ἀπαύστου.   20

14. Περὶ δὲ τῆς τῶν ἄλλων ζῴων ψυχῆς, ὅσαι μὲν αὐ-
τῶν σφαλεῖσαι καὶ μέχρι θηρίων ἧκον σωμάτων, ἀνάγκη
καὶ ταύτας ἀθανάτους εἶναι. εἰ δέ ἐστιν ἄλλο τι εἶδος
ψυχῆς, οὐκ ἄλλοθεν ἢ ἀπὸ τῆς ζώσης φύσεως δεῖ καὶ
ταύτην εἶναι καὶ αὐτὴν οὖσαν ζωῆς τοῖς ζῴοις αἰτίαν,   5
καὶ δὴ καὶ τὴν ἐν τοῖς φυτοῖς· ἅπασαι γὰρ ὡρμήθησαν
ἀπὸ τῆς αὐτῆς ἀρχῆς ζωὴν ἔχουσαι οἰκείαν ἀσώματοί τε
καὶ αὗται καὶ ἀμερεῖς καὶ οὐσίαι. εἰ δὲ τὴν ἀνθρώπου
ψυχὴν τριμερῆ οὖσαν τῷ συνθέτῳ λυθήσεσθαι ⟨λέγεται⟩,
καὶ ἡμεῖς φήσομεν τὰς μὲν καθαρὰς ἀπαλλαττομένας τὸ   10

---

14. 9 τριμερῆ cf. Plat. *Resp.* 439 d–e; 441 a

13. 8 δημιουργεῖν Vitringa   13 ad γενομένη et ἔχουσα subau-
diendum ἐστὶν ἡ ψυχή   16 ἐπίταδε νοῦ citra intellectum   17 ἐνέρ-
γεια (appositio ad 14 αὕτη) νοῦ μένοντος Aᵃᶜ (supra ι add. ' A³)
EUCD : ἐνέργειαν οὐ μένοντος x : ἐνεργείᾳ νοῦ μένοντος Aᵖᶜ : ἐνεργείᾳ τοῦ
μένοντος Harder   14. 2 θηρίων : θηρείων A   8 καὶ³ om. x
9 λυθήσεσθαι ⟨λέγεται⟩ coniecimus : λυθήσεσθαι wD : λυθήσεται xUC

προσπλασθὲν ἐν τῇ γενέσει ἀφήσειν, τὰς δὲ τούτῳ συνέσε-
σθαι ἐπὶ πλεῖστον· ἀφειμένον δὲ τὸ χεῖρον οὐδὲ αὐτὸ ἀπο-
λεῖσθαι, ἕως ἂν ᾖ, ὅθεν ἔχει τὴν ἀρχήν. οὐδὲν γὰρ ἐκ τοῦ
ὄντος ἀπολεῖται.

15. Ἃ μὲν οὖν πρὸς τοὺς ἀποδείξεως δεομένους ἐχρῆν
λέγεσθαι, εἴρηται. ἃ δὲ καὶ πρὸς τοὺς δεομένους πίστεως
αἰσθήσει κεκρατημένης, ἐκ τῆς ἱστορίας τῆς περὶ τὰ τοι-
αῦτα πολλῆς οὔσης ἐκλεκτέον, ἔκ τε ὧν θεοὶ ἀνεῖλον κε-
5 λεύοντες μῆνιν ψυχῶν ἠδικημένων ἱλάσκεσθαι τιμάς τε
νέμειν τεθνηκόσιν ὡς ἐν αἰσθήσει οὖσι, καθὰ καὶ πάντες ἄν-
θρωποι ποιοῦσιν εἰς τοὺς ἀπεληλυθότας. πολλαὶ δὲ ψυχαὶ
πρότερον ἐν ἀνθρώποις οὖσαι σωμάτων ἔξω γενόμεναι οὐκ
ἀπέστησαν τοῦ εὐεργετεῖν ἀνθρώπους· αἳ δὴ καὶ μαντεῖα
10 ἀποδειξάμεναι εἴς τε τὰ ἄλλα χρῶσαι ὠφελοῦσι καί δεικ-
νύουσι δι' αὐτῶν καὶ περὶ τῶν ἄλλων ψυχῶν, ὅτι μή εἰσιν
ἀπολωλυῖαι.

---

14. 12–14 cf. Plat. *Theaet.* 176 a 5   15. 5 μῆνιν cf. Plat.
Hipp. Mai. 282 a 7   7–9 cf. Plat. *Leg.* 927 a 1–3

---

14. 12 πλεῖστον: πλεῖον Harder   αὐτὸ: τὸ αὐτὸ x
15. 3 κεκρατημένης *Enn.*: κεκραμένης S (τη om. in fine lineae)
Creuzer   8 γινόμεναι w

ΠΕΡΙ ΤΗΣ ΕΙΣ ΤΑ ΣΩΜΑΤΑ ΚΑΘΟΔΟΥ
ΤΗΣ ΨΥΧΗΣ

1. Πολλάκις ἐγειρόμενος εἰς ἐμαυτὸν ἐκ τοῦ σώματος
καὶ γινόμενος τῶν μὲν ἄλλων ἔξω, ἐμαυτοῦ δὲ εἴσω,
θαυμαστὸν ἡλίκον ὁρῶν κάλλος, καὶ τῆς κρείττονος μοίρας
πιστεύσας τότε μάλιστα εἶναι, ζωήν τε ἀρίστην ἐνεργήσας
καὶ τῷ θείῳ εἰς ταὐτὸν γεγενημένος καὶ ἐν αὐτῷ ἱδρυθεὶς 5
εἰς ἐνέργειαν ἐλθὼν ἐκείνην ὑπὲρ πᾶν τὸ ἄλλο νοητὸν
ἐμαυτὸν ἱδρύσας, μετὰ ταύτην τὴν ἐν τῷ θείῳ στάσιν εἰς
λογισμὸν ἐκ νοῦ καταβὰς ἀπορῶ, πῶς ποτε καὶ νῦν κατα-
βαίνω, καὶ ὅπως ποτέ μοι ἔνδον ἡ ψυχὴ γεγένηται τοῦ
σώματος τοῦτο οὖσα, οἷον ἐφάνη καθ' ἑαυτήν, καίπερ 10
οὖσα ἐν σώματι. ὁ μὲν γὰρ Ἡράκλειτος, ὃς ἡμῖν παρα-
κελεύεται ζητεῖν τοῦτο, ἀμοιβάς τε ἀναγκαίας τιθέμενος
ἐκ τῶν ἐναντίων, ὁδόν τε ἄνω κάτω εἰπὼν καὶ μετα-
βάλλον ἀναπαύεται καὶ κάματός ἐστι τοῖς αὐ-
τοῖς μοχθεῖν καὶ ἄρχεσθαι εἰκάζειν ἔδωκεν ἀμελή- 15
σας σαφῆ ἡμῖν ποιῆσαι τὸν λόγον, ὡς δέον ἴσως παρ' αὐτῷ
ζητεῖν, ὥσπερ καὶ αὐτὸς ζητήσας εὗρεν. Ἐμπεδοκλῆς τε
εἰπὼν ἁμαρτανούσαις νόμον εἶναι ταῖς ψυχαῖς πεσεῖν

Enn. = w(= AE) x(= BRJ) UC

---

1. 12 = Heraclit. *Fr.* B 90   13 = Heraclit. *Fr.* B 60; cf. Plot.
IV. 8. 5. 6–7   13–14 = Heraclit. *Fr.* B 84 a   14–15 = Heraclit.
Fr. B 84 b

---

1. 4 τε om. x   6 νοητὸν cum ἄλλο coniungendum   15 ἄρ-
χεσθαι *seruire*   16–17 δέον—ζητεῖν *quemque apud seipsum oportet*
indagare

ἐνταῦθα καὶ αὐτὸς φυγὰς θεόθεν γενόμενος ἥκειν πί-
20 συνος μαινομένῳ νείκει τοσοῦτον παρεγύμνου, ὅσον
καὶ Πυθαγόρας, οἶμαι, καὶ οἱ ἀπ᾽ ἐκείνου ἠνίττοντο περί
τε τούτου περί τε πολλῶν ἄλλων. τῷ δὲ παρῆν καὶ διὰ
ποίησιν οὐ σαφεῖ εἶναι. λείπεται δὴ ἡμῖν ὁ θεῖος Πλάτων,
ὃς πολλά τε καὶ καλὰ περὶ ψυχῆς εἶπε περί τε ἀφίξεως
25 αὐτῆς πολλαχῇ εἴρηκεν ἐν τοῖς αὐτοῦ λόγοις, ὥστε ἐλπίδα
ἡμῖν εἶναι λαβεῖν παρ᾽ αὐτοῦ σαφές τι. τί οὖν λέγει ὁ
φιλόσοφος οὗτος; οὐ ταὐτὸν λέγων πανταχῇ φανεῖται,
ἵνα ἄν τις ἐκ ῥᾳδίας τὸ τοῦ ἀνδρὸς βούλημα εἶδεν, ἀλλὰ τὸ
αἰσθητὸν πᾶν πανταχοῦ ἀτιμάσας καὶ τὴν πρὸς τὸ σῶμα
30 κοινωνίαν τῆς ψυχῆς μεμψάμενος ἐν δεσμῷ τε εἶναι καὶ
τεθάφθαι ἐν αὐτῷ τὴν ψυχὴν λέγει, καὶ τὸν ἐν ἀπορρή-
τοις λεγόμενον λόγον μέγαν εἶναι, ὃς ἐν φρουρᾷ τὴν
ψυχὴν φησιν εἶναι· καὶ τὸ σπήλαιον αὐτῷ, ὥσπερ Ἐμπε-
δοκλεῖ τὸ ἄντρον, τόδε τὸ πᾶν—δοκῶ μοι—λέγειν, ὅπου
35 γε λύσιν τῶν δεσμῶν καὶ ἄνοδον ἐκ τοῦ σπηλαίου τῇ
ψυχῇ φησιν εἶναι τὴν πρὸς τὸ νοητὸν πορείαν. ἐν δὲ
Φαίδρῳ πτερορρύησιν αἰτίαν τῆς ἐνταῦθα ἀφίξεως· καὶ
περίοδοι αὐτῷ ἀνελθοῦσαν πάλιν φέρουσι τῇδε, καὶ κρίσεις
δὲ καταπέμπουσιν ἄλλας ἐνταῦθα καὶ κλῆροι καὶ τύχαι

1. 19–20 = Empedocl. *Fr.* B 115, lin. 13–14; cf. Plot. IV. 8. 5. 5
29 cf. Plat. *Phaed.* 65 d 1   30 = Plat. *Phaed.* 67 d 1   31 cf.
Plat. *Crat.* 400 c 2   31–2 Plat. *Phaed.* 62 b 2–5   33 = Plat.
Resp. 514 a 5   34 = Empedocl. *Fr.* B 120   35–6 = Plat.
Resp. 515 c 4–5 et 517 b 4–5   36 πορείαν cf. Plat. *Resp.*
532 e 3   37 πτερορρύησιν cf. Plat. *Phaedr.* 246 c 2 et 248 c 9;
αἰτίαν cf. ibid. 246 d 4   38 περίοδοι cf. Plat. *Phaedr.* 247 d 5;
κρίσεις cf. ibid. 249 a 6   39 κλῆροι καὶ τύχαι cf. Plat. *Resp.* 619 d 7
et *Phaedr.* 249 b 2

1. 33–4 καὶ τὸ σπήλαιον... τόδε τὸ πᾶν—δοκῶ μοι—λέγειν et speluncam... hoc uniuersum—mihi uideor—significare   34 λέγειν wRCac
(ν eras.) : λέγει BJUCpc

καὶ ἀνάγκαι. καὶ ἐν τούτοις ἅπασι μεμψάμενος τὴν 40
τῆς ψυχῆς ἄφιξιν πρὸς σῶμα, ἐν Τιμαίῳ περὶ τοῦδε τοῦ
παντὸς λέγων τόν τε κόσμον ἐπαινεῖ καὶ θεὸν λέγει εἶναι
εὐδαίμονα τήν τε ψυχὴν παρὰ ἀγαθοῦ τοῦ δημιουρ-
γοῦ πρὸς τὸ ἔννουν τόδε τὸ πᾶν εἶναι δεδόσθαι, ἐπειδὴ
ἔννουν μὲν αὐτὸ ἔδει εἶναι, ἄνευ δὲ ψυχῆς οὐχ οἷόν τε ἦν 45
τοῦτο γενέσθαι. ἥ τε οὖν ψυχὴ ἡ τοῦ παντὸς τούτου χά-
ριν εἰς αὐτὸ παρὰ τοῦ θεοῦ ἐπέμφθη, ἥ τε ἑκάστου ἡμῶν,
πρὸς τὸ τέλεον αὐτὸ εἶναι· ἐπειδὴ ἔδει, ὅσα ἐν νοητῷ
κόσμῳ, τὰ αὐτὰ ταῦτα γένη ζῴων καὶ ἐν τῷ αἰσθητῷ
ὑπάρχειν. 50

2. Ὥστε ἡμῖν συμβαίνει περὶ τῆς ἡμετέρας ψυχῆς
παρ' αὐτοῦ μαθεῖν ζητήσασιν ἐξ ἀνάγκης ἐφάπτεσθαι καὶ
περὶ ψυχῆς ὅλως ζητῆσαι, πῶς ποτε κοινωνεῖν σώματι
πέφυκε, καὶ περὶ κόσμου φύσεως οἷόν τινα δεῖ αὐτὸν
τίθεσθαι, ἐν ᾧ ψυχὴ ἐνδιαιτᾶται ἑκοῦσα εἴτε ἀναγκα- 5
σθεῖσα εἴτε τις ἄλλος τρόπος· καὶ περὶ ποιητοῦ δέ, εἴτε
ὀρθῶς εἴτε ὡς ἡμέτεραι, ψυχαὶ ἴσως, ἃς ἔδει σώματα
διοικούσας χείρω δι' αὐτῶν εἴσω πολὺ δῦναι, εἴπερ
ἔμελλον κρατήσειν, σκεδασθέντος μὲν ἂν ἑκάστου καὶ
πρὸς τὸ οἰκεῖον τόπον φερομένου—ἐν δὲ τῷ παντὶ 10
πάντα ἐν οἰκείῳ κατὰ φύσιν κεῖται—πολλῆς δὲ καὶ
ὀχλώδους προνοίας δεομένων, ἅτε πολλῶν τῶν ἀλλοτρίων
αὐτοῖς προσπιπτόντων ἀεί τε ἐνδείᾳ συνεχομένων καὶ
πάσης βοηθείας ὡς ἐν πολλῇ δυσχερείᾳ δεομένων. τὸ δὲ

---

1. 42–3 = Plat. *Tim.* 34 b 8   43–4 = Plat. *Tim.* 29 a 3
44 ἔννουν = Plat. *Tim.* 30 b 8   45–6 cf. Plat. *Tim.* 30 b 3
48 τέλεον cf. Plat. *Tim.* 92 c 8   48–50 cf. Plat. *Tim.* 39 e 7–9

2. 2 αὐτοῦ scil. τοῦ Πλάτωνος   7 ψυχαί: ψυχαὶ οὖσαι W
12 δεομένων scil. τῶν σωμάτων

15 τέλεόν τε ὂν καὶ ἱκανὸν καὶ αὔταρκες καὶ οὐδὲν ἔχον
αὐτῷ παρὰ φύσιν βραχέος οἷον κελεύσματος δεῖται· καὶ
ὡς πέφυκε ψυχὴ ἐθέλειν, ταύτῃ καὶ ἀεὶ ἔχει οὔτ᾽ ἐπιθυ-
μίας ἔχουσα οὔτε πάσχουσα· οὐδὲν γὰρ ἄπεισιν οὐδὲ
πρόσεισι. διὸ καί φησι καὶ τὴν ἡμετέραν, εἰ μετ᾽ ἐκείνης
20 γένοιτο τελέας, τελεωθεῖσαν καὶ αὐτὴν μετεωροπορεῖν
καὶ πάντα τὸν κόσμον διοικεῖν, ὅτε ἀφίσταται εἰς
τὸ μὴ ἐντὸς εἶναι τῶν σωμάτων μηδέ τινος εἶναι, τότε
καὶ αὐτὴν ὥσπερ τὴν τοῦ παντὸς συνδιοικήσειν ῥᾳδίως τὸ
πᾶν, ὡς οὐ κακὸν ὂν ψυχῇ ὁπωσοῦν σώματι παρέχειν τὴν
25 τοῦ εὖ δύναμιν καὶ τοῦ εἶναι, ὅτι μὴ πᾶσα πρόνοια τοῦ
χείρονος ἀφαιρεῖ τὸ ἐν τῷ ἀρίστῳ τὸ προνοοῦν μένειν. διτ-
τὴ γὰρ ἐπιμέλεια παντός, τοῦ μὲν καθόλου κελεύσει κοσ-
μοῦντος ἀπράγμονι ἐπιστασίᾳ βασιλικῇ, τὸ δὲ καθέκαστα
ἤδη αὐτουργῷ τινι ποιήσει συναφῇ τῇ πρὸς τὸ πραττόμενον
30 τὸ πρᾶττον τοῦ πραττομένου τῆς φύσεως ἀναπιμπλᾶσα.
τῆς δὲ θείας ψυχῆς τοῦτον τὸν τρόπον τὸν οὐρανὸν
ἅπαντα διοικεῖν ἀεὶ λεγομένης, ὑπερεχούσης μὲν τῷ
κρείττονι, δύναμιν δὲ τὴν ἐσχάτην εἰς τὸ εἴσω πεμπούσης,
αἰτίαν μὲν ὁ θεὸς οὐκ ἂν ἔτι λέγοιτο ἔχειν τὴν τοῦ τὴν ψυ-
35 χὴν τοῦ παντὸς ἐν χείρονι πεποιηκέναι, ἥ τε ψυχὴ οὐκ ἀπε-
στέρηται τοῦ κατὰ φύσιν ἐξ ἀιδίου τοῦτ᾽ ἔχουσα καὶ ἕξου-
σα ἀεί, ὃ μὴ οἷόν τε παρὰ φύσιν αὐτῇ εἶναι, ὅπερ διηνεκῶς
αὐτῇ ἀεὶ ὑπάρχει οὔποτε ἀρξάμενον. τάς τε τῶν ἀστέρων

---

2. 18–19 = Plat. *Tim.* 33 c 6–7   20–21 = Plat. *Phaedr.* 246 c
1–2   30 cf. Plat. *Phaed.* 67 a 5

2. 21 ἀφίσταται (de discessu a mundo sensibili) ExUC: μὴ ἀφί-
σταται A   22 ἐντὸς : ἑνὸς x   27–8 τοῦ μὲν καθόλου...
κοσμοῦντος genetiuus absolutus   28 ἀπράγμονι cum κελεύσει
coniungendum   τὸ δὲ καθέκαστα obiectum ad 30 ἀναπιμπλᾶσα
30 τὸ πρᾶττον appositio ad 28 τὸ δὲ καθέκαστα   37 ὅπερ : εἴπερ Harder

ψυχὰς τὸν αὐτὸν τρόπον πρὸς τὸ σῶμα ἔχειν λέγων, ὥσπερ
τὸ πᾶν—ἐντίθησι γὰρ καὶ τούτων τὰ σώματα εἰς τὰς   40
τῆς ψυχῆς περιφοράς—ἀποσῴζοι ἂν καὶ τὴν περὶ
τούτους πρέπουσαν εὐδαιμονίαν. δύο γὰρ ὄντων δι' ἃ
δυσχεραίνεται ἡ ψυχῆς πρὸς σῶμα κοινωνία, ὅτι τε
ἐμπόδιον πρὸς τὰς νοήσεις γίγνεται, καὶ ὅτι ἡδονῶν καὶ
ἐπιθυμιῶν καὶ λυπῶν πίμπλησιν αὐτήν, οὐδέτερον   45
τούτων ἂν γένοιτο ψυχῇ, ἥτις μὴ εἰς τὸ εἴσω ἔδυ τοῦ σώ-
ματος, μηδέ τινός ἐστι, μηδὲ ἐκείνου ἐγένετο, ἀλλ' ἐκεῖνο
αὐτῆς, ἔστι τε τοιοῦτον, οἷον μήτε τινὸς δεῖσθαι μήτε τινὶ
ἐλλείπειν· ὥστε μηδὲ τὴν ψυχὴν ἐπιθυμιῶν πίμπλασθαι ἢ
φόβων· οὐδὲν γὰρ δεινὸν μήποτε περὶ σώματος προσδοκήσῃ   50
τοιούτου, οὔτε τις ἀσχολία νεῦσιν ποιοῦσα κάτω ἀπάγει
τῆς κρείττονος καὶ μακαρίας θέας, ἀλλ' ἔστιν ἀεὶ πρὸς
ἐκείνοις ἀπράγμονι δυνάμει τόδε τὸ πᾶν κοσμοῦσα.

3. Περὶ δὲ τῆς ἀνθρωπείας ψυχῆς, ἣ ἐν σώματι πάντα
λέγεται κακοπαθεῖν καὶ ταλαιπωρεῖν ἐν ἀνοίαις καὶ ἐπι-
θυμίαις καὶ φόβοις καὶ τοῖς ἄλλοις κακοῖς γιγνομένη, ᾗ καὶ
δεσμὸς τὸ σῶμα καὶ τάφος, καὶ ὁ κόσμος αὐτῇ σπήλαιον
καὶ ἄντρον, ἥντινα γνώμην οὐ διάφωνον ἔχει ἐκ τῶν αἰτιῶν   5
οὐ τῶν αὐτῶν τῆς καθόδου, νῦν λέγωμεν. ὄντος τοίνυν
παντὸς νοῦ ἐν τῷ τῆς νοήσεως τόπῳ ὅλου τε καὶ παντός,
ὃν δὴ κόσμον νοητὸν τιθέμεθα, ὄντων δὲ καὶ τῶν ἐν τούτῳ
περιεχομένων νοερῶν δυνάμεων καὶ νόων τῶν καθέκαστα
—οὐ γὰρ εἷς μόνος, ἀλλ' εἷς καὶ πολλοί—πολλὰς ἔδει   10

2. 40–41 = Plat. *Tim.* 38 c 7–8   44 = Plat. *Phaed.* 65 a 10
45 = Plat. *Phaed.* 66 c 2–3   52 cf. Plat. *Phaedr.* 247 a 4   3. 2 =
Plat. *Phaed.* 95 d 3; ἀνοίαις cf. ibid. 81 a 6   4–5 cf. IV. 8. 1. 30–34

2. 43 σώματα w   50 μήποτε: μήτι x   51 οὔτε: οὐδέ
Harder   3. 2 ἀνοίαις BRUC Plat.: ἀνίαις wJ   5 ἔχει scil.
Πλάτων   6 λέγομεν w   10 εἷς¹ x : εἷς νοῦς wUC, sed νοῦς glossa

καὶ ψυχὰς καὶ μίαν εἶναι, καὶ ἐκ τῆς μιᾶς τὰς πολλὰς
διαφόρους, ὥσπερ ἐκ γένους ἑνὸς εἴδη τὰ μὲν ἀμείνω, τὰ
δὲ χείρω, νοερώτερα, τὰ δ' ἧττον ἐνεργείᾳ τοιαῦτα.
καὶ γὰρ ἐκεῖ ἐν τῷ νῷ τὸ μὲν νοῦς περιέχων δυνάμει
15 τἆλλα οἷον ζῷον μέγα, τὰ δὲ ἐνεργείᾳ ἕκαστον, ἃ δυνάμει
περιεῖχε θάτερον· οἷον εἰ πόλις ἔμψυχος ἦν περιεκτικὴ
ἐμψύχων ἄλλων, τελειοτέρα μὲν ⟨ἡ⟩ πόλεως καὶ δυνατω-
τέρα, οὐδὲν μὴν ἐκώλυε τῆς αὐτῆς φύσεως εἶναι καὶ τὰς
ἄλλας. ἢ ὡς ἐκ τοῦ παντὸς πυρὸς τὸ μὲν μέγα, τὸ
20 δὲ μικρὰ πυρὰ εἴη· ἔστι δὲ ἡ πᾶσα οὐσία ἡ τοῦ παντὸς
πυρός, μᾶλλον δὲ ἀφ' ἧς καὶ ἡ τοῦ παντός. ψυχῆς δὲ
ἔργον τῆς λογικωτέρας νοεῖν μέν, οὐ τὸ νοεῖν δὲ μόνον· τί
γὰρ ἂν καὶ νοῦ διαφέροι; προσλαβοῦσα γὰρ τῷ νοερὰ εἶναι
καὶ ἄλλο, καθὸ νοῦς οὐκ ἔμεινεν· ἔχει τε ἔργον καὶ
25 αὐτή, εἴπερ πᾶν, ὃ ἐὰν ᾖ τῶν νοητῶν. βλέπουσα δὲ
πρὸς μὲν τὸ πρὸ ἑαυτῆς νοεῖ, εἰς δὲ ἑαυτὴν τὸ μετ' αὐτὴν
[ὃ] κοσμεῖ τε καὶ διοικεῖ καὶ ἄρχει αὐτοῦ· ὅτι μηδὲ οἷόν τε
ἦν στῆναι τὰ πάντα ἐν τῷ νοητῷ, δυναμένου ἐφεξῆς καὶ
ἄλλου γενέσθαι ἐλάττονος μέν, ἀναγκαίου δὲ εἶναι, εἴπερ
30 καὶ τὸ πρὸ αὐτοῦ.

4. Τὰς δὴ καθέκαστα ψυχὰς ὀρέξει μὲν νοερᾷ χρωμέ-
νας ἐν τῇ ἐξ οὗ ἐγένοντο πρὸς αὐτὸ ἐπιστροφῇ, δύναμιν δὲ
καὶ εἰς τὸ ἐπίταδε ἐχούσας, οἷά περ φῶς ἐξηρτημένον μὲν
κατὰ τὰ ἄνω ἡλίου, τῷ δὲ μετ' αὐτὸ οὐ φθονοῦν τῆς

---

3. 14–15 cf. Plat. *Tim.* 30 c–31 a

3. 17 ⟨ἡ⟩ Kirchhoff   19 τὸ² ExU : τὰ A   23–4 προσλα-
βοῦσα—ἄλλο scil. νοῦ διαφέρει   24–5 ἔχει—νοητῶν et habet ipsa
quoque officium siquidem officium habet quodcumque ad intellegibilia pertinet
25 ἐὰν Enn. : ἂν Rᵖᶜ, sed cf. Plot. I. 4. 7. 18; II. 2. 1. 48; III. 2.
16. 20   νοητῶν A¹ˢxUC : ὄντων w   27 ὃ del. A³ = Ficinus
4. 4 τὰ om. x

χορηγίας, ἀπήμονας μὲν εἶναι μετὰ τῆς ὅλης μενούσας 5
ἐν τῷ νοητῷ, ἐν οὐρανῷ δὲ μετὰ τῆς ὅλης συνδιοικεῖν
ἐκείνῃ, οἷα οἱ βασιλεῖ τῶν πάντων κρατοῦντι συνόντες
συνδιοικοῦσιν ἐκείνῳ οὐ καταβαίνοντες οὐδ᾽ αὐτοὶ ἀπὸ
τῶν βασιλείων τόπων· καὶ γάρ εἰσιν ὁμοῦ ἐν τῷ αὐτῷ
τότε. μεταβάλλουσαι δὲ ἐκ τοῦ ὅλου εἰς τὸ μέρος τε 10
εἶναι καὶ ἑαυτῶν καὶ οἷον κάμνουσαι τὸ σὺν ἄλλῳ εἶναι
ἀναχωροῦσιν εἰς τὸ ἑαυτῶν ἑκάστη. ὅταν δὴ τοῦτο διὰ
χρόνων ποιῇ φεύγουσα τὸ πᾶν καὶ τῇ διακρίσει ἀποστᾶσα
καὶ μὴ πρὸς τὸ νοητὸν βλέπῃ, μέρος γενομένη μονοῦταί
τε καὶ ἀσθενεῖ καὶ πολυπραγμονεῖ καὶ πρὸς μέρος βλέπει 15
καὶ τῷ ἀπὸ τοῦ ὅλου χωρισμῷ ἑνός τινος ἐπιβᾶσα καὶ τὸ
ἄλλο πᾶν φυγοῦσα, ἐλθοῦσα καὶ στραφεῖσα εἰς τὸ ἐν
ἐκεῖνο πληττόμενον ὑπὸ τῶν ὅλων κατὰ πᾶν, τοῦ τε
ὅλου ἀπέστη καὶ τὸ καθέκαστον μετὰ περιστάσεως διοικεῖ
ἐφαπτομένη ἤδη καὶ θεραπεύουσα τὰ ἔξωθεν καὶ παροῦσα 20
καὶ δῦσα αὐτοῦ πολὺ εἰς τὸ εἴσω. ἔνθα καὶ συμβαίνει
αὐτῇ τὸ λεγόμενον πτερορρυῆσαι καὶ ἐν δεσμοῖς τοῖς τοῦ
σώματος γενέσθαι ἁμαρτούσῃ τοῦ ἀβλαβοῦς τοῦ ἐν τῇ
διοικήσει τοῦ κρείττονος, ὃ ἦν παρὰ τῇ ψυχῇ τῇ ὅλῃ· τὸ
δὲ πρὸ τοῦ ἦν παντελῶς ἄμεινον ἀναδραμούσῃ· εἴληπται 25
οὖν πεσοῦσα καὶ πρὸς τῷ δεσμῷ οὖσα καὶ τῇ αἰσθήσει
ἐνεργοῦσα διὰ τὸ κωλύεσθαι τῷ νῷ ἐνεργεῖν καταρχάς,
τεθάφθαι τε λέγεται καὶ ἐν σπηλαίῳ εἶναι, ἐπιστραφεῖσα
δὲ πρὸς νόησιν λύεσθαί τε ἐκ τῶν δεσμῶν καὶ ἀναβαίνειν,
ὅταν ἀρχὴν λάβῃ ἐξ ἀναμνήσεως θεᾶσθαι τὰ ὄντα· ἔχει 30

---

4. 22–9 cf. IV. 8. 1. 30–37   30 = Plat. Phaedr. 249 e 5

---

4. 11 ἑαυτῷ x   τὸ (accusatiuus internus) A^ac (ὁ in ῷ mut. A²)
ExUC: τῷ A^pc   16 ὅλου R²^mg (toto Ficinus), testatur Sapiens Graecus:
ὄχλου wxUC   18 κατὰ coniecimus: καὶ Enn.   21 αὐτὸ x

γάρ τι ἀεὶ οὐδὲν ἧττον ὑπερέχον τι. γίγνονται οὖν οἷον
ἀμφίβιοι ἐξ ἀνάγκης τόν τε ἐκεῖ βίον τόν τε ἐνταῦθα παρὰ
μέρος βιοῦσαι, πλεῖον μὲν τὸν ἐκεῖ, αἳ δύνανται πλεῖον τῷ
νῷ συνεῖναι, τὸν δὲ ἐνθάδε πλεῖον, αἷς τὸ ἐναντίον ἢ φύσει
35 ἢ τύχαις ὑπῆρξεν. ἃ δὴ ὑποδεικνὺς ὁ Πλάτων ἠρέμα, ὅτε
διαιρεῖ αὐτὰ ἐκ τοῦ ὑστέρου κρατῆρος καὶ μέρη ποιεῖ,
τότε καί φησιν ἀναγκαῖον εἶναι εἰς γένεσιν ἐλθεῖν,
ἐπείπερ ἐγένοντο μέρη τοιαῦτα. εἰ δὲ λέγει σπεῖραι τὸν
θεὸν αὐτάς, οὕτως ἀκουστέον, ὥσπερ ὅταν καὶ λέγοντα
40 καὶ οἷον δημηγοροῦντα ποιῇ· ἃ γὰρ ἐν φύσει ἐστὶ τῶν
ὅλων, ταῦτα ἡ ὑπόθεσις γεννᾷ τε καὶ ποιεῖ εἰς δεῖξιν
προάγουσα ἐφεξῆς τὰ ἀεὶ οὕτω γιγνόμενά τε καὶ ὄντα.

5. Οὐ τοίνυν διαφωνεῖ ἀλλήλοις ἥ τε εἰς γένεσιν σπορὰ
ἥ τε εἰς τελείωσιν κάθοδος τοῦ παντός, ἥ τε δίκη τό τε
σπήλαιον, ἥ τε ἀνάγκη τό τε ἑκούσιον, ἐπείπερ ἔχει τὸ
ἑκούσιον ἡ ἀνάγκη, καὶ τὸ ἐν κακῷ τῷ σώματι εἶναι·
5 οὐδ' ἡ Ἐμπεδοκλέους φυγὴ ἀπὸ τοῦ θεοῦ καὶ πλάνη οὐδ' ἡ
ἁμαρτία, ἐφ' ᾗ ἡ δίκη, οὐδ' ἡ Ἡρακλείτου ἀνάπαυλα ἐν
τῇ φυγῇ, οὐδ' ὅλως τὸ ἑκούσιον τῆς καθόδου καὶ τὸ ἀκού-
σιον αὖ. πᾶν μὲν γὰρ ἰὸν ἐπὶ τὸ χεῖρον ἀκούσιον, φορᾷ
γε μὴν οἰκείᾳ ἰὸν πάσχον τὰ χείρω ἔχειν λέγεται τὴν ἐφ'
10 οἷς ἔπραξε δίκην. ὅταν δὲ ταῦτα πάσχειν καὶ ποιεῖν ᾖ
ἀναγκαῖον ἀιδίως φύσεως νόμῳ, τὸ δὲ συμβαῖνον εἰς ἄλ-
λου του χρείαν ἐν τῇ προσόδῳ ἀπαντᾷ καταβαῖνον ἀπὸ τοῦ

4. 35–6 cf. Plat. *Tim.* 41 d 5–8   37–8 cf. Plat. *Tim.* 41 e 1–4
40 δημηγοροῦντα cf. Plat. *Tim.* 41 a–d   5. 1–3 cf. IV. 8. 1. 29–48
5–7 cf. IV. 8. 1. 11–19

4. 31 τι¹ del. Creuzer   τι² (aduerbium) del. Harder   36 αὐ-
τὰ (quaecumque animam componunt) : αὐτὰς Kirchhoff   37 καί
A¹ˢUC : om. wx   41 ante ἡ add. καὶ w   δεῖξιν : φύσιν x
5. 3–4 ἥ τε—ἡ ἀνάγκη del. Harder   6 ἡ² A¹ˢRJUCˢ : om. wBC
8 φορᾷ : φθορᾷ x   12 ἀπαντᾷ coniunctiuus

ὑπὲρ αὐτόν, θεὸν εἴ τις λέγοι καταπέμψαι, οὐκ ἂν ἀσύμφω-
νος οὔτε τῇ ἀληθείᾳ οὔτε ἑαυτῷ ἂν εἴη. καὶ γὰρ ἀφ᾽ ἧς
ἀρχῆς ἕκαστα, εἰ καὶ τὰ μεταξὺ πολλά, καὶ τὰ ἔσχατα εἰς 15
αὐτὴν ἀναφέρεται. διττῆς δὲ τῆς ἁμαρτίας οὔσης, τῆς
μὲν ἐπὶ τῇ τοῦ κατελθεῖν αἰτίᾳ, τῆς δὲ ἐπὶ τῷ ἐνθάδε
γενομένην κακὰ δρᾶσαι, ⟨δίκη⟩ ἡ μέν ἐστιν αὐτὸ τοῦτο,
ὃ πέπονθε κατελθοῦσα, τῆς δὲ τὸ ἔλαττον εἰς σώματα
ἄλλα δῦναι καὶ θᾶττον ἐκ κρίσεως τῆς κατ᾽ ἀξίαν— 20
ὃ δὴ θεσμῷ θείῳ γιγνόμενον διὰ τοῦ τῆς κρίσεως
ὀνόματος δηλοῦται—τὸ δὲ τῆς κακίας ἄμετρον εἶδος
μείζονος καὶ τῆς δίκης ἠξίωται ἐπιστασίᾳ τινυμένων
δαιμόνων. οὕτω τοι καίπερ οὖσα θεῖον καὶ ἐκ τῶν τόπων
τῶν ἄνω ἐντὸς γίνεται τοῦ σώματος καὶ θεὸς οὖσα ὁ 25
ὕστερος ῥοπῇ αὐτεξουσίῳ καὶ αἰτίᾳ δυνάμεως καὶ τοῦ
μετ᾽ αὐτὴν κοσμήσει ὡδὶ ἔρχεται· κἂν μὲν θᾶττον φύγῃ,
οὐδὲν βέβλαπται γνῶσιν κακοῦ προσλαβοῦσα καὶ φύσιν
κακίας γνοῦσα τάς τε δυνάμεις ἄγουσα αὐτῆς εἰς τὸ
φανερὸν καὶ δείξασα ἔργα τε καὶ ποιήσεις, ἃ ἐν τῷ 30
ἀσωμάτῳ ἠρεμοῦντα μάτην τε ἂν ἦν εἰς τὸ ἐνεργεῖν ἀεὶ
οὐκ ἰόντα, τήν τε ψυχὴν αὐτὴν ἔλαθεν ἂν ἃ εἶχεν οὐκ
ἐκφανέντα οὐδὲ πρόοδον λαβόντα· εἴπερ πανταχοῦ ἡ ἐνέρ-
γεια τὴν δύναμιν ἔδειξε κρυφθεῖσαν ἂν ἀπάντῃ καὶ οἷον
ἀφανισθεῖσαν καὶ οὐκ οὖσαν μηδέποτε ὄντως οὖσαν. 35
νῦν μὲν γὰρ θαῦμα ἔχει τῶν ἔνδον ἕκαστος διὰ τῆς ποικι-
λίας τῶν ἔξω, οἷόν ἐστιν ἐκ τοῦ τὰ γλαφυρὰ ταῦτα δρᾶσαι.

5. 13 cf. Plat. Phaed. 113 a 4–5; Tim. 34 b–c; 41 d–e   19–20 cf.
Plat. Phaed. 83 d 10–e 1   20–23 cf. Plat. Phaed. 113 e

---

5. 13 αὐτόν (i.e. ἄνθρωπον) Enn.: αὐτό Kirchhoff   15 ἕκαστα
om. x   18 ⟨δίκη⟩ Theiler   20 καὶ θᾶττον atque id quidem
ocius Ficinus recte, mora poenae apud inferos corripitur   27 κοσ-
μήσει datiuus finalis

6. Εἴπερ οὖν δεῖ μὴ ἓν μόνον εἶναι—ἐκέκρυπτο γὰρ
ἂν πάντα μορφὴν ἐν ἐκείνῳ οὐκ ἔχοντα, οὐδ' ἂν ὑπῆρχέ τι
τῶν ὄντων στάντος ἐν αὐτῷ ἐκείνου, οὐδ' ἂν τὸ πλῆθος
ἦν ἂν τῶν ὄντων τούτων τῶν ἀπὸ τοῦ ἑνὸς γεννηθέντων
5 μὴ τῶν μετ' αὐτὰ τὴν πρόοδον λαβόντων, ἃ ψυχῶν εἴληχε
τάξιν—τὸν αὐτὸν τρόπον οὐδὲ ψυχὰς ἔδει μόνον εἶναι μὴ
τῶν δι' αὐτὰς γενομένων φανέντων, εἴπερ ἑκάστῃ φύσει
τοῦτο ἔνεστι τὸ μετ' αὐτὴν ποιεῖν καὶ ἐξελίττεσθαι οἷον
σπέρματος ἔκ τινος ἀμεροῦς ἀρχῆς εἰς τέλος τὸ αἰσθητὸν
10 ἰούσης, μένοντος μὲν ἀεὶ τοῦ προτέρου ἐν τῇ οἰκείᾳ ἕδρᾳ,
τοῦ δὲ μετ' αὐτὸ οἷον γεννωμένου ἐκ δυνάμεως ἀφάτου,
ὅση ἐν ἐκείνοις, ἣν οὐκ ἔδει στῆσαι οἷον περιγράψαντα
φθόνῳ, χωρεῖν δὲ ἀεί, ἕως εἰς ἔσχατον μέχρι τοῦ δυνατοῦ
τὰ πάντα ἥκῃ αἰτίᾳ δυνάμεως ἀπλέτου ἐπὶ πάντα παρ'
15 αὑτῆς πεμπούσης καὶ οὐδὲν περιδεῖν ἄμοιρον αὑτῆς δυνα-
μένης. οὐ γὰρ δὴ ἦν ὃ ἐκώλυεν ὁτιοῦν ἄμοιρον εἶναι φύ-
σεως ἀγαθοῦ, καθόσον ἕκαστον οἷόν τ' ἦν μεταλαμβά-
νειν. εἴτ' οὖν ἦν ἀεὶ ἡ τῆς ὕλης φύσις, οὐχ οἷόν τε ἦν
αὐτὴν μὴ μετασχεῖν οὖσαν τοῦ πᾶσι τὸ ἀγαθὸν καθό-
20 σον δύναται ἕκαστον χορηγοῦντος· εἴτ' ἠκολούθησεν ἐξ
ἀνάγκης ἡ γένεσις αὐτῆς τοῖς πρὸ αὐτῆς αἰτίοις, οὐδ' ὣς
ἔδει χωρὶς εἶναι, ἀδυναμίᾳ πρὶν εἰς αὐτὴν ἐλθεῖν στάντος
τοῦ καὶ τὸ εἶναι οἷον ἐν χάριτι δόντος. δεῖξις οὖν τῶν
ἀρίστων ἐν νοητοῖς τὸ ἐν αἰσθητῷ κάλλιστον, τῆς τε
25 δυνάμεως τῆς τε ἀγαθότητος αὐτῶν, καὶ συνέχεται πάντα

---

6. 10 cf. Plat. *Tim.* 42 e 5–6

---

6. 4 τῶν ὄντων τούτων = τῶν αἰσθητῶν   5 αὐτὰ (= 3 τῶν ὄντων
i.e. τῶν νοητῶν): αὐτὸ Vitringa   9 σπέρματος regitur ab ἀρχῆς
10 ἰούσῃ Kirchhoff   12 ἐκείνῳ Vitringa   19 οὖσαν cum
esset Ficinus   22 εἰς αὐτὴν ἐλθεῖν wUC: εἰσελθεῖν εἰς αὐτὴν x

εἰσαεὶ τά τε νοητῶς τά τε αἰσθητῶς ὄντα, τὰ μὲν παρ'
αὑτῶν ὄντα, τὰ δὲ μετοχῇ τούτων τὸ εἶναι εἰσαεὶ λαβόντα,
μιμούμενα τὴν νοητὴν καθόσον δύναται φύσιν.

7. Διττῆς δὲ φύσεως ταύτης οὔσης, νοητῆς, τῆς δὲ
αἰσθητῆς, ἄμεινον μὲν ψυχῇ ἐν τῷ νοητῷ εἶναι, ἀνάγκη
γε μὴν ἔχειν καὶ τοῦ αἰσθητοῦ μεταλαμβάνειν τοιαύτην
φύσιν ἐχούσῃ, καὶ οὐκ ἀγανακτητέον αὐτὴν ἑαυτῇ, εἰ
μὴ πάντα ἐστὶ τὸ κρεῖττον, μέσην τάξιν ἐν τοῖς οὖσιν 5
ἐπισχοῦσαν, θείας μὲν μοίρας οὖσαν, ἐν ἐσχάτῳ δὲ τοῦ
νοητοῦ οὖσαν, ὡς ὅμορον οὖσαν τῇ αἰσθητῇ φύσει διδόναι
μέν τι τούτῳ τῶν παρ' αὐτῆς, ἀντιλαμβάνειν δὲ καὶ παρ'
αὐτοῦ, εἰ μὴ μετὰ τοῦ αὑτῆς ἀσφαλοῦς διακοσμοῖ, προ-
θυμίᾳ δὲ πλείονι εἰς τὸ εἴσω δύοιτο μὴ μείνασα ὅλη μεθ' 10
ὅλης, ἄλλως τε καὶ δυνατὸν αὐτῇ πάλιν ἐξαναδῦναι,
ἱστορίαν ὧν ἐνταῦθα εἶδέ τε καὶ ἔπαθε προσλαβούσῃ καὶ
μαθούσῃ, οἷον ἄρα ἐστὶν ἐκεῖ εἶναι, καὶ τῇ παραθέσει τῶν
οἷον ἐναντίων οἷον σαφέστερον τὰ ἀμείνω μαθούσῃ.
γνῶσις γὰρ ἐναργεστέρα τἀγαθοῦ ἡ τοῦ κακοῦ πεῖρα οἷς 15
ἡ δύναμις ἀσθενεστέρα, ἢ ὥστε ἐπιστήμῃ τὸ κακὸν πρὸ
πείρας γνῶναι. ὥσπερ δὲ ἡ νοερὰ διέξοδος κατάβασίς
ἐστιν εἰς ἔσχατον τὸ χεῖρον—οὐ γὰρ ἔνι εἰς τὸ ἐπέκεινα
ἀναβῆναι, ἀλλ' ἀνάγκη ἐνεργήσασαν ἐξ ἑαυτῆς καὶ μὴ
δυνηθεῖσαν μεῖναι ἐφ' ἑαυτῆς φύσεως δὴ ἀνάγκη καὶ 20
νόμῳ μέχρι ψυχῆς ἐλθεῖν· τέλος γὰρ αὐτῇ τοῦτο· ταύτῃ
δὲ τὸ ἐφεξῆς παραδοῦναι αὐτὴν πάλιν ἀναδραμοῦσαν—

7. 6 cf. Plat. *Phaedr.* 230 a 5–6

6. 26 νοητῶς et αἰσθητῶς transp. x   7. 2–3 ἀνάγκη—
μεταλαμβάνειν *necessarium tamen est eam... sensibilem quoque naturam
participare posse* (= ἔχειν)   3 ἔχειν Aᵃᶜ (ν eras.) ExUC:
ἔχει Aᵖᶜ   11 δυνατὸν ⟨ὂν⟩ Kirchhoff   15 οἷς UC : ἧς wx
20 δὴ Creuzer : δὲ Enn.   21 ταύτῃ scil. τῇ ψυχῇ   22 αὐτὴν
scil. νοερὰν διέξοδον

οὕτως καὶ ψυχῆς ἐνέργεια· τὸ μὲν μετ' αὐτὴν τὰ τῇδε,
τὸ δὲ πρὸ αὐτῆς ἡ θέα τῶν ὄντων, ταῖς μὲν παρὰ μέρος
25 καὶ χρόνῳ γιγνομένου τοῦ τοιούτου καὶ ἐν τῷ χείρονι
γιγνομένης ἐπιστροφῆς πρὸς τὰ ἀμείνω, τῇ δὲ λεγομένῃ
τοῦ παντὸς εἶναι τὸ μηδ' ἐν τῷ χείρονι ἔργῳ γεγονέναι,
ἀπαθεῖ δὲ κακῶν οὔσῃ θεωρίᾳ τε περινοεῖν τὰ ὑπ' αὐτὴν ἐξ-
ηρτῆσθαί τε τῶν πρὸ αὐτῆς ἀεί· ἢ ἅμα δυνατὸν καὶ ἄμφω,
30 λαμβανούσῃ μὲν ἐκεῖθεν, χορηγούσῃ δὲ ἅμα ἐνταῦθα, ἐπεί-
περ ἀμήχανον ἦν μὴ καὶ τούτων ἐφάπτεσθαι ψυχῇ οὔσῃ.

8. Καὶ εἰ χρὴ παρὰ δόξαν τῶν ἄλλων τολμῆσαι τὸ φαι-
νόμενον λέγειν σαφέστερον, οὐ πᾶσα οὐδ' ἡ ἡμετέρα ψυχὴ
ἔδυ, ἀλλ' ἔστι τι αὐτῆς ἐν τῷ νοητῷ ἀεί· τὸ δὲ ἐν τῷ
αἰσθητῷ εἰ κρατοῖ, μᾶλλον δὲ εἰ κρατοῖτο καὶ θορυβοῖτο,
5 οὐκ ἐᾷ αἴσθησιν ἡμῖν εἶναι ὧν θεᾶται τὸ τῆς ψυχῆς
ἄνω. τότε γὰρ ἔρχεται εἰς ἡμᾶς τὸ νοηθέν, ὅταν εἰς αἴ-
σθησιν ἥκῃ καταβαῖνον· οὐ γὰρ πᾶν, ὃ γίγνεται περὶ
ὁτιοῦν μέρος ψυχῆς, γινώσκομεν, πρὶν ἂν εἰς ὅλην τὴν
ψυχὴν ἥκῃ· οἷον καὶ ἐπιθυμία ἐν τῷ ἐπιθυμητικῷ μένουσα
10 ⟨οὐ⟩ γιγνώσκεται ἡμῖν, ἀλλ' ὅταν τῇ αἰσθητικῇ τῇ ἔνδον
δυνάμει ἢ καὶ διανοητικῇ ἀντιλαβώμεθα ἢ ἄμφω. πᾶσα
γὰρ ψυχὴ ἔχει τι καὶ τοῦ κάτω πρὸς σῶμα καὶ τοῦ ἄνω
πρὸς νοῦν. καὶ ἡ μὲν ὅλη καὶ ὅλου τῷ αὐτῆς μέρει τῷ
πρὸς τὸ σῶμα τὸ ὅλον κοσμεῖ ὑπερέχουσα ἀπόνως, ὅτι
15 μηδ' ἐκ λογισμοῦ, ὡς ἡμεῖς, ἀλλὰ νῷ ὡς ἡ τέχνη οὐ
βουλεύεται, τὸ κάτω αὐτῆς κοσμοῦντος ὅ τι ὅλου. αἱ

---

8. 15–16 = Aristot. *Phys.* B 8. 199b28

---

7. 29 ἢ xUC: ὁ w: ἢ Kirchhoff **8.** 10 ⟨οὐ⟩ C2s = Schegk
12 σῶμα RJUC: τὸ σῶμα wB 15 νῷ scil. κοσμεῖ 16 βουλεύ-
εται R2mg (*consultare* Ficinus) Aristot.: βούλεται Enn. τὸ κάτω
αὐτῆς (*quod illa* scil. anima *inferius est* i.e. corpus) obiectum, ὅ τι ὅλου
(*quidquid totius est*) subiectum ad κοσμοῦντος (genetiuus absolutus)

δ' ἐν μέρει γινόμεναι καὶ μέρους ἔχουσι μὲν καὶ αὗται τὸ
ὑπερέχον, ἄσχολοι δὲ τῇ αἰσθήσει καὶ ἀντιλήψει πολλῶν
ἀντιλαμβανόμεναι τῶν παρὰ φύσιν καὶ λυπούντων καὶ τα-
ραττόντων, ἅτε οὗ ἐπιμέλονται μέρους καὶ ἐλλειποῦς καὶ   20
πολλὰ ἔχοντος τὰ ἀλλότρια κύκλῳ, πολλὰ δὲ ὧν ἐφίεται·
καὶ ἥδεται δὲ καὶ ἡδονὴ ἠπάτησε. τὸ δέ ἐστι καὶ ἀνή-
δονον ὂν τὰς προσκαίρους ἡδονάς, ἡ δὲ διαγωγὴ ὁμοία.

8. 20 ἐπιμελοῦνται w   μέρους scil. ὄντος   22 ἥδεται subiectum
μέρος   τὸ δέ i.e. anima superior   22–3 ἀνήδονον ὂν (aliquid
quod uoluptatibus caret) : ἀνήδονον Creuzer

ΠΕΡΙ ΤΟΥ ΕΙ ΠΑΣΑΙ ΑΙ ΨΥΧΑΙ ΜΙΑ

1. Ἆρ' ὥσπερ ψυχὴν ἑκάστου μίαν φαμὲν εἶναι, ὅτι
πανταχοῦ τοῦ σώματος ὅλη πάρεστι, καὶ ἔστιν ὄντως τὸν
τρόπον τοῦτον μία, οὐκ ἄλλο μέν τι αὐτῆς ὡδί, ἄλλο δὲ
ὡδὶ τοῦ σώματος ἔχουσα, ἔν τε τοῖς αἰσθητικοῖς οὕτως
5 ἡ αἰσθητική, καὶ ἐν τοῖς φυτοῖς δὲ ὅλη πανταχοῦ ἐν
ἑκάστῳ μέρει, οὕτως καὶ ἡ ἐμὴ καὶ ἡ σὴ μία καὶ πᾶσαι
μία; καὶ ἐπὶ τοῦ παντὸς ἡ ἐν πᾶσι μία οὐχ ὡς ὄγκῳ με-
μερισμένη, ἀλλὰ πανταχοῦ ταὐτόν; διὰ τί γὰρ ἡ ἐν
ἐμοὶ μία, ἡ δ' ἐν τῷ παντὶ οὐ μία; οὐ γὰρ ὄγκος οὐδὲ
10 ἐκεῖ οὐδὲ σῶμα. εἰ μὲν οὖν ἐκ τῆς τοῦ παντὸς καὶ ἡ ἐμὴ
καὶ ἡ σή, μία δὲ ἐκείνη, καὶ ταύτας δεῖ εἶναι μίαν. εἰ δὲ
καὶ ἡ τοῦ παντὸς καὶ ἡ ἐμὴ ἐκ ψυχῆς μιᾶς, πάλιν αὖ
πᾶσαι μία. αὕτη τοίνυν τίς ἡ μία; ἀλλὰ πρότερον λεκ-
τέον, εἰ ὀρθῶς λέγεται τὸ μίαν τὰς πάσας, ὥσπερ ἡ ἑνὸς
15 ἑκάστου. ἄτοπον γάρ, εἰ μία ἡ ἐμὴ καὶ ἡ ὁτουοῦν ἄλλου·
ἐχρῆν γὰρ ἐμοῦ αἰσθανομένου καὶ ἄλλον αἰσθάνεσθαι, καὶ
ἀγαθοῦ ὄντος ἀγαθὸν ἐκεῖνον εἶναι καὶ ἐπιθυμοῦντος ἐπι-
θυμεῖν, καὶ ὅλως ὁμοπαθεῖν ἡμᾶς τε πρὸς ἀλλήλους καὶ
πρὸς τὸ πᾶν, ὥστε ἐμοῦ παθόντος συναισθάνεσθαι τὸ πᾶν.
20 πῶς δὲ καὶ μιᾶς οὔσης ἡ μὲν λογική, ἡ δὲ ἄλογος, καὶ
ἡ μὲν ἐν ζῴοις, ἡ δὲ ἐν φυτοῖς ἄλλη; πάλιν δὲ εἰ μὴ

Enn. = w(= AE) x(= BRJ)UC; inde ab 3. 6 Enn. = w(= AE)Bx
(= RJ)UC

Tit. περὶ τοῦ εἰ πᾶσαι αἱ : εἰ αἱ πᾶσαι Vita 4. 37 et 25. 29   **1.** 11 καὶ
ἡ om. x

θησόμεθα ἐκείνως, τό τε πᾶν ἓν οὐκ ἔσται, μία τε ἀρχὴ
ψυχῶν οὐχ εὑρεθήσεται.

2. Πρῶτον μὲν οὖν οὐκ, εἰ ἡ ψυχὴ μία ἡ ἐμὴ καὶ ἡ
ἄλλου, ἤδη καὶ τὸ συναμφότερον τῷ συναμφοτέρῳ ταὐτόν.
ἐν ἄλλῳ γὰρ καὶ ἐν ἄλλῳ ταὐτὸν ὂν οὐ τὰ αὐτὰ πάθη
ἕξει ἐν ἑκατέρῳ, ὡς ἄνθρωπος ὁ ἐν ἐμοὶ κινουμένῳ· ἐν
ἐμοὶ γὰρ κινουμένῳ καὶ ἐν σοὶ μὴ κινουμένῳ ἐν ἐμοὶ μὲν   5
κινούμενος, ἐν σοὶ δὲ ἑστὼς ἔσται· καὶ οὐκ ἄτοπον οὐδὲ πα-
ραδοξότερον τὸ ἐν ἐμοὶ καὶ σοὶ ταὐτὸν εἶναι· οὐ δὴ ἀνάγκη
αἰσθανομένου ἐμοῦ καὶ ἄλλον πάντη τὸ αὐτὸ πάθος ἔχειν.
οὐδὲ γὰρ ἐπὶ τοῦ ἑνὸς σώματος τὸ τῆς ἑτέρας χειρὸς πάθη-
μα ἡ ἑτέρα ᾔσθετο, ἀλλ' ἡ ἐν τῷ ὅλῳ. εἰ δὴ ἔδει τὸ ἐμὸν   10
γινώσκειν καὶ σέ, ἕν τι ἐξ ἀμφοῖν ὄν, συνημμένον σῶμα
ἐχρῆν εἶναι· οὕτω γὰρ συναφθεῖσαι ἑκατέρα ᾔσθετο ταὐτόν.
ἐνθυμεῖσθαι δὲ προσήκει τὸ καὶ πολλὰ λανθάνειν τὸ ὅλον
καὶ τῶν ἐν ἑνὶ καὶ τῷ αὐτῷ σώματι γιγνομένων, καὶ το-
σούτῳ, ὅσῳ ἂν μέγεθος ἔχῃ τὸ σῶμα πολύ, ὥσπερ ἐπὶ κη-   15
τῶν λέγεται μεγάλων, ἐφ' ὧν παθήματός τινος περὶ τὸ
μέρος ὄντος τῷ ὅλῳ αἴσθησις διὰ μικρότητα τοῦ κινή-
ματος οὐδεμία προσέρχεται· ὥστε οὐκ ἀνάγκη διάδηλον
τύπῳ τὴν αἴσθησιν τῷ ὅλῳ καὶ παντὶ εἰσαφικνεῖσθαι ἑνός
τινος παθόντος. ἀλλὰ συμπάσχειν μὲν οὐκ ἄτοπον οὐδὲ   20
ἀπογνωστέον, τύπωσιν δὲ αἰσθητικὴν οὐκ ἀναγκαῖον
γίγνεσθαι. ἀρετὴν δὲ ἐν ἐμοὶ ἔχειν, κακίαν δὲ ἐν ἑτέρῳ, οὐκ
ἄτοπον, εἴπερ καὶ κινεῖσθαι ἐν ἄλλῳ καὶ ἐν ἄλλῳ ἑστάναι
ταὐτὸν οὐκ ἀδύνατον. οὐδὲ γὰρ οὕτως μίαν λέγομεν, ὡς
πάντη πλήθους ἄμοιρον—τοῦτο γὰρ τῇ κρείττονι φύσει   25

2. 1 οὖν om. w   4–5 ἐν ἐμοὶ γὰρ κινουμένῳ w : om. x UC
10 ἡ ἐν τῷ ὅλῳ scil. ψυχή   11–12 ἕν—εἶναι cum unum quiddam ex
utroque esset, compactum corpus esse oportebat   11 συνημμένον σῶμα
transp. x   16 περὶ : ἐπὶ x   22 ἔχειν subiectum ψυχήν

δοτέον—ἀλλὰ μίαν καὶ πλῆθος λέγομεν καὶ μετέχειν τῆς
φύσεως τῆς περὶ τὰ σώματα μεριστῆς γινομένης
καὶ τῆς ἀμερίστου αὖ, ὥστε πάλιν εἶναι μίαν. ὥσπερ δὲ
ἐπ' ἐμοῦ τὸ γενόμενον περὶ τὸ μέρος πάθος οὐκ ἀνάγκη
30 κρατεῖν τοῦ ὅλου, ὃ δ' ἂν περὶ τὸ κυριώτερον γένηται φέρει
τι εἰς τὸ μέρος, οὕτω τὰ μὲν ἐκ τοῦ παντὸς εἰς ἕκαστον
σαφέστερα μᾶλλον ὁμοπαθούντων πολλαχοῦ τῷ ὅλῳ, τὰ
δὲ παρ' ἡμῶν ἄδηλον εἰ συντελεῖ πρὸς τὸ ὅλον.

3. Καὶ μὴν ἐκ τῶν ἐναντίων φησὶν ὁ λόγος καὶ συμπα-
θεῖν ἀλλήλοις ἡμᾶς καὶ συναλγοῦντας ἐκ τοῦ ὁρᾶν καὶ δια-
χεομένους καὶ εἰς τὸ φιλεῖν ἑλκομένους κατὰ φύσιν· μήπο-
τε γὰρ τὸ φιλεῖν διὰ τοῦτο. εἰ δὲ καὶ ἐπῳδαὶ καὶ ὅλως
5 μαγεῖαι συνάγουσι καὶ συμπαθεῖς πόρρωθεν ποιοῦσι,
πάντως τοι διὰ ψυχῆς μιᾶς. καὶ λόγος δὲ ἠρέμα λεχθεὶς
διέθηκε τὸ πόρρω, καὶ κατακούειν πεποίηκε τὸ διεστὼς
ἀμήχανον ὅσον τόπον· ἐξ ὧν ἐστι τὴν ἑνότητα μαθεῖν
ἁπάντων τῆς ψυχῆς μιᾶς οὔσης.

10 Πῶς οὖν, εἰ ψυχὴ μία, ἡ μὲν λογική, ἡ δὲ ἄλογος, καὶ
τις καὶ φυτική; ἢ ὅτι τὸ μὲν ἀμέριστον αὐτῆς κατὰ τὸ
λογικὸν τακτέον οὐ μεριζόμενον ἐν τοῖς σώμασι, τὸ δὲ
μεριζόμενον περὶ σώματα ἓν μὲν ὂν καὶ αὐτό, περὶ δὲ τὰ
σώματα μεριζόμενον παρεχόμενον τὴν αἴσθησιν πανταχοῦ
15 ἄλλην δύναμιν αὐτῆς θετέον, τό τε πλαστικὸν αὐτῆς καὶ
ποιητικὸν σωμάτων δύναμιν ἄλλην. οὐχ ὅτι δὲ πλείους αἱ
δυνάμεις, οὐ μία· καὶ γὰρ ἐν τῷ σπέρματι πλείους αἱ

Inde ab 3.6 *Enn.* = w (= AE) Bx (= RJ) UC

2. 26–8 = Plat. *Tim.* 35 a 1–3

2. 32 πολλαχῇ BRJ   3. 4 καὶ¹ om. BRJ   6 inde a καὶ
in B nouus scriba ex alio exemplari hausit ac R et J   17 σπέρ-
ματι : σώματι RJ

δυνάμεις καὶ ἕν· καὶ ἐξ ἑνὸς τούτου πολλὰ ἕν. διὰ τί
οὖν οὐ πανταχοῦ πᾶσαι; καὶ γὰρ ἐπὶ τῆς μιᾶς ψυχῆς
πανταχοῦ λεγομένης εἶναι ἡ αἴσθησις οὐκ ἐν πᾶσι τοῖς   20
μέρεσιν ὁμοία, ὅ τε λόγος οὐκ ἐν ὅλῳ, τό τε φυτικὸν καὶ
ἐν οἷς μὴ αἴσθησις· καὶ ὅμως εἰς ἓν ἀνατρέχει ἀποστάντα
τοῦ σώματος. τὸ δὲ θρεπτικόν, εἰ ἐκ τοῦ ὅλου, ἔχει καὶ
ἐκείνης. διὰ τί οὖν οὐ καὶ παρὰ τῆς ἡμετέρας ψυχῆς τὸ
θρεπτικόν; ὅτι τὸ τρεφόμενον μέρος τοῦ ὅλου, ὃ καὶ   25
παθητικῶς αἰσθητικόν, ἡ δὲ αἴσθησις ἡ κρίνουσα μετὰ νοῦ
ἑκάστου, ᾗ οὐδὲν ἔδει πλάττειν τὸ ὑπὸ τοῦ ὅλου τὴν
πλάσιν ἔχον. ἐπεὶ κἂν ἐποίησεν αὐτήν, εἰ μὴ ἐν τῷ ὅλῳ
τούτῳ ἔδει αὐτὴν εἶναι.

4. Ταῦτα μὲν οὖν εἴρηται ὡς μὴ θαυμάζειν τὴν εἰς ἓν
ἀναγωγήν. ἀλλὰ γὰρ ζητεῖ ὁ λόγος, πῶς μία; ἆρα γὰρ
ὡς ἀπὸ μιᾶς ἢ μία αἱ πᾶσαι; καὶ εἰ ἀπὸ μιᾶς, μεριζο-
μένης ταύτης ἢ μενούσης μὲν ὅλης, ποιούσης δὲ παρ'
αὑτῆς οὐδὲν ἧττον πολλάς; καὶ πῶς ἂν μένουσα οὐσία   5
πολλὰς ποιοῖ ἐξ αὑτῆς; λέγωμεν οὖν θεὸν συλλήπτορα
ἡμῖν γενέσθαι παρακαλέσαντες, ὡς δεῖ μὲν εἶναι μίαν
πρότερον, εἴπερ πολλαί, καὶ ἐκ ταύτης τὰς πολλὰς εἶναι.
εἰ μὲν οὖν σῶμα εἴη, ἀνάγκη μεριζομένου τούτου τὰς
πολλὰς γίγνεσθαι, ἄλλην πάντη οὐσίαν, τὴν δὲ ἄλλην   10
γινομένην· καὶ ὁμοιομεροῦς οὔσης ὁμοειδεῖς πάσας γενέ-

---

3. 21 καὶ etiam   22 ἀνατρέχει subiectum αἴσθησις et λόγος
et φυτικόν   ἀποστάντα AᴾᶜBxUC (corpore seiuncta Ficinus): ἀπο-
στάντος A(a Aˡˢ)E   23–4 ἔχει καὶ ἐκείνης habet aliquid etiam
illius i.e. animae uniuersi   25 τὸ—μέρος subiectum, τοῦ ὅλου
genetiuus possessoris   27 ἑκάστου genetiuus possessoris   ᾗ
(instrumentalis) i.e. τῇ αἰσθήσει   ἔδει πλάττειν subiectum
τὴν ψυχήν   28 κἂν = καὶ ἂν   ἐποίησεν subiectum ἡ ψυχή
28 αὐτήν (i.e. τὴν πλάσιν sicut 29 αὐτήν): αὐτή Vitringa   28–9 ἐν
τῷ ὅλῳ τούτῳ in hoc uniuerso   4. 3 ἢ (eadem dubitatio in IV. 9.
5. 1–2): del. Kirchhoff   5 οὐσία: μία Harder   6 λέγωμεν x

σθαι εἶδος ἐν ταὐτὸν φερούσας ὅλον, τοῖς δὲ ὄγκοις
ἑτέρας· καὶ εἰ μὲν κατὰ τοὺς ὄγκους εἶχον τοὺς ὑποκει-
μένους τὸ ψυχαὶ εἶναι, ἄλλας ἀλλήλων εἶναι, εἰ δὲ κατὰ τὸ
15 εἶδος, μίαν τῷ εἴδει ψυχὰς εἶναι. τοῦτο δέ ἐστι τὸ μίαν
καὶ τὴν αὐτὴν ἐν πολλοῖς σώμασι ψυχὴν ὑπάρχειν καὶ πρὸ
ταύτης τῆς μιᾶς τῆς ἐν πολλοῖς ἄλλην αὖ εἶναι μὴ ἐν
πολλοῖς, ἀφ' ἧς ἡ ἐν πολλοῖς μία, ὥσπερ εἴδωλον οὖσα
πολλαχοῦ φερόμενον τῆς ἐν ἑνὶ μιᾶς, οἷον εἰ ἐκ δακτυλίου
20 ἑνὸς πολλοὶ κηροὶ τὸν αὐτὸν τύπον ἀπομαξάμενοι φέροιεν.
ἐκείνως μὲν οὖν ἀνηλίσκετο ἂν εἰς πολλὰς ἡ μία, ὡς δὲ
τὸ δεύτερον ἀσώματον μὲν ἡ ψυχὴ ἐγίνετο. καὶ πάθημα
μὲν ὂν θαυμαστὸν οὐδὲν εἶχε μίαν ποιότητα γενομένην
ἐξ ἑνός τινος ἐν πολλοῖς εἶναι· καὶ εἰ κατὰ τὸ συναμφό-
25 τερον δὲ ἡ ψυχή, θαυμαστὸν οὐδέν. νῦν δὲ ἀσώματόν τε
αὐτὸ τιθέμεθα καὶ οὐσίαν.

5. Πῶς οὖν οὐσία μία ἐν πολλαῖς; ἢ γὰρ ἡ μία ἐν
πᾶσιν ὅλη, ἢ ἀπὸ ὅλης καὶ μιᾶς αἱ πολλαὶ ἐκείνης μενού-
σης. ἐκείνη μὲν οὖν μία, αἱ δὲ πολλαὶ εἰς ταύτην ὡς
μίαν δοῦσαν ἑαυτὴν εἰς πλῆθος καὶ οὐ δοῦσαν· ἱκανὴ γὰρ
5 πᾶσι παρασχεῖν ἑαυτὴν καὶ μένειν μία· δύναται γὰρ εἰς
πάντα ἅμα καὶ ἑκάστου οὐκ ἀποτέτμηται πάντῃ· τὸ αὐτὸ
οὖν ἐν πολλοῖς. μὴ δή τις ἀπιστείτω· καὶ γὰρ ἡ ἐπιστήμη
ὅλη, καὶ τὰ μέρη αὐτῆς ὡς μένειν τὴν ὅλην καὶ ἀπ' αὐτῆς
τὰ μέρη. καὶ τὸ σπέρμα ὅλον καὶ ἀπ' αὐτοῦ τὰ μέρη, ἐν
10 οἷς πέφυκε μερίζεσθαι, καὶ ἕκαστον ὅλον καὶ μένει ὅλον

---

4. 15 ψυχὰς εἶναι del. Harder   19 δακτυλίου J, cf. IV. 6. 1. 20
et Aristot. De an. B 11. 424ᵃ19: δακτύλου wBRUC   21 ἐκείνως
i.e. μεριζομένης ταύτης, cf. lin. 3–4   πολλὰς ἡ μία Heintz:
πολλὰ σημεῖα Enn.   21–2 ὡς—δεύτερον i.e. μενούσης ὅλης,
cf. lin. 4   22 ἀσώματα x   26 αὐτό: αὐτὴν Kirchhoff
5. 5 δύναται scil. παρασχεῖν ἑαυτὴν   7 μὴ δή BJUC: μὴ δ' ἤδη
w : μηδεὶς R

οὐκ ἠλαττωμένον τὸ ὅλον—ἡ δ' ὕλη ἐμέρισε—καὶ πάντα
ἕν. ἀλλ' ἐν τῇ ἐπιστήμῃ, εἴποι τις ἄν, τὸ μέρος οὐχ
ὅλον. ἢ κἀκεῖ ἐνεργείᾳ μὲν μέρος τὸ προχειρισθὲν οὗ
χρεία, καὶ τοῦτο προτέτακται, ἕπεται μέντοι καὶ τὰ ἄλλα
δυνάμει λανθάνοντα καὶ ἔστι πάντα ἐν τῷ μέρει. καὶ ἴσως   15
ταύτῃ ἡ ὅλη λέγεται, τὸ δὲ μέρος· ἐκεῖ μὲν οἷον ἐνεργείᾳ
ἅμα πάντα· ἕτοιμον οὖν ἕκαστον, ὃ προχειρίσασθαι θέ-
λεις· ἐν δὲ τῷ μέρει τὸ ἕτοιμον, ἐνδυναμοῦται δὲ οἷον
πλησιάσαν τῷ ὅλῳ. ἔρημον δὲ τῶν ἄλλων θεωρημάτων
οὐ δεῖ νομίζειν· εἰ δὲ μή, ἔσται οὐκέτι τεχνικὸν οὐδὲ   20
ἐπιστημονικόν, ἀλλ' ὥσπερ ἂν καὶ εἰ παῖς λέγοι. εἰ οὖν
ἐπιστημονικόν, ἔχει δυνάμει καὶ τὰ πάντα. ἐπιστήσας
γοῦν ὁ ἐπιστήμων ἐπάγει τὰ ἄλλα οἷον ἀκολουθίᾳ· καὶ ὁ
γεωμέτρης δὲ ἐν τῇ ἀναλύσει δηλοῖ, ὡς τὸ ἓν ἔχει τὰ πρὸ
αὐτοῦ πάντα, δι' ὧν ἡ ἀνάλυσις, καὶ τὰ ἐφεξῆς δέ, ἃ ἐξ   25
αὐτοῦ γεννᾶται. ἀλλὰ ταῦτα διὰ τὴν ἡμετέραν ἀσθένειαν
ἀπιστεῖται, καὶ διὰ τὸ σῶμα ἐπισκοτεῖται· ἐκεῖ δὲ φανὰ
πάντα καὶ ἕκαστον.

5. 14 τοῦτο wUC : τοῦ B : τούτου x   16 ἐκεῖ i.e. ἐν τῇ ὅλῃ
24 ὡς Kirchhoff : ὥστε Enn.

ENNEAS V

SVMMARIVM

Τάδε ἔνεστι Πλωτίνου φιλοσόφου ἐννεάδος πέμπτης

V. 1 λζ′ Περὶ τῶν τριῶν ἀρχικῶν ὑποστάσεων.

V. 2 λη′ Περὶ γενέσεως καὶ τάξεως τῶν μετὰ τὸ πρῶτον.

V. 3 λθ′ Περὶ τῶν γνωριστικῶν ὑποστάσεων καὶ τοῦ
ἐπέκεινα.

V. 4 μ′ Περὶ τοῦ πῶς ἀπὸ τοῦ πρώτου τὸ μετὰ τὸ πρῶ-
τον καὶ περὶ τοῦ ἑνός.

V. 5 μα′ Περὶ τοῦ ὅτι οὐκ ἔξω τοῦ νοῦ τὰ νοήματα καὶ
περὶ τἀγαθοῦ.

V. 6 μβ′ Περὶ τοῦ τὸ ἐπέκεινα τοῦ ὄντος μὴ νοεῖν καὶ τί
τὸ πρώτως νοοῦν καὶ τί τὸ δευτέρως.

V. 7 μγ′ Περὶ τοῦ εἰ καὶ τῶν καθ᾽ ἕκαστά εἰσιν ἰδέαι.

V. 8 μδ′ Περὶ τοῦ νοητοῦ κάλλους.

V. 9 με′ Περὶ τοῦ νοῦ καὶ τῶν ἰδεῶν καὶ τοῦ ὄντος.

Summarium = w(=AE) BR

ΠΕΡΙ ΤΩΝ ΤΡΙΩΝ ΑΡΧΙΚΩΝ ΥΠΟΣΤΑΣΕΩΝ

1. Τί ποτε ἄρα ἐστὶ τὸ πεποιηκὸς τὰς ψυχὰς πατρὸς
θεοῦ ἐπιλαθέσθαι, καὶ μοίρας ἐκεῖθεν οὔσας καὶ ὅλως ἐκεί-
νου ἀγνοῆσαι καὶ ἑαυτὰς καὶ ἐκεῖνον; ἀρχὴ μὲν οὖν αὐταῖς
τοῦ κακοῦ ἡ τόλμα καὶ ἡ γένεσις καὶ ἡ πρώτη ἑτερότης
καὶ τὸ βουληθῆναι δὲ ἑαυτῶν εἶναι. τῷ δὴ αὐτεξουσίῳ 5
ἐπειδήπερ ἐφάνησαν ἡσθεῖσαι, πολλῷ τῷ κινεῖσθαι
παρ' αὐτῶν κεχρημέναι, τὴν ἐναντίαν δραμοῦσαι καὶ πλεί-
στην ἀπόστασιν πεποιημέναι, ἠγνόησαν καὶ ἑαυτὰς ἐκεῖ-
θεν εἶναι· ὥσπερ παῖδες εὐθὺς ἀποσπασθέντες ἀπὸ πατέ-
ρων καὶ πολὺν χρόνον πόρρω τραφέντες ἀγνοοῦσι καὶ ἑαυ- 10
τοὺς καὶ πατέρας. οὔτ' οὖν ἔτι ἐκεῖνον οὔτε ἑαυτὰς ὁρῶ-
σαι, ἀτιμάσασαι ἑαυτὰς ἀγνοίᾳ τοῦ γένους, τιμήσασαι τᾶλ-
λα καὶ πάντα μᾶλλον ἢ ἑαυτὰς θαυμάσασαι καὶ πρὸς αὐτὰ
ἐκπλαγεῖσαι καὶ ἀγασθεῖσαι καὶ ἐξηρτημέναι τούτων,

Enn. = w(= AE)Bx(= RJ)UC; accedit Eusebius 4. 1–9; 5. 3–7; 6.
27–44; 6.50–7.2; 8.1–14

1. 4 τόλμα cf. Plut. De Is. 75, p. 381 f: ἔριν τὴν δυάδα καὶ τόλμαν
(ἐκάλουν οἱ Πυθαγόρειοι) et [Iamblichus] Theologoumena arithmeticae
2, p. 9.5–6 de Falco = p. 8 Ast: πρώτη γὰρ ἡ δυὰς διεχώρισεν αὐτὴν
ἐκ τῆς μονάδος, ὅθεν καὶ τόλμα καλεῖται· et Lydus De mens. ii. 7,
p. 24. 12–13 = Pherecydes Fr. B 14 : τόλμαν δὲ καὶ οἱ περὶ Φερεκύδην
ἐκάλεσαν τὴν δυάδα· cf. Anatolius Περὶ δεκάδος p. 31. 1 Heiberg et
[Iamblichus] Theologoumena arithmeticae 2, p. 7. 19 de Falco = p. 7
Ast; cf. Etymol. magnum p. 289 s.u. δυάς; cf. Pythagorei apud Procl.
In Alcib. 104 e, p. 132. 14 Creuzer = col. 428. 29 Cousin 1864, et apud
Hermiam In Phaedr. 2. 129, p. 128. 5, et apud Olympiodorum In
Alcib. 104 e, p. 48. 17; cf. Plat. Polit. 310 e 1

1. 5 δὴ: δὲ x

15 ἀπέρρηξαν ὡς οἷόν τε ἑαυτὰς ὧν ἀπεστράφησαν ἀτιμάσασαι·
ὥστε συμβαίνει τῆς παντελοῦς ἀγνοίας ἐκείνου ἡ τῶνδε
τιμὴ καὶ ἡ ἑαυτῶν ἀτιμία εἶναι αἰτία. ἅμα γὰρ διώκεται
ἄλλο καὶ θαυμάζεται, καὶ τὸ θαυμάζον καὶ διῶκον ὁμο-
λογεῖ χεῖρον εἶναι· χεῖρον δὲ αὐτὸ τιθέμενον γιγνομένων
20 καὶ ἀπολλυμένων ἀτιμότατόν τε καὶ θνητότατον πάντων
ὧν τιμᾷ ὑπολαμβάνον οὔτε θεοῦ φύσιν οὔτε δύναμιν ἄν ποτε
ἐν θυμῷ βάλοιτο. διὸ δεῖ διττὸν γίγνεσθαι τὸν λόγον
πρὸς τοὺς οὕτω διακειμένους, εἴπερ τις ἐπιστρέψει αὐτοὺς
εἰς τὰ ἐναντία καὶ τὰ πρῶτα καὶ ἀνάγοι μέχρι τοῦ ἀκροτά-
25 του καὶ ἑνὸς καὶ πρώτου. τίς οὖν ἑκάτερος; ὁ μὲν δεικνὺς
τὴν ἀτιμίαν τῶν νῦν ψυχῇ τιμωμένων, ὃν ἐν ἄλλοις δίιμεν
ἐπιπλέον, ὁ δὲ διδάσκων καὶ ἀναμιμνήσκων τὴν ψυχὴν
οἷον τοῦ γένους καὶ τῆς ἀξίας, ὃς πρότερός ἐστιν ἐκείνου
καὶ σαφηνισθεὶς κἀκεῖνον δηλώσει. περὶ οὗ νῦν λεκτέον·
30 ἐγγὺς γὰρ οὗτος τοῦ ζητουμένου καὶ πρὸ ἔργου πρὸς ἐκεῖ-
νον. τὸ γὰρ ζητοῦν ἐστι ψυχή, καὶ τί ὂν ζητεῖ γνωστέον
αὐτῇ, ἵνα αὐτὴν πρότερον μάθῃ, εἰ δύναμιν ἔχει τοῦ τὰ
τοιαῦτα ζητεῖν, καὶ εἰ ὄμμα τοιοῦτον ἔχει, οἷον ἰδεῖν, καὶ
εἰ προσήκει ζητεῖν. εἰ μὲν γὰρ ἀλλότρια, τί δεῖ; εἰ δὲ
35 συγγενῆ, καὶ προσήκει καὶ δύναται εὑρεῖν.

2. Ἐνθυμείσθω τοίνυν πρῶτον ἐκεῖνο πᾶσα ψυχή, ὡς
αὐτὴ μὲν ζῷα ἐποίησε πάντα ἐμπνεύσασα αὐτοῖς ζωήν, ἅ
τε γῆ τρέφει ἅ τε θάλασσα ἅ τε ἐν ἀέρι ἅ τε ἐν οὐρανῷ
ἄστρα θεῖα, αὐτὴ δὲ ἥλιον, αὐτὴ δὲ τὸν μέγαν τοῦτον
5 οὐρανόν, καὶ αὐτὴ ἐκόσμησεν, αὐτὴ δὲ ἐν τάξει περιάγει

---

1. 26 ἐν ἄλλοις cf. II. 4 et III. 4   2. 1–5 cf. Plat. Phaedr. 246 b
6–7 et Leg. 896 e 8–9

---

1. 22 γίγνεσθαι : γενέσθαι A(ι A¹ˢ)EC   26 ἀτιμίαν : αἰτίαν w
2. 3 ἀέρι : τῷ ἀέρι x

φύσις οὖσα ἑτέρα ὧν κοσμεῖ καὶ ὧν κινεῖ καὶ ἃ ζῆν ποιεῖ·
καὶ τούτων ἀνάγκη εἶναι τιμιωτέραν, γιγνομένων τούτων
καὶ φθειρομένων, ὅταν αὐτὰ ψυχὴ ἀπολείπῃ ἢ χορηγῇ
τὸ ζῆν, αὐτὴ δὲ οὖσα ἀεὶ τῷ μὴ ἀ π ο λ ε ί π ε ι ν ἑαυτήν.
τίς δὴ τρόπος τῆς χορηγίας τοῦ ζῆν ἔν τε τῷ σύμπαντι   10
ἔν τε τοῖς ἑκάστοις, ὧδε λογιζέσθω. σκοπείσθω δὲ τὴν
μεγάλην ψυχὴν ἄλλη ψυχὴ οὐ σμικρὰ ἀξία τοῦ σκοπεῖν
γενομένη ἀπαλλαγεῖσα ἀπάτης καὶ τῶν γεγοητευκότων
τὰς ἄλλας ἡσύχῳ τῇ καταστάσει. ἥσυχον δὲ αὐτῇ ἔστω
μὴ μόνον τὸ περικείμενον σῶμα καὶ ὁ τοῦ σώματος κλύ-   15
δων, ἀλλὰ καὶ πᾶν τὸ περιέχον· ἥσυχος μὲν γῆ, ἥσυχος δὲ
θάλασσα καὶ ἀὴρ καὶ αὐτὸς οὐρανὸς ἀμείνων. νοείτω δὲ
πάντοθεν εἰς αὐτὸν ἑστῶσα ψυχὴν ἔξωθεν οἷον εἰσρέουσαν
καὶ εἰσχυθεῖσαν καὶ πάντοθεν εἰσιοῦσαν καὶ εἰσλάμπουσαν·
οἷον σκοτεινὸν νέφος ἡλίου βολαὶ φωτίσασαι λάμπειν ποι-   20
οῦσι χρυσοειδῆ ὄψιν διδοῦσαι, οὕτω τοι καὶ ψυχὴ ἐλθοῦσα
εἰς σῶμα οὐρανοῦ ἔδωκε μὲν ζωήν, ἔδωκε δὲ ἀθανασίαν,
ἤγειρε δὲ κείμενον. ὁ δὲ κινηθεὶς κίνησιν ἀίδιον ὑπὸ
ψυχῆς ἐμφρόνως ἀγούσης ζῷον εὔδαιμον ἐγένετο, ἔσχε
τε ἀξίαν οὐρανὸς ψυχῆς εἰσοικισθείσης ὢν πρὸ ψυχῆς   25
σῶμα νεκρόν, γῆ καὶ ὕδωρ, μᾶλλον δὲ σκότος ὕλης καὶ μὴ
ὂν καὶ ὃ σ τ υ γ έ ο υ σ ι ν ο ἱ θ ε ο ί, φησί τις. γένοιτο δ᾽ ἂν

2. 9 = Plat. *Phaedr.* 245 c 9   15–16 κλύδων cf. Hom. μ 421;
Plat. *Tim.* 43 b 5; Marc. Anton. 12. 14.4; Numenius *Test.* 45 Lee-
mans = *Fr.* 33 des Places = Porph. *De antro* 34   18 ἔξωθεν cf.
Plat. *Tim.* 36 e 3   24 ἐμφρόνως cf. Plat. *Tim.* 36 e 4   εὔ-
δαιμον cf. Plat. *Tim.* 34 b 8   27 = Hom. Υ 65

2. 7 τούτων²: μὲν τούτων Cyrillus *Contra Iulianum* 8, p. 275 b =
PG 76. 921 c   11 δὲ: δὴ Kirchhoff   17 ἀμείνων ARJ^pc
(fortasse recte, nam οὐρανὸς... ἀμείνων etiam in IV. 3. 17. 3.): ἀμεί-
νω EBJ(ν J^s)UC   21 διδοῦσαι A^pcEUC^pc: ποιοῦσαι A (διδ A^s) B
xC^ac (in ποι scr. διδ) Basilius *De spiritu* tom. 1, p. 321 a Garnier
= PG 29. 769 b   24 ἔμφρονος w

φανερωτέρα αὐτῆς καὶ ἐναργεστέρα ἡ δύναμις καὶ ἡ φύσις,
εἴ τις ἐνταῦθα διανοηθείη, ὅπως περιέχει καὶ ἄγει ταῖς
30 αὐτῆς βουλήσεσι τὸν οὐρανόν. παντὶ μὲν γὰρ τῷ μεγέθει
τούτῳ, ὅσος ἐστίν, ἔδωκεν ἑαυτὴν καὶ πᾶν διάστημα καὶ
μέγα καὶ μικρὸν ἐψύχωται, ἄλλου μὲν ἄλλῃ κειμένου τοῦ
σώματος, καὶ τοῦ μὲν ὡδί, τοῦ δὲ ὡδὶ ὄντος, καὶ τῶν μὲν
ἐξ ἐναντίας, τῶν δὲ ἄλλην ἀπάρτησιν ἀπ' ἀλλήλων ἐχόν-
35 των. ἀλλ' οὐχ ἡ ψυχὴ οὕτως, οὐδὲ μέρει αὐτῆς ἑκάστῳ
κατακερματισθεῖσα[μορίῳ ψυχῆς]ζῆν ποιεῖ,ἀλλὰ τὰ πάντα
ζῇ τῇ ὅλῃ, καὶ πάρεστι πᾶσα πανταχοῦ τῷ γεννήσαντι
πατρὶ ὁμοιουμένη καὶ κατὰ τὸ ἓν καὶ κατὰ τὸ πάντη. καὶ
πολὺς ὢν ὁ οὐρανὸς καὶ ἄλλος ἄλλῃ ἕν ἐστι τῇ ταύτης
40 δυνάμει καὶ θεός ἐστι διὰ ταύτην ὁ κόσμος ὅδε. ἔστι δὲ καὶ
ἥλιος θεός,ὅτι ἔμψυχος,καὶ τὰ ἄλλα ἄστρα, καὶ ἡμεῖς,εἴπερ
τι,διὰ τοῦτο· νέκυες γὰρ κοπρίων ἐκβλητότεροι. τὴν
δὲ θεοῖς αἰτίαν τοῦ θεοῖς εἶναι ἀνάγκη πρεσβυτέραν θεὸν
αὐτῶν εἶναι. ὁμοειδὴς δὲ καὶ ἡ ἡμετέρα, καὶ ὅταν ἄνευ τῶν
45 προσελθόντων σκοπῇς λαβὼν κεκαθαρμένην, εὑρήσεις τὸ
αὐτὸ τίμιον, ὃ ἦν ψυχή, καὶ τιμιώτερον παντὸς τοῦ ὃ ἂν
σωματικὸν ᾖ. γῆ γὰρ πάντα· κἂν πῦρ δὲ ᾖ, τί ἂν εἴη τὸ
καῖον αὐτοῦ; καὶ ὅσα ἐκ τούτων σύνθετα, κἂν ὕδωρ αὐτοῖς
προσθῇς κἂν ἀέρα. εἰ δ' ὅτι ἔμψυχον διωκτὸν ἔσται, τί

2. 37–8 cf. Plat. *Tim.* 37 c 7   40 cf. Plat. *Tim.* 92 c 6–7
42 = Heraclit. *Fr.* B 96   45 cf. Plat. *Resp.* 611 c 3

2. 28 ἐνεργεστέρα w   32 κειμένου *Enn.* Basilius *De spiritu*
tom. 1, p. 321 c Garnier = PG 29. 769 c : κινουμένου Cyrillus *Contra
Iulianum* 8, p. 275 e = PG 76. 924 a   34 ἄλλην Cyrillus ibid.:
ἄλλων *Enn.*   ἀπάρτησιν *separationem*   36 μορίῳ ψυχῆς *Enn.*
Cyrillus ibid.: om. Basilius ibid.: ut glossam ad μέρει αὐτῆς del. Henry
43 δὲ: δὴ A   θεὸν femininum   46 αὐτοτίμιον Dodds

παρείς τι ἑαυτὸν ἄλλον διώκει· τὴν δὲ ἐν ἄλλῳ ψυχὴν 50
ἀγάμενος σεαυτὸν ἄγασαι.

3. Οὕτω δὴ τιμίου καὶ θείου ὄντος χρήματος τῆς ψυ-
χῆς, πιστεύσας ἤδη τῷ τοιούτῳ θεὸν μετιέναι μετὰ τοιαύ-
της αἰτίας ἀνάβαινε πρὸς ἐκεῖνον· πάντως που οὐ πόρρω
βαλεῖς· οὐδὲ πολλὰ τὰ μεταξύ. λάμβανε τοίνυν τὸ τοῦ
θείου τούτου θειότερον τὸ ψυχῆς πρὸς τὸ ἄνω γειτόνημα, 5
μεθ᾽ ὃ καὶ ἀφ᾽ οὗ ἡ ψυχή. καίπερ γὰρ οὖσα χρῆμα οἷον
ἔδειξεν ὁ λόγος, εἰκών τίς ἐστι νοῦ· οἷον λόγος ὁ ἐν προφο-
ρᾷ λόγου τοῦ ἐν ψυχῇ, οὕτω τοι καὶ αὐτὴ λόγος νοῦ καὶ ἡ
πᾶσα ἐνέργεια καὶ ἣν προΐεται ζωὴν εἰς ἄλλου ὑπόστασιν·
οἷον πυρὸς τὸ μὲν ἡ συνοῦσα θερμότης, ἡ δὲ ἣν παρέχει. 10
δεῖ δὲ λαβεῖν ἐκεῖ οὐκ ἐκρέουσαν, ἀλλὰ μένουσαν μὲν τὴν
ἐν αὐτῷ, τὴν δὲ ἄλλην ὑφισταμένην. οὖσα οὖν ἀπὸ νοῦ νο-
ερά ἐστι, καὶ ἐν λογισμοῖς ὁ νοῦς αὐτῆς καὶ ἡ τελείωσις
ἀπ᾽ αὐτοῦ πάλιν οἷον πατρὸς ἐκθρέψαντος, ὃν οὐ τέλειον ὡς
πρὸς αὐτὸν ἐγέννησεν. ἥ τε οὖν ὑπόστασις αὐτῇ ἀπὸ νοῦ 15
ὅ τε ἐνεργείᾳ λόγος νοῦ αὐτῇ ὁρωμένου. ὅταν γὰρ ἐνίδῃ
εἰς νοῦν, ἔνδοθεν ἔχει καὶ οἰκεῖα ἃ νοεῖ καὶ ἐνεργεῖ. καὶ
ταύτας μόνας δεῖ λέγειν ἐνεργείας ψυχῆς, ὅσα νοερῶς καὶ
ὅσα οἴκοθεν· τὰ δὲ χείρω ἄλλοθεν καὶ πάθη ψυχῆς τῆς
τοιαύτης. νοῦς οὖν ἐπὶ μᾶλλον θειοτέραν ποιεῖ καὶ τῷ 20
πατὴρ εἶναι καὶ τῷ παρεῖναι· οὐδὲν γὰρ μεταξὺ ἢ τὸ ἑτέ-
ροις εἶναι, ὡς ἐφεξῆς μέντοι καὶ ὡς τὸ δεχόμενον, τὸ δὲ
ὡς εἶδος· καλὴ δὲ καὶ ἡ νοῦ ὕλη νοοειδὴς οὖσα καὶ ἁπλῆ.

---

3. 5 = Plat. *Leg.* 705 a 4   7–8 cf. Aristot. *Anal. post. A*
10. 76ᵇ24–5; *Stoic. Vet. Fr.* ii, n. 135; Plot. I. 2. 3. 29   22–3 cf.
Aristot. *De an. Γ* 5. 430ᵃ10–15

2. 50 ἄλλον : ἄλλο Ficinus   3. 1 καὶ θείου ὄντος : ὄντος καὶ
θείου x   4 τὸ EBxUC : om. ACyrillus *Contra Iulianum* 8, p.
276 b = PG 76. 924 b   17 ἃ : ἂν x

οἷον δὲ ὁ νοῦς, καὶ ταὐτῷ μὲν τούτῳ δῆλον, ὅτι κρεῖττον
25 ψυχῆς τοιᾶσδε οὔσης.

4. "Ίδοι δ' ἄν τις καὶ ἐκ τῶνδε· κόσμον αἰσθητὸν τόνδε
εἴ τις θαυμάζει εἴς τε τὸ μέγεθος καὶ τὸ κάλλος καὶ τὴν
τάξιν τῆς φορᾶς τῆς ἀιδίου ἀποβλέπων καὶ θεοὺς τοὺς ἐν
αὐτῷ, τοὺς μὲν ὁρωμένους, τοὺς δὲ καὶ ἀφανεῖς ὄντας,
5 καὶ δαίμονας καὶ ζῷα φυτά τε πάντα, ἐπὶ τὸ ἀρχέτυπον
αὐτοῦ καὶ τὸ ἀληθινώτερον ἀναβὰς κἀκεῖ πάντα ἰδέτω
νοητὰ καὶ παρ' αὐτῷ ἀίδια ἐν οἰκείᾳ συνέσει καὶ ζωῇ,
καὶ τούτων τὸν ἀ κ ή ρ α τ ο ν νοῦν προστάτην, καὶ σοφίαν
ἀμήχανον, καὶ τὸν ὡς ἀληθῶς ἐπὶ Κρόνου βίον θεοῦ
10 κ ό ρ ο υ καὶ νοῦ ὄντος. πάντα γὰρ ἐν αὐτῷ τὰ ἀθάνατα
περιέχει, νοῦν πάντα, θεὸν πάντα, ψυχὴν πᾶσαν, ἑστῶτα
ἀεί. τί γὰρ ζητεῖ μεταβάλλειν εὖ ἔχων; ποῦ δὲ μετελθεῖν
πάντα παρ' αὐτῷ ἔχων; ἀλλ' οὐδὲ αὔξειν ζητεῖ τελειό-
τατος ὤν. διὸ καὶ τὰ παρ' αὐτῷ πάντα τέλεια, ἵνα πάντη
15 ᾖ τέλειος οὐδὲν ἔχων ὅ τι μὴ τοιοῦτον, οὐδὲν ἔχων ἐν
αὐτῷ ὃ μὴ νοεῖ· νοεῖ δὲ οὐ ζητῶν, ἀλλ' ἔχων. καὶ τὸ μακά-
ριον αὐτῷ οὐκ ἐπίκτητον, ἀλλ' ἐν αἰῶνι πάντα, καὶ ὁ ὄντως
αἰών, ὃν μιμεῖται χρόνος περιθέων ψυχὴν τὰ μὲν παριείς,
τοῖς δὲ ἐπιβάλλων. καὶ γὰρ ἄλλα καὶ ἄλλα αὖ περὶ ψυχήν·
20 ποτὲ γὰρ Σωκράτης, ποτὲ δὲ ἵππος, ἕν τι ἀεὶ τῶν ὄντων·
ὁ δὲ νοῦς πάντα. ἔχει οὖν [ἐν τῷ αὐτῷ] πάντα ἑστῶτα

---

4. 1–9 κόσμον—ἀμήχανον accedit Eusebius Praep. Euang. XI. 17.
1, p. 38. 9–14 Mras = p. 535 b–c Vigier (= BIOND)

---

4. 8 et 10 = Plat. Crat. 396 b 6–7   16 cf. Aristot. Metaph. Λ
7. 1072ᵇ23   18 cf. Plat. Tim. 37 d 7

---

3. 24 ταὐτῷ: αὐτῷ Kirchhoff   4. 3 ἀποβλέπων Enn.: βλέπων Eus.
7 αὐτῷ Enn.: αὐτῶν Eus.   13 αὔξειν Enn.: αὔξην Cyrillus Contra
Iulianum 8, p. 280 b = PG 76. 929 c   21 ἐν τῷ αὐτῷ del. Harder

ἐν τῷ αὐτῷ, καὶ ἔστι μόνον, καὶ τὸ "ἔστιν" ἀεί, καὶ
οὐδαμοῦ τὸ μέλλον—ἔστι γὰρ καὶ τότε—οὐδὲ τὸ παρελη-
λυθός—οὐ γάρ τι ἐκεῖ παρελήλυθεν—ἀλλ᾽ ἐνέστηκεν ἀεὶ
ἅτε τὰ αὐτὰ ὄντα οἷον ἀγαπῶντα ἑαυτὰ οὕτως ἔχοντα. 25
ἕκαστον δὲ αὐτῶν νοῦς καὶ ὄν ἐστι καὶ τὸ σύμπαν πᾶς
νοῦς καὶ πᾶν ὄν, ὁ μὲν νοῦς κατὰ τὸ νοεῖν ὑφιστὰς τὸ ὄν,
τὸ δὲ ὂν τῷ νοεῖσθαι τῷ νῷ διδὸν τὸ νοεῖν καὶ τὸ εἶναι.
τοῦ δὲ νοεῖν αἴτιον ἄλλο, ὃ καὶ τῷ ὄντι· ἀμφοτέρων οὖν
ἅμα αἴτιον ἄλλο. ἅμα μὲν γὰρ ἐκεῖνα καὶ συνυπάρχει καὶ 30
οὐκ ἀπολείπει ἄλληλα, ἀλλὰ δύο ὄντα τοῦτο τὸ ἓν ὁμοῦ
νοῦς καὶ ὂν καὶ νοοῦν καὶ νοούμενον, ὁ μὲν νοῦς κατὰ τὸ
νοεῖν, τὸ δὲ ὂν κατὰ τὸ νοούμενον. οὐ γὰρ ἂν γένοιτο τὸ
νοεῖν ἑτερότητος μὴ οὔσης καὶ ταὐτότητος δέ. γίνεται
οὖν τὰ πρῶτα νοῦς, ὄν, ἑτερότης, τ α ὐ τ ό τ η ς· δεῖ δὲ 35
καὶ κ ί ν η σ ι ν λαβεῖν καὶ σ τ ά σ ι ν. καὶ κίνησιν μέν, εἰ
νοεῖ, στάσιν δέ, ἵνα τὸ αὐτό. τὴν δὲ ἑτερότητα, ἵν᾽ ᾖ νοοῦν
καὶ νοούμενον. ἢ ἐὰν ἀφέλῃς τὴν ἑτερότητα, ἓν γενόμενον
σιωπήσεται· δεῖ δὲ καὶ τοῖς νοηθεῖσιν ἑτέροις πρὸς ἄλληλα
εἶναι. ταὐτὸν δέ, ἐπεὶ ἓν ἑαυτῷ, καὶ κοινὸν δέ τι ἐν πᾶσι 40
καὶ ἡ διαφορὰ ἑτερότης. ταῦτα δὲ πλείω γενόμενα ἀριθμὸν
καὶ τὸ ποσὸν ποιεῖ· καὶ τὸ ποιὸν δὲ ἡ ἑκάστου τούτων
ἰδιότης, ἐξ ὧν ὡς ἀρχῶν τἆλλα.

5. Πολὺς οὖν οὗτος ὁ θεὸς ἐπὶ τῇ ψυχῇ· τῇ δὲ ὑπάρχει
ἐν τούτοις εἶναι συναφθείσῃ, εἰ μὴ ἀ π ο σ τ α τ ε ῖ ν ἐθέλοι.

4. 22 = Plat. *Tim.* 37 e 6   35–6 = Plat. *Soph.* 254 d 4–5
et 254 e 5–255 a 1   5. 2 = Plat. *Parm.* 144 b 2

4. 24 τι: ἔτι x   30 ἅμα²: ἃ w   36–7 εἰ (= εἴπερ) νοεῖ:
ἵνα νοῇ Jᵛᵖᵐᵍ   40 ἐν²: ἐν Kirchhoff   πᾶσι scil. τοῖς νοηθεῖσι
5. 1 οὗτος om. x   τῇ δὲ Harder: τῇδε Enn.   2 τούτοις
scil. τοῖς νοητοῖς

πελάσασα οὖν αὐτῷ καὶ οἷον ἓν γενομένη ζῇ ἀεί. τίς οὖν
ὁ τοῦτον γεννήσας; ὁ ἁπλοῦς καὶ ὁ πρὸ τοιούτου πλήθους,
5 ὁ αἴτιος τοῦ καὶ εἶναι καὶ πολὺν εἶναι τοῦτον, ὁ τὸν ἀριθμὸν
ποιῶν. ὁ γὰρ ἀριθμὸς οὐ πρῶτος· καὶ γὰρ πρὸ δυάδος τὸ
ἕν, δεύτερον δὲ δυὰς καὶ παρὰ τοῦ ἑνὸς γεγενημένη ἐκεῖνο
ὁριστὴν ἔχει, αὐτὴ δὲ ἀόριστον παρ' αὑτῆς· ὅταν δὲ ὁρισθῇ,
ἀριθμὸς ἤδη· ἀριθμὸς δὲ ὡς οὐσία· ἀριθμὸς δὲ καὶ ἡ ψυχή.
10 οὐ γὰρ ὄγκοι τὰ πρῶτα οὐδὲ μεγέθη· τὰ γὰρ παχέα ταῦτα
ὕστερα, ἃ ὄντα ἡ αἴσθησις οἴεται. οὐδὲ ἐν σπέρμασι δὲ τὸ
ὑγρὸν τὸ τίμιον, ἀλλὰ τὸ μὴ ὁρώμενον· τοῦτο δὲ ἀριθμὸς
καὶ λόγος. ὁ οὖν ἐκεῖ λεγόμενος ἀριθμὸς καὶ ἡ δυὰς λόγοι
καὶ νοῦς· ἀλλὰ ἀόριστος μὲν ἡ δυὰς τῷ οἷον ὑποκειμένῳ
15 λαμβανομένη, ὁ δὲ ἀριθμὸς ὁ ἐξ αὐτῆς καὶ τοῦ ἑνὸς εἶδος
ἕκαστος, οἷον μορφωθέντος τοῖς γενομένοις εἴδεσιν ἐν
αὐτῷ· μορφοῦται δὲ ἄλλον μὲν τρόπον παρὰ τοῦ ἑνός,
ἄλλον δὲ παρ' αὐτοῦ, οἷον ὄψις ἡ κατ' ἐνέργειαν· ἔστι γὰρ
ἡ νόησις ὅρασις ὁρῶσα ἄμφω τε ἕν.

6. Πῶς οὖν ὁρᾷ καὶ τίνα, καὶ πῶς ὅλως ὑπέστη καὶ ἐξ
ἐκείνου γέγονεν, ἵνα καὶ ὁρᾷ; νῦν μὲν γὰρ τὴν ἀνάγκην τοῦ

5. 3–7 τίς—γενομένη accedit Eusebius Praep. Euang. XI. 17.2, p.
38.16–19 Mras = p. 535 c Vigier (= BIOND)

5. 9 cf. Pythagorei apud Stob. i. 49. 1 a, p. 318. 21 = Doxogr. Gr.
p. 386ᵇ8; Xenocrates Fr. 60   14 cf. Plat. apud Aristot. Metaph.
M 7. 1081ᵃ14–15 et Aristot. Fr. 28 Rose³ = p. 116 Ross = Alex.
Aphrod. In Metaph. A 9, p. 87.17; Plot. V. 4. 2. 7–8

5. 3 ἐν γενομένη transp. x   ζῇ ἀεί Seidel, testatur Theologia:
ζητεῖ Enn.   4 τοιούτου πλήθους: τοῦ τοιούτου Eus.   6 πρὸ:
πρὸ τῆς Eus.   7 γεγενημένη: γενομένη Eus.   8 ὁριστὴν mascu-
linum   αὐτὴ Ficinus: αὕτη Enn.   13 ἐκεῖ i.e. ἐν τῷ νοη-
τῷ   15 λαμβανομένη recepta, nec concepta   16 μορφωθέν-
τος scil. τοῦ νοῦ   19 ἄμφω τε (et ambo Ficinus) Sleeman,
testatur Theologia: ἄμφω τὸ Enn.

εἶναι ταῦτα ἡ ψυχὴ ἔχει, ἐπιποθεῖ δὲ τὸ θρυλλούμενον δὴ
τοῦτο καὶ παρὰ τοῖς πάλαι σοφοῖς, πῶς ἐξ ἑνὸς τοιούτου
ὄντος, οἷον λέγομεν τὸ ἓν εἶναι, ὑπόστασιν ἔσχεν ὁτιοῦν 5
εἴτε πλῆθος εἴτε δυὰς εἴτε ἀριθμός, ἀλλ' οὐκ ἔμεινεν ἐκεῖνο
ἐφ' ἑαυτοῦ, τοσοῦτον δὲ πλῆθος ἐξερρύη, ὃ ὁρᾶται μὲν ἐν
τοῖς οὖσιν, ἀνάγειν δὲ αὐτὸ πρὸς ἐκεῖνο ἀξιοῦμεν. ὧδε οὖν
λεγέσθω θεὸν αὐτὸν ἐπικαλεσαμένοις οὐ λόγῳ γεγωνῷ,
ἀλλὰ τῇ ψυχῇ ἐκτείνασιν ἑαυτοὺς εἰς εὐχὴν πρὸς ἐκεῖνον, 10
εὔχεσθαι τοῦτον τὸν τρόπον δυναμένους μόνους πρὸς μό-
νον. δεῖ τοίνυν θεατήν, ἐκείνου ἐν τῷ εἴσω οἷον νεῷ ἐφ'
ἑαυτοῦ ὄντος, μένοντος ἡσύχου ἐπέκεινα ἁπάντων, τὰ οἷον
πρὸς τὰ ἔξω ἤδη ἀγάλματα ἑστῶτα, μᾶλλον δὲ ἄγαλμα τὸ
πρῶτον ἐκφανὲν θεᾶσθαι πεφηνὸς τοῦτον τὸν τρόπον· παν- 15
τὶ τῷ κινουμένῳ δεῖ τι εἶναι, πρὸς ὃ κινεῖται· μὴ ὄντος δὲ
ἐκείνῳ μηδενὸς μὴ τιθώμεθα αὐτὸ κινεῖσθαι, ἀλλ' εἴ τι
μετ' αὐτὸ γίνεται, ἐπιστραφέντος ἀεὶ ἐκείνου πρὸς αὐτὸ
ἀναγκαῖόν ἐστι γεγονέναι. ἐκποδὼν δὲ ἡμῖν ἔστω γένεσις
ἡ ἐν χρόνῳ τὸν λόγον περὶ τῶν ἀεὶ ὄντων ποιουμένοις· τῷ 20
δὲ λόγῳ τὴν γένεσιν προσάπτοντας αὐτοῖς αἰτίας καὶ τά-
ξεως αὐτοῖς ἀποδώσειν. τὸ οὖν γινόμενον ἐκεῖθεν οὐ
κινηθέντος φατέον γίγνεσθαι· εἰ γὰρ κινηθέντος αὐτοῦ τι
γίγνοιτο, τρίτον ἀπ' ἐκείνου τὸ γιγνόμενον μετὰ τὴν κίνη-
σιν ἂν γίγνοιτο καὶ οὐ δεύτερον. δεῖ οὖν ἀκινήτου ὄντος, 25
εἴ τι δεύτερον μετ' αὐτό, οὐ προσνεύσαντος οὐδὲ βουλη-

6. 11 τοῦτον τὸν τρόπον : τὸν τρόπον τοῦτον w   14 τά :
τὸ Vitringa   15 θεάσασθαι x   18 ἐκείνου i.e.
τοῦ ἑνός, cf. V.1.7.6; utrumque locum explicat Hadot, *Revue de
l'hist. des relig.* 164 (1963) 94; aliter H.-S.[1]   21 προσάπτον-
τος x   21–2 αἰτίας—ἀποδώσειν *ordinis quoque causas iis* nos
attributuros esse   22 ἀποδώσειν (scil. ἡμᾶς) coniecimus : ἀπο-
δώσει Enn.

θέντος οὐδὲ ὅλως κινηθέντος ὑποστῆναι αὐτό. πῶς οὖν καὶ
τί δεῖ νοῆσαι περὶ ἐκεῖνο μένον; περίλαμψιν ἐξ αὐτοῦ μέν,
ἐξ αὐτοῦ δὲ μένοντος, οἷον ἡλίου τὸ περὶ αὐτὸ λαμπρὸν ὥσ-
30 περ περιθέον, ἐξ αὐτοῦ ἀεὶ γεννώμενον μένοντος. καὶ πάν-
τα τὰ ὄντα, ἕως μένει, ἐκ τῆς αὐτῶν οὐσίας ἀναγκαίαν τὴν
περὶ αὐτὰ πρὸς τὸ ἔξω αὐτῶν ἐκ τῆς παρούσης δυνάμεως
δίδωσιν αὐτῶν ἐξηρτημένην ὑπόστασιν, εἰκόνα οὖσαν οἷον
ἀρχετύπων ὧν ἐξέφυ· πῦρ μὲν τὴν παρ' αὐτοῦ θερμότητα·
35 καὶ χιὼν οὐκ εἴσω μόνον τὸ ψυχρὸν κατέχει· μάλιστα δὲ
ὅσα εὐώδη μαρτυρεῖ τοῦτο· ἕως γάρ ἐστι, πρόεισί τι ἐξ αὐ-
τῶν περὶ αὐτά, ὧν ἀπολαύει ὑποστάντων ὁ πλησίον. καὶ
πάντα δὲ ὅσα ἤδη τέλεια γεννᾷ· τὸ δὲ ἀεὶ τέλειον ἀεὶ καὶ ἀί-
διον γεννᾷ· καὶ ἔλαττον δὲ ἑαυτοῦ γεννᾷ. τί οὖν χρὴ περὶ
40 τοῦ τελειοτάτου λέγειν; μηδὲν ἀπ' αὐτοῦ ἢ τὰ μέγιστα
μετ' αὐτόν. μέγιστον δὲ μετ' αὐτὸν νοῦς καὶ δεύτερον· καὶ
γὰρ ὁρᾷ ὁ νοῦς ἐκεῖνον καὶ δεῖται αὐτοῦ μόνου· ἐκεῖνος δὲ
τούτου οὐδέν· καὶ τὸ γεννώμενον ἀπὸ κρείττονος νοῦ νοῦν
εἶναι, καὶ κρείττων ἁπάντων νοῦς, ὅτι τἆλλα μετ' αὐτόν·
45 οἷον καὶ ἡ ψυχὴ λόγος νοῦ καὶ ἐνέργειά τις, ὥσπερ αὐτὸς
ἐκείνου. ἀλλὰ ψυχῆς μὲν ἀμυδρὸς ὁ λόγος—ὡς γὰρ εἴδω-
λον νοῦ—ταύτῃ καὶ εἰς νοῦν βλέπειν δεῖ· νοῦς δὲ ὡσαύτως
πρὸς ἐκεῖνον, ἵνα ᾖ νοῦς. ὁρᾷ δὲ αὐτὸν οὐ χωρισθείς, ἀλλ'
ὅτι μετ' αὐτὸν καὶ μεταξὺ οὐδέν, ὡς οὐδὲ ψυχῆς καὶ νοῦ.

---

6. 27–44 πῶς—αὐτόν accedit Eusebius Praep. Euang. XI. 17.3–7, p.
39.2–15 Mras = p. 535 c–536 a Vigier (= B partim IOND, Q partim)

---

6. 28 τί—μένον quid istud (= τὸ δεύτερον) putandum quod manet circa
illud (= τὸ ἕν)   28 μένον: μὲν ὄν Harder   29 αὐτό (neutrum,
quia sol cum uno comparatur): αὐτὸν Eus.   29–30 ὥσπερ
Enn.: φῶς Eus.   30 μένοντος: μένοντος δέ Eus.   36 τούτῳ
Eus.   37 ὁ: ὅ τι Eus.   post πλησίον desinit B   καὶ
incipit Q   38 δὲᵃ: δὴ Eus.   41 αὐτόν¹: αὐτό Eus.   αὐ-
τὸν²: αὐτὸ Eus.

ποθεῖ δὲ πᾶν τὸ γεννῆσαν καὶ τοῦτο ἀγαπᾷ, καὶ μάλιστα 50
ὅταν ὦσι μόνοι τὸ γεννῆσαν καὶ τὸ γεγεννημένον· ὅταν
δὲ καὶ τὸ ἄριστον ᾖ τὸ γεννῆσαν, ἐξ ἀνάγκης σύνεστιν
αὐτῷ, ὡς τῇ ἑτερότητι μόνον κεχωρίσθαι.

7. Εἰκόνα δὲ ἐκείνου λέγομεν εἶναι τὸν νοῦν· δεῖ γὰρ
σαφέστερον λέγειν· πρῶτον μέν, ὅτι δεῖ πως εἶναι ἐκεῖνο
τὸ γενόμενον καὶ ἀποσῴζειν πολλὰ αὐτοῦ καὶ εἶναι ὁμοιό-
τητα πρὸς αὐτό, ὥσπερ καὶ τὸ φῶς τοῦ ἡλίου. ἀλλ' οὐ
νοῦς ἐκεῖνο. πῶς οὖν νοῦν γεννᾷ; ἢ ὅτι τῇ ἐπιστροφῇ 5
πρὸς αὐτὸ ἑώρα· ἡ δὲ ὅρασις αὕτη νοῦς. τὸ γὰρ καταλαμ-
βάνον ἄλλο ἡ αἴσθησις ἢ νοῦς· † αἴσθησιν γραμμὴν καὶ τὰ
ἄλλα· † ἀλλ' ὁ κύκλος τοιοῦτος οἷος μερίζεσθαι· τοῦτο δὲ
οὐχ οὕτως. ἢ καὶ ἐνταῦθα ἓν μέν, ἀλλὰ τὸ ἓν δύναμις
πάντων. ὧν οὖν ἐστι δύναμις, ταῦτα ἀπὸ τῆς δυνάμεως 10
οἷον σχιζομένη ἡ νόησις καθορᾷ· ἢ οὐκ ἂν ἦν νοῦς. ἐπεὶ
καὶ παρ' αὐτοῦ ἔχει ἤδη οἷον συναίσθησιν τῆς δυνάμεως,
ὅτι δύναται οὐσίαν. αὐτὸς γοῦν δι' αὐτὸν καὶ ὁρίζει τὸ
εἶναι αὐτῷ τῇ παρ' ἐκείνου δυνάμει καὶ ὅτι οἷον μέρος
ἕν τι τῶν ἐκείνου καὶ ἐξ ἐκείνου ἡ οὐσία, καὶ ῥώννυται 15

6. 50–7. 2 ποθεῖ—λέγειν accedit Eusebius *Praep. Euang.* XI. 17. 8, p.
39. 17–20 Mras = p. 536 a–b Vigier(= *IONDQ*)

7. 7–8 cf. Plat. *Leg.* 898 a–b

6. 50 πᾶν nominatiuus, τὸ γεννῆσαν accusatiuus   7. 1 λέγομεν
εἶναι transp. Eus.   2 ἐκεῖνο scil. τὸ ἕν, praedicatiuum   3 τὸ
γενόμενον (subiectum) BxUC: γεννώμενον w   6 ad ἑώρα
subiectum τὸ ἕν, cf. V. 1. 6. 18, aliter H.-S.[1]   6–7 τὸ καταλαμβά-
νον nominatiuus, ἄλλο accusatiuus   7–8 τὰ ἄλλα i.e. τὸν
νοῦν κύκλον, τὸ δὲ ἓν κέντρον ληπτέον, sic explicat Igal, *Emerita* 39
(1971) 141, qui textum incolumem putat   8 τοῦτο i.e. τὸ ἕν
11 σχιζομένη medium   12–13 ad ἔχει subiectum ὁ νοῦς,
δυνάμεως scil. τοῦ ἑνός, et ad δύναται subiectum τὸ ἕν   13 αὐτὸς
scil. ὁ νοῦς   καὶ ὁρίζει ... 15 καὶ ῥώννυται et definit ... et roboratur
14 καὶ coniungit τῇ δυνάμει et ὅτι causale

παρ' ἐκείνου καὶ τελειοῦται εἰς οὐσίαν παρ' ἐκείνου
καὶ ἐξ ἐκείνου. ὁρᾷ δὲ αὐτῷ ἐκεῖθεν, οἷον μεριστῷ ἐξ
ἀμερίστου, καὶ τὸ ζῆν καὶ τὸ νοεῖν καὶ πάντα, ὅτι ἐκεῖνος
μηδὲν τῶν πάντων· ταύτῃ γὰρ πάντα ἐξ ἐκείνου, ὅτι μή
20 τινι μορφῇ κατείχετο ἐκεῖνος· μόνον γὰρ ἐν ἐκεῖνο· καὶ εἰ
μὲν πάντα, ἐν τοῖς οὖσιν ἂν ἦν. διὰ τοῦτο ἐκεῖνο οὐδὲν
μὲν τῶν ἐν τῷ νῷ, ἐξ αὐτοῦ δὲ πάντα [ἐν τοῖς οὖσιν ἂν
ἦν]. διὸ καὶ οὐσίαι ταῦτα· ὥρισται γὰρ ἤδη καὶ οἷον μορ-
φὴν ἕκαστον ἔχει. τὸ δὲ ὂν δεῖ οὐκ ἐν ἀορίστῳ οἷον αἰωρεῖ-
25 σθαι, ἀλλ' ὅρῳ πεπῆχθαι καὶ στάσει· στάσις δὲ τοῖς νοη-
τοῖς ὁρισμὸς καὶ μορφή, οἷς καὶ τὴν ὑπόστασιν λαμβάνει.
ταύτης τοι γενεᾶς ὁ νοῦς οὗτος ἀξίας νοῦ τοῦ καθα-
ρωτάτου μὴ ἄλλοθεν ἢ ἐκ τῆς πρώτης ἀρχῆς φῦναι, γενό-
μενον δὲ ἤδη τὰ ὄντα πάντα σὺν αὐτῷ γεννῆσαι, πᾶν μὲν τὸ
30 τῶν ἰδεῶν κάλλος, πάντας δὲ θεοὺς νοητούς· πλήρη δὲ ὄντα
ὧν ἐγέννησε καὶ ὥσπερ καταπιόντα πάλιν τῷ ἐν αὐτῷ
ἔχειν μηδὲ ἐκπεσεῖν εἰς ὕλην μηδὲ τραφῆναι παρὰ τῇ ʿΡέᾳ,
ὡς τὰ μυστήρια καὶ οἱ μῦθοι οἱ περὶ θεῶν αἰνίττονται Κρό-
νον μὲν θεὸν σοφώτατον πρὸ τοῦ Δία γενέσθαι ἃ γεννᾷ
35 πάλιν ἐν ἑαυτῷ ἔχειν, ᾗ καὶ πλήρης καὶ νοῦς ἐν κόρῳ· μετὰ
δὲ ταῦτά φασι Δία γεννᾶν κόρον ἤδη ὄντα· ψυχὴν γὰρ γεν-
νᾷ νοῦς, νοῦς ὢν τέλειος. καὶ γὰρ τέλειον ὄντα γεννᾶν ἔδει,
καὶ μὴ δύναμιν οὖσαν τοσαύτην ἄγονον εἶναι. κρεῖττον
δὲ οὐχ οἷόν τε ἦν εἶναι οὐδ' ἐνταῦθα τὸ γεννώμενον,
40 ἀλλ' ἔλαττον ὂν εἴδωλον εἶναι αὐτοῦ, ἀόριστον μὲν ὡσαύ-

---

7. 27 = Hom. Z 211 et Plat. *Resp.* 547 a 4–5   32–5 cf.
Hesiod. *Theog.* 453 sqq.   33–6 cf. Plat. *Crat.* 396 b

---

7. 18 ἐκεῖνος i.e. τὸ ἕν   20 εἰ Harder: ὁ *Enn.*   22–3 ἐν²—
ἦν iteratum ex 21 del. Kirchhoff   24–5 αἰωρεῖσθαι Heintz:
θεωρεῖσθαι *Enn.*   27 ἀξίας Igal: ἄξιος *Enn.*   36 ad γεννᾶν
et ὄντα subiectum Κρόνον   κόρον satietatem

τως, ὁριζόμενον δὲ ὑπὸ τοῦ γεννήσαντος καὶ οἷον εἰδοποι-
ούμενον. νοῦ δὲ γέννημα λόγος τις καὶ ὑπόστασις, τὸ
διανοούμενον· τοῦτο δ' ἐστὶ τὸ περὶ νοῦν κινούμενον καὶ
νοῦ φῶς καὶ ἴχνος ἐξηρτημένον ἐκείνου, κατὰ θάτερα μὲν
συνηγμένον ἐκείνῳ καὶ ταύτῃ ἀποπιμπλάμενον καὶ ἀπο-   45
λαῦον καὶ μεταλαμβάνον αὐτοῦ καὶ νοοῦν, κατὰ θάτερα δὲ
ἐφαπτόμενον τῶν μετ' αὐτό, μᾶλλον δὲ γεννῶν καὶ αὐτό, ἃ
ψυχῆς ἀνάγκη εἶναι χείρονα· περὶ ὧν ὕστερον λεκτέον.
καὶ μέχρι τούτων τὰ θεῖα.

8. Καὶ διὰ τοῦτο καὶ τὰ Πλάτωνος τριττὰ τὰ πάντα
περὶ τὸν πάντων βασιλέα—φησὶ γὰρ πρῶτα—καὶ
δεύτερον περὶ τὰ δεύτερα καὶ περὶ τὰ τρίτα
τρίτον. λέγει δὲ καὶ τοῦ αἰτίου εἶναι πατέρα αἴτιον
μὲν τὸν νοῦν λέγων· δημιουργὸς γὰρ ὁ νοῦς αὐτῷ· τοῦτον δέ   5
φησι τὴν ψυχὴν ποιεῖν ἐν τῷ κρατῆρι ἐκείνῳ. τοῦ αἰτίου
δὲ νοῦ ὄντος πατέρα φησὶ τἀγαθὸν καὶ τὸ ἐπέκεινα νοῦ καὶ
ἐπέκεινα οὐσίας. πολλαχοῦ δὲ τὸ ὂν καὶ τὸν νοῦν τὴν
ἰδέαν λέγει· ὥστε Πλάτωνα εἰδέναι ἐκ μὲν τἀγαθοῦ τὸν
νοῦν, ἐκ δὲ τοῦ νοῦ τὴν ψυχήν. καὶ εἶναι τοὺς λόγους τούσδε   10

---

8. 1–14 καὶ—γράμμασιν accedit Eusebius *Praep. Euang.* XI. 17.
9–10, p. 39. 22–40. 8 Mras = p. 536 b–c Vigier (= *BIONDQ*)

---

7. 48 ὕστερον fortasse II. 4   **8.** 1–4 = Plat. *Epist.* ii. 312 e 1–4
4 = Plat. *Epist.* vi. 323 d 4   4–5 αἴτιον—λέγων cf. Plat. *Phaed.*
97 c 1–2 secundum Anaxagorae *Fr.* B 12   5–6 cf. Plat. *Tim.*
34 b–35 b et 41 d 4–5   7 ἐπέκεινα νοῦ cf. Aristot. *Fr.* 49 Rose[3]
= p. 57 Ross = Simplicius *In De caelo* ii. 12, p. 485. 22   8 =
Plat. *Resp.* 509 b 9

---

7. 42–3 τὸ διανοούμενον appositio ad λόγος et ὑπόστασις   **8.** 1 τὰ[2]
om. Eus.   2 γὰρ: τὰ Eus.   πρῶτα nempe τὸν πάντων
βασιλέα   6–7 αἰτίου δὲ *Enn.*: δὲ αἰτίου Eus. Cyrillus *Contra
Iulianum* 4, p. 145 c = PG 76. 724 a   10 νοῦν Eus. Cyrillus
ibid.: νοῦν τὴν ἰδέαν *Enn.*

μὴ καινοὺς μηδὲ νῦν, ἀλλὰ πάλαι μὲν εἰρῆσθαι μὴ ἀνα-
πεπταμένως, τοὺς δὲ νῦν λόγους ἐξηγητὰς ἐκείνων γεγο-
νέναι μαρτυρίοις πιστωσαμένους τὰς δόξας ταύτας πα-
λαιὰς εἶναι τοῖς αὐτοῦ τοῦ Πλάτωνος γράμμασιν. ἤπτετο
15 μὲν οὖν καὶ Παρμενίδης πρότερον τῆς τοιαύτης δόξης
καθόσον εἰς ταὐτὸ συνῆγεν ὂν καὶ νοῦν, καὶ τὸ ὂν οὐκ ἐν
τοῖς αἰσθητοῖς ἐτίθετο "τὸ γὰρ αὐτὸ νοεῖν ἐστί τε καὶ
εἶναι" λέγων. καὶ ἀ κ ί ν η τ ο ν δὲ λέγει τοῦτο—καίτοι προσ-
τιθεὶς τὸ νοεῖν—σωματικὴν πᾶσαν κίνησιν ἐξαίρων ἀπ'
20 αὐτοῦ, ἵνα μένῃ ὡσαύτως, καὶ ὄγκῳ σφαίρας ἀπεικάζων,
ὅτι πάντα ἔχει περιειλημμένα καὶ ὅτι τὸ νοεῖν οὐκ ἔξω,
ἀλλ' ἐν ἑαυτῷ. ἓ ν δὲ λέγων ἐν τοῖς ἑαυτοῦ συγγράμμασιν
αἰτίαν εἶχεν ὡς τοῦ ἑνὸς τούτου πολλὰ εὑρισκομένου. ὁ
δὲ παρὰ Πλάτωνι Παρμενίδης ἀκριβέστερον λέγων διαιρεῖ
25 ἀπ' ἀλλήλων τὸ πρῶτον ἕν, ὃ κυριώτερον ἕν, καὶ δεύτερον
ἓν πολλὰ λέγων, καὶ τρίτον ἓν καὶ πολλά. καὶ σύμ-
φωνος οὕτως καὶ αὐτός ἐστι ταῖς φύσεσι ταῖς τρισίν.

9. Ἀναξαγόρας δὲ νοῦν καθαρὸν καὶ ἀμιγῆ λέγων
ἁπλοῦν καὶ αὐτὸς τίθεται τὸ πρῶτον καὶ χωριστὸν τὸ ἕν, τὸ
δ' ἀκριβὲς δι' ἀρχαιότητα παρῆκε. καὶ Ἡράκλειτος δὲ τὸ
ἓν οἶδεν ἀίδιον καὶ νοητόν· τὰ γὰρ σώματα γίγνεται ἀεὶ
5 καὶ ῥέοντα. τῷ δὲ Ἐμπεδοκλεῖ τὸ ν ε ῖ κ ο ς μὲν διαιρεῖ,
ἡ δὲ φ ι λ ί α τὸ ἕν—ἀσώματον δὲ καὶ αὐτὸς τοῦτο—τὰ

---

8. 17–18 = Parm. Fr. B 3   18 = Parm. Fr. B 8. 26   20 =
Parm. Fr. B 8.43   22 ἕν = Parm. Fr. B 8.6   25 τὸ πρῶτον ἕν
cf. Plat. Parm. 137 c–142 a   26 = Plat. Parm. 144 e 5 et
155 e 5   9. 1 cf. Anaxagoras Fr. B 12   5 ῥέοντα cf.
Heraclit. Fr. A 1 = Diog. Laert. 9. 8; Aristot. De caelo Γ 1. 298ᵇ29–33
5–6 = Empedocl. Fr. B 17. 7–8 = 26. 5–6

---

8. 13 πιστωσαμένους ID: πιστωσαμένοις Enn.: πιστωσαμένου BONQ
14 τοῦ om. Eus.   27 οὗτος Bx   9. 4 γίγνεται: γινόμενα
Harder   6 αὐτὸς scil. τίθεται

δὲ στοιχεῖα ὡς ὕλη. Ἀριστοτέλης δὲ ὕστερον χωριστὸν
μὲν τὸ πρῶτον καὶ νοητόν, νοεῖν δὲ αὐτὸ ἑαυτὸ λέγων
πάλιν αὖ τὸ πρῶτον ποιεῖ· πολλὰ δὲ καὶ ἄλλα νοητὰ
ποιῶν καὶ τοσαῦτα, ὁπόσαι ἐν οὐρανῷ σφαῖραι, ἵν' ἕκα- 10
στον ἑκάστην κινῇ, ἄλλον τρόπον λέγει τὰ ἐν τοῖς νοητοῖς
ἢ Πλάτων, τὸ εὔλογον οὐκ ἔχον ἀνάγκην τιθέμενος. ἐπι-
στήσειε δ' ἄν τις, εἰ καὶ εὐλόγως· εὐλογώτερον γὰρ πάσας
πρὸς μίαν σύνταξιν συντελούσας πρὸς ἓν καὶ τὸ πρῶτον
βλέπειν. ζητήσειε δ' ἄν τις τὰ πολλὰ νοητὰ εἰ ἐξ ἑνός 15
ἐστιν αὐτῷ τοῦ πρώτου, ἢ πολλαὶ αἱ ἐν τοῖς νοητοῖς ἀρχαί·
καὶ εἰ μὲν ἐξ ἑνός, ἀνάλογον δηλονότι ἕξει ὡς ἐν τοῖς αἰ-
σθητοῖς αἱ σφαῖραι ἄλλης ἄλλην περιεχούσης, μιᾶς δὲ τῆς
ἔξω κρατούσης· ὥστε περιέχοι ἂν κἀκεῖ τὸ πρῶτον καὶ
κόσμος νοητὸς ἔσται· καὶ ὥσπερ ἐνταῦθα αἱ σφαῖραι οὐ 20
κεναί, ἀλλὰ μεστὴ ἄστρων ἡ πρώτη, αἱ δὲ ἔχουσιν ἄστρα,
οὕτω κἀκεῖ τὰ κινοῦντα πολλὰ ἐν αὐτοῖς ἕξει καὶ τὰ ἀλη-
θέστερα ἐκεῖ. εἰ δὲ ἕκαστον ἀρχή, κατὰ συντυχίαν αἱ
ἀρχαὶ ἔσονται· καὶ διὰ τί συνέσονται καὶ πρὸς ἓν ἔργον τὴν
τοῦ παντὸς οὐρανοῦ συμφωνίαν ὁμονοήσει; πῶς δὲ ἴσα 25
πρὸς τὰ νοητὰ καὶ κινοῦντα τὰ ἐν οὐρανῷ αἰσθητά; πῶς
δὲ καὶ πολλὰ οὕτως ἀσώματα ὄντα ὕλης οὐ χωριζούσης;
ὥστε τῶν ἀρχαίων οἱ μάλιστα συντασσόμενοι αὖ τοῖς

---

9. 7 χωριστὸν = Aristot. *De an.* Γ 5. 430ᵃ17   8 νοητόν =
Aristot. *Metaph.* Λ 7. 1072ᵃ26   νοεῖν ἑαυτὸ = Aristot. *Metaph.*
Λ 7. 1072ᵇ20   9–12 cf. Aristot. *Metaph.* Λ 8. 1074ᵃ14–17

9. 12 τὸ εὔλογον obiectum ad τιθέμενος   ἔχον (appositio ad τὸ
εὔλογον): ἔχων w   ἀνάγκην obiectum ad ἔχον, cf. Aristot. *Me-
taph.* Λ 8. 1074ᵃ16–17   16 αὐτῷ scil. Ἀριστοτέλει   24 συν-
έσονται: συνεργήσει Harder   καὶ² et insuper   25 ὁμονοήσει
substantiuum   26 κινοῦντα accusatiuus, τὰ αἰσθητά nominatiuus
28–9 τῶν—Πυθαγόρου qui ex ueteribus se maxime componunt rursus ad decreta
Pythagorae   28 αὖ τοῖς Creuzer: αὐτοῖς Enn.: τοῖς Kirchhoff

Πυθαγόρου καὶ τῶν μετ' αὐτὸν καὶ Φερεκύδους δὲ περὶ
30 ταύτην μὲν ἔσχον τὴν φύσιν· ἀλλ' οἱ μὲν ἐξειργάσαντο ἐν
αὑτοῖς αὑτῶν λόγοις, οἱ δὲ οὐκ ἐν λόγοις, ἀλλ' ἐν ἀγράφοις
ἐδείκνυον συνουσίαις ἢ ὅλως ἀφεῖσαν.

10. Ὅτι δὲ οὕτω χρὴ νομίζειν ἔχειν, ὡς ἔστι μὲν τὸ
ἐπέκεινα ὄντος τὸ ἕν, οἷον ἤθελεν ὁ λόγος δεικνύναι ὡς
οἷόν τε ἦν περὶ τούτων ἐνδείκνυσθαι, ἔστι δὲ ἐφεξῆς τὸ ὂν
καὶ νοῦς, τρίτη δὲ ἡ τῆς ψυχῆς φύσις, ἤδη δέδεικται.
5 ὥσπερ δὲ ἐν τῇ φύσει τριττὰ ταῦτά ἐστι τὰ εἰρημένα,
οὕτω χρὴ νομίζειν καὶ παρ' ἡμῖν ταῦτα εἶναι. λέγω δὲ οὐκ
ἐν τοῖς αἰσθητοῖς—χωριστὰ γὰρ ταῦτα—ἀλλ' ἐπὶ τοῖς
αἰσθητῶν ἔξω, καὶ τὸν αὐτὸν τρόπον τὸ "ἔξω" ὥσπερ
κἀκεῖνα τοῦ παντὸς οὐρανοῦ ἔξω· οὕτω καὶ τὰ τοῦ ἀνθρώ-
10 που, οἷον λέγει Πλάτων τὸν εἴσω ἄνθρωπον. ἔστι τοίνυν
καὶ ἡ ἡμετέρα ψυχὴ θεῖόν τι καὶ φύσεως ἄλλης, ὁποία
πᾶσα ἡ ψυχῆς φύσις· τελεία δὲ ἡ νοῦν ἔχουσα· νοῦς
δὲ ὁ μὲν λογιζόμενος, ὁ δὲ λογίζεσθαι παρέχων. τὸ δὴ
λογιζόμενον τοῦτο τῆς ψυχῆς οὐδενὸς πρὸς τὸ λογίζεσθαι
15 δεόμενον σωματικοῦ ὀργάνου, τὴν δὲ ἐνέργειαν ἑαυτοῦ ἐν
καθαρῷ ἔχον, ἵνα καὶ λογίζεσθαι καθαρῶς οἷόν τε ᾖ,
χωριστὸν καὶ οὐ κεκραμένον σώματι ἐν τῷ πρώτῳ νοητῷ
τις τιθέμενος οὐκ ἂν σφάλλοιτο. οὐ γὰρ τόπον ζητητέον οὗ
ἱδρύσομεν, ἀλλ' ἔξω τόπου παντὸς ποιητέον. οὕτω γὰρ τὸ
20 καθ' αὑτὸ καὶ τὸ ἔξω καὶ τὸ ἄυλον, ὅταν μόνον ᾖ οὐδὲν
ἔχον παρὰ τῆς σώματος φύσεως. διὰ τοῦτο καὶ ἔτι ἔξωθέν

9. 29 Πυθαγόρου et Φερεκύδους cf. app. fontium ad V. 1. 1. 4; Phe-
recydes Fr. A 7   10. 4 δέδεικται cf. V. 1. 2–9   10 = Plat. Resp.
589 a 7–b 1   21.= Plat. Tim. 36 e 3

9. 31 αὑτοῖς : τοῖς RKirchhoff   10. 1 τὸ : τὰ x   20 καθ'
αὑτὸ : κατ' αὐτὸ x   τὸ² : τὸν x

φησιν ἐπὶ τοῦ παντὸς τὴν ψυχὴν περιέβαλεν ἐνδεικνύμενος
τῆς ψυχῆς τὸ ἐν τῷ νοητῷ μένον· ἐπὶ δὲ ἡμῶν ἐπικρύπτων
ἐπ' ἄκρᾳ εἴρηκε τῇ κεφαλῇ. καὶ ἡ παρακέλευσις δὲ τοῦ
χωρίζειν οὐ τόπῳ λέγεται—τοῦτο γὰρ φύσει κεχωρισ-   25
μένον ἐστίν—ἀλλὰ τῇ μὴ νεύσει καὶ ταῖς φαντασίαις καὶ
τῇ ἀλλοτριότητι τῇ πρὸς τὸ σῶμα, εἴ πως καὶ τὸ λοιπὸν
ψυχῆς εἶδος ἀναγάγοι τις καὶ συνενέγκαι πρὸς τὸ ἄνω καὶ
τὸ ἐνταῦθα αὐτῆς ἱδρυμένον, ὃ μόνον ἐστὶ σώματος
δημιουργὸν καὶ πλαστικὸν καὶ τὴν πραγματείαν περὶ   30
τοῦτο ἔχον.

11. Οὔσης οὖν ψυχῆς τῆς λογιζομένης περὶ δικαίων καὶ
καλῶν καὶ λογισμοῦ ζητοῦντος εἰ τοῦτο δίκαιον καὶ εἰ
τοῦτο καλόν, ἀνάγκη εἶναι καὶ ἑστώς τι δίκαιον, ἀφ' οὗ καὶ
ὁ λογισμὸς περὶ ψυχὴν γίγνεται. ἢ πῶς ἂν λογίσαιτο; καὶ
εἰ ὁτὲ μὲν λογίζεται περὶ τούτων ψυχή, ὁτὲ δὲ μή, δεῖ τὸν   5
⟨μὴ⟩ λογιζόμενον, ἀλλ' ἀεὶ ἔχοντα τὸ δίκαιον νοῦν ἐν ἡμῖν
εἶναι, εἶναι δὲ καὶ τὴν νοῦ ἀρχὴν καὶ αἰτίαν καὶ θεόν—οὐ
μεριστοῦ ἐκείνου ὄντος, ἀλλὰ μένοντος ἐκείνου, καὶ οὐκ ἐν
τόπῳ μένοντος—ἐν πολλοῖς αὖ θεωρεῖσθαι καθ' ἕκαστον
τῶν δυναμένων δέχεσθαι οἷον ἄλλον αὐτόν, ὥσπερ καὶ τὸ   10
κέντρον ἐφ' ἑαυτοῦ ἐστιν, ἔχει δὲ καὶ ἕκαστον τῶν ἐν τῷ
κύκλῳ σημεῖον ἐν αὐτῷ, καὶ αἱ γραμμαὶ τὸ ἴδιον προσφέ-
ρουσι πρὸς τοῦτο. τῷ γὰρ τοιούτῳ τῶν ἐν ἡμῖν καὶ ἡμεῖς
ἐφαπτόμεθα καὶ σύνεσμεν καὶ ἀνηρτήμεθα· ἐνιδρύμεθα δὲ

10. 24 = Plat. *Tim.* 90 a 5   25 χωρίζειν cf. Plat. *Phaed.* 67 c 6
29-30 cf. Plat. *Epinomis* 981 b 8

10. 23 τὴν ψυχὴν x   ἐπικρύπτων Heintz: ἔτι κρύπτων *Enn.*
11. 6 ⟨μὴ⟩ Dodds   8 ἐκείνου (bis) scil. τοῦ θεοῦ   9 μένοντος
Enn.: μὲν ὄντος Harder   θεωρεῖσθαι subiectum θεόν   10 οἷον
ἄλλον *quasi alius* esset atque ipse est   αὐτόν (= θεόν) ob-
iectum ad δέχεσθαι   11 ἔχει subiectum ἕκαστον, obiectum
σημεῖον   12 ἐν αὐτῷ i.e. ἐν κέντρῳ   13 τοῦτο i.e. τὸ κέντρον

15 οἳ ἂν συννεύωμεν ἐκεῖ.

12. Πῶς οὖν ἔχοντες τὰ τηλικαῦτα οὐκ ἀντιλαμβανό-
μεθα, ἀλλ' ἀργοῦμεν ταῖς τοιαύταις ἐνεργείαις τὰ πολλά,
οἱ δὲ οὐδ' ὅλως ἐνεργοῦσιν; ἐκεῖνα μέν ἐστιν ἐν ταῖς αὐτῶν
ἐνεργείαις ἀεί, νοῦς καὶ τὸ πρὸ νοῦ ἀεὶ ἐν ἑαυτῷ, καὶ
5 ψυχὴ δέ—τὸ ἀεικίνητον—οὕτως. οὐ γὰρ πᾶν, ὃ ἐν
ψυχῇ, ἤδη αἰσθητόν, ἀλλὰ ἔρχεται εἰς ἡμᾶς, ὅταν εἰς
αἴσθησιν ἴῃ· ὅταν δὲ ἐνεργοῦν ἕκαστον μὴ μεταδιδῷ τῷ
αἰσθανομένῳ, οὔπω δι' ὅλης ψυχῆς ἐλήλυθεν. οὔπω οὖν
γιγνώσκομεν ἅτε μετὰ τοῦ αἰσθητικοῦ ὄντες καὶ οὐ μόριον
10 ψυχῆς ἀλλ' ἡ ἅπασα ψυχὴ ὄντες. καὶ ἔτι ἕκαστον τῶν
ψυχικῶν ζῶν ἀεὶ ἐνεργεῖ ἀεὶ καθ' αὑτὸ τὸ αὑτοῦ· τὸ δὲ
γνωρίζειν, ὅταν μετάδοσις γένηται καὶ ἀντίληψις. δεῖ τοί-
νυν, εἰ τῶν οὕτω παρόντων ἀντίληψις ἔσται, καὶ τὸ ἀντι-
λαμβανόμενον εἰς τὸ εἴσω ἐπιστρέφειν, κἀκεῖ ποιεῖν τὴν
15 προσοχὴν ἔχειν. ὥσπερ εἴ τις ἀκοῦσαι ἀναμένων ἣν ἐθέλει
φωνήν, τῶν ἄλλων φωνῶν ἀποστὰς τὸ οὖς ἐγείροι πρὸς τὸ
ἄμεινον τῶν ἀκουστῶν, ὁπότε ἐκεῖνο προσέλθοι, οὕτω τοι
καὶ ἐνταῦθα δεῖ τὰς μὲν αἰσθητὰς ἀκούσεις ἀφέντα, εἰ μὴ
καθόσον ἀνάγκη, τὴν τῆς ψυχῆς εἰς τὸ ἀντιλαμβάνεσθαι
20 δύναμιν φυλάττειν καθαρὰν καὶ ἕτοιμον ἀκούειν φθόγγων
τῶν ἄνω.

12. 5 = Plat. *Phaedr.* 245 c 5

---

12. 4 τό—ἑαυτῷ i.e. τὸ ἕν   5 τὸ ἀεικίνητον appositio ad ψυχὴ
9 μόρια x   11 ζῶν A3mg (*quamdiu uiuit* Ficinus): ζῴων Enn.
11 ἀεί[1] cum ζῶν, ἀεί[2] cum ἐνεργεῖ coniungendum

ΠΕΡΙ ΓΕΝΕΣΕΩΣ ΚΑΙ ΤΑΞΕΩΣ
ΤΩΝ ΜΕΤΑ ΤΟ ΠΡΩΤΟΝ

1. Τὸ ἓν πάντα καὶ οὐδὲ ἕν· ἀρχὴ γὰρ πάντων, οὐ
πάντα, ἀλλ᾽ ἐκείνως πάντα· ἐκεῖ γὰρ οἷον ἐνέδραμε· μᾶλλον
δὲ οὔπω ἐστίν, ἀλλ᾽ ἔσται. πῶς οὖν ἐξ ἁπλοῦ ἑνὸς οὐδε-
μιᾶς ἐν ταὐτῷ φαινομένης ποικιλίας, οὐ διπλόης οὗτινος
ὁτουοῦν; ἢ ὅτι οὐδὲν ἦν ἐν αὐτῷ, διὰ τοῦτο ἐξ αὐτοῦ πάντα,   5
καὶ ἵνα τὸ ὂν ᾖ, διὰ τοῦτο αὐτὸς οὐκ ὄν, γεννητὴς δὲ
αὐτοῦ· καὶ πρώτη οἷον γέννησις αὕτη· ὂν γὰρ τέλειον τῷ
μηδὲν ζητεῖν μηδὲ ἔχειν μηδὲ δεῖσθαι οἷον ὑπερερρύη καὶ
τὸ ὑπερπλῆρες αὐτοῦ πεποίηκεν ἄλλο· τὸ δὲ γενόμενον εἰς
αὐτὸ ἐπεστράφη καὶ ἐπληρώθη καὶ ἐγένετο πρὸς αὐτὸ βλέ-   10
πον καὶ νοῦς οὗτος. καὶ ἡ μὲν πρὸς ἐκεῖνο στάσις αὐτοῦ
τὸ ὂν ἐποίησεν, ἡ δὲ πρὸς αὐτὸ θέα τὸν νοῦν. ἐπεὶ οὖν
ἔστη πρὸς αὐτό, ἵνα ἴδῃ, ὁμοῦ νοῦς γίγνεται καὶ ὄν. οὗτος
οὖν ὢν οἷον ἐκεῖνος τὰ ὅμοια ποιεῖ δύναμιν προχέας πολ-
λήν—εἶδος δὲ καὶ τοῦτο αὐτοῦ—ὥσπερ αὖ τὸ αὐτοῦ πρότε-   15

Enn. = w(= AE) Bx(= RJ)UC

---

1. 1 = Plat. *Parm.* 160 b 2–3

---

1. 1 ἀρχὴ et 2 πάντα¹ praedicata   2 ἐκείνως AᵖᶜBxUC
(*illo modo* Marius Victorinus *Aduersus Arium* 4. 22. 9) : ἐκεῖνος A (supra
o scr. ω A¹)E   πάντα² subiectum   ἐνέδραμε (sub-
iectum πάντα) : ἀνέδραμε Kirchhoff.   4 ταὐτῷ : αὐτῷ Harder
10–13 αὐτὸ (quater) scil. τὸ ἕν   13 ἔστι w   οὕτως w
14 ὢν : ὂν w   τὰ ὅμοια ποιεῖ *similia efficit* atque unum   15 τού-
το i.e. νοῦς subiectum, εἶδος αὐτοῦ praedicatum   αὖ τὸ
Aᵃᶜ(⁀eras.)E : αὐτὸ AᵖᶜBxUC   15–16 τὸ αὐτοῦ πρότερον
i.e. τὸ ἕν

ρον προέχεε· καὶ αὕτη ἐκ τῆς οὐσίας ἐνέργεια ψυχῆς τοῦτο
μένοντος ἐκείνου γενομένη· καὶ γὰρ ὁ νοῦς μένοντος τοῦ
πρὸ αὐτοῦ ἐγένετο. ἡ δὲ οὐ μένουσα ποιεῖ, ἀλλὰ κινηθεῖσα
ἐγέννα εἴδωλον. ἐκεῖ μὲν οὖν βλέπουσα, ὅθεν ἐγένετο,
20 πληροῦται, προελθοῦσα δὲ εἰς κίνησιν ἄλλην καὶ ἐναντίαν
γεννᾷ εἴδωλον αὑτῆς αἴσθησιν καὶ φύσιν τὴν ἐν τοῖς φυτοῖς.
οὐδὲν δὲ τοῦ πρὸ αὐτοῦ ἀπήρτηται οὐδ' ἀποτέτμηται· διὸ
καὶ δοκεῖ καὶ ἡ ἄνω ψυχὴ μέχρι φυτῶν φθάνειν· τρόπον
γάρ τινα φθάνει, ὅτι αὐτῆς τὸ ἐν φυτοῖς· οὐ μὴν πᾶσα ἐν
25 φυτοῖς, ἀλλὰ γιγνομένη ἐν φυτοῖς οὕτως ἐστίν, ὅτι ἐπὶ
τοσοῦτον προέβη εἰς τὸ κάτω ὑπόστασιν ἄλλην ποιησαμέ-
νη τῇ προόδῳ καὶ προθυμίᾳ τοῦ χείρονος· ἐπεὶ καὶ τὸ πρὸ
τούτου τὸ νοῦ ἐξηρτημένον μένειν τὸν νοῦν ἐφ' ἑαυτοῦ ἐᾷ.

2. Πρόεισιν οὖν ἀπ' ἀρχῆς εἰς ἔσχατον καταλειπομένου
ἀεὶ ἑκάστου ἐν τῇ οἰκείᾳ ἕδρᾳ, τοῦ δὲ γεννωμένου ἄλλην
τάξιν λαμβάνοντος τὴν χείρονα· ἕκαστον μέντοι ταὐτὸν
γίνεται ᾧ ἂν ἐπίσπηται, ἕως ἂν ἐφέπηται. ὅταν οὖν
5 ψυχὴ ἐν φυτῷ γίνηται, ἄλλο ἐστὶν οἷον μέρος τὸ ἐν φυτῷ
τὸ τολμηρότατον καὶ ἀφρονέστατον καὶ προεληλυθὸς
μέχρι τοσούτου· ὅταν δ' ἐν ἀλόγῳ, ἡ τοῦ αἰσθάνεσθαι δύ-
ναμις κρατήσασα ἤγαγεν· ὅταν δὲ εἰς ἄνθρωπον, ἢ ὅλως
ἐν λογικῷ ἡ κίνησις, ἢ ἀπὸ νοῦ ὡς νοῦν οἰκεῖον ἐχούσης καὶ
10 παρ' αὑτῆς βούλησιν τοῦ νοεῖν ἢ ὅλως κινεῖσθαι. πάλιν
δὴ ἀναστρέφωμεν· ὅταν φυτοῦ ἢ τὰ παραφυόμενα ἢ κλά-

---

2. 2 cf. Plot. IV. 8. 6. 10 et Plat. Tim. 42 e 5–6

1. 16–17 καὶ—γενομένη et hic actus ex essentia ortus animae est, id
(nempe anima) effectus, dum ille (ὁ νοῦς) manet   16 ψυχῆς (ge-
netiuus possessoris) : ψυχὴ A³ᵐᵍ(anima Ficinus)   23 ἄνω
Harder : ἀνθρώπου Enn.   2. 5 ἐστὶν subiectum ἡ ψυχή
7 δ' ἐν : δὲ x   8 ἢ incipit apodosis   9 κίνησις scil. ψυχῆς
9 ἢ w : ἡ BxUC   ἐχούσης scil. τῆς ψυχῆς, genetiuus absolutus
10 τοῦ : τὸ x   11 ἀναστρέφομεν w

δων τὰ ἄνω τις τέμῃ, ἡ ἐν τούτῳ ψυχὴ ποῦ ἀπελήλυθεν;
ἢ ὅθεν· οὐ γὰρ ἀποστᾶσα τόπῳ· ἐν οὖν τῇ ἀρχῇ. εἰ δὲ
τὴν ῥίζαν διακόψειας ἢ καύσειας, ποῦ τὸ ἐν τῇ ῥίζῃ;
ἐν ψυχῇ·οὐ γὰρ εἰς ἄλλον τόπον ἐλθοῦσα. ἀλλὰ κἂν ἐν τῷ   15
αὐτῷ ᾖ, ἀλλ' ἐν ἄλλῳ, εἰ ἀναδράμοι· εἰ δὲ μή, ἐν ἄλλῃ
φυτικῇ, οὐ γὰρ στενοχωρεῖται· εἰ δ' ἀναδράμοι, ἐν τῇ πρὸ
αὐτῆς δυνάμει. ἀλλ' ἐκείνη ποῦ; ἐν τῇ πρὸ αὐτῆς· ἡ δὲ
μέχρι νοῦ, οὐ τόπῳ· οὐδὲν γὰρ ἐν τόπῳ ἦν· ὁ δὲ νοῦς πολὺ
μᾶλλον οὐκ ἐν τόπῳ, ὥστε οὐδὲ αὕτη. οὐδαμοῦ οὖν οὖσα,   20
ἀλλ' ἐν τῷ ὃ μηδαμοῦ, καὶ πανταχοῦ οὕτως ἐστίν. εἰ δὲ
προελθοῦσα εἰς τὸ ἄνω σταίη ἐν τῷ μεταξὺ πρὶν πάντῃ εἰς
τὸ ἀνωτάτω γενέσθαι, μέσον ἔχει βίον καὶ ἐν ἐκείνῳ τῷ
μέρει αὐτῆς ἔστηκε. πάντα δὲ ταῦτα ἐκεῖνος καὶ οὐκ ἐκεῖ-
νος· ἐκεῖνος μέν, ὅτι ἐξ ἐκείνου· οὐκ ἐκεῖνος δέ, ὅτι ἐκεῖνος   25
ἐφ' ἑαυτοῦ μένων ἔδωκεν. ἔστιν οὖν οἷον ζωὴ μακρὰ εἰς
μῆκος ἐκταθεῖσα, ἕτερον ἕκαστον τῶν μορίων τῶν ἐφεξῆς,
συνεχὲς δὲ πᾶν αὐτῷ, ἄλλο δὲ καὶ ἄλλο τῇ διαφορᾷ, οὐκ
ἀπολλύμενον ἐν τῷ δευτέρῳ τὸ πρότερον. τί οὖν ἡ ἐν τοῖς
φυτοῖς γενομένη; οὐδὲν γεννᾷ; ἢ ἐν ᾧ ἐστι. σκεπτέον δὲ   30
πῶς ἀρχὴν ἄλλην λαβόντας.

---

2. 31 cf. III. 4. 1–2 et IV. 4. 22

---

2. 12 τὰ Kirchhoff : τῶν BxUC : τὸν A^{ac} (ὁ in ῶ mut.)E   15 οὐ
γὰρ coniecimus : οὐκ Enn. (compendium uocabuli γὰρ litterae κ si-
mile est, cf. V. 3. 10. 1 ; V. 5. 10. 15)   ἐλθούσῃ Creuzer (abeunte
Ficinus)   20 αὐτή w

ΠΕΡΙ ΤΩΝ ΓΝΩΡΙΣΤΙΚΩΝ ΥΠΟΣΤΑΣΕΩΝ
ΚΑΙ ΤΟΥ ΕΠΕΚΕΙΝΑ

1. Ἆρα τὸ νοοῦν ἑαυτὸ ποικίλον δεῖ εἶναι, ἵνα ἑνί τινι
τῶν ἐν αὐτῷ τὰ ἄλλα θεωροῦν οὕτω δὴ λέγηται νοεῖν ἑαυτό,
ὡς τοῦ ἁπλοῦ παντάπασιν ὄντος οὐ δυναμένου εἰς ἑαυτὸ
ἐπιστρέφειν καὶ τὴν αὐτοῦ κατανόησιν; ἢ οἷόν τε καὶ
5 μὴ σύνθετον ὂν νόησιν ἴσχειν ἑαυτοῦ; τὸ μὲν γὰρ διότι
σύνθετον λεγόμενον νοεῖν ἑαυτό, ὅτι δὴ ἑνὶ τῶν ἐν αὐτῷ τὰ
ἄλλα νοεῖ, ὥσπερ ἂν εἰ τῇ αἰσθήσει καταλαμβάνοιμεν αὐ-
τῶν τὴν μορφὴν καὶ τὴν ἄλλην τοῦ σώματος φύσιν, οὐκ ἂν
ἔχοι τὸ ὡς ἀληθῶς νοεῖν αὐτό· οὐ γὰρ τὸ πᾶν ἔσται ἐν τῷ
10 τοιούτῳ ἐγνωσμένον, μὴ κἀκείνου τοῦ νοήσαντος τὰ ἄλλα
τὰ σὺν αὐτῷ καὶ ἑαυτὸ νενοηκότος, ἔσται τε οὐ τὸ ζητού-
μενον τὸ αὐτὸ ἑαυτό, ἀλλ' ἄλλο ἄλλο. δεῖ τοίνυν θέσθαι καὶ
ἁπλοῦ κατανόησιν ἑαυτοῦ καὶ τοῦτο πῶς, σκοπεῖν, εἰ
δυνατόν, ἢ ἀποστατέον τῆς δόξης τῆς τοῦ αὐτὸ ἑαυτὸ νοεῖν
15 τι ὄντως. ἀποστῆναι μὲν οὖν τῆς δόξης ταύτης οὐ πάνυ
οἷόν τε πολλῶν τῶν ἀτόπων συμβαινόντων· καὶ γὰρ εἰ μὴ
ψυχῇ δοίημεν τοῦτο ὡς πάνυ ἄτοπον ὄν, ἀλλὰ μηδὲ νοῦ τῇ
φύσει διδόναι παντάπασιν ἄτοπον, εἰ τῶν μὲν ἄλλων
γνῶσιν ἔχει, ἑαυτοῦ δὲ μὴ ἐν γνώσει καὶ ἐπιστήμῃ κατα-
20 στήσεται. καὶ γὰρ τῶν μὲν ἔξω ἡ αἴσθησις, ἀλλ' οὐ νοῦς

Enn. = w(= AE) Bx(= RJ)UC

―――――――
1. 1 cf. Plot. V. 3. 5

―――――――
1. 5 ἑαυτοῦ; interpungimus   13 πῶς scil. γίγνεται   17 ante
πάνυ ins. οὐ F³ˢ(= Ficinus), sed uertendum quasi absurdum esset

ἀντιλήψεται, καί, εἰ βούλει, διάνοια καὶ δόξα· εἰ δὲ νοῦς
τούτων γνῶσιν ἔχει ἢ μή, σκέψασθαι προσήκει· ὅσα δὲ
νοητά, νοῦς δηλονότι γνώσεται. ἆρ' οὖν αὐτὰ μόνον ἢ καὶ
ἑαυτόν, ὃς ταῦτα γνώσεται; καὶ ἆρα οὕτω γνώσεται ἑαυ-
τόν, ὅτι γινώσκει ταῦτα μόνον, τίς δὲ ὢν οὐ γνώσεται, ἀλλ'   25
ἃ μὲν αὐτοῦ γνώσεται ὅτι γιγνώσκει, τίς δὲ ὢν γινώσκει
οὐκέτι; ἢ καὶ τὰ ἑαυτοῦ καὶ ἑαυτόν; καὶ τίς ὁ τρόπος
καὶ μέχρι τίνος σκεπτέον.

2. Πρότερον δὲ περὶ ψυχῆς ζητητέον, εἰ δοτέον αὐτῇ
γνῶσιν ἑαυτῆς, καὶ τί τὸ γινῶσκον ἐν αὐτῇ καὶ ὅπως. τὸ
μὲν οὖν αἰσθητικὸν αὐτῆς αὐτόθεν ἂν φαῖμεν τοῦ ἔξω εἶναι
μόνον· καὶ γὰρ εἰ τῶν ἔνδον ἐν τῷ σώματι γινομένων συναί-
σθησις εἴη, ἀλλὰ τῶν ἔξω ἑαυτοῦ καὶ ἐνταῦθα ἡ ἀντίληψις·   5
τῶν γὰρ ἐν τῷ σώματι παθημάτων ὑφ' ἑαυτοῦ αἰσθάνεται.
τὸ δ' ἐν αὐτῇ λογιζόμενον παρὰ τῶν ἐκ τῆς αἰσθήσεως
φαντασμάτων παρακειμένων τὴν ἐπίκρισιν ποιούμενον καὶ
συνάγον καὶ διαιροῦν· ἢ καὶ ἐπὶ τῶν ἐκ τοῦ νοῦ ἰόντων
ἐφορᾷ οἷον τοὺς τύπους, καὶ ἔχει καὶ περὶ τούτους τὴν   10
αὐτὴν δύναμιν. καὶ σύνεσιν ἔτι προσλαμβάνει ὥσπερ ἐπι-
γινῶσκον καὶ ἐφαρμόζον τοῖς ἐν αὐτῷ ἐκ παλαιοῦ τύποις
τοὺς νέους καὶ ἄρτι ἥκοντας· ὃ δὴ καὶ ἀναμνήσεις φαῖμεν
ἂν τῆς ψυχῆς εἶναι. καὶ νοῦς ὁ τῆς ψυχῆς μέχρι τοῦδε
ἱστάμενος τῇ δυνάμει ἢ καὶ εἰς ἑαυτὸν στρέφεται καὶ γι-   15
γνώσκει ἑαυτόν; ἢ ἐπὶ τὸν νοῦν ἀνενεκτέον τοῦτο. γνῶσιν
μὲν γὰρ ἑαυτοῦ τούτῳ τῷ μέρει διδόντες—νοῦν γὰρ
αὐτὸν φήσομεν—καὶ ὅπη διοίσει τοῦ·ἐπάνω ζητήσομεν,
μὴ δὲ διδόντες ἐπ' ἐκεῖνον ἥξομεν τῷ λόγῳ βαδίζοντες,
καὶ τὸ "αὐτὸ ἑαυτὸ" ὅ τί ποτ' ἐστὶ σκεψόμεθα. εἰ δὲ καὶ   20

1. 21 εἰ² Igal: ὁ *Enn.*   **2.** 3–4 εἶναι μόνον transp. w   5 ἑαυτοῦ scil.
τοῦ αἰσθητικοῦ   6 ὑφ' ἑαυτοῦ αἰσθάνεται *a semet ipso sentit*   15 ἱστά-
μενος scil. ἐστι   ἢ an   18 καὶ etiam   20 αὐτὸ ἑαυτὸ scil. γιγνώσκειν

207

ἐνταῦθα ἐν τῷ κάτω δώσομεν, τίς ἡ διαφορὰ τοῦ νοεῖν ἑαυ-
τὸ σκεψόμεθα· εἰ γὰρ μηδεμία, ἤδη τοῦτο νοῦς ὁ ἄκρατος.
τοῦτο τοίνυν τὸ διανοητικὸν τῆς ψυχῆς ἆρα ἐπιστρέφει
ἐφ' ἑαυτὸ καὶ αὐτό; ἢ οὔ· ἀλλὰ ὧν δέχεται τύπων ἐφ'
25 ἑκάτερα τὴν σύνεσιν ἴσχει. καὶ πῶς τὴν σύνεσιν ἴσχει,
πρῶτον ζητητέον.

3. Ἡ μὲν γὰρ αἴσθησις εἶδεν ἄνθρωπον καὶ ἔδωκε τὸν
τύπον τῇ διανοίᾳ· ἡ δὲ τί φησιν; ἢ οὔπω οὐδὲν ἐρεῖ, ἀλλ'
ἔγνω μόνον καὶ ἔστη· εἰ μὴ ἄρα πρὸς ἑαυτὴν διαλογίζοιτο
"τίς οὗτος," εἰ πρότερον ἐνέτυχε τούτῳ, καὶ λέγοι προσ-
5 χρωμένη τῇ μνήμῃ, ὅτι Σωκράτης. εἰ δὲ καὶ ἐξελίττοι
τὴν μορφήν, μερίζει ἃ ἡ φαντασία ἔδωκεν· εἰ δέ, εἰ ἀγα-
θός, λέγοι, ἐξ ὧν μὲν ἔγνω διὰ τῆς αἰσθήσεως εἴρηκεν, ὃ δὲ
εὕρηκεν ἐπ' αὐτοῖς, ἤδη παρ' αὑτῆς ἂν ἔχοι κανόνα ἔχουσα
τοῦ ἀγαθοῦ παρ' αὑτῇ. τὸ ἀγαθὸν πῶς ἔχει παρ' αὑτῇ;
10 ἢ ἀγαθοειδής ἐστι, καὶ ἐπερρώσθη δὲ εἰς τὴν αἴσθησιν
τοῦ τοιούτου ἐπιλάμποντος αὐτῇ νοῦ· τὸ γὰρ καθαρὸν τῆς
ψυχῆς τοῦτο καὶ νοῦ δέχεται ἐπικείμενα ἴχνη. διὰ τί δὲ οὐ
τοῦτο νοῦς, τὰ δὲ ἄλλα ψυχὴ ἀπὸ τοῦ αἰσθητικοῦ ἀρξάμε-
να; ἢ ὅτι ψυχὴν δεῖ ἐν λογισμοῖς εἶναι· ταῦτα δὲ πάντα
15 λογιζομένης δυνάμεως ἔργα. ἀλλὰ διὰ τί οὐ τούτῳ τῷ
μέρει δόντες τὸ νοεῖν ἑαυτὸ ἀπαλλαξόμεθα; ἢ ὅτι ἔδομεν
αὐτῷ τὰ ἔξω σκοπεῖσθαι καὶ πολυπραγμονεῖν, νῷ δὲ ἀξι-
οῦμεν ὑπάρχειν τὰ αὑτοῦ καὶ τὰ ἐν αὑτῷ σκοπεῖσθαι.
ἀλλ' εἴ τις φήσει "τί οὖν κωλύει τοῦτο ἄλλῃ δυνάμει σκο-
20 πεῖσθαι τὰ αὑτοῦ;" οὐ τὸ διανοητικὸν οὐδὲ τὸ λογιστι-

2. 22 νοῦς ὁ ἄκρατος cf. Anaxagoras *Fr.* A 15 (= Plut. *Pericl.* 4. 6)
et Xenophon *Cyr.* 8. 7. 20   **3.** 3 cf. Plat. *Soph.* 263 e 4

2. 24–5 ἐφ' ἑκάτερα cf. V. 3. 3. 37 ἄνωθεν, κάτωθεν   **3.** 9 τὸ
⟨δ'⟩ Kirchhoff

κὸν ἐπιζητεῖ, ἀλλὰ νοῦν καθαρὸν λαμβάνει. τί οὖν κωλύει
ἐν ψυχῇ νοῦν καθαρὸν εἶναι; οὐδέν, φήσομεν· ἀλλ' ἔτι
δεῖ λέγειν ψυχῆς τοῦτο; ἀλλ' οὐ ψυχῆς μὲν φήσομεν,
ἡμέτερον δὲ νοῦν φήσομεν, ἄλλον μὲν ὄντα τοῦ διανοου-
μένου καὶ ἐπάνω βεβηκότα, ὅμως δὲ ἡμέτερον, καὶ εἰ μὴ 25
συναριθμοῖμεν τοῖς μέρεσι τῆς ψυχῆς. ἢ ἡμέτερον καὶ
οὐχ ἡμέτερον· διὸ καὶ προσχρώμεθα αὐτῷ καὶ οὐ προσ-
χρώμεθα—διανοίᾳ δὲ ἀεί—καὶ ἡμέτερον μὲν χρωμένων,
οὐ προσχρωμένων δὲ οὐχ ἡμέτερον. τὸ δὴ προσχρῆσθαι τί
ἐστιν; ἆρα αὐτοὺς ἐκεῖνο γινομένους, καὶ φθεγγομένους 30
ὡς ἐκεῖνος; ἢ κατ' ἐκεῖνον· οὐ γὰρ νοῦς ἡμεῖς· κατ' ἐκεῖνο
οὖν τῷ λογιστικῷ πρώτῳ δεχομένῳ. καὶ γὰρ αἰσθανόμεθα
δι' αἰσθήσεως κἂν ⟨μὴ⟩ ἡμεῖς οἱ αἰσθανόμενοι· ἆρ'
οὖν καὶ διανοούμεθα οὕτως καὶ διὰ ⟨νοῦ⟩ νοοῦμεν οὕτως;
ἢ αὐτοὶ μὲν οἱ λογιζόμενοι καὶ νοοῦμεν τὰ ἐν τῇ διανοίᾳ 35
νοήματα αὐτοί· τοῦτο γὰρ ἡμεῖς. τὰ δὲ τοῦ νοῦ ἐνεργήματα
ἄνωθεν οὕτως, ὡς τὰ ἐκ τῆς αἰσθήσεως κάτωθεν, τοῦτο
ὄντες τὸ κύριον τῆς ψυχῆς, μέσον δυνάμεως διττῆς,
χείρονος καὶ βελτίονος, χείρονος μὲν τῆς αἰσθήσεως,
βελτίονος δὲ τοῦ νοῦ. ἀλλ' αἴσθησις μὲν ἀεὶ ἡμέτερον 40
δοκεῖ συγκεχωρημένον—ἀεὶ γὰρ αἰσθανόμεθα—νοῦς δὲ
ἀμφισβητεῖται, καὶ ὅτι μὴ αὐτῷ ἀεὶ καὶ ὅτι χωριστός·
χωριστὸς δὲ τῷ μὴ προσνεύειν αὐτόν, ἀλλ' ἡμᾶς μᾶλλον
πρὸς αὐτὸν εἰς τὸ ἄνω βλέποντας. αἴσθησις δὲ ἡμῖν

---

3. 21–2 cf. Anaxagoras *Fr.* B 12   24 cf. Alex. Aphrod. *De*
an., Suppl. Aristot. ii. 1, p. 112. 18   42 χωριστός cf. Aristot. *De*
an. Γ 5. 430ᵃ17

3. 28 διανοίᾳ R²ᵐᵍ(*cogitatione* Ficinus) : διάνοιαι *Enn.*   32 δε-
χομένῳ scil. τὸν νοῦν   αἰσθανόμεναι x   33 κἂν ⟨μὴ⟩ Igal :
καὶ *Enn.*   34 καὶ διὰ ⟨νοῦ⟩ νοοῦμεν οὕτως Igal, cf. V. 3. 6. 20–1 :
καὶ διανοούμεθα οὕτως *Enn.*: del. Kirchhoff   42 αὐτῷ scil.
προσχρώμεθα   44 τὸ : τὰ x

45 ἄγγελος, βασιλεὺς δὲ πρὸς ἡμᾶς ἐκεῖνος.

4. Βασιλεύομεν δὲ καὶ ἡμεῖς, ὅταν κατ' ἐκεῖνον· κατ'
ἐκεῖνον δὲ διχῶς, ἢ τοῖς οἷον γράμμασιν ὥσπερ νόμοις ἐν
ἡμῖν γραφεῖσιν, ἢ οἷον πληρωθέντες αὐτοῦ ἢ καὶ δυνη-
θέντες ἰδεῖν καὶ αἰσθάνεσθαι παρόντος. καὶ γινώσκομεν δὲ
5 αὐτοὺς τῷ ⟨τῷ⟩ τοιούτῳ ὁρατῷ τὰ ἄλλα μαθεῖν [τῷ τοι-
ούτῳ] ἢ κατὰ τὴν δύναμιν τὴν γινώσκουσαν τὸ τοιοῦτον
μαθόντες αὐτῇ τῇ δυνάμει ἢ καὶ ἐκεῖνο γινόμενοι, ὡς τὸν
γινώσκοντα ἑαυτὸν διττὸν εἶναι, τὸ μὲν γινώσκοντα τῆς
διανοίας τῆς ψυχικῆς φύσιν, τὸν δὲ ὑπεράνω τούτου, τὸν
10 γινώσκοντα ἑαυτὸν κατὰ τὸν νοῦν ἐκεῖνον γινόμενον· κἀ-
κείνῳ ἑαυτὸν νοεῖν αὖ οὐχ ὡς ἄνθρωπον ἔτι, ἀλλὰ παντε-
λῶς ἄλλον γενόμενον καὶ συναρπάσαντα ἑαυτὸν εἰς τὸ ἄνω
μόνον ἐφέλκοντα τὸ τῆς ψυχῆς ἄμεινον· ὃ καὶ δύναται
μόνον πτεροῦσθαι πρὸς νόησιν, ἵνα τις ἐκεῖ παρακαταθοῖτο
15 ἃ εἶδε. τὸ δὴ διανοητικὸν ὅτι διανοητικὸν ἆρα οὐκ οἶδε,
καὶ ὅτι σύνεσιν τῶν ἔξω λαμβάνει, καὶ ὅτι κρίνει ἃ κρίνει,
καὶ ὅτι τοῖς ἐν ἑαυτῷ κανόσιν, οὓς παρὰ τοῦ νοῦ ἔχει, καὶ
ὡς ἔστι τι βέλτιον αὐτοῦ, ⟨ὃ⟩ οὐ ζητεῖ, ἀλλ' ἔχει πάντως
δήπου· ἀλλ' ἆρα τί ἐστιν αὐτὸ [ὃ] οὐκ οἶδεν ἐπιστάμε-
20 νον οἷόν ἐστι καὶ οἷα τὰ ἔργα αὐτοῦ; εἰ οὖν λέγοι, ὅτι
ἀπὸ νοῦ ἐστι καὶ δεύτερον μετὰ νοῦν καὶ εἰκὼν νοῦ, ἔχον

---

3. 45 = Plat. *Phileb.* 28 c 7; cf. Anaxagoras *Fr.* B 12   **4.** 14 cf.
Plat. *Phaedr.* 246 c 1

---

4. 2–3 ἢ... ἢ... ἢ καὶ aut... aut... uel   3 ἢ¹ del. Bréhier
5 τῷ¹ coniungendum cum μαθεῖν ⟨τῷ⟩ coniecimus   5–6 τῷ
τοιούτῳ del. Steinhart   6 ἢ κατὰ coniecimus: ἢ καὶ *Enn.*:
ἢ Theiler: κατὰ Stark   6–7 ἢ... ἢ aut... aut   8 τὸ
μὲν *partim* wBRᵃᶜ(ν R²ˢ)JUC: τὸν μὲν RᵖᶜPerna   15 οἶδε (cf.
lin. 19) Creuzer (*nouit* Ficinus): εἶδε *Enn.*   17 καὶ ὅτι del.
Müller   18 ὃ (nominatiuus, cf. V. 1. 4. 16) οὐ Aᵃmg(= Fici-
nus): οὐ *Enn.*   19 ὃ del. Theiler

ἐν ἑαυτῷ τὰ πάντα οἷον γεγραμμένα, ὡς ἐκεῖ ὁ γράφων
καὶ ὁ γράψας, ἆρ' οὖν στήσεται μέχρι τούτων ὁ οὕτως
ἑαυτὸν ἐγνωκώς, ἡμεῖς δὲ ἄλλῃ δυνάμει προσχρησάμενοι
νοῦν αὖ γινώσκοντα ἑαυτὸν κατοψόμεθα ἢ ἐκεῖνον μετα-   25
λαβόντες ἐπείπερ κἀκεῖνος ἡμέτερος καὶ ἡμεῖς ἐκείνου,
οὕτω νοῦν καὶ αὐτοὺς γνωσόμεθα; ἢ ἀναγκαῖον οὕτως,
εἴπερ γνωσόμεθα, ὅ τί ποτ' ἐστὶ τὸ ἐν νῷ "αὐτὸ ἑαυτό."
ἔστι δὴ νοῦς τις αὐτὸς γεγονώς, ὅτε τὰ ἄλλα ἀφεὶς ἑαυ-
τοῦ τούτῳ καὶ τοῦτον βλέπει, αὐτῷ δὲ ἑαυτόν. ὡς δὴ οὖν   30
νοῦς ἑαυτὸν ὁρᾷ.

5. Ἆρ' οὖν ἄλλῳ μέρει ἑαυτοῦ ἄλλο μέρος αὐτοῦ καθο-
ρᾷ; ἀλλ' οὕτω τὸ μὲν ἔσται ὁρῶν, τὸ δὲ ὁρώμενον· τοῦτο
δὲ οὐκ "αὐτὸ ἑαυτό." τί οὖν, εἰ πᾶν τοιοῦτον οἷον
ὁμοιομερὲς εἶναι, ὥστε τὸ ὁρῶν μηδὲν διαφέρειν τοῦ ὁρω-
μένου; οὕτω γὰρ ἰδὼν ἐκεῖνο τὸ μέρος αὐτοῦ ὂν ταὐτὸν   5
αὐτῷ εἶδεν ἑαυτόν· διαφέρει γὰρ οὐδὲν τὸ ὁρῶν πρὸς τὸ
ὁρώμενον. ἢ πρῶτον μὲν ἄτοπος ὁ μερισμὸς ἑαυτοῦ· πῶς
γὰρ καὶ μεριεῖ; οὐ γὰρ δὴ κατὰ τύχην· καὶ ὁ μερίζων δὲ
τίς; ὁ ἐν τῷ θεωρεῖν τάττων ἑαυτὸν ἢ ὁ ἐν τῷ θεωρεῖσθαι;
εἶτα πῶς ἑαυτὸν γνώσεται ὁ θεωρῶν ἐν τῷ θεωρουμένῳ   10
τάξας ἑαυτὸν κατὰ τὸ θεωρεῖν; οὐ γὰρ ἦν ἐν τῷ θεωρου-
μένῳ τὸ θεωρεῖν. ἢ γνοὺς ἑαυτὸν οὕτω θεωρούμενον ἀλλ'
οὐ θεωροῦντα νοήσει· ὥστε οὐ πάντα οὐδὲ ὅλον γνώσε-
ται ἑαυτόν· ὂν γὰρ εἶδε, θεωρούμενον ἀλλ' οὐ θεωροῦντα
εἶδε· καὶ οὕτως ἔσται ἄλλον, ἀλλ' οὐχ ἑαυτὸν ἑωρακώς.   15
ἢ προσθήσει παρ' αὑτοῦ καὶ τὸν τεθεωρηκότα, ἵνα τέλεον
αὑτὸν ᾖ νενοηκώς. ἀλλ' εἰ καὶ τὸν τεθεωρηκότα, ὁμοῦ καὶ
τὰ ἑωραμένα. εἰ οὖν ἐν τῇ θεωρίᾳ ὑπάρχει τὰ τεθεωρημέ-

---

5. 1–48 cf. Sext. Emp. *Adu. math.* 7. 310–12

4. 22 ἐκεῖ ὁ γράφων del. Igal   23 καὶ ὁ γράψας del. Theiler

να, εἰ μὲν τύποι αὐτῶν, οὐκ αὐτὰ ἔχει· εἰ δ' αὐτὰ ἔχει, οὐκ
20 ἰδὼν αὐτὰ ἐκ τοῦ μερίσαι αὐτὸν ἔχει, ἀλλ' ἦν πρὶν μερίσαι
ἑαυτὸν καὶ θεωρῶν καὶ ἔχων. εἰ τοῦτο, δεῖ τὴν θεωρίαν
ταὐτὸν εἶναι τῷ θεωρητῷ, καὶ τὸν νοῦν ταὐτὸν εἶναι τῷ
νοητῷ· καὶ γάρ, εἰ μὴ ταὐτόν, οὐκ ἀλήθεια ἔσται· τύπον
γὰρ ἕξει ὁ ἔχων τὰ ὄντα ἕτερον τῶν ὄντων, ὅπερ οὐκ ἔστιν
25 ἀλήθεια. τὴν ἄρα ἀλήθειαν οὐχ ἑτέρου εἶναι δεῖ, ἀλλ' ὃ
λέγει, τοῦτο καὶ εἶναι. ἓν ἄρα οὕτω νοῦς καὶ τὸ νοητὸν
καὶ τὸ ὂν καὶ πρῶτον ὂν τοῦτο καὶ δὴ καὶ πρῶτος νοῦς τὰ
ὄντα ἔχων, μᾶλλον δὲ ὁ αὐτὸς τοῖς οὖσιν. ἀλλ' εἰ ἡ νόησις
καὶ τὸ νοητὸν ἕν, πῶς διὰ τοῦτο τὸ νοοῦν νοήσει ἑαυτό;
30 ἡ μὲν γὰρ νόησις οἷον περιέξει τὸ νοητόν, ἢ ταὐτὸν τῷ
νοητῷ ἔσται, οὔπω δὲ ὁ νοῦς δῆλος ἑαυτὸν νοῶν. ἀλλ' εἰ
ἡ νόησις καὶ τὸ νοητὸν ταὐτόν—ἐνέργεια γάρ τις τὸ νοη-
τόν· οὐ γὰρ δὴ δύναμις οὐδέ γ' ἀνόητον οὐδὲ ζωῆς
χωρὶς οὐδ' αὖ ἐπακτὸν τὸ ζῆν οὐδὲ τὸ νοεῖν ἄλλῳ ὄντι,
35 οἷον λίθῳ ἢ ἀψύχῳ τινί—καὶ οὐσία ἡ πρώτη τὸ νοητόν·
εἰ οὖν ἐνέργεια καὶ ἡ πρώτη ἐνέργεια καὶ καλλίστη δή,
νόησις ἂν εἴη καὶ οὐσιώδης νόησις· καὶ γὰρ ἀληθεστάτη·
νόησις δὴ τοιαύτη καὶ πρώτη οὖσα καὶ πρώτως νοῦς ἂν εἴη
ὁ πρῶτος· οὐδὲ γὰρ ὁ νοῦς οὗτος δυνάμει οὐδ' ἕτερος μὲν
40 αὐτός, ἡ δὲ νόησις ἄλλο· οὕτω γὰρ ἂν πάλιν τὸ οὐσιῶδες
αὐτοῦ δυνάμει. εἰ οὖν ἐνέργεια καὶ ἡ οὐσία αὐτοῦ ἐνέργεια,
ἓν καὶ ταὐτὸν τῇ ἐνεργείᾳ ἂν εἴη· ἓν δὲ τῇ ἐνεργείᾳ τὸ ὂν
καὶ τὸ νοητόν· ἓν ἅμα πάντα ἔσται, νοῦς, νόησις, τὸ νοη-

---

5. 22–3 = Aristot. *Metaph.* Λ 7. 1072ᵇ21–2

5. 20 αὐτὸν obiectum ad μερίσαι   23 ἀλήθεια Perna: ἀληθείᾳ
Enn.   25 ἄρα: γὰρ Harder   ἕτερον x   33 γ' ἀνόητον
Theiler, testatur *Epistola*: γε νοητὸν *Enn.*   36 ἐνέργεια¹—καλ-
λίστη praedicata, subiectum uero τὸ νοητὸν   38 πρώτως cum
οὖσα coniungendum

τόν. εἰ οὖν ἡ νόησις αὐτοῦ τὸ νοητόν, τὸ δὲ νοητὸν αὐτός,
αὐτὸς ἄρα ἑαυτὸν νοήσει· νοήσει γὰρ τῇ νοήσει, ὅπερ ἦν 45
αὐτός, καὶ νοήσει τὸ νοητόν, ὅπερ ἦν αὐτός. καθ᾽ ἑκάτε-
ρον ἄρα ἑαυτὸν νοήσει,. καθότι καὶ ἡ νόησις αὐτὸς ἦν, καὶ
καθότι τὸ νοητὸν αὐτός, ὅπερ ἐνόει τῇ νοήσει, ὃ ἦν αὐτός.
6. Ὁ μὲν δὴ λόγος ἀπέδειξεν εἶναί τι τὸ αὐτὸ ἑαυτὸ
κυρίως νοεῖν. νοεῖ οὖν ἄλλως μὲν ἐπὶ ψυχῆς ὄν, ἐπὶ δὲ
τοῦ νοῦ κυριώτερον. ἡ μὲν γὰρ ψυχὴ ἐνόει ἑαυτὴν ὅτι
ἄλλου, ὁ δὲ νοῦς ὅτι αὐτὸς καὶ οἷος αὐτὸς καὶ ὅστις καὶ
ἐκ τῆς ἑαυτοῦ φύσεως καὶ ἐπιστρέφων εἰς αὐτόν. τὰ γὰρ 5
ὄντα ὁρῶν ἑαυτὸν ἑώρα καὶ ὁρῶν ἐνεργείᾳ ἦν καὶ ἡ ἐνέρ-
γεια αὐτός· νοῦς γὰρ καὶ νόησις ἕν· καὶ ὅλος ὅλῳ, οὐ μέρει
ἄλλο μέρος. ἆρ᾽ οὖν τοιοῦτον ὁ λόγος ἔδειξεν, οἷον καὶ
ἐνέργειαν πιστικὴν ἔχειν; ἢ ἀνάγκην μὲν οὕτως, πειθὼ
δὲ οὐκ ἔχει· καὶ γὰρ ἡ μὲν ἀνάγκη ἐν νῷ, ἡ δὲ πειθὼ ἐν ψυ- 10
χῇ. ζητοῦμεν δή, ὡς ἔοικεν, ἡμεῖς πεισθῆναι μᾶλλον ἢ νῷ
καθαρῷ θεᾶσθαι τὸ ἀληθές. καὶ γὰρ καὶ ἕως ἦμεν ἄνω ἐν
νοῦ φύσει, ἠρκούμεθα καὶ ἐνοοῦμεν καὶ εἰς ἓν πάντα συνά-
γοντες ἑωρῶμεν· νοῦς γὰρ ἦν ὁ νοῶν καὶ περὶ αὑτοῦ λέγων,
ἡ δὲ ψυχὴ ἡσυχίαν ἦγε συγχωροῦσα τῷ ἐνεργήματι τοῦ 15
νοῦ. ἐπεὶ δὲ ἐνταῦθα γεγενήμεθα πάλιν αὖ καὶ ἐν ψυχῇ,
πειθώ τινα γενέσθαι ζητοῦμεν, οἷον ἐν εἰκόνι τὸ ἀρχέτυπον
θεωρεῖν ἐθέλοντες. ἴσως οὖν χρὴ τὴν ψυχὴν ἡμῶν διδά-
ξαι, πῶς ποτε ὁ νοῦς θεωρεῖ ἑαυτόν, διδάξαι δὲ τοῦτο τῆς

5. 45 cf. Aristot. *Metaph.* Λ 9. 1074ᵇ33–4   **6.** 11–12 cf. Ana-
xagoras *Fr.* B 12

6. 2 νοεῖν: νοοῦν F³ᵐᵍ (= Ficinus)   νοεῖ οὖν del. Theiler
7 καὶ¹: καὶ ἡ x   9 πειστικὴν Kirchhoff   ἀνάγκην Aᵖᶜ,
cf. VI. 4. 4. 5 : ἀνάγκη A(ν ins. A³ = Ficinus) EBxUC   14 ὁ
νοῶν BxUC : ὁ νοῶν ἀνθῶν Aᵃᶜ(ἀνθῶν cancell.) : ἀνθῶν E (ante add.
ὁ νοῶν Eˢ) : fortasse ἀνθῶν pro ὁ νοῶν recipiendum

20 ψυχῆς, ὃ νοερόν πως, διανοητικὸν αὐτὸ τιθέμενοι καὶ τῇ
ὀνομασίᾳ ὑποσημαίνοντες νοῦν τινα αὐτὸ εἶναι ἢ διὰ νοῦ
τὴν δύναμιν καὶ παρὰ νοῦ αὐτὸ ἴσχειν. τούτῳ τοίνυν γι-
γνώσκειν προσήκει, ὡς καὶ αὐτῷ ὅσα ὁρᾷ γινώσκει καὶ
οἶδεν ἃ λέγει. καὶ εἰ αὐτὸ εἴη ἃ λέγει, γινώσκοι ἂν ἑαυτὸ
25 οὕτω. ὄντων δὲ ἢ ἄνωθεν αὐτῷ γινομένων ἐκεῖθεν, ὅθεν περ
καὶ αὐτό, συμβαίνοι ἂν καὶ τούτῳ λόγῳ ὄντι καὶ συγγενῆ
λαμβάνοντι καὶ τοῖς ἐν αὐτῷ ἴχνεσιν ἐφαρμόττοντι οὕτω
τοι γινώσκειν ἑαυτό. μεταθέτω τοίνυν καὶ ἐπὶ τὸν ἀληθῆ
νοῦν τὴν εἰκόνα, ὃς ἦν ὁ αὐτὸς τοῖς νοουμένοις ἀληθέσι καὶ
30 ὄντως οὖσι καὶ πρώτοις, καὶ ὅτι μὴ οἷόν τε τοῦτον τὸν
τοιοῦτον ἐκτὸς ἑαυτοῦ εἶναι—ὥστε εἴπερ ἐν ἑαυτῷ ἐστι
καὶ σὺν ἑαυτῷ καὶ τοῦτο, ὅπερ ἐστί, νοῦς ἐστιν (ἀνόητος δὲ
νοῦς οὐκ ἄν ποτε εἴη) ἀνάγκη συνεῖναι αὐτῷ τὴν γνῶσιν
ἑαυτοῦ—καὶ ὅτι ἐν αὐτῷ οὗτος, καὶ οὐκ ἄλλο αὐτῷ τὸ ἔργον
35 καὶ ἡ οὐσία ἢ τὸ νῷ μόνον εἶναι. οὐ γὰρ δὴ πρακτικός
γε οὗτος· ὡς πρὸς τὸ ἔξω βλέποντι τῷ πρακτικῷ καὶ μὴ ἐν
αὐτῷ μένοντι εἴη ἂν τῶν μὲν ἔξω τις γνῶσις, ἀνάγκη δὲ
οὐκ ἔνεστιν, εἴπερ τὸ πᾶν πρακτικὸς εἴη, γινώσκειν
ἑαυτόν. ᾧ δὲ μὴ πρᾶξις—οὐδὲ γὰρ ὄρεξις τῷ καθαρῷ νῷ
40 ἀπόντος—τούτῳ ἡ ἐπιστροφὴ πρὸς αὑτὸν οὖσα οὐ μόνον
εὔλογον ὑποδείκνυσιν, [τὴν ἑαυτοῦ] ἀλλὰ καὶ ἀναγκαίαν
αὐτοῦ τὴν ⟨ἑαυτοῦ⟩ γνῶσιν· τίς γὰρ ἂν καὶ ἡ ζωὴ αὐτοῦ
εἴη πράξεως ἀπηλλαγμένῳ καὶ ἐν νῷ ὄντι;

7. Ἀλλὰ τὸν θεὸν θεωρεῖ, εἴποιμεν ἄν. ἀλλ' εἰ τὸν

---

6. 22 τούτῳ (scil. τῷ διανοητικῷ) : τοῦτο w   23 αὐτῷ (*per se*) :
αὐτὸ w   ὁρᾷ : ὁρᾷ αὐτῷ x   24 αὐτὸ Kirchhoff : αὐτὸς Enn.
27 ἐφαρμόττοντι Kirchhoff : ἐφαρμόττοντα Enn.   30 καὶ ὅτι
recipitur ab 34 καὶ ὅτι   30–31 τὸν τοιοῦτον om. x   36 γε
Kirchhoff : τε Enn.   41 τὴν ἑαυτοῦ del. Volkmann   42 αὐ-
τοῦ τὴν ⟨ἑαυτοῦ⟩ γνῶσιν (*eius cognitio sui ipsius*) coniecimus

θεὸν γινώσκειν αὐτόν τις ὁμολογήσει, καὶ ταύτῃ συγχω-
ρεῖν ἀναγκασθήσεται καὶ ἑαυτὸν γινώσκειν. καὶ γὰρ ὅσα
ἔχει παρ' ἐκείνου γνώσεται, καὶ ἃ ἔδωκε, καὶ ἃ δύναται
ἐκεῖνος. ταῦτα δὲ μαθὼν καὶ γνοὺς καὶ ταύτῃ ἑαυτὸν γνώ-   5
σεται· καὶ γὰρ ἕν τι τῶν δοθέντων αὐτός, μᾶλλον δὲ πάντα
τὰ δοθέντα αὐτός. εἰ μὲν οὖν κἀκεῖνο γνώσεται κατὰ τὰς
δυνάμεις αὐτοῦ μαθών, καὶ ἑαυτὸν γνώσεται ἐκεῖθεν γενό-
μενος καὶ ἃ δύναται κομισάμενος· εἰ δὲ ἀδυνατήσει ἰδεῖν
σαφῶς ἐκεῖνον, ἐπειδὴ τὸ ἰδεῖν ἴσως αὐτό ἐστι τὸ ὁρώ-   10
μενον, ταύτῃ μάλιστα λείποιτ' ἂν αὐτῷ ἰδεῖν ἑαυτὸν καὶ
εἰδέναι, εἰ τὸ ἰδεῖν τοῦτό ἐστι τὸ αὐτὸ εἶναι τὸ ὁρώμενον.
τί γὰρ ἂν καὶ δοίημεν αὐτῷ ἄλλο; ἡσυχίαν, νὴ Δία. ἀλλὰ
νῷ ἡσυχία οὐ νοῦ ἐστιν ἔκστασις, ἀλλ' ἔστιν ἡσυχία τοῦ
νοῦ σχολὴν ἄγουσα ἀπὸ τῶν ἄλλων ἐνέργεια· ἐπεὶ καὶ τοῖς   15
ἄλλοις, οἷς ἐστιν ἡσυχία ἑτέρων, καταλείπεται ἡ αὐτῶν
οἰκεία ἐνέργεια καὶ μάλιστα, οἷς τὸ εἶναι οὐ δυνάμει ἐστίν,
ἀλλὰ ἐνεργείᾳ. τὸ εἶναι οὖν ἐνέργεια, καὶ οὐδέν, πρὸς ὃ ἡ
ἐνέργεια· πρὸς αὑτῷ ἄρα. ἑαυτὸν ἄρα νοῶν οὕτω πρὸς
αὑτῷ καὶ εἰς ἑαυτὸν τὴν ἐνέργειαν ἴσχει. καὶ γὰρ εἴ τι   20
ἐξ αὐτοῦ, τῷ εἰς αὐτὸν ἐν ἑαυτῷ. ἔδει γὰρ πρῶτον ἐν
ἑαυτῷ, εἶτα καὶ εἰς ἄλλο, ἢ ἄλλο τι ἥκειν ἀπ' αὐτοῦ
ὁμοιούμενον αὐτῷ, οἷον καὶ πυρὶ ἐν αὑτῷ πρότερον ὄντι
πυρὶ καὶ τὴν ἐνέργειαν ἔχοντι πυρὸς οὕτω τοι καὶ ἴχνος
αὐτοῦ δυνηθῆναι ποιῆσαι ἐν ἄλλῳ. καὶ γὰρ αὖ καὶ ἔστιν   25
ὁ μὲν νοῦς ἐν αὑτῷ ἐνέργεια, ἡ δὲ ψυχὴ τὸ μὲν ὅσον πρὸς
νοῦν αὐτῆς οἷον εἴσω, τὸ δ' ἔξω νοῦ πρὸς τὸ ἔξω. κατὰ
θάτερα μὲν γὰρ ὡμοίωται ὅθεν ἥκει, κατὰ θάτερα δὲ καίτοι

7. 7–8 cf. Plat. Alcib. 133 c 5–6

7. 7 κἀκεῖνον Creuzer   κατὰ Stark : καὶ Enn.   12 τό²
articulus ad εἶναι   15 ἄγουσα coniungendum cum 14 ἡσυχία²
18 ἤ : ἦν x   21 ἐν² JKirchhoff : om. wBRUC

ἀνομοιωθεῖσα ὅμως ὡμοίωται καὶ ἐνταῦθα, εἴτε πράττοι,
30 εἴτε ποιοῖ· καὶ γὰρ καὶ πράττουσα ὅμως θεωρεῖ καὶ ποιοῦσα
εἴδη ποιεῖ, οἷον νοήσεις ἀπηρτισμένας, ὥστε πάντα εἶναι
ἴχνη νοήσεως καὶ νοῦ κατὰ τὸ ἀρχέτυπον προϊόντων καὶ
μιμουμένων τῶν μὲν ἐγγὺς μᾶλλον, τῶν δὲ ἐσχάτων ἀμυ-
δρὰν ἀποσῳζόντων εἰκόνα.

8. Ποῖον δέ τι ὁρᾷ τὸ νοητὸν ὁ νοῦς, καὶ ποῖόν τι ἑαυ-
τόν; ἢ τὸ μὲν νοητὸν οὐδὲ δεῖ ζητεῖν, οἷον τὸ ἐπὶ τοῖς σώ-
μασι χρῶμα ἢ σχῆμα· πρὶν γὰρ ταῦτα εἶναι, ἔστιν ἐκεῖνα·
καὶ ὁ λόγος δὲ ὁ ἐν τοῖς σπέρμασι τοῖς ταῦτα ποιοῦσιν
5 οὐ ταῦτα· ἀόρατα γὰρ τῇ φύσει καὶ ταῦτα, καὶ ἔτι μᾶλλον
ἐκεῖνα. καὶ ἔστι φύσις ἡ αὐτὴ ἐκείνων καὶ τῶν ἐχόντων,
οἷον ὁ λόγος ὁ ἐν τῷ σπέρματι καὶ ἡ ἔχουσα ψυχὴ ταῦτα.
ἀλλ' ἡ μὲν οὐχ ὁρᾷ ἃ ἔχει· οὐδὲ γὰρ αὐτὴ ἐγέννησεν,
ἀλλ' ἔστι καὶ αὕτη εἴδωλον καὶ οἱ λόγοι· ὅθεν δὲ ἦλθε,
10 τὸ ἐναργὲς καὶ τὸ ἀληθινὸν καὶ τὸ πρώτως, ὅθεν καὶ ἑαυ-
τοῦ ἐστι καὶ αὐτῷ· τοῦτο δ' ἐὰν μὴ ἄλλου γένηται καὶ ἐν
ἄλλῳ, οὐδὲ μένει· εἰκόνι γὰρ προσήκει ἑτέρου οὖσαν
ἐν ἑτέρῳ γίγνεσθαι, εἰ μὴ εἴη ἐκείνου ἐξηρτημένη· διὸ
οὐδὲ βλέπει, ἅτε δὴ φῶς ἱκανὸν οὐκ ἔχον, κἂν βλέπῃ δέ, τε-
15 λειωθὲν ἐν ἄλλῳ ἄλλο καὶ οὐχ αὑτὸ βλέπει. ἀλλ' οὖν
τούτων ἐκεῖ οὐδέν, ἀλλ' ὅρασις καὶ τὸ ὁρατὸν αὐτῇ ὁμοῦ
καὶ τοιοῦτον τὸ ὁρατὸν οἷον ἡ ὅρασις, καὶ ἡ ὅρασις οἷον τὸ
ὁρατόν. τίς οὖν αὐτὸ ἐρεῖ οἷόν ἐστιν; ὁ ἰδών· νοῦς δὲ ὁρᾷ.

---

8. 12–13 = Plat. *Tim.* 52 c 2–4

7. 31 ἀπηρτημένας JTheiler   **8.** 2 οὐδὲ Pernà : οὔτε *Enn.*
3 ἐκεῖνα : εἰκόνα x   4 ταῦτα et 5 ταῦτα¹ et ταῦτα² nempe
χρῶμα et σχῆμα   6 ἐκείνων nempe τῶν λόγων   7 ταῦτα
scil. τὰ σπέρματα   8 ἡ (scil. ψυχή) : ὁ x   11 ⟨ἐν⟩ αὐτῷ
Igal   δ' ἐὰν scripsimus : δὲ ἂν *Enn.*   16 αὐτῇ scil. τῇ ψυχῇ
τῇ ἄνω   αὐτῇ ὁμοῦ transp. x

ἐπεὶ καὶ ἐνταῦθα ἡ ὄψις φῶς οὖσα, μᾶλλον δὲ ἑνωθεῖσα
φωτί, φῶς ὁρᾷ· χρώματα γὰρ ὁρᾷ· ἐκεῖ δὲ οὐ δι' ἑτέρου, 20
ἀλλὰ δι' αὑτῆς, ὅτι μηδὲ ἔξω. ἄλλῳ οὖν φωτὶ ἄλλο φῶς
ὁρᾷ, οὐ δι' ἄλλου. φῶς ἄρα φῶς ἄλλο ὁρᾷ· αὐτὸ ἄρα αὐτὸ
ὁρᾷ. τὸ δὲ φῶς τοῦτο ἐν ψυχῇ μὲν ἐλλάμψαν ἐφώτισε· τοῦτο
δ' ἐστὶ νοερὰν ἐποίησε· τοῦτο δ' ἐστὶν ὡμοίωσεν ἑαυτῷ
τῷ ἄνω φωτί. οἷον οὖν ἐστι τὸ ἴχνος τὸ ἐγγενόμενον 25
τοῦ φωτὸς ἐν ψυχῇ, τοιοῦτον καὶ ἔτι κάλλιον καὶ μεῖζον
αὐτὸ νομίζων καὶ ἐναργέστερον ἐγγὺς ἂν γένοιο φύσεως
νοῦ καὶ νοητοῦ. καὶ γὰρ αὖ καὶ ἐπιλαμφθὲν τοῦτο ζωὴν
ἔδωκε τῇ ψυχῇ ἐναργεστέραν, ζωὴν δὲ οὐ γεννητικήν·
τοὐναντίον γὰρ ἐπέστρεψε πρὸς ἑαυτὴν τὴν ψυχήν, καὶ 30
σκίδνασθαι οὐκ εἴασεν, ἀλλ' ἀγαπᾶν ἐποίησε τὴν ἐν αὐτῷ
ἀγλαΐαν· οὐ μὴν οὐδὲ αἰσθητικήν, αὕτη γὰρ ἔξω βλέπει
καὶ [οὐ μᾶλλον] αἰσθάνεται· ὁ δ' ἐκεῖνο τὸ φῶς τῶν
ἀληθῶν λαβὼν οἷον βλέπει ⟨οὐ⟩ μᾶλλον τὰ ὁρατά, ἀλλὰ
τοὐναντίον. λείπεται τοίνυν ζωὴν νοερὰν προσειληφέναι, 35
ἴχνος νοῦ ζωῆς· ἐκεῖ γὰρ τὰ ἀληθῆ. ἡ δὲ ἐν τῷ νῷ ζωὴ
καὶ ἐνέργεια τὸ πρῶτον φῶς ἑαυτῷ λάμπον πρώτως καὶ
πρὸς αὐτὸ λαμπηδών, λάμπον ὁμοῦ καὶ λαμπόμενον,
τὸ ἀληθῶς νοητόν, καὶ νοοῦν καὶ νοούμενον, καὶ ἑαυτῷ
ὁρώμενον καὶ οὐ δεόμενον ἄλλου, ἵνα ἴδῃ, αὐτῷ αὔταρκες 40
πρὸς τὸ ἰδεῖν—καὶ γὰρ ὃ ὁρᾷ αὐτό ἐστι—γιγνωσκόμενον
καὶ παρ' ἡμῶν αὐτῷ ἐκείνῳ, ὡς καὶ παρ' ἡμῶν τὴν
γνῶσιν αὐτοῦ δι' αὐτοῦ γίνεσθαι· ἢ πόθεν ἂν ἔσχομεν
λέγειν περὶ αὐτοῦ; τοιοῦτόν ἐστιν, οἷον σαφέστερον μὲν

8. 36–7|cf. Aristot. Metaph. Λ 7. 1072ᵇ27

8. 24 ὡμοίωσεν BUC : ὡμοίωσεν ἐν x : ὁμοίως ἐν w   28 τού-
τῳ w   33 οὐ μᾶλλον del. Igal   ὁ δ' : οὐδ' x   34 ⟨οὐ⟩
Kirchhoff   39 ἑαυτοῦ x   40 οὐ om. x   42 αὐτὸ
ἐκεῖνο w

45 ἀντιλαμβάνεσθαι αὐτοῦ, ἡμᾶς δὲ δι᾽ αὐτοῦ· διὰ δὲ τῶν τοι-
ούτων λογισμῶν ἀνάγεσθαι καὶ τὴν ψυχὴν ἡμῶν εἰς αὐτὸ
εἰκόνα θεμένην ἑαυτὴν εἶναι ἐκείνου, ὡς τὴν αὐτῆς ζωὴν
ἴνδαλμα καὶ ὁμοίωμα εἶναι ἐκείνου, καὶ ὅταν νοῇ, θεοειδῆ
καὶ νοοειδῆ γίγνεσθαι· καὶ ἐάν τις αὐτὴν ἀπαιτῇ ὁποῖον ὁ
50 νοῦς ἐκεῖνός ἐστιν ὁ τέλεος καὶ πᾶς, ὁ γινώσκων πρώτως
ἑαυτόν, ἐν τῷ νῷ αὐτὴν πρῶτον γενομένην ἢ παραχω-
ρήσασαν τῷ νῷ τὴν ἐνέργειαν, ὧν ἔσχε τὴν μνήμην ἐπ᾽
αὐτῇ, ταῦτα δὴ ἔχουσαν δεικνύναι ἑαυτήν, ὡς δι᾽ αὐτῆς
εἰκόνος οὔσης ὁρᾶν δύνασθαι ἀμηγέπῃ ἐκεῖνον, διὰ τῆς
55 ἐκείνῳ πρὸς τὸ ἀκριβέστερον ὡμοιωμένης, ὅσον ψυχῆς
μέρος εἰς ὁμοιότητα νῷ δύναται ἐλθεῖν.

9. Ψυχὴν οὖν, ὡς ἔοικε, καὶ τὸ ψυχῆς θειότατον κατ-
ιδεῖν δεῖ τὸν μέλλοντα νοῦν εἴσεσθαι ὅ τι ἐστί. γένοιτο δ᾽
ἂν τοῦτο ἴσως καὶ ταύτῃ, εἰ ἀφέλοις πρῶτον τὸ σῶμα ἀπὸ
τοῦ ἀνθρώπου καὶ δηλονότι σαυτοῦ, εἶτα καὶ τὴν πλάττου-
5 σαν τοῦτο ψυχὴν καὶ τὴν αἴσθησιν δὲ εὖ μάλα, ἐπιθυμίας
δὲ καὶ θυμοὺς καὶ τὰς ἄλλας τὰς τοιαύτας φλυαρίας, ὡς
πρὸς τὸ θνητὸν νευούσας καὶ πάνυ. τὸ δὴ λοιπὸν αὐτῆς
τοῦτό ἐστιν, ὃ εἰκόνα ἔφαμεν νοῦ σῴζουσάν τι φῶς ἐκείνου,
οἷον ἡλίου μετὰ τὴν τοῦ μεγέθους σφαῖραν τὸ περὶ αὐτὴν
10 ἐξ αὐτῆς λάμπον. ἡλίου μὲν οὖν τὸ φῶς οὐκ ἄν τις συγ-
χωρήσειεν ἐφ᾽ ἑαυτοῦ περὶ αὐτὸν ἥλιον εἶναι, ἐξ οὗ ὡρμη-
μένον καὶ περὶ αὐτὸν μεῖναν, ἄλλο δὲ ἐξ ἄλλου ἀεὶ προϊὸν

8. 48 θεοειδῆ cf. Plat. *Phaed.* 95 c 5   9. 6 φλυαρίας cf.
Plat. *Phaed.* 66 c 3

---

8. 47 αὐτῆς Kirchhoff (*suam* Ficinus) : αὐτὴν wBxU : om. C
49 ἐάν w : ἂν BxUC   αὐτὴν Kirchhoff : αὐτὸν *Enn.*   50 πρῶ-
τος w   52 ὧν = τούτων ὧν   53 δὴ ἔχουσαν Kirchhoff : δὲ
ἔχουσα *Enn.*   54 ἀμηγέπῃ : μὴ γέ πῃ EBJUC   9. 11 et
14 ἥλιον bis del. Kirchhoff   11 οὗ : αὐτοῦ Kirchhoff

τοῦ πρὸ αὐτοῦ, ἕως ἂν εἰς ἡμᾶς καὶ ἐπὶ γῆν ἥκῃ· ἀλλὰ πᾶν
καὶ τὸ περὶ αὐτὸν ἥλιον θήσεται ἐν ἄλλῳ, ἵνα μὴ διάστημα
διδῷ κενὸν τὸ μετὰ τὸν ἥλιον σώματος. ἡ δὲ ψυχὴ ἐκ νοῦ   15
φῶς τι περὶ αὐτὸν γενομένη ἐξήρτηταί τε αὐτοῦ καὶ οὔτε
ἐν ἄλλῳ ἀλλὰ περὶ ἐκεῖνον, οὔτε τόπος αὐτῇ· οὐδὲ γὰρ
ἐκείνῳ. ὅθεν τὸ μὲν τοῦ ἡλίου φῶς ἐν ἀέρι, αὐτὴ δὲ ἡ
ψυχὴ ἡ τοιαύτη καθαρά, ὥστε καὶ ἐφ' αὑτῆς ὁρᾶσθαι ὑπό
τε αὑτῆς καὶ ἄλλης τοιαύτης. καὶ αὐτῇ μὲν περὶ νοῦ συλλο-   20
γιστέα οἷς ἀφ' ἑαυτῆς σκοπουμένῃ, νοῦς δὲ αὐτὸς αὑτὸν
οὐ συλλογιζόμενος περὶ αὑτοῦ· πάρεστι γὰρ ἀεὶ αὑτῷ,
ἡμεῖς δέ, ὅταν εἰς αὐτόν· μεμέρισται γὰρ ἡμῖν ἡ ζωὴ καὶ
πολλαὶ ζωαί, ἐκεῖνος δὲ οὐδὲν δεῖται ἄλλης ζωῆς ἢ ἄλλων,
ἀλλ' ἃς παρέχει ἄλλοις παρέχει, οὐχ ἑαυτῷ· οὐδὲ γὰρ δεῖται   25
τῶν χειρόνων, οὐδὲ αὑτῷ παρέχει τὸ ἔλαττον ἔχων τὸ
πᾶν, οὐδὲ τὰ ἴχνη ἔχων τὰ πρῶτα, μᾶλλον δὲ οὐκ ἔχων,
ἀλλ' αὐτὸς ὢν ταῦτα. εἰ δέ τις ἀδυνατεῖ [τὴν πρώτην] τὴν
τοιαύτην ψυχὴν ἔχειν καθαρῶς νοοῦσαν, δοξαστικὴν
λαβέτω, εἶτα ἀπὸ ταύτης ἀναβαινέτω. εἰ δὲ μηδὲ τοῦτο,   30
αἴσθησιν ἐμπλατύτερα τὰ εἴδη κομιζομένην, αἴσθησιν δὲ καὶ
ἐφ' ἑαυτῆς μεθ' ὧν δύναται καὶ ἤδη ἐν τοῖς εἴδεσιν οὖσαν.
εἰ δὲ βούλεταί τις, καταβαίνων καὶ ἐπὶ τὴν γεννῶσαν ἴτω
μέχρι καὶ ὧν ποιεῖ· εἶτα ἐντεῦθεν ἀναβαινέτω ἀπὸ
ἐσχάτων εἰδῶν εἰς τὰ ἔσχατα ἀνάπαλιν εἴδη, μᾶλλον δὲ   35
εἰς τὰ πρῶτα.

10. Ταῦτα μὲν οὖν ταύτῃ. εἰ δὲ τὰ ποιηθέντα μόνον, οὐκ
ἂν ἦν ἔσχατα. ἐκεῖ δὲ πρῶτα τὰ ποιοῦντα, ὅθεν καὶ

---

9. 20–21 συλλογιστέα neutrum   21 ἀφ' wBU : ἐφ' xC
25 παρέχει¹ wBUC : περιέχει x fortasse recte   28 τὴν πρώτην
del. Dodds   29 ἔχειν om. x   ⟨τὴν⟩ καθαρῶς Kirchhoff
10. 1 οὐκ Müller : οὐ γὰρ Enn. (cf. V. 2. 2. 15; V. 5. 10. 15)
2 ἂν om. x

πρῶτα. δεῖ οὖν ἅμα καὶ τὸ ποιοῦν εἶναι καὶ ἓν ἄμφω· εἰ δὲ
μή, δεήσει πάλιν ἄλλου. τί οὖν; οὐ δεήσει πάλιν ⟨τοῦ⟩
5 ἐπέκεινα τούτου; ἢ ὁ μὲν νοῦς τοῦτο; τί οὖν; οὐχ ὁρᾷ
ἑαυτόν; ἢ οὗτος οὐδὲν δεῖται ὁράσεως.

    Ἀλλὰ τοῦτο εἰς ὕστερον· νῦν δὲ πάλιν λέγωμεν—ο ὐ
γ ὰ ρ π ε ρ ὶ τ ο ῦ ἐ π ι τ υ χ ό ν τ ο ς ἡ σκέψις—λεκτέον δὲ πάλιν
τοῦτον τὸν νοῦν δεηθῆναι τοῦ ὁρᾶν ἑαυτόν, μᾶλλον δὲ
10 ἔχειν τὸ ὁρᾶν ἑαυτόν, πρῶτον μὲν τῷ πολὺν εἶναι, εἶτα καὶ
τῷ ἑτέρου εἶναι, καὶ ἐξ ἀνάγκης ὁρατικὸν εἶναι, καὶ ὁρα-
τικὸν ἐκείνου, καὶ τὴν οὐσίαν αὐτοῦ ὅρασιν εἶναι· καὶ γὰρ
ὄντος τινὸς ἄλλου ὅρασιν δεῖ εἶναι, μὴ δὲ ὄντος μάτην
ἐστί. δεῖ τοίνυν πλείω ἑνὸς εἶναι, ἵνα ὅρασις ᾖ, καὶ
15 συνεκπίπτειν τὴν ὅρασιν τῷ ὁρατῷ, καὶ τὸ ὁρώμενον τὸ
ὑπ' αὐτοῦ πλῆθος εἶναι ἐν παντί. οὐδὲ γὰρ ἔχει τὸ ἓν
πάντη εἰς τί ἐνεργήσει, ἀλλὰ μόνον καὶ ἔρημον ὂν πάντη
στήσεται· ᾗ γὰρ ἐνεργεῖ, ἄλλο καὶ ἄλλο· εἰ δὲ μὴ εἴη
ἄλλο, τὸ δὲ ἄλλο, τί καὶ ποιήσει; ἢ ποῦ προβήσεται;
20 διὸ δεῖ τὸ ἐνεργοῦν ἢ περὶ ἄλλο ἐνεργεῖν, ἢ αὐτὸ πολύ
τι εἶναι, εἰ μέλλοι ἐνεργεῖν ἐν αὑτῷ. εἰ δὲ μή τι προ-
ελεύσεται ἐπ' ἄλλο, στήσεται· ὅταν δὲ πᾶσαν στάσιν, οὐ
νοήσει. δεῖ τοίνυν τὸ νοοῦν, ὅταν νοῇ, ἐν δυσὶν εἶναι, καὶ
ἢ ἔξω θάτερον ἢ ἐν τῷ αὐτῷ ἄμφω, καὶ ἀεὶ ἐν ἑτερότητι
25 τὴν νόησιν εἶναι καὶ ἐν ταὐτότητι δὲ ἐξ ἀνάγκης· καὶ εἶναι
τὰ κυρίως νοούμενα πρὸς τὸν νοῦν καὶ τὰ αὐτὰ καὶ ἕτερα.

---

10. 7 ὕστερον cf. V. 3. 11–17   7–8 = Plat. Resp. 352 d 5–6
17 = Plat. Phileb. 63 b 7–8   22–6 cf. Plat. Soph. 254 d–e

---

10. 3 ποιεῖν x   4 ⟨τοῦ⟩ Müller   5 ὁρᾷ subiectum τὸ ἓν
7 λέγομεν w   10 τῷ U τὸ wBxC   11 τῷ (regit etiam
11–12 καὶ¹–εἶναι) BUC : τὸ. wx   14 δεῖ τοίνυν scil. τὸν νοῦν
16 ἐν παντί del. Kirchhoff   16–17 ἐν πάντη R²mg (prorsus...
unum Ficinus) : ἐν παντὶ Enn.

καὶ πάλιν αὖ ἕκαστον τῶν νοουμένων συνεκφέρει τὴν ταυ-
τότητα ταύτην καὶ τὴν ἑτερότητα· ἢ τί νοήσει, ὃ μὴ ἔχει
ἄλλο καὶ ἄλλο; καὶ γὰρ εἰ ἕκαστον λόγος, πολλά ἐστι. κα-
ταμανθάνει τοίνυν ἑαυτὸ τῷ ποικίλον ὀφθαλμὸν εἶναι ἢ   30
ποικίλων χρωμάτων. εἰ γὰρ ἑνὶ καὶ ἀμερεῖ προσβάλλοι,
ἠλογήθη· τί γὰρ ἂν ἔχοι περὶ αὐτοῦ εἰπεῖν, ἢ τί συνεῖναι;
καὶ γὰρ εἰ τὸ ἀμερὲς πάντη εἰπεῖν αὐτὸν δέοι, δεῖ πρότε-
ρον λέγειν ἃ μὴ ἔστιν· ὥστε καὶ οὕτως πολλὰ ἂν εἶναι, ἵνα
ἓν εἴη. εἶθ' ὅταν λέγῃ "εἰμὶ τόδε", τὸ "τόδε" εἰ μὲν ἕτερόν   35
τι αὐτοῦ ἐρεῖ, ψεύσεται· εἰ δὲ συμβεβηκὸς αὐτῷ, πολλὰ
ἐρεῖ ἢ τοῦτο ἐρεῖ "εἰμὶ εἰμὶ" καὶ "ἐγὼ ἐγώ." τί οὖν, εἰ
δύο μόνα εἴη καὶ λέγοι "ἐγὼ καὶ τοῦτο;" ἢ ἀνάγκη πόλλ'
ἤδη εἶναι· καὶ γὰρ ὡς ἕτερα καὶ ὅπη ἕτερα καὶ ἀριθμὸς
ἤδη καὶ πολλὰ ἄλλα. δεῖ τοίνυν τὸ νοοῦν ἕτερον καὶ ἕτερον   40
λαβεῖν καὶ τὸ νοούμενον κατανοούμενον ὂν ποικίλον εἶναι·
ἢ οὐκ ἔσται νόησις αὐτοῦ· ἀλλὰ θίξις καὶ οἷον ἐπαφὴ μό-
νον ἄρρητος καὶ ἀνόητος· προνοοῦσα οὔπω νοῦ γεγονότος
καὶ τοῦ θιγγάνοντος οὐ νοοῦντος. δεῖ δὲ τὸ νοοῦν μηδὲ
αὐτὸ μένειν ἁπλοῦν, καὶ ὅσῳ ἂν μάλιστα αὐτὸ νοῇ· διχά-   45
σει γὰρ αὐτὸ ἑαυτό, κἂν σύνεσιν δῷ τὴν σιωπήν. εἶτα οὐ-
δὲ δεήσεται οἷον πολυπραγμονεῖν ἑαυτό· τί γὰρ καὶ μαθή-
σεται νοῆσαν; πρὸ γὰρ τοῦ νοῆσαι ὑπάρξει ὅπερ ἐστὶν
ἑαυτῷ. καὶ γὰρ αὖ πόθος τις καὶ ἡ γνῶσίς ἐστι καὶ

10. 28 νοήσει subiectum τὸ νοοῦν   30 τῷ Vitringa : τὸ *Enn.*
32 ἠλογήθη (*sermone rationeque uacabit* Ficinus) wBUC : ἠλογίσθη x :
ἠλογώθη Kirchhoff   33 τὸ ἀμερὲς πάντη subiectum
33 αὐτὸν (masculinum pro neutro, nam de intellectu agitur) : αὐτὸ
Creuzer   35 εἰμὶ : εἰ μὴ w   τὸ τόδε om. x   46 κἂν—
σιωπήν etiamsi silentium intellegentiam esse concedit   47 δεήσεται
subiectum τὸ νοοῦν, quod testatur εἶτα   48 τοῦ Sleeman : νοῦ
Enn.   ὑπάρξει coniecimus (nam irrealis desideratur ut 47–8
δεήσεται, μαθήσεται) : ὑπάρχει *Enn.*

50 οἷον ζητήσαντος εὕρεσις. τὸ τοίνυν διάφορον πάντη αὐτὸ
πρὸς αὐτὸ μένει, καὶ οὐδὲν ζητεῖ περὶ αὐτοῦ, ὃ δ' ἐξελίττει
ἑαυτό, καὶ πολλὰ ἂν εἴη.

11. Διὸ καὶ ὁ νοῦς οὗτος ὁ πολύς, ὅταν τὸ ἐπέκεινα
ἐθέλῃ νοεῖν, ἓν μὲν οὖν αὐτὸ ἐκεῖνο, ἀλλ' ἐπιβάλλειν θέλων
ὡς ἁπλῷ ἔξεισιν ἄλλο ἀεὶ λαμβάνων ἐν αὐτῷ πληθυνό-
μενον· ὥστε ὥρμησε μὲν ἐπ' αὐτὸ οὐχ ὡς νοῦς, ἀλλ' ὡς
5 ὄψις οὔπω ἰδοῦσα, ἐξῆλθε δὲ ἔχουσα ὅπερ αὐτὴ ἐπλήθυνεν·
ὥστε ἄλλου μὲν ἐπεθύμησεν ἀορίστως ἔχουσα ἐπ' αὐτῇ
φάντασμά τι, ἐξῆλθε δὲ ἄλλο λαβοῦσα ἐν αὐτῇ αὐτὸ πολὺ
ποιήσασα. καὶ γὰρ αὖ ἔχει τύπον τοῦ ὁράματος· ἢ οὐ παρε-
δέξατο ἐν αὐτῇ γενέσθαι. οὗτος δὲ πολὺς ἐξ ἑνὸς ἐγένετο,
10 καὶ οὕτως γνοὺς εἶδεν αὐτό, καὶ τότε ἐγένετο ἰδοῦσα ὄψις.
τοῦτο δὲ ἤδη νοῦς, ὅτε ἔχει, καὶ ὡς νοῦς ἔχει· πρὸ δὲ
τούτου ἔφεσις μόνον καὶ ἀτύπωτος ὄψις. οὗτος οὖν ὁ νοῦς
ἐπέβαλε μὲν ἐκείνῳ, λαβὼν δὲ ἐγένετο νοῦς, ἀεὶ δὲ † ἐνδιά-
μενος καὶ γενόμενος καὶ νοῦς καὶ οὐσία καὶ νόησις, ὅτε
15 ἐνόησε· πρὸ γὰρ τούτου οὐ νόησις ἦν τὸ νοητὸν οὐκ ἔχων
οὐδὲ νοῦς οὔπω νοήσας. τὸ δὲ πρὸ τούτων ἡ ἀρχὴ τούτων,
οὐχ ὡς ἐνυπάρχουσα· τὸ γὰρ ἀφ' οὗ οὐκ ἐνυπάρχει, ἀλλ' ἐξ
ὧν· ἀφ' οὗ δὲ ἕκαστον, οὐχ ἕκαστον, ἀλλ' ἕτερον ἁπάντων.

10. 50 τό—πάντη quod prorsus differt ab omnibus   διάφορον
A (ἀ add. A³ = Ficinus) EBxUC: ἀδιάφορον Apc   **11.** 1 ὅ¹—
πολύς subiectum   2 ἕν Dodds: εἰ Enn.   αὐτὸ ἐκεῖνο
(accusatiuus) scil. νοεῖ   ἐπιβάλλειν U: ἐπιθάλλειν wB (β Bˢ)x
C(β Cˢ)   3 λαμβάνων wBᵃᶜ (ω in o mut.): λαμβάνον R(ωRˢ)
JUC   3–4 πληθυνόμενον wRU: πληθυνόμενον BJCᵃᶜ(ν Cˢ)
4 αὐτῷ w   5 ἰδοῦσα (cf. lin. 10) Rᵖᶜ (uidens Ficinus): δοῦσα
wBR (ἰ R²)JUC   6 ἐπ' αὐτῇ penes seipsam   9 οὗτος
scil. ὁ τύπος   10 οὕτως R²ᵐᵍ (ita Ficinus): οὗτος ὡς
Enn.   ὄψις: ἡ ὄψις x   13–14 ἐνδιάμενος (corruptum)
BxUC: ἐνδιαθέμενος w: ἐν διέμενος Igal non male, sed ⟨τὸ⟩ ἐν
διέμενος exspectandum   17–18 ἐξ ὧν scil. ἐστί τι, ταῦτα
ἐνυπάρχει

οὐ τοίνυν ἕν τι τῶν πάντων, ἀλλὰ πρὸ πάντων, ὥστε καὶ
πρὸ νοῦ· καὶ γὰρ αὖ νοῦ ἐντὸς τὰ πάντα· ὥστε καὶ ταύτῃ 20
πρὸ νοῦ· καὶ εἰ τὰ μετ᾽ αὐτὸν δὲ τὴν τάξιν ἔχει τὴν τῶν
πάντων, καὶ ταύτῃ πρὸ πάντων. οὐ δὴ δεῖ, πρὸ ὧν ἐστι,
τούτων ἕν τι εἶναι, οὐδὲ νοῦν αὐτὸν προσερεῖς· οὐδὲ τἀγαθὸν
οὖν· εἰ σημαίνει ἕν τι τῶν πάντων τἀγαθόν, οὐδὲ τοῦτο·
εἰ δὲ τὸ πρὸ πάντων, ἔστω οὕτως ὠνομασμένον. εἰ οὖν 25
νοῦς, ὅτι πολύς ἐστι, καὶ τὸ νοεῖν αὐτὸ οἷον παρεμπεσόν,
κἂν ἐξ αὐτοῦ ᾖ, πληθύει, δεῖ τὸ πάντῃ ἁπλοῦν καὶ
πρῶτον ἁπάντων ἐπέκεινα νοῦ εἶναι. καὶ γὰρ εἰ νοήσει,
οὐκ ἐπέκεινα νοῦ, ἀλλὰ νοῦς ἔσται· ἀλλὰ εἰ νοῦς ἔσται,
καὶ αὐτὸ [τὸ] πλῆθος ἔσται. 30

12. Καὶ τί κωλύει οὕτω πλῆθος εἶναι, ἕως ἐστὶν οὐσία
μία; τὸ γὰρ πλῆθος οὐ συνθέσεις, ἀλλ᾽ αἱ ἐνέργειαι αὐτοῦ
τὸ πλῆθος. ἀλλ᾽ εἰ μὲν αἱ ἐνέργειαι αὐτοῦ μὴ οὐσίαι,
ἀλλ᾽ ἐκ δυνάμεως εἰς ἐνέργειαν ἔρχεται, οὐ πλῆθος μέν,
ἀτελὲς δὲ πρὶν ἐνεργῆσαι τῇ οὐσίᾳ. εἰ δὲ ἡ οὐσία αὐτοῦ 5
ἐνέργεια, ἡ δὲ ἐνέργεια αὐτοῦ τὸ πλῆθος, τοσαύτη ἔσται
ἡ οὐσία αὐτοῦ, ὅσον τὸ πλῆθος. τοῦτο δὲ τῷ μὲν νῷ συγχω-
ροῦμεν, ᾧ καὶ τὸ νοεῖν ἑαυτὸ ἀπεδίδομεν, τῇ δὲ ἀρχῇ πάν-
των οὐκέτι. δεῖται δὲ πρὸ τοῦ πολλοῦ τὸ ἓν εἶναι, ἀφ᾽ οὗ
καὶ τὸ πολύ· ἐπ᾽ ἀριθμοῦ γὰρ παντὸς τὸ ἓν πρῶτον. ἀλλ᾽ 10
ἐπ᾽ ἀριθμοῦ μὲν οὕτως φασί· σύνθεσις γὰρ τὰ ἑξῆς· ἐπὶ δὲ
τῶν ὄντων τίς ἀνάγκη ἤδη καὶ ἐνταῦθα ἕν τι εἶναι, ἀφ᾽ οὗ

---

11. 28 ἐπέκεινα νοῦ cf. Plat. *Resp.* 509 b 9; Aristot. *Fr.* 49 Rose[3] =
p. 57 Ross = Simplicius *In De caelo* ii. 12, p. 485. 22

---

11. 26–7 τὸ—ᾖ om. x   27 πληθύει (intransitiuum) wBUC :
θύει x   30 τὸ del. Kirchhoff   **12.** 2 συνθέσεις (nomi-
natiuus ut lin. 11) : συνθέσει Kirchhoff   5 ἀτελὲς : αὐτοτελὲς x
9 δεῖται *Enn.* : δεῖ Kirchhoff, sed δεῖται idem significat   δὲ :
δὴ x   12 ἐνταῦθα om. x

τὰ πολλά; ἢ διεσπασμένα ἔσται ἀπ' ἀλλήλων τὰ πολλά,
ἄλλο ἄλλοθεν ἐπὶ τὴν σύνθεσιν κατὰ τύχην ἰόν. ἀλλ' ἐξ
15 ἑνὸς τοῦ νοῦ ἁπλοῦ ὄντος φήσουσι τὰς ἐνεργείας προ-
ελθεῖν· ἤδη μέν τι ἁπλοῦν τὸ πρὸ τῶν ἐνεργειῶν τίθενται.
εἶτα τὰς ἐνεργείας μενούσας ἀεὶ καὶ ὑποστάσεις ἀεὶ
θήσονται· ὑποστάσεις δὲ οὖσαι ἕτεραι ἐκείνου, ἀφ' οὗ εἰσιν,
ἔσονται, μένοντος μὲν ἐκείνου ἁπλοῦ, τοῦ δὲ ἐξ αὐτοῦ ἐφ'
20 ἑαυτοῦ πλήθους ὄντος καὶ ἐξηρτημένου ἀπ' ἐκείνου.·εἰ μὲν
γὰρ ἐκείνου ποθὲν ἐνεργήσαντος αὗται ὑπέστησαν, κἀκεῖ
πλῆθος ἔσται· εἰ δ' αὐταί εἰσιν αἱ πρῶται ἐνέργειαι, τὸ
δεύτερον ποιήσασαι † ποιήσασαι δὲ ἐκεῖνο, ὃ πρὸ τούτων
τῶν ἐνεργειῶν, ὂν ἐφ' ἑαυτοῦ, μένειν, τῷ δευτέρῳ τῷ ἐκ
25 τῶν ἐνεργειῶν συστάντι τὰς ἐνεργείας ἃς † παραχωρῆσαν·
ἄλλο γὰρ αὐτό, ἄλλο αἱ ἐνέργειαι αἱ ἀπ' αὐτοῦ, ὅτι μὴ
αὐτοῦ ἐνεργήσαντος. εἰ δὲ μή, οὐκ ἔσται ἡ πρώτη ἐνέργεια
ὁ νοῦς· οὐ γὰρ οἷον προυθυμήθη νοῦν γενέσθαι, εἶτα ἐγένετο
νοῦς τῆς προθυμίας μεταξὺ αὐτοῦ τε καὶ τοῦ γεννηθέντος
30 νοῦ γενομένης· οὐδ' αὖ ὅλως προυθυμήθη, οὕτω τε γὰρ ἦν
ἀτελὴς καὶ ἡ προθυμία οὐκ εἶχεν ὅ τι προθυμηθῇ· οὐδ' αὖ
τὸ μὲν εἶχε τοῦ πράγματος, τὸ δὲ οὐκ εἶχεν· οὐδὲ γὰρ ἦν
τι, πρὸς ὃ ἡ ἔκτασις. ἀλλὰ δῆλον, ὅτι, εἴ τι ὑπέστη μετ'

12. 15 cf. Anaxagoras *Fr.* A 55 = Aristot. *De an.* A 2. 405ᵃ15–19

12. 14 ἄλλοθεν Aᵃᶜ (ὃ ins. A¹)ER : ἄλλο ὅθεν AᵖᶜBJUC   17–18 ἀεὶ
θήσονται coniecimus : αἰσθήσονται *Enn.*   19 ἐφ' Kirchhoff :
ἀφ' *Enn.*   21 ποθὲν Creuzer : πόθεν *Enn.*   23 ποιή-
σασαι ποιήσασαι prob. corruptum   ποιήσασαι² : εἰάσασαι Igal
23–4 τούτων τῶν J : τούτων BUC : τοῦ τῶν w : τῶν R   25 συστάν-
τι : στήσαντι x   ἃς παραχωρῆσαν corruptum censuimus : ἂν
παραχωρήσειαν Igal   28 προυθυμήθη xCᵃᶜ(υ¹ eras.) : προθυμηθῇ
wBU : προθυμήθη Cᵖᶜ   30 προυθυμήθη x : προθυμηθῇ wBU :
προθυμήθη C   ⟨ἂν⟩ ἦν Kirchhoff : ἦν ⟨ἂν⟩ B–T   31 προ-
θυμηθῇ wBU : προυθυμήθη x : προθυμήθη C

αὐτόν, μένοντος ἐκείνου ἐν τῷ αὐτῷ ἤθει ὑπέστη.
δεῖ οὖν, ἵνα τι ἄλλο ὑποστῇ, ἡσυχίαν ἄγειν ἐφ' ἑαυτοῦ 35
πανταχοῦ ἐκεῖνο· εἰ δὲ μή, ἢ πρὸ τοῦ κινηθῆναι κινήσεται,
καὶ πρὸ τοῦ νοῆσαι νοήσει, ⟨ἢ⟩ ἡ πρώτη ἐνέργεια αὐτοῦ
ἀτελὴς ἔσται ὁρμὴ μόνον οὖσα. ἐπὶ τί οὖν ὡς ἀτυχοῦσά
του ἐφορμᾷ; εἰ κατὰ λόγον θησόμεθα, τὴν μὲν ἀπ' αὐτοῦ
οἷον ῥυεῖσαν ἐνέργειαν ὡς ἀπὸ ἡλίου φῶς νοῦν θησόμεθα 40
καὶ πᾶσαν τὴν νοητὴν φύσιν, αὐτὸν δὲ ἐπ' ἄκρῳ τῷ νοητῷ
ἑστηκότα βασιλεύειν ἐπ' αὐτοῦ οὐκ ἐξώσαντα ἀπ' αὐτοῦ τὸ
ἐκφανέν—ἢ ἄλλο φῶς πρὸ φωτὸς ποιήσομεν—ἐπιλάμ-
πειν δὲ ἀεὶ μένοντα ἐπὶ τοῦ νοητοῦ. οὐδὲ γὰρ ἀποτέτμηται
τὸ ἀπ' αὐτοῦ οὐδ' αὖ ταὐτὸν αὐτῷ οὐδὲ τοιοῦτον οἷον μὴ 45
οὐσία εἶναι οὐδ' αὖ οἷον τυφλὸν εἶναι, ἀλλ' ὁρῶν καὶ γινώ-
σκον ἑαυτὸ καὶ πρῶτον γινῶσκον. τὸ δὲ ὥσπερ ἐπέκεινα
νοῦ, οὕτως καὶ ἐπέκεινα γνώσεως, οὐδὲν δεόμενον ὥσπερ
οὐδενός, οὕτως οὐδὲ τοῦ γινώσκειν· ἀλλ' ἔστιν ἐν δευτέρᾳ
φύσει τὸ γινώσκειν. ἓν γάρ τι καὶ τὸ γινώσκειν· τὸ δέ 50
ἐστιν ἄνευ τοῦ "τὶ" ἕν· εἰ γὰρ τὶ ἕν, οὐκ ἂν αὐτοέν· τὸ
γὰρ "αὐτὸ" πρὸ τοῦ "τὶ."

13. Διὸ καὶ ἄρρητον τῇ ἀληθείᾳ· ὅ τι γὰρ ἂν εἴπῃς, τὶ
ἐρεῖς. ἀλλὰ τὸ "ἐπέκεινα πάντων καὶ ἐπέκεινα τοῦ σεμνο-
τάτου νοῦ" ἐν τοῖς πᾶσι μόνον ἀληθὲς οὐκ ὄνομα ὂν αὐτοῦ,

---

12. 34 = Plat. *Tim.* 42 e 5–6   42 cf. Plat. *Resp.* 509 d 2
47–8 cf. ad V. 3. 11. 28   13. 2 = Plat. *Resp.* 509 b 9
2–3 cf. ad V. 3. 11. 28

---

12. 34 αὐτῷ : ἑαυτοῦ Plat. : αὐτοῦ Kirchhoff   36 κινήσεται
passiuum   37 ⟨ἢ⟩ R²ˢ (*uel* Ficinus)   38 ὡς ἀτυχοῦσά
Theiler : ὧδε τυχοῦσά Enn.   39 τον AB : τοῦ ExUC   εἰ :
ἢ F³ˢ = Ficinus   40 ⟨φῶς⟩ φῶς Kirchhoff   νοῦν
R²ᵐᵍ (*intellectum* Ficinus) : τι οὖν Enn.   45 τὸ om. x
13. 2–3 τὸ 'ἐπέκεινα—νοῦ' subiectum ad ἀληθὲς scil. ἐστίν

ἀλλ' ὅτι οὔτε τι τῶν πάντων οὔτε ὄνομα αὐτοῦ, ὅτι
5 μηδὲν κατ' αὐτοῦ· ἀλλ' ὡς ἐνδέχεται, ἡμῖν αὐτοῖς σημαίνειν
ἐπιχειροῦμεν περὶ αὐτοῦ. ἀλλ' ὅταν ἀπορῶμεν "ἀναίσθητον
οὖν ἑαυτοῦ καὶ οὐδὲ παρακολουθοῦν ἑαυτῷ οὐδὲ οἶδεν
αὐτό," ἐκεῖνο χρὴ ἐνθυμεῖσθαι, ὅτι ταῦτα λέγοντες ἑαυτοὺς
περιτρέπομεν ἐπὶ τἀναντία. πολὺ γὰρ αὐτὸ ποιοῦμεν
10 γνωστὸν καὶ γνῶσιν ποιοῦντες καὶ διδόντες νοεῖν δεῖσθαι
τοῦ νοεῖν ποιοῦμεν· κἂν σὺν αὐτῷ τὸ νοεῖν ᾖ, περιττὸν
ἔσται αὐτῷ τὸ νοεῖν. κινδυνεύει γὰρ ὅλως τὸ νοεῖν πολλῶν
εἰς ταὐτὸ συνελθόντων συναίσθησις εἶναι τοῦ ὅλου, ὅταν
αὐτό τι ἑαυτὸ νοῇ, ὃ δὴ καὶ κυρίως ἐστὶ νοεῖν· ἓν δὲ
15 ἕκαστον αὐτό τί ἐστι καὶ οὐδὲν ζητεῖ· εἰ δὲ τοῦ ἔξω ἔσται
ἡ νόησις, ἐνδεές τε ἔσται καὶ οὐ κυρίως τὸ νοεῖν. τὸ δὲ
πάντη ἁπλοῦν καὶ αὔταρκες ὄντως οὐδὲν δεῖται· τὸ δὲ
δευτέρως αὔταρκες, δεόμενον δὲ ἑαυτοῦ, τοῦτο δεῖται τοῦ
νοεῖν ἑαυτό· καὶ τὸ ἐνδεὲς πρὸς αὐτὸ ὂν τῷ ὅλῳ πεποίηκε
20 τὸ αὔταρκες ἱκανὸν ἐξ ἁπάντων γενόμενον, συνὸν ἑαυτῷ,
καὶ εἰς αὐτὸ νεῦον. ἐπεὶ καὶ ἡ συναίσθησις πολλοῦ τινος
αἴσθησίς ἐστι· καὶ μαρτυρεῖ καὶ τοὔνομα. καὶ ἡ νόησις
προτέρα οὖσα εἴσω εἰς αὐτὸν ἐπιστρέφει δηλονότι πολὺν
ὄντα· καὶ γὰρ ἐὰν αὐτὸ τοῦτο μόνον εἴπῃ "ὄν εἰμι," ὡς
25 ἐξευρὼν λέγει καὶ εἰκότως λέγει, τὸ γὰρ ὂν πολύ ἐστιν·
ἐπεί, ὅταν ὡς εἰς ἁπλοῦν ἐπιβάλῃ καὶ εἴπῃ "ὄν εἰμι," οὐκ
ἔτυχεν οὔτε αὐτοῦ οὔτε τοῦ ὄντος. οὐ γὰρ ὡς λίθον λέγει
τὸ ὄν, ὅταν ἀληθεύῃ, ἀλλ' εἴρηκε μιᾷ ῥήσει πολλά. τὸ
γὰρ εἶναι τοῦτο, ὅπερ ὄντως εἶναι καὶ μὴ ἴχνος ἔχον τοῦ

---

13. 4 = Plat. *Parm.* 142 a 3

13. 4 ἀλλ' ὅτι Kirchhoff : ἄλλο τι *Enn.* 12 ὅμως x 13 ταὐτὸ
Harder : αὐτὸ *Enn.* 15 αὐτῷ x 20 ἑαυτῷ ABUC : ἑαυτὸ
ERJ(ῷ Jˢ) 21 νεῦον Theiler : νοοῦν *Enn.* 23 αὐτὸν i.e.
τὸν νοῦν 26 ὡς AEˢBUC : om. Ex

ὄντος λέγεται, ὃ οὐδὲ ὂν διὰ τοῦτο λέγοιτ' ἄν, ὥσπερ εἰκὼν 30
πρὸς ἀρχέτυπον, πολλὰ ἔχει. τί οὖν; ἕκαστον αὐτῶν οὐ
νοηθήσεται; ἢ ἔρημον καὶ μόνον ἐὰν ἐθελήσῃς λαβεῖν,
οὐ νοήσεις· ἀλλ' αὐτὸ τὸ εἶναι ἐν αὐτῷ πολύ ἐστι, κἂν ἄλλο
τι εἴπῃς, ἔχει τὸ εἶναι. εἰ δὲ τοῦτο, εἴ τί ἐστιν ἁπλούστατον
ἁπάντων, οὐχ ἕξει νόησιν αὐτοῦ· εἰ γὰρ ἕξει, τῷ πολύ 35
εἶναι ἕξει. οὔτ' οὖν αὐτὸ νοεῖν οὔτ' ἔστι νόησις αὐτοῦ.
14. Πῶς οὖν ἡμεῖς λέγομεν περὶ αὐτοῦ; ἢ λέγομεν
μέν τι περὶ αὐτοῦ, οὐ μὴν αὐτὸ λέγομεν οὐδὲ γνῶσιν οὐδὲ
νόησιν ἔχομεν αὐτοῦ. πῶς οὖν λέγομεν περὶ αὐτοῦ, εἰ μὴ
αὐτὸ ἔχομεν; ἤ, εἰ μὴ ἔχομεν τῇ γνώσει, καὶ παντελῶς
οὐκ ἔχομεν; ἀλλ' οὕτως ἔχομεν, ὥστε περὶ αὐτοῦ μὲν 5
λέγειν, αὐτὸ δὲ μὴ λέγειν. καὶ γὰρ λέγομεν ὃ μὴ ἔστιν·
ὃ δέ ἐστιν, οὐ λέγομεν· ὥστε ἐκ τῶν ὕστερον περὶ αὐτοῦ
λέγομεν. ἔχειν δὲ οὐ κωλυόμεθα, κἂν μὴ λέγωμεν. ἀλλ'
ὥσπερ οἱ ἐνθουσιῶντες καὶ κάτοχοι γενόμενοι ἐπὶ τοσοῦτον
κἂν εἰδεῖεν, ὅτι ἔχουσι μεῖζον ἐν αὐτοῖς, κἂν μὴ εἰδῶσιν ὅ 10
τι, ἐξ ὧν δὲ κεκίνηται καὶ λέγουσιν, ἐκ τούτων αἴσθησίν
τινα τοῦ κινήσαντος λαμβάνουσιν ἑτέρων ὄντων τοῦ κινή-
σαντος, οὕτω καὶ ἡμεῖς κινδυνεύομεν ἔχειν πρὸς ἐκεῖνο,
ὅταν νοῦν καθαρὸν ἔχωμεν, χρώμενοι, ὡς οὗτός ἐστιν ὁ
ἔνδον νοῦς, ὁ δοὺς οὐσίαν καὶ τὰ ἄλλα, ὅσα τούτου τοῦ 15
στοίχου, αὐτὸς δὲ οἷος ἄρα, ὡς οὐ ταῦτα, ἀλλά τι κρεῖττον

---

13. 32 = Plat. *Phileb.* 63 b 7-8   **14.** 2 cf. Plat. *Parm.* 142 a 5
9-10 cf. Plat. *Io* 533 e 6-7   14 cf. Anaxagoras *Fr.* B 12

---

13. 30 λέγοιτ' Kirchhoff : λέγοι AR : λέγει EBJUC(οι Cs)   34 τὸ
εἶναι nominatiuus   35 αὐτοῦ : αὐτό x   τῷ : τὸ w   πολὺ
Kirchhoff : ποῦ Enn.   36 αὐτὸ *ipsum* subiectum   νοεῖν (scil.
ἐστιν) Enn. : νοεῖ RpcKirchhoff   **14.** 4 καὶ Enn. : οὐ A3mg (*non*
Ficinus)   5 οὐκ ἔχομεν; interpungimus   10 κἂν¹ = καὶ ἂν
13 ἐκεῖνον x   14 χρώμενοι *diuinantes*   16 στοίχου EBUCac (οι
exp.) : στίχου A et ita VI. 7. 6. 31 : στοιχείου x   ὡς = ὅτι ut lin 14

τούτου, ὃ λέγομεν "ὄν," ἀλλὰ καὶ πλέον καὶ μεῖζον ἢ
λεγόμενον, ὅτι καὶ αὐτὸς κρείττων λόγου καὶ νοῦ καὶ
αἰσθήσεως, παρασχὼν ταῦτα, οὐκ αὐτὸς ὢν ταῦτα.

15. Ἀλλὰ πῶς παρασχών; ἢ τῷ ἔχειν ⟨ἢ τῷ μὴ
ἔχειν⟩. ἀλλ᾽ ἃ μὴ ἔχει, πῶς παρέσχεν; ἀλλ᾽ εἰ μὲν ἔχων,
οὐχ ἁπλοῦς· εἰ δὲ μὴ ἔχων, πῶς ἐξ αὐτοῦ τὸ πλῆθος; ἐν
μὲν γὰρ ἐξ αὐτοῦ ἁπλοῦν τάχ᾽ ἄν τις δοίη—καίτοι καὶ
5 τοῦτο ζητηθείη ἄν, πῶς ἐκ τοῦ πάντη ἑνός· ἀλλ᾽ ὅμως δὲ
ἔστιν εἰπεῖν οἷον ἐκ φωτὸς τὴν ἐξ αὐτοῦ περίλαμψιν—πῶς
δὲ πολλά; ἢ οὐ ταὐτὸν ἔμελλε τὸ ἐξ ἐκείνου ἐκείνῳ. εἰ
οὖν μὴ ταὐτόν, οὐδέ γε βέλτιον· τί γὰρ ἂν τοῦ ἑνὸς βέλτιον
ἢ ἐπέκεινα ὅλως; χεῖρον ἄρα· τοῦτο δέ ἐστιν ἐνδεέστερον.
10 τί οὖν ἐνδεέστερον τοῦ ἑνός; ἢ τὸ μὴ ἕν· πολλὰ ἄρα·
ἐφιέμενον δὲ ὅμως τοῦ ἑνός· ἓν ἄρα πολλά. πᾶν γὰρ τὸ μὴ
ἓν τῷ ἓν σῴζεται καὶ ἔστιν, ὅπερ ἐστί, τούτῳ· μὴ γὰρ ἓν
γενόμενον, κἂν ἐκ πολλῶν ᾖ, οὔπω ἔστιν ὅ τι εἴποι τις
αὐτό. κἂν ἕκαστον ἔχῃ λέγειν τις ὅ ἐστι, τῷ ἓν ἕκαστον
15 αὐτῶν εἶναι λέγει, καὶ τῷ αὐτῷ ἔστι. τὸ δέ, ὃ μὴ πολλὰ
ἔχον ἐν ἑαυτῷ ἤδη οὐ μετουσίᾳ ἑνὸς ἕν, ἀλλὰ αὐτὸ ἕν, οὐ
κατ᾽ ἄλλου, ἀλλ᾽ ὅτι τοῦτο, παρ᾽ οὗ πως καὶ τὰ ἄλλα, τὰ
μὲν τῷ ἐγγύς, τὰ δὲ τῷ πόρρω. ἐπεὶ [δὲ] τὸ μετ᾽ αὐτὸ

---

15. 11 cf. Plat. *Parm.* 144 e 5

14. 17 λεγόμενον Cilento: λέγομεν ὄν *Enn.*   18 κρείττων x: κρείτ-
τω wBUC   15. 1–2 ἢ τῷ μὴ ἔχειν A^amg (= Ficinus), cf. *Epistola*:
om. *Enn.*   3–4 ἕν cum ἁπλοῦν coniungendum   10 πολλὰ ἄρα
om. x   12 τῷ: τὸ w   13 ὅ τι Igal: ὄν *Enn.*: ἂν Kirchhoff
14 ἔχῃ λέγειν transp. w   15 τῷ αὐτῷ scil. τῷ ἓν εἶναι   ἔστι
coniecimus: ἔτι *Enn.*   16 αὐτὸ ἕν scil. ἐστιν, finis sententiae
relatiuae   16–17 οὐ²—τοῦτο intellegendum οὐ κατ᾽ ἄλλου ἐστὶν
ἕν, ἀλλ᾽ ἕν, ὅτι τοῦτο   18–20 ἐπεὶ—εἶναι namque quod post illud
(= τὸ ἕν) est, demonstrat id ipsum quod post illud est eo quod multitudo ipsius
est unum ubique   18 δὲ² del. Theiler   μετ᾽ αὐτὸ Harder:
μὲν ταὐτὸ *Enn.*

καὶ ὅτι μετ' αὐτὸ δῆλον ποιεῖ τῷ τὸ πλῆθος αὐτοῦ ἐν παν-
ταχοῦ εἶναι· καὶ γὰρ πλῆθος ὂν ὅμως ἐν τῷ αὐτῷ καὶ δια- 20
κρῖναι οὐκ ἂν ἔχοις, ὅτι ὁμοῦ πάντα· ἐπεὶ καὶ ἕκαστον τῶν
ἐξ αὐτοῦ, ἕως ζωῆς μετέχει, ἐν πολλά· ἀδυνατεῖ γὰρ δεῖξαι
αὐτὸ ἕν πάντα. αὐτὸ δὲ ἐκεῖνο ἓν πάντα, ὅτι μεγάλην
ἀρχήν· ἀρχὴ γὰρ ἐν ὄντως καὶ ἀληθῶς ἕν· τὸ δὲ μετὰ τὴν
ἀρχὴν ὧδέ πως ἐπιβρίσαντος τοῦ ἑνὸς πάντα μετέχον τοῦ 25
ἕν, καὶ ὁτιοῦν αὐτοῦ πάντα αὖ καὶ ἕν. τίνα οὖν πάντα; ἢ
ὧν ἀρχὴ ἐκεῖνο. ὅπως δὲ ἐκεῖνο ἀρχὴ τῶν πάντων;
ἆρα, ὅτι αὐτὰ σῴζει ἓν ἕκαστον αὐτῶν ποιήσασα εἶναι;
ἢ καὶ ὅτι ὑπέστησεν αὐτά. πῶς δή; ἢ τῷ πρότερον
ἔχειν αὐτά. ἀλλ' εἴρηται, ὅτι πλῆθος οὕτως ἔσται. 30
ἀλλ' ἆρα οὕτως εἶχεν ὡς μὴ διακεκριμένα· τὰ δ' ἐν τῷ
δευτέρῳ διεκέκριτο τῷ λόγῳ. ἐνέργεια γὰρ ἤδη· τὸ δὲ
δύναμις πάντων. ἀλλὰ τίς ὁ τρόπος τῆς δυνάμεως; οὐ
γὰρ ὡς ἡ ὕλη δυνάμει λέγεται, ὅτι δέχεται· πάσχει γάρ·
ἀλλ' οὗτος ἀντιτεταγμένως τῷ ποιεῖν· πῶς οὖν ποιεῖ ἃ 35
μὴ ἔχει; οὐ γὰρ ὡς ἔτυχε· μηδ' ἐνθυμηθεὶς ὃ ποιήσει,
ποιήσει ὅμως. εἴρηται μὲν οὖν, ὅτι, εἴ τι ἐκ τοῦ ἑνός,
ἄλλο δεῖ παρ' αὐτό· ἄλλο δὲ ὂν οὐχ ἕν· τοῦτο γὰρ ἦν
ἐκεῖνο. εἰ δὲ μὴ ἕν, δύο δέ, ἀνάγκη ἤδη καὶ πλῆθος εἶναι·
καὶ γὰρ ἕτερον καὶ ταὐτὸν ἤδη καὶ ποιὸν καὶ τὰ ἄλλα. καὶ 40
ὅτι μὲν δὴ μὴ ἓν τὸ ἐκείνου, δεδειγμένον ἂν εἴη· ὅτι δὲ

---

15. 21 = Anaxagoras *Fr.* B 1   27 cf. Plat. *Parm.* 153 c 3
30 εἴρηται V. 3. 15. 2–3   37 εἴρηται V. 3. 15. 7   40 cf. Plat.
Soph. 254 e 5–255 a 1

---

15. 23 αὐτὸ δὲ ἐκεῖνο i.e. τὸ ἕν   ἓν πάντα[2] scil. δείξει ὁ νοῦς
23–4 μεγάλη ἀρχή Perna   27 ὅπως *Enn.*: πῶς Kirchhoff
35 οὗτος (i.e. τὸ ἕν) BxUC : οὕτως w   τῷ ποιεῖν eo quod creat
36 οὐ γὰρ scil. ποιεῖ   41 δὴ w : δεῖ BxUC   τὸ ἐκείνου
stirps Illius

πλῆθος καὶ πλῆθος τοιοῦτον, οἷον ἐν τῷ μετ' αὐτὸ θεωρεῖ-
ται, ἀπορῆσαι ἄξιον· καὶ ἡ ἀνάγκη δὲ τοῦ μετ' αὐτὸ ἔτι
ζητητέα.

16. ῞Οτι μὲν οὖν δεῖ τι εἶναι τὸ μετὰ τὸ πρῶτον, ἀλλα-
χοῦ εἴρηται, καὶ ὅλως, ὅτι δύναμίς ἐστι καὶ ἀμήχανος
δύναμις, καὶ τοῦτο, ὅτι ἐκ τῶν ἄλλων ἁπάντων πιστωτέον,
ὅτι μηδέν ἐστι μηδὲ τῶν ἐσχάτων, ὃ μὴ δύναμιν εἰς τὸ
5 γεννᾶν ἔχει. ἐκεῖνα δὲ νῦν λεκτέον, ὡς, ἐπειδὴ ἐν τοῖς
γεννωμένοις οὐκ ἔστι πρὸς τὸ ἄνω, ἀλλὰ πρὸς τὸ κάτω
χωρεῖν καὶ μᾶλλον εἰς πλῆθος ἰέναι, καὶ ἡ ἀρχὴ ἑκάστων
ἁπλουστέρα ἢ αὐτά. κόσμον τοίνυν τὸ ποιῆσαν αἰσθητὸν
οὐκ ἂν εἴη κόσμος αἰσθητός αὐτό, ἀλλὰ νοῦς καὶ κόσμος
10 νοητός· καὶ τὸ πρὸ τούτου τοίνυν τὸ γεννῆσαν αὐτὸ οὔτε
νοῦς οὔτε κόσμος νοητός, ἁπλούστερον δὲ νοῦ καὶ ἁπλού-
στερον κόσμου νοητοῦ. οὐ γὰρ ἐκ πολλοῦ πολύ, ἀλλὰ τὸ
πολὺ τοῦτο ἐξ οὐ πολλοῦ· εἰ γὰρ καὶ αὐτὸ πολύ, οὐκ ἀρχὴ
τοῦτο, ἀλλ' ἄλλο πρὸ τούτου. συστῆναι οὖν δεῖ εἰς ἓν ὄν-
15 τως παντὸς πλήθους ἔξω καὶ ἁπλότητος ἡστινοσοῦν, εἴπερ
ὄντως ἁπλοῦν. ἀλλὰ πῶς τὸ γενόμενον ἐξ αὐτοῦ λόγος
πολὺς καὶ πᾶς, τὸ δὲ ἦν δηλονότι οὐ λόγος; εἰ δὲ μὴ τοῦτο
ἦν, πῶς οὖν οὐκ ἐκ λόγου λόγος; καὶ πῶς τὸ ἀγαθοει-
δὲς ἐξ ἀγαθοῦ; τί γὰρ ἔχον ἑαυτοῦ ἀγαθοειδὲς λέγεται;
20 ἆρ' ἔχον τὸ κατὰ τὰ αὐτὰ καὶ ὡσαύτως; καὶ τί ταῦτα

16. 1–2 ἀλλαχοῦ εἴρηται cf. IV. 8. 6; V. 4. 1. 37; V. 2. 1   2 δύ-
ναμις cf. V. 4. 1. 36; VI. 7. 32. 31   4–5 cf. V. 1. 6. 30 sqq.   20 cf.
Plat. Soph. 248 a 12

16. 6 τὸ1 wU : τῷ BxC   τὸ2w : τῷ BxU.(oUs)C   8 ἡ
αὐτά Kirchhoff : ἡ αὐτή Enn.   15 ἁπλότητος ἡστινοσοῦν simplici-
tatis cuiuslibet (oppositum ad ὄντως ἁπλοῦν, et sic Epistola)   19 ἑαυ-
τοῦ (nam 20 τὸ—ὡσαύτως, quae respondent, internam qualitatem
intellectus desiderant) Enn. : αὐτοῦ Kirchhoff (illius Ficinus)

πρὸς τὸ ἀγαθόν; τὸ γὰρ ὡσαύτως ζητοῦμεν ὂν τῶν ἀγα-
θῶν. ἢ πρότερον ἐκεῖνο, οὗ μὴ ἐξίστασθαι δεήσει, ὅτι
ἀγαθόν· εἰ δὲ μή, βέλτιον ἀποστῆναι· ἆρ᾽ οὖν τὸ ζῆν ὡσαύτως
μένοντα ἐπὶ τούτου ἑκουσίως; εἰ οὖν ἀγαπητὸν τούτῳ
τὸ ζῆν, δῆλον ὅτι οὐδὲν ζητεῖ· ἔοικε τοίνυν διὰ τοῦτο τὸ 25
ὡσαύτως, ὅτι ἀρκεῖ τὰ παρόντα. ἀλλὰ πάντων ἤδη
παρόντων τούτῳ ἀγαπητὸν τὸ ζῆν καὶ δὴ οὕτω παρόντων,
οὐχ ὡς ἄλλων ὄντων αὐτοῦ. εἰ δ᾽ ἡ πᾶσα ζωὴ τούτῳ καὶ
ζωὴ ἐναργὴς καὶ τελεία, πᾶσα ἐν τούτῳ ψυχὴ καὶ πᾶς νοῦς,
καὶ οὐδὲν αὐτῷ οὔτε ζωῆς οὔτε νοῦ ἀποστατεῖ. αὐτάρκης 30
οὖν ἑαυτῷ καὶ οὐδὲν ζητεῖ· εἰ δὲ μηδὲν ζητεῖ, ἔχει ἐν
ἑαυτῷ ὃ ἐζήτησεν ἄν, εἰ μὴ παρῆν. ἔχει οὖν ἐν ἑαυτῷ τὸ
ἀγαθὸν ἢ τοιοῦτον ὄν, ὃ δὴ ζωὴν καὶ νοῦν εἴπομεν, ἢ ἄλλο
τι συμβεβηκὸς τούτοις. ἀλλ᾽ εἰ τοῦτο τὸ ἀγαθόν, οὐδὲν ἂν
εἴη ἐπέκεινα τούτων. εἰ δὲ ἔστιν ἐκεῖνο, δηλονότι ζωὴ 35
πρὸς ἐκεῖνο τούτῳ ἐξημμένη ἐκείνου καὶ τὴν ὑπόστασιν
ἔχουσα ἐξ ἐκείνου καὶ πρὸς ἐκεῖνο ζῶσα· ἐκεῖνο γὰρ αὐτοῦ
ἀρχή. δεῖ τοίνυν ἐκεῖνο ζωῆς εἶναι κρεῖσσον καὶ νοῦ· οὕτω
γὰρ ἐπιστρέψει πρὸς ἐκεῖνο καὶ τὴν ζωὴν τὴν ἐν αὐτῷ,
μίμημά τι τοῦ ἐν ἐκείνῳ ὄντος, καθὸ τοῦτο ζῇ, καὶ τὸν 40
νοῦν τὸν ἐν τούτῳ, μίμημά τι τοῦ ἐν ἐκείνῳ ὄντος, ὅ τι
δήποτέ ἐστι τοῦτο.

17. Τί οὖν ἐστι κρεῖττον ζωῆς ἐμφρονεστάτου καὶ
ἀπταίστου καὶ ἀναμαρτήτου καὶ νοῦ πάντα ἔχοντος. καὶ
ζωῆς πάσης καὶ νοῦ παντός; ἐὰν οὖν λέγωμεν "τὸ ποιῆ-

---

16. 21–2 ὂν τῶν ἀγαθῶν (*quippe quod bonarum rerum sit*) : ὄντων ἀγαθῶν
(*cum adsunt bona*) Ficinus   23 τὸ ζῆν ὡσαύτως scil. ἐφετόν
ἐστι   24 τούτου i.e. τοῦ ζῆν ὡσαύτως   τούτῳ i.e.
τῷ μένοντι ἐπὶ τούτου   37 καὶ —ζῶσα del. Harder   39 ἐπι-
στρέψει subiectum ὁ νοῦς   40–41 ὄντος—ἐκείνῳ om. xC
17. 1 ἐμφρονεστάτου (femininum) *Enn.* : ἐμφρονεστάτης Creuzer

σαν ταῦτα," καὶ πῶς ποιῆσαν; καί, μὴ φανῇ τι κρεῖττον,
5 οὐκ ἄπεισιν ὁ λογισμὸς ἐπ' ἄλλο, ἀλλὰ στήσεται αὐτοῦ.
ἀλλὰ δεῖ ἀναβῆναι διά γε ἄλλα πολλὰ καὶ ὅτι τούτῳ
τὸ αὔταρκες ἐκ πάντων ἔξω ἐστίν· ἕκαστον δὲ αὐτῶν δη-
λονότι ἐνδεές· καὶ ὅτι ἕκαστον [τοῦ αὐτοῦ ἑνός] μετείληφε
καὶ μετέχει ⟨τοῦ αὐτοῦ⟩ ἑνός, οὐκ αὐτὸ ἕν. τί οὖν τὸ οὗ
10 μετέχει, ὃ ποιεῖ αὐτὸ καὶ εἶναι καὶ ὁμοῦ τὰ πάντα; ἀλλ'
εἰ ποιεῖ ἕκαστον εἶναι καὶ τῇ ἑνὸς παρουσίᾳ αὔταρκες τὸ
πλῆθος αὐτοῦ καὶ αὐτός, δηλονότι ποιητικὸν οὐσίας καὶ
αὐταρκείας ἐκεῖνο αὐτὸ οὐκ ὂν οὐσία, ἀλλ' ἐπέκεινα
ταύτης καὶ ἐπέκεινα αὐταρκείας.

15 Ἀρκεῖ οὖν ταῦτα λέγοντας ἀπαλλαχθῆναι; ἢ ἔτι ἡ
ψυχὴ ὠδίνει καὶ μᾶλλον. ἴσως οὖν χρὴ αὐτὴν ἤδη γεννῆ-
σαι ἀΐξασαν πρὸς αὐτὸ πληρωθεῖσαν ὠδίνων. οὐ μὴν ἀλλὰ
πάλιν ἐπᾳστέον, εἴ ποθέν τινα πρὸς τὴν ὠδῖνα ἐπῳδὴν
εὕροιμεν. τάχα δὲ καὶ ἐκ τῶν ἤδη λεχθέντων, εἰ πολλάκις
20 τις ἐπᾴδοι, γένοιτο. τίς οὖν ὥσπερ καινὴ ἐπῳδὴ ἄλλη;
ἐπιθέουσα γὰρ πᾶσι τοῖς ἀληθέσι καὶ ὧν μετέχομεν
ἀληθῶν ὅμως ἐκφεύγει, εἴ τις βούλοιτο εἰπεῖν καὶ διανοη-
θῆναι, ἐπείπερ δεῖ τὴν διάνοιαν, ἵνα τι εἴπῃ, ἄλλο καὶ
ἄλλο λαβεῖν· οὕτω γὰρ καὶ διέξοδος· ἐν δὲ πάντη ἁπλῷ
25 διέξοδος τίς ἐστιν; ἀλλ' ἀρκεῖ κἂν νοερῶς ἐφάψασθαι·
ἐφαψάμενον δέ, ὅτε ἐφάπτεται, πάντη μηδὲν μήτε δύνα-

---

17. 13–14 = Plat. *Resp.* 509 b 8–9　　　16 cf. Plat. *Resp.* 490 b;
Epist. ii. 313 a 4–5

17. 4 καί² : κἂν Kirchhoff　　μὴ finale　　5 ἄνεισιν Harder
6 γε : τε S　　τούτῳ i.e. τῷ νῷ　　6–7 τούτῳ—ἐστίν sufficientia
huic ex cunctis accumulata pendet extrinsecus Ficinus　　7 ἔξω : ἐξ ὧν
Harder　　8 τοῦ αὐτοῦ ἑνός deleuimus　　9 ⟨τοῦ αὐτοῦ⟩ e
lin. 8 huc transposuimus　　αὐτὸ subiectum, ἕν praedicatum
12 αὐτός (i.e. ὁ νοῦς) : αὐτό Müller　　22 ἐκφεύγει Creuzer (au-
fugit Ficinus) : εἰσφεύγει wBUC : εἰσφεύγοι x

σθαι μήτε σχολὴν ἄγειν λέγειν, ὕστερον δὲ περὶ αὑτοῦ
συλλογίζεσθαι. τότε δὲ χρὴ ἑωρακέναι πιστεύειν, ὅταν ἡ
ψυχὴ ἐξαίφνης φῶς λάβῃ· τοῦτο γὰρ [τοῦτο τὸ φῶς] παρ'
αὑτοῦ καὶ αὐτός· καὶ τότε χρὴ νομίζειν παρεῖναι, ὅταν   30
ὥσπερ θεὸς ἄλλος [ὅταν] εἰς οἶκον καλοῦντός τινος ἐλθὼν
φωτίσῃ· ἢ μηδ' ἐλθὼν οὐκ ἐφώτισεν. οὕτω τοι καὶ ψυχὴ
ἀφώτιστος ἄθεος ἐκείνου· φωτισθεῖσα δὲ ἔχει, ὃ ἐζήτει,
καὶ τοῦτο τὸ τέλος τἀληθινὸν ψυχῇ, ἐφάψασθαι φωτὸς
ἐκείνου καὶ αὐτῷ αὐτὸ θεάσασθαι, οὐκ ἄλλου φωτί, ἀλλ'   35
αὐτό, δι' οὗ καὶ ὁρᾷ. δι' οὗ γὰρ ἐφωτίσθη, τοῦτό ἐστιν, ὃ
δεῖ θεάσασθαι· οὐδὲ γὰρ ἥλιον διὰ φωτὸς ἄλλου. πῶς ἂν
οὖν τοῦτο γένοιτο; ἄφελε πάντα.

---

17. 29 cf. Plat. *Symp.* 210 e 4; *Epist.* vii. 341 c 7–d 1

---

17. 29 τοῦτο τὸ φῶς del. Kirchhoff   31 ἄλλος scil. παρῇ
31 ὅταν del. Kirchhoff   33 ἄθεος ἐκείνου *uacua Deo* Ficinus recte,
nam ἐκεῖνο deus est   35 ἄλλου (ω F3s = Ficinus) *Enn.*:
ἄλλῳ Fpc   35–6 ἀλλ' αὐτό wBU : ἀλλὰ τῷ x : ἀλλὰ C : ἀλλ'
αὐτῷ Volkmann

ΠΩΣ ΑΠΟ ΤΟΥ ΠΡΩΤΟΥ ΤΟ ΜΕΤΑ ΤΟ ΠΡΩΤΟΝ ΚΑΙ ΠΕΡΙ ΤΟΥ ΕΝΟΣ

1. Εἴ τι ἔστι μετὰ τὸ πρῶτον, ἀνάγκη ἐξ ἐκείνου εἶναι ἢ εὐθὺς ἢ τὴν ἀναγωγὴν ἐπ᾽ ἐκεῖνο διὰ τῶν μεταξὺ ἔχειν, καὶ τάξιν εἶναι δευτέρων καὶ τρίτων, τοῦ μὲν ἐπὶ τὸ πρῶτον τοῦ δευτέρου ἀναγομένου, τοῦ δὲ τρίτου ἐπὶ τὸ δεύτε-
5 ρον. δεῖ μὲν γάρ τι πρὸ πάντων εἶναι ἁπλοῦν, τοῦτο καὶ πάντων ἕτερον τῶν μετ᾽ αὐτό, ἐφ᾽ ἑαυτοῦ ὄν, οὐ μεμιγμέ-νον τοῖς ἀπ᾽ αὐτοῦ, καὶ πάλιν ἕτερον τρόπον τοῖς ἄλλος παρ-εῖναι δυνάμενον, ὂν ὄντως ἕν, οὐχ ἕτερον ὄν, εἶτα ἕν, καθ᾽ οὗ ψεῦδος καὶ τὸ ἓν εἶναι, οὗ μὴ λόγος μηδὲ ἐπιστήμη,
10 ὃ δὴ καὶ ἐπέκεινα λέγεται εἶναι οὐσίας—εἰ γὰρ μὴ ἁπλοῦν ἔσται συμβάσεως ἔξω πάσης καὶ συνθέσεως καὶ ὄντως ἕν, οὐκ ἂν ἀρχὴ εἴη—αὐταρκέστατόν τε τῷ ἁπλοῦν εἶναι καὶ πρῶτον ἁπάντων· τὸ γὰρ τὸ μὴ πρῶτον ἐν-δεὲς τοῦ πρὸ αὐτοῦ, τό τε μὴ ἁπλοῦν τῶν ἐν αὐτῷ ἁπλῶν
15 δεόμενον, ἵν᾽ ᾖ ἐξ ἐκείνων. τὸ δὴ τοιοῦτον ἓν μόνον δεῖ εἶναι· ἄλλο γὰρ εἰ εἴη τοιοῦτον, ἓν ἂν εἴη τὰ ἄμφω. οὐ γὰρ δὴ σώματα λέγομεν δύο, ἢ τὸ ἓν πρῶτον σῶμα. οὐδὲν γὰρ ἁπλοῦν σῶμα, γινόμενόν τε τὸ σῶμα, ἀλλ᾽ οὐκ ἀρχή· ἡ δὲ ἀρχὴ ἀγένητος· μὴ σωματικὴ δὲ οὖσα, ἀλλ᾽ ὄντως μία,

Enn. = w(= AE) Bx(= RJ)UC

1. 9 = Plat. *Parm.* 142 a 3–4   10 = Plat. *Resp.* 509 b 9
18–19 = Plat. *Phaedr.* 245 d 3

Tit. πῶς BxU : περὶ τοῦ πῶς wC   τὸ¹ om. w   **1.** 13 τὸ
μὴ AᵖᶜBU : μὴ τὸ x : μὴ A(τὸ Aⁱˢ)EC   15 τοιοῦτον subiectum,
ἓν praedicatum   17–8 οὐδὲν ἁπλοῦν subiectum, σῶμα praedi-
catum   19 ἀγένητος BRJᵖᶜUPlato : ἀγέννητος wJᵃᶜC

ἐκεῖνο ἂν εἴη τὸ πρῶτον. εἰ ἄρα ἕτερόν τι μετὰ τὸ πρῶτον 20
εἴη, οὐκ ἂν ἔτι ἁπλοῦν εἴη· ἓν ἄρα πολλὰ ἔσται. πόθεν οὖν
τοῦτο; ἀπὸ τοῦ πρώτου· οὐ γὰρ δὴ κατὰ συντυχίαν, οὐδ'
ἂν ἔτι ἐκεῖνο πάντων ἀρχή. πῶς οὖν ἀπὸ τοῦ πρώτου; εἰ
τέλεόν ἐστι τὸ πρῶτον καὶ πάντων τελεώτατον καὶ δύνα-
μις ἡ πρώτη, δεῖ πάντων τῶν ὄντων δυνατώτατον εἶναι, 25
καὶ τὰς ἄλλας δυνάμεις καθόσον δύνανται μιμεῖσθαι ἐκεῖνο.
ὅ τι δ' ἂν τῶν ἄλλων εἰς τελείωσιν ἴῃ, ὁρῶμεν γεννῶν
καὶ οὐκ ἀνεχόμενον ἐφ' ἑαυτοῦ μένειν, ἀλλ' ἕτερον ποιοῦν,
οὐ μόνον ὅ τι ἂν προαίρεσιν ἔχῃ, ἀλλὰ καὶ ὅσα φύει ἄνευ
προαιρέσεως, καὶ τὰ ἄψυχα δὲ μεταδιδόντα ἑαυτῶν καθό- 30
σον δύναται· οἷον τὸ πῦρ θερμαίνει, καὶ ψύχει ἡ χιών, καὶ
τὰ φάρμακα δὲ εἰς ἄλλο ἐργάζεται οἷον αὐτά—πάντα
τὴν ἀρχὴν κατὰ δύναμιν ἀπομιμούμενα εἰς ἀιδιότητά τε
καὶ ἀγαθότητα. πῶς οὖν τὸ τελεώτατον καὶ τὸ πρῶτον
ἀγαθὸν ἐν αὑτῷ σταίη ὥσπερ φθονῆσαν ἑαυτοῦ ἢ ἀδυνα- 35
τῆσαν, ἡ πάντων δύναμις; πῶς δ' ἂν ἔτι ἀρχὴ εἴη;
δεῖ δή τι καὶ ἀπ' αὐτοῦ γενέσθαι, εἴπερ ἔσται τι καὶ
τῶν ἄλλων παρ' αὐτοῦ γε ὑποστάντων· ὅτι μὲν γὰρ ἀπ'
αὐτοῦ, ἀνάγκη. [δεῖ δὴ καὶ τιμιώτατον εἶναι τὸ γεννῶν
τὰ ἐφεξῆς] δεῖ δὴ καὶ τιμιώτατον εἶναι τὸ γεννώμενον 40
καὶ δεύτερον ἐκείνου τῶν ἄλλων ἄμεινον εἶναι.

2. Εἰ μὲν οὖν αὐτὸ νοῦς ἦν τὸ γεννῶν, νοῦ ἐνδεέστερον,
προσεχέστερον δὲ νῷ καὶ ὅμοιον δεῖ εἶναι· ἐπεὶ δὲ ἐπέκεινα

---

1. 21 cf. Plat. *Parm.* 144 e 5   35 cf. Plat. *Tim.* 29 e 1–2
2. 2–3 ἐπέκεινα νοῦ cf. Plat. *Resp.* 509 b 9; Aristot. *Fr.* 49 Rose[3] = p.
57 Ross = Simplicius *In De caelo* ii. 12, p. 485. 22

---

1. 20 ἐκεῖνο i.e. ἡ ἀρχή   22 οὐ : εἰ Vitringa   31 δύναν-
ται A   32 οἷον αὐτά *ut ipsa sunt* i.e. secundum suam naturam
34 τελεώτατον : τέλεον x   39–40 δεῖ—ἐφεξῆς om. C : del.
Harder

νοῦ τὸ γεννῶν, νοῦν εἶναι ἀνάγκη. διὰ τί δὲ οὐ νοῦς, οὗ
ἐνέργειά ἐστι νόησις; νόησις δὲ τὸ νοητὸν ὁρῶσα καὶ πρὸς
5 τοῦτο ἐπιστραφεῖσα καὶ ἀπ' ἐκείνου οἷον ἀποτελειουμένη
[καὶ τελειουμένη], ἀόριστος μὲν αὐτὴ ὥσπερ ὄψις, ὁριζο-
μένη δὲ ὑπὸ τοῦ νοητοῦ. διὸ καὶ εἴρηται· ἐκ τῆς ἀορίστου
δυάδος καὶ τοῦ ἑνὸς τὰ εἴδη καὶ οἱ ἀριθμοί· τοῦτο γὰρ ὁ
νοῦς. διὸ οὐχ ἁπλοῦς, ἀλλὰ πολλά, σύνθεσίν τε ἐμφαίνων,
10 νοητὴν μέντοι, καὶ πολλὰ ὁρῶν ἤδη. ἔστι μὲν οὖν καὶ αὐτὸς
νοητόν, ἀλλὰ καὶ νοῶν· διὸ δύο ἤδη. ἔστι δὲ καὶ ἄλλο τῷ
μετ' αὐτὸ νοητόν. ἀλλὰ πῶς ἀπὸ τοῦ νοητοῦ ὁ νοῦς οὗτος;
τὸ νοητὸν ἐφ' ἑαυτοῦ μένον καὶ οὐκ ὂν ἐνδεές, ὥσπερ τὸ
ὁρῶν καὶ τὸ νοοῦν—ἐνδεὲς δὲ λέγω τὸ νοοῦν ὡς πρὸς ἐ-
15 κεῖνο—οὐκ ἔστιν οἷον ἀναίσθητον, ἀλλ' ἔστιν αὐτοῦ πάντα
ἐν αὐτῷ καὶ σὺν αὐτῷ, πάντη διακριτικὸν ἑαυτοῦ, ζωὴ
ἐν αὐτῷ καὶ πάντα ἐν αὐτῷ, καὶ ἡ κατανόησις αὐτοῦ αὐτὸ
οἱονεὶ συναισθήσει οὖσα ἐν στάσει ἀιδίῳ καὶ νοήσει ἑτέρως
ἢ κατὰ τὴν νοῦ νόησιν. εἴ τι οὖν μένοντος αὐτοῦ ἐν αὐτῷ
20 γίνεται, ἀπ' αὐτοῦ τοῦτο γίνεται, ὅταν ἐκεῖνο μάλιστα ᾖ
ὅ ἐστι. μένοντος οὖν αὐτοῦ ἐν τῷ οἰκείῳ ἤθει ἐξ αὐ-
τοῦ μὲν τὸ γινόμενον γίνεται, μένοντος δὲ γίνεται. ἐπεὶ
οὖν ἐκεῖνο μένει νοητόν, τὸ γινόμενον γίνεται νόησις· νόη-
σις δὲ οὖσα καὶ νοοῦσα ἀφ' οὗ ἐγένετο—ἄλλο γὰρ οὐκ

2. 7–8 cf. Plat. apud Aristot. *Metaph.* Α 6. 987ᵇ21–2 ét Μ 7.
1081ᵃ13–15; Plot. V. 1. 5. 14   21 = Plat. *Tim.* 42 e 5–6

2. 3 οὗ : ὅτι νοῦ Α³ᵐᵍ(= Ficinus) : νοῦ Vitringa   4 τὸ νοητὸν
obiectum intellectus i.e. τὸ ἕν, cf. V. 6. 2. 4–9   5–6 ἀποτελειου-
μένη Volkmann : ἀποτελουμένη καὶ τελειουμένη Enn.   6 αὐτὴ Kirch-
hoff : αὕτη Enn.   10–11 ἔστι—ἤδη om.x   11–12 ἔστι— νοητόν est
etiam diuersus ab uno *eo quod post illud intellegibilis est*   11 ἄλλο
wx : ἄλλῳ BUC   τῷ BR(ὁ R²ˢ)JecUC : τὸ wJ (ᾧ Jˢ)   12 αὐ-
τὸ i.e. τὸ ἕν   15–16 οὐκ—ἐν om. x   16 αὐτῷ¹ : τῷ x
16 διακριτικὸν w : διακριτὸν BxUC   18 συναισθήσει E : σὺν αἰσθή-
σει ABxUC   24 νοοῦσα scil. τοῦτο

ἔχει—νοῦς γίγνεται, ἄλλο οἷον νοητὸν καὶ οἷον ἐκεῖνο καὶ 25
μίμημα καὶ εἴδωλον ἐκείνου. ἀλλὰ πῶς μένοντος ἐκείνου
γίνεται; ἐνέργεια ἡ μέν ἐστι τῆς οὐσίας, ἡ δ' ἐκ τῆς οὐ-
σίας ἑκάστου· καὶ ἡ μὲν τῆς οὐσίας αὐτό ἐστιν ἐνέργεια
ἕκαστον, ἡ δὲ ἀπ' ἐκείνης, ἣν δεῖ παντὶ ἕπεσθαι ἐξ ἀνάγκης
ἑτέραν οὖσαν αὐτοῦ· οἷον καὶ ἐπὶ τοῦ πυρὸς ἡ μέν τίς ἐστι 30
συμπληροῦσα τὴν οὐσίαν θερμότης, ἡ δὲ ἀπ' ἐκείνης ἤδη
γινομένη ἐνεργοῦντος ἐκείνου τὴν σύμφυτον τῇ οὐσίᾳ ἐν τῷ
μένειν πῦρ. οὕτω δὴ κἀκεῖ· καὶ πολὺ πρότερον ἐκεῖ μένον-
τος αὐτοῦ ἐν τῷ οἰκείῳ ἤθει ἐκ τῆς ἐν αὐτῷ τελειό-
τητος καὶ συνούσης ἐνεργείας ἡ γεννηθεῖσα ἐνέργεια ὑπό- 35
στασιν λαβοῦσα, ἅτε ἐκ μεγάλης δυνάμεως, μεγίστης μὲν
οὖν ἁπασῶν, εἰς τὸ εἶναι καὶ οὐσίαν ἦλθεν· ἐκεῖνο γὰρ
ἐπέκεινα οὐσίας ἦν. καὶ ἐκεῖνο μὲν δύναμις πάντων,
τὸ δὲ ἤδη τὰ πάντα. εἰ δὲ τοῦτο τὰ πάντα, ἐκεῖνο ἐπέκεινα
τῶν πάντων· ἐπέκεινα ἄρα οὐσίας· καὶ εἰ τὰ πάντα, πρὸ 40
δὲ πάντων τὸ ἓν οὐ τὸ ἴσον ἔχον τοῖς πᾶσι, καὶ ταύτῃ δεῖ
ἐπέκεινα εἶναι τῆς οὐσίας. τοῦτο δὲ καὶ νοῦ· ἐπέκεινα ἄρα
τι νοῦ. τὸ γὰρ ὂν οὐ νεκρὸν οὐδὲ οὐ ζωὴ οὐδὲ οὐ νοοῦν· νοῦς
δὴ καὶ ὂν ταὐτόν. οὐ γὰρ τῶν πραγμάτων ὁ νοῦς—ὥσπερ
ἡ αἴσθησις τῶν αἰσθητῶν—προόντων, ἀλλ' αὐτὸς νοῦς 45
τὰ πράγματα, εἴπερ μὴ εἴδη αὐτῶν κομίζεται. πόθεν γάρ;
ἀλλ' ἐνταῦθα μετὰ τῶν πραγμάτων καὶ ταὐτὸν αὐτοῖς
καὶ ἕν· καὶ ἡ ἐπιστήμη δὲ τῶν ἄνευ ὕλης τὰ πράγματα.

---

2. 33–4 = Plat. *Tim.* 42 e 5–6   38 = Plat. *Resp.* 509 b 9
45 cf. Aristot. *Categ.* 7. 8ᵃ11   45–6 = Aristot. *De an.* Γ 7.
431ᵇ17   48 cf. Aristot. *De an.* Γ 4. 430ᵃ3 et Γ 7. 431ᵃ1–2

---

2. 27 ἐνεργείᾳ Harder   28 ἐνεργείᾳ Kirchhoff   45 προ-
όντων spectat ad πραγμάτων   ⟨ὁ⟩ νοῦς Kirchhoff   48 ἡ
ἐπιστήμη δὲ Harder (cf. Aristot. *De an.* Γ 7. 431ᵃ1) : ἡ ἐπιστολὴ
μὴ δὲ Enn.

ΟΤΙ ΟΥΚ ΕΞΩ ΤΟΥ ΝΟΥ ΤΑ ΝΟΗΤΑ
ΚΑΙ ΠΕΡΙ ΤΑΓΑΘΟΥ

1. Τὸν νοῦν, τὸν ἀληθῆ νοῦν καὶ ὄντως, ἆρ' ἄν τις
φαίη ψεύσεσθαί ποτε καὶ μὴ τὰ ὄντα δοξάσειν; οὐδαμῶς.
πῶς γὰρ ἂν ἔτι νοῦς ἀνοηταίνων εἴη; δεῖ ἄρα αὐτὸν ἀεὶ
εἰδέναι καὶ μηδ' ἂν ἐπιλαθέσθαι ποτέ, τὴν δὲ εἴδησιν αὐτῷ
5 μήτε εἰκάζοντι εἶναι μήτε ἀμφίβολον μηδ' αὖ παρ' ἄλλου
οἷον ἀκούσαντι. οὐ τοίνυν οὐδὲ δι' ἀποδείξεως. καὶ γὰρ
εἴ τινά τις φαίη δι' ἀποδείξεως, ἀλλ' οὖν αὐτόθεν αὐτῷ
ἐναργῆ τιν' εἶναι. καίτοι ὁ λόγος φησὶ πάντα· πῶς γὰρ
καὶ διοριεῖ τις τά τε αὐτόθεν τά τε μή; ἀλλ' οὖν, ἃ συγχω-
10 ροῦσιν αὐτόθεν, πόθεν φήσουσι τούτων τὸ ἐναργὲς αὐτῷ
παρεῖναι; πόθεν δὲ αὐτῷ πίστιν, ὅτι οὕτως ἔχει, παρέξε-
ται; ἐπεὶ καὶ τὰ ἐπὶ τῆς αἰσθήσεως, ἃ δὴ δοκεῖ πίστιν
ἔχειν ἐναργεστάτην, ἀπιστεῖται, μή ποτε οὐκ ἐν τοῖς
ὑποκειμένοις, ἀλλ' ἐν τοῖς πάθεσιν ἔχει τὴν δοκοῦσαν
15 ὑπόστασιν καὶ νοῦ δεῖ ἢ διανοίας τῶν κρινούντων· ἐπεὶ
καὶ συγκεχωρημένου ἐν τοῖς ὑποκειμένοις εἶναι αἰσθητοῖς,
ὧν ἀντίληψιν ἡ αἴσθησις ποιήσεται, τό τε γινωσκόμενον
δι' αἰσθήσεως τοῦ πράγματος εἴδωλόν ἐστι καὶ οὐκ αὐτὸ

Enn. = w(= AE) Bx(= RJ)UC; accedit z(= QL) inde ab 9. 1

---

1. 12–14 cf. Sext. Emp. *Adu. math.* 8. 9 et 7. 203 = Epicurea
Fr. 244 et 247 Usener

Tit. τοῦ om. Bx   1. 4 μηδ' ἂν : μηδὲν Sleeman, sed cf. V. 5. 2. 10
8 ἐναργές Kirchhoff   τιν' Cilento : τι Enn.   14 ἔχῃ A
15 κρινούντων (neutrum et appositio ad νοῦ et διανοίας) : κρινόντων w
16 αἰσθητοῖς del. Kirchhoff   17 τε : γε A^pc Creuzer

τὸ πρᾶγμα ἡ αἴσθησις λαμβάνει· μένει γὰρ ἐκεῖνο ἔξω. ὁ
δὴ νοῦς γινώσκων καὶ τὰ νοητὰ γινώσκων, εἰ μὲν ἕτερα   20
ὄντα γινώσκει, πῶς μὲν ἂν συντύχοι αὐτοῖς; ἐνδέχεται γὰρ
μή, ὥστε ἐνδέχεται μὴ γινώσκειν ἢ τότε ὅτε συνέτυχε,
καὶ οὐκ ἀεὶ ἕξει τὴν γνῶσιν. εἰ δὲ συνεζεῦχθαι φήσουσι,
τί τὸ συνεζεῦχθαι τοῦτο; ἔπειτα καὶ αἱ νοήσεις τύποι
ἔσονται· εἰ δὲ τοῦτο, καὶ ἐπακτοὶ καὶ πληγαί. πῶς δὲ καὶ   25
τυπώσεται, ἢ τίς τῶν τοιούτων ἡ μορφή; καὶ ἡ νόησις τοῦ
ἔξω ὥσπερ ἡ αἴσθησις. καὶ τί διοίσει ἢ τῷ σμικροτέρων
ἀντιλαμβάνεσθαι; πῶς δὲ καὶ γνώσεται, ὅτι ἀντελάβετο
ὄντως; πῶς δέ, ὅτι ἀγαθὸν τοῦτο ἢ ὅτι καλὸν ἢ
δίκαιον; ἕκαστον γὰρ τούτων ἄλλο αὐτοῦ, καὶ οὐκ ἐν   30
αὐτῷ αἱ τῆς κρίσεως ἀρχαί, αἷς πιστεύσει, ἀλλὰ καὶ αὗται
ἔξω, καὶ ἡ ἀλήθεια ἐκεῖ. εἶτα κἀκεῖνα ἀναίσθητα καὶ
ἄμοιρα ζωῆς καὶ νοῦ, ἢ νοῦν ἔχει. καὶ εἰ νοῦν ἔχει, ἅμα
ἐνταῦθα ἄμφω, καὶ τὸ ἀληθὲς ὧδί, καὶ ὁ πρῶτος νοῦς
οὗτος, καὶ ἐπὶ τούτου ζητήσομεν, πῶς ἔχει ἡ ἐνταῦθα   35
ἀλήθεια, καὶ τὸ νοητὸν καὶ ὁ νοῦς εἰ ἐν τῷ αὐτῷ μὲν καὶ
ἅμα, δύο δὲ καὶ ἕτερα, ἢ πῶς; εἰ δ' ἀνόητα καὶ ἄνευ
ζωῆς, τί ὄντα; οὐ γὰρ δὴ προτάσεις οὐδὲ ἀξιώματα
οὐδὲ λεκτά· ἤδη γὰρ ἂν καὶ αὐτὰ περὶ ἑτέρων λέγοι, καὶ
οὐκ αὐτὰ τὰ ὄντα εἴη, οἷον τὸ δίκαιον καλόν, ἄλλου τοῦ   40
δικαίου καὶ τοῦ καλοῦ ὄντος. εἰ δ' ἁπλᾶ φήσουσι,
δίκαιον χωρὶς καὶ καλόν, πρῶτον μὲν οὐχ ἕν τι οὐδ' ἐν ἑνὶ
τὸ νοητὸν ἔσται, ἀλλὰ διεσπασμένον ἕκαστον. καὶ ποῦ καὶ

---

1. 38 προτάσεις cf. Aristot. *Anal. priora* A 1. 24ᵃ16   38–9 ἀξιώ-
ματα et λεκτά cf. Sext. Emp. *Adu. math.* 7. 38 et 8. 12 = *Stoic. Vet.*
Fr. ii, n. 132 et 166

---

1. 27 ἡ : καὶ ἡ w   32 ἐκεῖ i.e. ἔξω   37 ad ἀνόητα sub-
iectum τὰ νοητὰ   40 τὸ δίκαιον καλόν *quod iustum est, esse pulchrum*
40 ἄλλου (*diuersum a* τὸ δίκαιον καλόν) Aᵖᶜ (*aliud* Ficinus): ἀλλ' οὐ *Enn.*

κατὰ τίνας διέσπασται τόπους; πῶς δὲ αὐτοῖς συντεύξε-
45 ται ὁ νοῦς περιθέων; πῶς δὲ μενεῖ; ἢ ἐν τῷ αὐτῷ πῶς
μενεῖ; τίνα δ' ὅλως μορφὴν ἢ τύπον ἕξει; εἰ μὴ ὥσπερ
ἀγάλματα ἐκκείμενα χρυσᾶ ἢ ἄλλης τινὸς ὕλης ὑπό τινος
πλάστου ἢ γραφέως πεποιημένα; ἀλλ' εἰ τοῦτο, ὁ θεωρῶν
νοῦς αἴσθησις ἔσται. διὰ τί δὲ τὸ μέν ἐστι τῶν τοιούτων
50 δικαιοσύνη, τὸ δ' ἄλλο τι; μέγιστον δὲ πάντων ἐκεῖνο· εἰ
γὰρ καὶ ὅτι μάλιστα δοίη τις ταῦτα ἔξω εἶναι καὶ τὸν
νοῦν αὐτὰ οὕτως ἔχοντα θεωρεῖν, ἀναγκαῖον αὐτῷ μήτε τὸ
ἀληθὲς αὐτῶν ἔχειν διεψεῦσθαί τε ἐν ἅπασιν οἷς θεωρεῖ.
τὰ μὲν γὰρ ἀληθινὰ ἂν εἴη ἐκεῖνα· θεωρήσει τοίνυν
55 αὐτὰ οὐκ ἔχων αὐτά, εἴδωλα δὲ αὐτῶν ἐν τῇ γνώσει τῇ
τοιαύτῃ λαβών. τὸ τοίνυν ἀληθινὸν οὐκ ἔχων, εἴδωλα δὲ
τοῦ ἀληθοῦς παρ' αὐτῷ λαβὼν τὰ ψευδῆ ἕξει καὶ οὐδὲν
ἀληθές. εἰ μὲν οὖν εἰδήσει, ὅτι τὰ ψευδῆ ἔχει, ὁμολογήσει
ἄμοιρος ἀληθείας εἶναι· εἰ δὲ καὶ τοῦτο ἀγνοήσει καὶ
60 οἰήσεται τὸ ἀληθὲς ἔχειν οὐκ ἔχων, διπλάσιον ἐν αὑτῷ
τὸ ψεῦδος γενόμενον πολὺ τῆς ἀληθείας αὐτὸν ἀποστήσει.
διὰ τοῦτο γὰρ καὶ ἐν ταῖς αἰσθήσεσιν, οἶμαι, οὐκ ἔνεστιν
ἀλήθεια, ἀλλὰ δόξα, ὅτι παραδεχομένη καὶ διὰ τοῦτο δόξα
οὖσα ἄλλο παραδέχεται ἄλλου ὄντος ἐκείνου, ἐξ οὗ τοῦτο
65 ὃ παραδέχεται ἔχει. εἰ οὖν μὴ ἀλήθεια ἐν τῷ νῷ, οὗτος
μὲν ὁ τοιοῦτος νοῦς οὔτε ἀλήθεια ἔσται οὔτε ἀληθείᾳ νοῦς
οὔτε ὅλως νοῦς ἔσται. ἀλλ' οὐδὲ ἄλλοθί που ἡ ἀλήθεια
ἔσται.

   2. Οὐ τοίνυν δεῖ οὔτε ἔξω τὰ νοητὰ ζητεῖν, οὔτε τύ-
πους ἐν τῷ νῷ τῶν ὄντων λέγειν εἶναι, οὔτε τῆς ἀληθείας
ἀποστεροῦντας αὐτὸν ἀγνωσίαν τε τῶν νοητῶν ποιεῖν καὶ
ἀνυπαρξίαν καὶ ἔτι αὐτὸν τὸν νοῦν ἀναιρεῖν. ἀλλ' εἴπερ

---

1. 46 μενεῖ B : μένει wxUC   47 ἐγκείμενα w   52 ἔχοντα neutrum

καὶ γνῶσιν δεῖ καὶ ἀλήθειαν εἰσάγειν καὶ τὰ ὄντα τηρεῖν 5
καὶ γνῶσιν τοῦ τί ἕκαστόν ἐστιν, ἀλλὰ μὴ τοῦ ποῖόν τι
ἕκαστον, ἅτε εἴδωλον αὐτοῦ καὶ ἴχνος ἴσχοντας, ἀλλὰ μὴ
αὐτὰ ἔχοντας καὶ συνόντας καὶ συγκραθέντας αὐτοῖς, τῷ
ἀληθινῷ νῷ δοτέον τὰ πάντα. οὕτω γὰρ ἂν καὶ εἰδείη, καὶ
ἀληθινῶς εἰδείη, καὶ οὐδ' ἂν ἐπιλάθοιτο οὐδ' ἂν περιέλθοι 10
ζητῶν, καὶ ἡ ἀλήθεια ἐν αὐτῷ καὶ ἕδρα ἔσται τοῖς οὖσι καὶ
ζήσεται καὶ νοήσει. ἃ δὴ πάντα περὶ τὴν μακαριωτάτην
φύσιν δεῖ ὑπάρχειν· ἢ ποῦ τὸ τίμιον καὶ σεμνὸν ἔσται; καὶ
γὰρ αὖ οὕτως οὐδ' ἀποδείξεως δεῖ οὐδὲ πίστεως, ὅτι οὕτως
—αὐτὸς γὰρ οὕτως καὶ ἐναργὴς αὐτὸς αὑτῷ—καὶ εἴ τι 15
πρὸ αὐτοῦ, ὅτι ἐξ αὐτοῦ, καὶ εἴ τι μετ' ἐκεῖνο, ὅτι αὐτός—
καὶ οὐδεὶς πιστότερος αὐτῷ περὶ αὐτοῦ—καὶ ὅτι ἐκεῖ τοῦτο
καὶ ὄντως. ὥστε καὶ ἡ ὄντως ἀλήθεια οὐ συμφωνοῦσα
ἄλλῳ ἀλλ' ἑαυτῇ, καὶ οὐδὲν παρ' αὐτὴν ἄλλο λέγει, ⟨ἀλλ'
ὃ λέγει⟩, καὶ ἔστι, καὶ ὃ ἔστι, τοῦτο καὶ λέγει. τίς ἂν οὖν 20
ἐλέγξειε; καὶ πόθεν οἴσει τὸν ἔλεγχον; εἰς γὰρ ταὐτὸν ὁ
φερόμενος ἔλεγχος τῷ προειπόντι, κἂν κομίσῃ ὡς ἄλλο,
φέρεται εἰς τὸν ἐξαρχῆς εἰπόντα καὶ ἕν ἐστιν· οὐ γὰρ ἄλλο
ἀληθέστερον ἂν εὕροις τοῦ ἀληθοῦς.

3. Μία τοίνυν φύσις αὕτη ἡμῖν, νοῦς, τὰ ὄντα πάντα,
ἡ ἀλήθεια· εἰ δέ, θεός τις μέγας· μᾶλλον δὲ οὔ τις, ἀλλὰ
πᾶς ἀξιοῖ ταῦτα εἶναι. καὶ θεὸς αὕτη ἡ φύσις, καὶ θεὸς
δεύτερος προφαίνων ἑαυτὸν πρὶν ὁρᾶν ἐκεῖνον· ὁ δὲ ὑπερ-

---

2. 13 σεμνὸν cf. Aristot. *Metaph. Λ* 9. 1074[b]18   3. 3–4 cf.
Plat. *Epist.* ii. 312 e

---

2. 9 ⟨ἀεὶ⟩ εἰδείη Harder   11–12 ad ἕδρα ἔσται subiectum
ὁ νοῦς, ad ζήσεται et νοήσει subiectum τὰ ὄντα   14–17 ὅτι
(quater) reguntur ab οὐδ' ἀποδείξεως δεῖ οὐδὲ πίστεως   16 ἐκεῖ-
νο i.e. τὸ ἕν   17 τοῦτο praedicatum   19–20 ⟨ἀλλ' ὃ
λέγει⟩ Theiler   3. 1–2 νοῦς et ἡ ἀλήθεια del. Müller

5 κάθηται καὶ ὑπερίδρυται ἐπὶ καλῆς οὕτως οἷον κρηπῖδος,
ἢ ἐξ αὐτοῦ ἐξήρτηται. ἔδει γὰρ ἐκεῖνον βαίνοντα μὴ ἐπ'
ἀψύχου τινὸς μηδ' αὖ ἐπὶ ψυχῆς εὐθὺς βεβηκέναι, ἀλλ'
εἶναι αὐτῷ κάλλος ἀμήχανον πρὸ αὐτοῦ προϊόν, οἷον πρὸ
μεγάλου βασιλέως πρόεισι μὲν πρῶτα ἐν ταῖς προόδοις τὰ
10 ἐλάττω, ἀεὶ δὲ τὰ μείζω καὶ τὰ σεμνότερα ἐπ' αὐτοῖς, καὶ
τὰ περὶ βασιλέα ἤδη μᾶλλον βασιλικώτερα, εἶτα τὰ μετ'
αὐτὸν τίμια· ἐφ' ἅπασι δὲ τούτοις βασιλεὺς προφαίνεται
ἐξαίφνης αὐτὸς ὁ μέγας, οἱ δ' εὔχονται καὶ προσκυνοῦσιν,
ὅσοι μὴ προαπῆλθον ἀρκεσθέντες τοῖς πρὸ τοῦ βασιλέως
15 ὀφθεῖσιν. ἐκεῖ μὲν οὖν ὁ βασιλεὺς ἄλλος, οἵ τε πρὸ αὐτοῦ
προϊόντες ἄλλοι αὐτοῦ· ὁ δὲ ἐκεῖ βασιλεὺς οὐκ ἀλλοτρίων
ἄρχων, ἀλλ' ἔχων τὴν δικαιοτάτην καὶ φύσει ἀρχὴν καὶ
τὴν ἀληθῆ βασιλείαν, ἅτε τῆς ἀληθείας βασιλεὺς καὶ ὢν
κατὰ φύσιν κύριος τοῦ αὐτοῦ ἀθρόου γεννήματος καὶ θείου
20 συντάγματος, βασιλεὺς βασιλέως καὶ βασιλέων καὶ πατὴρ
δικαιότερον ἂν κληθεὶς θεῶν, ὃν ὁ Ζεὺς καὶ ταύτῃ ἐμιμή-
σατο τὴν τοῦ ἑαυτοῦ πατρὸς οὐκ ἀνασχόμενος θεωρίαν,
ἀλλὰ τὴν τοῦ προπάτορος οἷον ἐνέργειαν εἰς ὑπόστασιν
οὐσίας.

4. Ὅτι μὲν οὖν δεῖ τὴν ἀναγωγὴν ποιήσασθαι εἰς ἓν
καὶ ἀληθῶς ἕν, ἀλλὰ μὴ ὥσπερ τὰ ἄλλα ἕν, ἃ πολλὰ ὄντα
μετοχῇ ἑνὸς ἕν—δεῖ δὲ τὸ μὴ μετοχῇ ἓν λαβεῖν μηδὲ τὸ οὐ
μᾶλλον ἓν ἢ πολλά—καὶ ὅτι ὁ μὲν νοητὸς κόσμος καὶ ὁ
5 νοῦς μᾶλλον ἓν τῶν ἄλλων, καὶ οὐδὲν ἐγγυτέρω αὐτοῦ τοῦ
ἑνός, οὐ μὴν τὸ καθαρῶς ἕν, εἴρηται. τί δὲ τὸ καθαρῶς ἓν
καὶ ὄντως καὶ οὐ κατ' ἄλλο, νῦν θεάσασθαι ποθοῦμεν, εἴ πη

---

3. 8 = Plat. *Resp.* 509 a 6   20–21 = Hom. *A* 544   4. 6 εἴ-
ρηται cf. III. 8. 10–11

---

3. 21–2 ἐτιμήσατο x   22 πατρὸς genetiuus subiectiuus
4. 7 κατ' secundum

δυνατόν. χρὴ τοίνυν ἐνταῦθα ἆξαι πρὸς ἕν, καὶ μηδὲν
αὐτῷ ἔτι προσθεῖναι, ἀλλὰ στῆναι παντελῶς δεδιότα αὐτοῦ
ἀποστατῆσαι μηδὲ τοὐλάχιστον μηδὲ εἰς δύο προελθεῖν.   10
εἰ δὲ μή, ἔσχες δύο, οὐκ ἐν οἷς τὸ ἕν, ἀλλὰ ἄμφω ὕστερα.
οὐ γὰρ θέλει μετ' ἄλλου οὔτε ἑνὸς οὔτε ὁποσουοῦν συν-
αριθμεῖσθαι οὐδ' ὅλως ἀριθμεῖσθαι· μέτρον γὰρ αὐτὸ καὶ
οὐ μετρούμενον, καὶ τοῖς ἄλλοις δὲ οὐκ ἴσον, ἵνα σὺν αὐ-
τοῖς· εἰ δὲ μή, κοινόν τι ἔσται ἐπ' αὐτοῦ καὶ τῶν συν-   15
αριθμουμένων, κἀκεῖνο πρὸ αὐτοῦ· δεῖ δὲ μηδέν. οὐδὲ γὰρ
οὐδ' ὁ οὐσιώδης ἀριθμὸς κατ' αὐτοῦ, οὐδέ γε ὁ ὕστερος
τούτου, ὁ τοῦ ποσοῦ· οὐσιώδης μὲν ὁ τὸ εἶναι ἀεὶ παρέχων,
τοῦ δὲ ποσοῦ ὁ τὸ ποσὸν μετ' ἄλλων ἢ ἔτι μὴ μετ' ἄλλων,
εἴπερ ἀριθμὸς τοῦτο. ἐπεὶ καὶ ἡ ἐν τοῖς τοῦ ποσοῦ ἀριθ-   20
μοῦ πρὸς τὸ ἓν τὴν ἀρχὴν αὐτῶν ἀπομιμουμένη τὴν ἐν
τοῖς προτέροις ἀριθμοῖς φύσις πρὸς τὸ ὄντως ἓν οὐκ ἀνα-
λίσκουσα τὸ ἓν οὐδὲ κερματίζουσα τὴν ὑπόστασιν ἔχει,
ἀλλὰ δυάδος γενομένης ἔστι μονὰς ἡ πρὸ τῆς δυάδος, καὶ
οὐχ ἡ ἐν τῇ δυάδι μονὰς ἑκατέρα οὐδ' ἑτέρα ἐκείνη. τί   25
γὰρ μᾶλλον ὁποτεραοῦν; εἰ οὖν μηδετέρα αὐτῶν, ἄλλη
ἐκείνη καὶ μένουσα οὗ μένει. πῶς οὖν ἕτεραι ἐκεῖναι; καὶ
πῶς ἡ δυὰς ἕν; καὶ εἰ ταὐτὸ ἕν, ὅπερ ἐν ἑκατέρᾳ τῇ περι-

---

4. 14 cf. Plat. *Parm.* 140 b 6

4. 10 μηδὲ¹ coniungit προελθεῖν cum 9 στῆναι   14–15 post
αὐτοῖς add. ἢ A³ᵐᵍ (= Ficinus), sed tacite supplendum   18 τὸ
εἶναι BᵞᵖᵐᵍRᵞᵖˢJᵞᵖᵐᵍUCᵞᵖᵐᵍ, testatur *Epistola* : τὸ νοεῖν BxC : τὸ
νοεῖν εἶναι Aᵃᶜ (ὁ in ῷ mut. A³)E   19 ὁ τὸ ποσὸν i.e. ὁ ἀριθμὸς
τὸ ποσὸν παρέχων   ἄλλων (bis) obiecta   ἔτι Theiler (ἔτι
ὁ A³ᵐᵍ = Ficinus) : ὅτι Enn.   20 τοῦτο scil. ποσόν, cf. VI. 6.
16. 17–18   ἡ coniungendum cum 22 φύσις   20–21 τὰ τοῦ
ποσοῦ ἀριθμοῦ idem atque οἱ τοῦ ποσοῦ ἀριθμοί   21 τὸ ἓν numerus
opponitur contra 22 τὸ ὄντως ἕν   τὴν ἀρχὴν αὐτῶν appositio
ad τὸ ἕν   τὴν² scil. φύσιν   22 προτέροις i.e. οὐσιώδεσιν
27 οὗ B–T : οὐ Enn.   28 εἰ num   ἑκατέρᾳ scil. μονάδι

εχομένη. ἢ μετέχειν τῆς πρώτης φατέον, ἄλλας δὲ ἧς
30 μετέχουσι, καὶ τὴν δυάδα δέ, καθὸ ἕν, μετέχειν, οὐχ ὡσαύ-
τως δέ· ἐπεὶ οὐδὲ ὁμοίως στρατὸς ἓν καὶ οἰκία. καὶ αὕτη
πρὸς τὸ συνεχὲς οὔτε κατὰ τὸ ὡς εἶναι ἕν, οὔτε κατὰ τὸ
ποσὸν ἕν. ἆρ' οὖν αἱ μὲν μονάδες ἄλλως αἱ ἐν πεντάδι
καὶ δεκάδι, τὸ δὲ ἓν τὸ ἐν τῇ πεντάδι πρὸς τὸ ἓν τὸ ἐπὶ τῆς
35 δεκάδος τὸ αὐτό; ἤ, εἰ ναῦς πᾶσα πρὸς πᾶσαν, μικρὰ
πρὸς μεγάλην, καὶ πόλις πρὸς πόλιν, καὶ στρατὸς πρὸς
στρατόν, ταὐτὸ ἓν καὶ ἐνταῦθα· εἰ δὲ μηδ' ἐκεῖ, οὐδ' ἐν-
ταῦθα. εἰ γάρ τινες περὶ τούτων ἀπορίαι, ὕστερον.

5. Ἀλλ' ἐπ' ἐκεῖνο ἐπανιτέον λέγουσιν, ὅτι μένει τὸ
πρῶτον τὸ αὐτό, κἂν ἐξ αὐτοῦ γίνηται ἕτερα. ἐν μὲν οὖν
τοῖς ἀριθμοῖς μένοντος μὲν τοῦ ἕν, ποιοῦντος δὲ ἄλλου, ὁ
ἀριθμὸς γίνεται κατ' αὐτό· ἐν δὲ τῷ ὅ ἐστι πρὸ τῶν ὄντων
5 μένει μὲν πολὺ μᾶλλον ἐνταῦθα τὸ ἕν· μένοντος δὲ αὐτοῦ
οὐκ ἄλλο ποιεῖ, εἰ κατ' αὐτὸ τὰ ὄντα, ἀλλ' ἀρκεῖ αὐτὸ γεν-
νῆσαι τὰ ὄντα. καὶ ὥσπερ ἐκεῖ ἐπὶ τῶν ἀριθμῶν ἦν τοῦ
πρώτου—τῆς μονάδος—ἐπὶ πᾶσιν εἶδος πρώτως καὶ
δευτέρως, καὶ οὐκ ἐπίσης ἑκάστου μεταλαμβάνοντος τῶν
10 ὕστερον αὐτῆς, οὕτω καὶ ἐνταῦθα ἕκαστον μὲν τῶν μετὰ τὸ
πρῶτον ἔχει τι ἐκείνου οἷον εἶδος ἐν αὐτῷ. κἀκεῖ μὲν ἡ με-

---

4. 31 cf. *Stoic. Vet. Fr.* ii, n. 366–8 et 1013; Plot. VI. 2. 10. 3–4;
11. 8 et 16; VI. 6. 13. 18–25; VI. 9. 1.4–6   38 ὕστερον cf. VI.
6. 5   **5.** 1 ἐπανιτέον cf. V. 5. 4. 12–13

---

4. 29 δὲ: ἕν x   31 αὕτη i.e. οἰκία   32 πρὸς τὸ συνεχὲς
si respicis continuum   κατὰ τὸ ὡς εἶναι secundum praetentam exsi-
stentiam   35 πᾶσαν scil. τὸ αὐτό   37 ἐκεῖ in nauibus urbi-
bus exercitibus   **5.** 1 λέγουσιν participium   3 ἄλλου
scil. ἑνός, principium numerorum   4 κατ' αὐτό (idem atque
3 ἄλλου) w: κατὰ ταὐτό BxUC   πρὸ τῶν ὄντων cum μένει
coniungendum   5 ἐνταῦθα post ἕν transp. w   6 ἄλλο et
τὰ ὄντα nominatiui   εἰ del. Creuzer   7–8 τοῦ πρώτου del. Müller
8 τῆς μονάδος appositio ad τοῦ πρώτου   10 μὲν del. Kirchhoff

τάληψις τὸ ποσὸν ὑπέστησεν αὐτῶν, ἐνταῦθα δὲ [τὸ ἴχνος
τοῦ ἑνὸς] τὴν οὐσίαν αὐτοῖς ὑπεστήσατο, ὥστ' εἶναι τὸ
εἶναι ἴχνος ⟨τοῦ⟩ ἑνός. καὶ τὸ εἶναι δὲ τοῦτο—ἡ τῆς οὐσίας
δηλωτικὴ ὀνομασία—ἀπὸ τοῦ ἐν εἴ τις λέγοι γεγονέναι.   15
τάχ' ἂν τύχοι τοῦ ἀληθοῦς. τὸ γάρ τοι λεγόμενον ὂν τοῦτο
πρῶτον ἐκεῖθεν οἷον ὀλίγον προβεβηκὸς οὐκ ἠθέλησεν ἔτι
πρόσω ἐλθεῖν, μεταστραφὲν δὲ εἰς τὸ εἴσω ἔστη, καὶ ἐγέ-
νετο οὐσία καὶ ἑστία ἁπάντων· οἷον ἐν φθόγγῳ ἐναπερεί-
σαντος αὐτὸν τοῦ φωνοῦντος ὑφίσταται τὸ ἐν δηλοῦν τὸ   20
ἀπὸ τοῦ ἑνὸς καὶ τὸ ὂν σημαῖνον τὸ φθεγξάμενον, ὡς δύ-
ναται. οὕτω τοι τὸ μὲν γενόμενον, ἡ οὐσία καὶ τὸ εἶναι,
μίμησιν ἔχοντα ἐκ τῆς δυνάμεως αὐτοῦ ῥυέντα· ἡ δὲ ἰδοῦ-
σα καὶ ἐπικινηθεῖσα τῷ θεάματι μιμουμένη ὃ εἶδεν ἔρρηξε
φωνὴν τὴν "ὄν" καὶ "τὸ εἶναι" καὶ "οὐσίαν" καὶ "ἑστίαν."   25
οὗτοι γὰρ οἱ φθόγγοι θέλουσι σημῆναι τὴν ὑπόστασιν γεν-
νηθέντος ὠδῖνι τοῦ φθεγγομένου ἀπομιμούμενοι, ὡς οἷόν
τε αὐτοῖς, τὴν γένεσιν τοῦ ὄντος.

6. Ἀλλὰ ταῦτα μέν, ὡς τις ἐθέλει, λελέχθω. τῆς δὲ γε-
νομένης οὐσίας εἴδους οὔσης—οὐ γὰρ δὴ ἄλλο τι ἄν τις
εἴποι τὸ ἐκεῖθεν γενόμενον—καὶ εἴδους οὐ τινός, ἀλλὰ
παντός, ὡς μὴ ἂν ὑπολιπεῖν τι ἄλλο, ἀνάγκη ἀνείδεον
ἐκεῖνο εἶναι. ἀνείδεον δὲ ὂν οὐκ οὐσία· τόδε γάρ τι δεῖ   5

5. 18–25 cf. Plat. *Crat.* 401 c; Plut. *De primo frigido* 21. 954 f; *Etymol.*
magnum p. 382.35 s.u. Ἑστία; Plot. VI. 2. 8. 7–8

5. 12–13 τὸ—ἑνὸς del. Theiler   14 ⟨τοῦ⟩ Theiler   19 ἑστία
Vitringa: ἔστιν Enn.   20 αὐτὸν = τὸν φθόγγον   20–21 ὑφί-
σταται—φθεγξάμενον subsistunt simul sonus ἐν qui demonstrat originem
ab uno et sonus ὂν qui significat id quod sonuit   20 τὸ²: καὶ
Theiler   21 καὶ: καλεῖ Theiler   τὸ φθεγξάμενον idem ac
20 τὸ φωνοῦν et 27 τὸ φθεγγόμενον γεννηθέν i.e. τὸ ὂν   22 τὸ¹:
τὸν w   23 ἡ δὲ scil. ψυχή   26–7 γεννηθέντος–φθεγγομένου
genetiuus absolutus   6. 2 ἄλλο τι transp. w

245

τὴν οὐσίαν εἶναι· τοῦτο δὲ ὡρισμένον· τὸ δὲ οὐκ ἔστι
λαβεῖν ὡς τόδε· ἤδη γὰρ οὐκ ἀρχή, ἀλλ' ἐκεῖνο μόνον, ὃ
τόδε εἴρηκας εἶναι. εἰ οὖν τὰ πάντα ἐν τῷ γενομένῳ, τί
τῶν ἐν τούτῳ ἐκεῖνο ἐρεῖς; οὐδὲν δὲ τούτων ὂν μόνον ἂν
10 λέγοιτο ἐπέκεινα τούτων. ταῦτα δὲ τὰ ὄντα καὶ τὸ ὄν·
ἐπέκεινα ἄρα ὄντος. τὸ γὰρ ἐπέκεινα ὄντος οὐ τόδε
λέγει—οὐ γὰρ τίθησιν—οὐδὲ ὄνομα αὐτοῦ λέγει,
ἀλλὰ φέρει μόνον τὸ οὐ τοῦτο. τοῦτο δὲ ποιοῦν οὐδαμοῦ
αὐτὸ περιλαμβάνει· γελοῖον γὰρ ζητεῖν ἐκείνην τὴν ἄπλε-
15 τον φύσιν περιλαμβάνειν· ὁ γὰρ τοῦτο βουλόμενος ποιεῖν
ἀπέστησεν αὐτὸν καὶ τοῦ ὁπωσοῦν καὶ κατὰ βραχὺ εἰς
ἴχνος αὐτοῦ ἰέναι· ἀλλ' ὥσπερ τὴν νοητὴν φύσιν βουλό-
μενος ἰδεῖν οὐδεμίαν φαντασίαν αἰσθητοῦ ἔχων θεάσεται
ὅ ἐστιν ἐπέκεινα τοῦ αἰσθητοῦ, οὕτω καὶ ὁ θεάσασθαι θέ-
20 λων τὸ ἐπέκεινα τοῦ νοητοῦ τὸ νοητὸν πᾶν ἀφεὶς θεάσεται,
ὅτι μὲν ἔστι διὰ τούτου μαθών, οἷον δ' ἐστὶ τοῦτο ἀφείς.
τὸ δὲ "οἷον" σημαίνοι ἂν τὸ οὐχ οἷον· οὐ γὰρ ἔνι οὐδὲ τὸ
"οἷον," ὅτῳ μηδὲ τὸ "τὶ." ἀλλὰ ἡμεῖς ταῖς ἡμετέραις ὠδῖ-
σιν ἀποροῦμεν ὅ τι χρὴ λέγειν, καὶ λέγομεν περὶ οὗ ῥητοῦ,
25 καὶ ὀνομάζομεν σημαίνειν ἑαυτοῖς θέλοντες, ὡς δυνάμεθα.
τάχα δὲ καὶ τὸ "ἓν" ὄνομα τοῦτο ἄρσιν ἔχει πρὸς τὰ πολλά.
ὅθεν καὶ Ἀπόλλωνα οἱ Πυθαγορικοὶ συμβολικῶς πρὸς
ἀλλήλους ἐσήμαινον ἀποφάσει τῶν πολλῶν. εἰ δὲ θέσις
τις τὸ ἕν, τό τε ὄνομα τό τε δηλούμενον, ἀσαφέστερον
30 ἂν γίνοιτο τοῦ εἰ μή τις ὄνομα ἔλεγεν αὐτοῦ· τάχα γὰρ

---

6. 11 = Plat. *Resp.* 509 b 9   12 = Plat. *Parm.* 142 a 3
27 cf. Plut. *De Is.* 75, p. 381 f

---

6. 7 ἀρχή scil. ἂν ἦν   9 ἐν τούτῳ i.e. ἐν τῷ γενομένῳ
12 λέγει (bis) *significat*   13 τοῦτο² accusatiuus, ποιοῦν nomi-
natiuus, subiectum τὸ ἐπέκεινα ὄντος   17 ⟨ὁ⟩ τὴν Kirchhoff,
sed subiectum 15 ὁ βουλόμενος   27 Ἀπόλλωνα i.e. ἀ–πόλλωνα

τοῦτο ἐλέγετο, ἵνα ὁ ζητήσας, ἀρξάμενος ἀπ' αὐτοῦ, ὃ
πάντως ἁπλότητός ἐστι σημαντικόν, ἀποφήσῃ τελευτῶν
καὶ τοῦτο, ὡς τεθὲν μὲν ὅσον οἷόν τε καλῶς τῷ θεμένῳ
οὐκ ἄξιον μὴν οὐδὲ τοῦτο εἰς δήλωσιν τῆς φύσεως ἐκείνης,
ὅτι μηδὲ ἀκουστὸν ἐκεῖνο μηδὲ τῷ ἀκούοντι δεῖ συνετὸν   35
εἶναι, ἀλλ' εἴπερ τινί, τῷ ὁρῶντι. ἀλλ' εἰ τὸ ὁρῶν εἶδος
ζητεῖ βλέπειν, οὐδὲ τοῦτο εἴσεται.

7. Ἡ ἐπειδὴ διττὸν καὶ τὸ ἐνεργείᾳ βλέπειν, οἷον ἐπὶ
ὀφθαλμοῦ—τὸ μὲν γάρ ἐστιν ὅραμα αὐτῷ, τὸ εἶδος τὸ
τοῦ αἰσθητοῦ, τὸ δὲ δι' οὗ ὁρᾷ τὸ εἶδος αὐτοῦ, ὃ καὶ αὐτὸ
αἰσθητόν ἐστιν αὐτῷ, ἕτερον ὂν τοῦ εἴδους, αἴτιον δὲ τῷ
εἴδει τοῦ ὁρᾶσθαι, ἐν μὲν τῷ εἴδει καὶ ἐπὶ τοῦ εἴδους συν-   5
ορώμενον· διὸ οὐκ ἐναργῆ τότε δίδωσι τὴν αἴσθησιν αὐ-
τοῦ, ἅτε τοῦ ὄμματος τετραμμένου πρὸς τὸ πεφωτισμένον·
ὅταν δὲ μηδὲν ἄλλο ᾖ παρ' αὐτό, ἀθρόᾳ εἶδε προσβολῇ,
καίτοι καὶ τότε εἶδεν ἐπερειδόμενον ἄλλῳ, μόνον δὲ αὐτὸ
γενόμενον, μὴ πρὸς ἑτέρῳ, οὐ δύναται ἡ αἴσθησις λαβεῖν.   10
ἐπεὶ καὶ τοῦ ἡλίου τὸ φῶς τὸ ἐν αὐτῷ τάχ' ἂν τὴν αἴσθη-
σιν ἐξέφυγεν, εἰ μὴ ὄγκος ἐπέκειτο αὐτῷ στερεώτερος. εἰ
δέ τις φῶς πᾶν εἶναι αὐτὸν λέγοι, τοῦτο ἄν τις λάβοι πρὸς
δήλωσιν τοῦ λεγομένου· ἔσται γὰρ φῶς ἐν οὐδενὶ εἴδει τῶν
ἄλλων ὁρωμένων, καὶ ἴσως ὁρατὸν μόνον· τὰ γὰρ ἄλλα ὁ-   15
ρατὰ οὐ φῶς μόνον. οὕτω τοίνυν καὶ ἡ τοῦ νοῦ ὄψις· ὁρᾷ
μὲν καὶ αὕτη δι' ἄλλου φωτὸς τὰ πεφωτισμένα ἐκείνῃ τῇ
πρώτῃ φύσει, καὶ ἐν ἐκείνοις ὄντος ὁρᾷ· νεύουσα μέντοι
πρὸς τὴν τῶν καταλαμπομένων φύσιν ἧττον αὐτὸ ὁρᾷ· εἰ

6. 32 πάντως Theiler : πάντων Enn.   7. 5 τοῦ¹ Apᶜ : τὸ Aᵃᶜ
(ὁ in οὗ mut. A³ = Ficinus) EBxUC   ἐν : ἐν x   8 αὐτό i.e.
τὸ δι' οὗ ὁρᾷ   9 ἐπερειδόμενον accusatiuus   12 αὐτῷ =
τῷ ἡλίῳ   17 αὐτὴ w   18 ἐν—ὁρᾷ dum in illis est lux, uidet
uisio   ὄντος (genetiuus absolutus, subiectum subaudiendum
ἄλλου φωτός) : ὄντως A

20 δ' ἀφήσει τὰ ὁρώμενα καὶ δι' οὗ εἶδεν εἰς αὐτὸ βλέποι, φῶς
ἂν καὶ φωτὸς ἀρχὴν ἂν βλέποι. ἀλλ' ἐπεὶ μὴ ὡς ἔξω ὂν
δεῖ τὸν νοῦν τοῦτο τὸ φῶς βλέπειν, πάλιν ἐπὶ τὸν ὀφθαλμὸν
ἰτέον, ὅς ποτε καὶ αὐτὸς οὐ τὸ ἔξω φῶς οὐδὲ τὸ ἀλλότριον
εἴσεται, ἀλλὰ πρὸ τοῦ ἔξω οἰκεῖόν τι καὶ μᾶλλον στιλπνό-
25 τερον ἐν ἀκαρεῖ θεᾶται, ἢ νύκτωρ ἐν σκότῳ [πρὸ αὐτοῦ]
ἐξ αὐτοῦ προπηδήσαντος, ἢ ὅταν μηδὲν ἐθελήσας τῶν ἄλ-
λων βλέπειν προβάλλοιτο πρὸ αὐτοῦ τὴν τῶν βλεφάρων
φύσιν τὸ φῶς ὅμως προφέρων, ἢ καὶ πιέσαντος τοῦ ἔχοντος
τὸ ἐν αὐτῷ φῶς ἴδοι. τότε γὰρ οὐχ ὁρῶν ὁρᾷ καὶ μάλιστα
30 τότε ὁρᾷ· φῶς γὰρ ὁρᾷ· τὰ δ' ἄλλα φωτοειδῆ μὲν ἦν, φῶς δὲ
οὐκ ἦν. οὕτω δὴ καὶ νοῦς αὐτὸν ἀπὸ τῶν ἄλλων καλύψας
καὶ συναγαγὼν εἰς τὸ εἴσω μηδὲν ὁρῶν θεάσεται οὐκ ἄλλο
ἐν ἄλλῳ φῶς, ἀλλ' αὐτὸ καθ' ἑαυτὸ μόνον καθαρὸν ἐφ' αὑ-
τοῦ ἐξαίφνης φανέν, ὥστε ἀπορεῖν ὅθεν ἐφάνη, ἔξωθεν ἢ ἔν-
35 δον, καὶ ἀπελθόντος εἰπεῖν "ἔνδον ἄρα ἦν καὶ οὐκ ἔνδον αὖ."

8. Ἢ οὐ δεῖ ζητεῖν πόθεν· οὐ γάρ ἐστι τὸ πόθεν· οὔτε
γὰρ ἔρχεται οὔτε ἄπεισιν οὐδαμοῦ, ἀλλὰ φαίνεταί τε καὶ
οὐ φαίνεται· διὸ οὐ χρὴ διώκειν, ἀλλ' ἡσυχῇ μένειν, ἕως ἂν
φανῇ, παρασκευάσαντα ἑαυτὸν θεατὴν εἶναι, ὥσπερ ὀφθαλ-
5 μὸς ἀνατολὰς ἡλίου περιμένει· ὁ δὲ ὑπερφανεὶς τοῦ ὁρί-
ζοντος—ἐξ ὠκεανοῦ φασιν οἱ ποιηταί—ἔδωκεν ἑαυτὸν
θεάσασθαι τοῖς ὄμμασιν. οὑτοσὶ δέ, ὃν μιμεῖται ὁ ἥλιος,
ὑπερσχήσει πόθεν; καὶ τί ὑπερβαλὼν φανήσεται;
ἢ αὐτὸν ὑπερσχὼν τὸν νοῦν τὸν θεώμενον· ἐστήξεται μὲν

7. 33–4 cf. Plat. *Symp.* 210 e 4 et 211 b 1   8. 6 = Hom.
H 422   7–8 cf. Plat. *Resp.* 508 a–b

7. 21 ἂν¹ om. x   25 πρὸ αὐτοῦ del. MacKenna   26 προ-
πηδήσαντος (scil. φωτός) genetiuus absolutus   27 προβάλλοιτο
(neglegenter pro coniunctiuo) BRUC: προβάλοιτο A^{ac} (οι in η, ο³
in αι mut. A³)EJ

γὰρ ὁ νοῦς πρὸς τὴν θέαν εἰς οὐδὲν ἄλλο ἢ πρὸς τὸ καλὸν   10
βλέπων, ἐκεῖ ἑαυτὸν πᾶς τρέπων καὶ διδούς, στὰς δὲ καὶ
οἷον πληρωθεὶς μένους εἶδε μὲν τὰ πρῶτα καλλίω γενόμε-
νον ἑαυτὸν καὶ ἐπιστίλβοντα, ὡς ἐγγὺς ὄντος αὐτοῦ. ὁ δὲ
οὐκ ᾔει, ὥς τις προσεδόκα, ἀλλ᾽ ἦλθεν ὡς οὐκ ἐλθών·
ὤφθη γὰρ ὡς οὐκ ἐλθών, ἀλλὰ πρὸ ἁπάντων παρών, πρὶν   15
καὶ τὸν νοῦν ἐλθεῖν. εἶναι δὲ τὸν νοῦν τὸν ἐλθόντα καὶ
τοῦτον εἶναι καὶ τὸν ἀπιόντα, ὅτι μὴ οἶδε ποῦ δεῖ μένειν
καὶ ποῦ ἐκεῖνος μένει, ὅτι ἐν οὐδενί. καὶ εἰ οἷόν τε ἦν καὶ
αὐτῷ τῷ νῷ μένειν μηδαμοῦ—οὐχ ὅτι ἐν τόπῳ· οὐδὲ γὰρ
οὐδ᾽ αὐτὸς ἐν τόπῳ ἀλλ᾽ ὅλως μηδαμοῦ—ἦν ἂν ἀεὶ ἐκεῖ-   20
νον βλέπων· καίτοι οὐδὲ βλέπων, ἀλλ᾽ ἓν ἐκείνῳ ὢν καὶ οὐ
δύο. νῦν δέ, ὅτι ἐστὶ νοῦς, οὕτω βλέπει, ὅτε βλέπει, τῷ
ἑαυτοῦ μὴ νῷ. θαῦμα δή, πῶς οὐκ ἐλθὼν πάρεστι, καὶ πῶς
οὐκ ὢν οὐδαμοῦ οὐδαμοῦ οὐκ ἔστιν ὅπου μὴ ἔστιν. ἔστι
μὲν οὖν οὕτωσὶ αὐτόθεν θαυμάσαι, τῷ δὲ γνόντι, τὸ ἐναν-   25
τίον εἴπερ ἦν, θαυμάσαι· μᾶλλον δὲ οὐδὲ δυνατὸν εἶναι,
ἵνα τις καὶ θαυμάσῃ. ἔχει δὲ ὧδε·

9. πᾶν τὸ γενόμενον ὑπ᾽ ἄλλου ἢ ἐν ἐκείνῳ ἐστὶ τῷ
πεποιηκότι ἢ ἐν ἄλλῳ, εἴπερ εἴη τι μετὰ τὸ ποιῆσαν αὐτό·
ἅτε γὰρ γενόμενον ὑπ᾽ ἄλλου καὶ πρὸς τὴν γένεσιν δεηθὲν
ἄλλου, ἄλλου δεῖται πανταχοῦ· διόπερ καὶ ἐν ἄλλῳ.
πέφυκεν οὖν τὰ μὲν ὕστατα ἐν τοῖς πρὸ αὐτῶν ὑστάτοις,   5

Accedit z(= QL) inde ab 9. 1 πᾶν

---

8. 24–6 cf. Aristot. *Metaph.* A 2. 983ᵃ13–20   **9.** 4 = Plat.
Parm. 145 b 6–7

8. 10 εἰς : ὡς x   12 τὰ πρῶτα aduerbium   16 post δὲ
add. δεῖ Aᵃᵐᵍ = Ficinus   17 ποῦ w : ποῖ BxUC   δεῖ μένειν
transp. w   18 εἰ om. x   20 μηδαμοῦ : οὐδαμοῦ A   21 ἐν
Perna : ἐν wBJUC : ·om. R   24 οὐδαμοῦ οὐδαμοῦ (alterum ad
οὐκ ὤν, alterum ad οὐκ ἔστιν pertinet) Aᵃᶜ (οὐδαμοῦᵃ exp.) EᵖᶜBxUC :
οὐδαμοῦ AᵖᶜEᵃᶜ   **9.** 2 τι : τι τὸ x

τὰ δ' [ἐν πρώτοις] ἐν τοῖς προτέροις καὶ ἄλλο ἐν ἄλλῳ, ἕως
εἰς τὸ πρῶτον ἀρχὴν ὄν. ἀρχὴ δέ, ἅτε μηδὲν ἔχουσα πρὸ
αὑτῆς, οὐκ ἔχει ἐν ὅτῳ ἄλλῳ· μὴ ἔχουσα δ' ἐν ὅτῳ αὕτη
τῶν ἄλλων ὄντων ἐν τοῖς πρὸ αὐτῶν τὰ ἄλλα περιείληφε
10 πάντα αὐτή· περιλαβοῦσα δὲ οὔτ' ἐσκεδάσθη εἰς αὐτὰ καὶ
ἔχει οὐκ ἐχομένη. ἔχουσα δὴ καὶ αὐτὴ οὐκ ἐχομένη οὐκ
ἔστιν ὅπου μὴ ἔστιν· εἰ γὰρ μὴ ἔστιν, οὐκ ἔχει. εἰ δὲ μὴ
ἔχεται, οὐκ ἔστιν· ὥστε ἔστι καὶ οὐκ ἔστι, τῷ μὲν μὴ
περιέχεσθαι οὐκ οὖσα, τῷ δ' εἶναι παντὸς ἐλευθέρα οὐδα-
15 μοῦ κωλυομένη εἶναι. εἰ γὰρ αὖ κεκώλυται, ὥρισται ὑπ'
ἄλλου, καὶ τὰ ἐφεξῆς ἄμοιρα αὐτοῦ, καὶ μέχρι τούτου ὁ
θεός, καὶ οὐδ' ἂν ἔτι ἐφ' αὐτοῦ, ἀλλὰ δουλεύων τοῖς μετ'
αὐτόν. τὰ μὲν οὖν ἔν τινι ἐκεῖ ἐστιν, οὗ ἐστιν· ὅσα δὲ μὴ
ποῦ, οὐκ ἔστιν ὅπου μή. εἰ γὰρ μὴ ἐνθαδί, δῆλον ὅτι ἄλλος
20 αὐτὸν κατέχει τόπος, καὶ ἐνθαδὶ ἐν ἄλλῳ, ὥστε ψεῦδος
τὸ οὐ ποῦ. εἰ οὖν ἀληθὲς τὸ οὐ ποῦ καὶ ψεῦδος τὸ ποῦ,
ἵνα μὴ ἐν ἄλλῳ, οὐδενὸς ἂν ἀποστατοῖ. εἰ δὲ μηδενὸς ἀπο-
στατεῖ οὐ ποῦ ὤν, πανταχοῦ ἔσται ἐφ' ἑαυτοῦ. οὐδὲ γὰρ
τὸ μέν τι αὐτοῦ ὡδί, τὸ δὲ ὡδί· οὐ μὴν οὐδ' ὅλον ὡδί· ὥστε
25 ὅλον πανταχοῦ οὐδενὸς [ἑνὸς] ἔχοντος αὐτὸ οὐδ' αὖ μὴ
ἔχοντος· ἐχομένου ἄρα ὁτουοῦν. ὅρα δὲ καὶ τὸν κόσμον,
ὅτι, ἐπεὶ μηδεὶς κόσμος πρὸ αὐτοῦ, οὐκ ἐν κόσμῳ αὐτὸς
οὐδ' αὖ ἐν τόπῳ· τίς γὰρ τόπος πρὶν κόσμον εἶναι; τὰ δὲ
μέρη ἀνηρτημένα εἰς αὐτὸν καὶ ἐν ἐκείνῳ. ψυχὴ δὲ οὐκ ἐν
30 ἐκείνῳ, ἀλλ' ἐκεῖνος ἐν αὐτῇ· οὐδὲ γὰρ τόπος τὸ σῶμα τῇ

9. 21 cf. Plat. *Parm.* 138 b 5   22–3 cf. Plat. *Parm.* 144 b 2
25 cf. Plat. *Parm.* 131 b   29–31 cf. Plat. *Tim.* 36 e

9. 6 ἐν πρώτοις del. Harder   7 ἀρχὴν ὄν coniecimus : ἀρχῆς *Enn.*
8 αὕτη del. Beutler   16 τούτων x   18 ad utrumque ἔστιν
idem subiectum   οὖ ubi   20 ἐν ἄλλῳ scil. ἔσται
23 οὐ : οὐδὲ x   25 ἑνὸς del. Kirchhoff   27 ἐπεὶ z : ἐπεὶ εἰ wBxUC

ψυχῇ, ἀλλὰ ψυχὴ μὲν ἐν νῷ, σῶμα δὲ ἐν ψυχῇ, νοῦς δὲ ἐν
ἄλλῳ· τούτου δὲ οὐκέτι ἄλλο, ἵν' ἂν ἦν ἐν αὐτῷ· οὐκ ἐν
ὁτῳοῦν ἄρα· ταύτῃ οὖν οὐδαμῇ. ποῦ οὖν τὰ ἄλλα; ἐν αὐτῷ.
οὔτε ἄρα ἀφέστηκε τῶν ἄλλων οὔτε αὐτὸς ἐν αὐτοῖς ἐστιν
οὐδὲ ἔστιν οὐδὲν ἔχον αὐτό, ἀλλ' αὐτὸ ἔχει τὰ πάντα. 35
διὸ καὶ ταύτῃ ἀγαθὸν τῶν πάντων, ὅτι καὶ ἔστι καὶ ἀνήρ-
τηται πάντα εἰς αὐτὸ ἄλλο ἄλλως. διὸ καὶ ἀγαθώτερα
ἕτερα ἑτέρων, ὅτι καὶ μᾶλλον ὄντα ἕτερα ἑτέρων.

10. Ἀλλὰ σὺ μή μοι δι' ἑτέρων αὐτὸ ὅρα· εἰ δὲ μή,
ἴχνος ἂν ἴδοις, οὐκ αὐτό· ἀλλ' ἐννόει, τί ἂν εἴη τοῦτο, ὃ ἔστι
λαβεῖν ἐφ' ἑαυτοῦ ὂν καθαρὸν οὐδενὶ μιγνύμενον μετεχόν-
των ἁπάντων αὐτοῦ μηδενὸς ἔχοντος αὐτό· ἄλλο μὲν γὰρ
οὐδὲν τοιοῦτον, δεῖ δέ τι τοιοῦτον εἶναι. τίς ἂν οὖν τὴν 5
δύναμιν αὐτοῦ ἕλοι ὁμοῦ πᾶσαν; εἰ γὰρ ὁμοῦ πᾶσαν, τί
ἄν τις αὐτοῦ διαφέροι; κατὰ μέρος ἄρα; ἀλλὰ προσβαλεῖς
μὲν ἀθρόως ὁ προσβάλλων, ὅλον δὲ οὐκ ἀπαγγελεῖς· εἰ δὲ
μή, νοῦς νοῶν ἔσῃ, κἂν τύχῃς, ἐκεῖνός σε ἐκφεύξεται,
μᾶλλον δὲ σὺ αὐτόν. ἀλλ' ὅταν μὲν ὁρᾷς, ὅλον βλέπε· ὅταν 10
δὲ νοῇς, ὅ τι ἂν μνημονεύσῃς αὐτοῦ, νόει, ὅτι τἀγαθόν—
ζωῆς γὰρ ἔμφρονος καὶ νοερᾶς αἴτιος δύναμις ὤν, ἀφ' οὗ
ζωὴ καὶ νοῦς ὅ τί ⟨τε⟩ οὐσίας καὶ τοῦ ὄντος—ὅτι ἕν—
ἁπλοῦν γὰρ καὶ πρῶτον—ὅτι ἀρχή—ἀπ' αὐτοῦ γὰρ πάν-
τα· ἀπ' αὐτοῦ κίνησις ἡ πρώτη—οὐ γὰρ ἐν αὐτῷ—ἀπ' 15
αὐτοῦ στάσις, ὅτι αὐτὸς μὴ ἐδεῖτο· οὐ γὰρ κινεῖται

10. 12 = Plat. *Resp.* 521 a 4   15–16 = Plat. *Soph.* 254 d 5
16–17 = Plat. *Parm.* 139 b 3

---

9. 33 οὐδαμῇ BxC : οὐδαμοῦ wz   **10.** 7 ἄρα scil. ἕλοι τις ἂν αὐτό;
9 σε Müller : δὲ *Enn.*   11 ὅ τι ἂν μνημονεύσῃς regitur ab νοῇς
11–14 ὅτι τἀγαθόν et ὅτι ἕν et ὅτι ἀρχή regitur ab 11 νόει   12 αἴ-
τιος scil. ἐστι   13 ὅ τί ⟨τε⟩ et quidquid coniecimus, similiter
Epistola   15 οὐ γὰρ Harder : οὐκ *Enn.* (cf. V. 2. 2. 15; V. 3. 10. 1)

ο ὐδ' ἕστηκεν· οὐδὲ γὰρ εἶχεν οὔτε ἐν ᾧ στήσεται οὔτε ἐν
ᾧ κινηθήσεται· περὶ τί γὰρ ἢ πρὸς τί ἢ ἐν τίνι; πρῶτος γὰρ
αὐτός. ἀλλ' οὐδὲ πεπερασμένος [εἶναι]· ὑπὸ τίνος γάρ;
20 ἀλλ' οὐδ' ἄπειρος ὡς μέγεθος· ποῦ γὰρ ἔδει προελθεῖν
αὐτὸν ἢ ἵνα τί γένηται αὐτῷ οὐδενὸς δεομένῳ· τὸ δ' ἄπει-
ρον ᾗ δύναμις ἔχει· οὐ γὰρ ἄλλως ποτὲ οὐδ' ἐπιλείψει,
ὅπου καὶ τὰ μὴ ἐπιλείποντα δι' αὐτόν.

11. Καὶ τὸ ἄπειρον τούτῳ τῷ μὴ πλέον ἑνὸς εἶναι μηδὲ
ἔχειν πρὸς ὃ ὁριεῖ τι τῶν ἑαυτοῦ· τῷ γὰρ ἓν εἶναι οὐ μεμέ-
τρηται οὐδ' εἰς ἀριθμὸν ἥκει. οὔτ' οὖν πρὸς ἄλλο οὔτε πρὸς
αὐτὸ πεπέρανται· ἐπεὶ οὕτως ἂν εἴη καὶ δύο. οὐδὲ σχῆμα
5 τοίνυν, ὅτι μηδὲ μέρη, οὐδὲ μορφή. μὴ τοίνυν ζήτει θνητοῖς
ὄμμασι τοῦτο, οἷόν φησιν ὁ λόγος, μηδ' ὅτι οὕτως ἐστὶν
ἰδεῖν, ὡς ἄν τις ἀξιώσειε πάντα αἰσθητὰ ⟨ἃ⟩ εἶναι ὑπο-
λαμβάνων τὸ μάλιστα πάντων ἀναιρεῖ. ἃ γὰρ ἡγεῖταί τις
εἶναι μάλιστα, ταῦτα μάλιστα οὐκ ἔστι· τὸ δὲ μέγα ἧττόν
10 ἐστι. τὸ δὲ πρῶτον ἀρχὴ τοῦ εἶναι καὶ κυριώτερον αὖ τῆς
οὐσίας· ὥστε ἀντιστρεπτέον τὴν δόξαν· εἰ δὲ μή, κατα-
λελείψῃ ἔρημος θεοῦ, οἷον οἱ ἐν ταῖς ἑορταῖς ὑπὸ γα-
στριμαργίας πλήσαντες ἑαυτούς, ὧν οὐ θέμις λαβεῖν
τοὺς εἰσιόντας πρὸς τοὺς θεούς, νομίσαντες μᾶλλον ἐκεῖνα
15 ἐναργέστερα εἶναι τῆς θέας τοῦ θεοῦ, ᾧ ἑορτάζειν προσή-
κει, οὐ μετέσχον τῶν ἐκεῖ ἱερῶν. καὶ γὰρ ἐν τούτοις τοῖς

---

10. 21–2 cf. Plat. *Parm.* 137 d 7   **11.** 4–5 cf. Plat. *Parm.* 137 d
3–8   12–13 = Plat. *Phaed.* 81 e 5

---

10. 19 εἶναι del. Beutler   20 προελθεῖν z : προσελθεῖν wBxUC
22 ᾗ Harder : ἡ Enn.   **11.** 1 τούτῳ BxUCL^(ac)(⌐ et ο L^s) : τοῦτο wQ
(´ et ῳ Q^s)   2 τῷ : τὸ A^(ac) (ὁ in ᾧ mut. A¹)Ez   6 μηδ' scil.
νόει e 5 ζήτει petendum   7 ⟨ἃ⟩ Igal   9–10 τὸ—ἐστι
del. Vitringa   12–22 οἷον—καταδαρθάνοιεν om. z   15 ἐνερ-
γέστερα x

ἱεροῖς ὁ θεὸς οὐχ ὁρώμενος ἀπιστεῖσθαι ποιεῖ ὡς οὐκ ὢν
τοῖς ἐναργὲς νομίζουσι μόνον, ὃ τῇ σαρκὶ μόνον ἴδοιεν·
οἷον εἴ τινες διὰ βίου κοιμώμενοι ταῦτα μὲν πιστὰ καὶ
ἐναργῆ νομίζοιεν τὰ ἐν τοῖς ὀνείρασιν, εἰ δέ τις αὐτοὺς   20
ἐξεγείρειεν, ἀπιστήσαντες τοῖς διὰ τῶν ὀφθαλμῶν ἀνεῳ-
γότων ὀφθεῖσι πάλιν καταδαρθάνοιεν.

12. Χρὴ δὲ βλέπειν ᾧ ἕκαστα δεῖ αἰσθάνεσθαι, ὀφθαλ-
μοῖς μὲν ἄλλα, ὠσὶ δὲ ἕτερα, καὶ τὰ ἄλλα ὡσαύτως· καὶ τῷ
νῷ πιστεύειν ἄλλα ὁρᾶν, καὶ μὴ τὸ νοεῖν ἀκούειν νομίζειν
ἢ ὁρᾶν, ὥσπερ ἂν εἰ τοῖς ὠσὶν ἐπιτάττοιεν βλέπειν, καὶ τὰς
φωνὰς οὐκ εἶναι, ὅτι μὴ ὁρῶνται. χρὴ δὲ ἐννοεῖν, ὥς εἰσιν   5
ἐπιλελησμένοι, οὗ καὶ ἐξ ἀρχῆς εἰς νῦν ποθοῦσι καὶ ἐφίεν-
ται αὐτοῦ. πάντα γὰρ ὀρέγεται ἐκείνου καὶ ἐφίεται αὐτοῦ
φύσεως ἀνάγκῃ, ὥσπερ ἀπομεμαντευμένα, ὡς ἄνευ αὐτοῦ
οὐ δύναται εἶναι. καὶ τοῦ μὲν καλοῦ ἤδη οἷον εἰδόσι καὶ
ἐγρηγορόσιν ἡ ἀντίληψις καὶ τὸ θάμβος, καὶ τοῦ ἔρωτος ἡ   10
ἔγερσις· τὸ δ' ἀγαθόν, ἅτε πάλαι παρὸν εἰς ἔφεσιν σύμφυ-
τον, καὶ κοιμωμένοις πάρεστι καὶ οὐ θαμβεῖ ποτε ἰδόντας,
ὅτι σύνεστιν ἀεὶ καὶ οὔποτε ἡ ἀνάμνησις· οὐ μὴν ὁρῶσιν
αὐτό, ὅτι κοιμωμένοις πάρεστι. τοῦ δὲ καλοῦ ὁ ἔρως, ὅταν
παρῇ, ὀδύνας δίδωσιν, ὅτι δεῖ ἰδόντας ἐφίεσθαι. δεύτερος   15
ὢν οὗτος ὁ ἔρως καὶ ἤδη συνιέντων μᾶλλον δεύτερον μη-
νύει τὸ καλὸν εἶναι· ἡ δὲ ἀρχαιοτέρα τούτου καὶ ἀναίσθητος
ἔφεσις ἀρχαιότερόν φησι καὶ τἀγαθὸν εἶναι καὶ πρότερον
τούτου. καὶ οἴονται δὲ τἀγαθὸν λαβόντες ἀρκεῖν αὐτοῖς
ἅπαντες· εἰς γὰρ τὸ τέλος ἀφῖχθαι· τὸ δὲ καλὸν οὔτε πάντες   20
εἶδον γενόμενόν [τό] τε καλὸν αὐτῷ οἴονται εἶναι, ἀλλ'

12. 9 εἶναι F³mg(= Ficinus)QᵖᶜLᵃᶜ (δέ Lˢ) : εἰδέναι wBx UCQᵃᶜ
(⌒ add., δέ del.)Lᵖᶜ   9–38 και¹—ἀληθεῖ om. z   21–2 γενό-
μενόν—αὐτοῖς et cum contigit, putant pulchrum esse ipsi pulchro non sibi
uidentibus   21 τό del. Theiler

οὐκ αὐτοῖς, οἷα καὶ τὸ τῇδε κάλλος· τοῦ γὰρ ἔχοντος τὸ
κάλλος εἶναι. καὶ καλοῖς εἶναι δοκεῖν ἀρκεῖ, κἂν μὴ ὦσι·
τὸ δ' ἀγαθὸν οὐ δόξῃ ἐθέλουσιν ἔχειν. ἀντιποιοῦνται γὰρ
25 μάλιστα τοῦ πρώτου καὶ φιλονεικοῦσι καὶ ἐρίζουσι τῷ κα-
λῷ, ὡς καὶ αὐτῷ γεγονότι ὥσπερ αὐτοί· οἷον εἴ τις
ὕστερος ἀπὸ βασιλέως τῷ μετὰ βασιλέα εἰς ἀξίωσιν ἴσην
βούλοιτο ἰέναι, ὡς ἀφ' ἑνὸς καὶ τοῦ αὐτοῦ ἐκείνῳ γεγενη-
μένος, ἀγνοῶν ὡς ἀνήρτηται μὲν καὶ αὐτὸς εἰς βασιλέα,
30 ἔστι δὲ ἐκεῖνος πρὸ αὐτοῦ. ἀλλ' οὖν ἡ τῆς πλάνης αἰτία τὸ
μετέχειν ἄμφω τοῦ αὐτοῦ καὶ πρότερον τὸ ἓν ἀμφοτέρων
εἶναι, καὶ ὅτι κἀκεῖ τὸ μὲν ἀγαθὸν αὐτὸ οὐ δεῖται τοῦ κα-
λοῦ, τὸ δὲ καλόν ἐκείνου. καὶ ἔστι δὲ τὸ μὲν ἤπιον καὶ προσ-
ηνὲς καὶ ἁβρότερον καί, ὡς ἐθέλει τις, παρὸν αὐτῷ· τὸ δὲ
35 θάμβος ἔχει καὶ ἔκπληξιν καὶ συμμιγῆ τῷ ἀλγύνοντι τὴν
ἡδονήν. καὶ γὰρ αὖ καὶ ἕλκει ἀπὸ τοῦ ἀγαθοῦ τοὺς οὐκ εἰ-
δότας, ὥσπερ ἀπὸ πατρὸς τὸ ἐρώμενον· νεώτερον γάρ· τὸ
δὲ πρεσβύτερον οὐ χρόνῳ, ἀλλὰ τῷ ἀληθεῖ, ὃ καὶ τὴν δύ-
ναμιν προτέραν ἔχει· πᾶσαν γὰρ ἔχει· τὸ γὰρ μετ' αὐτὸ οὐ
40 πᾶσαν, ἀλλ' ὅση μετ' αὐτὸν καὶ ἀπ' αὐτοῦ. ὥστε ἐκεῖνος
καὶ ταύτης κύριος, οὐ δεηθεὶς οὗτος τῶν ἐξ αὐτοῦ γενομέ-
νων, ἀλλὰ πᾶν καὶ ὅλον ἀφεὶς τὸ γενόμενον, ὅτι μὴ ἐδεῖτο
μηδὲν αὐτοῦ, ἀλλ' ἔστιν ὁ αὐτός, οἷος καὶ πρὶν τοῦτο γεν-
νῆσαι. ἐπεὶ οὐδ' ἂν ἐμέλησεν αὐτῷ μὴ γενομένου· ἐπεὶ
45 οὐδ' εἰ ἄλλῳ δυνατὸν ἦν γενέσθαι ἐξ αὐτοῦ, ἐφθόνησεν ἄν·
νῦν δὲ οὐκ ἔστιν οὐδὲν γενέσθαι· οὐδὲν γάρ ἐστιν ὃ μὴ γέ-
γονε γενομένων τῶν πάντων. αὐτὸς δὲ οὐκ ἦν τὰ πάντα,
ἵν' ἂν ἐδεήθη αὐτῶν, ὑπερβεβηκὼς δὲ τὰ πάντα οἷός τε ἦν

---

12. 23–4 cf. Plat. *Resp.* 505 d

---

12. 26 αὐτοί scil. γεγονότες   36 τοῦ om. x   42 πᾶν
et ὅλον nominatiui   43 οἷος wBUC : οἷον xz

καὶ ποιεῖν αὐτὰ καὶ ἐφ' ἑαυτῶν ἐᾶσαι εἶναι αὐτὸς ὑπὲρ
αὐτῶν ὤν.   50

13. Ἔδει δὲ καὶ τἀγαθὸν αὐτὸν ὄντα καὶ μὴ ἀγαθὸν μὴ
ἔχειν ἐν αὐτῷ μηδέν, ἐπεὶ μηδὲ ἀγαθόν. ὃ γὰρ ἕξει, ἢ
ἀγαθὸν ἔχει ἢ οὐκ ἀγαθόν· ἀλλ' οὔτε ἐν τῷ ἀγαθῷ τῷ κυ-
ρίως καὶ πρώτως ἀγαθῷ τὸ μὴ ἀγαθόν, οὔτε τὸ ἀγαθὸν
ἔχει τὸ ἀγαθόν. εἰ οὖν μήτε τὸ οὐκ ἀγαθὸν μήτε τὸ ἀγαθὸν 5
ἔχει, οὐδὲν ἔχει· εἰ οὖν "οὐδὲν ἔχει," μόνον καὶ ἔρημον
τῶν ἄλλων ἐστίν. εἰ οὖν τὰ ἄλλα ἢ ἀγαθά ἐστι καὶ οὐ τἀγα-
θὸν ἢ οὐκ ἀγαθά ἐστιν, οὐδέτερα δὲ τούτων ἔχει, οὐδὲν ἔχων
τῷ μηδὲν ἔχειν ἐστὶ τὸ ἀγαθόν. εἰ δ' ἄρα τις ὁτιοῦν αὐτῷ
προστίθησιν, ἢ οὐσίαν ἢ νοῦν ἢ καλόν, τῇ προσθήκῃ ἀφαι- 10
ρεῖται αὐτοῦ τἀγαθὸν εἶναι. πάντα ἄρα ἀφελὼν καὶ οὐδὲν
περὶ αὐτοῦ εἰπὼν οὐδέ τι ψευσάμενος, ὡς ἔστι παρ' αὐτῷ,
εἴασε τὸ "ἔστιν" οὐδὲν καταμαρτυρήσας τῶν οὐ παρόντων,
οἷον οἱ μὴ ἐπιστήμῃ τοὺς ἐπαίνους ποιούμενοι, οἳ ἐλαττοῦσι
τὴν τῶν ἐπαινουμένων δόξαν προστιθέντες αὐτοῖς ἃ τῆς 15
ἀξίας αὐτῶν ἐστιν ἐλάττω, ἀποροῦντες ἀληθεῖς εἰπεῖν περὶ
τῶν ὑποκειμένων προσώπων τοὺς λόγους. καὶ οὖν καὶ
ἡμεῖς μηδὲν τῶν ὑστέρων καὶ τῶν ἐλαττόνων προστιθῶμεν,
ἀλλ' ὡς ὑπὲρ ταῦτα ἰὼν ἐκεῖνος τούτων αἴτιος ᾖ, ἀλλὰ
μὴ αὐτὸς ταῦτα. καὶ γὰρ αὖ φύσις ἀγαθοῦ οὐ πάντα εἶναι 20
οὐδ' αὖ ἕν τι τῶν πάντων· εἴη γὰρ ἂν ὑπὸ ἓν καὶ ταὐτὸν
τοῖς ἅπασιν, ὑπὸ δὲ ταὐτὸν ὂν τοῖς πᾶσι διαφέροι ἂν τῷ
ἰδίῳ μόνον καὶ διαφορᾷ καὶ προσθήκῃ. ἔσται τοίνυν δύο,
οὐχ ἕν, ὧν τὸ μὲν οὐκ ἀγαθόν, τὸ κοινόν, τὸ δὲ ἀγαθόν.

13. 6 = Plat. *Phileb.* 63 b 7–8

---

12. 50 αὐτῶν : αὐτὰ zKirchhoff   **13.** 1–9 ἔδει—ἀγαθόν om. z
1 αὐτὸν subiectum, τἀγαθὸν et μὴ ἀγαθὸν praedicatum   6 οὖν :
δὲ Kirchhoff   13 εἴασε subiectum 9 τις   21–2 εἴη—ἅπασιν
in unum et idem atque omnia subsumetur

25 μικτὸν ἄρα ἔσται ἐξ ἀγαθοῦ καὶ οὐκ ἀγαθοῦ· οὐκ ἄρα κα-
θαρῶς ἀγαθὸν οὐδὲ πρώτως, ἀλλ' ἐκεῖνο ἂν εἴη πρώτως,
οὗ μετέχον παρὰ τὸ κοινὸν γεγένηται ἀγαθόν. μεταλήψει
μὲν δὴ αὐτὸ ἀγαθόν· οὗ δὲ μετέλαβεν, οὐδὲν τῶν πάντων
[οὐδὲν ἄρα τῶν πάντων τὸ ἀγαθόν]. ἀλλ' εἰ ἐν αὐτῷ τοῦτο
30 τὸ ἀγαθόν—διαφορὰ γάρ, καθ' ἣν τοῦτο τὸ σύνθετον ἦν
ἀγαθόν—δεῖ αὐτῷ παρ' ἄλλου εἶναι. ἦν δὲ αὐτὸ ἁπλοῦν
καὶ μόνον ἀγαθόν· πολλῷ ἄρα τὸ ἀφ' οὗ μόνον ἀγαθόν.
τὸ ἄρα πρώτως καὶ τἀγαθὸν ὑπέρ τε πάντα τὰ ὄντα ἀνα-
πέφανται ἡμῖν καὶ μόνον ἀγαθὸν καὶ οὐδὲν ἔχον ἐν ἑαυτῷ,
35 ἀλλὰ ἀμιγὲς πάντων καὶ ὑπὲρ πάντα καὶ αἴτιον τῶν πάν-
των. οὐ γὰρ δὴ ἐκ κακοῦ τὸ καλὸν οὐδὲ τὰ ὄντα οὐδ' αὖ
ἐξ ἀδιαφόρων. κρεῖττον γὰρ τὸ ποιοῦν τοῦ ποιουμένου·
τελειότερον γάρ.

---

13. 28 ἀγαθόν scil. ἂν εἴη   πάντων scil. ἂν εἴη   29 οὐδὲν—
ἀγαθόν del. Theiler   29–32 ἀλλ'—ἀγαθόν² om. z   29 ἐν
αὐτῷ i.e. ἐν τῷ συνθέτῳ   31 αὐτῷ : αὐτὸ w

V 6 (24)

ΠΕΡΙ ΤΟΥ ΤΟ ΕΠΕΚΕΙΝΑ ΤΟΥ ΟΝΤΟΣ
ΜΗ ΝΟΕΙΝ ΚΑΙ ΤΙ ΤΟ ΠΡΩΤΩΣ ΝΟΟΥΝ
ΚΑΙ ΤΙ ΤΟ ΔΕΥΤΕΡΩΣ

1. Τὸ μέν ἐστι νοεῖν ἄλλο ἄλλο, τὸ δὲ αὐτὸ αὐτό, ὃ ἤδη
φεύγει μᾶλλον τὰ δύο εἶναι. τὸ δὲ πρότερον λεχθὲν βούλε-
ται καὶ αὐτό, ἀλλ' ἧττον δύναται· παρ' αὐτῷ μὲν γὰρ ἔχει
ὃ ὁρᾷ, ἕτερόν γε μὴν ὂν ἐκείνου. τὸ δὲ οὐ κεχώρισται τῇ
οὐσίᾳ, ἀλλὰ συνὸν αὐτῷ ὁρᾷ ἑαυτό. ἄμφω οὖν γίνεται ἓν   5
ὄν. μᾶλλον οὖν νοεῖ, ὅτι ἔχει, καὶ πρώτως νοεῖ, ὅτι τὸ
νοοῦν δεῖ ἓν καὶ δύο εἶναι. εἴτε γὰρ μὴ ἕν, ἄλλο τὸ νοοῦν,
ἄλλο τὸ νοούμενον ἔσται—οὐκ ἂν οὖν πρώτως νοοῦν εἴη,
ὅτι ἄλλου τὴν νόησιν λαμβάνον οὐ τὸ πρώτως νοοῦν ἔσται,
ὅτι ὃ νοεῖ οὐκ ἔχει ὡς αὐτοῦ, ὥστε οὐδ' αὐτό· ἢ εἰ ἔχει ὡς   10
αὐτό, ἵνα κυρίως νοῇ, τὰ δύο ἓν ἔσται· δεῖ ἄρα ἓν εἶναι
ἄμφω—εἴτε ἓν μέν, μὴ δύο δὲ αὖ ἔσται, ὅ τι νοήσει οὐχ
ἕξει· ὥστε οὐδὲ νοοῦν ἔσται. ἁπλοῦν ἄρα καὶ οὐχ ἁπλοῦν
δεῖ εἶναι. μᾶλλον δ' ἄν τις αὐτὸ τοιοῦτον ὂν ἕλοι ἀπὸ τῆς
ψυχῆς ἀναβαίνων· ἐνταῦθα γὰρ διαιρεῖν ῥᾴδιον, καὶ ῥᾷον   15
ἄν τις τὸ διπλοῦν ἴδοι. εἰ οὖν τις διπλοῦν φῶς ποιήσειε,
τὴν μὲν ψυχὴν κατὰ τὸ ἧττον, τὸ δὲ νοητὸν αὐτῆς κατὰ τὸ
καθαρώτερον, εἶτα ποιήσειε καὶ τὸ ὁρῶν ἴσον εἶναι φῶς
τῷ ὁρωμένῳ, οὐκ ἔχων ἔτι χωρίζειν τῇ διαφορᾷ ἓν τὰ δύο

Enn. = w(= AE) Bx(= RJ)UC

1. 1 ἄλλο ἄλλο *Vita* 5. 15 : ἄλλο *Enn.*   αὐτὸ αὐτό uel αὐτὸ αὐτὸ
Vita 5. 15 : αὐτό uel αὐτό *Enn.*   2–3 βούλεται scil. φεύγειν   3 καὶ
αὐτό *ipsum quoque*   4 ἕτερόν nominatiuus   ὂν conie-
cimus : καὶ A^{ac}(erasum)EBxUC : del. A^{pc}   ἐκείνου idem atque
ὃ ὁρᾷ   11 αὐτό : αὐτοῦ Theiler

20 θήσεται νοῶν μέν, ὅτι δύο ἦν, ὁρῶν δὲ ἤδη ἕν· οὕτω νοῦν
καὶ νοητὸν αἱρήσει. ἡμεῖς μὲν οὖν τῷ λόγῳ ἐκ δύο ἓν πε-
ποιήκαμεν, τὸ δ' ἀνάπαλιν ἐξ ἑνός ἐστι δύο, ὅτι νοεῖ, ποιοῦν
αὐτὸ δύο, μᾶλλον δὲ ὄν, ὅτι νοεῖ, δύο, καὶ ὅτι αὐτό, ἕν.

2. Εἰ δὴ τὸ μὲν πρώτως νοοῦν, τὸ δὲ ἤδη ἄλλως νοοῦν,
τὸ ἐπέκεινα τοῦ πρώτως νοοῦντος οὐκ ἂν ἔτι νοοῖ· νοῦν γὰρ
δεῖ γενέσθαι, ἵνα νοῇ, ὄντα δὲ νοῦν καὶ νοητὸν ἔχειν καὶ
πρώτως νοοῦντα ἔχειν τὸ νοητὸν ἐν αὑτῷ. νοητὸν δὲ ὄν
5 οὐκ ἀνάγκη πᾶν καὶ νοοῦν ἐν αὑτῷ ἔχειν καὶ νοεῖν· ἔσται
γὰρ οὐ μόνον νοητόν, ἀλλὰ καὶ νοοῦν, πρῶτόν τε οὐκ ἔσται
δύο ὄν. ὅ τε νοῦς ὁ τὸ νοητὸν ἔχων οὐκ ἂν συσταίη μὴ
οὔσης οὐσίας καθαρῶς νοητοῦ, ὃ πρὸς μὲν τὸν νοῦν νοητὸν
ἔσται, καθ' ἑαυτὸ δὲ οὔτε νοοῦν οὔτε νοητὸν κυρίως ἔσται·
10 τό τε γὰρ νοητὸν ἑτέρῳ ὅ τε νοῦς τὸ ἐπιβάλλον τῇ νοήσει
κενὸν ἔχει ἄνευ τοῦ λαβεῖν καὶ ἑλεῖν τὸ νοητὸν ὃ νοεῖ· οὐ
γὰρ ἔχει τὸ νοεῖν ἄνευ τοῦ νοητοῦ. τότε οὖν τέλεον, ὅταν
ἔχῃ; ἔδει δὲ πρὸ τοῦ νοεῖν τέλεον εἶναι παρ' αὑτοῦ τῆς
οὐσίας. ᾧ ἄρα τὸ τέλεον ὑπάρξει, πρὸ τοῦ νοεῖν τοῦτο
15 ἔσται· οὐδὲν ἄρα δεῖ αὐτῷ τοῦ νοεῖν· αὐτάρκης γὰρ πρὸ
τούτου· οὐκ ἄρα νοήσει. τὸ μὲν ἄρα οὐ νοεῖ, τὸ δὲ πρώ-
τως νοεῖ, τὸ δὲ νοήσει δευτέρως. ἔτι εἰ νοήσει τὸ πρῶτον,
ὑπάρξει τι αὐτῷ· οὐκ ἄρα πρῶτον, ἀλλὰ καὶ δεύτερον
καὶ οὐχ ἕν, ἀλλὰ πολλὰ ἤδη καὶ πάντα ὅσα νοήσει· καὶ γάρ,
20 εἰ μόνον ἑαυτόν, πολλὰ ἔσται.

3. Εἰ δὲ πολλὰ τὸ αὐτὸ οὐδὲν κωλύειν φήσουσιν, ἓν

---

1. 20 νοῦν : νοοῦν UMüller   **2.** 6 τε : δὲ x   10 τὸ
ἐπιβάλλον (i.e. τὸ ἕν) : τὸ ἐπιβάλλειν Kirchhoff   11 καινόν w
12 ἔχει subiectum νοῦς   13 ἔχῃ; interpung. Cilento, subiectum τὸ
ἕν, obiectum τὸ νοητόν   14 τοῦτο spectat ad ᾧ   15 αὐτάρκης
(subiectum τὸ ἕν, masculinum ut V. 1. 6. 40–49) Enn. : αὔταρκες Perna
19 ἤδη : εἴδη w   20 ἑαυτόν (subiectum τὸ ἕν) : ἑαυτό Perna
3. 1–2 πολλὰ (bis) scil. εἶναι

τούτοις ὑποκείμενον ἔσται· οὐ δύναται γὰρ πολλὰ μὴ ἑνὸς
ὄντος, ἀφ' οὗ ἢ ἐν ᾧ, ἢ ὅλως ἑνὸς καὶ τούτου πρώτου τῶν
ἄλλων ἀριθμουμένου, ὃ αὐτὸ ἐφ' ἑαυτοῦ δεῖ λαβεῖν μόνον.
εἰ δὲ ὁμοῦ εἴη μετὰ τῶν ἄλλων, δεῖ τοῦτο συλλαβόντα αὐ- 5
τὸ μετὰ τῶν ἄλλων, ὅμως δὲ ἕτερον τῶν ἄλλων ὄν, ἐᾶν ὡς
μετ' ἄλλων, ζητεῖν δὲ τοῦτο τὸ ὑποκείμενον τοῖς ἄλλοις
μηκέτι μετὰ τῶν ἄλλων, ἀλλὰ αὐτὸ καθ' ἑαυτό. τὸ γὰρ ἐν
τοῖς ἄλλοις αὐτὸ ὅμοιον μὲν ἂν εἴη τούτῳ, οὐκ ἂν δὲ εἴη
τοῦτο. ἀλλὰ δεῖ αὐτὸ μόνον εἶναι, εἰ μέλλοι καὶ ἐν ἄλλοις 10
ὁρᾶσθαι· εἰ μή τις αὐτοῦ λέγοι τὸ εἶναι σὺν τοῖς ἄλλοις τὴν
ὑπόστασιν ἔχειν· οὐκ ἄρα ἁπλοῦν αὐτὸ ἔσται, οὐδὲ τὸ συγ-
κείμενον ἐκ πολλῶν ἔσται· τό τε γὰρ οὐ δυνάμενον ἁπλοῦν
εἶναι ὑπόστασιν οὐχ ἕξει, τό τε συγκείμενον ἐκ πολλῶν
ἁπλοῦ οὐκ ὄντος οὐδ' αὐτὸ ἔσται. ἑκάστου γὰρ ἁπλοῦ οὐ 15
δυναμένου εἶναι οὐχ ὑφεστηκότος τινὸς ἑνὸς ἁπλοῦ ὑφ'
ἑαυτοῦ [τὸ συγκείμενον ἐκ πολλῶν], οὐδενὸς αὐτῶν ὑπό-
στασιν ἔχειν καθ' ἑαυτὸ [οὗ] δυναμένου οὐδὲ παρέχειν αὐ-
τὸ μετ' ἄλλου εἶναι τῷ ὅλως μὴ εἶναι, πῶς ἂν τὸ ⟨συγκεί-
μενον ἐκ πολλῶν⟩ ἐκ πάντων εἴη σύνθετον ἐκ μὴ ὄντων 20
γεγενημένον, οὐ τὶ μὴ ὄντων, ἀλλ' ὅλως μὴ ὄντων; εἰ ἄρα
πολλά τί ἐστι, δεῖ πρὸ τῶν πολλῶν ἓν εἶναι. εἰ οὖν τῷ νο-
οῦντι πλῆθος, δεῖ ἐν τῷ ⟨μὴ⟩ πλήθει τὸ νοεῖν μὴ εἶναι.
ἦν δὲ τοῦτο τὸ πρῶτον. ἐν τοῖς ὑστέροις ἄρα αὐτοῦ τὸ
νοεῖν καὶ νοῦς ἔσται. 25

4. Ἔτι εἰ τὸ ἀγαθὸν ἁπλοῦν καὶ ἀνενδεὲς δεῖ εἶναι,

3. 8–9 τὸ—αὐτὸ illud quod in aliis id (= ἕν) est   9 τούτῳ i.e.
uni supremo   12–13 τὸ συγκείμενον subiectum   16 οὐχ
Kirchhoff : οὐδ' Enn.   ὑφεστηκότος Jᵐᵍ Creuzer : ὑφεστηκὸς ApcB
xUC : ἐφεστηκὸς Aᵃᶜ(pro ε eras. scr. ὑ A¹)E   ὑφ' : ἐφ' Creuzer
17 τὸ—πολλῶν del. Kirchhoff   18 οὗ del. Kirchhoff
19–20 ⟨συγκείμενον ἐκ πολλῶν⟩ e lin. 17 huc transp. Igal   22 τῷ
EBRJpcUC : τὸ AJ(ῷ Jˢ)   23 μὴ Fᵌˢ (= Ficinus) : om. Enn.

οὐδ' ἂν τοῦ νοεῖν δέοιτο· οὗ δὲ μὴ δεῖ αὐτῷ, οὐ παρέσται
αὐτῷ, ἐπεὶ καὶ ὅλως οὐδὲν πάρεστιν αὐτῷ· οὐκ ἄρα
πάρεστιν αὐτῷ τὸ νοεῖν. καὶ νοεῖ οὐδέν, ὅτι μηδὲ ἄλλο. ἔτι
5 ἄλλο νοῦς τοῦ ἀγαθοῦ· ἀγαθοειδὴς γὰρ τῷ τὸ ἀγαθὸν νοεῖν.
ἔτι ὡς ἐν τοῖς δυσὶν ὄντος ἑνὸς καὶ ἄλλου οὐχ οἷόν τε τοῦ-
το τὸ ἓν τὸ μετ' ἄλλου τὸ ἓν εἶναι, ἀλλ' ἔδει ἓν ἐφ' ἑαυτοῦ
πρὸ τοῦ μετ' ἄλλου εἶναι, οὕτω δεῖ καὶ ἐν ᾧ μετ' ἄλλου τὸ
ἐνυπάρχον ἁπλοῦν, καθ' αὐτὸ τοῦτο ἁπλοῦν εἶναι, οὐκ ἔχον
10 οὐδὲν ἐν ἑαυτῷ τῶν ὅσα ἐν τῷ μετ' ἄλλων. πόθεν γὰρ ἐν
ἄλλῳ ἄλλο, μὴ πρότερον χωρὶς ὄντος ἀφ' οὗ τὸ ἄλλο; τὸ
μὲν γὰρ ἁπλοῦν οὐκ ἂν παρ' ἄλλου εἴη, ὃ δ' ἂν πολὺ ᾖ ἢ
δύο, δεῖ αὐτὸ ἀνηρτῆσθαι εἰς ἄλλο.

Καὶ οὖν ἀπεικαστέον τὸ μὲν φωτί, τὸ δὲ ἐφεξῆς ἡλίῳ,
15 τὸ δὲ τρίτον τῷ σελήνης ἄστρῳ κομιζομένῳ τὸ φῶς παρ'
ἡλίου. ψυχὴ μὲν γὰρ ἐπακτὸν νοῦν ἔχει ἐπιχρωννύντα
αὐτὴν νοερὰν οὖσαν, νοῦς δ' ἐν αὐτῷ οἰκεῖον ἔχει οὐ φῶς
ὢν μόνον, ἀλλ' ὅ ἐστι πεφωτισμένον ἐν τῇ αὐτοῦ οὐσίᾳ, τὸ
δὲ παρέχον τούτῳ τὸ φῶς οὐκ ἄλλο ὂν φῶς ἐστιν ἁπλοῦν
20 παρέχον τὴν δύναμιν ἐκείνῳ τοῦ εἶναι ὅ ἐστι. τί ἂν οὖν
αὐτὸ δέοιτό τινος; οὐ γὰρ αὐτὸ τὸ αὐτὸ τῷ ἐν ἄλλῳ· ἄλλο
γὰρ τὸ ἐν ἄλλῳ ἐστὶ τοῦ αὐτὸ καθ' αὐτὸ ὄντος.

5. Ἔτι τὸ πολὺ ζητοῖ ἂν ἑαυτὸ καὶ ἐθέλοι ἂν συν-
νεύειν καὶ συναισθάνεσθαι αὐτοῦ. ὃ δ' ἐστὶ πάντη ἕν, ποῦ
χωρήσεται πρὸς αὐτό; ποῦ δ' ἂν δέοιτο συναισθήσεως;
ἀλλ' ἔστι τὸ αὐτὸ καὶ συναισθήσεως καὶ πάσης κρεῖττον
5 νοήσεως. τὸ γὰρ νοεῖν οὐ πρῶτον οὔτε τῷ εἶναι οὔτε τῷ

---

4. 4 νοεῖ Volkmann : εἰ Enn., sed fortasse καὶ—ἄλλο nondum sa-
natum   7 ἓν τὸ ApᶜBxC : ἓν A(τὸ A¹ˢ)EU   9 ἐνυπάρχον
Harder : ἐν ὑπάρχον Enn.   10 ὅσα scil. ἔχει, subiectum τὸ ἕν
17 οἰκεῖον scil. νοῦν   19 τοῦτο w   21 αὐτὸ¹ : αὐτῷ x
5. 5 νοεῖν : νοοῦν Heintz

τίμιον εἶναι, ἀλλὰ δεύτερον καὶ γενόμενον, ἐπειδὴ ὑπέστη τὸ
ἀγαθὸν καὶ ⟨τὸ⟩ γενόμενον ἐκίνησε πρὸς αὐτό, τὸ δ' ἐκινήθη
τε καὶ εἶδε. καὶ τοῦτό ἐστι νοεῖν, κίνησις πρὸς ἀγαθὸν
ἐφιέμενον ἐκείνου· ἡ γὰρ ἔφεσις τὴν νόησιν ἐγέννησε καὶ
συνυπέστησεν αὐτῇ· ἔφεσις γὰρ ὄψεως ὄρασις. οὐδὲν οὖν   10
δεῖ αὐτὸ τὸ ἀγαθὸν νοεῖν· οὐ γάρ ἐστιν ἄλλο αὐτοῦ τὸ
ἀγαθόν. ἐπεὶ καὶ ὅταν τὸ ἕτερον παρὰ τὸ ἀγαθὸν αὐτὸ νοῇ,
τῷ ἀγαθοειδὲς εἶναι νοεῖ καὶ ὁμοίωμα ἔχειν πρὸς τὸ
ἀγαθὸν καὶ ὡς ἀγαθὸν καὶ ἐφετὸν αὐτῷ γενόμενον νοεῖ καὶ
οἷον φαντασίαν τοῦ ἀγαθοῦ λαμβάνον. εἰ δ' ἀεὶ οὕτως, ἀεὶ   15
τοῦτο. καὶ γὰρ αὖ ἐν τῇ νοήσει αὐτοῦ κατὰ συμβεβηκὸς
αὐτὸ νοεῖ· πρὸς γὰρ τὸ ἀγαθὸν βλέπων αὐτὸν νοεῖ. ἐνερ-
γοῦντα γὰρ αὖ ἑαυτὸν νοεῖ· ἡ δ' ἐνέργεια ἁπάντων πρὸς τὸ
ἀγαθόν.

6. Εἰ δὴ ταῦτα ὀρθῶς λέγεται, οὐκ ἂν ἔχοι χώραν νοή-
σεως ἡντινοῦν τὸ ἀγαθόν· ἄλλο γὰρ δεῖ τῷ νοοῦντι τὸ
ἀγαθὸν εἶναι. ἀνενέργητον οὖν. καὶ τί δεῖ ἐνεργεῖν τὴν
ἐνέργειαν; ὅλως μὲν γὰρ οὐδεμία ἐνέργεια ἔχει αὖ πάλιν
ἐνέργειαν. εἰ δέ γε ταῖς ἄλλαις ταῖς εἰς ἄλλο ἔχουσιν   5
ἐπανενεγκεῖν, τήν γε πρώτην ἁπασῶν, εἰς ἣν αἱ ἄλλαι
ἀνήρτηνται, αὐτὸ ἐᾶν δεῖ τοῦτο ὅ ἐστιν, οὐδὲν αὐτῇ ἔτι
προστιθέντας. ἡ οὖν τοιαύτη ἐνέργεια οὐ νόησις· οὐ γὰρ
ἔχει ὃ νοήσει· αὐτὸ γὰρ πρῶτον. ἔπειτα οὐδ' ἡ νόησις

---

5. 13 = Plat. *Resp.* 509 a 3

5. 6 ὑπέστησε Gollwitzer   7 ⟨τὸ⟩ inseruimus   9 ἐφιέ-
μενον (neutrum pro feminino propter νοεῖν) : ἐφιεμένου Kirchhoff
9 ἐκείνου scil. τοῦ ἑνός   11 αὐτὸ potius *ipsum* quam *seipsum*
12 αὐτὸ scil. τὸ ἕν   16 αὐτοῦ scil. τοῦ ἑνός   17 αὐτὸν
coniecimus : αὐτὸ Enn.   6. 2 τῷ : τὸ w   5–6 εἰ—ἐπαν-
ενεγκεῖν *quodsi actibus aliis in aliud* agentibus actum *rursus* (cf. lin.
4–5) *possunt* quidam *attribuere*   7 ἐᾶν coniecimus : εἶναι Enn.
7 αὐτῇ ἔτι transp. w

10 νοεῖ, ἀλλὰ τὸ ἔχον τὴν νόησιν· δύο οὖν πάλιν αὖ ἐν τῷ νο-
οῦντι γίγνεται· τοῦτο δὲ οὐδαμῇ δύο. ἔτι δὲ μᾶλλον ἴδοι
ἄν τις τοῦτο, εἰ λάβοι, πῶς ἐν παντὶ τὸ νοοῦν σαφέστερον
ὑπάρχει, ἡ διπλῆ φύσις αὕτη. λέγομεν τὰ ὄντα ὡς ὄντα
καὶ αὐτὸ ἕκαστον καὶ τὰ ἀληθῶς ὄντα ἐν τῷ νοητῷ τόπῳ
15 εἶναι οὐ μόνον, ὅτι τὰ μὲν μένει ὡσαύτως τῇ οὐσίᾳ, τὰ δὲ
ῥεῖ καὶ οὐ μένει, ὅσα ἐν αἰσθήσει—τάχα γὰρ καὶ ἐν τοῖς
αἰσθητοῖς ἔστι τὰ μένοντα—ἀλλὰ μᾶλλον, ὅτι τὸ τέλεον
τοῦ εἶναι παρ' αὐτῶν ἔχει. δεῖ γὰρ τὴν πρώτως λεγομένην
οὐσίαν οὐκ εἶναι τοῦ εἶναι σκιάν, ἀλλ' ἔχειν πλῆρες τὸ εἶ-
20 ναι. πλῆρες δέ ἐστι τὸ εἶναι, ὅταν εἶδος τοῦ νοεῖν καὶ ζῆν
λάβῃ. ὁμοῦ ἄρα τὸ νοεῖν, τὸ ζῆν, τὸ εἶναι ἐν τῷ ὄντι. εἰ
ἄρα ὄν, καὶ νοῦς, καὶ εἰ νοῦς, καὶ ὄν, καὶ τὸ νοεῖν ὁμοῦ
μετὰ τοῦ εἶναι. πολλὰ ἄρα καὶ οὐχ ἓν τὸ νοεῖν. ἀνάγκη
τοίνυν τῷ μὴ τοιούτῳ μηδὲ τὸ νοεῖν εἶναι. καὶ καθέκαστα
25 δὲ ἐπιοῦσιν ἄνθρωπος καὶ νόησις ⟨ἀνθρώπου καὶ νόησις⟩
ἵππου καὶ ἵππος καὶ δικαίου νόησις καὶ δίκαιον. διπλᾶ
τοίνυν ἅπαντα καὶ τὸ ἓν δύο, καὶ αὖ τὰ δύο εἰς ἓν ἔρχεται.
ὁ δὲ οὐκ ἔστι τούτων οὔθ' ἓν ἕκαστον, οὐδὲ ἐκ πάντων τῶν
δύο οὐδ' ὅλως δύο. ὅπως δὲ τὰ δύο ἐκ τοῦ ἑνός, ἐν ἄλλοις.
30 ἀλλ' ἐπέκεινα οὐσίας ὄν τι καὶ τοῦ νοεῖν ἐπέκεινα εἶναι·
οὐ τοίνυν οὐδ' ἐκεῖνο ἄτοπον, εἰ μὴ οἶδεν ἑαυτόν· οὐ γὰρ
ἔχει παρ' ἑαυτῷ ὃ μάθῃ, εἷς ὤν. ἀλλ' οὐδὲ τὰ ἄλλα δεῖ
αὐτὸν εἰδέναι· κρεῖττον γάρ τι καὶ μεῖζον δίδωσιν αὐτοῖς

---

6. 14 = Plat. *Resp.* 508 c 1 et 517 b 5   22–3 cf. Parm. *Fr.*
B 3   29 ἐν ἄλλοις cf. V. 4. 2   30 = Plat. *Resp.* 509 b 9

---

6. 12 τὸ νοοῦν : τῷ νοοῦντι Creuzer : τῷ νοεῖν Harder   13 ἡ—
αὕτη appositio ad τὸ νοοῦν   16 οὐ μένει Jᵞᵖᵐᵍ coniecit Taylor :
οὐ νεύει *Enn.*   25 ⟨ἀνθρώπου καὶ νόησις⟩ Igal   28 ὁ δὲ
i.e. τὸ ἕν, masculinum ut V. 6. 2. 15 et 20   οὔθ' ἓν Creuzer :
οὐθὲν *Enn.*   30 τι : δεῖ Igal   33 αὐτὸν obiectum

τοῦ εἰδέναι αὐτά—ἦν τὸ ἀγαθὸν τῶν ἄλλων—ἀλλὰ μᾶλ-
λον ἐν τῷ αὐτῷ, καθόσον δύναται, ἐφάπτεσθαι ἐκείνου. 35

6. 34 αὐτά subiectum ἦν—ἄλλων doctrina agnita ut VI. 7.
41. 28–9 et VI. 9. 6. 41, nisi scribendum ὂν τὸ ἀγαθὸν τῶν ἄλλων
quippe quod sit bonum aliorum 34–5 μᾶλλον scil. δίδωσιν
35 ἐν τῷ αὐτῷ in eadem inclinatione

ΠΕΡΙ ΤΟΥ ΕΙ ΚΑΙ ΤΩΝ ΚΑΘΕΚΑΣΤΑ
ΕΙΣΙΝ ΙΔΕΑΙ

1. Εἰ καὶ τοῦ καθέκαστόν ἐστιν ἰδέα; ἢ εἰ ἐγὼ καὶ
ἕκαστος τὴν ἀναγωγὴν ἐπὶ τὸ νοητὸν ἔχει, καὶ ἑκάστου
ἡ ἀρχὴ ἐκεῖ. ἢ εἰ μὲν ἀεὶ Σωκράτης καὶ ψυχὴ Σωκράτους,
ἔσται Αὐτοσωκράτης, καθὸ ἦ ψυχὴ καθέκαστα καὶ ⟨ὡς
5 λέγεται⟩ ἐκεῖ [ὡς λέγεται ἐκεῖ]. εἰ δ' οὐκ ἀεί, ἀλλὰ
ἄλλοτε ἄλλη γίγνεται ὁ πρότερον Σωκράτης, οἷον Πυθα-
γόρας ἤ τις ἄλλος, οὐκέτι ὁ καθέκαστα οὗτος κἀκεῖ. ἀλλ'
εἰ ἡ ψυχὴ ἑκάστου ὧν διεξέρχεται τοὺς λόγους ἔχει πάντων,
πάντες αὖ ἐκεῖ· ἐπεὶ καὶ λέγομεν, ὅσους ὁ κόσμος ἔχει λό-
10 λους, καὶ ἑκάστην ψυχὴν ἔχειν. εἰ οὖν καὶ ὁ κόσμος μὴ ἀν-
θρώπου μόνου, ἀλλὰ καὶ τῶν καθέκαστα ζῴων, καὶ ἡ ψυ-
χή· ἄπειρον οὖν τὸ τῶν λόγων ἔσται, εἰ μὴ ἀνακάμπτει
περιόδοις, καὶ οὕτως ἡ ἀπειρία ἔσται πεπερασμένη, ὅταν
ταὐτὰ ἀποδιδῶται. εἰ οὖν ὅλως πλείω τὰ γινόμενα τοῦ
15 παραδείγματος, τί δεῖ εἶναι τῶν ἐν μιᾷ περιόδῳ πάντων
γινομένων λόγους καὶ παραδείγματα; ἀρκεῖν γὰρ ἕνα
ἄνθρωπον εἰς πάντας ἀνθρώπους, ὥσπερ καὶ ψυχὰς ὡρισ-
μένας ἀνθρώπους ποιούσας ἀπείρους. ἢ τῶν διαφόρων

Enn. = w(= AE) Bx(= RJ)UC

Tit. περὶ τοῦ om. Vita 4. 57   καὶ om. Ax   τῶν
καθέκαστα : τοῦ καθέκαστον w   εἰσιν ἰδέαι : ἐστιν εἴδη Vita 25. 50
1. 1 τοῦ : τῶν Vita 4. 58   3 καὶ etiam, ψυχὴ praedicatum
4 ἦ scripsimus : ἡ Enn.   4–5 ⟨ὡς λέγεται⟩ ex [ὡς λέγεται ἐκεῖ]
transposuimus et uertimus secundum id, qua anima, singula sic quoque
dicuntur illic esse

οὐκ ἔστιν εἶναι τὸν αὐτὸν λόγον, οὐδὲ ἀρκεῖ ἄνθρωπος πρὸς
παράδειγμα τῶν τινῶν ἀνθρώπων διαφερόντων ἀλλήλων 20
οὐ τῇ ὕλῃ μόνον, ἀλλὰ καὶ ἰδικαῖς διαφοραῖς μυρίαις· οὐ
γὰρ ὡς αἱ εἰκόνες Σωκράτους πρὸς τὸ ἀρχέτυπον, ἀλλὰ
δεῖ τὴν διάφορον ποίησιν ἐκ διαφόρων λόγων. ἡ δὲ πᾶσα
περίοδος πάντας ἔχει τοὺς λόγους, αὖθις δὲ τὰ αὐτὰ πάλιν
κατὰ τοὺς αὐτοὺς λόγους. τὴν δὲ ἐν τῷ νοητῷ ἀπειρίαν οὐ 25
δεῖ δεδιέναι· πᾶσα γὰρ ἐν ἀμερεῖ, καὶ οἷον πρόεισιν, ὅταν
ἐνεργῇ.

2. Ἀλλ᾽ εἰ αἱ μίξεις τῶν λόγων ἄρρενος καὶ θήλεος
διαφόρους ποιοῦσιν, οὐκέτι τοῦ γινομένου ἑκάστου λόγος
τις ἔσται, ὅ τε ἑκάτερος γεννῶν, οἷον ὁ ἄρρην, οὐ κατὰ
διαφόρους λόγους ποιήσει, ἀλλὰ καθ᾽ ἕνα τὸν αὑτοῦ ἢ
πατρὸς αὑτοῦ. ἢ οὐδὲν κωλύει καὶ κατὰ διαφόρους 5
τῷ τοὺς πάντας ἔχειν αὐτούς, ἄλλους δὲ ἀεὶ προχείρους.
ὅταν δὲ ἐκ τῶν αὐτῶν γονέων διάφοροι; ἢ διὰ τὴν
οὐκ ἴσην ἐπικράτησιν. ἀλλ᾽ ἐκεῖνο, ὅτι οὔ, κἂν εἰ ἐν τῷ
φαίνεσθαι, ὁτὲ μὲν κατὰ τὸ ἄρρεν τὸ πλεῖστον, ὁτὲ δὲ
κατὰ τὸ θῆλυ, ἢ κατὰ τὸ ἴσον μέρος ἔδωκεν ἑκάτερος, ἀλλ᾽ 10
ὅλον μὲν ἔδωκε καὶ ἔγκειται, κρατεῖ δὲ τῆς ὕλης μέρος
ἑκατέρου ἢ θάτερον. οἱ δὲ ἐν ἄλλῃ χώρᾳ πῶς διάφοροι;
ἆρ᾽ οὖν ἡ ὕλη τὸ διάφορον οὐχ ὁμοίως κρατουμένη; πάν-
τες ἄρα χωρὶς ἑνὸς παρὰ φύσιν. εἰ δὲ τὸ διάφορον πολλα-
χοῦ καλόν, οὐχ ἓν τὸ εἶδος. ἀλλὰ τῷ αἴσχει μόνῳ ἀπο- 15

---

1. 24 περίοδος cf. Plat. *Resp.* 546 b 4

---

1. 23 λόγων scil. εἶναι   2. 5 κατὰ διαφόρους scil. ποιεῖν   8 ἐκεῖ-
νο nempe διαφορά   οὔ, κἂν coniecimus : οὐκ *Enn.*   9 τὸ²
om. w   10 ἢ *uel*   11–12 κρατεῖ—θάτερον sed pars tantum
utriusque uel alterutrum tantum *dominatur materiae*   11 μέρους w
12 ἐν ἄλλῃ χώρᾳ qui in alia terra i.e. externae gentis sunt; contra
Ficinus *matricem* intellegi uoluit   14 φύσιν scil. ἦσαν ἄν

δοτέον τὸ παρὰ τὴν ὕλην κἀκεῖτῶντελείων λόγων κεκρυμ-
μένων μέν, δοθέντων δὲ ὅλων. ἀλλ' ἔστωσαν διάφοροι
οἱ λόγοι· τί δεῖ τοσούτους, ὅσοι οἱ γινόμενοι ἐν μιᾷ περιό-
δῳ, εἴπερ ἔνι τῶν αὐτῶν διδομένων διαφόρους ἔξωθεν φαί-
20 νεσθαι; ἢ συγκεχώρηται τῶν ὅλων διδομένων, ζητεῖται
δέ, εἰ τῶν αὐτῶν κρατούντων. ἆρ' οὖν, ὅτι τὸ ταὐτὸν
πάντη ἐν τῇ ἑτέρᾳ περιόδῳ, ἐν ταύτῃ δὲ οὐδὲν πάντη ταὐ-
τόν;

3. Πῶς οὖν ἐπὶ πολλῶν διδύμων διαφόρους φήσομεν
τοὺς λόγους; εἰ δὲ καὶ ἐπὶ τὰ ἄλλα ζῷά τις ἴοι καὶ τὰ
πολύτοκα μάλιστα; ἤ, ἐφ' ὧν ἀπαράλλακτα, εἷς λόγος.
ἀλλ' εἰ τοῦτο, οὐχ, ὅσα τὰ καθέκαστα, τοσοῦτοι καὶ
5 οἱ λόγοι. ἢ ὅσα διάφορα τὰ καθέκαστα, καὶ διάφορα οὐ
τῷ ἐλλείπειν κατὰ τὸ εἶδος. ἢ τί κωλύει καὶ ἐν οἷς
ἀδιάφορα; εἴπερ τινὰ ὅλως ἐστὶ πάντη ἀδιάφορα. ὡς γὰρ
ὁ τεχνίτης, κἂν ἀδιάφορα ποιῇ, δεῖ ὅμως τὸ ταὐτὸν δια-
φορᾷ λαμβάνειν λογικῇ, καθ' ἣν ἄλλο ποιήσει προσφέρων
10 διάφορόν τι τῷ αὐτῷ· ἐν δὲ τῇ φύσει μὴ λογισμῷ γινομέ-
νου τοῦ ἑτέρου, ἀλλὰ λόγοις μόνον, συνεζεῦχθαι δεῖ τῷ
εἴδει τὸ διάφορον· ἡμεῖς δὲ λαμβάνειν τὴν διαφορὰν ἀδυ-
νατοῦμεν. καὶ εἰ μὲν ἡ ποίησις ἔχει τὸ εἰκῆ τοῦ ὁποσαοῦν,
ἄλλος λόγος· εἰ δὲ μεμέτρηται, ὁπόσα τινὰ εἴη, τὸ ποσὸν
15 ὡρισμένον ἔσται τῇ τῶν λόγων ἁπάντων ἐξελίξει καὶ ἀνα-
πλώσει· ὥστε, ὅταν παύσηται πάντα, ἀρχὴ ἄλλη· ὁπόσον
γὰρ δεῖ τὸν κόσμον εἶναι, καὶ ὁπόσα ἐν τῷ ἑαυτοῦ βίῳ δι-
εξελεύσεται, κεῖται ἐξαρχῆς ἐν τῷ ἔχοντι τοὺς λόγους.

2. 16 τὸ—ὕλην id quod ob materiam existit   16–17 κἀκεῖ
—κεκρυμμένων etiamsi illic (in materia) perfectae rationes absconditae
sunt   18 ἐν : οἱ ἐν x   19 ἔνι R²mg (fieri possit Ficinus) :
ἑνὶ Enn.   3. 5 καθέκαστα scil. τοσοῦτοι οἱ λόγοι   13 ὁπωσ-
οῦν w

ἆρ' οὖν καὶ ἐπὶ τῶν ἄλλων ζῴων, ἐφ' ὧν πλῆθος ἐκ μιᾶς
γενέσεως, τοσούτους τοὺς λόγους; ἢ οὐ φοβητέον τὸ ἐν 20
τοῖς σπέρμασι καὶ τοῖς λόγοις ἄπειρον ψυχῆς τὰ πάντα
ἐχούσης. ἢ καὶ ἐν νῷ, ᾗ ἐν ψυχῇ, τὸ ἄπειρον τούτων ἀνά-
παλιν τῶν ἐκεῖ προχείρων.

3. 22 ᾗ Kirchhoff : ἢ *Enn.*   23 ἐκεῖ i.e. ἐν τῇ ψυχῇ

ΠΕΡΙ ΤΟΥ ΝΟΗΤΟΥ ΚΑΛΛΟΥΣ

1. Ἐπειδή φαμεν τὸν ἐν θέᾳ τοῦ νοητοῦ κόσμου γεγενη-
μένον καὶ τὸ τοῦ ἀληθινοῦ νοῦ κατανοήσαντα κάλλος τοῦ-
τον δυνήσεσθαι καὶ τὸν τούτου πατέρα καὶ τὸν ἐπέκεινα
νοῦ εἰς ἔννοιαν βαλέσθαι, πειραθῶμεν ἰδεῖν καὶ εἰπεῖν ἡμῖν
5 αὐτοῖς, ὡς οἷόν τε τὰ τοιαῦτα εἰπεῖν, πῶς ἄν τις τὸ
κάλλος τοῦ νοῦ καὶ τοῦ κόσμου ἐκείνου θεάσαιτο. κειμέ-
νων τοίνυν ἀλλήλων ἐγγύς, ἔστω δέ, εἰ βούλει, ⟨δύο⟩ λίθων
ἐν ὄγκῳ, τοῦ μὲν ἀρρυθμίστου καὶ τέχνης ἀμοίρου, τοῦ δὲ
ἤδη τέχνῃ κεκρατημένου εἰς ἄγαλμα θεοῦ ἢ καί τινος
10 ἀνθρώπου, θεοῦ μὲν Χάριτος ἤ τινος Μούσης, ἀνθρώπου
δὲ μή τινος, ἀλλ' ὃν ἐκ πάντων καλῶν πεποίηκεν ἡ τέχνη,
φανείη μὲν ἂν ὁ ὑπὸ τῆς τέχνης γεγενημένος εἰς εἴδους
κάλλος καλὸς οὐ παρὰ τὸ εἶναι λίθος—ἦν γὰρ ἂν καὶ ὁ
ἕτερος ὁμοίως καλός—ἀλλὰ παρὰ τοῦ εἴδους, ὃ ἐνῆκεν ἡ
15 τέχνη. τοῦτο μὲν τοίνυν τὸ εἶδος οὐκ εἶχεν ἡ ὕλη, ἀλλ' ἦν
ἐν τῷ ἐννοήσαντι καὶ πρὶν ἐλθεῖν εἰς τὸν λίθον· ἦν δ' ἐν τῷ
δημιουργῷ οὐ καθόσον ὀφθαλμοὶ ἢ χεῖρες ἦσαν αὐτῷ, ἀλλ'
ὅτι μετεῖχε τῆς τέχνης. ἦν ἄρα ἐν τῇ τέχνῃ τὸ κάλλος
τοῦτο ἄμεινον πολλῷ· οὐ γὰρ ἐκεῖνο ἦλθεν εἰς τὸν λίθον τὸ
20 ἐν τῇ τέχνῃ, ἀλλ' ἐκεῖνο μὲν μένει, ἄλλο δὲ ἀπ' ἐκείνης

Enn. = w(= AE) Bx(= RJ)UCz(= QL)

---

1. 1–4 cf. III. 8. 11. 36–8   3–4 cf. Plat. *Resp.* 509 b 9 et Aristot.
Fr. 49 Rose³ = p. 57 Ross = Simplicius *In De caelo* ii. 12, p. 485. 22

---

1. 1 κόσμου A¹ʸᵖᵐᵍBxUCz : κάλλους w   4 βαλέσθαι AᵖᶜBx : βάλ-
λεσθαι AᵃᶜECz : λαβέσθαι U   7 ⟨δύο⟩ Volkmann, testatur *Theologia*

ἔλαττον ἐκείνου· καὶ οὐδὲ τοῦτο ἔμεινε καθαρὸν ἐν αὐτῷ,
οὐδὲ οἷον ἐβούλετο, ἀλλ' ὅσον εἶξεν ὁ λίθος τῇ τέχνῃ. εἰ
δ' ἡ τέχνη ὃ ἔστι καὶ ἔχει τοιοῦτο ποιεῖ—καλὸν δὲ ποιεῖ
κατὰ λόγον οὗ ποιεῖ—μειζόνως καὶ ἀληθεστέρως καλή
ἐστι τὸ κάλλος ἔχουσα τὸ τέχνης μεῖζον μέντοι καὶ κάλλιον 25
ἢ ὅσον ἐστὶν ἐν τῷ ἔξω. καὶ γὰρ ὅσῳ ἰὸν εἰς τὴν ὕλην ἐκτέ-
ταται, τόσῳ ἀσθενέστερον τοῦ ἐν ἑνὶ μένοντος. ἀφίσταται
γὰρ ἑαυτοῦ πᾶν διιστάμενον, εἰ ἰσχύς, ἐν ἰσχύι, εἰ θερμό-
της, ἐν θερμότητι, εἰ ὅλως δύναμις, ἐν δυνάμει, εἰ κάλλος,
ἐν κάλλει. καὶ τὸ πρῶτον ποιοῦν πᾶν καθ' αὑτὸ κρεῖττον 30
εἶναι δεῖ τοῦ ποιουμένου· οὐ γὰρ ἡ ἀμουσία μουσικόν, ἀλλ'
ἡ μουσική, καὶ τὴν ἐν αἰσθητῷ ἡ πρὸ τούτου. εἰ δέ τις τὰς
τέχνας ἀτιμάζει, ὅτι μιμούμεναι τὴν φύσιν ποιοῦσι, πρῶ-
τον μὲν φατέον καὶ τὰς φύσεις μιμεῖσθαι ἄλλα. ἔπειτα δεῖ
εἰδέναι, ὡς οὐχ ἁπλῶς τὸ ὁρώμενον μιμοῦνται, ἀλλ' ἀνα- 35
τρέχουσιν ἐπὶ τοὺς λόγους, ἐξ ὧν ἡ φύσις. εἶτα καὶ ὅτι
πολλὰ παρ' αὑτῶν ποιοῦσι καὶ προστιθέασι δέ, ὅτῳ τι
ἐλλείπει, ὡς ἔχουσαι τὸ κάλλος· ἐπεὶ καὶ ὁ Φειδίας τὸν
Δία πρὸς οὐδὲν αἰσθητὸν ποιήσας, ἀλλὰ λαβὼν οἷος ἂν
γένοιτο, εἰ ἡμῖν ὁ Ζεὺς δι' ὀμμάτων ἐθέλοι φανῆναι.   40

2. 'Αλλ' ἡμῖν ἀφείσθωσαν αἱ τέχναι· ὧν δὲ λέγονται τὰ
ἔργα μιμεῖσθαι, τὰ φύσει κάλλη γινόμενα καὶ λεγόμενα,
θεωρῶμεν, λογικά τε ζῷα καὶ ἄλογα πάντα καὶ μάλιστα
ὅσα κατώρθωται αὐτῶν τοῦ πλάσαντος αὐτὰ καὶ δημιουρ-

---

1. 27 cf. Plat. *Tim.* 37 d 6   33 cf. Aristot. *Protrept. Fr.*
11 Walzer = p. 44 Ross = *Fr.* B13 Düring (= Iamblich. *Protrept.*
p. 49. 28–50. 1); *Meteor.* Δ³. 381b6; *Phys.* B 2. 194ª21–2

---

1. 21 ἐν αὐτῷ scil. ἐν λίθῳ   22 ἐβούλετο scil. *artifex*
Ficinus   24 οὗ i.e. τούτου ὅ   25 τὸ τέχνης del. Harder
34 μὲν om. z   37 δέ AˡˢBxUC : γὰρ wz   38 ἐπεὶ καὶ
Kirchhoff, testatur *Theologia* : ἔπειτα Enn.

5 γήσαντος ἐπικρατήσαντος τῆς ὕλης καὶ εἶδος ὃ ἐβούλετο
παρασχόντος. τί οὖν τὸ κάλλος ἐστὶν ἐν τούτοις; οὐ γὰρ
δὴ τὸ αἷμα καὶ τὰ καταμήνια· ἀλλὰ καὶ χρόα ἄλλη τού-
των καὶ σχῆμα ἢ οὐδὲν ἤ τι ἄσχημον ἢ οἷον τὸ περιέχον
ἁπλοῦν τι [οἷα ὕλη]. πόθεν δὴ ἐξέλαμψε τὸ τῆς Ἑλένης
10 τῆς περιμαχήτου κάλλος, ἢ ὅσαι γυναικῶν Ἀφροδίτης
ὅμοιαι κάλλει; ἐπεὶ καὶ τὸ τῆς Ἀφροδίτης αὐτῆς πόθεν,
ἢ εἴ τις ὅλως καλὸς ἄνθρωπος ἢ θεὸς τῶν ἂν εἰς ὄψιν
ἐλθόντων ἢ καὶ μὴ ἰόντων, ἐχόντων δὲ ἐπ' αὐτοῖς ὁραθὲν
ἂν κάλλος; ἆρ' οὐκ εἶδος μὲν πανταχοῦ τοῦτο, ἧκον δὲ
15 ἐπὶ τὸ γενόμενον ἐκ τοῦ ποιήσαντος, ὥσπερ ἐν ταῖς τέχναις
ἐλέγετο ἐπὶ τὰ τεχνητὰ ἰέναι παρὰ τῶν τεχνῶν; τί οὖν;
καλὰ μὲν τὰ ποιήματα καὶ ὁ ἐπὶ τῆς ὕλης λόγος, ὁ δὲ μὴ
ἐν ὕλῃ, ἀλλ' ἐν τῷ ποιοῦντι λόγος οὐ κάλλος, ὁ πρῶτος καὶ
ἄυλος [ἀλλ' εἰς ἕν] οὗτος; ἀλλ' εἰ μὲν ὁ ὄγκος ἦν καλός,
20 καθόσον ὄγκος ἦν, ἐχρῆν τὸν λόγον, ὅτι μὴ ἦν ὄγκος, τὸν
ποιήσαντα μὴ καλὸν εἶναι· εἰ δέ, ἐάν τε ἐν σμικρῷ ἐάν τε
ἐν μεγάλῳ τὸ αὐτὸ εἶδος ᾖ, ὁμοίως κινεῖ καὶ διατίθησι τὴν
ψυχὴν τὴν τοῦ ὁρῶντος τῇ αὐτοῦ δυνάμει, τὸ κάλλος οὐ
τῷ τοῦ ὄγκου μεγέθει ἀποδοτέον. τεκμήριον δὲ καὶ τόδε,
25 ὅτι ἔξω μὲν ἕως ἐστίν, οὔπω εἴδομεν, ὅταν δὲ εἴσω γένη-
ται, διέθηκεν. εἴσεισι δὲ δι' ὀμμάτων εἶδος ὂν μόνον· ἢ πῶς

---

2. 16 ἐλέγετο cf. V. 8. 1. 18–21

2. 7–9 ἀλλά—ἁπλοῦν τι nisi corruptum, fortasse sic explicandum:
sed et color, licet diuersus sit ab istis, et figura aut nihil aliud est ac
quiddam informe aut uelut quod simplex quiddam inuoluit   8–9 ἤ¹—
ἄσχημον (praedicatum) spectat ad 7 χρόα, ἤ³—περιέχον ad 8 σχῆμα,
ἁπλοῦν τι obiectum   9 οἷα ὕλη ut ineptum simplicitatis
exemplum del. Armstrong   δή: δὲ z   15 γινόμενον z
18 οὐ κάλλος wBRC: οὐκ ἄλλος JU: οὐ καλός z   19 ἀλλ' εἰς ἕν
del. Kirchhoff ut uariam lectionem ad ἀλλ' εἰ μὲν   ὁ om. x
23 αὐτῇ x

διὰ σμικροῦ· συνεφέλκεται δὲ καὶ τὸ μέγεθος οὐ μέγα ἐν
ὄγκῳ, ἀλλ᾽ εἴδει γενόμενον μέγα. ἔπειτα ἢ αἰσχρὸν δεῖ τὸ
ποιοῦν ἢ ἀδιάφορον ἢ καλὸν εἶναι. αἰσχρὸν μὲν οὖν ὂν οὐκ
ἂν τὸ ἐναντίον ποιήσειεν, ἀδιάφορον δὲ τί μᾶλλον καλὸν ἢ   30
αἰσχρόν; ἀλλὰ γάρ ἐστι καὶ ἡ φύσις ἡ τὰ οὕτω καλὰ
δημιουργοῦσα πολὺ πρότερον καλή, ἡμεῖς δὲ τῶν ἔνδον
οὐδὲν ὁρᾶν εἰθισμένοι οὐδ᾽ εἰδότες τὸ ἔξω διώκομεν ἀγνο-
οῦντες, ὅτι τὸ ἔνδον κινεῖ· ὥσπερ ἂν εἴ τις τὸ εἴδωλον
αὑτοῦ βλέπων ἀγνοῶν ὅθεν ἥκει ἐκεῖνο διώκοι. δηλοῖ δέ,   35
ὅτι τὸ διωκόμενον ἄλλο καὶ οὐκ ἐν μεγέθει τὸ κάλλος, καὶ
τὸ ἐν τοῖς μαθήμασι κάλλος καὶ τὸ ἐν τοῖς ἐπιτηδεύμασι
καὶ ὅλως τὸ ἐν ταῖς ψυχαῖς· οὗ δὴ καὶ ἀληθείᾳ μᾶλλον
κάλλος, ὅταν τῳ φρόνησιν ἐνίδῃς καὶ ἀγασθῇς οὐκ εἰς τὸ
πρόσωπον ἀφορῶν—εἴη γὰρ ἂν τοῦτο αἶσχος—ἀλλὰ   40
πᾶσαν μορφὴν ἀφεὶς διώκῃς τὸ εἴσω κάλλος αὐτοῦ. εἰ δὲ
μήπω σε κινεῖ, ὡς καλὸν εἰπεῖν τὸν τοιοῦτον, οὐδὲ σαυτὸν
εἰς τὸ εἴσω βλέψας ἡσθήσῃ ὡς καλῷ. ὥστε μάτην ἂν οὕτως
ἔχων ζητοῖς ἐκεῖνο· αἰσχρῷ γὰρ καὶ οὐ καθαρῷ ζητήσεις·
διὸ οὐδὲ πρὸς πάντας οἱ περὶ τῶν τοιούτων λόγοι· εἰ δὲ   45
καὶ σὺ εἶδες σαυτὸν καλόν, ἀναμνήσθητι.

3. Ἔστιν οὖν καὶ ἐν τῇ φύσει λόγος κάλλους ἀρχέτυπος
τοῦ ἐν σώματι, τοῦ δ᾽ ἐν τῇ φύσει ὁ ἐν τῇ ψυχῇ καλλίων,
παρ᾽ οὗ καὶ ὁ ἐν τῇ φύσει. ἐναργέστατός γε μὴν ὁ ἐν
σπουδαίᾳ ψυχῇ καὶ ἤδη προϊὼν κάλλει· κοσμήσας γὰρ τὴν
ψυχὴν καὶ φῶς παρασχὼν ἀπὸ φωτὸς μείζονος πρώτως   5
κάλλους ὄντος συλλογίζεσθαι ποιεῖ αὐτὸς ἐν ψυχῇ ὤν,

2. 37–8 cf. Plat. *Symp.* 210 b–c et 211 c

2. 38 οὗ i.e. τοῦ ἐν μεγέθει κάλλους   39 οὐκ : καὶ οὐκ x
42 σαυτὸν BxUCz : αὐτὸν w : σαυτῷ Volkmann   3. 4 κάλλει
ABxUC : κάλλη E : κάλλος z   5 πρώτως ApcBxUC : πρῶτος
AacEz

οἷός ἐστιν ὁ πρὸ αὐτοῦ ὁ οὐκέτι ἐγγιγνόμενος οὐδ' ἐν
ἄλλῳ, ἀλλ' ἐν αὐτῷ. διὸ οὐδὲ λόγος ἐστίν, ἀλλὰ ποιητὴς
τοῦ πρώτου λόγου κάλλους ἐν ὕλῃ ψυχικῇ ὄντος· νοῦς δὲ
10 οὗτος, ὁ ἀεὶ νοῦς καὶ οὐ ποτὲ νοῦς, ὅτι μὴ ἐπακτὸς αὐτῷ.
τίνα ἂν οὖν εἰκόνα τις αὐτοῦ λάβοι; πᾶσα γὰρ ἔσται ἐκ
χείρονος. ἀλλὰ γὰρ δεῖ τὴν εἰκόνα ἐκ νοῦ γενέσθαι, ὥστε
μὴ δι' εἰκόνος, ἀλλ' οἷον χρυσοῦ παντὸς χρυσόν τινα δεῖγμα
λαβεῖν, καὶ εἰ μὴ καθαρὸς εἴη ὁ ληφθείς, καθαίρειν αὐτὸν
15 ἢ ἔργῳ ἢ λόγῳ δεικνύντας, ὡς οὐ πᾶν τοῦτό ἐστι χρυσός,
ἀλλὰ τουτὶ τὸ ἐν τῷ ὄγκῳ μόνον· οὕτω καὶ ἐνταῦθα ἀπὸ
νοῦ τοῦ ἐν ἡμῖν κεκαθαρμένου, εἰ δὲ βούλει, ἀπὸ τῶν θεῶν,
οἷός ἐστιν ὁ ἐν αὐτοῖς νοῦς. σεμνοὶ μὲν γὰρ πάντες θεοὶ
καὶ καλοὶ καὶ τὸ κάλλος αὐτῶν ἀμήχανον· ἀλλὰ τί ἐστι
20 δι' ὃ τοιοῦτοί εἰσιν; ἢ νοῦς, καὶ ὅτι μᾶλλον νοῦς ἐνεργῶν
ἐν αὐτοῖς, ὥστε ὁρᾶσθαι. οὐ γὰρ δή, ὅτι αὐτῶν καλὰ τὰ
σώματα. καὶ γὰρ οἷς ἔστι σώματα, οὐ τοῦτό ἐστιν αὐτοῖς
τὸ εἶναι θεοῖς, ἀλλὰ κατὰ τὸν νοῦν καὶ οὗτοι θεοί. καλοὶ δὴ
ᾗ θεοί. οὐ γὰρ δὴ ποτὲ μὲν φρονοῦσι, ποτὲ δὲ ἀφραίνουσιν,
25 ἀλλ' ἀεὶ φρονοῦσιν ἐν ἀπαθεῖ τῷ νῷ καὶ στασίμῳ καὶ κα-
θαρῷ καὶ ἴσασι πάντα καὶ γινώσκουσιν οὐ τὰ ἀνθρώπεια,
ἀλλὰ τὰ ἑαυτῶν τὰ θεῖα, καὶ ὅσα νοῦς ὁρᾷ. τῶν δὲ θεῶν οἱ
μὲν ἐν οὐρανῷ ὄντες—σχολὴ γὰρ αὐτοῖς—θεῶνται ἀεί,
οἷον δὲ πόρρωθεν, τὰ ἐν ἐκείνῳ αὖ τῷ οὐρανῷ ὑπεροχῇ τῇ
30 ἑαυτῶν κεφαλῇ. οἱ δὲ ἐν ἐκείνῳ ὄντες, ὅσοις ἡ οἴκησις ἐπ'

3. 19 = Plat. *Resp.* 509 a 6   25–6 καθαρῷ cf. Anaxagoras *Fr.* B 12
27–36 cf. Plat. *Phaedr.* 247 a–b; 248 a 2–3; 249 c 3–4; *Phaed.* 109 d–e

3. 7 ὅ² om. x   21 γὰρ om. z   24 ᾗ MacKenna:
οἱ *Enn.*   ἀφραίνουσιν : ἀφρονοῦσιν z   27 τὰ θεῖα del.
Kirchhoff, sed testatur *Theologia*   29 αὖ τῷ Kirchhoff : αὐτῷ
Enn.   29–30 τῇ ἑαυτῶν κεφαλῇ (instrumentalis ad ὑπεροχῇ) :
τῆς ἑαυτῶν κεφαλῆς Jahn   30 ἡ om. w

αὐτοῦ καὶ ἐν αὑτῷ, ἐν παντὶ οἰκοῦντες τῷ ἐκεῖ οὐρανῷ—
πάντα γὰρ ἐκεῖ οὐρανὸς καὶ ἡ γῆ οὐρανὸς καὶ θάλασσα καὶ
ζῷα καὶ φυτὰ καὶ ἄνθρωποι, πᾶν οὐράνιον ἐκείνου τοῦ οὐ-
ρανοῦ—οἱ δὲ θεοὶ οἱ ἐν αὐτῷ οὐκ ἀπαξιοῦντες ἀνθρώπους
οὐδ' ἄλλο τι τῶν ἐκεῖ, ὅτι τῶν ἐκεῖ, πᾶσαν μὲν διεξίασι   35
τὴν ἐκεῖ χώραν καὶ τὸν τόπον ἀναπαυόμενοι

4. —καὶ γὰρ τὸ ῥεῖα ζώειν ἐκεῖ, καὶ ἀλήθεια δὲ
αὐτοῖς καὶ γενέτειρα καὶ τροφὸς καὶ οὐσία καὶ τροφή—
καὶ ὁρῶσι τὰ πάντα, οὐ χ οἷς γένεσις πρόσεστιν, ἀλλ'
οἷς οὐσία, καὶ ἑαυτοὺς ἐν ἄλλοις· διαφανῆ γὰρ πάντα καὶ
σκοτεινὸν οὐδὲ ἀντίτυπον οὐδέν, ἀλλὰ πᾶς παντὶ φανερὸς   5
εἰς τὸ εἴσω καὶ πάντα· φῶς γὰρ φωτί. καὶ γὰρ ἔχει πᾶς
πάντα ἐν αὑτῷ, καὶ αὖ ὁρᾷ ἐν ἄλλῳ πάντα, ὥστε πανταχοῦ
πάντα καὶ πᾶν πᾶν καὶ ἕκαστον πᾶν καὶ ἄπειρος ἡ αἴγλη·
ἕκαστον γὰρ αὐτῶν μέγα, ἐπεὶ καὶ τὸ μικρὸν μέγα· καὶ ἥ-
λιος ἐκεῖ πάντα ἄστρα, καὶ ἕκαστον ἥλιος αὖ καὶ πάντα.   10
ἐξέχει δ' ἐν ἑκάστῳ ἄλλο, ἐμφαίνει δὲ καὶ πάντα. ἔστι δὲ
καὶ κίνησις καθαρά· οὐ γὰρ συγχεῖ αὐτὴν ἰοῦσαν ὃ κινεῖ ἕ-
τερον αὐτῆς ὑπάρχον· καὶ ἡ στάσις οὐ παρακινουμένη, ὅτι
μὴ μέμικται τῷ μὴ στασίμῳ· καὶ τὸ καλὸν καλόν, ὅτι μὴ
ἐν τῷ ⟨μὴ⟩ καλῷ. βέβηκε δὲ ἕκαστος οὐκ ἐπ' ἀλλοτρίας οἷον   15
γῆς, ἀλλ' ἔστιν ἑκάστῳ ἐν ᾧ ἐστιν αὐτὸ ὅ ἐστι, καὶ συνθεῖ
αὐτῷ οἷον πρὸς τὸ ἄνω ἰόντι τὸ ὅθεν ἐστί, καὶ οὐκ αὐτὸς
μὲν ἄλλο, ἡ χώρα δὲ αὐτοῦ ἄλλο. καὶ γὰρ τὸ ὑποκείμενον
νοῦς καὶ αὐτὸς νοῦς· οἷον εἴ τις κατὰ τοῦτον τὸν οὐρανὸν

---

4. 1 = Hom. Z 138   3 = Plat. *Phaedr.* 247 d 7   12 κίνη-
σις et 13 στάσις cf. Plat. *Soph.* 254 d 5

---

3. 34 οἱ² om. z   **4.** 1–2 καὶ¹—τροφή parenthesis   ἀλή-
θεια subiectum, καὶ γενέτειρα—τροφή praedicatum   10 ἐκεῖ
BxUC: ἐκεῖ καὶ A(καὶ exp.)Ez   15 ⟨μὴ⟩ Bouillet, testatur
Theologia   19 κατὰ Dodds: καὶ *Enn.*

20 τὸν ὁρώμενον φωτοειδῆ ὄντα τοῦτο τὸ φῶς τὸ ἐξ αὐτοῦ
   φῦναι νοήσειε τὰ ἄστρα. ἐνταῦθα μὲν οὖν οὐκ ἐκ μέρους
   ἄλλο ἄλλου γίνοιτο ἄν, καὶ εἴη ἂν μόνον ἕκαστον μέρος, ἐκεῖ
   δὲ ἐξ ὅλου ἀεὶ ἕκαστον καὶ ἅμα ἕκαστον καὶ ὅλον· φαντά-
   ζεται μὲν γὰρ μέρος, ἐνορᾶται δὲ τῷ ὀξεῖ τὴν ὄψιν ὅλον,
25 οἷον εἴ τις γένοιτο τὴν ὄψιν τοιοῦτος, οἷος ὁ Λυγκεὺς ἐλέ-
   γετο καὶ τὰ εἴσω τῆς γῆς ὁρᾶν τοῦ μύθου τοὺς ἐκεῖ αἰνιτ-
   τομένου ὀφθαλμούς. τῆς δὲ ἐκεῖ θέας οὔτε κάματός ἐστιν
   οὔτ᾽ ἐστὶ πλήρωσις εἰς τὸ παύσασθαι θεωμένῳ· οὔτε γὰρ
   κένωσις ἦν, ἵνα ἥκων εἰς πλήρωσιν καὶ τέλος ἀρκεσθῇ,
30 οὔτε τὸ μὲν ἄλλο, τὸ δ᾽ ἄλλο, ἵνα ἑτέρῳ τῶν ἐν αὐτῷ τὰ
   τοῦ ἑτέρου μὴ ἀρέσκοντα ᾖ· ἄτρυτά τε τὰ ἐκεῖ. ἀλλ᾽ ἔστι τὸ
   ἀπλήρωτον τῷ μὴ τὴν πλήρωσιν καταφρονεῖν ποιεῖν τοῦ
   πεπληρωκότος· ὁρῶν γὰρ μᾶλλον ὁρᾷ, καὶ καθορῶν ἄπει-
   ρον αὐτὸν καὶ τὰ ὁρώμενα τῇ ἑαυτοῦ συνέπεται φύσει. καὶ
35 ἡ ζωὴ μὲν οὐδενὶ κάματον ἔχει, ὅταν ᾖ καθαρά· τὸ δ᾽ ἄρι-
   στα ζῶν τί ἂν κάμοι; ἡ δὲ ζωὴ σοφία, σοφία δὲ οὐ πορι-
   σθεῖσα λογισμοῖς, ὅτι ἀεὶ ἦν πᾶσα καὶ ἐλλείπουσα οὐδενί,
   ἵνα ζητήσεως δεηθῇ· ἀλλ᾽ ἔστιν ἡ πρώτη καὶ οὐκ ἀπ᾽
   ἄλλης· καὶ ἡ οὐσία αὐτὴ σοφία, ἀλλ᾽ οὐκ αὐτός, εἶτα σο-
40 φός. διὰ τοῦτο δὲ οὐδεμία μείζων, καὶ ἡ αὐτοεπιστήμη
   ἐνταῦθα πάρεδρος τῷ νῷ τῷ συμπροφαίνεσθαι, οἷον λέγουσι
   κατὰ μίμησιν καὶ τῷ Διὶ τὴν Δίκην. πάντα γὰρ τὰ τοιαῦτα
   ἐκεῖ οἷον ἀγάλματα παρ᾽ αὐτῶν ἐνορώμενα, ὥστε θέαμα
   εἶναι ὑπερευδαιμόνων θεατῶν. τῆς μὲν οὖν σοφίας τὸ

---

4. 25 cf. *Cypria Fr.* 9 Kinkel = *Fr.* 11 Allen et Apollonius Rhodius
1. 153-5   41-42 cf. Pind. *Olymp.* 8. 21-2; Soph. *Oed. Col.* 1382;
Plat. *Leg.* 716 a 2; Orphicorum *Fr.* 158   43-4 = Plat. *Phaed.* 111 a 3

---

4. 21-2 ἐνταῦθα—γίνοιτο ἄν *in rebus quidem corporeis non prodit ex alia*
parte ubique pars alia Ficinus   21 οὐκ del. Vitringa   22 γί-
νοιτο BxUC: γένοιτο A(ι A¹ˢ)Ez   25-6 ἐλέγετο : ἐγένετο z

μέγεθος καὶ τὴν δύναμιν ἄν τις κατίδοι, ὅτι μετ᾽ αὐτῆς ἔχει   45
καὶ πεποίηκε τὰ ὄντα, καὶ πάντα ἠκολούθησε, καὶ ἔστιν
αὐτὴ τὰ ὄντα, καὶ συνεγένετο αὐτῇ, καὶ ἐν ἄμφω, καὶ ἡ
οὐσία ἡ ἐκεῖ σοφία. ἀλλ᾽ ἡμεῖς εἰς σύνεσιν οὐκ ἤλθομεν,
ὅτι καὶ τὰς ἐπιστήμας θεωρήματα καὶ συμφόρησιν νενο-
μίκαμεν προτάσεων εἶναι· τὸ δὲ οὐδ᾽ ἐν ταῖς ἐνταῦθα ἐπι-   50
στήμαις. εἰ δέ τις περὶ τούτων ἀμφισβητεῖ, ἐατέον ταύ-
τας ἐν τῷ παρόντι. περὶ δὲ τῆς ἐκεῖ ἐπιστήμης, ἣν δὴ καὶ
ὁ Πλάτων κατιδών φησιν· ο ὐ δ᾽ ἥ τ ι ς ἐ σ τ ὶ ν ἄ λ λ η
ἐν ἄλλῳ, ὅπως δέ, εἴασε ζητεῖν καὶ ἀνευρίσκειν, εἴπερ
ἄξιοι τῆς προσηγορίας φαμὲν εἶναι—ἴσως οὖν βέλτιον   55
ἐντεῦθεν τὴν ἀρχὴν ποιήσασθαι.

5. Πάντα δὴ τὰ γινόμενα, εἴτε τεχνητὰ εἴτε φυσικὰ
εἴη, σοφία τις ποιεῖ, καὶ ἡγεῖται τῆς ποιήσεως πανταχοῦ
σοφία. ἀλλ᾽ εἰ δή τις κατ᾽ αὐτὴν τὴν σοφίαν ποιοῖ, ἔστω-
σαν μὲν αἱ τέχναι τοιαῦται. ἀλλ᾽ ὁ τεχνίτης πάλιν αὖ εἰς
σοφίαν φυσικὴν ἔρχεται, καθ᾽ ἣν γεγένηται, οὐκέτι συντε-   5
θεῖσαν ἐκ θεωρημάτων, ἀλλ᾽ ὅλην ἕν τι, οὐ τὴν συγκειμέ-
νην ἐκ πολλῶν εἰς ἕν, ἀλλὰ μᾶλλον ἀναλυομένην εἰς
πλῆθος ἐξ ἑνός. εἰ μὲν οὖν ταύτην τις πρώτην θήσεται,
ἀρκεῖ· οὐκέτι γὰρ ἐξ ἄλλου οὖσα οὐδ᾽ ἐν ἄλλῳ. εἰ δὲ τὸν
μὲν λόγον ἐν τῇ φύσει, τούτου δὲ ἀρχὴν φήσουσι τὴν   10
φύσιν, πόθεν ἕξει φήσομεν καὶ εἰ ἐξ ἄλλου ἐκείνου. εἰ μὲν
ἐξ αὐτοῦ, στησόμεθα· εἰ δὲ εἰς νοῦν ἥξουσιν, ἐνταῦθα
ὀπτέον, εἰ ὁ νοῦς ἐγέννησε τὴν σοφίαν· καὶ εἰ φήσουσι,
πόθεν; εἰ δὲ ἐξ αὐτοῦ, ἀδύνατον ἄλλως ἢ αὐτὸν ὄντα σο-

---

4. 53–4 = Plat. *Phaedr.* 247 d 7–e 1

5. 3 κατ᾽ Müller : καὶ *Enn.*   5 γεγένηται scil. ὁ τεχνίτης
9 οὖσαν z   11 πόθεν—ἐκείνου *dicemus unde habeat* rationem natura
et *num ex illo* tamquam a principio a se *diuerso* habeat   ἐκεί-
νου A(ο Aᵃˢ = Ficinus)EBxUCz : ἐκεῖνο Aᵖᶜ

15 φίαν. ἡ ἄρα ἀληθινὴ σοφία οὐσία, καὶ ἡ ἀληθινὴ οὐσία
σοφία, καὶ ἡ ἀξία καὶ τῇ οὐσίᾳ παρὰ τῆς σοφίας, καί,
ὅτι παρὰ τῆς σοφίας, οὐσία ἀληθής. διὸ καὶ ὅσαι οὐσίαι
σοφίαν οὐκ ἔχουσι, τῷ μὲν διὰ σοφίαν τινὰ γεγονέναι οὐ-
σία, τῷ δὲ μὴ ἔχειν ἐν αὑταῖς σοφίαν, οὐκ ἀληθιναὶ οὐσίαι.
20 οὐ τοίνυν δεῖ νομίζειν ἐκεῖ ἀξιώματα ὁρᾶν τοὺς θεοὺς οὐδὲ
τοὺς ἐκεῖ ὑπερευδαίμονας, ἀλλ' ἕκαστα τῶν λεγομένων
ἐκεῖ καλὰ ἀγάλματα, οἷα ἐφαντάζετό τις ἐν τῇ σοφοῦ
ἀνδρὸς ψυχῇ εἶναι, ἀγάλματα δὲ οὐ γεγραμμένα, ἀλλὰ
ὄντα. διὸ καὶ τὰς ἰδέας ὄντα ἔλεγον εἶναι οἱ παλαιοὶ καὶ
25 οὐσίας.

6. Δοκοῦσι δέ μοι καὶ οἱ Αἰγυπτίων σοφοί, εἴτε ἀκρι-
βεῖ ἐπιστήμῃ λαβόντες εἴτε καὶ συμφύτῳ, περὶ ὧν ἐβού-
λοντο διὰ σοφίας δεικνύναι, μὴ τύποις γραμμάτων διεξο-
δεύουσι λόγους καὶ προτάσεις μηδὲ μιμουμένοις φωνὰς καὶ
5 προφορὰς ἀξιωμάτων κεχρῆσθαι, ἀγάλματα δὲ γράψαντες
καὶ ἓν ἕκαστον ἑκάστου πράγματος ἄγαλμα ἐντυπώσαντες
ἐν τοῖς ἱεροῖς τὴν ἐκείνου ⟨οὐ⟩ διέξοδον ἐμφῆναι, ὡς ἄρα τις
καὶ ἐπιστήμη καὶ σοφία ἕκαστόν ἐστιν ἄγαλμα καὶ ὑποκεί-
μενον καὶ ἀθρόον καὶ οὐ διανόησις οὐδὲ βούλευσις. ὕστερον
10 δὲ ἀπ' αὐτῆς ἀθρόας οὔσης εἴδωλον ἐν ἄλλῳ ἐξειλιγμένον
ἤδη καὶ λέγον αὐτὸ ἐν διεξόδῳ καὶ τὰς αἰτίας, δι' ἃς οὕτω,

---

5. 22–3 cf. Plat. *Symp.* 216 e 6   24–5 cf. Plat. *Resp.* 507 b et
509 b   6. 11 διεξόδῳ cf. Plat. *Theaet.* 208 a 9

5. 18–19 οὐσία (i.e. ἑκάστη οὐσία): οὐσίαι Q   6. 2 συμφύ-
τῳ scil. ἐπιστήμῃ   5 et 6 et 8 ἄγαλμα Aegyptiorum
ideogramma   6 ἐκτυπώσαντες z   7 ἐκείνου (scil. ἀγάλματος)
⟨οὐ⟩ Igal: ἐκείνου *Enn.*: ἐκεῖ οὐ Theiler   8–9 ἐπιστήμη—
βούλευσις: ἕκαστον ἄγαλμα subiectum, ceteri nominatiui praedicata
10 αὐτῆς i.e. σοφίας   11 οὕτω (scil. ἐστὶ τὸ ἄγαλμα):
τοῦτο z

ἐξεύρισκον, ὥστε καλῶς οὕτως ἔχοντος τοῦ γεγενημένου
θαυμάσαι εἴ τις οἶδε, θαυμάσαι ἔφη τὴν σοφίαν, πῶς
αὐτὴ αἰτίας οὐκ ἔχουσα τῆς οὐσίας, δι' ἃς οὕτω, παρέχει
τοῖς ποιουμένοις κατ' αὐτήν. τὸ καλῶς ἄρα οὕτως καὶ τὸ   15
ἐκ ζητήσεως ἂν μόλις ἢ οὐδ' ὅλως φανέν, ὅτι δεῖ οὕτως,
εἴπερ τις ἐξεύροι, πρὸ ζητήσεως καὶ πρὸ λογισμοῦ
ὑπάρχειν οὕτως· οἷον—λάβωμεν γὰρ ἐφ' ἑνὸς μεγάλου ὃ
λέγω, ὅπερ ἁρμόσει καὶ ἐπὶ πάντων—

7. τοῦτο δὴ τὸ πᾶν, ἐπείπερ συγχωροῦμεν παρ' ἄλλου
αὐτὸ εἶναι καὶ τοιοῦτον εἶναι, ἆρα οἰόμεθα τὸν ποιητὴν
αὐτοῦ ἐπινοῆσαι παρ' αὐτῷ γῆν καὶ ταύτην ἐν μέσῳ δεῖν
στῆναι, εἶτα ὕδωρ καὶ ἐπὶ τῇ γῇ τοῦτο, καὶ τὰ ἄλλα ἐν
τάξει μέχρι τοῦ οὐρανοῦ, εἶτα ζῷα πάντα καὶ τούτοις   5
μορφὰς τοιαύτας ἑκάστῳ, ὅσαι νῦν εἰσι, καὶ τὰ ἔνδον ἑκά-
στοις σπλάγχνα καὶ τὰ ἔξω μέρη, εἶτα διατεθέντα ἕκαστα
παρ' αὐτῷ οὕτως ἐπιχειρεῖν τῷ ἔργῳ; ἀλλ' οὔτε ἡ ἐπίνοια
δυνατὴ ἡ τοιαύτη—πόθεν γὰρ ἐπῆλθεν οὐπώποτε ἑωρα-
κότι;—οὔτε ἐξ ἄλλου λαβόντι δυνατὸν ἦν ἐργάσασθαι, ὅπως   10
νῦν οἱ δημιουργοὶ ποιοῦσι χερσὶ καὶ ὀργάνοις χρώμενοι·
ὕστερον γὰρ καὶ χεῖρες καὶ πόδες. λείπεται τοίνυν εἶναι
μὲν πάντα ἐν ἄλλῳ, οὐδενὸς δὲ μεταξὺ ὄντος τῇ ἐν τῷ ὄντι
πρὸς ἄλλο γειτονείᾳ οἷον ἐξαίφνης ἀναφανῆναι ἴνδαλμα καὶ
εἰκόνα ἐκείνου εἴτε αὐτόθεν εἴτε ψυχῆς διακονησαμένης—   15

6. 12 ἐξεύρισκον (subiectum alii minus sapientes) : ἐξεύρισκων E :
ἐξεύρισκον Rᴾᶜ (inueniens Ficinus)   ὥστε coniecimus : ὡς τὸ Enn.
12–13 ὥστε—σοφίαν ita ut cum pulchre hoc modo se habeat genitum, si
quis admirari sciat, dicat se admirari sapientiam   14 αὐτὴ Ficinus :
αὕτη Enn.   15–18 τὸ¹—φανέν subiectum, πρὸ¹—ὑπάρχειν prae-
dicatum   16 ὅτι (quod, non quia) regitur a φανέν   18 οὕτως
del. Theiler   7. 2 οἰώμεθα z   7 διατεθέντα (obiectum
ad ἐπιχειρεῖν) Enn. : διατιθέντα Perna : διαθέντα Dodds   8 τῷ
ἔργῳ operatione iam, non ratiocinatione   14 πρὸς ἄλλο (ἄλλῳ
x) ad inferius

διαφέρει γὰρ οὐδὲν ἐν τῷ παρόντι—ἢ ψυχῆς τινος. ἀλλ'
οὖν ἐκεῖθεν ἦν σύμπαντα ταῦτα, καὶ καλλιόνως ἐκεῖ· τὰ
γὰρ τῇδε [καὶ μέμικται] καὶ οὐκ ἐκεῖνα μέμικται, ἀλλ' οὖν
εἴδεσι κατέσχηται ἐξ ἀρχῆς εἰς τέλος, πρῶτον μὲν ἡ ὕλη
20 τοῖς τῶν στοιχείων εἴδεσιν, εἶτ' ἐπὶ εἴδεσιν εἴδη ἄλλα,
εἶτα πάλιν ἕτερα· ὅθεν καὶ χαλεπὸν εὑρεῖν τὴν ὕλην ὑπὸ
πολλοῖς εἴδεσι κρυφθεῖσαν. ἐπεὶ δὲ καὶ αὕτη εἶδός τι
ἔσχατον, πᾶν εἶδος τόδε καὶ πάντα εἴδη· τὸ γὰρ παράδειγμα
εἶδος ἦν· ἐποιεῖτο δὲ ἀψοφητί, ὅτι πᾶν τὸ ποιῆσαν καὶ οὐ-
25 σία καὶ εἶδος· διὸ καὶ ἄπονος [καὶ οὕτως] ἡ δημιουργία.
καὶ παντὸς δὲ ἦν, ὡς ἂν πᾶν. οὐ τοίνυν ἦν τὸ ἐμποδίζον,
καὶ νῦν δὲ ἐπικρατεῖ καίτοι ἄλλων ἄλλοις ἐμποδίων γινο-
μένων· ἀλλ' οὐκ αὐτῇ οὐδὲ νῦν· μένει γὰρ ὡς πᾶν. ἐδόκει
δέ μοι, ὅτι καί, εἰ ἡμεῖς ἀρχέτυπα καὶ οὐσία καὶ εἴδη ἅμα
30 καὶ τὸ εἶδος τὸ ποιοῦν ἐνταῦθα ἦν ἡμῶν οὐσία, ἐκράτησεν
ἂν ἄνευ πόνων ἡ ἡμετέρα δημιουργία. καίτοι καὶ ἄνθρωπος
δημιουργεῖ εἶδος αὐτοῦ ἄλλο ὅ ἐστι γενόμενος· ἀπέστη γὰρ
τοῦ εἶναι τὸ πᾶν νῦν ἄνθρωπος γενόμενος· παυσάμενος δὲ
τοῦ ἄνθρωπος εἶναι μετεωροπορεῖ φησι καὶ πάντα τὸν
35 κόσμον διοικεῖ· γενόμενος γὰρ τοῦ ὅλου τὸ ὅλον ποιεῖ.

---

7. 31 ἄνευ πόνων cf. Xenophanes *Fr.* B 25   34–5 = Plat.
Phaedr. 246 c 1–2

---

7. 17 καλλιόνως Kirchhoff : κάλλιον ὡς wBxUC : καλλίονος z
18 καὶ μέμικται del. Cilento   19 κατέσχηται subiectum σύμπαντα
22 αὐτὴ w   23 πᾶν—εἴδη *hoc* (scil. uniuersum) *totum* est
forma et omnia sunt *formae* Müller recte   τόδε Ez : τὸ δὲ
ABxUC   24 ἦν : ὄν z   ἐποιεῖτο δὲ scripsimus : ἐποίει τὸ
δὲ Enn.   24–5 πᾶν, οὐσία, εἶδος praedicata   25 καὶ³ om. x
25 καὶ οὕτως del. Theiler   26 παντὸς δὲ ἦν scil. ἡ δημιουργία,
ὡς ἂν πᾶν scil. τὸ ποιῆσαν   28 αὐτῇ Rᵖᶜ (*ipsi uniuersi fabricae*
Ficinus) : αὐτὴ Enn.   32 ἄλλο—γενόμενος *aliud factus* nempe
quod est B-T recte   35 τὸ BxUC : τὸν wz

ἀλλ' οὗ χάριν ὁ λόγος, ὅτι ἔχεις μὲν σὺ αἰτίαν εἰπεῖν δι'
ἣν ἐν μέσῳ ἡ γῆ καὶ διὰ τί στρογγύλη καὶ ὁ λοξὸς διότι
ὡδί· ἐκεῖ δὲ οὔ, διότι οὕτως ἐχρῆν, διὰ τοῦτο οὕτω βεβού-
λευται, ἀλλ' ὅτι οὕτως ἔχει ὡς ἔστι, διὰ τοῦτο καὶ ταῦτα
ἔχει καλῶς· οἷον εἰ πρὸ τοῦ συλλογισμοῦ τῆς αἰτίας τὸ   40
συμπέρασμα, οὐ παρὰ τῶν προτάσεων· οὐ γὰρ ἐξ ἀκολου-
θίας οὐδ' ἐξ ἐπινοίας, ἀλλὰ πρὸ ἀκολουθίας καὶ πρὸ ἐπι-
νοίας· ὕστερα γὰρ πάντα ταῦτα, καὶ λόγος καὶ ἀπόδειξις
καὶ πίστις. ἐπεὶ γὰρ ἀρχή, αὐτόθεν πάντα ταῦτα καὶ ὧδε·
καὶ τὸ μὴ ζητεῖν αἰτίας ἀρχῆς οὕτω καλῶς λέγεται, καὶ   45
τῆς τοιαύτης ἀρχῆς τῆς τελείας, ἥτις ταὐτὸν τῷ τέλει·
ἥτις δ' ἀρχὴ καὶ τέλος, αὕτη τὸ πᾶν ὁμοῦ καὶ ἀνελλιπής.

8. Καλὸν οὖν πρώτως, καὶ ὅλον δὲ καὶ πανταχοῦ ὅλον,
ἵνα μηδὲ μέρη ἀπολείπηται τῷ καλῷ ἐλλείπειν, τίς οὖν οὐ
φήσει καλόν; οὐ γὰρ δὴ ὃ μὴ ὅλον αὐτό, ἀλλ' ὃ μέρος
ἔχον ἢ μηδέ τι αὐτοῦ ἔχον. ἢ εἰ μὴ ἐκεῖνο καλόν, τί ἂν
ἄλλο; τὸ γὰρ πρὸ αὐτοῦ οὐδὲ καλὸν ἐθέλει εἶναι· τὸ γὰρ   5
πρώτως εἰς θέαν παρελθὸν τῷ εἶδος εἶναι καὶ θέαμα νοῦ
τοῦτο καὶ ἀγαστὸν ὀφθῆναι. διὸ καὶ Πλάτων, τοῦτο σημῆ-
ναι θέλων εἴς τι τῶν ἐνεργεστέρων ὡς πρὸς ἡμᾶς, ἀποδεξά-
μενον ποιεῖ τὸν δημιουργὸν τὸ ἀποτελεσθέν, διὰ τούτου ἐν-
δείξασθαι θέλων τὸ τοῦ παραδείγματος καὶ τῆς ἰδέας κάλ-   10
λος ὡς ἀγαστόν. πᾶν γὰρ τὸ κατὰ ἄλλο ποιηθὲν ὅταν τις

---

7. 45 λέγεται cf. Aristot. *Phys.* A 5. 188ᵃ27–30   8. 8–9 cf.
Plat. *Tim.* 37 c 7

---

7. 37 διότι : διὰ·τί U   43 πάντα ταῦτα transp. w   8. 2 μέρη
(subiectum) : μέρει AL   3 οὐ—αὐτό intellegendum : οὐ γὰρ δή
ἐστιν ὃ μὴ ὅλον καλόν ἐστιν   ἀλλ' ὃ oppositum ad μὴ   4 ἔχον¹
Kirchhoff : ἔχων *Enn.*   ἔχον² LKirchhoff : ἔχων wBxUCQ
5 γὰρ² : δὲ Kirchhoff   8 εἴς τι τῶν : ἔκ τινων Theiler   ἐνερ-
γεστέρων (efficaciora, cf. IV. 4. 8. 4) *Enn.* : ἐναργεστέρων Kirchhoff

θαυμάσῃ, ἐπ' ἐκεῖνο ἔχει τὸ θαῦμα, καθ' ὅ ἐστι πεποιημέ-
νον. εἰ δ' ἀγνοεῖ ὃ πάσχει, θαῦμα οὐδέν· ἐπεὶ καὶ οἱ ἐρῶν-
τες καὶ ὅλως οἱ τὸ τῇδε κάλλος τεθαυμακότες ἀγνοοῦσιν ὅτι
15 δι' ἐκεῖνο· δι' ἐκεῖνο γάρ. ὅτι δὲ εἰς τὸ παράδειγμα ἀνά-
γει τὸ "ἠγάσθη," δῆλον ποιεῖ ἐπίτηδες τὸ ἑξῆς τῆς λέξεως
λαβών· εἶπε γάρ· ἠγάσθη τε καὶ ἔτι μᾶλλον πρὸς τὸ
παράδειγμα αὐτὸ ἐβουλήθη ἀφομοιῶσαι, τὸ κάλλος
τοῦ παραδείγματος οἷόν ἐστιν ἐνδεικνύμενος διὰ τὸ ἐκ τού-
20 του τὸ γενόμενον καλὸν καὶ αὐτὸ ὡς εἰκόνα ἐκείνου εἰπεῖν·
ἐπεὶ καὶ εἰ μὴ ἐκεῖνο ἦν τὸ ὑπέρκαλον κάλλει ἀμηχάνῳ,
τί ἂν τούτου τοῦ ὁρωμένου ἦν κάλλιον; ὅθεν οὐκ ὀρθῶς
οἱ μεμφόμενοι τούτῳ, εἰ μὴ ἄρα καθόσον μὴ ἐκεῖνό ἐστι.

9. Τοῦτο τοίνυν τὸν κόσμον, ἑκάστου τῶν μερῶν μένον-
τος ὅ ἐστι καὶ μὴ συγχεομένου, λάβωμεν τῇ διανοίᾳ, εἰς ἓν
ὁμοῦ πάντα, ὡς οἷόν τε, ὥστε ἑνὸς ὁτουοῦν προφαινομέ-
νου, οἷον τῆς ἔξω σφαίρας οὔσης, ἀκολουθεῖν εὐθὺς καὶ τὴν
5 ἡλίου καὶ ὁμοῦ τῶν ἄλλων ἄστρων τὴν φαντασίαν, καὶ γῆν
καὶ θάλασσαν καὶ πάντα τὰ ζῷα ὁρᾶσθαι, οἷον ἐπὶ σφαίρας
διαφανοῦς καὶ ἔργῳ ἂν γένοιτο πάντα ἐνορᾶσθαι. ἔστω
οὖν ἐν τῇ ψυχῇ φωτεινή τις φαντασία σφαίρας ἔχουσα
πάντα ἐν αὐτῇ, εἴτε κινούμενα εἴτε ἑστηκότα, ἢ τὰ μὲν
10 κινούμενα, τὰ δ' ἑστηκότα. φυλάττων δὲ ταύτην ἄλλην
παρὰ σαυτῷ ἀφελὼν τὸν ὄγκον λάβε· ἄφελε δὲ καὶ τοὺς
τόπους καὶ τὸ τῆς ὕλης ἐν σοὶ φάντασμα, καὶ μὴ πειρῶ
αὐτῆς ἄλλην σμικροτέραν λαβεῖν τῷ ὄγκῳ, θεὸν δὲ καλέ-
σας τὸν πεποιηκότα ἧς ἔχεις τὸ φάντασμα εὖξαι ἐλθεῖν. ὁ

---

8. 13 cf. Plat. *Phaedr.* 250 a 7–b1   17–18 = Plat. *Tim.* 37
c 7–d 1   21 = Plat. *Resp.* 509 a 6   **9.** 3 = Anaxagoras *Fr.* B 1

8. 19 διὰ τὸ (regit εἰπεῖν) : διὰ τοῦ Kirchhoff   23 εἰ : οἱ z
9. 2 μὴ om. wz   6 τὰ wQ : om. BxUCL

δὲ ἥκοι τὸν αὐτοῦ κόσμον φέρων μετὰ πάντων τῶν ἐν αὐτῷ 15
θεῶν εἷς ὢν καὶ πάντες, καὶ ἕκαστος πάντες συνόντες εἰς
ἕν, καὶ ταῖς μὲν δυνάμεσιν ἄλλοι, τῇ δὲ μιᾷ ἐκείνῃ τῇ
πολλῇ πάντες εἷς· μᾶλλον δὲ ὁ εἷς πάντες· οὐ γὰρ ἐπι-
λείπει αὐτός, ἢν πάντες ἐκεῖνοι γένωνται· ὁμοῦ δέ εἰσι καὶ
ἕκαστος χωρὶς αὖ ἐν στάσει ἀδιαστάτῳ οὐ μορφὴν αἰσθη- 20
τὴν οὐδεμίαν ἔχων—ἤδη γὰρ ἂν ὁ μὲν ἄλλοθι, ὁ δέ που ἀλ-
λαχόθι ἦν, καὶ ἕκαστος δὲ οὐ πᾶς ἐν αὐτῷ—οὐδὲ μέρη ἄλ-
λα ἔχων ἄλλοις ἢ αὑτῷ, οὐδὲ ἕκαστον οἷον δύναμις κερμα-
τισθεῖσα καὶ τοσαύτη οὖσα, ὅσα τὰ μέρη μετρούμενα. τὸ
δέ ἐστι [τὸ πᾶν] δύναμις πᾶσα, εἰς ἄπειρον μὲν ἰοῦσα, 25
εἰς ἄπειρον δὲ δυναμένη· καὶ οὕτως ἐστὶν ἐκεῖνος μέγας,
ὡς καὶ τὰ μέρη αὐτοῦ ἄπειρα γεγονέναι. ποῦ γάρ τι ἔστιν
εἰπεῖν, ὅπου μὴ φθάνει; μέγας μὲν οὖν καὶ ὅδε ὁ οὐρανὸς
καὶ αἱ ἐν αὐτῷ πᾶσαι δυνάμεις ὁμοῦ, ἀλλὰ μείζων ἂν ἦν
καὶ ὁπόσος οὐδ᾽ ἂν ἦν εἰπεῖν, εἰ μή τις αὐτῷ συνῆν σώμα- 30
τος δύναμις μικρά. καίτοι μεγάλας ἄν τις φήσειε πυρὸς καὶ
τῶν ἄλλων σωμάτων τὰς δυνάμεις· ἀλλὰ ἤδη ἀπειρίᾳ δυ-
νάμεως ἀληθινῆς φαντάζονται καίουσαι καὶ φθείρουσαι
καὶ θλίβουσαι καὶ πρὸς γένεσιν τῶν ζῴων ὑπουργοῦσαι.
ἀλλὰ ταῦτα μὲν φθείρει, ὅτι καὶ φθείρεται, καὶ συγγεννᾷ, 35
ὅτι καὶ αὐτὰ γίνεται· ἡ δὲ δύναμις ἡ ἐκεῖ μόνον τὸ εἶναι
ἔχει καὶ μόνον τὸ καλὸν εἶναι. ποῦ γὰρ ἂν εἴη τὸ καλὸν
ἀποστερηθὲν τοῦ εἶναι; ποῦ δ᾽ ἂν ἡ οὐσία τοῦ καλὸν εἶναι
ἐστερημένη; ἐν τῷ γὰρ ἀπολειφθῆναι τοῦ καλοῦ ἐλλείπει
καὶ τῇ οὐσίᾳ. διὸ καὶ τὸ εἶναι ποθεινόν ἐστιν, ὅτι ταὐτὸν 40

9. 20 ⟨δια⟩στάσει Harder, quem refellit Cilento, *Paideia* 181
21–2 ἀλλαχόθι : ἄλλοθι w   23 ἄλλοις ἢ αὑτῷ *pro aliis uel pro se*
23 οἷον Harder : ὅλον Enn.   24–5 τὸ δέ *reapse*   25 τὸ πᾶν del.
Kirchhoff   28 μέγα z   31 καίτοι : καίτοι γε w   33 καί-
ουσαι z : καὶ οὖσαι wBxUC   38 τοῦ² : τὸ x   39 ἐλλείπει
BxUC : ἐκλείπει A(supra κ scr. λ A¹)Ez

τῷ καλῷ, καὶ τὸ καλὸν ἐράσμιον, ὅτι τὸ εἶναι. πότερον δὲ
ποτέρου αἴτιον· τί χρὴ ζητεῖν οὔσης τῆς φύσεως μιᾶς;
ἤδε μὲν γὰρ ἡ ψευδὴς οὐσία δεῖται ἐπακτοῦ εἰδώλου κα-
λοῦ, ἵνα καὶ καλὸν φαίνηται καὶ ὅλως ᾖ, καὶ κατὰ τοσοῦ-
45 τόν ἐστι, καθόσον μετείληφε κάλλους τοῦ κατὰ τὸ εἶδος,
καὶ λαβοῦσα, ὅσῳ ἂν λάβῃ, μᾶλλον τελειοτέρα· μᾶλλον γὰρ
οὐσία ᾖ καλή.

10. Διὰ τοῦτο καὶ ὁ Ζεὺς καίπερ ὢν πρεσβύτατος
τῶν ἄλλων θεῶν, ὧν αὐτὸς ἡγεῖται, πρῶτος πορεύεται
ἐπὶ τὴν τούτου θέαν, οἱ δὲ ἕπονται θεοὶ ἄλλοι καὶ
δαίμονες καὶ ψυχαί, αἳ ταῦτα ὁρᾶν δύνανται. ὁ
5 δὲ ἐκφαίνεται αὐτοῖς ἔκ τινος ἀοράτου τόπου καὶ ἀνατεί-
λας ὑψοῦ ἐπ' αὐτῶν κατέλαμψε μὲν πάντα καὶ ἔπλησεν
αὐγῆς καὶ ἐξέπληξε μὲν τοὺς κάτω, καὶ ἐστράφησαν ἰδεῖν
οὐ δεδυνημένοι οἷα ἥλιον. οἱ μὲν ἄρ' αὐτοῦ ἀνέχονταί
τε καὶ βλέπουσιν· οἱ δὲ ταράττονται, ὅσῳ ἂν ἀφεστήκωσιν
10 αὐτοῦ. ὁρῶντες δὲ οἱ δυνηθέντες ἰδεῖν εἰς αὐτὸν μὲν
πάντες βλέπουσι καὶ εἰς τὸ αὐτοῦ· οὐ ταὐτὸν δὲ ἕκαστος
ἀεὶ θέαμα κομίζεται, ἀλλ' ὁ μὲν ἀτενὲς ἰδὼν ἐκλάμπουσαν
εἶδε τὴν τοῦ δικαίου πηγὴν καὶ φύσιν, ἄλλος δὲ τῆς σω-
φροσύνης ἐπλήσθη τοῦ θεάματος, οὐχ οἵαν ἄνθρωποι
15 παρ' αὐτοῖς, ὅταν ἔχωσι· μιμεῖται γὰρ αὕτη ἀμηγέπη
ἐκείνην· ἡ δὲ ἐπὶ πᾶσι περὶ πᾶν τὸ οἷον μέγεθος αὐτοῦ
ἐπιθέουσα τελευταία ὁρᾶται, οἷς πολλὰ ἤδη ὤφθη ἐναργῆ

---

10. 1–4 = Plat. *Phaedr.* 246 e 4–6 et 247 a 7   4 cf. Plat. *Phaedr.*
248 a 1   7–18 cf. Plat. *Phaedr.* 250 a–c

---

9. 41 τὸ² : τῷ Theiler   43 ψευδὴς οὐσία i.e. αἰσθητὴ οὐσία
47 οὐσία Theiler : οἰκεία *Enn.*   ᾖ scripsimus : ἡ *Enn.* 10. 8 ἄρ'
coniecimus : ἀπ' *Enn.*   αὐτοῦ mundi intelligibilis sicut 3 τούτου,
4–5 ὁ δὲ, 10 αὐτοῦ et αὐτὸν   16 ἡ δὲ scil. τοῦ καλοῦ φύσις
17 ἐπιθέουσα ⟨ἰδέα⟩ Theiler

θεάματα, οἱ θεοὶ καθ' ἕνα καὶ πᾶς ὁμοῦ, αἱ ψυχαὶ αἱ πάντα
ἐκεῖ ὁρῶσαι καὶ ἐκ τῶν πάντων γενόμεναι, ὥστε πάντα
περιέχειν καὶ αὐταὶ ἐξ ἀρχῆς εἰς τέλος· καί εἰσιν ἐκεῖ 20
καθόσον ἂν αὐτῶν πεφύκῃ εἶναι ἐκεῖ, πολλάκις δὲ αὐτῶν
καὶ τὸ πᾶν ἐκεῖ, ὅταν μὴ ὦσι διειλημμέναι. ταῦτα οὖν ὁρῶν
ὁ Ζεύς, καὶ εἴ τις ἡμῶν αὐτῷ συνεραστής, τὸ τελευταῖον
ὁρᾷ μένον ἐπὶ πᾶσιν ὅλον τὸ κάλλος, καὶ κάλλους μετα-
σχὼν τοῦ ἐκεῖ· ἀποστίλβει γὰρ πάντα καὶ πληροῖ τοὺς ἐκεῖ 25
γενομένους, ὡς καλοὺς καὶ αὐτοὺς γενέσθαι, ὁποῖοι πολ-
λάκις ἄνθρωποι εἰς ὑψηλοὺς ἀναβαίνοντες τόπους τὸ ξαν-
θὸν χρῶμα ἐχούσης τῆς γῆς τῆς ἐκεῖ ἐπλήσθησαν ἐκείνης
τῆς χρόας ὁμοιωθέντες τῇ ἐφ' ἧς ἐβεβήκεσαν. ἐκεῖ δὲ
χρόα ἡ ἐπανθοῦσα κάλλος ἐστί, μᾶλλον δὲ πᾶν χρόα καὶ 30
κάλλος ἐκ βάθους· οὐ γὰρ ἄλλο τὸ καλὸν ὡς ἐπανθοῦν.
ἀλλὰ τοῖς μὴ ὅλον ὁρῶσιν ἡ προσβολὴ μόνη ἐνομίσθη,
τοῖς δὲ διὰ παντὸς οἷον οἰνωθεῖσι καὶ πληρωθεῖσι τοῦ νέκ-
ταρος, ἅτε δι' ὅλης τῆς ψυχῆς τοῦ κάλλους ἐλθόντος, οὐ
θεαταῖς μόνον ὑπάρχει γενέσθαι. οὐ γὰρ ἔτι τὸ μὲν ἔξω, 35
τὸ δ' αὖ τὸ θεώμενον ἔξω, ἀλλ' ἔχει τὸ ὀξέως ὁρῶν ἐν αὑτῷ
τὸ ὁρώμενον, καὶ ἔχων τὰ πολλὰ ἀγνοεῖ ὅτι ἔχει καὶ ὡς

10. 23 συνεραστής cf. Plat. *Phaedr.* 249 e 4   33–4 cf. Plat. *Symp.*
203 b 5

---

10. 18 οἱ θεοὶ et αἱ ψυχαὶ resumunt anacoluthice 17 οἷς   20 αὐταὶ
Kirchhoff : αὗται *Enn.*   21 καθόσον Theiler : καὶ ὅσον *Enn.*
21 αὐτῶν² : αὐτῷ z   22 ταῦτα i.e. 17–18 πολλὰ θεάματα   23 τὸ
τελευταῖον aduerbium   24 ὁρᾷ μένον coniecimus : ὁρώμενον *Enn.*
24 καὶ *quippe qui*   25 ἀποστίλβει *collustrat*, subiectum τὸ κάλλος
26 ὁποῖοι BxU : ὁποῖα wz : ὁποῖον C   31 βάθους : θάμβους x
32 προσβολὴ *exterior impressio*   μόνον x   35 τὸ μὲν i.e.
obiectum uisum   36 τὸ δ' αὖ τὸ θεώμενον scripsimus (τὸ
θεώμενον subiectum uidens, appositio ad τὸ δ') : τὸ δ' αὐτὸ θεώ-
μενον *Enn.*   37 ἔχων (genus ad sensum) : ἔχον Gollwitzer
37 τὰ πολλὰ aduerbium

ἔξω ὂν βλέπει, ὅτι ὡς ὁρώμενον βλέπει καὶ ὅτι θέλει βλέ-
πειν. πᾶν δὲ ὅ τις ὡς θεατὸν βλέπει ἔξω βλέπει. ἀλλὰ χρὴ
40 εἰς αὐτὸν ἤδη μεταφέρειν καὶ βλέπειν ὡς ἓν καὶ βλέπειν ὡς
αὑτόν, ὥσπερ εἴ τις ὑπὸ θεοῦ κατασχεθεὶς φοιβόληπτος ἢ
ὑπό τινος Μούσης ἐν αὑτῷ ἂν ποιοῖτο τοῦ θεοῦ τὴν θέαν,
εἰ δύναμιν ἔχοι ἐν αὑτῷ θεὸν βλέπειν.

11. Ἔτι δέ τις ἡμῶν ἀδυνατῶν ἑαυτὸν ὁρᾶν ὑπ' ἐκείνου
τοῦ θεοῦ ἐπὰν καταληφθεὶς εἰς τὸ ἰδεῖν προφέρῃ τὸ θέαμα,
ἑαυτὸν προφέρει καὶ εἰκόνα αὑτοῦ καλλωπισθεῖσαν βλέπει·
ἀφεὶς δὲ τὴν εἰκόνα καίπερ καλὴν οὖσαν εἰς ἓν αὑτῷ ἐλθὼν
5 καὶ μηκέτι σχίσας ἓν ὁμοῦ πάντα ἐστὶ μετ' ἐκείνου τοῦ
θεοῦ ἀψοφητὶ παρόντος, καὶ ἔστι μετ' αὐτοῦ ὅσον δύναται
καὶ θέλει. εἰ δ' ἐπιστραφείη εἰς δύο, καθαρὸς μένων ἐφ-
εξῆς ἐστιν αὐτῷ, ὥστε αὐτῷ παρεῖναι ἐκείνως πάλιν, εἰ
πάλιν ἐπ' αὐτὸν στρέφοι. ἐν δὲ τῇ ἐπιστροφῇ κέρδος τοῦτ'
10 ἔχει· ἀρχόμενος αἰσθάνεται αὑτοῦ, ἕως ἕτερός ἐστι· δρα-
μὼν δὲ εἰς τὸ εἴσω ἔχει πᾶν, καὶ ἀφεὶς τὴν αἴσθησιν εἰς
τοὐπίσω τοῦ ἕτερος εἶναι φόβῳ εἷς ἐστιν ἐκεῖ· κἂν ἐπιθυ-
μήσῃ ὡς ἕτερον ὂν ἰδεῖν, ἔξω αὑτὸν ποιεῖ. δεῖ δὲ κατα-
μανθάνοντα μὲν ἕν τινι τύπῳ αὐτοῦ μένοντα μετὰ τοῦ
15 ζητεῖν γνωματεύειν αὐτόν, εἰς οἷον δὲ εἴσεισιν, οὕτω
μαθόντα κατὰ πίστιν, ὡς ἐπὶ χρῆμα μακαριστὸν εἴσεισιν,
ἤδη αὑτὸν δοῦναι εἰς τὸ εἴσω καὶ γενέσθαι ἀντὶ ὁρῶν-

---

10. 41–2 cf. Plat. *Phaedr.* 245 a 1–2   11. 15 = Plat. *Resp.*
516 e 8

---

10. 38 ὂν : ὦν z   38–9 βλέπειν : βλέπει z   4υ ὡς¹ : εἰς x
11. 1 ἔτι Gollwitzer : εἰ *Enn.*   7 μένων BxUC : μὲν ὢν wz
8 ἐκεῖνος Cz   10 αἰσθάνεται AᴾᶜBxC : αἰσθάνεσθαι A(εται Aˢ)EUz
14 ἕν—μένοντα *perseuerantem in forma quadam illius*   τύπῳ
EᵐᵍBxUC Lᵐᵍ : τόπῳ A(υ Aˢ)EQ(ύ Qˢ)L   15 αὐτόν (subiec-
tum potius quam obiectum) : αὑτόν B–T   16 κατὰ conieci-
mus : καὶ *Enn.*

τος ἤδη θέαμα ἑτέρου θεωμένου, οἷοις ἐκεῖθεν ἥκει ἐκ-
λάμποντα τοῖς νοήμασι. πῶς οὖν ἔσται τις ἐν καλῷ μὴ
ὁρῶν αὐτό; ἢ ὁρῶν αὐτὸ ὡς ἕτερον οὐδέπω ἐν καλῷ, γε-   20
νόμενος δὲ αὐτὸ οὕτω μάλιστα ἐν καλῷ. εἰ οὖν ὅρασις τοῦ
ἔξω, ὅρασιν μὲν οὐ δεῖ εἶναι ἢ οὕτως, ὡς ταὐτὸν τῷ ὁρατῷ·
τοῦτο δὲ οἷον σύνεσις καὶ συναίσθησις αὐτοῦ εὐλαβουμένου
μὴ τῷ μᾶλλον αἰσθάνεσθαι θέλειν ἑαυτοῦ ἀποστῆναι. δεῖ
δὲ κἀκεῖνο ἐνθυμεῖσθαι, ὡς τῶν μὲν κακῶν αἱ αἰσθήσεις   25
τὰς πληγὰς ἔχουσι μείζους, ἥττους δὲ τὰς γνώσεις τῇ πλη-
γῇ ἐκκρουομένας· νόσος γὰρ μᾶλλον ἔκπληξιν, ὑγίεια δὲ ἠ-
ρέμα συνοῦσα μᾶλλον ἂν σύνεσιν δοίη αὑτῆς· προσίζει γὰρ
ἅτε οἰκεῖον καὶ ἑνοῦται· ἡ δ' ἔστιν ἀλλότριον καὶ οὐκ οἰ-
κεῖον, καὶ ταύτῃ διάδηλος τῷ σφόδρα ἕτερον ἡμῶν εἶναι   30
δοκεῖν. τὰ δὲ ἡμῶν καὶ ἡμεῖς ἀναίσθητοι· οὕτω δ' ὄντες
μάλιστα πάντων ἐσμὲν αὐτοῖς συνετοὶ τὴν ἐπιστήμην ἡμῶν
καὶ ἡμᾶς ἓν πεποιηκότες. κἀκεῖ τοίνυν, ὅτε μάλιστα ἴσμεν
κατὰ νοῦν, ἀγνοεῖν δοκοῦμεν, τῆς αἰσθήσεως ἀναμένοντες τὸ
πάθος, ἤ φησι μὴ ἑωρακέναι· οὐ γὰρ εἶδεν οὐδ' ἂν τὰ τοι-   35
αῦτά ποτε ἴδοι. τὸ οὖν ἀπιστοῦν ἡ αἴσθησίς ἐστιν, ὁ δὲ ἄλ-
λος ἐστὶν ὁ ἰδών· ἤ, εἰ ἀπιστοῖ κἀκεῖνος, οὐδ' ἂν αὐτὸν
πιστεύσειεν εἶναι· οὐδὲ γὰρ οὐδ' αὐτὸς δύναται ἔξω θεὶς
ἑαυτὸν ὡς αἰσθητὸν ὄντα ὀφθαλμοῖς τοῖς τοῦ σώματος
βλέπειν.   40

12. Ἀλλὰ εἴρηται, πῶς ὡς ἕτερος δύναται τοῦτο ποιεῖν,
καὶ πῶς ὡς αὐτός. ἰδὼν δή, εἴτε ὡς ἕτερος, εἴτε ὡς μείνας
αὐτός, τί ἀπαγγέλλει; ἢ θεὸν ἑωρακέναι τόκον ὠδίνοντα
καλὸν καὶ πάντα δὴ ἐν αὑτῷ γεγεννηκότα καὶ ἄλυπον ἔχον-
τα τὴν ὠδῖνα ἐν αὑτῷ· ἡσθεὶς γὰρ οἷς ἐγέννα καὶ ἀγασθεὶς   5

---

11. 18 οἶοις (= τοιούτοις οἶα) Theiler : οἶος Enn.   28 προσίζει
Theiler : προΐζει Enn.   29 ἡ (scil. νόσος) Kirchhoff : ἢ Enn.

τῶν τόκων κατέσχε πάντα παρ' αὐτῷ τὴν αὐτοῦ καὶ τὴν
αὐτῶν ἀγλαΐαν ἀσμενίσας· ὁ δὲ καλῶν ὄντων καὶ καλλιό-
νων τῶν εἰς τὸ εἴσω μεμενηκότων μόνος ἐκ τῶν ἄλλων
Ζεὺς παῖς ἐξεφάνη εἰς τὸ ἔξω. ἀφ' οὗ καὶ ὑστάτου παιδὸς
10 ὄντος ἔστιν ἰδεῖν οἷον ἐξ εἰκόνος τινὸς αὐτοῦ, ὅσος ὁ πατὴρ
ἐκεῖνος καὶ οἱ μείναντες παρ' αὐτῷ ἀδελφοί. ὁ δὲ οὔ
φησι μάτην ἐλθεῖν παρὰ τοῦ πατρός· εἶναι γὰρ δεῖ αὐτοῦ
ἄλλον κόσμον γεγονότα καλόν, ὡς εἰκόνα καλοῦ· μηδὲ γὰρ
εἶναι θεμιτὸν εἰκόνα καλὴν μὴ εἶναι μήτε καλοῦ μήτε
15 οὐσίας. μιμεῖται δὴ τὸ ἀρχέτυπον πανταχῇ· καὶ γὰρ
ζωὴν ἔχει καὶ τὸ τῆς οὐσίας, ὡς μίμημα, καὶ τὸ κάλλος
εἶναι, ὡς ἐκεῖθεν· ἔχει δὲ καὶ τὸ ἀεὶ αὐτοῦ, ὡς εἰκών· ἢ
ποτὲ μὲν ἕξει εἰκόνα, ποτὲ δὲ οὔ, οὐ τέχνῃ γενομένης τῆς
εἰκόνος. πᾶσα δὲ φύσει εἰκών ἐστιν, ὅσον ἂν τὸ ἀρχέτυπον
20 μένῃ. διὸ οὐκ ὀρθῶς, οἳ φθείρουσι τοῦ νοητοῦ μένοντος
καὶ γεννῶσιν οὕτως, ὡς ποτὲ βουλευσαμένου τοῦ ποιοῦν-
τος ποιεῖν. ὅστις γὰρ τρόπος ποιήσεως τοιαύτης οὐκ ἐθέ-
λουσι συνιέναι οὐδ' ἴσασιν, ὅτι, ὅσον ἐκεῖνο ἐλλάμπει, οὐ
μήποτε τὰ ἄλλα ἐλλείπῃ, ἀλλ' ἐξ οὗ ἔστι καὶ ταῦτα ἔστιν·
25 ἦν δ' ἀεὶ καὶ ἔσται. χρηστέον γὰρ τούτοις τοῖς ὀνόμασι
τῇ τοῦ σημαίνειν ἐθέλειν ἀνάγκῃ.

13. Ὁ οὖν θεὸς ὁ εἰς τὸ μένειν ὡσαύτως δεδεμένος
καὶ συγχωρήσας τῷ παιδὶ τοῦδε τοῦ παντὸς ἄρχειν—οὐ
γὰρ ἦν αὐτῷ πρὸς τρόπου τὴν ἐκεῖ ἀρχὴν ἀφέντι νεωτέραν

---

12. 6 κατέσχε cf. Hesiod. *Theog.* 459   9 ὑστάτου cf. Hesiod.
Theog. 478   20–21 cf. *Stoic. Vet. Fr.* i, n. 98   **13.** 1–2 θεὸς
= Κρόνος, παιδὶ = Διί, cf. Hom. Ξ 203–4

12. 9 Ζεὺς del. Kirchhoff   11 παρ' αὐτῷ x : παρὰ τῷ πατρὶ
wBUCz, sed πατρὶ glossam ad αὐτῷ suspicamur   12 δεῖ
EBUCz : δὴ Ax   12–13 αὐτοῦ ἄλλον alterum ab eo Ficinus
24 ἐλλείπῃ : ἐλλείποι z : ἐλλάμπῃ w

αὐτοῦ καὶ ὑστέραν μεθέπειν κόρον ἔχοντι τῶν καλῶν
—ταῦτ' ἀφεὶς ἔστησέ τε τὸν αὐτοῦ πατέρα εἰς ἑαυτόν, 5
καὶ μέχρις αὐτοῦ πρὸς τὸ ἄνω· ἔστησε δ' αὖ καὶ τὰ εἰς
θάτερα ἀπὸ τοῦ παιδὸς ἀρξάμενα εἶναι μετ' αὐτόν, ὥστε
μεταξὺ ἀμφοῖν γενέσθαι τῇ τε ἑτερότητι τῆς πρὸς τὸ ἄνω
ἀποτομῆς καὶ τῷ ἀνέχοντι ἀπὸ τοῦ μετ' αὐτὸν πρὸς τὸ
κάτω δεσμῷ, μεταξὺ ὢν πατρός τε ἀμείνονος καὶ ἥττονος 10
υἱέος. ἀλλ' ἐπειδὴ ὁ πατὴρ αὐτῷ μείζων ἢ κατὰ κάλλος
ἦν, πρώτως αὐτὸς ἔμεινε καλός, καίτοι καλῆς καὶ τῆς
ψυχῆς οὔσης· ἀλλ' ἔστι καλλίων καὶ ταύτης, ὅτι ἴχνος αὐ-
τῇ αὐτοῦ, καὶ τούτῳ ἐστὶ καλὴ μὲν τὴν φύσιν, καλλίων
δέ, ὅταν ἐκεῖ βλέπῃ. εἰ οὖν ἡ ψυχὴ ἡ τοῦ παντός, ἵνα 15
γνωριμώτερον λέγωμεν, καὶ ἡ Ἀφροδίτη αὐτὴ καλή, τίς
ἐκεῖνος; εἰ μὲν γὰρ παρ' αὑτῆς, πόσον ἂν εἴη ἐκεῖνο; εἰ
δὲ παρ' ἄλλου, παρὰ τίνος ψυχὴ καὶ τὸ ἐπακτὸν καὶ τὸ
συμφυὲς τῇ οὐσίᾳ αὐτῆς κάλλος ἔχει; ἐπεὶ καί, ὅταν καὶ
αὐτοὶ καλοί, τῷ αὑτῶν εἶναι, αἰσχροὶ δὲ ἐπ' ἄλλην μετα- 20
βαίνοντες φύσιν· καὶ γινώσκοντες μὲν ἑαυτοὺς καλοί, αἰ-
σχροὶ δὲ ἀγνοοῦντες. ἐκεῖ οὖν κἀκεῖθεν τὸ καλόν. ἆρ' οὖν
ἀρκεῖ τὰ εἰρημένα εἰς ἐναργῆ σύνεσιν ἀγαγεῖν τοῦ νοητοῦ
τ ό π ο υ, ἢ κατ' ἄλλην ὁδὸν πάλιν αὖ δεῖ ἐπελθεῖν ὧδε;

13. 5 πατέρα = Οὐρανόν   23–4 = Plat. Resp. 508 c 1 et
517 b 5   24 κατ' ἄλλην ὁδὸν cf. V. 5

13. 5 εἰς ἑαυτόν scil. εἰς τὸν πατέρα   6 μέχρις αὐτοῦ (i.e.
τοῦ πατρός) scil. ἐστιν   τὸ : τὰ x   7 et 9 μετ' αὐτόν (bis)
post seipsum   9 τὸ BRUC : τῷ A(ὁ A¹ˢ)EJz   10 δεσμῷ
coniungendum cum τῷ ἀνέχοντι (detinenti)   13–14 αὐτῇ
Enn. : αὐτὴ Rᵖᶜ   14 τούτῳ BxUC : τοῦτό A(' et ῳ A¹ˢ)Ez
14 καλλίων : καλὴ z   17 ἐκεῖνο (illud superius) : ἐκεῖνος Harder
20 καλοί scil. ἐσμεν

V 9 (5)

ΠΕΡΙ ΤΟΥ ΝΟΥ ΚΑΙ ΤΩΝ ΙΔΕΩΝ
ΚΑΙ ΤΟΥ ΟΝΤΟΣ

1. Πάντες ἄνθρωποι ἐξαρχῆς γενόμενοι αἰσθήσει πρὸ
νοῦ χρησάμενοι καὶ τοῖς αἰσθητοῖς προσβαλόντες πρώτοις
ἐξανάγκης οἱ μὲν ἐνταυθοῖ καταμείναντες διέζησαν ταῦτα
πρῶτα καὶ ἔσχατα νομίσαντες, καὶ τὸ ἐν αὐτοῖς λυπηρόν
5 τε καὶ ἡδὺ τὸ μὲν κακόν, τὸ δὲ ἀγαθὸν ὑπολαβόντες ἀρκεῖν
ἐνόμισαν, καὶ τὸ μὲν διώκοντες, τὸ δ' ἀποικονομούμενοι
διεγένοντο. καὶ σοφίαν ταύτην οἵ γε λόγου μεταποιούμε-
νοι αὐτῶν ἔθεντο, οἷα οἱ βαρεῖς τῶν ὀρνίθων, οἳ πολλὰ ἐκ
γῆς λαβόντες καὶ βαρυνθέντες ὑψοῦ πτῆναι ἀδυνατοῦσι
10 καίπερ πτερὰ παρὰ τῆς φύσεως λαβόντες. οἱ δὲ ἤρθησαν
μὲν ὀλίγον ἐκ τῶν κάτω κινοῦντος αὐτοὺς πρὸς τὸ κάλλιον
ἀπὸ τοῦ ἡδέος τοῦ τῆς ψυχῆς κρείττονος, ἀδυνατήσαντες
δὲ ἰδεῖν τὸ ἄνω, ὡς οὐκ ἔχοντες ἄλλο, ὅπου στήσονται,
κατηνέχθησαν σὺν τῷ τῆς ἀρετῆς ὀνόματι ἐπὶ πράξεις
15 καὶ ἐκλογὰς τῶν κάτω, ἀφ' ὧν ἐπεχείρησαν τὸ πρῶτον
αἴρεσθαι. τρίτον δὲ γένος θείων ἀνθρώπων δυνάμει τε
κρείττονι καὶ ὀξύτητι ὀμμάτων εἶδέ τε ὥσπερ ὑπὸ ὀξυδορ-
κίας τὴν ἄνω αἴγλην καὶ ἤρθη τε ἐκεῖ οἷον ὑπὲρ νεφῶν

Enn. = w(= AE) Bx(= RJ)UCz(= QL)

---

1. 1–10 cf. Plat. *Phaed.* 81 b–c   7 οἵ γε scil. Epicurei   10 οἱ
δὲ scil. Stoici   11–12 cf. *Stoic. Vet. Fr.* iii, n. 23   15 *Stoic.
Vet. Fr.* iii, n. 64 (= Alex. Aphrod. *De an.*, Suppl. Aristot. ii. 1,
p. 160. 5) et 118; Sext. Emp. *Adu. math.* 11. 133   16 τρίτον δὲ
γένος scil. Platonici, cf. Plat. *Phaed.* 82 b 10

---

1. 6 καὶ : εἰ Vitringa (*si* Ficinus)   18 ἤχθη x

καὶ τῆς ἐνταῦθα ἀχλύος καὶ ἔμεινεν ἐκεῖ τὰ τῇδε ὑπεριδὸν
πάντα ἠσθὲν τῷ τόπῳ ἀληθινῷ καὶ οἰκείῳ ὄντι, ὥσπερ ἐκ   20
πολλῆς πλάνης εἰς πατρίδα εὔνομον ἀφικόμενος ἄνθρωπος.

2. Τίς οὖν οὗτος ὁ τόπος; καὶ πῶς ἄν τις εἰς αὐτὸν
ἀφίκοιτο; ἀφίκοιτο μὲν ἂν ὁ φύσει ἐρωτικὸς καὶ ὄντως
τὴν διάθεσιν ἐξαρχῆς φιλόσοφος, ὠδίνων μέν, ἅτε ἐρωτι-
κός, περὶ τὸ καλόν, οὐκ ἀνασχόμενος δὲ τοῦ ἐν σώμα-
τι κάλλους, ἀλλ' ἔνθεν ἀναφυγὼν ἐπὶ τὰ τῆς ψυχῆς   5
κάλλη, ἀρετὰς καὶ ἐπιστήμας καὶ ἐπιτηδεύματα
καὶ νόμους, πάλιν αὖ ἐπαναβαίνει ἐπὶ τὴν τῶν ἐν ψυχῇ
καλῶν αἰτίαν, καὶ εἴ τι πάλιν αὖ πρὸ τούτου, ἕως ἐπ' ἔσχα-
τον ἥκῃ τὸ πρῶτον, ὃ παρ' αὐτοῦ καλόν. ἔνθα καὶ ἐλθὼν
ὠδῖνος παύσεται, πρότερον δὲ οὔ. ἀλλὰ πῶς ἀναβήσεται,   10
καὶ πόθεν ἡ δύναμις αὐτῷ, καὶ τίς λόγος τοῦτον τὸν ἔρωτα
παιδαγωγήσεται; ἢ ὅδε· τοῦτο τὸ κάλλος τὸ ἐπὶ τοῖς
σώμασιν ἐπακτόν ἐστι τοῖς σώμασι· μορφαὶ γὰρ αὗται
σωμάτων ὡς ἐπὶ ὕλῃ αὐτοῖς. μεταβάλλει γοῦν τὸ ὑποκεί-
μενον καὶ ἐκ καλοῦ αἰσχρὸν γίνεται. μεθέξει ἄρα, φησὶν   15
ὁ λόγος. τί οὖν τὸ ποιῆσαν σῶμα καλόν; ἄλλως μὲν
κάλλους παρουσία, ἄλλως δὲ ψυχή, ἢ ἔπλασέ τε καὶ μορ-
φὴν τοιάνδε ἐνῆκε. τί οὖν; ψυχὴ παρ' αὐτῆς καλόν; ἢ οὔ.
οὐ γὰρ ἡ μὲν ἦν φρόνιμός τε καὶ καλή, ἡ δὲ ἄφρων τε
καὶ αἰσχρά. φρονήσει ἄρα τὸ καλὸν περὶ ψυχήν. καὶ τίς   20
οὖν ὁ φρόνησιν δοὺς ψυχῇ; ἢ νοῦς ἐξ ἀνάγκης, νοῦς δὲ
οὐ ποτὲ μὲν νοῦς, ποτὲ δὲ ἄνους, ὅ γε ἀληθινός. παρ' αὐτοῦ

---

1. 21 cf. Hom. ε 37   2. 2–3 cf. Plat. *Phaedr.* 248 d 3–4
4–7 = Plat. *Symp.* 210 b 3–c 6   10 cf. Plat. *Phaedr.* 251 e 5
12 cf. Plat. *Symp.* 210 e 3   22 cf. Aristot. *De an.* Γ 5. 430ᵃ22

---

1. 19 ὑπεριδὸν BxUC : ὑπεριδὼν Aᵃᶜ(in ω eraso scr. ο A¹)Ez
21 πολλῆς BxUC : πολλῆς τινος wz   2. 8 τι BxUC : τι ἂν wz
12 ὅδε AᵖᶜBxUC : ὧδε AᵃᶜEz

ἆρα καλός. καὶ πότερον δὴ ἐνταῦθα δεῖ στῆναι ὡς πρῶ-
τον, ἢ καὶ νοῦ ἐπέκεινα δεῖ ἰέναι, νοῦς δὲ προέστηκε μὲν
25 ἀρχῆς τῆς πρώτης ὡς πρὸς ἡμᾶς, ὥσπερ ἐν προθύροις
τἀγαθοῦ ἀπαγγέλλων ἐν αὐτῷ τὰ πάντα, ὥσπερ ἐκείνου
τύπος μᾶλλον ἐν πλήθει ἐκείνου πάντῃ μένοντος ἐν ἑνί;

3. Ἐπισκεπτέον δὲ ταύτην τὴν νοῦ φύσιν, ἣν ἐπαγγέλ-
λεται ὁ λόγος εἶναι τὸ ὂν ὄντως καὶ τὴν ἀληθῆ οὐσίαν,
πρότερον βεβαιωσαμένους κατ' ἄλλην ὁδὸν ἰόντας, ὅτι δεῖ
εἶναί τινα τοιαύτην. ἴσως μὲν οὖν γελοῖον ζητεῖν, εἰ
5 νοῦς ἐστιν ἐν τοῖς οὖσι· τάχα δ' ἄν τινες καὶ περὶ τούτου
διαμφισβητοῖεν. μᾶλλον δέ, εἰ τοιοῦτος, οἷόν φαμεν, καὶ
εἰ χωριστός τις, καὶ εἰ οὗτος τὰ ὄντα καὶ ἡ τῶν εἰδῶν
φύσις ἐνταῦθα, περὶ οὗ καὶ τὰ νῦν εἰπεῖν πρόκειται.
ὁρῶμεν δὴ τὰ λεγόμενα εἶναι πάντα σύνθετα καὶ ἁπλοῦν
10 αὐτῶν οὐδὲ ἕν, ἅ τε τέχνη ἐργάζεται ἕκαστα, ἅ τε συν-
έστηκε φύσει· τά τε γὰρ τεχνητὰ ἔχει χαλκὸν ἢ ξύλον ἢ
λίθον καὶ παρὰ τούτων οὔπω τετέλεσται, πρὶν ἂν ἡ τέχνη
ἑκάστη ἡ μὲν ἀνδριάντα, ἡ δὲ κλίνην, ἡ δὲ οἰκίαν ἐργά-
σηται εἴδους τοῦ παρ' αὐτῇ ἐνθέσει. καὶ μὴν καὶ τὰ φύσει
15 συνεστῶτα τὰ μὲν πολυσύνθετα αὐτῶν καὶ συγκρίματα
καλούμενα ἀναλύσεις εἰς τὸ ἐπὶ πᾶσι τοῖς συγκριθεῖσιν
εἶδος· οἷον ἄνθρωπον εἰς ψυχὴν καὶ σῶμα, καὶ τὸ σῶμα
εἰς τὰ τέσσαρα. ἕκαστον δὲ τούτων σύνθετον εὑρὼν ἐξ

2. 24 cf. Plat. *Resp.* 509 b 9 et Aristot. *Fr.* 49 Rose³ = p. 57 Ross
= Simplicius *In De caelo* ii. 12, p. 485. 22   25–6 = Plat.
Phileb. 64 c 1   27 cf. Plat. *Tim.* 37 d 6   3. 7–8 χωριστός
cf. V. 9. 4. 18, τὰ ὄντα cf. V. 9. 5. 13, ἡ–ἐνταῦθα cf. V. 9. 8. 4   7 cf.
Aristot. *De an.* Γ 5. 430ª17

2. 23 δὴ BxC : δὲ Α(ἡ   Α¹ˢ)Εz : δεῖ U   3. 3 κατ' : καὶ z
3 ὅτε x   6 μᾶλλον δέ scil. ζητητέον   7 εἰ² regit etiam
7–8 ἡ–ἐνταῦθα   ἡ Α¹ˢBxUC : εἰ wz   12 οὔπω : οὔτω x
16 εἰς ⟨τὰ συγκριθέντα καὶ⟩ Bréhier, sed subaudiendum

ὕλης καὶ τοῦ μορφοῦντος—ὕλη γὰρ παρ' αὐτῆς ἡ τῶν
στοιχείων ἄμορφος—ζητήσεις τὸ εἶδος ὅθεν τῇ ὕλῃ. ζητή- 20
σεις δ' αὖ καὶ τὴν ψυχὴν πότερα τῶν ἁπλῶν ἤδη, ἢ ἔνι τι
ἐν αὐτῇ τὸ μὲν ὡς ὕλη, τὸ δὲ εἶδος, ὁ νοῦς ὁ ἐν αὐτῇ, ὁ
μὲν ὡς ἡ ἐπὶ τῷ χαλκῷ μορφή, ὁ δὲ οἷος ὁ τὴν μορφὴν
ἐν τῷ χαλκῷ ποιήσας. τὰ αὐτὰ δὲ ταῦτα καὶ ἐπὶ τοῦ
παντὸς μεταφέρων τις ἀναβήσεται καὶ ἐνταῦθα ἐπὶ νοῦν 25
ποιητὴν ὄντως καὶ δημιουργὸν τιθέμενος, καὶ φήσει τὸ
ὑποκείμενον δεξάμενον μορφὰς τὸ μὲν πῦρ, τὸ δὲ ὕδωρ,
τὸ δὲ ἀέρα καὶ γῆν γενέσθαι, τὰς δὲ μορφὰς ταύτας παρ'
ἄλλου ἥκειν· τοῦτο δὲ εἶναι ψυχήν· ψυχὴν δὲ αὖ καὶ ἐπὶ
τοῖς τέτρασι τὴν κόσμου μορφὴν δοῦναι· ταύτῃ δὲ νοῦν 30
χορηγὸν τῶν λόγων γεγονέναι, ὥσπερ καὶ ταῖς τῶν τεχνι-
τῶν ψυχαῖς παρὰ τῶν τεχνῶν τοὺς εἰς τὸ ἐνεργεῖν λόγους·
νοῦν δὲ τὸν μὲν ὡς εἶδος τῆς ψυχῆς, τὸν κατὰ τὴν μορφήν,
τὸν δὲ τὸν τὴν μορφὴν παρέχοντα ὡς τὸν ποιητὴν τοῦ
ἀνδριάντος, ᾧ πάντα ἐνυπάρχει, ἃ δίδωσιν. ἐγγὺς μὲν 35
ἀληθείας, ἃ δίδωσι ψυχῇ· ἃ δὲ τὸ σῶμα δέχεται, εἴδωλα
ἤδη καὶ μιμήματα.

4. Διὰ τί οὖν δεῖ ἐπὶ ψυχῇ ἀνιέναι, ἀλλ' οὐκ αὐτὴν
εἶναι τίθεσθαι τὸ πρῶτον; ἢ πρῶτον μὲν νοῦς ψυχῆς
ἕτερον καὶ κρεῖττον· τὸ δὲ κρεῖττον φύσει πρῶτον. οὐ γὰρ
δή, ὡς οἴονται, ψυχὴ νοῦν τελεωθεῖσα γεννᾷ· πόθεν γὰρ
τὸ δυνάμει ἐνεργείᾳ ἔσται, μὴ τοῦ εἰς ἐνέργειαν ἄγοντος 5
αἰτίου ὄντος; εἰ γὰρ κατὰ τύχην, ἐνδέχεται μὴ ἐλθεῖν

---

3. 37 cf. Plat. *Tim.* 50 c 5   4. 3 cf. Aristot. *De caelo A*
2. 269ª19–20   4 οἴονται scil. Stoici, cf. IV. 7. 8³. 8–9 et *Stoic.*
Vet. Fr. i, n. 374; 377; ii, n. 835; 836; 837; 839

---

3. 19 ὕλη A(s A¹ˢ)JCᵖᶜ : ὕλης EBRUCᵃᶜz   21 τῶν BxUC :
τῶν αὐτῶν Aᵃᶜ(αὐτῶν exp.)Ez   24 ἐπὶ ⟨τὴν⟩ Heintz   30 τέ-
τρασι BxUC : τέρασι A(τρασι A¹ˢ)Ez   35 ᾧ i.e. uel νῷ uel
ποιητῇ   36 ψυχή Harder

εἰς ἐνέργειαν. διὸ δεῖ τὰ πρῶτα ἐνεργείᾳ τίθεσθαι καὶ
ἀπροσδεᾶ καὶ τέλεια· τὰ δὲ ἀτελῆ ὕστερα ἀπ' ἐκείνων,
τελειούμενα δὲ παρ' αὐτῶν τῶν γεγεννηκότων δίκην
10 πατέρων τελειούντων, ἃ καταρχὰς ἀτελῆ ἐγέννησαν· καὶ
εἶναι μὲν ὕλην πρὸς τὸ ποιῆσαν τὸ πρῶτον, εἶτ' αὐτὴν
ἔμμορφον ἀποτελεῖσθαι. εἰ δὲ δὴ καὶ ἐμπαθὲς ψυχή, δεῖ
δέ τι ἀπαθὲς εἶναι—ἢ πάντα τῷ χρόνῳ ἀπολεῖται—
δεῖ τι πρὸ ψυχῆς εἶναι. καὶ εἰ ἐν κόσμῳ ψυχή, ἐκτὸς δὲ
15 δεῖ τι κόσμου εἶναι, καὶ ταύτῃ πρὸ ψυχῆς δεῖ τι εἶναι. εἰ
γὰρ τὸ ἐν κόσμῳ τὸ ἐν σώματι καὶ ὕλῃ, οὐδὲν ταὐτὸν μενεῖ·
ὥστε ἄνθρωπος καὶ πάντες λόγοι οὐκ ἀίδιοι οὐδὲ οἱ αὐτοί.
καὶ ὅτι μὲν νοῦν πρὸ ψυχῆς εἶναι δεῖ, ἐκ τούτων καὶ ἐξ
ἄλλων πολλῶν ἄν τις θεωρήσειε.

5. Δεῖ δὲ νοῦν λαμβάνειν, εἴπερ ἐπαληθεύσομεν τῷ
ὀνόματι, μὴ τὸν δυνάμει μηδὲ τὸν ἐξ ἀφροσύνης εἰς νοῦν
ἐλθόντα—εἰ δὲ μή, ἄλλον πάλιν αὖ πρὸ αὐτοῦ ζητήσομεν
—ἀλλὰ τὸν ἐνεργείᾳ καὶ ἀεὶ νοῦν ὄντα. εἰ δὲ μὴ ἐπακτὸν
5 τὸ φρονεῖν ἔχει, εἴ τι νοεῖ, παρ' αὐτοῦ νοεῖ, καὶ εἴ τι ἔχει,
παρ' αὐτοῦ ἔχει. εἰ δὲ παρ' αὐτοῦ καὶ ἐξ αὐτοῦ νοεῖ,
αὐτός ἐστιν ἃ νοεῖ. εἰ γὰρ ἡ μὲν οὐσία αὐτοῦ ἄλλη, ἃ δὲ
νοεῖ ἕτερα αὐτοῦ, αὐτὴ ἡ οὐσία αὐτοῦ ἀνόητος ἔσται· καὶ
δυνάμει, οὐκ ἐνεργείᾳ αὖ. οὐ χωριστέον οὖν οὐδέτερον
10 ἀπὸ θατέρου. ἔθος δὲ ἡμῖν ἀπὸ τῶν παρ' ἡμῖν κἀκεῖνα
ταῖς ἐπινοίαις χωρίζειν. τί οὖν ἐνεργεῖ καὶ τί νοεῖ, ἵνα
ἐκεῖνα αὐτὸν ἃ νοεῖ θώμεθα; ἢ δῆλον ὅτι νοῦς ὢν
ὄντως νοεῖ τὰ ὄντα καὶ ὑφίστησιν. ἔστιν ἄρα ὄντα.

4. 8 ἀπ' BxCQ(ὑ Qˢ) L(ὑ Lˢ) : ὑπ' w   9 δὲ om. z   11 εἶναι
subiectum τὰ ἀτελῆ   εἶτ' αὐτὴν Aᵖᶜ(εἰ in ras. A¹)BxUC : ἢ ταύ-
την wz   12 εἰ regit etiam δεῖ δέ   ἐμπαθὴς Kirchhoff
13 τι BxUC : ἐμπαθές τι Aᵃᶜ(ἐμπαθές exp.)Ez   ἀπολεῖται wC : ἀπο-
τελεῖται BxUᵃᶜ(τε exp.)z   14 εἰ AᵖᶜBxUC : ἡ AᵃᶜEz   16 μενεῖ
Dodds : μένει Enn.   5. 8 αὐτὴ BxUC : αὕτη wz   12 αὐτὸ z

ἢ γὰρ ἑτέρωθι ὄντα αὐτὰ νοήσει, ἢ ἐν αὐτῷ ὡς αὐτὸν
ὄντα. ἑτέρωθι μὲν οὖν ἀδύνατον· ποῦ γάρ; αὐτὸν ἄρα   15
καὶ ἐν αὐτῷ. οὐ γὰρ δὴ ἐν τοῖς αἰσθητοῖς, ὥσπερ οἴονται.
τὸ γὰρ πρῶτον ἕκαστον οὐ τὸ αἰσθητόν· τὸ γὰρ ἐν αὐτοῖς
εἶδος ἐπὶ ὕλῃ εἴδωλον ὄντος, πᾶν τε εἶδος ἐν ἄλλῳ παρ'
ἄλλου εἰς ἐκεῖνο ἔρχεται καί ἐστιν εἰκὼν ἐκείνου. εἰ δὲ
καὶ ποιητὴν δεῖ εἶναι τοῦδε τοῦ παντός, οὐ τὰ ἐν τῷ   20
μήπω ὄντι οὗτος νοήσει, ἵνα αὐτὸ ποιῇ. πρὸ τοῦ κόσμου
ἄρα δεῖ εἶναι ἐκεῖνα, οὐ τύπους ἀφ' ἑτέρων, ἀλλὰ καὶ ἀρ-
χέτυπα καὶ πρῶτα καὶ νοῦ οὐσίαν. εἰ δὲ λόγους φήσουσιν
ἀρκεῖν, ἀιδίους δῆλον· εἰ δὲ ἀιδίους καὶ ἀπαθεῖς, ἐν νῷ δεῖ
εἶναι καὶ τοιούτῳ καὶ προτέρῳ ἕξεως καὶ φύσεως καὶ ψυ-   25
χῆς· δυνάμει γὰρ ταῦτα. ὁ νοῦς ἄρα τὰ ὄντα ὄντως, οὐχ
οἷά ἐστιν ἄλλοθι νοῶν· οὐ γάρ ἐστιν οὔτε πρὸ αὐτοῦ οὔτε
μετ' αὐτόν· ἀλλὰ οἷον νομοθέτης πρῶτος, μᾶλλον δὲ νόμος
αὐτὸς τοῦ εἶναι. ὀρθῶς ἄρα τὸ γὰρ αὐτὸ νοεῖν ἐστί τε
καὶ εἶναι καὶ ἡ τῶν ἄνευ ὕλης ἐπιστήμη ταὐτὸν τῷ   30
πράγματι καὶ τὸ ἐμαυτὸν ἐδιζησάμην ὡς ἓν
τῶν ὄντων· καὶ αἱ ἀναμνήσεις δέ· οὐδὲν γὰρ ἔξω τῶν ὄν-
των οὐδ' ἐν τόπῳ, μένει δὲ ἀεὶ ἐν αὐτοῖς μεταβολὴν οὐδὲ
φθορὰν δεχόμενα· διὸ καὶ ὄντως ὄντα. ἢ γιγνόμενα καὶ
ἀπολλύμενα ἐπακτῷ χρήσεται τῷ ὄντι, καὶ οὐκέτ' ἐκεῖνα   35
ἀλλ' ἐκεῖνο τὸ ὂν ἔσται. τὰ μὲν δὴ αἰσθητὰ μεθέξει ἐστὶν
ἃ λέγεται τῆς ὑποκειμένης φύσεως μορφὴν ἰσχούσης ἄλλο-

---

5. 16 cf. Stoic. Vet. Fr. ii, n. 88 = Sext. Emp. Adu. math. 8. 56
20 = Plat. Tim. 28 c 3–4   25–6 cf. Stoic. Vet. Fr. ii, n. 1013, p.
302. 36–7 Arnim   28 cf. Numenius Fr. 22 Leemans = Fr. 13 des
Places = Eusebius Praep. Euang. XI. 18. 14   29–30 = Parm.
Fr. B 3   30–31 = Aristot. De an. Γ 4. 430ᵃ3 ·et Γ 7. 431ᵃ1–2
31 = Heraclit. Fr. B 101   32 cf. Plat. Phaed. 72 e 5

---

5. 18 ὄντος BxC : ὄντως A(ος A¹ˢ)EUz   32 αἱ om. x

θεν· οἷον χαλκὸς παρὰ ἀνδριαντοποιικῆς καὶ ξύλον παρὰ
τεκτονικῆς διὰ εἰδώλου τῆς τέχνης εἰς αὐτὰ ἰούσης, τῆς
40 δὲ τέχνης αὐτῆς ἔξω ὕλης ἐν ταὐτότητι μενούσης καὶ
τὸν ἀληθῆ ἀνδριάντα καὶ κλίνην ἐχούσης. οὕτω δὴ καὶ
ἐπὶ τῶν σωμάτων· καὶ τόδε πᾶν ἰνδαλμάτων μετέχον
ἕτερα αὐτῶν δείκνυσι τὰ ὄντα, ἄτρεπτα μὲν ὄντα ἐκεῖνα,
αὐτὰ δὲ τρεπόμενα, ἱδρυμένα τε ἐφ' ἑαυτῶν, οὐ τόπου
45 δεόμενα· οὐ γὰρ μεγέθη· νοερὰν δὲ καὶ αὐτάρκη ἑαυτοῖς
ὑπόστασιν ἔχοντα. σωμάτων γὰρ φύσις σῴζεσθαι παρ'
ἄλλου θέλει, νοῦς δὲ ἀνέχων θαυμαστῇ φύσει τὰ παρ'
αὐτῶν πίπτοντα, ὅπου ἱδρυθῇ αὐτὸς οὐ ζητεῖ.

6. Νοῦς μὲν δὴ ἔστω τὰ ὄντα, καὶ πάντα ἐν αὐτῷ οὐχ
ὡς ἐν τόπῳ ἔχων, ἀλλ' ὡς αὐτὸν ἔχων καὶ ἓν ὢν αὐτοῖς.
πάντα δὲ ὁμοῦ ἐκεῖ καὶ οὐδὲν ἧττον διακεκριμένα. ἐπεὶ
καὶ ψυχὴ ὁμοῦ ἔχουσα πολλὰς ἐπιστήμας ἐν ἑαυτῇ οὐδὲν
5 ἔχει συγκεχυμένον, καὶ ἑκάστη πράττει τὸ αὑτῆς, ὅταν
δέῃ, οὐ συνεφέλκουσα τὰς ἄλλας, νόημα δὲ ἕκαστον καθα-
ρὸν ἐνεργεῖ ἐκ τῶν ἔνδον αὖ νοημάτων κειμένων. οὕτως
οὖν καὶ πολὺ μᾶλλον ὁ νοῦς ἐστιν ὁμοῦ πάντα καὶ αὖ οὐχ
ὁμοῦ, ὅτι ἕκαστον δύναμις ἰδία. ὁ δὲ πᾶς νοῦς περιέχει
10 ὥσπερ γένος εἴδη καὶ ὥσπερ ὅλον μέρη. καὶ αἱ τῶν
σπερμάτων δὲ δυνάμεις εἰκόνα φέρουσι τοῦ λεγομένου· ἐν
γὰρ τῷ ὅλῳ ἀδιάκριτα πάντα, καὶ οἱ λόγοι ὥσπερ ἐν ἑνὶ
κέντρῳ· καὶ ὡς ἐστιν ἄλλος ὀφθαλμοῦ, ἄλλος δὲ χειρῶν λό-

5. 38–40 cf. Aristot. Metaph. Δ 2. 1013ᵇ6–9   41 cf. Plat.
Resp. 597 c 3   46 cf. Plat. Crat. 400 c 7 = Orphicorum Fr. 8
6. 3 et 8 = Anaxagoras Fr. B 1

5. 38 ἀνδριαντοποιητικῆς z   42 καὶ τόδε πᾶν (haec quoque
omnia) wBxUQ: καὶ τόδε τὸ πᾶν CL   6. 8 πάντα: τὰ πάντα z
12 πάντη x   ἐν om. x   13 καὶ ὡς (nihilominus) conieci-
mus: καὶ ὥσπερ Enn.

γος τὸ ἕτερος εἶναι παρὰ τοῦ γενομένου ὑπ' αὐτοῦ αἰσθη-
τοῦ γνωσθείς. αἱ μὲν οὖν ἐν τοῖς σπέρμασι δυνάμεις ἑκά- 15
στη αὐτῶν λόγος εἷς ὅλος μετὰ τῶν ἐν αὐτῷ ἐμπεριεχομέ-
νων μερῶν τὸ μὲν σωματικὸν ὕλην ἔχει, οἷον ὅσον ὑγρόν,
αὐτὸς δὲ εἶδός ἐστι τὸ ὅλον καὶ λόγος ὁ αὐτὸς ὢν ψυχῆς
εἴδει τῷ γεννῶντι, ἥ ἐστιν ἴνδαλμα ψυχῆς ἄλλης κρείττο-
νος. φύσιν δέ τινες αὐτὴν ὀνομάζουσιν τὴν ἐν τοῖς σπέρμα- 20
σιν, ἣ ἐκεῖθεν ὁρμηθεῖσα ἀπὸ τῶν πρὸ αὐτῆς, ὥσπερ ἐκ
πυρὸς φῶς, ἤστραψέ τε καὶ ἐμόρφωσε τὴν ὕλην οὐκ ὠθοῦ-
σα οὐδὲ ταῖς πολυθρυλλήτοις μοχλείαις χρωμένη, δοῦσα
δὲ τῶν λόγων.

7. Αἱ δὲ ἐπιστῆμαι ἐν ψυχῇ λογικῇ οὖσαι αἱ μὲν τῶν
αἰσθητῶν—εἰ δεῖ ἐπιστήμας τούτων λέγειν, πρέπει δὲ
αὐταῖς τὸ τῆς δόξης ὄνομα—ὕστεραι τῶν πραγμάτων οὖσαι
εἰκόνες εἰσὶ τούτων· τῶν δὲ νοητῶν, αἳ δὴ καὶ ὄντως
ἐπιστῆμαι, παρὰ νοῦ εἰς λογικὴν ψυχὴν ἐλθοῦσαι αἰσθητὸν 5
μὲν οὐδὲν νοοῦσι· καθόσον δέ εἰσιν ἐπιστῆμαι, εἰσὶν αὐτὰ
ἕκαστα ἃ νοοῦσι, καὶ ἔνδοθεν τό τε νοητὸν τήν τε νόησιν
ἔχουσιν, ὅτι ὁ νοῦς ἔνδον—ὅ ἐστιν αὐτὰ τὰ πρῶτα—συνὼν
αὐτῷ ἀεὶ καὶ ἐνεργείᾳ ὑπάρχων καὶ οὐκ ἐπιβάλλων ὡς
οὐκ ἔχων ἢ ἐπικτώμενος ἢ διεξοδεύων οὐ προκεχειρισμέ- 10
να—ψυχῆς γὰρ ταῦτα πάθη—ἀλλ' ἔστηκεν ἐν αὐτῷ ὁμοῦ
πάντα ὤν, οὐ νοήσας, ἵν' ὑποστήσῃ ἕκαστα. οὐ γάρ,

---

6. 20 cf. Stoic. Vet. Fr. ii, n. 743   23 cf. Aristot. Phys. Θ 6.
259^b20   7. 3-5 cf. Plat. Resp. 533 e 8-534 a 2   8-10 cf.
Aristot. Metaph. Λ 7. 1072^b21-3   11-12 cf. Anaxagoras Fr. B 1

---

6. 14 τὸ ἕτερος εἶναι accusatiuus limitationis   16 ἐν om. x
17 τὸ σωματικὸν accusatiuus   οἷον ὅσον BxUC : transp. wz
20 αὐτὴν ὀνομάζουσιν : λέγουσιν αὐτὴν w   22 ἤστραψε Jᵧᵉmg :
ἔτρεψε Enn.   24 τὸν λόγον z   7. 4 τῶν δὲ : αἱ δὲ τῶν
Kirchhoff   8 ὅ : ὅς Kirchhoff   9 ἐνεργείᾳ BUz : ἐνέργεια wxC

ὅτ' ἐνόησε θεόν, θεὸς ἐγένετο, οὐδέ, ὅτε ἐνόησε κίνησιν,
κίνησις ἐγένετο. ὅθεν καὶ τὸ λέγειν νοήσεις τὰ εἴδη, εἰ
15 οὕτω λέγεται, ὡς, ἐπειδὴ ἐνόησε, τόδε ἐγένετο ἢ ἔστι τόδε,
οὐκ ὀρθῶς· ταύτης γὰρ τῆς νοήσεως πρότερον δεῖ τὸ νο-
ούμενον εἶναι. ἢ πῶς ἂν ἔλθοι ἐπὶ τὸ νοεῖν αὐτό; οὐ γὰρ
δὴ κατὰ συντυχίαν οὐδὲ ἐπέβαλεν εἰκῇ.

8. Εἰ οὖν ἡ νόησις ἐνόντος, ἐκεῖνο τὸ εἶδος τὸ ἐνόν· καὶ
ἡ ἰδέα αὕτη. τί οὖν τοῦτο; νοῦς καὶ ἡ νοερὰ οὐσία, οὐχ
ἑτέρα τοῦ νοῦ ἑκάστη ἰδέα, ἀλλ' ἑκάστη νοῦς. καὶ ὅλος
μὲν ὁ νοῦς τὰ πάντα εἴδη, ἕκαστον δὲ εἶδος νοῦς ἕκαστος,
5 ὡς ἡ ὅλη ἐπιστήμη τὰ πάντα θεωρήματα, ἕκαστον δὲ
μέρος τῆς ὅλης οὐχ ὡς διακεκριμένον τόπῳ, ἔχον δὲ δύ-
ναμιν ἕκαστον ἐν τῷ ὅλῳ. ἔστιν οὖν οὗτος ὁ νοῦς ἐν
αὐτῷ καὶ ἔχων ἑαυτὸν ἐν ἡσυχίᾳ κόρος ἀεί. εἰ μὲν οὖν
προεπενοεῖτο ὁ νοῦς πρότερος τοῦ ὄντος, ἔδει τὸν νοῦν
10 λέγειν ἐνεργήσαντα καὶ νοήσαντα ἀποτελέσαι καὶ γεν-
νῆσαι τὰ ὄντα· ἐπεὶ δὲ τὸ ὂν τοῦ νοῦ προεπινοεῖν ἀνάγκη,
ἐγκεῖσθαι δεῖ τίθεσθαι ἐν τῷ νοοῦντι τὰ ὄντα, τὴν δὲ
ἐνέργειαν καὶ τὴν νόησιν ἐπὶ τοῖς οὖσιν, οἷον ἐπὶ πῦρ ἤδη
τὴν τοῦ πυρὸς ἐνέργειαν, ἵν' ἐν ὄντα τὸν νοῦν ἐφ' ἑαυ-
15 τοῖς ἔχῃ ἐνέργειαν αὐτῶν. ἔστι δὲ καὶ τὸ ὂν ἐνέργεια·
μία οὖν ἀμφοῖν ἐνέργεια, μᾶλλον δὲ τὰ ἄμφω ἕν. μία μὲν

---

7. 14–16 cf. Plat. *Parm.* 132 b 3–4   8. 8 cf. Plat. *Crat.*
396 b 6–7

8. 1 ἐκεῖνο subiectum, τὸ ἐνόν appositum ad subiectum, τὸ
εἶδος (*illa* Platonica *species*) praedicatum   τὸ² A¹ˢBxUC: om.
wz   ἐνόν F³mg: ἐν ὄν *Enn.*   2 νοῦς praedicatum, ἡ νοερὰ
οὐσία subiectum   3 ὅλως w   4 ἕκαστος: ἕκαστον z
7 ἔστιν BxUC: ἔστι μὲν wz   οὕτως Harder   11 τὰ om.
wz   13 πῦρ (non declinatum, cf. I. 2. 1. 36): πυρὶ Kirchhoff
14 ὄντα masculinum   15 ἔχῃ (subiectum τὰ ὄντα): ἔχειν w

οὖν φύσις τό τε ὂν ὅ τε νοῦς· διὸ καὶ τὰ ὄντα καὶ ἡ τοῦ
ὄντος ἐνέργεια καὶ ὁ νοῦς ὁ τοιοῦτος· καὶ αἱ οὕτω νοήσεις
τὸ εἶδος καὶ ἡ μορφὴ τοῦ ὄντος καὶ ἡ ἐνέργεια. ἐπινοεῖταί
γε μὴν μεριζομένων ὑφ' ἡμῶν θάτερα πρὸ τῶν ἑτέρων. 20
ἕτερος γὰρ ὁ μερίζων νοῦς, ὁ δὲ ἀμέριστος καὶ μὴ με-
ρίζων τὸ ὂν καὶ τὰ πάντα.

9. Τίνα οὖν ἐστι τὰ ἐν ἑνὶ νῷ, ἃ νοοῦντες μερίζομεν
ἡμεῖς; δεῖ γὰρ αὐτὰ ἠρεμοῦντα προφέρειν, οἷον ἐξ ἐπι-
στήμης ἐν ἑνὶ οὔσης ἐπιθεωρεῖν τὰ ἐνόντα. κόσμου δὴ
τοῦδε ὄντος ζῴου περιεκτικοῦ ζῴων ἁπάντων καὶ παρ'
ἄλλου ἔχοντος τὸ εἶναι καὶ τοιῷδε εἶναι, παρ' οὗ δέ ἐστιν 5
εἰς νοῦν ἀναγομένου, ἀναγκαῖον καὶ ἐν νῷ τὸ ἀρχέτυπον
πᾶν εἶναι, καὶ κόσμον νοητὸν τοῦτον τὸν νοῦν εἶναι, ὅν
φησιν ὁ Πλάτων "ἐν τῷ ὅ ἐστι ζῷον." ὡς γὰρ ὄντος
λόγου ζῴου τινός, οὔσης δὲ καὶ ὕλης τῆς τὸν λόγον τὸν
σπερματικὸν δεξαμένης, ἀνάγκη ζῷον γενέσθαι, τὸν αὐτὸν 10
τρόπον καὶ φύσεως νοερᾶς καὶ πανδυνάμου οὔσης καὶ
οὐδενὸς διείργοντος, μηδενὸς ὄντος μεταξὺ τούτου καὶ τοῦ
δέξασθαι δυναμένου, ἀνάγκη τὸ μὲν κοσμηθῆναι, τὸ δὲ
κοσμῆσαι. καὶ τὸ μὲν κοσμηθὲν ἔχει τὸ εἶδος μεμερισμέ-
νον, ἀλλαχοῦ ἄνθρωπον καὶ ἀλλαχοῦ ἥλιον· τὸ δὲ ἐν ἑνὶ 15
πάντα.

10. Ὅσα μὲν οὖν ὡς εἴδη ἐν τῷ αἰσθητῷ ἐστι, ταῦτα
ἐκεῖθεν· ὅσα δὲ μή, οὔ. διὸ τῶν παρὰ φύσιν οὐκ ἔστιν
ἐκεῖ οὐδέν, ὥσπερ οὐδὲ τῶν παρὰ τέχνην ἐστὶν ἐν ταῖς
τέχναις, οὐδὲ ἐν τοῖς σπέρμασι χωλεία. ποδῶν δὲ χωλεία

---

9. 4 cf. Plat. *Tim.* 33 b 2–3   8 = Plat. *Tim.* 39 e 8

8. 20 μεριζομένων (scil. αὐτῶν nempe τὰ ὄντα κτλ.) genetiuus
absolutus et passiuum   9. 5 οὗ (neutrum) i.e. ἡ ψυχή   ἐστιν
subiectum ὅδε ὁ κόσμος   9 λόγου ζῴου transp. x   11 παν-
δυνάμου BxUC : παντοδυνάμου wz

5 ἡ δὴ ἐν τῇ γενέσει οὐ κρατήσαντος λόγου, ἡ δὲ ἐκ τύχης
λύμῃ τοῦ εἴδους. καὶ ποιότητες δὴ σύμφωνοι καὶ ποσότη-
τες, ἀριθμοί τε καὶ μεγέθη καὶ σχέσεις, ποιήσεις τε καὶ
πείσεις αἱ κατὰ φύσιν, κινήσεις τε καὶ στάσεις καθόλου τε
καὶ ἐν μέρει τῶν ἐκεῖ. ἀντὶ δὲ χρόνου αἰών. ὁ δὲ τόπος
10 ἐκεῖ νοερῶς τὸ ἄλλο ἐν ἄλλῳ. ἐκεῖ μὲν οὖν ὁμοῦ πάντων
ὄντων, ὅ τι ἂν λάβῃς αὐτῶν, οὐσία καὶ νοερά, καὶ ζωῆς
ἕκαστον μετέχον, καὶ ταὐτὸν καὶ θάτερον, καὶ κίνησις καὶ
στάσις, καὶ κινούμενον καὶ ἑστώς, καὶ οὐσία καὶ ποιόν, καὶ
πάντα οὐσία. καὶ γὰρ ἐνεργείᾳ, οὐ δυνάμει τὸ ὂν ἕκαστον·
15 ὥστε οὐ κεχώρισται τὸ ποιὸν ἑκάστης οὐσίας. ἆρ' οὖν
μόνα τὰ ἐν τῷ αἰσθητῷ ἐκεῖ, ἢ καὶ ἄλλα πλείω; ἀλλὰ
πρότερον περὶ τῶν κατὰ τέχνην σκεπτέον· κακοῦ γὰρ οὐ-
δενός· τὸ γὰρ κακὸν ἐνταῦθα ἐξ ἐνδείας καὶ στερήσεως
καὶ ἐλλείψεως, καὶ ὕλης ἀτυχούσης πάθος καὶ τοῦ ὕλῃ
20 ὡμοιωμένου.

11. Τὰ οὖν κατὰ τέχνην καὶ αἱ τέχναι; τῶν δὴ τεχνῶν
ὅσαι μιμητικαί, γραφικὴ μὲν καὶ ἀνδριαντοποιία, ὄρχησίς
τε καὶ χειρονομία, ἐνταῦθά που τὴν σύστασιν λαβοῦσαι καὶ
αἰσθητῷ προσχρώμεναι παραδείγματι καὶ μιμούμεναι εἴδη
5 τε καὶ κινήσεις τάς τε συμμετρίας ἃς ὁρῶσι μετατιθεῖσαι
οὐκ ἂν εἰκότως ἐκεῖ ἀνάγοιντο, εἰ μὴ τῷ ἀνθρώπου λόγῳ.
εἰ δέ τις ἕξις ἐκ τῆς περὶ τὰ ζῷα συμμετρίας ὅλως ζῴων

---

10. 12–13 cf. Plat. *Soph.* 254 d 5 et 254 e 5–255 a 1

10. 5 ἡ δὴ Harder : ἤδη *Enn.*   ἤ² : οὐ x   ἡ δὲ ἐκ τύχης scil.
χωλεία ἐστί   7 μεγέθη A¹ʳᵖᵐᵍBxUCz : γενέσεις w   10 ὁμοῦ
om. Cz   11 οὐσία καὶ νοερά essentia est, immo *et intelligibilis
essentia*   17–18 οὐδενός scil. ἐστὶν ἐκεῖ εἶδος, cf. V. 9. 12. 1
19 πάθος praedicatum   **11.** 1 αἱ τέχναι scil. ἐκεῖ εἰσιν;
3 χειρονομία wz : χειροτομία BxUC   6 εἰ—λόγῳ *nisi ipsa hominis
ratione* Ficinus, cf. lin. 17   7–8 εἰ δέ—ἐπισκοποῖτο *si e concin-
nitate quae animalibus inest aliqui habitus animalium generaliter consideretur*
7 ὅλως Harder : ὅλων wBUCz : ὅρον R : ὁρῶν J

ἐπισκοποῖτο, μόριον ἂν εἴη δυνάμεως τῆς κἀκεῖ ἐπισκο-
πούσης καὶ θεωρούσης τὴν ἐν τῷ νοητῷ περὶ πάντα συμμε-
τρίαν. καὶ μὴν καὶ μουσικὴ πᾶσα [περὶ ἁρμονίαν ἔχουσα   10
καὶ ῥυθμὸν ἡ μὲν] περὶ ῥυθμὸν καὶ ἁρμονίαν ἔχουσα τὰ
νοήματα τὸν αὐτὸν τρόπον ἂν εἴη, ὥσπερ καὶ ἡ περὶ
τὸν νοητὸν ἀριθμὸν ἔχουσα. ὅσαι δὲ ποιητικαὶ αἰσθητῶν
τῶν κατὰ τέχνην, οἷον οἰκοδομικὴ καὶ τεκτονική, καθόσον
συμμετρίαις προσχρῶνται, ἀρχὰς ἂν ἐκεῖθεν ἔχοιεν καὶ   15
τῶν ἐκεῖ φρονήσεων· τῷ δὲ αἰσθητῷ ταῦτα συγκερασάμε-
ναι τὸ ὅλον οὐκ ἂν εἶεν ἐκεῖ ἢ ἐν τῷ ἀνθρώπῳ. οὐ μὴν οὐδὲ
γεωργία συλλαμβάνουσα αἰσθητῷ φυτῷ, ἰατρική τε τὴν
ἐνταῦθα ὑγίειαν θεωροῦσα ἤ τε περὶ ἰσχὺν τήνδε καὶ εὐ-
εξίαν· ἄλλη γὰρ ἐκεῖ δύναμις καὶ ὑγίεια, καθ' ἣν ἀτρεμῆ   20
πάντα καὶ ἱκανά, ὅσα ζῷα. ῥητορεία δὲ καὶ στρατηγία,
οἰκονομία τε καὶ βασιλική, εἴ τινες αὐτῶν τὸ καλὸν κοι-
νωνοῦσι ταῖς πράξεσιν, εἰ ἐκεῖνο θεωροῖεν, μοῖραν ἐκεῖθεν
εἰς ἐπιστήμην ἔχουσιν ἐκ τῆς ἐπιστήμης τῆς ἐκεῖ. γεω-
μετρία δὲ νοητῶν οὖσα τακτέα ἐκεῖ, σοφία τε ἀνωτάτω   25
περὶ τὸ ὂν οὖσα. καὶ περὶ μὲν τεχνῶν καὶ τῶν κατὰ τέ-
χνας ταῦτα.

12. Εἰ δὲ ἀνθρώπου ἐκεῖ καὶ λογικοῦ ἐκεῖ καὶ τεχνι-

---

11. 11 ῥυθμὸν καὶ ἁρμονίαν cf. Plat. *Resp.* 398 d 2; *Symp.* 187 e 5;
Leg. 655 a 5   13 νοητὸν ἀριθμὸν cf. Plat. *Resp.* 525 c–
526 a

---

11. 10–11 περὶ—μὲν deleuimus   11 ἡ μὲν *Enn.*: ἢ μὲν le-
gendum, nam exorditur uariam lectionem: ἢ μὲν Kirchhoff
(*quatenus* Ficinus)   12 ἡ i.e. ἡ τέχνη ἡ   13 ἀριθμὸν
BxUCQγpmg, testatur *Epistola*: ῥυθμὸν wz   ἔχουσα scil. τὰ νοή-
ματα   17 ἢ—ἀνθρώπῳ nisi in ipso homine   19 ἤ τε
περὶ ἰσχὺν τήνδε scil. τέχνη i.e. γυμναστική   20 ἀτρεμεῖ z
22 τε : δὲ z   τῷ καλῷ z   22–3 κοινωνοῦσι transitiuum
25 νοητὸν Ez

κοῦ καὶ αἱ τέχναι νοῦ γεννήματα οὖσαι, χρὴ δὲ καὶ τῶν
καθόλου λέγειν τὰ εἴδη εἶναι, οὐ Σωκράτους, ἀλλ' ἀνθρώ-
που. ἐπισκεπτέον δὲ περὶ ἀνθρώπου, εἰ καὶ ὁ καθέκαστα·
5 τὸ δὲ καθέκαστον, ὅτι [μὴ] τὸ αὐτὸ ἄλλο ἄλλῳ· οἷον ὅτι
ὁ μὲν σιμός, ὁ δὲ γρυπός, γρυπότητα μὲν καὶ σιμότητα
διαφορὰς ἐν εἴδει θετέον ἀνθρώπου, ὥσπερ ζῴου διαφοραί
εἰσιν· ἥκειν δὲ καὶ παρὰ τῆς ὕλης τὸ τὸν μὲν τοιάνδε γρυ-
πότητα, τὸν δὲ τοιάνδε. καὶ χρωμάτων διαφορὰς τὰς μὲν
10 ἐν λόγῳ οὔσας, τὰς δὲ καὶ ὕλην καὶ τόπον διάφορον ὄντα
ποιεῖν.

13. Λοιπὸν δὲ εἰπεῖν, εἰ μόνα τὰ ἐν αἰσθητῷ ἐκεῖ, ἢ
καί, ὥσπερ ἀνθρώπου ὁ αὐτοάνθρωπος ἕτερος, εἰ καὶ ψυ-
χῆς αὐτοψυχὴ ἐκεῖ ἑτέρα καὶ νοῦ αὐτονοῦς. λεκτέον δὲ
5 πρῶτον μέν, ὅτι οὐ πάντα δεῖ, ὅσα ἐνταῦθα, εἴδωλα νομί-
ζειν ἀρχετύπων, οὐδὲ ψυχὴν εἴδωλον εἶναι αὐτοψυχῆς,
τιμιότητι δὲ ἄλλην ἄλλης διαφέρειν, καὶ εἶναι καὶ ἐνταῦθα,
ἴσως δὲ οὐχ ὡς ἐνταῦθα, αὐτοψυχήν. εἶναι δὲ ψυχῆς ὄντως
οὔσης ἑκάστης καὶ δικαιοσύνην δεῖ τινα καὶ σωφροσύνην,
καὶ ἐν ταῖς παρ' ἡμῖν ψυχαῖς ἐπιστήμην ἀληθινήν, οὐκ
10 εἴδωλα οὐδὲ εἰκόνας ἐκείνων ὡς ἐν αἰσθητῷ, ἀλλὰ ταὐτὰ
ἐκεῖνα ἄλλον τρόπον ὄντα ἐνταῦθα· οὐ γὰρ ἔν τινι τόπῳ
ἀφωρισμένα ἐκεῖνα· ὥστε, ὅπου ψυχὴ σώματος ἐξανέδυ,
ἐκεῖ κἀκεῖνα. ὁ μὲν γὰρ αἰσθητὸς κόσμος μοναχοῦ, ὁ δὲ
νοητὸς πανταχοῦ. ὅσα μὲν οὖν ψυχὴ ἔχει ἡ τοιαύτη
15 ἐνταῦθα, ταῦτα ἐκεῖ· ὥστε, εἰ τὰ ἐν τῷ αἰσθητῷ τὰ ἐν τοῖς

---

12. 2–3 cf. Aristot. *Metaph. H* 1. 1042ᵃ15

12. 4 ὁ Blumenthal : ὁ *Enn.*　　　　5 καθέκαστον scil. ἐκεῖ ἐστιν
5 μὴ del. Müller　　　　**13.** 2 αὐτοάνθρωπος R²ᵐᵍKirchhoff : αὐτὸς
ἄνθρωπος *Enn.*　　　　7 ὡς causale　　　8 δεῖ (regit 7 εἶναι) : εἶναι
δεῖ z　　　14 ἔχει R²ˢ(*habet* Ficinus): ἐκεῖ A¹ˢ ᵃᶜ(nunc erasum)
EBxUCz : om. A

ὁρωμένοις λαμβάνοιτο, οὐ μόνον τὰ ἐν τῷ αἰσθητῷ ἐκεῖ,
ἀλλὰ καὶ πλείω· εἰ δὲ τὰ ἐν τῷ κόσμῳ λέγοιτο συμπερι-
λαμβανομένων καὶ ψυχῆς καὶ τῶν ἐν ψυχῇ, πάντα ἐνταῦθα,
ὅσα κἀκεῖ.

14. Τὴν οὖν τὰ πάντα περιλαβοῦσαν ἐν τῷ νοητῷ φύ-
σιν ταύτην ἀρχὴν θετέον. καὶ πῶς, τῆς μὲν ἀρχῆς τῆς
ὄντως ἑνὸς καὶ ἁπλοῦ πάντη οὔσης, πλήθους δὲ ἐν τοῖς
οὖσιν ὄντος; πῶς παρὰ τὸ ἕν, καὶ πῶς πλῆθος, καὶ πῶς
τὰ πάντα ταῦτα, καὶ διὰ τί νοῦς ταῦτα καὶ πόθεν, λεκτέον   5
ἀπ᾽ ἄλλης ἀρχῆς ἀρχομένοις.

Περὶ δὲ τῶν ἐκ σήψεως καὶ τῶν χαλεπῶν, εἰ κἀκεῖ εἶ-
δος, καὶ εἰ ῥύπου καὶ πηλοῦ, λεκτέον, ὡς, ὅσα κομίζεται
νοῦς ἀπὸ τοῦ πρώτου, πάντα ἄριστα· ἐν οἷς εἴδεσιν οὐ
ταῦτα· οὐδ᾽ ἐκ τούτων νοῦς, ἀλλὰ ψυχὴ παρὰ νοῦ, λαβοῦ-   10
σα παρὰ ὕλης ἄλλα, ἐν οἷς ταῦτα.

Περὶ δὲ τούτων σαφέστερον λεχθήσεται ἐπανελθοῦσιν
ἐπὶ τὴν ἀπορίαν, πῶς ἐξ ἑνὸς πλῆθος.

Ὅτι δὲ τὰ σύνθετα εἰκῇ ὄντα, οὐ νῷ, ἀλλ᾽ ἐφ᾽ ἑαυτῶν
αἰσθητὰ συνελθόντα, οὐκ ἐν εἴδεσι· τά τε ἐκ σήψεως ψυχῆς   15
ἄλλο τι ἴσως ἀδυνατούσης· εἰ δὲ μή, ἐποίησεν ἄν τι τῶν
φύσει· ποιεῖ γοῦν, ὅπου δύναται.

Περὶ δὲ τῶν τεχνῶν, ὅτι ἐν αὐτοανθρώπῳ περιέχονται,
ὅσαι τέχναι ἀναφέρονται πρὸς τὰ κατὰ φύσιν ἀνθρώπῳ.

---

14. 5 λεκτέον cf. V. 4   8 cf. Plat. *Parm.* 130 c 6   12 λεχ-
θήσεται cf. V. 4

---

13. 16 τὰ Harder : ὄντα *Enn.*   **14.** 4 post ὄντος non inter-
pungit Harder   πῶς παρὰ—πλῆθος *quomodo praeter unum* exti-
terit quicquam *et quomodo* extiterit ut *multitudo*   7 χαλεπῶν
bestiolae molestae   9 εἴδεσιν del. Vitringa   10 et ad νοῦς
et ad ψυχὴ uerbum κομίζεται   18–19 περὶ—ἀνθρώπῳ del. Heintz
18 αὐτοανθρώπῳ : αὐτῷ ἀνθρώπῳ Ez

20   Πρότερον δὲ ἄλλην καθόλου, καὶ τῆς καθόλου αὐτο-
ψυχὴν ἤτοι τὴν ζωήν; ἢ ἐν νῷ πρὶν γενέσθαι ψυχήν, ἵνα
καὶ γένηται, αὐτοψυχὴν ἐκείνην λέγειν.

14. 20 πρότερον scil. τῆς καθεκάστου ψυχῆς εἶναι   τῆς καθόλου
scil. πρότερον εἶναι   21 ζωήν; interpungimus   21–2 ἢ—λέγειν
immo in mente illam 'αὐτοψυχήν' dici oportet, antequam nata sit anima,
nempe ut nascatur